특수학급 경영의 이해와 실제

김희규 · 신영숙 · 정동영 공저

Special Education Classroom Management

학지사

머리말

경영이란 특정 조직을 계획적으로 관리하고 운영하여 효율을 높이는 일을 말합니다. 이런 의미에서 학급경영이란 학교를 구성하는 기본적인 단위인 학급을 계획적으로 관리하고 운영하여 그 성과를 높이는 일이라고 할 수 있습니다. 교사들은 학급 담임이 되면 성과를 최대한으로 산출할 수 있는 학급경영을 희망하며, 이를 위해 노력합니다. 그러나 학급경영은 결코 쉽지 않은 일입니다. 왜냐하면 학급경영은 교사들의 학생과 교육에 대한 분명한 신념과 가치, 이와 더불어 학급의 관리와 운영에 대한 많은 지식과 노하우(knowhow)를 필요로 하는 어려운 과제이기 때문입니다. 이러한 학급경영의 어려움은 일반학급보다 특수학급의 경우 더욱더 증대됩니다.

특수학급은 일반학교에 설치된 하나의 학급이지만, 일반학급의 교육만으로는 학생의 특별한 요구를 충족시킬 수 없는 학생들을 대상으로 교육하는 학급이며, 동일한 연령의 학생들만을 대상으로 하는 일반학급에 비하여 다양한 연령과 다양한 장애범주의 학생들을 대상으로 하는 학급이고, 장애학생들에 대하여 분리교육뿐만 아니라 이들의 통합교육도 지원해야 하는 학급입니다. 이러한 점에서 특수학급은 일반학급보다 경영을 위해 고려해야 하는 요인들이 더욱 다양하고 복잡할 수밖에 없습니다.

이와 같이 특수학급 경영은 계획과 실행 및 평가의 과정에서 고려해야 하는 요소들이 많고 복잡하지만, 더 중요한 것은 특수학급 교사의 장애학생과 특수교육에 대한 이해 및 철학입니다. 학급경영을 담임교사의 교육 이상을 실현하는 수단이라고 하는 이유는 바로 담임교사의 신념과 가치에 따라 학급경영이 다르게 이루어질 수 있고, 그 성과도 다르게 나타나기 때문입니다. 실제로 동일한 학교 내의 학급이라도 담임교사에 따라 학급경영은 다르게 이루어지며, 그에 따라 학급 분위기도 달라지고 결과도 다르게 나타납니다. 이런 점에서 특수학급 교사들은 특수교육과 장애학생에 대한 분명한 신념과 가치를 확립하고 특수학급 경영에 대한 지식과 노하우를 터득하여 자신의 이상을 실현할 수 있는 특수학급을 경영해야 합니다.

흔히 교사를 학생을 가르치는 사람이라고 합니다만, 담임교사는 학생들을 가르치는 일뿐만 아니라 이들을 잘 가르치기 위하여 학급경영도 잘 수행해야 하는 사람이어야 합니다. 특히 특수학급 교사들은 특수학급의 특성에 적합한 학급경영을 통해 특수학급 교육의 목적을 달성하고 특수교육의 전문성을 발휘해야 합니다. 그렇지 않으면 특수교육의 특수성을 실현하기 어렵고 특수교육의 전문성을 발휘하기 어려워 특수교육의 당위성은 물론 특수교육 교사의 정당성을 보장받기 어렵습니다. 그러한 입장에서 이 책은 예비 특수교육 교사들과 현직 특수학급 교사들이 장애학생들을 잘 가르치기 위해 특수학급을 어떻게 경영해야 하는지를 알려 주어, 특수교육의 특수성과 특수교육 교사의 전문성을 담보하도록 집필되었습니다.

이 책은 크게 '특수학급 경영의 이해'와 '특수학급 경영의 실제'라는 두 부분으로 나뉘어 집필되었습니다. 먼저 특수학급 경영에 대한 이해를 높이기 위해 성공적인 특수학급 경영의 기본 요소에 해당하는 특수학급의 성격과 특성을 이해하는 데 필요한 내용과 특수학급의 경영 원리를 알아보고, 특수학급 설치의 주요 목적인 통합교육의 개념, 이점과 장애물, 그 발전과정과 과제 등을 알아봅니다. 또한 특수학급 경영의 주체인 특수학급 교사의 역할을 알아보고, 특수학급 학생의 주요 구성원인 지적장애 학생, 자폐성 장애 학생, 학습장애 학생, 정서·행동장애 학생의 특성 및 교육에 대하여 알아본 다음, 특수학급 경영의 주요 관계자인 다른 교사와 학부모와의 협력에 대하여 알아봅니다. 이 책은 특수학급 경영에 필요한 실제적인 노하우를 터득할 수 있도록 특수학급 교육과정의 편성과 운영에 대한 이론과 실제를 살펴보고, 개별화교육 프로그램의 작성과 실행 방법에 대하여 알아보며, 특수학급 학생들의 진단·평가와 일반교육 교육과정 접근 및 교수·학습 방법과 평가 방법을 알아봅니다. 그리고 특수학급 교사들의 성공적인 특수학급 경영을 돕기 위해 특수교육 보조원의 역할 및 관리에 대하여 알아보고, 장애이해교육과 통합학급 교사와 학부모 상담 및 협력, 특수학급 학생들의 진로교육에 대하여 알아봅니다. 이러한 내용만으로 특수학급 경영에 필요한 지식과 노하우를 모두 터득할 수 있다고는 할 수 없지만, 이 책의 내용들은 모두 특수학급 경영에 필수적인 요소들이라고 할 수 있습니다. 그러므로 이 책의 내용을 토대로 더욱 구체적이고 실제적인 방법이나 전략들을 체득한다면 특수학급 경영은 더욱더 성공하게 될 것이라 생각합니다.

교사의 질이 교육의 질을 좌우한다는 명제는 이미 오래된 정설입니다. 학생들이 만족하고 그들의 부모와 소통이 잘 이루어져 교사들이 행복한 학급은 모든 특수학급 교사들이 희망하는 진정한 모습일 것입니다. 사실 장애학생들의 부모는 자녀가 학교에 입학할 때부터 어떤 학교를 선택할 것인지를 고민하며, 많은 고민을 통해 일반학교에 입학하기로 결정한 후에도 일반학급만을 선택할지, 특수학급도 선택할지를 고민합니다. 특수학급 경영이 성공적으로 이루어져 장애학생과 그들의 부모가 만족하게 된다면 장애학생 부모들의 고민과 불안도 줄어들 것이며, 특수학급 교사들의 행복도 늘어날 것입니다. 혹시 이 책의 내용 중에서 이런 부분을 벗어나는 내용이 있거나 부족한 부분이 있다면 언제든 지적해 주시기를 바랍니다. 다시 한번, 이 책이 특수학급 경영을 준비해야 하는 예비 특수교육 교사들이나 실제로 현장에서 특수학급 경영을 위해 고민하고 있는 특수교육 교사들에게 도움이 되기를 바라며, 특수학급 관련 사진을 제공해 주신 선생님들께 감사드립니다. 그리고 이 책의 출판을 허락해 주신 학지사의 김진환 사장님과 편집부 직원 여러분께 감사를 드립니다.

2019년 8월
저자 일동

차례

특수학급 경영의 이해

제1장 특수학급과 학급 경영

제2장 통합교육

제3장 특수학급 교사 역할

제4장 특수학급 교육 대상자

제1장 특수학급과 학급 경영

서울 청량초 특수학급(사진: 김윤진 교사 제공)

이 장의 구성

1. 특수학급의 이해

1) 특수학급 설치 배경과 현황

2) 특수학급의 개념

2. 특수학급 경영의 방법

1) 전일제 특수학급과 시간제 특수학급

2) 순회교육 특수학급

3. 특수학급 경영의 원리

연구과제

1. 특수학급 발전 과정의 시기별 특성과 의의를 논의해 보자.

2. 특수학급 법적 정의의 변화에 따른 특수학급 개념의 변화에 대해 알아보자.

3. 특수학급의 효율적인 운영을 위한 특수학급 경영 원리에 대해 논의해 보자.

이 장의 개요

일반적으로 학급 경영이라고 하면, 학급의 목표를 달성하기 위하여 필요한 사업과 업무를 기획하고 실천하며 평가하는 일련의 과정들이 순환적으로 일어나도록 하는 활동의 총체적 의미이다(이유훈, 2012). 특수학급의 경영도 일반학급의 경영과 기본적으로 다르지 않다. 다만, 특수학급은 교육의 대상이 특수한 교육적 요구를 지닌 장애학생을 대상으로 하며, 개별화교육계획을 운영해야 하고, 특수교육 관련 서비스를 제공하며, 특수교육 보조원을 관리해야 하는 추가기능을 담당하는 특성을 지니고 있다. 1970년대 이후 통합교육이 강조되어 오면서 특수학급 경영의 중요성이 더욱 중시되었으며, 특수학급의 형태와 교육대상이 다양화되고 있다. 뿐만 아니라 통합교육의 강조와 특수학급 교육대상의 다양화에 따른 특수학급 교사의 역할 또한 변화되고 있으며, 특수학급 교사의 역할에 대한 중요성이 그 어느 때보다 강조되고 있다.

이 장에서는 먼저 특수학급의 이해를 위해 우리나라 특수학급 설치 배경과 현황, 그리고 특수학급의 개념과 특성을 알아보고, 특수학급 경영의 이해를 위한 특수학급 운영의 형태, 방향, 원리 등을 중심으로 특수학급과 특수학급 경영의 이해를 돕고자 한다.

1. 특수학급의 이해

1) 특수학급 설치 배경과 현황

우리나라 특수학급의 역사는 근대 특수교육의 시작과 함께하고 있다. 근대 특수교육의 시작이라 할 수 있는 1898년 로제타 셔우드 홀(Rosetta Sherwood Hall) 여사가 설립한 최초의 특수학교인 평양맹아학교는 통합교육을 준비하는 학교로서의 성격을 지녔다고 볼 수 있다(임안수, 2010). 또한 1900년 정진소학교에서는 평양맹아학교를 다니던 맹 여학생 4명을 위해 일종의 부분 통합교육 형태의 특수학급이 운영되기도 하였다. 당시 맹 여학생들은 오전에는 정진소학교에서 정안 학생들과 일반 교과를 배웠으며, 오후에는 기숙사에서 맹인 교사로부터 점자, 침 · 구 · 안마 등을 배웠다(김병하, 1986; 안병즙, 1974). 이와 같은 부분적인 통합교육은 이후에도 이어져, 홀 여사는 평양맹아학교의 예비 학년에서 훈련을 받은 학생들에게 선교사가 운영하는 소학교에서 정안 여학생들과 함께 교육받도록 하였다(임안수, 2010). 이와 같은 사실은 서구의 특수교육이 특수학교라는 분리교육의 형태로 출발한 것과는 차이를 보이고 있으며, 통합교육을 보완하는 장소로서 특수학급을 설치하였다는 점에서 중요한 역사적 의의를 지닌다(곽정란, 2010).

이후 일제 강점기 때의 특수학급은 1937년에 서울 동대문 공립국민학교의 병 · 허약아를 대상으로 한 양호학급 형태로 운영되었다. 이 양호학급은 당시 일본 내에 양호학급을 설치한 학교 수가 증가하였고, 국민학교령에서 신체적인 특수아 또는 정신적인 특수아동을 위한 양호학급의 편성을 인정하고 있기 때문에 설치되었다(안병즙, 1977). 이 학급은 신체 허약 아동을 대상으로 하였으며, 다음과 같은 목적으로 운영되었다. 첫째, 그들의 심신 구제와 국가의 인적자원 확보 및 향상을 위해서, 둘째, 일반학급의 경영부담을 경감하기 위해서, 그리고 셋째, 학교 전체의 양호적 측면의 강화를 도모하기 위해서였다. 이 학급은 3개년의 과정으로 두 학급을 두었으며, 시설과 설비는 비교적 양호한 편이었으나 학급당 인원수가 50명으로 당시의 행 · 재정적 지원의 취약성을 갖고 있었다. 이 학급은 1941년 10월에 폐지되었다(최세민 외, 2005).

그리고 대한민국 정부 수립 이후 1949년 12월 31일 제정 · 시행된 「교육법」 제145조

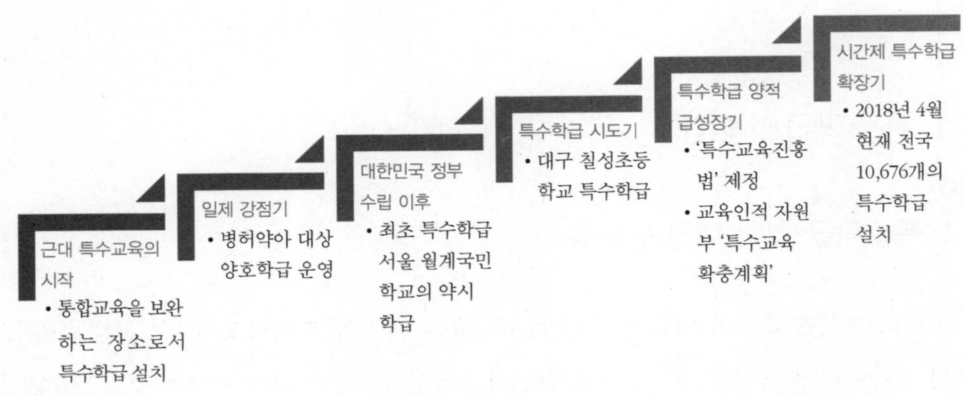

[그림 1-1] 특수학급 설치 배경

에서는 '국민학교 또는 중학교는 신체허약자, 성격이상자, 정신박약자, 농자 및 난청자, 맹자 및 난시자, 언어자유자, 기타 불구자를 위하여 특수학급을 둘 수 있다.'고 제시하였다(법률 제86호). 그러나 한국전쟁과 같은 격변의 시대를 겪으면서 특수학급의 설치는 상당 기간 본격화되지 못하였다. 이후 1963년 개정된 「교육법」 제145조에는 '특별한 경우에는 공회당 기타 사용 가능 건물을 이용하여 국민학교 또는 중학교는 특수학급을 둘 수 있다.'고 규정하고 있다(교육부, 1993).

대한민국 정부 수립 이후 최초로 특수학급 운영이 시작된 것은 1969년 3월 13일에 개설한 서울 월계국민학교(사립, 박봉업 교장, 1987년 '광운초등학교'로 교명 변경)의 약시학급이었다. 입학자격은 시력이 0.04 이상 0.1 이하인 학생이었고, 학생 수는 1학년과 3학년에 각 3명씩 모두 6명이었다. 10평 남짓의 교실에 이동식 전기칠판, 환등기, 약시교정기, 조명확대기 등 50여 점의 기구를 갖추었다. 주로 국어, 산수, 사회, 자연은 저시력 학급(당시에는 '약시반'으로 불림)에서 공부하고, 음악, 미술, 체육 등은 원적학급(당시에는 '원반'으로 불림)에서 공부했다. 서울 월계국민학교는 1969년에 입학한 학생 이외에는 더 이상 학생을 입학시키지 않았고, 처음에 1학년이었던 학생이 졸업한 1975년 2월 말에 폐지되었다. 이 학급은 우리나라 사람에 의해 설치된 최초의 특수학급이며, 약시학급이라는 의의에도 불구하고 1975년 2월 첫 졸업생을 배출하고 폐지되었다(임안수, 2010; 최세민 외, 2005).

이후 본격적으로 특수학급이 설치되는 데 중요한 시초가 된 것은 1971년 설치되었다고 알려진 대구 칠성초등학교의 특수학급이다. 대구 칠성초등학교에 설치된 특수학급에 대한 평가는 대략 두 가지로 양분된다(곽정란, 2010). 그 하나는 여기에 설치된 특수

표 1-1 대구 칠성초등학교 학급편성 및 졸업상황

	1970(27회)				1971(28회)				1972(29회)				1973(30회)			
특수학반	학급수	남	여	계	학급수	남	여	계	학급수	남	여	계	학급수	남	여	계
	1	14	16	30	1	4	5	9	1	8	10	12	2	23	20	43

대구 칠성초등학교(1939~현재) 학급편성 및 졸업상황, 인혁지(영구보존 자료), p. 45(부록 1).

학급이 학력 구제의 성격을 띤 1개 특수학급이 자생적으로 운영(교육부, 1993, p. 316; 최세민 외, 2005)되었다는 것이다. 다른 하나는 일반학교 내에 지적장애 특수학급이 설치된 것은 특수교육의 공적 책임 확대를 위한 중요한 계기가 되었으며, 이것은 자생적으로 운영된 것이라기보다는 경상북도 교육위원회가 선도적 역할을 해 왔다는 것이다(김동연, 1987, p. 154; 김원경, 2003, p. 288).

당시의 대구 칠성초등학교 연혁지에 나와 있는 학급편성 및 졸업상황은 〈표 1-1〉과 같다. 표에 의하면, 대구 칠성초등학교에 특수학급이 설치된 것은 1970년이지만, 공식화한 것이 1971년이기 때문에 그 이후 역사에서 특수학급이 처음 설치된 것이 1971년이라고 잘못 알려진 것으로 보인다. 그러므로 대구 칠성초등학교에 특수학급이 최초로 설치된 것은 1970년으로 보아야 할 것이다. 그리고 당시 대구 칠성초등학교에 설치된 특수학급은 자생적으로 만들어진 것이 아니라, 특수교육 관계자들과 경상북도 교육위원회의 계획하에 일반학교 내의 지적장애 학생의 교육 보장이라는 특수교육적 목적을 분명히 가지고 있었다. 이러한 특수교육적 의도는 경상북도 내 특수학급 설치의 확대와 '제1회 특수학급 설치와 운영에 관한 세미나' 개최 등으로 발전되어 갔다(곽정란, 2010).

대구 칠성초등학교의 특수학급 개설을 시초로 1973년까지 도내에만 33개 학급을 설치하기에 이르렀다. 이에 당시 문교부에서도 특수학급 교육의 일반화에 관심을 갖게 되었다. 그 결과, 1974년에는 전국 각 시 · 군 소재지 초등학교에 1개 학급씩 174개 학급을 설치하였으며, 1976년까지 총 350개 학급으로 3년 사이에 무려 10.6배에 달하는 학급을 설치한 것이다. 이것은 특수학급 교육의 정착을 위한 국가적 의지와 노력의 공식적 표명이었다(최세민 외, 2005). 그러나 한편으로는 특수학급 교육 정착을 위한 국가의 의지보다는 학력 구제의 성격을 더 강하게 갖게 되었다고도 볼 수 있다(곽정란, 2010).

이러한 추세는 계속 이어져 1977년 12월 31일 「특수교육진흥법」의 제정 · 공포와 '세계장애인의 해'였던 1981년을 기점으로 가속화되어 왔다(최세민 외, 2005). 이와 관련하여 박승희(1999)는 특수학급의 발전 과정을 시기별로 구분하여 1970년대를 '특수학급 시도기', 1980년대를 '특수학급의 양적 급성장기', 1990년대를 '시간제 특수학급의 확장기'로 구분하였다. 즉, 1971년 1개였던 특수학급이 1981년을 기점으로 특수학급 교육의 양적 급성장이 이루어졌는데, 당시 교육인적자원부에서 1982년부터 1986년까지를 '특수교육 확충계획' 기간으로 설정하여 1982년부터 특수학급이 양적으로 급속도로 팽창되었다(김정대, 2003). 특수학급 수의 연도별 설치 현황([그림 1-2] 참조)을 살펴보면 1980년 전국 355개였던 특수학급이 1990년까지 10년간 약 10배 가까이 늘어나 3,181개의 특수학급이 전국적으로 확대 설치되었다.

2018년 4월 현재 특수학교의 재학생은 25,919명으로 2017년의 25,798명에 비해 121명이 증가하여 그 증가폭은 점차 감소하는 추세이다. 이에 비해 통합교육의 확산에 따라 일반학교 배치 특수교육대상자와 특수학급이 증가하고 있으며 특수학급의 학생 수는 48,848명으로 2017년의 47,564명에 비해 1,284명이 증가하였고, 2017년도에 비해 351개의 특수학급이 증가하였다. 최근의 특수학교 학생의 증가폭 감소 추세는 통합교육 확대에 따라 일반학교의 특수학급 및 일반학급 배치를 희망하는 특수교육대상자의 증가에 기인한다고 볼 수 있다(교육부, 2018b).

우리나라의 특수학급은 유치원과 초등학교, 중학교, 고등학교 및 전공과에 설치 · 운영되고 있으며, 2018년 4월 현재 학교과정별 특수학급은 유치원 853학급, 초등학교 5,480학급, 중학교 2,372학급, 고등학교 1,971학급(전공과 포함)으로 초등학교 과정의 특수학급이 전체 특수학급의 51.3%를 차지하고 있다. 또한 설립별 특수학급은 국립 46학급, 공립 10,377학급, 사립 253학급으로 총 10,676학급이 설치 · 운영되고 있으며 국 · 공립 특수학급이 전체 특수학급의 97.6%를 차지하고 있다. 특수학급의 학급당 학생 정원은 유치원 4명, 초 · 중학교 6명, 고등학교 7명이며(「장애인 등에 대한 특수교육법」 제27조), 2018년 4월 현재 전국 평균 학급당 학생 수는 유치원 3.6명, 초등학교 4.5명, 중학교 4.4명, 고등학교의 경우 6.3명으로 운영되고 있다. 연도별 특수학급 수와 학교급별 특수학급 설치 현황은 [그림 1-2], [그림 1-3]과 같다(교육부, 2018a).

[그림 1-2], [그림 1-3]에 나타난 바와 같이 장애학생의 통합교육 확산으로 특수학급의 수는 계속 늘어나는 추세라고 할 수 있다. 유치원과 초등학교, 중등학교 과정의 연계교육과 고등학교 졸업생들의 진로에 대한 요구를 충족시키기 위해서는 유치원과

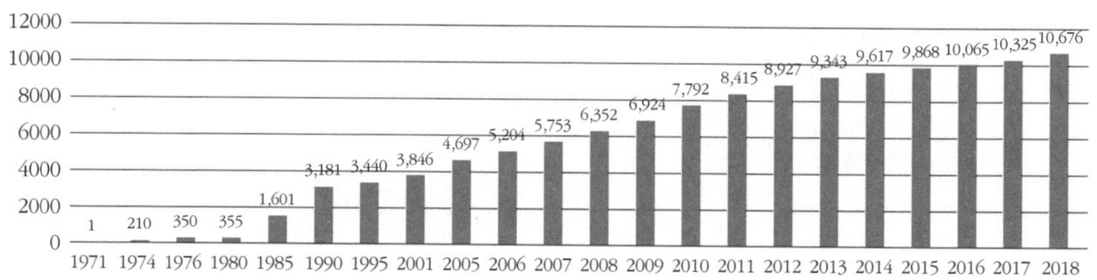

[그림 1-2] 연도별 특수학급 수

출처: 교육부(2018a), p. 10.

특수학급 현황

과정별	학교 수	학습 수	학생 수	교원 수
계	7,954	10,676	48,848	11,077
유치원	740	853	3,058	850
초등학교	4,281	5,480	24,169	5,528
중학교	1,839	2,372	9,990	2,395
고등학교	1,076	1,938	11,422	2,235
전공과	18	33	209	60

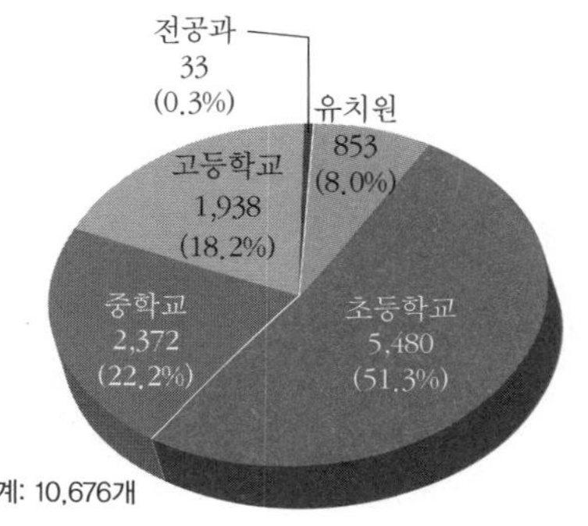

[그림 1-3] 학교급별 특수학급 설치 현황

출처: 교육부(2018a), p. 7.

중 · 고등학교의 특수학급과 전공과 특수학급의 증설이 필요하다. 2018년 통계에 의하면, 초등학교의 특수학급은 5,480개이지만, 중학교는 2,372개, 고등학교는 1,938개이며, 유치원은 853개가 설치되어 있다. 또한, 이와 같은 양적인 증가뿐만 아니라 질적인 변화에 대한 노력이 좀 더 필요하다. 즉, 지역 여건과 장애특성을 고려한 일반학교 특수학급 설치를 확대하고, 예술, 체육, 진로와 직업 등 특정 분야에서 특수교육대상자의 역량을 강화할 수 있는 특성화된 학급 설치 및 운영을 추진하는 노력이 필요할 것이다(교육부, 2018b). 이에 대해 교육부에서 제시한 2018 특수교육 운영계획(교육부, 2018c)에 따르면, 중도 · 중복장애, 시 · 청각장애 등 전문적 지원이 필요한 특수교육대상자를 위한 특수학급을 설치하고 운영할 수 있도록 하며, 2017년 인천광역시교육청 중도 · 중복장애 특수학급 13학급(초등 7학급, 중등 6학급)을 운영 중임을 제시하고 있다. 또한 고등학교 진로와 직업 분야 중점 특수학급(통합형 직업교육 거점학교 48교)을 운영 중이며, 예술 · 체육 분야에도 확대 추진하도록 강조하고 있다(교육부, 2018c).

사례 경기도교육청 중도중복장애 특수학급 운영 활용 자료

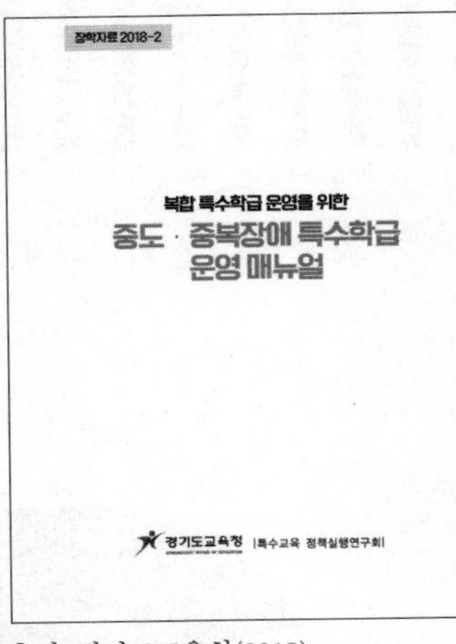

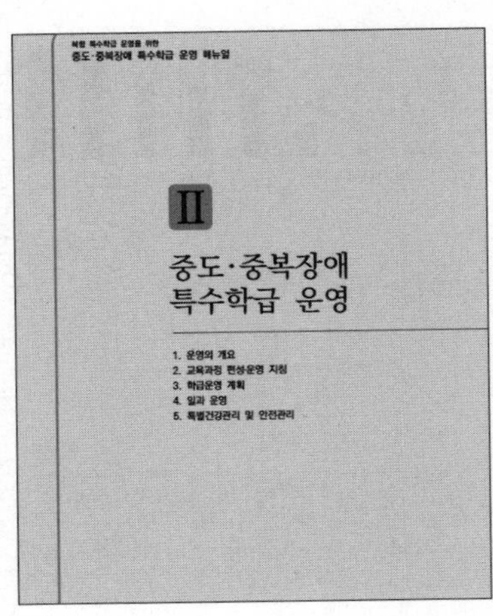

출처: 경기도교육청(2018).

<교육과정 운영 지침>

가. 일반학교 중도 · 중복장애학생 교육과정 편성 · 운영 근거

1) 2012 개정 특수교육교육과정(제2012-32호)

일반학급 및 특수학급에 배치된 특수교육대상자의 교육과정은 다음과 같이 편성 · 운영한다.

- 편제와 시간 배당은 해당 학년의 교육과정을 따르되, 이 교육과정을 고려하여 조정 · 운영할 수 있다.
- 학생의 장애 정도와 능력을 고려하여 특수교육 교과용 도서 및 관련 교수 · 학습 자료를 활용할 수 있다.
- 중도 · 중복장애학생이 있는 학교의 학급은 해당 학생의 수행 수준을 고려하여 교과의 내용을 대신하여 관련 생활기능 영역을 편성 · 운영할 수 있으며, 그 영역과 내용은 학생의 장애 특성 및 정도를 반영하여 학교가 정한다.

2) 2015 개정 특수교육교육과정(제2015-81호)

일반학급 및 특수학급에 배치된 특수교육 대상 학생의 교육과정은 다음과 같이 편성 · 운영한다.

- 편제와 시간 배당은 해당 학년군의 교육과정을 따른다.
- 교과의 내용을 대신하여 생활기능 및 진로와 직업 교육, 현장 실습 등으로 편성 · 운영할 수 있으며, 그 영역과 내용은 학생의 장애 특성 및 정도를 반영하여 학교가 정한다.

나. 중도 · 중복장애학급 교육과정 편성 · 운영(안)

가. 중도 · 중복장애특수학급(일반학급 및 특수학급에 배치된 특수교육 대상 학생) 교육과정은 다음과 같이 편성 · 운영한다.

1) 편제와 시간 배당은 해당 학년군의 교육과정을 따른다.

2) 교과의 내용을 대신하여 생활기능 및 진로와 직업 교육, 현장 실습 등으로 편성 · 운영할 수 있다. 그 영역과 내용은 학생의 장애 특성 및 정도를 반영하여 학교가 정한다.

나. 중도 · 중복장애 특수학급(특수교육 대상 학생을 위해 특수학급을 설치 · 운영하는)의 경우, 학생의 장애 특성 및 정도를 고려하여 초 · 중등학교 교육과정을 조정하여 운영하거나 특수교육 교육과정 및 교수 · 학습 자료를 활용할 수 있다.

1) 생활기능 영역으로 재구성할 경우, 경기 생활밀착형 중도 · 중복장애 교육과정, 중도 · 중복장애 교육과정 지원 자료 등을 활용할 수 있다.

2) 교수 · 학습은 다양하고 풍부한 실생활에서의 구체적인 소재로 실물, 동영상, 모형, 사진 등을 활용하여 학생의 경험을 확대하고, 학습활동에 흥미를 유발할 수 있도록 한다.

다. 중도 · 중복장애 학생의 경우에는 학생의 표현 수단과 참여 수단을 반영한 학습 목표의 달성여부를 평가하되, 학생의 개별화교육계획과 관련된 학습 목표나 기술을 과제 분석하여 학생이 달성할 수 있는 하위 기술을 선정하여 평가한다. 평가는 '반응행동' 중심 평가방안[예: 무반응, 인식, 도움 받아 수행(G, U, P), 독립 수행]을 적용하여 학생의 반응정도를 평가할 수 있다.

라. 중도 · 중복장애를 가진 학생을 가능한 한 조기에 발견하여 적절한 지도 방안을 모색한다.

마. 중도 · 중복장애로 인한 제한된 환경을 최소화시키고, 최대한 독립적 생활을 영위할 수 있도록 정상화된 생활경험을 제공한다.

바. 특수교육 관련서비스는 개별화교육계획에 따라 지원할 수 있다.

<학급 운영 계획>

1) 중도 · 중복장애 특수학급 운영의 주요 업무

- 개별화교육지원팀 구성 및 작성
- 장애이해 및 인식개선교육, 장애 인권 교육, 장애학생 대상 성교육
- 개별화교육계획, 교과 및 창의적 체험활동, 학업성적관리위원회 특수교육 대상 학생 평가, 특수교육지도사 관리, 통합교육 지원, 학부모 상담, 종일반 및 방과후 지원
- 특수교육 관련 서비스 지원(치료지원, 보조공학기기, 통학지원, 보조인력 지원 등)
- 보조공학기기 사후관리 및 이관 계획
- 중도 · 중복장애학생 특별건강관리 및 안전관리

2) 연간 학급 운영 계획

<table>
<tr><th>월별</th><th>일반 업무</th><th>중도 · 중복장애 특수학급 관련 업무</th></tr>
<tr><td>3월</td><td>• 개별화교육지원팀 구성
• 학생별 진단평가 실시 및 회의 개최
• 특수교육지원센터 보조공학기기 신청
• 1학기 개별화교육계획(IEP) 수립
• 통합교육계획 수립
• 특수학급 교육과정 운영계획 수립
• 학업성적관리위원회(평가조정)
• 1학기 시간표 편성 및 각종 대장 확인
• 교실 환경 꾸미기 및 예산 집행 및 신청
• 특수교육지도사 및 사회복무요원 운영계획서 수립(해당교)</td><td rowspan="2">• 중도 · 중복장애학생 특별건강관리 및 안전관리
• 중도 · 중복장애학생 건강 관련 컨설팅(지역사회 병원 협조)
• 중도 · 중복장애학생 평가 및 평가조정제 관련 지원
• 중도 · 중복장애학생 방과후활동비 신청
• 중도 · 중복장애학생 통학비 신청
• 중도 · 중복장애학생 치료 지원 신청서 제출
• 통합교육 협의</td></tr>
<tr><td>4월</td><td>• 장애인식개선 및 장애이해 교육계획 수립 및 실시[학부모, 교사, 학생(연 2회 중 1회)]
• 장애인의 날 운영: 장애체험행사, 백일장, 장애인의 날 신문 등
• 1학기 교재교구 및 기자재, 소모품 구입</td></tr>
<tr><td>5월</td><td colspan="2">• 1학기 지필평가 시 평가조정(중 · 고등)
• 학부모 공개수업
• 장애학생 성교육 및 인권보호 교육 실시[학부모, 교사, 학생(연 2회 중 1회)]
• 특수학급 체험학습 운영(연중)
• 특수학급 체험학습 관련 안전교육 실시(필요시 사전답사 및 학교운영위원회 심의 및 자문)
• 통합학급 담당교사 연수
• 의료 및 보조공학기기, 자세유지기구 컨설팅</td></tr>
<tr><td>6월</td><td colspan="2">• 특수학급 방과후 활동비 및 통학비 지급(지급 시기는 융통성 있게 운영)
• 중도 · 중복장애학생 보조공학기기 점검(연중)
• 여름방학 늘해랑학교 신청서 제출(희망자)</td></tr>
<tr><td>7월</td><td colspan="2">• 1학기 지필평가 시 평가조정(중 · 고등)
• 1학기 개별화교육지원팀 평가 협의 실시
• 평가 결과를 보호자 및 통합학급 담임교사에게 안내
• 생활통지표 및 개별화교육 평가 결과 배부
• 방학운영 계획 수립</td></tr>
<tr><td>8월</td><td colspan="2">• 방학 중 중도 · 중복학생 실태점검
• 방학 중 특수학급 교사 자율 연수
• 2학기 시간표 작성</td></tr>
</table>

9월	• 2학기 개별화교육계획(IEP) 수립 • 상급학교 진학 관련 상담 및 서류 작성 • 장애인식개선 활동 실시 • 특수학급 방과후 활동비 및 통학비 지급 (지급 시기는 융통성 있게 운영) • 학부모 상담 및 교육, 특수교육지도사 연수	• 중도 · 중복장애학생 건강 관련 컨설팅(지역사회 병원 협조) • 의료 및 보조공학기기, 자세유지기구 컨설팅 (연 2회 중 2회)
10월	• 2학기 지필평가 시 평가조정(중 · 고등) • 학부모 공개수업 • 장애인식개선 및 장애이해 교육계획 수립 및 실시[학부모, 교사, 학생(연 2회 중 2회)] • 특수학급 체험학습 관련 안전교육 실시(필요시 사전답사 및 학교운영위원회 심의 및 자문) • 통합학급 담당교사 연수	
11월	• 장애학생 성교육 및 인권보호 교육 실시[학부모, 교사, 학생(연 2회 중 1회)] • 방과후 프로그램 학부모 공개 및 만족도 조사 • 겨울방학 늘해랑학교 신청서 제출(희망자)	
12월	• 2학기 지필평가 시 평가조정(중 · 고등) • 2학기 개별화교육지원팀 평가 협의 실시 • 생활통지표 및 개별화교육 평가 결과 배부 • 특수학급 방과후 활동비 및 통학비 지급(지급 시기는 융통성 있게 운영) • 예산 잔액 확인 및 다음 연도 예산 요구서 제출 • 익년도 특수교육지도사 및 사회복무요원 신청서 제출 • 방학 운영 계획 수립 • 다음 학기 입급 의뢰 학생 학부모 상담	

2) 특수학급의 개념

(1) 특수학급의 정의

특수학급은 특수교육대상자의 통합교육을 실시하기 위하여 일반학교에 설치된 학급을 말한다. 지적장애아, 시각장애아, 청각장애아, 지체장애아 등의 통합교육을 위하여 고등학교 이하의 각급 학교에 설치된 학급으로, 운영 형태는 전일제, 시간제, 특별지도, 순회교육 등으로 나뉜다. 현재 우리나라에서 가장 보편적으로 운영되는 유형은 시간제 부분통합의 특수학급 형태이다(국립특수교육원, 2009).

특수학급에 대한 정의는 2007년 제정된「장애인 등에 대한 특수교육법」(이하「특수교육법」)에 제시되어 있다. 이에 앞서 1977년 12월 31일에 제정된「특수교육진흥법」에서는 특수학급을 '특수교육을 위하여 고등학교 이하의 각급 학교에 병설된 학급'으로 정

표 1-2 특수교육 관련법규에서의 특수학급 정의

특수교육 관련법규	특수학급 정의
특수교육진흥법 (1977년 12월 31일 제정)	특수교육을 위하여 고등학교 이하의 각급 학교에 병설된 학급
특수교육진흥법 (1994년 개정)	특수교육대상자의 통합교육을 실시하기 위하여 고등학교 이하의 각급 학교에 설치된 학급으로, 그들의 능력에 따라 전일제, 시간제, 특별지도, 순회교육 등으로 운영되는 학급
장애인 등에 대한 특수교육법 (2007년 제정)	특수교육대상자의 통합교육을 실시하기 위하여 일반학교에 설치된 학급

의하였다. 이후 1994년 개정된 「특수교육진흥법」에서는 '특수학급이란 특수교육 대상자의 통합교육을 실시하기 위하여 고등학교 이하의 각급 학교에 설치된 학급으로, 그들의 능력에 따라 전일제, 시간제, 특별지도, 순회교육 등으로 운영되는 학급을 말한다.'고 하였다. 1977년 정의에 비하여 1994년 정의에서는 특수학급을 통합교육을 목적으로 설치한 학급으로 규정함으로써 특수학급 교육이 통합교육과 관련되어 있음을 강조하였다. 그리고 특수학급의 운영 형태를 전일제, 시간제, 특별지도, 순회교육 등으로 분리하여 제시하고 있다. 2007년 새로 제정된 「특수교육법」에서는 '특수학급이란 특수교육대상자의 통합교육을 실시하기 위하여 일반학교에 설치된 학급을 말한다.'고 정의하였다(〈표 1-2〉 참조). 이와 같이 특수학급에 대한 법적인 정의에서는 특수학급의 설치 목적을 통합교육 실시에 두고 특수학급 장애학생의 통합교육을 강조하고 있다.

Kirk(1972)는 '특수학급이란 학급을 구성하는 아동에 대하여 경제적 · 사회적 · 문화적 · 교육적 요구 수단에 따라 여러 형태로 만들어진 학급 중의 하나로 지능지수 50~75 사이에 있는 교육 가능급 지적장애아를 수용하며, 그들의 지적 · 신체적 · 사회적 적응능력을 발휘하는 학습활동의 장'이라고 하였다.

김동연(1989)은 특수학급은 특수학교와 학습도움실 제도의 중간 단계에 위치하는 것으로, 통합의 양으로 보았을 때 특수학교 교육제도보다 더 많이 통합된 제도라고 하였다. 그리고 권치순 등(1991)은 특수학급은 일반학급에서 비장애아동과 같이 교육하기 곤란하거나 교육효과를 거두기 어려운 심신장애아들에게 능력에 따른 교육의 보장으로 학교생활을 보다 즐겁게 하고 그들의 지적, 신체적, 사회적 적응능력을 발휘하도록 학습하는 장이라고 하였다. 또한 김홍주(1991)는 일반학급에서 교육을 받을 경우 소기의 효과를 달성하기 어렵고 비교적 장애 정도가 가벼운 약시아, 난청아, 교육가능 지적 장애, 병 · 허약아, 언어장애아, 정서장애아 등이 특별히 훈련받은 교사가 있는 학급에 등록되고 거기서 대부분의 시간을 보낸다면 그것을 특수학급이라 할 수 있다고 하였다.

김승국(1995)은 특수학급을 '일반학급에서 교육하기 어려운 장애아동에게 알맞은 학교 교육과정으로 조직 · 운영하기 위해 일반학교에 설치된 학급으로 학교의 기본적인 구성 단위'라고 하였다. 류문화 등(1999)은 특수학급을 아동의 장애 상태에 따라 소인수 학급으로 편성하고 개인의 장애 상태나 특성 등에 적합한 구체적이고 개별적인 교육목표를 설정하고 적절한 지도내용을 선정하여 다양한 교수 · 학습 자료를 활용한 지도로 바람직한 성장을 도모하는 교육환경의 한 형태로 정의하였다.

따라서 특수학급은 특수교육 대상 학생의 통합교육을 목적으로 유치원을 포함한 고등학교 이하의 일반학교에 설치된 학급을 말하며, 입급된 학생의 특별한 교육적 요구에 따라 전일제, 시간제, 특별지도 혹은 학습도움실, 순회교육 등으로 운영되는 학급이라고 할 수 있다.

(2) 특수학급 설치 규정

특수학급 설치와 관련된 규정은 「특수교육법」 이외에도 「헌법」과 「초 · 중등교육법」, 「고등교육법」 등 다양한 법적 근거를 들 수 있다. 먼저, 헌법 제31조 제1항에서는 '모든 국민은 능력에 따라 균등하게 교육을 받을 권리를 가진다.'고 규정함으로써 대한민국 국민은 누구나 균등한 교육기회가 보장되어 있다는 점을 명시하고 있다. 이것은 장애를 가진 사람이든 그렇지 않은 사람이든 누구나 공정한 교육의 기회를 가질 수 있다는 점을 천명한 것이다(최세민 외, 2005).

또한 「초 · 중등교육법」 제57조에는 '고등학교 이하의 각급 학교에 관할청의 인가를 받아 특수교육을 필요로 하는 학생을 위한 특수학급을 둘 수 있다.'고 규정하고 있으며, 「특수교육법」 제21조 제3항에서는 '일반학교의 장은 제2항에 따라 통합교육을 실시하는 경우에는 제27조의 기준에 따라 특수학급을 설치 · 운영하고, 대통령령으로 정하는 시설 · 설비 및 교재 · 교구를 갖추어야 한다.'고 규정함으로써 장애학생이 그들의 능력에 따라 특수학급에서 적절한 교육을 받을 수 있도록 하고 있다.

「특수교육법 시행령」(2008) 제16조 통합교육을 위한 시설 · 설비 등에서는 "일반학교의 장은 법 제21조 제2항에 따라 통합교육을 실시하는 경우에는 특수교육대상자의 교내 이동이 쉽고, 세면장 · 화장실 등과 가까운 곳에 위치한 66제곱미터 이상의 교실에

표 1-3 특수학급 설치 기준 관련 법적 근거

1963년 교육법	특별한 경우에는 공회당 기타 사용 가능 건물을 이용하여 국민학교 또는 중학교는 특수학급을 둘 수 있다.
헌법 제31조 제1항	모든 국민은 능력에 따라 균등하게 교육을 받을 권리를 가진다.
초·중등교육법 제57조	고등학교 이하의 각급 학교에 관할청의 인가를 받아 특수교육을 필요로 하는 학생을 위한 특수학급을 둘 수 있다.
특수교육진흥법 제15조 제3항	일반학교의 장은 통합교육을 실시하는 경우에는 대통령령이 정하는 기준에 따라 특수학급을 설치·운영해야 한다.
특수교육진흥법 시행령 제13조의 2 (특수학급의 설치)	① 법 제15조 제3항의 규정에 의한 특수학급 설치 기준은 다음 각 호와 같다. 1. 특수교육 대상자가 1인 이상 12인 이하인 학교: 1학급 이상 2. 특수교육 대상자가 13인 이상인 학교: 2학급 이상
2007 특수교육법 제21조(통합교육)	① 각급 학교의 장은 교육에 관한 각종 시책을 시행함에 있어서 통합교육의 이념을 실현하기 위하여 노력하여야 한다. ② 제17조에 따라 특수교육 대상자를 배치받은 일반학교의 장은 교육과정의 조정, 보조인력의 지원, 학습보조기기의 지원, 교원연수 등을 포함한 통합교육계획을 수립·시행하여야 한다. ③ 일반학교의 장은 제2항에 따라 통합교육을 실시하는 경우에는 제27조의 기준에 따라 특수학급을 설치·운영하고, 대통령령으로 정하는 시설·설비 및 교재·교구를 갖추어야 한다.

특수학급을 설치하여야 한다. 다만, 배치된 특수교육대상자의 수 및 그 학교의 여건 등을 고려하여 시·도 조례로 정하는 바에 따라 44제곱미터 이상의 교실에 학급을 설치할 수 있다."고 제시하여 특수교육 대상자들이 배치된 특수학급의 바람직한 학습환경 조성을 위한 최적의 설치 기준을 제시하고 있다.

그리고「장애인 등에 대한 특수교육법」(2007) 제27조 "특수학교의 학급 및 각급 학교의 특수학급 설치 기준"에 특수학급 설치에 대한 규정을 다음과 같이 제시하고 있다.

「특수교육법」 제27조(특수학교의 학급 및 각급 학교의 특수학급 설치 기준)

① 특수학교와 각급 학교의 장은 다음 각 호의 기준에 따라 학급 및 특수학급을 설치하여야 한다.

1. 유치원 과정의 경우: 특수교육대상자가 1인 이상 4인 이하인 경우 1학급을 설치하고, 4인을 초과하는 경우 2개 이상의 학급을 설치한다.

2. 초등학교 · 중학교 과정의 경우: 특수교육 대상자가 1인 이상 6인 이하인 경우 1학급을 설치하고, 6인을 초과하는 경우 2개 이상의 학급을 설치한다.
3. 고등학교 과정의 경우: 특수교육대상자가 1인 이상 7인 이하인 경우 1학급을 설치하고, 7인을 초과하는 경우 2개 이상의 학급을 설치한다.

② 교육감은 제1항에도 불구하고 순회교육의 경우 장애의 정도와 유형에 따라 학급 설치 기준을 하향 조정할 수 있다.

③ 특수학교와 특수학급에 두는 특수교육 교원의 배치 기준은 대통령령으로 정한다.

제27조에 따르면, 초등학교와 중학교에서는 특수교육대상자가 6명 이상인 경우, 그리고 고등학교에서는 특수교육대상자가 7인을 초과하는 경우에는 2개 특수학급을 설치하여야 한다. 그리고 「장애인 등에 대한 특수교육법 시행령」 제22조(특수학교 및 특수학급에 두는 특수교육교원의 배치기준)에 따르면 「특수교육법」 제27조 제3항에 따라 배치하는 특수교육 담당 교사는 학생 4명마다 1명으로 하며, 다만 도시와 농촌 · 산촌 · 어촌 교육의 균형발전, 특수교육지원센터의 운영 현황 및 특수교육대상자의 지역별 분포 등을 고려하여 특별시 · 광역시 · 도 · 특별자치도별 교사는 교육부장관이, 단위 학교 · 학급별 교사는 해당 교육감 또는 교육장이 배치 기준의 40%의 범위에서 가감하여 배치할 수 있도록 하고 있다[「특수교육법 시행령」 개정 2013.3.23. 제24423호(교육부와 그 소속기관 직제)].

뿐만 아니라 교원양성과정에서 예비교원들의 특수교육에 대한 이해와 교수능력을 신장시키기 위하여 다음과 같이 「고등교육법」에 특수학급 관련 조항을 신설하여 교육대학, 국공립 사범대학 및 한국교원대학교 부설학교에 특수학급을 의무적으로 설치토록 하였다.

「고등교육법」 제45조(부설학교)

④ 교육대학, 국립 · 공립의 사범대학 및 종합교원양성대학에 부설하는 유치원 · 초등학교 · 중학교 및 고등학교에는 특수교육이 필요한 학생을 위하여 특수학급을 둔다.

⑤ 제4항에 따른 특수학급의 설치 기준은 「장애인 등에 대한 특수교육법」 제27조에 따른다.

2. 특수학급 경영의 방법

특수학급은 "특수교육 대상 학생의 통합교육을 실시하기 위하여 일반학교에 설치된 학급"을 의미한다(「장애인 등에 대한 특수교육법」 제2조). 즉, 특수학급 경영의 목적은 장애학생의 통합교육을 가장 효율적으로 실천하고자 하는 것이기 때문에, 가장 바람직한 특수학급 운영의 형태는 장애학생이 일반학급에 완전히 통합되어 특수교사와 통합학급 교사가 협력하고 지원하는 형태라 할 수 있다. 그러나 장애학생의 장애 유형과 정도, 요구에 따라 학습도움실 혹은 시간제 특수학급, 전일제 특수학급 등을 적용하는 것이 바람직할 것이다.

특수학급 경영의 형태는 '전일제 특수학급'과 '시간제 특수학급(혹은 학습도움실)', 그리고 통합학급에 완전 통합된 특수교육 대상 학생을 위한 '순회교육 특수학급' 등으로 나눌 수 있다.

1) 전일제 특수학급과 시간제 특수학급

전일제 특수학급은 독립된 특수학급에 학생을 입급시키고 전 학생이 하루 종일 특수학급에서 생활하고 학습하는 형태로, 즉 장애학생을 위한 모든 수업이 특수학급에서 이루어지는 경우를 말하며, 국어, 수학 등 주요 교과 이외 예체능 등 모든 교과 수업이 일반학급이 아닌 특수학급에서 이루어지는 형태이다. 대개 일반학급에서 적응하기 어려운 학생들로 편성된 경우에 취할 수 있으며 통합교육이 아닌 분리교육의 형태이므로 통합교육의 기회가 주어지지 않는다는 단점이 있다(정경애, 2006).

우리나라 특수교육 관련법에서는 시간제 특수학급과 학습도움실을 구분하지 않고 있으며, 현장에서도 학습도움실과 시간제 특수학급을 혼용하고 있으나, 공식적인 용어는 특수학급이라 할 수 있다. 시간제 특수학급은 특수교육대상자들이 통합학급에 소속되어 있으면서 특수학급에서 일부 수업을 진행하는 형태로, 현재 우리나라의 특수학급은 대부분 시간제 특수학급으로 운영되고 있다(국립특수교육원, 2009). 제7차 특수학교 교육과정에서는 '학습도움실'을 읽기, 쓰기, 셈하기와 같은 특정 영역이나 특정 교과에 학습장애가 있는 아동을 특별히 지도하는 형태로 정의하였다. 그리고 교육과학기술부에서 발간한 '통합학급 및 특수학급 교육과정 편성 · 운영 자료'(교육과학기술부, 2009)에서도 학습도움실을 특수교육 대상 학생이 전체 수업 중에서 국어, 수학, 영어와 같은 과목을 특수학급에서 교육받고 나머지 교과는 통합학급에서 교육받는 형태로 정의하였다. 학습도움실은 일종의 시간제 특수학급으로 대부분의 시간을 통합학급에서 학습하게 되며, 일부 특정 시간이나 교과에 한하여 특수학급에서 특수교사의 특별지도를 받는 형태를 의미하는 것으로 해석하여 시간제 특수학급과 흡사한 유형으로 설명하고 있다.

2) 순회교육 특수학급

순회교육은 특수교육 교원 및 특수교육 관련 서비스 담당 인력이 각급 학교나 의료기관, 가정 또는 복지 시설(장애인 복지 시설, 학생 복지 시설 등을 말한다) 등에 있는 특수교육 대상 학생을 직접 방문하여 실시하는 교육을 말한다(「장애인 등에 대한 특수교육법」 제2조 정의). 교육장 또는 교육감은 일반학교에서 통합교육을 받고 있는 특수교육대상자를 지원하기 위하여 일반학교 및 특수교육지원센터에 특수교육 교원 및 특수교육 관련 서비스 담당 인력을 배치하여 순회교육을 실시하여야 한다(「장애인 등에 대한 특수교육법」 제25조 순회교육 등). 2018년 현재 특수학급의 353명 교사들이 순회교육을 실시하고 있으며, 실시 현황은 〈표 1-4〉와 같다(교육부, 2018b).

「장애인 등에 대한 특수교육법 시행령」(2008)에서는 순회교육 운영에 있어서 교육장이나 교육감은 순회교육을 받는 특수교육대상자의 능력, 장애 정도 등을 고려하여 순회교육계획을 작성 · 운영하여야 하며, 순회교육의 수업일수는 매 학년도 150일을 기준으로 하여 각급 학교의 장이 정하되, 순회교육을 받는 특수교육대상자의 상태와 교육과정의 운영상 필요한 경우에는 지도 · 감독기관의 승인을 받아 30일의 범위에서 줄일 수 있도록 하고 있다. 순회교육은 일반학급에 완전 통합된 특수교육 대상 학생의 교육 활동을 지원하거나 가정과 시설 · 병원을 순회하며 지원하는 것으로 나누어 편성되

표 1-4 특수학급 순회교육 현황(2018년) (단위: 학급, 명)

구분	학생수										학급수	교사수
	기관					학교과정						
	가정	시설	병원	일반학교	계	유치원	초등학교	중학교	고등학교	계		
특수학급에서 순회, 파견, 겸임	503	544	10	78	1135	53	464	317	301	1135	312	353

며 다음의 사항을 고려한다(교육과학기술부, 2009).

첫째, 특수학급이 설치되지 않은 학교에 특수교육 대상 학생이 완전 통합되어 있는 경우에는 순회 교사를 통합학급에 파견하여 통합학급 교사의 교수 활동을 자문 · 지원한다.

둘째, 병원 순회교육은 학령기 학생 중 만성적 또는 의료적 및 정형외과적 장애로 인하여 병원에 입원해 있을 동안 각 학생의 개별화교육계획에 명시된 목표와 활동을 보완 · 지속시킬 수 있도록 한다.

셋째, 가정 순회교육은 병원에 입원할 상황이나 조건이 아니면서 정기적으로 가정에 머물러 있어야 할 경우를 지칭하며, 재가(在家) 학생들의 교육적 요구와 학습 속도에 맞는 교수 활동을 제공한다. 교육 활동은 일시적이며, 재가 학생들이 가능한 한 빨리 학교로 복귀하도록 지원하기 위하여 일반 교육과정을 기초로 개인의 특별한 요구를 고려한다.

넷째, 학생 개인의 교육적 요구에 맞게 교육과정을 조정하고 학년 수준 및 교과 영역에 따라 교사를 순회시킨다.

다섯째, 다양한 평가를 실시하여 학생의 교육적 요구를 정확히 파악한 후, 각 학생의 특별한 교육적 요구에 부응할 수 있는 개별화교육계획을 수립한다.

여섯째, 약시 학생의 교육과정은 학생의 통합교육 정도를 고려하여야 하며, 자주적 생활 능력을 배양하고 장애를 극복하며 잠재된 능력을 계발하여 사회생활에 통합될 수 있는 내용으로 한다.

일곱째, 건강장애 학생들을 대상으로 실시되는 사이버 교실은 공통 교육과정 위주로 학생의 개별적인 교육적 요구와 필요에 적합한 학습을 지원하도록 편성된다.

시간제 특수학급(학습도움실 포함)과 전일제 특수학급에서의 교육은 엄격한 의미에서 통합교육이 아닌 분리된 특수교육일 수 있기 때문에, 각급 학교장은 특수교육 대상 학생의 교육적 요구에 적합한 교육 지원이 이루어질 수 있도록 전일제 특수학급과 시간제 특수학급(혹은 학습도움실), 그리고 특수학급 순회교육을 융통성 있게 활용하되, 최상의 통합교육이 실현될 수 있도록 특수학급을 운영하여야 한다(교육과학기술부, 2009).

교육부(2018c)는 특수교육대상자를 위한 순회교육 지원을 강화하고, 순회교육 교육과정 운영의 내실화를 도모하기 위해서 다음과 같은 시도교육청 조치사항과 순회교육 운영 방안을 제시하여 특수교육대상자의 장애 정도와 교육 요구 등에 대한 정확한 진단 · 평가 및 적합한 교육환경 배치로 개별 학생의 학습권을 보장하도록 강조하고 있다.

〈시 · 도교육청 조치사항〉

① 복지시설 · 의료기관 또는 가정 등에 거주하는 특수교육대상자 중 특수교육운영위원회의 종합적인 판단을 통해 이동 곤란 등 특별한 사유를 지닌 학생에 한해 순회교육을 지원하고, 통학지원 등 가능한 지원을 확대하여 학교에 출석하도록 유도

※ 순회교육을 받고 있는 학생 중 학교교육이 가능한 학생은 특수학교(급), 일반학급으로 재배치

② 특수교육대상자로 선정되어 가정, 시설 등에 있는 특수교육 대상 영아 순회교육 제공

③ 순회학급 설치 및 순회학급 담당교사 배치

④ 순회학급에도 교재 · 교구 구입 등을 위한 학급 운영비 지원 및 담임 역할 수행

⑤ 순회교육 담당자의 전문성 신장 및 역량 강화를 위한 연수 실시

〈순회교육 운영방안〉

1. 운영 방침
   - 교육감 또는 교육장은 일반학교에서 통합교육을 받고 있는 특수교육대상자를 지원하기 위하여 일반학교 및 특수교육지원센터에 특수교육 교원 및 특수교육 관련 서비스 담당인력을 배치하여 순회교육 실시
   - 교육감은 장애 정도가 심하여 장 · 단기의 결석이 불가피한 특수교육대상자의 교육을 위하여 순회교육 실시
   - 교육감은 이동이나 운동기능의 심한 장애로 인하여 각급 학교에서 교육을 받기 곤란하거나 불가능하여 복지시설 · 의료기관 또는 가정 등에 거주하는 특수교육대상자의 교육을 위하여 순회교육 실시
2. 학급 편성
   - 「장애인 등에 대한 특수교육법」 제27조(특수학교의 학급 및 각급 학교의 특수학급 설치 기준)에 의해 편성하되 거주지별, 시설별로 학년통합 편성 가능
3. 교육과정 운영
   - 교육감이나 교육장은 순회교육을 받는 특수교육대상자의 능력, 장애 정도 등을 고려하여 순회교육계획을 작성 · 운영
   - 순회교육의 수업일수는 매 학년도 150일을 기준으로 하여 각급 학교의 장이 정하되, 특수교육대상자의 상태와 교육과정의 운영상 필요한 경우에는 지도 · 감독기관의 승인을 받아 30일의 범위에서 줄일 수 있음

※ 본 운영방안을 참고하되, 세부적인 사항은 시 · 도교육청의 지침에 따름

3. 특수학급 경영의 원리

학급은 학교교육의 가장 기초단위로서 학생에게는 인격형성의 장이며, 교사에게는 교육실천의 장이다. 학생들은 학급에서 교사와 급우들과의 끊임없는 상호작용을 통해 교과지식뿐만 아니라 행동기준이나 규범을 배우게 된다. 학급경영은 학교-학년-학급으로 이어지는 학교조직의 연계성을 바탕으로 학교 및 학년경영과 유기적인 관계를 맺으면서 비교적 독자적으로 학급을 운영하는 활동이다. 학급경영의 중요성은 무엇보다도 학급이 학교교육을 실질적으로 수행하는 기본단위이며, 학급활동에 의해 학교교육이 전개된다는 점에 있다.

특수학급 또한 일반적인 학급 운영과 마찬가지로, 특수학급 담당교사의 효율적인 운영이 특수학급 교육의 성패를 좌우한다고 할 수 있다. 특수학급의 효율적인 운영을 위해서는 다음과 같은 특수학급 교사의 학급경영에 대한 철학과 계획이 갖추어져야 한다(정희섭 외, 2006).

- **투철한 신념과 사명감**: 특수학급 경영자의 신념과 사명감은 특수학급 교육의 가장 기초가 된다. 봉사자, 희생자의 정신 자세가 아니면 특수학급 경영은 성공할 수 없다. 그래서 특수학급 경영이 잘 안 되는 책임을 남에게 돌릴 것이 아니라 모든 것을 학급경영자인 나 스스로의 문제라 확신해야 한다. 특수학급 담임을 지원한다는 것은 사실 고생을 자원하는 것임에 틀림이 없다. 그렇지만 교사로서의 사명감만 있다면 모든 문제점들은 긍정적으로 받아들여지고 스스로 해결할 수 있을 것이다.
- **공감적 이해**: 특수교사는 특수교육 대상 학생에 대해서 배우지 않으면 안 된다. 문헌 속에 나타나 있는 그들의 특성은 일반적 특성일 뿐 그들 개개인의 실제적 특성은 아니다. 이들의 현재 특성을 알려면 그들과 함께 웃고 땀 흘리며 같이 생활하지 않으면 안 된다. 즉, 교사 자신이 특수교육 대상 학생의 입장이 되어야만 그들을 바로 이해할 수 있게 되는 것이다. 이러한 분위기 속에서 이들을 세밀히 관찰하면 특수학급 경영의 묘를 기할 만한 생생한 자료를 많이 얻을 수 있을 것이다. 그러나 이들을 바로 이해하기 위한 관찰에 있어서 횡단적이고 현실적인 관찰에만 그칠 것이 아니라 생육력과 아울러 성장 · 발달 과정을 역사적, 종단적으로 관찰하는 방법

도 병행해야 더욱더 공감적인 이해가 가능하다.

- **실천적 경영:** 특수학급 담당교사는 지시, 명령, 금지, 권장 등과 같이 말로써 지도할 것이 아니라 온몸으로 함께 행동해야 한다. 학습활동이든, 놀이든, 청소든 간에 직접 시범을 보이고 함께 해야 한다. 감각행동적 학습이 이들에게 알맞은 학습 방법이라면, 특수학급 경영의 특색을 감각행동적 경영이란 특수한 표현으로도 말할 수 있을 것이다. 어디까지나 동료적 태도로서 함께 행동하는 것이 중시되어야 한다. 환경정리, 청소미화, 세수, 화장실 사용, 침구처리, 목욕, 식사 등 신변처리는 물론이고, 행동지도에 있어서의 행동수정도 반드시 시범을 보여 행동적으로 어떻게 해야 하는가를 분명히 도와주고 따라 하게 해야 한다.
- **투철한 인간애:** 인도주의는 가슴 속에서 우러나는 진정으로 사랑하는 마음의 자세가 중요하다. 특수학급의 주인은 학생이며, 특수학급 경영은 학생 중심으로 이루어져야 한다는 것은 자명한 일이다. 특수학급 학생의 가정이 어려울수록, 장애 정도가 심할수록 지도교사의 따뜻한 사랑과 교육의 손길이 더 필요하다는 것을 깊이 명심하고, 더 많은 관심을 보여 주어야 한다. '인간애에 투철하라'는 말은 부모의 과보호나 맹목적 사랑을 권장하는 것이 아니라 어디까지나 교육적이고 지성적인 사랑을 의미한다. 이러한 특수교사로서의 투철한 인간애가 갖추어졌을 때 특수학급을 담당할 수 있을 것이다.
- **부모교육:** 장애아를 가진 부모들은 대부분 절망이나 불만에 쌓여 있다. 이들은 이러한 심리적인 스트레스의 연속에서 별다른 대책 없이 막연하게 좋아지기를 기다리는가 하면, 희망이 보이지 않는 자녀로 생각하여 무시, 방임, 소외, 멸시, 거부를 하기도 한다. 다행히 특수학교나 특수학급에 입급시켰다 하더라도, 지식적인 면에 집착하여 그 성과가 여의치 않으면 또다시 실망해 버린다. 부모들의 이러한 태도를 근본적으로 고치지 않는 한은 교육 효과를 기대하기가 어렵다. 그래서 특수교육에 있어서는 아동교육 못지않게 부모교육을 중시하고 있다. 이렇듯 부모의 협력을 얻는다는 것은 특수학급 경영을 성공적으로 이끄는 원동력이 됨을 깊이 있게 인식하고, 이들 부모의 계몽에 노력해야 한다. 이를 위해 부모에게 가정방문, 학급참관 등의 기회를 자주 마련하여 계속적인 교육상담에 노력해야 한다. 이러한 부모에 대한 상담과 교육의 목적은 자녀의 장래에 관해서 부모에게 희망을 주어 올바른 태도로 전환시키는 데 있다. 따라서 그들의 심적 상처를 건드리거나 교훈적 설득을 삼가야 하고, 특수학급 경영에의 협력을 지나치게 강요하는 등의 심

리적 부담을 주지 말아야 한다. 또한 교사와의 긴밀한 협조 속에 자녀문제에 대한 숨김없는 상담의 자세가 되도록 지도해 주어야 한다.

- **통합학급 교사와의 협력**: 일반학급 교사들이 특수학급을 외면하는 분위기가 조성되면, 특수학급은 학교 안에서도 완전히 소외되어 버린다. 이런 경우에 특수학급 담당교사도 전체 교직원 집단에서 이탈되어 특수교육 대상 학생이 통합되어 있는 통합학급 교사들의 협력을 얻기 어려워져 특수학급 경영은 더욱 어려움에 봉착하게 된다. 항상 학교장을 비롯하여 모든 교직원들에게 능동적으로 대처하여 이해와 협력을 얻는 데 최선의 노력을 하여야 한다. 뿐만 아니라 일반학급 학생으로 하여금 특수학급 학생을 바로 이해하고 이들을 잘 받아들일 수 있도록 일반학급 담임교사들도 협조해 주어야 한다.

학급경영의 원리는 특수학급의 경우도 동일하다고 볼 수 있다. 특수학급은 일반학교에서 외딴 섬처럼 존재해서는 안 되며, 장애학생의 통합교육 목표달성을 위해 소속 학교, 소속 학년, 소속 학급(통합학급)과 상호 유기적인 관계 속에서 운영되어야 한다(이유훈, 2012). 특수학급의 효율적인 경영을 위해서는 먼저 다음과 같은 특수학급의 특성을 고려하여야 할 것이다(김정권, 이상춘, 1985; 이나미, 윤점룡, 1989).

첫째, 특수학급은 소수집단으로 조직 · 편성된 소규모의 학급 사회이므로 집단 조직 속에서 습득해야 할 책임감, 협동심, 자율성, 순종, 질서 및 도덕관념과 같은 사회적 능력 면에서의 활동이 소홀해지기 쉽다.

둘째, 특수학급은 일반학교 내에 부설되어 있으므로 이에 대한 여러 가지 장단점을 고려해야 한다.

셋째, 특수학급에 수용된 아동은 개인차의 폭이 넓기 때문에 개개 아동의 특수한 요구를 개별적으로 충족시켜 줄 수 있는 학급경영을 해야 한다.

넷째, 특수학급은 학급경영에 높은 독창성을 필요로 한다. 왜냐하면 특수학급 경영은 종적으로는 학교 목표와 방침, 횡적으로는 학년 지도 목표와 방침을 기초로 하여 학급의 실태와 학급 담당교사의 독창성과 교육관이 그 기반이 되기 때문이다.

다섯째, 가능하면 특수아동이 비장애아동과 더불어 생활하고 교육받을 수 있도록 통합교육을 강화해야 한다.

여섯째, 특수학급 대상 아동들의 장애 영역이 다양하므로 장애아동의 능력에 맞고 교수 · 학습의 효율성을 높이는 방식으로 특수학급의 형태를 다양하게 운영해야 한다.

일곱째, 특수교육을 전공한 교사가 담당할 수 있도록 한다.

특수학급 교사가 학급 운영이나 경영상의 문제를 해결하기 위해서는 일반적인 학급 경영의 원리에 따라야 한다. 이와 같은 원리는 일반적인 학급 경영의 원리에도 부합되어야 하며, 아동의 학습지도와 생활지도의 원리에 입각하여 고려해야 한다. 특히 효과적이고 능률적인 특수학급 경영을 위해서는 반드시 그 실천의 전제가 되는 기본원리가 있어야 한다. 특수학급의 경우 특수교육에 적합한 교육목적을 효과적으로 달성하기 위해 교육의 기본단위인 교사와 학생 간에 이루어지는 모든 활동(교과지도, 생활지도, 학적관리, 공문서 처리와 출석관리, 각종 시설과 환경관리)은 물론 개별화교육계획의 수립과 실천, 각종 추가적인 지원활동들이 필요하기 때문에 그러한 활동들을 감안하여 특수학급 경영의 원리를 제시하면 다음과 같다(이유훈, 2012; 정희섭 외, 2006).

- **타당성의 원리**: 특수학급 경영은 어디까지나 특수학급 교육목표를 달성하는 수단적, 보조적 활동이 되어야 한다. 교사나 학생들의 다양한 욕구와 개인적 목표가 상이할 때 궁극적으로는 교육목표에 비추어 조정되고 통일되어야 한다. 특수학급 경영은 어디까지나 교육목표에 타당한 계획과 방법으로 이루어져야 하며, 그 목표의 달성 여하로 특수학급 경영의 효과가 평가되어야 한다.
- **개별화의 원리**: 특수학급 경영에 있어서 교사는 어디까지나 아동의 지능, 정서, 성격, 홍미, 적성, 사회경제적 배경의 차이를 인정하고, 이와 같은 각자의 개인차를 이해하며, 이를 교육목표에 유기적으로 결합하여 학습지도와 생활지도의 효과를 올리도록 하여야 한다. 특수학급은 장애학생들의 제한적 조건을 충분히 고려하여 각자의 특수성과 요구를 고려한 교육계획을 수립하고, 그에 적합한 지원이 이루어져 각자의 잠재능력을 신장시키는 원리 위에서 이루어져야 한다.
- **자율화의 원리**: 특수학급 경영은 교사의 주관적 신념과 철학에 입각하여 창의적으로 학급을 운영하여 다른 일반학급과 구별되는 독자적 학급을 구성할 수 있도록 해야 한다. 교과지도나 생활지도뿐만 아니라 특수학급 환경의 구성에 있어서도 교장의 지시와 명령, 기존의 법규나 규정에 따라 소극적, 기계적으로 학급을 운영할 것이 아니라 교사의 주체적 사고와 창의성에 의해서 부단히 혁신, 창조, 발전하는 특수학급이 되도록 노력하여야 한다.
- **사회화의 원리**: 교육의 목적은 개인으로서의 인격을 완성하고, 사회인으로서는 그

사회가 필요로 하는 인재를 양성하는 것이기 때문에 학급의 집단 활동을 통해서 상호 신뢰와 협동, 공동의 과제해결 등 사회성을 함양시키는 데 주력하여야 한다.

- **통합화의 원리**: 특수학급 경영은 편의상 몇 개의 분야로 구분되어 이루어지고 있다. 교과지도만 하더라도 일과표에 나타난 바와 같이, 교과의 영역과 단원에 따라 시간마다 분리되어 이루어지고 있다. 그러나 전인으로서의 지 · 덕 · 체를 겸비한 조화로운 인간을 육성하여 개인의 인격을 완성하고, 사회인으로서의 자질을 갖게 하려면 특수학급 경영의 모든 상황이 교육목적을 지향하여 통합되어야 한다.
- **합법성의 원리**: 특수학급의 경영은 학교와 상급기관이 정한 각종 규정, 「장애인 등에 대한 특수교육법」 및 교육 관련법 등을 고려하여 운영되어야 한다. 특히, 개별화교육계획의 수립 · 운영, 통합교육, 교육기회 균등 등의 원칙을 따라야 한다.
- **민주성의 원리**: 학급경영 및 기획과정은 학생 및 학부모들의 광범위한 협조와 이해 및 지지를 바탕으로 운영되는 것이 바람직하다.
- **효율성의 원리**: 학급경영은 학급 자체 내외의 인적 · 물적 자원의 활용을 극대화해야 한다. 사전에 각종 자원의 활용에 대한 충분한 협의와 합의과정을 거쳐 효과적이고 효율적인 경영이 이루어져야 한다.
- **현실성의 원리**: 학급경영은 예산, 실시방법, 적용시기 및 범위 등의 실현 가능성과 구성원의 욕구충족, 사기앙양, 교육활동 개선 등의 실효성이 있어야 한다.
- **전문성의 원리**: 특수학급 경영은 교육에 대한 전문적인 식견을 가진 학급 담임교사와 교과담당교사, 특수교육교사, 기타 치료 및 재활과 관련된 전문가들과의 협력을 통해 운영된다. 이들은 인간에 대한 이해와 교과에 대한 이해, 그리고 특수교육대상인 장애학생에 대한 이해를 바탕으로 해야 한다.
- **협동성의 원리**: 학급경영은 교사와 학부모, 치료지원 담당자, 특수교육보조원 나아가 특수학급인 경우 통합학급 교사와의 협동 등 전문가들과의 협력이 중요하다. 이를 위해서는 관련자들의 협력적 관계 구축이 선행되어야 한다.
- **과학성의 원리**: 학급조직 내에서 이루어지는 일련의 교수 · 학습활동과 생활지도, 교수적 적합화, 행동수정의 원리 등은 장애학생의 심리 등에 대한 정확한 과학적 · 이론적 바탕 위에서 계획 · 실행 · 평가되도록 해야 한다.
- **목표지향의 원리**: 특수학급의 운영에 관련된 활동내용들은 항상 특수교육의 이념과 일반학교 및 통합학급이 설정한 목적과 각각의 교과와 생활지도 목표, 개별화 교육목표의 바탕 위에서 이루어지도록 해야 한다.

요약

특수학급이 설치 · 운영되기 시작했던 1971년 이후, 우리나라 특수학급은 약 40여 년 동안 많은 변화와 발전을 이루었다. 특히 1980년대 특수교육 확충 계획에 따라 10년 동안 3,000개가 넘는 특수학급이 설치 · 운영되어 장애학생을 위한 중요한 특수교육 환경이 되었고, 현재 우리나라 특수교육대상자의 약 53% 학생들이 10,000개가 넘는 특수학급에서 교육 받고 있다. 뿐만 아니라 일반학급에 완전히 통합되어 특수학급의 직간접적인 지원을 받는 학생들까지 포함하면 70%가 넘는 많은 학생들이 특수학급 지원 대상 학생이라 할 수 있다. 이제 특수학급은 특수교육 대상 학생들에게 매우 중요한 환경이 되었으며, 이에 따라 특수학급의 역할이 매우 중요해지고 있다.

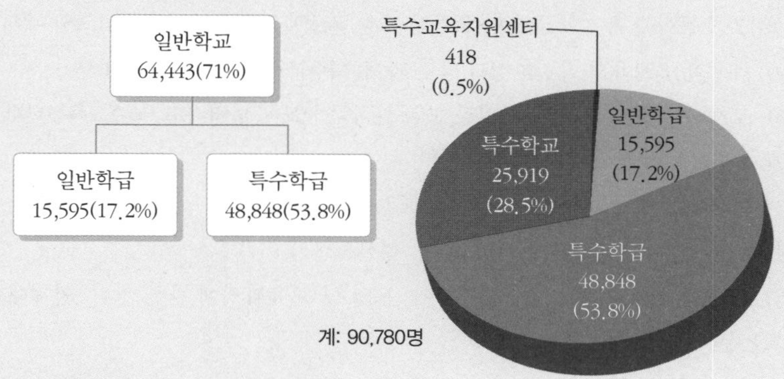

출처: 교육부(2018a), p. 4.

특수학급은 특수교육 대상 학생의 통합교육을 목적으로 유치원을 포함한 고등학교 이하의 일반학교에 설치된 학급을 말하며, 입급된 학생의 특별한 교육적 요구에 따라 전일제, 시간제, 특별지도 혹은 학습도움실, 순회교육 등으로 운영된다. 많은 학급들이 전일제 특수학급으로 운영되던 과거와는 달리 현재 대부분의 특수학급은 시간제 부분통합의 형태로 운영되고 있다. 통합교육을 목적으로 한다고 정의한 「특수교육법」의 취지에 따라 앞으로도 특수학급은 장애학생을 위한 최상의 통합교육을 지원하기 위한 형태로 운영되어야 한다.

또한 특수학급의 효율적인 운영을 위해서는 특수학급 교사의 효율적인 운영이 요구되며, 효과적이고 능률적인 특수학급 경영을 위해서는 반드시 그 실천의 전제가 되는 기본원리가 있어야 한다. 특수학급의 효율적인 운영을 위한 기본적인 원리는 타당성의 원리, 개별화의 원리, 자율화의 원리, 사회화의 원리, 통합화의 원리, 합법성의 원리, 민주성의 원리, 효율성의 원리, 현실성의 원리, 전문성의 원리, 협동성의 원리, 과학성의 원리, 목표지향의 원리 등을 들 수 있다.

참고문헌

경기도교육청(2018). **복합 특수학급 운영을 위한 중도 · 중복장애 특수학급 운영 매뉴얼.**

곽정란(2010). 한국 특수학급의 성립과 변용(1970-1974). **특수교육저널: 이론과 실천, 11**(1), 277-308.

교육과학기술부(2009). 통합학급 및 특수학급 교육과정 편성 · 운영 자료.

교육과학기술부(2011). **2011 특수교육 교육과정.**

교육부(1993). **특수교육 백서.**

교육부(2018a). **2018 특수교육 통계.**

교육부(2018b). **2018 특수교육 연차보고서.**

교육부(2018c). **2018년도 특수교육 운영계획.**

국립특수교육원(2009). **특수교육학 용어 사전.** 국립특수교육원, 407.

권치순 외(1991). 초등학교 특수학급 운영에 관한 고찰. **서울교육대학교 논문집, 24**, 451-493.

김동연(1989). 특수학급 교육의 발전과정과 당면 과제. **특수교육학회지, 8**, 151-165.

김병하(1986). 로세타 셔우드 홀 여사에 의한 한국 한국특수교육 성립사고. **특수교육학회지, 7**, 5-27.

김승국(1995). **특수교육학.** 경기: 양서원.

김원경(2003). **특수학급 · 학교 경영론.** 서울: 특수교육.

김정권, 이상춘(1985). **특수학급 경영 핸드북.** 서울: 형설출판사.

김정대(2003). 초등학교 특수학급 교사들의 학급 운영 및 교육과정에 관한 인식. 인제대학교 대학원 석사학위논문.

김홍주(1991). **특수교육학 개론.** 서울: 교육출판사.

남정걸(1997). **교육행정 및 교육경영.** 경기: 교육과학사.

류문화, 김현진, 장병연(1999). **가고 싶은 학교, 즐거운 학교, 특수학급 운영을 위한 안내서.** 국립특수교육원.

박승희(1999). 2000년대 한국 특수학급의 정체성과 발전 방향: 특수학교, 특수학급 및 일반학급의 관계구도의 진전. **특수교육학연구, 33**(2), 35-66.

안병즙(1974). 한국특수교육 발전과정에 관한 일 연구. 한국사회사업대학 대학원 석사학위논문.

안병즙(1977). 한국 초기의 양호학급 교육에 관한 연구. **특수교육과학, 6**, 31-47.

이나미, 윤점룡(1989). **특수학급 운영의 효율화 방안.** 한국교육개발원.

이유훈(2012). 특수학(교)급 경영. 정동영 외, **특수교육 교직실무.** 경기: 교육과학사.

임안수(2010). **한국 시각장애인의 역사.** 한국시각장애인연합회.

정경애(2006). 초등학교 특수학급 운영의 개선방안 연구. 동아대학교 교육대학원 석사학위논문.

정희섭, 김원경, 박성우, 우이구, 이동균(2006). **특수교육대상자를 위한 특수학급 운영 편람.** 국립특수교육원.

최세민, 유장순, 김주영(2005). **특수학급 경영론.** 서울: 박학사.

한국특수교육연구협회 편(1973). **제1회 특수학급 설치와 운영에 관한 세미나 보고서**, 73-85.

Kirk, S. A. (1972). *Educating Exceptional Children*. Boston: Moughton.

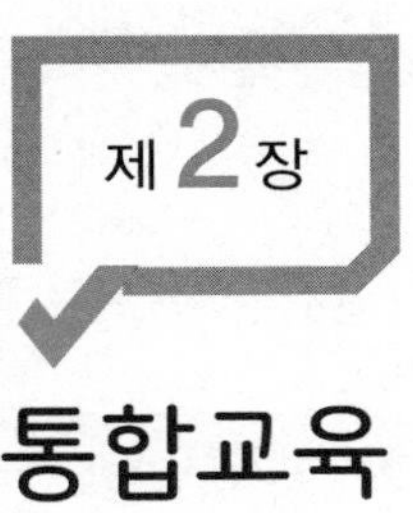

통합교육

이 장의 구성

연구과제

1. 장애학생의 통합교육 정당성을 알아보자.
2. 장애학생의 분리교육과 통합교육의 장점과 단점을 알아보자.
3. 통합교육을 위하여 일반교육 교사와 특수교육 교사의 협력이 필요한 과제를 알아보자.

이 장의 개요

오늘날 세계가 직면하고 있는 최대의 문제 중 하나는 지역사회의 경제적, 사회적, 정치적, 문화적 삶에 있어서 의미 있는 참여를 배제당하는 사람들의 수가 증대하고 있는 것이다. 이러한 사회는 효율적이지도 안전하지도 않다. (UNESCO, 1994)

민주주의는 자유와 평등을 기본 이념으로 한다. 자유와 평등은 동전의 양면과 같이 어느 것이 우선이라고 단언하기 쉽지 않다. 그렇지만 평등에 대한 요구는 자유에 대한 요구보다 더 강하다고 할 수 있다. 평등을 보장하지 않는 사회는 민주사회라고 할 수 없다. 그러나 사회는 인종, 언어, 성, 능력, 지위 등에 기초하여 불평등한 대우를 하기도 한다. 이런 불평등의 대표적인 사례는 인종, 언어, 성, 능력, 지위 등을 이유로 참여를 배제하는 경우이다. 현대 사회와 같이 참여를 존중하는 사회에서 배제를 당하는 경우만큼 불평등한 일은 없을 것이다. 그러나 장애학생들은 능력을 문제로 끊임없이 배제를 경험하여 왔다. 이전에는 교육에서 배제되어 왔고, 교육의 기회를 얻고 난 이후에는 동네에 있는 일반학교에서 배제되어 일반학교와는 다른 특수학교에 다녀야만 하였다. 이런 장애학생에 대한 불평등을 해소하기 위해 요구된 것이 통합교육이다. 장애학생의 통합교육은 평등의 보장이라는 민주주의의 이상을 실현하는 방법이기도 하다. 부모들은 자녀를 학교에 보내야 하며, 정부는 책임감을 가지고 학생들을 가르쳐 사회의 생산적인 구성원이 될 수 있도록 자원을 제공하여야 한다. 따라서 이 장에서는 먼저 통합교육의 개념을 규정한 다음 그 이념을 알아보고, 통합교육의 이점과 장애물을 살펴보기로 한다. 그리고 장애학생의 통합교육이 어떻게 진전해 왔으며, 앞으로 장애학생의 통합교육 발전을 위해 해결해야 할 과제들이 무엇인지를 알아볼 것이다.

1. 통합교육의 정의와 이념

1) 통합교육의 정의

1990년대 이후부터 많은 나라들은 통합(inclusion)이란 개념을 사회정책과 교육정책에 적용하고 있다(UNESCO, 1994). 통합이란 배제(exclusion)와 대비되는 용어로 'integration'이란 용어와는 다른 용어이다(Pijl, Meijer, & Hegarty, 1997). 1990년대 중반까지는 통합을 inclusion이란 용어보다 integration이라는 용어로 더 많이 나타내었다(Farrell, 2001, p. 7). Integration은 '개별 학생이 자신의 요구에 만족하게 충족시킬 수 있는 최소 제한적 환경(Least Restrictive Environment: LRE)에서 교육을 받아야 한다는 신념에 기초하여 장애학생을 적절한 교육환경에 배치하는 절차'(Canadian Teachers' Federation Dissertation Paper, 1981, p. 2)를 지칭하는 용어라고 할 수 있다. 최소 제한적 환경이란 가능한 한 장애학생을 가장 자연스러운 환경인 일반학교에 배치하여야 하나, 개별 학생의 요구에 기초하여 일반학교가 아닌 특수학교와 같이 분리된 환경에 배치할 수 있다는 개념이다(정동영, 2007). 이처럼 integration은 서로 나뉘어 떨어지는 분리(segregation)와 반대로 '모두 합쳐서 하나로 모음'이라는 의미를 지닌 용어이다. 교육에서는 장애학생을 교육환경에 배치할 때 특수학교처럼 비장애학생들과 함께할 수 없는 분리된 교육환경보다는 비장애학생들과 함께 할 수 있는 교육환경인 일반학교에 배치하여야 한다는 의미에서 사용한 용어이다. 그러나 이러한 integration의 의미는 장애학생을 비장애학생들이 다니는 일반학교로 모두 합쳐야 한다는 교육환경의 통합만을 언급할 뿐, 통합된 환경인 일반학교에서 장애학생들이 받는 교육의 질에 대해서는 언급하지 않는다는 문제점이 있다. 장애학생들은 일반학교에 통합된(integrated) 이후에도 비장애학생들이 수행하는 과제나 활동에서 고립되고 배제될 수 있다. 이러한 이유로 현재는 integration이란 용어 대신, 부분을 전체에 포함하여야 하며 부분을 전체의 일부분으로 간주하여야 함을 의미하는 용어인 'inclusion'을 사용하고 있다(Evans & Lunt, 2002).

통합(inclusion)은 필수적으로 학교나 지역사회가 모든 사람을 공동체의 온전한 구성원으로 받아들이고, 그들이 기여하는 바를 높이 사고 있음을 함의한다. 통합이 효과적으로 이루어지기 위해서는 모든 개인은 반드시 사회에 활발히 소속되고 환영받고 참여하여야 한다. 이러한 통합은 개인의 흥미와 능력, 성취 등의 다양성을 받아들여야 하며, 개인의 삶을 좀 더 풍요롭게 해 주어야 한다. 이런 관점에서 Thomas(1997)는 '통합은 …… 자유로운 정치 체제와 다원론적 문화를 소중히 하는 사회, 즉 다양성을 찬양하며, 우애와 기회의 평등을 촉진하는 사회의 심장'(p. 106)이라고 언급하였다. 실제로 통합은 주류 환경과 지역사회의 참여를 증대하고 배제를 줄이는 과정(Booth & Ainscow, 1998), 다양성에 대한 긍정적 반응(Barton, 1997) 등으로 다양하게 정의되고 있다. 그러므로 교육에서의 통합은 모든 학생이 사회적, 학업적, 문화적 공동체에 소속하고 참여하며, 자신의 학습능력을 최대로 높일 수 있는 학업 공동체에 참여하기 위하여 목표, 교재, 방법, 평가 및 조직의 조정(accommodation)과 적합화(adaptation)를 요구하고, 다른 사람과의 협력을 학습하며 다양성을 존중하는 공동체에 자연스러운 참여자가 될 수 있음을 의미하는 개념이다.

현재 통합의 개념은 교육뿐만 아니라 인종, 성, 빈곤에 관한 개념으로 확장되고 있다. 그러나 통합의 개념이 처음 교육과 관련되었을 때는 장애를 지니지 않은 학생들을 교육하는 일반교육 교실에서 장애학생을 교육하는 것을 의미하였다. 이런 통합은 전통적인 특수교육의 토대를 완전히 바꾸도록 요구한다. 즉, 통합은 장애학생을 일반학교에서 분리하여 비장애학생들과 다르게 교육하던 전통적인 특수교육 체제인 분리교육을 합법화시켜 주던 장애범주의 구분에 문제를 제기하고, 일반교육 교사와 다른 자격증을 지닌 특수교육 교사, 장애학생을 위한 치료사, 상담사, 평가사, 학교 심리학자 등과 같은 전문가, 일반교육 프로그램 및 다른 교육 프로그램과 같은 분리된 장치들에 대하여도 문제를 제기한다(Connora & Ferrib, 2007, p. 64).

통합은 전통적인 특수교육 체제인 분리교육에 대하여 '무엇이 특수한가?'라는 질문을 던지면서 '특수한(special)'이라는 용어가 '장애(disabled)'라는 용어 뒤에서 장막 역할을 하여 장애를 배제, 분리, 소외와 동일시하는 용어라고 규정한다. 그래서 통합은 장애학생이나 장애성인들이 그들의 주류학교인 일반학교와 주류사회인 일반사회와 분리된 특수학교나 시설에 배치되는 것에 대하여 유익하지 않다고 대답한다. 실제로 장애학생이나 장애성인들이 분리된 교육 프로그램과 시설에서 제대로 성장하지 못한다는 증거들이 있다. 이들은 분리로 인하여 배제와 외로움을 경험하며, 선택의 부족으로 고통을 당하고, 더 적게 성취를 한다(Ruppmann, 1991, p. 16). 뿐만 아니라 일반학교와 일반사회에서 분리된 장애학생이나 장애성인들은 평가절하를 당하며, 일반학교와 일반사회에 접근하는 데 제한을 받는다(Connora & Ferrib, 2007, p. 64). 이런 문제들로 인하여 통합은 장애학생들도 주류학교인 일반학교의 일반교육 교실에서 교육을 받아야 하며, 그들의 특별한 요구도 그 안에서 충족시켜야 한다고 요구한다.

전통적인 특수교육 체제인 분리교육은 학생의 장애를 손상, 결함 내지 비정상으로 규정하고 장애를 치료하거나 보완하여야 한다는 '의학적 모형(medical model)'에 토대를 두고 있다. 의학적 모형에 토대한 전통적인 특수교육의 기본 가정은 다음과 같다.

> 특수교육의 주요 기능은 치료이다. 치료는 특수교육의 기본적 목적을 달성하는 한에 있어 효과적이다. 치료는 그 대상에게 궁극적으로 바람직한 행동의 변화를 야기한다. 치료의 효과는 어떤 방식으로든지 관찰될 수 있어야 하지만, 본질적으로 그 치료가 '바람직한' 것이기 위해서는 치료 상황이 사회적, 문화적, 목적론적 맥락에 적합하여야 한다. 특수교육의 행정 관리, 연구, 진단 기능은 치료의 주요 기능을 위하여 부수적인 것이다. 이러한 부수적인 기능은 직간접적으로 치료와 관련되어야 하며, 치료와 관련되지 않은 기능은 겉치레에 불과하다. (Kelly, 1971, p. 15)

의학적 모형에 토대를 둔 전통적인 특수교육 체제인 분리교육은 장애를 치료의 대상, 교정의 대상으로 보고 장애와 결함에 초점을 맞추어 장애학생을 바꾸어야 할 대상으로 간주한다. 그러나 통합교육은 장애학생을 바꾸는 대신 환경을 바꾸어야 한다고 요구한다(Paul & Ward, 1996, p. 6). 이를 특수교육의 '사회적 모형(social model)'이라 한다. 사회적 모형은 모든 활동의 제한이 사회적 장벽에 의하여 야기된다고 가정한다(Thomas, 2004, p. 579).

이와 같이 사회적 모형은 개인의 장애와 기능의 결함이 사회적 요인에 달려 있다고 가정한다. 이런 가정은 사회적 모형의 중요한 이론적, 경험적 전제조건이다. 만약 장애인이 겪는 어려움의 원인이 부족한 기능에 있다면, 해결책은 사회적, 문화적, 환경적 장벽을 교정 내지 보완하면 되는 것이다. 이처럼 사회적 모형은 결함이나 장애라는 개인적 제약을 해결하려는 것이 아니라 결함이나 장애에 대한 사회적 장벽을 해결하려고 하며(Oliver, 1996, p. 38), 장애학생의 역량강화는 그들의 능력 개발을 방해하는 사회적, 문화적, 환경적, 종교적 장벽을 감소시키는 것을 의미한다(Reindal, 2009, p. 163). 즉, 학교의 임의적인 준거나 표준을 위하여 장애학생을 교정 내지 개발하는 대신, 개별 학생의 요구를 위하여 학교를 조절 내지 개선하여야 한다고 요구하는 것이다. 그러므로 통합을 실행하는 학교는 장애학생의 장애나 결함을 교정하려고 하기보다 장애학생에게 장벽이 되는 교육환경을 개선하려고 한다.

장애학생이 비장애학생과 함께 일반교육 교실에서 그들의 특별한 요구에 적절한 교육을 받도록 하기 위해 학교를 개선하는 것을 '통합교육'이라고 한다. 통합교육은 일반학교에 대하여 융통성 있고 유연하고 반응적인 체제를 요구한다(Lipsky & Gartner, 1987, p. 72). 다시 말하면, 분리된 특수교육과 일반교육의 체제를 새로운 체제로 재구조화하여 특별한 요구를 지닌 학생인 장애학생들을 일반교육 교실에서 교육한다는 것이다. 이런 통합교육에 내재된 가정은 다음과 같다.

- 모든 학생은 학업을 성취하는 데 다양한 요구와 능력을 지니고 있다. 그러므로 학생들은 근본적으로 차이가 없다.
- 일반교육 체제의 책임은 모든 학생에 대하여 반응적이 되는 것이다.
- 반응적인 일반교육 체제는 높은 기대와 기준, 양질의 학업적인 교육과정과 모든 학생의 교육 요구에 대처하기 위하여 잘 준비된 교사, 접근하기 쉬운 환경과 관련된 유연성 있는 교수를 제공한다.
- 일반교육의 진전은 충분한 혜택, 권리, 사회적인 경험들을 누리도록 교육된 통합사회를 위한 시민들을 육성하기 위하여 함께 노력하는 지역사회와 학교에 의하여 증명되는 과정이다.

(Peters, 2007, p. 99)

통합교육은 장애학생이 일반교육 교실의 구성원이 되기 위하여 변화되거나 준비되어야 하는 것이 아니라, 장애학생은 당연히 일반교실의 구성원이 될 자격을 지니고 있음을 인정하는 것이다. 또한 장애학생을 그들의 또래인 비장애학생들과 동일하게 모든 일반교실 내외의 활동에 참여하도록 허락하며 환영한다. 이러한 통합교육은 일반적으로 일반교육 교실 내에서 장애학생을 지원하기 위하여 설계된 교육 접근법으로 생각된다(Choate, 1997; Kochar, West, & Taymans, 2000; Wade, 2000). 그러나 최근 통합교육은 국제적으로 점차 모든 학생의 다양성을 지원하는 일반교육의 개혁으로 간주되고 있다(UNESCO, 2001). 이것은 통합교육의 목적이 인종, 사회 계층, 성 및 능력의 다양성에 대한 태도와 반응의 결과인 사회적 배제를 제거하는 데 있다(Vitello & Mithaug, 1998)고 전제하기 때문이다. 따라서 통합교육은 주류학교인 일반학교에서 장애학생이나 특수교육 요구를 지닌 학생들을 교육하는 것이라는 개념에서 출발하여, 최근에는 모두를 위한 교육의 개념으로 확장되고 있다고 할 수 있다.

2) 통합교육의 이념

통합은 모든 인간 존재는 존엄성과 권리에서 자유롭고 평등하게 태어났음을 인식한 1946년의 국제권리장전(International Bill of Rights)과 함께 요구되기 시작하였다. 통합이 요구되면서부터 특수교육의 논쟁은 '장애학생이 어디에서 교육을 받아야 하는가?'에 초점을 두고 이루어졌다(Skrtic, 1991a). 통합교육의 옹호자들은 장애학생이 권리를 박탈당하는 것과 차별 받는 것에 대하여 대항할 것을 강조하면서, 중도 장애학생을 포함하여 모든 장애학생을 일반학교에 통합하여야 한다고 요구하였다. 그러나 통합교육의 반대자들은 장애학생을 일반교육 교실에 통합하는 경우, 그 진전은 학업성취의 향상과 사회적 성과의 산출로 뒷받침되어야 한다(Gliedman & Roth, 1980)고 지적하면서 일반교육 교실의 자원 제한을 비판하였다. 즉, 일반교육 교실은 특수교육 교실에서 제공되는 장애학생을 위한 서비스를 제공할 자원을 지니고 있지 않기 때문에 장애학생이 학업성취나 사회적 성과를 충분히 산출할 수 없다는 것이다. 이런 특수교육의 전문적인 구조와 서비스의 강조는 학생의 결함과 장애유형에 부합되는 서비스를 제공하는 분리된 장소를 최상이라고 규정하게 한다(Fuchs & Fuchs, 1994; Kauffman, 1999; Sasso, 2000). 이러한 반론이 만만하지 않음에도 불구하고 통합교육은 장애학생의 기본적인 권리로 인정되고 있다. 통합교육이 인간의 기본적인 권리에 기초를 두고 있다는 주장이 다소 격하게 들릴지 모르지만, 이는 매우 이성적이며 개념적으로 순수한 주장이다(Farrell, 1997). 장애학생이 일반교육 교실에 출석하고 학업적, 사회적 과정들에 완전히 통합되는 것을 그들의 기본 권리라고 할 수 있는 근본적인 이유는 학생은 모두 질 높은 교육을 받을 권리를 지니고 있기 때문이다.

특수교육은 장애학생들이 교육에서 배제되지 않고 비장애학생들과 평등하게 교육받을 권리를 보장받아야 한다는 데서 출발하였다. 그러나 전통적인 특수교육은 처음에 일반학교와 분리된 특수학교라는 체제를 통하여 장애학생들의 교육권을 보장하려고 하였다. 그 당시 분리도 평등이라고 인정되던 인간의 권리에 대한 개념이 신장되면서, 이제 분리는 평등이 아닌 차별이라고 인정받게 되었다.

분리는 평등이 아닌 차별이라는 개념은 각각의 학생들에게 자연적, 즉 통합된 교육환경과 지역사회 환경에서 또래들과 생활하고 일하는 것을 학습할 기회를 제공하기 위하여, 장애학생이 분리된 특수교육 체제에 배치될 때 나타나는 낙인의 문제를 방지하기 위하여, 그리고 공정하고 윤리적이며 형평성 있는 교육을 제공하기 위하여 주류학교인 일반학교에서 장애학생을 교육하여야 한다고 요구한다(Stainback & Stainback, 1990). 이때 장애학생이 학교와 지역사회의 주류에서 생활하고 학습하기 위하여 나타내고 증명하여야 하는 것은 아무것도 없다. 왜냐하면 통합은 장애학생이 어떤 것을 습득하고 있어야만, 어떤 능력을 발휘할 수 있어야만 실행할 수 있는 것이 아니라 인간의 기본적인 권리이기 때문이다(정동영, 2010, p. 146).

이와 같이 통합교육은 통합 그 자체를 평등이라고 보며 차별에 도전한다. 그리고 학생의 장애를 손상이나 결함이라고도 보지 않고, 장애를 단지 하나의 차이일 뿐이라고 인정한다. 이러한 통합교육을 실시하는 학교의 특성은 다음과 같다.

- 통합학교는 지역사회를 기반으로 한다. 통합학교는 전체 지역사회를 반영한다. 학교 공동체의 구성원은 개방적이고 긍정적이며 다양하다. 그것은 선택적이지 않으며, 배제되거나 거부되지도 않는다.
- 통합학교는 무장애(barrier-free)이다. 통합학교는 물리적(예: 건물과 구내), 교육적(예: 교육과정, 지원체제, 의사소통)으로 모든 구성원이 접근 가능하다.
- 통합학교는 협력을 지원한다. 통합학교는 다른 학교와 경쟁하는 대신 함께 노력한다.
- 통합학교는 형평성을 촉진한다. 통합학교는 민주적이다.

(Thomas, Walker, & Webb, 1998, pp. 15-16)

- 통합학교는 우정을 증대하는 것을 지향한다. 모든 학생은 학교 교실의 구성원이 되며, 학교에서의 사회생활에 함께한다.
- 통합학교는 참여를 촉진한다. 방관자가 되지 않는 진정한 참여는 모든 사람이 다른 사람들과 사회적으로 관련되는 기회의 창출과 참여에 대한 적극적인 자극이라는 두 가지 과정을 포함한다.
- 통합학교는 민주주의를 증진한다. 모든 의견은 경청되며, 모든 학생은 자신의 교육에 관한 문제에 영향을 미칠 수 있고 비판할 수 있는 기회를 가진다.
- 통합학교는 더 큰 이익을 가져온다. 모든 학생은 배우고 참여할 수 있는 교육을 받는다.

(Haug, 2003, pp. 97-98)

이와 같이 통합교육을 실시하는 학교는 개방적이고 긍정적인 구성원들이 다른 구성원들을 배제하거나 차별하지 않으며, 경쟁 대신 협력을 통하여 평등을 촉진하고, 모두의 참여를 존중하며 우정을 나누는 모두를 위한 학교이다. 이런 통합교육의 관점은 UNESCO의 Salamanca 선언에서도 채택되었다. 1994년 스페인의 Salamanca에서 열린 UNESCO의 '특별한 교육 요구에 대한 국제회의'는 92개 정부와 25개 국제기구에 의하여 승인된 선언을 채택하였다. 이 선언에는 다음과 같은 내용이 포함되어 있다.

> 이런 통합 상황의 일반학교들은 좀 더 효과적으로 차별적인 태도와 싸우는 것을 의미하며, 창조적이고, 환영하는 사회 공동체, 통합사회 건설과 모두를 위한 교육을 실현한다. 거기에 그들은 다수의 아동에게 효과적인 교육을 제공하고 전체 교육체제의 궁극적인 비용 효과와 효율성을 증진시킨다. (UNESCO, 1994, p. 2)

통합교육은 전통적인 특수교육 체제인 '분리교육은 불공평할 뿐만 아니라 모든 학생들의 발달에 해(injury)가 된다'(Gerrard, 1994, p. 58)고 규정한다. 이런 통합교육은 전형적인 일반교육 환경에서 장애학생의 성공을 보장하는 데 목표를 두고 있다. 통합교육은 목표를 달성하기 위하여 다양한 지원을 요구한다. 즉, 장애학생이 아닌 교육환경을 바꾸기 위하여 필요한 지원을 요구하는 것이다. 통합교육을 위한 지원은 비장애학생들에게 제공하는 일반적인 자원 외에 일반교육 교육과정을 학습하는 데 어려움을 갖는 학생을 위하여 추가로 제공하는 자원의 지원을 의미한다. 이러한 자원에는 전일제 또는 시간제 보조원, 교사 훈련 프로그램 등의 인적 자원, 보청기, 교실의 수정, 특별한 교수자료 등의 물적 자원, 인적 · 물적 자원에 소요되는 비용 등의 재정적 자원이 포함된다(OECD, 2004). 이런 자원의 지원 여부는 학교에서 실패하는 학생들의 효과적인 학습을 장려하기 위하여 그들의 교육과정, 교수 및 조직을 수정하고, 추가적인 인적 또는 물적 자원을 제공할 수 있는 정도에 따라 결정된다(UNESCO, 1997).

이와 같은 통합교육의 지원 요구는 평등의 통념에 대한 사고의 전환을 요구한다. 즉, 이제까지 교육의 중심이 되어 왔던 능력주의(meritocracy)에 따르면 교육의 불평등은 더욱 커질 수밖에 없는 것이다. 왜냐하면 능력은 엘리트주의(elitism)의 핵심 명제로서 능력이 뒤떨어지는 장애학생들은 비장애학생들과 동일한 교육을 받을 수 없어 교육적 불평등을 경험할 수밖에 없기 때문이다. 통합교육은 학교에서 성공할 수 없는 장애학생들에 대한 교육의 불평등을 방지하기 위한 것이다. 그래서 장애학생들의 교육을 위해 학교를 조정 내지 개선하는 데 필요한 추가적인 인적, 물적, 재정적 자원의 지원을 요구한다. 이런 지원을 제공하는 것은 바로 사회정의(social justice)를 실현하는 일이다.

사회정의는 단일한 의미로 정의(定義)되지 않기 때문에 누구나 쉽게 동의하는 정의는 없다. 그러나 개인주의 철학을 토대로 Rawls(1971)는 자원의 분배에 초점을 두어 사회정의를 공정으로 규정하고, 자유와 불평등의 제한(limitation on inequality)을 공정을 유지하는 원리로 제시하였다. Rawls(1971)에 의하면, 사회의 취약 구성원이 이익을 얻을 수 있게 자원의 차등분배를 허용하여야 한다. 곧, 취약계층의 불리한 상황을 개선할 수 있는 불평등한 자원의 제한과 재분배만이 정당화된다. 이러한 사회정의에 대한 요구는 개인이나 세상이 더 좋은 장소가 될 수 있다고 인식할 때 나타나기 시작하고 지속된다. 그러나 이것은 한번만 일어나지 않는다. 더 나은 사회정의에 대한 욕구는 각각의 세대마다 다양하게 표출된다. 예를 들면, 사람들은 200년 이상 대의정체, 비독점 판매권, 노예 해방, 시민권을 위하여 투쟁해 왔다. 마찬가지로 현재 사회정의는 사회적 취약계층에 대한 차등분배를 위해 요구되고 있다. 이는 앞에서와 같이 개인주의 철학을 토대로 한 Rawls(1971)의 사회정의론에 토대를 두고 있는 사회정의이다. 특수교육이 학교에서 실패하는 학생들을 위하여 부가적인 자원의 제공을 요구하는 것은 바로 이들이 사회적 취약계층이기 때문에 이들에게 더 많은 자원을 제공하는 불평등한 분배를 통하여 사회정의를 실현할 것을 요구하는 것이다. 따라서 특수교육은 사회정의를 또 하나의 중요한 이념으로 하고 있다고 볼 수 있다.

2. 통합교육의 이점과 장애물

1) 통합교육의 이점

통합교육은 모든 학생들이 요구하는 적절한 교육을 받을 권리를 지니고 있으며, 이런 권리를 보장하는 교육은 학생들의 능력과 요구의 차이를 강조하지 않는다. 학생들은 서로 다르기보다는 더욱 같으며, 모두 동일하게 높은 질의 교육을 받을 권리가 있기 때문이다(Kauffman, Bantz, & McCullough, 2002). 통합교육은 주류학교인 일반학교에서 제공되는 지원의 이용 가능성과 그 질에 기초한다(Farrell, 2001, p. 8). 장애학생에 대한 지원이 제대로 이루어지면, 통합교육은 분리교육에 비하여 더 많은 이점을 가진다. 분리교육의 문제점은 다음과 같다.

- 장애학생이 비장애학생들에게 노출될 기회가 없거나 매우 적다.
- 장애학생이 장애인의 기술, 태도, 가치관을 배울 가능성이 높다.
- 교사들이 장애 문제를 해결하는 데 급급하여 지역사회 중심의 기능적인 기술을 습득시키지 못할 수 있다.
- 학생들 사이의 비교는 대부분 비장애학생의 활동 기준보다 장애 정도에 의하여 이루어진다.
- 장애학생에 대한 노출의 부족이 비장애학생들의 기술, 태도, 가치관을 더 건설적이고 관대하고 적합하게 할 가능성을 제한한다.

이와 같은 분리교육의 단점에 반하여 통합교육은 장애학생과 비장애학생 사이의 장기적이고 이질적인 상호작용이 기술, 태도, 가치관의 발달을 촉진함으로써 이들이 졸업 이후의 복잡한 사회에서 나누고 참여하고 기여하는 구성원이 되도록 준비를 시키며, 인종, 계층, 성, 능력 등에서 다양성에 대한 태도와 그 결과인 사회적 배제를 제거하는 등의 이점을 갖고 있다(Vitello & Mithaug, 1998). 실제로 통합교육은 장애학생과 비장애학생의 상호작용을 촉진하고, 장애학생들에게 생활연령에 맞는 교육환경을 제공하며, 기능적이고 자연스러운 교육과정을 접하게 한다.

통합교육은 장애학생과 비장애학생의 상호작용을 촉진한다. 장애학생과 비장애학생이 동일한 공간에 있다고 해서 상호작용이 반드시 일어나지는 않는다. 그러나 장애학생과 비장애학생이 동일한 공간을 공유하지 않는다면, 이들 사이의 상호작용은 그 자체가 불가능하다. 장애학생은 학교교육을 마친 이후에 분리되지 않은 혼성 공동체에서 생활하여야 하고, 그 속에서 끊임없이 비장애인들과 소통하여야 한다. 그러므로 통합교육의 경험은 비장애학생과 장애학생 모두의 표본이 되고, 이들이 혼성 공동체에서 적절히 기능할 수 있도록 지원할 것이다.

장애학생은 기능수준을 떠나 교육을 받는 환경에서부터 비장애학생이나 비장애인들과 최대한 상호작용을 많이 경험하여야 한다. 물론 장애학생과 비장애학생이 상호작용할 수 없는 교육활동들도 있다. 그렇지만 이 둘이 상호작용할 수 있는 교육활동들도 분명 있다. 이러한 활동들은 장애학생과 비장애학생 모두에게 긍정적으로 작용한다. 실제로 어느 연령대에서나 중도 장애인은 인구의 2% 이상을 넘어서지 않는다. 이와 마찬가지로 대부분의 교육환경에서도 중도 장애학생들은 학생 인구의 2% 이내를 차지한다. 이런 비율은 학교 활동과 교육환경에서의 학생 인구 구성이 졸업 이후에 학생이 살아갈 반차별적이고 혼성적인 공동체 구성원 비율에 상응하여야 함을 의미한다. 따라서 이런 비율로 학생들이 구성된 통합교육을 실시하는 학교는 장애학생과 비장애학생의 상호작용을 촉진하여 그들이 미래에 살아갈 혼성 공동체에 대비하도록 한다.

통합교육은 장애학생들에게 생활연령에 맞는 교육환경을 제공한다. 장애학생은 학교교육을 받는 동안 동일한 또는 비슷한 연령의 비장애학생들과 상호작용을 한다. 장애학생을 동일한 연령의 비장애학생이 없는 교육환경에 배치하는 일은 용인할 수 없는 일이다. 예를 들어, 5세에서 25세에 해당하는 중도 장애학생을 5세에서 12세에 해당하는 비장애학생들이 출석하는 학교에 배치하는 것은 지나치게 이들의 경험을 제한하는 일이 된다. 장애학생들도 동일한 연령의 비장애학생들과 같이 활동에 참여하기를 원하고, 그들이 경험하는 것을 경험하기를 원한다. 따라서 통합교육은 장애학생에게 발달연령이나 정신연령에 적절한 활동이나 경험이 아니라 생활연령에 적절한 활동이나 경험을 제공하는 이점을 지닌다고 할 수 있다.

또한 통합교육은 장애학생을 기능적이고 자연스러운 교육과정에 접하게 한다. 장애학생은 졸업 이후에 비차별적인 사회, 직업, 오락, 가정환경에서 가능한 한 독립적으로 기능하는 데 필요한 기술을 배울 수 있는 권리를 지니고 있다. 장애학생을 위하여 교육과정의 내용 중에서 독립적인 기능의 발달에 필수적이지 않은 내용들은 버려질 수도 있다. 그러나 장애학생의 교육과정은 정신연령의 기준에도 부합되는 내용으로 확장되어 절대평가의 목표를 제시해야 한다. 이전에는 학생의 생활연령이 18세이지만 발달연령이 3세라고 판단되면 교사는 발달연령 3세에 맞는 내용과 목표로 가르쳐야 한다고 하였다. 이 논리에 따르면 장애학생이 졸업 이후 일반적인 생활에서 필수적으로 요구하는 여러 가지 기술을 개발하는 데 제한을 받거나 방해를 받을 수밖에 없다. 그러므로 장애학생을 위한 교육과정은 발달연령에 따라 나이 어린 학생들과 비교하기보다 현재 학생이 지니고 있는 기술의 목록을 다양한 환경에서 독립적으로 발휘하도록 하는 데서 적절히 익히도록 하는 것이 유익하다. 이런 기회를 장애학생에게 제공할 수 있는 교육환경은 비장애학생들과 함께하는 일반교육 환경인 통합교육 환경이다.

이와 같이 통합교육은 장애학생들에게 비장애학생들과의 상호작용을 촉진하며, 생활연령에 적합한 교육환경을 제공하고, 기능적인 교육과정에 접근하게 하여 배제를 방지하며, 졸업 이후의 생활을 준비하도록 하는 데 도움이 될 수 있다. 뿐만 아니라 통합교육은 비장애학생의 경우 장애학생들과의 상호작용 경험을 통하여 미래의 성인생활에서 비차별적으로 살아가도록 지원할 수 있다.

2) 통합교육의 장애물

전통적인 특수교육 체제인 분리교육보다 통합교육은 장애학생에 대한 지원을 더욱 강조한다. 그러나 통합교육이 성공적으로 이루어지도록 하기 위하여 무엇을 지원해야 하는가에 관심을 둔 사람들은 먼저 통합교육의 장애물을 확인하는 데 초점을 맞춘다. 통합교육의 장애물로 가장 흔히 언급되는 것은 이동 서비스와 교육의 이중체제 같은 물리적 장애물과 제도적 장애물 등이다(Gartner & Lipsky, 1987; Stainback & Stainback, 1984; Will, 1986).

(1) 물리적 장애물

물리적 장애물이란 장애학생의 이동을 방해하는 학교의 물리적 구조와 장애학생의 이동에 필요한 서비스의 부족을 말한다. 가파른 경사로, 깎지 않은 도로의 경계석, 무거운 출입문, 높은 문턱 등과 같은 학교의 물리적 구조는 장애학생의 일반학교 접근을 제한하는 장애물이 되어 분명히 통합교육을 저해한다. 이러한 물리적 장애물이 장애학생의 참여에 대한 주요한 방해물로 간주된다. 이런 물리적 장애물을 제거하기 위하여 건축과 시설에서 모두에게 편리한 설계를 요구하는 '보편적 설계(universal design)'의 개념과 더불어 '무장애 사회(barrier free society)'라는 개념이 1974년 UN 장애인생활환경 전문가회의에서 '장벽 없는 설계(barrier free design)'에 관한 보고서가 나오면서 건축학 분야에서 사용되기 시작하였다. 따라서 현재 장애인뿐만 아니라 노인이나 임산부 등 이동약자의 이동권과 접근권을 보장하여야 한다는 운동이 전 세계적으로 이루어지고 있다.

학생이 실재하는 장애물과 잠재적인 장애물로부터 자유로운 교실의 물리적 환경을 구성하기 위해서는 먼저 교실을 제대로 정리하는 일이 중요하다. 교실 정리는 모든 학생이 동일한 유형의 교육환경에서 이익을 얻지 못한다는 사실을 고려하여 다양성을 통합하는 것을 요구한다(Polloway & Patton, 1996). 예를 들면, 걸상과 책상은 학생 각자에게 적합한 크기여야 한다. 또한 교실 정리는 장애학생의 요구와 물리적 환경이 장애학생의 통합에 미치는 영향을 최소화하는 방법을 확인하는 것을 요구한다. 농(deaf) 학생은 주위의 소음이 양탄자에 의하여 최소화되며, 입술읽기를 지원하기 위하여 밝은 조명을 유지하는 환경을 요구할 것이다.

또한 교실 정리는 학생의 학습양식(learning style)을 반영하여야 한다. 일부 학생은 처음에 더 많은 구조와 안내를 요구하지만, 점진적으로 그들 자신의 행동을 통제하는 방법을 학습하는 것을 필요로 한다. 좌석과 세부공간의 융통성도 학생을 필요에 따라 다른 규모의 집단에 참여하도록 허락하기 위하여 요구된다(Polloway & Patton, 1996). 그리고 교실 정리는 학생의 개인적 소유권을 인정하여야 한다. 이 방법은 학생의 작품을 전시함에 의하여 성취될 수 있다. 개인이 생각하기 위하여 혼자 갈 수 있는 장소와 마찬가지로 학생이 그들의 소지품을 보관하는 개인적 영역을 유지하도록 공간을 허락하는 것도 학생에게 소유권을 줄 수 있다(Polloway & Patton, 1996).

(2) 제도적 장애물

통합교육의 제도적 장애물은 분리된 교사 양성체제, 재정체제, 행정체제와 더불어 학교의 관료주의 및 보호설비, 레크리에이션 프로그램, 자원봉사 등에 대한 지식의 부족과 융통성 없는 운영 등을 의미한다(Law, 1993). 이러한 제도적 장애물은 물리적 장애물보다 장애학생의 활동과 참여를 더욱 제한하는 심각한 장벽이 된다(Pivik, McComas, & Laflamme, 2002, pp. 98-99).

통합교육을 저해하는 제도적 장애물 중에서 학교의 관료주의는 일반교육 교사와 특수교육 교사 및 적절한 지원인력을 포함하여 이루어져야 하는 협력의 부족, 중앙집권화된 정책에 의하여 부과되는 유연하지 않은 규정이나 지침 등과 같은 표준, 특수교육의 실제와 관련된 획일적 교육과정과 교수 운영 등을 포함한다(Fagel-Wilson et al., 1993; Skrtic, 1991b). 이러한 제도적 장애물을 극복하는 방법은 구성원들과의 더욱 효율적인 의사소통 방법, 서비스 제공자를 교육하는 기회, 환경 개선을 자문하는 기회, 프로그램과 정책에 관하여 더 나은 조정과 이해를 돕는 정보를 제공하는 방법 등이다.

(3) 사회적 장애물

한편, 통합교육을 저해하는 태도는 비장애학생, 교사, 학교 관리자, 부모의 지역사회 주민 등이 갖는 장애에 관한 부정적인 인식과 장애학생에 대한 거부 등을 말한다. 이러한 태도는 일반적으로 학교의 분위기나 문화 등을 포함하여 사회적 장애물로 규정된다. 실제로 장애학생의 통합교육을 방해하는 가장 심각한 장애물은 장애학생을 제대로 수용하지 못하는 학교의 분위기와 문화 같은 사회적 장애물이다(Pivik, McComas, & Laflamme, 2002, p. 99).

특수교육에서 주류화와 같은 정책의 성공이나 실패에서 주요한 변인은 일반교육 교사의 태도였다(Hannah & Pliner, 1983; Horne, 1985). 일반교육 교사들은 일부 부정적인 태도, 특히 그들이 일반적으로 통합의 개념에 관하여 긍정적이었을지라도 장애학생을 다루는 데서 부적합하다는 감정을 표현하였다(Stephens & Braun, 1980). 비록 장애학생에 대한 긍정적인 태도가 발견될 수 있다고 하더라도(Alexander & Strain, 1978; Yuker, 1988), 이러한 긍정적인 태도는 흔히 중도 장애학생, 특히 심각한 지적장애학생의 통합에 관한 걱정을 수반하고 있었다(Hirshoren & Burton, 1979; Shotel, Iano, & McGettigan, 1972). 또한 교사들은 장애가 그들의 입장에 부가적인 책임을 요구하지 않는 학생들을 통합하려고 하는 것을 발견하였다(Gans, 1987; Houck & Rogers, 1994). 반면, 그들은 더 큰 통합에 대하여 저항을 드러내었다(Margolis & McGettigan, 1988). 비록 통합에 관하여 더욱 긍정적인 태도를 촉진하기 위한 시도들이 이루어졌을지라도(Naor & Milgram, 1980), 성취된 어떤 긍정적인 태도 변화는 짧은 수명을 지니는 것으로 발견되었다(Donaldson, 1980).

또한 장애학생에 대한 또래의 태도도 조사되었다. 비록 그들이 동일하게 긍정적이 아니었어도, 결과는 일반적으로 접촉의 증대로 더 많은 관용의 경향을 나타내었다(Esposito & Reed, 1986; Towfighy-Hooshyar & Zingle, 1984; Voeltz, 1980). 일반적으로 비장애 또래들은 장애학생에 대하여 특별한 관심을 두지 않았다(Lovitt, Plavins, & Cushing, 1999). 비장애학생들 사이의 통합에 관한 어떤 긍정적인 반응은 특히 심각한 의사소통 곤란과 흔히 정적인 사회적 기술의 결핍을 지닌 중등도와 중도 장애학생에 관한 불편한 느낌을 수반하는 경향이 있었다(Helmstetter, Peck, & Giangreco, 1994; Hendrickson, Shokoohi-Yekta, Hamre-Nietupski, & Gable, 1996). 비록 중도 장애학생이 비장애 또래들에 의하여 수용되었음을 일부 발견하였을지라도(Evans, Salisbury, Palombaro, Berryman, & Hollowood, 1992; Hall, 1994; Janney, Snell, Beers, & Raynes, 1995), Cook과 Semmel(1999)은 비전형적인 행동이 일어났을 때는 특히 그렇지 않았음을 발견하였다. 또한 이들은 경도 장애학생이 "전형적으로 또래 수용을 야기하는 것으로 보이지 않음"(p. 57)을 발견하였다.

부모들의 경우 실질적인 통합에 대해 약간 불안을 나타낼지라도 일반적으로 통합에 관하여 긍정적인 태도를 지니고 있는 것으로 나타났다(Bennett, DeLuca, & Bruns,

1997; Gibb et al., 1997; Green & Shinn, 1994). 그들은 통합을 지원하지만, 부모들이 자녀의 통합에 대해 가지는 불안은 분명히 있다(Lovitt & Cushing, 1999). 그 결과, 불안은 부모들이 통합에 관해 가지고 있는 다양한 의견을 발견하게 하는 것을 가능하게 하였다(Borthwick-Duffy, Palmer, & Lane, 1996). 예를 들면, Carr(1993)는 학습장애 학생의 부모들은 통합이 특수교육 서비스를 상실하게 하기 때문에 자녀에게 적절한지를 의심한다고 지적하였다. 이 문제와 대답은 다음과 같다. "나의 아들이 성공적인 통합을 보장할 초등학교에 있었던 이래 교육에서 변화된 것이 무엇인가? 그 답은 불행히도 실제로 아무것도 없다."(p. 591) Taylor(1994)는 여기에 동의하지 않고 그에 대한 반응으로 "일반교육은 책임을 질 뿐만 아니라, 학습장애학생들을 교육받을 만한 곳"(p. 579)이라고 제안하였다. 특별한 요구를 지닌 자신의 아들과의 논의에서 Bruker(1994)는 변화를 위한 요구를 강조하였다. "비록 우리가 어떤 개인의 성공은 봤을지라도, 일반적으로 현재 우리의 서비스 전달 양식에서는 성공적이지 않았다."(p.582) Grove와 Fisher(1999)는 이러한 반응을 교육개혁의 문화(통합교육에 의하여 제공되는 기회)와 학교 현장의 문화(매일 매일의 학교현장의 요구) 사이의 긴장으로 논의하였다. 또한 일반적인 대중은 통합에 관하여 긍정적인 태도를 보이나 만약 문제에서 학생들이 일반교육 교실에서 어려움에 직면할 것 같다면 덜 긍정적임을 발견하였다(Berryman, 1989; Gottlieb & Corman, 1975).

행정가들은 그들의 지도자적 지위 때문에 주류화의 성공이나 실패에서 유의미한 역할을 담당하는 것으로 간주되었다(Lazar, Stodden, & Sullivan, 1976; Payne & Murray, 1974). 그러나 교장들은 장애학생에 관한 그들의 지식 결여를 나타내었고(Cline, 1981), 특히 지적장애에 대해서는 일반교육에서 성공할 기회가 거의 없다고 지각하고 있었다(Bain & Dolbel, 1991; Davis, 1980). 부가적으로 교장들은 분리 프로그램(pull-out program)이 가장 효과적인 배치이며, 전일제 일반교실 배치는 학업적 이익보다 사회적 이익을 더 많이 제공하고, 지원 서비스는 일반교육 교실에서 제공하기가 쉽지 않다고 지적하였다(Barnett & Monda-Amaya, 1998; Center, Ward, Parmenter, & Nash, 1985). 교사와 행정가들의 주류화에 관한 태도를 비교할 때 가장 긍정적인 태도는 교실의 실제에서 가장 멀리 있는 개인인 행정가들에 의하여 나타났다(Davis & Maheady, 1991; Glicking & Theobald, 1975). Garvan-Pinhas와 Schmelkin(1989)는 "교장들은 실제에서 실질적으로 사례가 될 것보다 사회적으로 더욱 적절한 방식으로 반응하는 것으로 보인다."(p. 43)고 말하였다. 부가적으로 Cook, Semmel 및 Gerber(1999)는 촉진된 학업성취에 대한 가능성, 실제적으로 최상으로 일하는 것 및 통합 배치에 위임되어 있는 자원의

수준에 관한 다른 지각을 포함하여 통합에 관한 교장의 의견과 교사의 의견 사이에 중요한 차이를 발견하였다. 교장들의 낙관적인 관점은 교사들의 더욱 비관적인 관점과 예리하게 반대였으며, 적어도 부분적으로 통합의 성과에 관한 부정적인 경험 또는 통합이 적절한 성과를 산출하지 않을 것이라는 확신에 기초하여 가정하고 있었다(p. 205).

학교의 분위기와 문화란 교장의 통합교육과 장애학생에 대한 태도와 행동, 학교 구성원들의 통합교육과 장애학생 및 이들의 지원에 대한 공유된 가치와 언어 등을 말한다. 통합교육에 적극적인 학교의 구성원들은 장애학생에 대하여 긍정적인 태도를 지니고 장애를 긍정적으로 인식하며, 장애학생의 교육 요구를 고려하여 교육과정이나 교수를 조정하며, 장애학생의 관심을 확인하고 표현하는 데 유능하고, 장애학생을 모든 활동에 참여하도록 허락하고 자극한다(Pivik, McComas, & Laflamme, 2002, p. 99). 그러나 그렇지 않은 학교나 지역사회의 구성원들은 무조건적으로 장애학생을 배제하고 차별한다. 따라서 장애학생의 통합교육을 위해서는 장애를 학생의 다양한 개성(personality)의 하나로 인식하고, 차이를 존중하는 분위기와 문화를 창조하는 일이 중요하다고 할 수 있다.

3. 통합교육의 발전과 과제

1) 통합교육의 발전

(1) 통합교육의 초기 발전

대부분의 나라에서 특수교육은 교육체제들이 장애학생에 대하여 반응하는 방식 면에서 일련의 단계를 포함하여 발달해 왔다. 대부분의 나라에서 처음의 특수교육 조치는 종교 단체나 박애주의 단체에 의하여 설립된 특수학교의 형태로 이루어졌다. 이것은 장애학생을 위하여 분리된 학교체제, 즉 일반학교와 평행인 학교체제를 특수교육 형태로 채택하였다는 것이다. 비장애학생들이 교육을 받는 일반학교와 다른 체제인 특수학교에서 교육을 받는 장애학생들은 그들의 독특한 요구(unique needs)에 어느 정도 적합한 교육을 받을 수 있었지만, 장애학생에 대하여 비장애학생과는 다른 학생이라는 명칭붙임(labeling)과 낙인(stigma)을 부여하는 문제를 드러내었다. 비장애학생과 다른 학생이라는 명칭붙임은 장애학생에 대하여 부정적인 관념을 지니게 하였으며, 이런 명칭붙임에 따른 낙인은 좀처럼 지워지지 않아 장애학생들이 평생 비장애학생들이나 비장애인들과는 다른 존재로 인식되는 결과를 초래하였다. 따라서 장애학생의 분리교육은 인간 권리의 측면에서나 효과성의 관점에서 도전의 대상이 되었으며(Ainscow et al., 2006), 그 해결을 위하여 요구된 것이 장애학생과 비장애학생을 하나로 모아야 한다는 통합(integration)이었다.

① 주류화 교육

1960년대부터 요구되기 시작한 장애학생과 비장애학생의 통합(integration)은 먼저 주류화(mainstreaming)란 방식으로 이루어졌다. 주류화란 장애 정도가 가벼운 학생들부터 먼저 비장애학생들이 교육을 받는 일반학교에서 교육을 제공하기 시작하면 점차적으로 장애 정도가 심한 학생들도 일반학교에서 모두 교육을 받을 수 있어 종국에는 모든 장애학생들을 통합할 수 있을 것이라고 가정하였다. 실제로 주류화는 장애학생들의 능력과 기술에 기초하여 그들을 특정 시간 동안 일반학교의 일반교육 교실이나 특수교육 교실에서 교육을 받게 하고, 그에 필요한 능력과 기술을 지니지 않은 학생들은 특수학교에서 교육을 받는 형태로 이루어졌다. 이런 주류화는 정상화(normalization)의 원리에 영향을 받아 이루어진 운동이었다.

정상화는 장애인이 사회 주류의 규준과 패턴에 유사한 일상생활의 패턴과 조건을 가능한 한 즐겨야 한다는 이상을 구체화한, 장애인을 위한 서비스의 원리이며 철학이다. 1959년에 덴마크정신지체서비스(Danish Mental Retardation Service)의 의장이었던 Bank-Mikkelson은 '정신지체인이 가능한 한 정상에 가까운 생활 조건에서 살아가도록 하기 위하여'라는 덴마크 정신지체인법 성명에서 최초로 정상화를 언급하였다. Bank-Mikkelson(1980)은 정상화를 '가능한 한 정신지체인의 주거, 교육, 노동 및 여가 조건을 정상적으로 만드는 …… 정상적인 생활 조건과 밀접한 것'(p. 56)으로 간주하여 '지적장애인에게 모든 다른 시민의 법적, 인간적 권리를 주는 것'(p. 56)으로 정의하였다. 그 이후 정상화는 스웨덴정신지체아동협회(Swedish Association for Retarded Children)의 의장이었던 Nirje(1976)에 의하여 '장애인이 사회의 생활방식과 일반상황에 가능한 한 가까운 생활조건과 삶의 형태를 누릴 수 있도록 하는 것'(p. 33)으로 정의되었다. Nirje(1985)는 '사람의 하루 리듬이 개인적 행동과 특성을 유지하면서 성, 연령, 문화에 어울리는 평균적인 사람들의 리듬을 반영하여야 한다'고 하면서 정상화를 주장하였다.

이와 같은 정상화는 장애인이 생활하고 공부하고 일하는 장소에서 그들의 주거, 교육, 직업 활동 등을 가능한 한 정상적으로 만드는 데 초점을 두고, 장애인을 특별한 처치나 고립 또는 시설을 떠나 비장애인과 동일한 권리, 자유 및 선택을 즐기는 데로 이동할 것을 요청하였다(Yates, Dyson, & Hiles, 2008, p. 248). 이런 정상화는 교육에서 중도 장애학생들이 그들의 요구에 적절한 처치를 제공하는 분리교육을 필요로 할 수밖에 없다는 입장에서 장애학생을 가능한 한 최소 제한적 환경에 배치해야 한다는 개념을 확립하여 주류화를 요구하였다.

주류화를 요구한 이후 많은 장애학생들이 일반학교에 통합되었다(integrated). 그러나 그들은 주로 경도 장애학생들이었으며, 통합된 경도 장애학생들도 일반학교에 접근만 하였을 뿐, 그들의 요구에 적절한 교수방법을 제공받지 못하였다.

② 일반교육 주도

최소 제한적 환경에서 모든 장애학생들에게 적절한 교육을 제공하기 위하여 도입한 주류화의 실패는 1980년대에 다시 일반교육 주도(Regular Education Initiative: REI)라는 통합(integration)의 방법을 이끌어 내었다. 일반교육 주도는 단일화된 교육체제를 만들기 위하여 일반교육 체제와 특수교육 체제를 단일체제로 합병하는 데 목적을 두고 (Gartner & Lipsky, 1987; Will, 1986), 장애학생들을 전일제(full-time)로 일반학교의 일반교실에 통합하여 그들의 성취를 강화하고자 하였다(Fuchs & Fuchs, 1994). 일반교육 주도는 학생들은 서로 다르기보다는 서로 같아서 특별한 교수를 필요로 하지 않으며, 교사들은 모든 학생을 가르칠 수 있고, 모든 학생은 전통적인 장애 범주에 참조됨이 없이 질적 교육을 받을 수 있으며, 일반교육 교실은 분리하지 않고도 모든 학생을 관리할 수 있다고 가정하였다. 이런 일반교육 주도의 통합(integration)은 주류화의 시대에 최소 제한적 환경을 토대로 가정이나 시설, 기숙제 특수학교, 통학제 특수학교, 일반학교의 특수학급, 일반학교의 일반학급이라는 특수교육 서비스의 연속체를 변경하는 데 초점을 두어, 특수학교를 폐지하고 장애학생들을 모두 일반학교의 일반교실에 통합하려고 시도하였다. 이런 시도는 장애학생들에게 명칭붙임과 낙인을 피하게 하며, 그들을 또래들로부터 고립시키는 결과를 방지할 수 있다는 가정에 토대를 두고 있었다.

일반교육 주도의 통합을 지지한 사람들은 일반교육이 모든 유형의 장애학생을 완전히 통합할 수 있다고 주장하였으나, 그 교육적인 효과에 대하여 의문을 제기하는 사람들도 있었다. 즉, 일반교육 주도는 특수교육 체제를 폐지하고 일반교육이 모든 학생들의 교육을 주도해야 한다고 주장하였지만, 그 효과에 대한 의문 때문에 특수교육 체제를 유지하면서 서서히 그 방향으로 나아가야 한다는 대립된 주장이 있었다. 실제로 일반교육 주도의 통합은 긍정적인 반응을 얻지 못하였다. 왜냐하면 유능한 일반학교의 교사들도 장애학생에 관하여 긍정적인 태도를 지니지 않고 있었으며, 장애학생에 대한 교수의 부적절성이 더욱 증대하였기 때문이다. 그 결과, 통합(integration)의 새로운 방법인 'inclusion'이라는 개념이 탄생하였으며, 일반교육과 특수교육의 동등한 협력을 강조하는 통합교육(inclusive education)을 요구하게 되었다.

(2) 통합교육의 최근 동향

1990년대를 통하여 대부분의 나라에서 일반학교에 등록한 장애학생의 비율이 높아졌으며, 일반교육 교실에서 시간을 보내는 장애학생들이 많이 늘어나게 되었다(Meijer, 2003). 그러나 이런 결과는 장애학생들이 단지 일반학교와 일반교육 교실에 출석하는 물리적 통합(physical integration)이라는 최소한의 조건에 의하여 통합교육을 받고 있음을 나타내 줄 뿐, 일반교육 교실에서 장애학생들에게 어떤 일이 일어나고 있는지는 나타내 주지 않는다. 즉, 장애학생들이 일반교육 교실의 완전한 구성원이 되어 비장애학생들로부터 환영을 받는 사회·정서적 통합(social-emotional integration)이나 일반교육 교실의 교육과정에 완전히 접근하고 참여하며 진보하는 교육과정적 통합(curriculum integration)이 되는지를 말하여 주지 않는다. 그러므로 현재 통합교육은 장애학생의 물리적 통합이 아니라 사회적 통합과 교육과정적 통합을 더욱 강조하고 있다.

장애학생의 일반교육 교실에의 통합은 단순히 그들이 출석하는 시간보다 그들의 학업적 성공을 보장하는 교육 지원에 의하여 평가되어야 한다. 장애학생은 일반학교나 일반교육 교실에서 비장애학생들과 함께 학습할 수 있는 능력의 부족 때문에 배제되고 고립될 수 있다. 학생은 학교 밖이 아닌 학교 안에서 우정을 형성하고 사회적 관계를 배운다. 장애학생이 일반학교에 참여하고 일반교육 교실에 출석하는 비율은 교사를 공유하는 방법, 실패를 공유하는 방법, 학업의 성취 등을 나타내어 주지는 않는다. 그렇지만 장애학생의 통합 비율은 중요한 의미를 지닐 수도 있다. 많은 나라에서 장애학생이 일반학교나 일반교육 교실에 통합된 비율이 높아졌지만, 지적장애 학생이나 정서·행동장애 학생의 통합 비율은 평균보다 낮다. 이러한 결과는 장애의 유형과 정도가 통합교육의 중요한 결정요인이 됨을 의미한다. 이런 불균형은 다문화 국가의 경우 인종간에도 나타났다. 다문화 국가의 경우 소수인종의 학생들이 통합교육을 받는 비율이 주류 학생들에 비하여 더 적은 것으로 나타나고 있다(Ferguson & Mehta, 2004; Klingner et al., 2005). 뿐만 아니라 장애학생들의 교육성과를 조사한 결과, 장애학생의 중도탈락 비율이 비장애학생보다 더 높았으며, 중등교육 이후 교육을 계속하거나 직업을 얻는 비율도 비장애학생보다 더 낮은 것으로 밝혀졌다(Wagner et al., 2003, 2005).

이와 같은 결과에 따라 현재 교육체제는 문화, 언어, 장애 등 증대되고 있는 학생의 다양성에 반응하기 위하여 고군분투하고 있다. 그리고 통합교육을 실시하는 학교는 더 나은 통합교육을 제공하기 위하여 학교의 재구조화를 다시 생각하고 있다. 이러한 노력이 현재 학교의 지배적인 방향이 되고 있으나, 통합교육은 아직도 충분히 실행되지 않고 있다. 이런 통합교육의 진보에 대한 불만족은 더욱 급진적인 변화를 요구하는 원인이 되고 있다(Booth & Ainscow, 1998). 이런 관점을 채택하는 사람들은 장애학생의 사정(assessment)에 관심을 둔다. 이들은 사정의 의학적 모형, 즉 교육적 곤란을 학생의 결함과 관련하여 설명하는 모형의 지속적인 이용이 학생들을 성공적으로 가르치는 데 실패하는 원인에 대한 학교의 주의를 흐트리게 하기 때문에 진보를 방해한다고 주장한다(Trent, Artiles, & Englert, 1998). 이러한 주장은 '특별한 요구(special needs)'의 재개념화를 위한 제안을 도출한다. 이런 제안은 학생이 경험하는 곤란이 학교를 조직한 방식과 교실에서 제공하는 교수의 형태에서 도출된다는 방향으로 사고를 전환하도록 요구한다. 결과적으로 통합교육은 학교의 재구조화를 요구하며, 학생의 다양성에 긍정적으로 반응하기 위하여 교수법을 개선함으로써 교육과정적 통합을 도모하여야 한다고 요구한다고 할 수 있다.

2) 통합교육의 과제

통합교육은 모든 학생의 교육 요구의 다양성을 인정하며, 개별 학생의 가치는 동등함을 인정한다(Wedell, 1995). 이런 인정을 토대로 교육체제는 '모두는 동등하지만 같지 않다'는 관점에서 학생을 지원하여야 한다. 이런 입장에서 통합교육이 요구하는 '모두는 하나'라는 관념의 해체와 학교체제의 융통성을 증대시키기 위하여 도전하여야 할 과제는 다음과 같다(Ferguson, 2008, pp. 114-117).

첫째, 학교는 통합교육을 위하여 교수를 지원하는 체제에서 학습을 지원하는 체제로 전환하여야 한다.

교수에서 학습으로의 전환은 교사가 무엇인가를 학습하도록 지시할 때까지 학생이 조용히 수동적으로 듣는 것을 기대하면서 강의나 설명 또는 간혹 질문을 하는 전통적인 교수체제를 바꾸어야 함을 의미한다. 전통적인 교사 주도적 교수는 학생에 대한 통제와 조직화를 위한 극단적인 교수방법이다(Kozol, 2006). 교육의 역사에서 대부분의 교사들은 지침에 따라 교실의 학생 전체를 대상으로 지시를 하고, 교과서나 학습지에 목록화된 과제를 제공하는 교수를 실행하여 왔다. 그러나 교수를 체계적으로 개선하려고 노력하는 교사들은 개별 학생의 학습을 강조하기 위하여 다양한 전략을 사용하며, 학생에게 더욱 매력 있고 의미 있는 과제를 제공하기 위하여 맞춤식 교육과정을 개발하고, 서로 학습을 지원하고 공유하는 학생 공동체를 형성하기 위하여 노력한다.

교육과정의 보편적 설계(universal design)(Rose, Meyer, & Hitchcock, 2005)인 보편적 학습설계(universal design for learning)는 학생의 다양한 잠재능력을 반영할 수 있는 교육과정을 개발하는 데 주안점을 둔 방법이다. 또한 프로젝트와 문제 중심의 교육과정 설계 및 광범위한 문제, 주제 또는 프로젝트로 다양한 주제를 통합하는 전략 등은 교육과정이 학생의 흥미와 매력 및 의미에 적합한지를 확인하는 방법이다(〈표 9-1〉 참조). 이러한 교육과정의 보편적 학습설계 전략이 차별화 교수(differentiated instruction)(Tomlinson 2003; Willis & Mann, 2000)와 결합될 때 개별 학생의 학습은 그들의 관심분야뿐만 아니라 현재의 능력에 적절한 맞춤식이 될 수 있다. 이런 계획은 어떤 교수나 학습 프로젝트가 학생의 요구를 더욱 충족시키는지 다양한 방법을 생각하도록 한다. 그 외에도 교사는 학생의 현재 능력과 관심사 및 그들의 최상의 학습방법, 즉 학습양식, 우세 지능, 뇌기능을 참작하여 차별화를 도모할 수 있다(Gardner, 1983; Jensen, 2005; Sternberg, 1990, 1998). 이러한 차별화 원리가 의미 있는 교육과정 설계와 결합될 때, 학습은 결과뿐만 아니라 초점이 되는 학습환경을 만들어 낸다(Tomlinson & McTighe, 2006). 또는 통합교육 교실의 교수는 학습자의 공동체를 만드는 방법으로서 학생들 간의 협동학습을 촉진하는 전략도 사용하여야 한다(Jacob, 1999).

둘째, 학교는 통합교육을 위하여 서비스를 제공하는 체제에서 지원을 제공하는 체제로 전환하여야 한다.

학교는 학생을 위하여 상담, 보건 서비스 등 다양한 서비스를 제공한다. 학생은 서비스가 그들의 특정 상황과 일치하면 효과적으로 서비스를 활용한다. 그러나 학생이 편성된 학년 교육과정에 적합하게 준비되어 있지 않거나, 이미 그것을 성취한 경우라면 어떤 서비스도 받지 못하게 된다. 이런 학교는 학생이 할 수 있는 만큼만 진보를 하도록 기대한다. 반면, 체계적으로 통합교육을 실행하는 학교는 '모두에게 적합한 하나의 규모'를 설계하고 전달하는 것이 아니라 개별 학생이 더욱 쉽고 효과적으로 학습하는 데 필요한 추가적인 지원과 비계설정(scaffolding)을 제공하는 접근법을 선택한다. 이런 변화는 교사들이 개별 학생에게 최상으로 학습할 것이라고 기대하고 다양한 전략을 사용하여 학습에 책임을 지는 것을 의미하지만, 교육에서 쉬운 일이 아니다. 지원은 학생들이 잘 배우고 교사들이 각각의 학생들을 발견하기 위하여 이루어진다. 일부 학생들은 단지 내용에 대한 지원만을 필요로 하나, 일부 학생들은 기술을 학습하고 이해하는 데까지 지원을 필요로 하며, 또 다른 학생들은 항상 지원을 필요로 할 수도 있다. 이런 학생의 경우 보조공학기기(assistive technology aids)를 지원할 수도 있지만, 적절한 조명, 신체에 적합하게 조절한 가구, 휴식의 선택권 등도 일부 학생의 학습을 위하여 지원하여야 한다.

셋째, 교사는 통합교육을 위하여 개인 실행체제에서 집단 실행체제로 전환하여야 한다.

역사적으로 교사들은 학생 집단을 배정받아 한 해 또는 그 이상 동안 그들을 가르칠 것으로 기대된다. 교사들은 교실에서 감독을 받으면서 자신의 업무를 수행한다. 교사들은 일상적으로 업무와 학교 운영 및 물품 관리를 위하여 직원회의에서 만나지만, 학생의 교수나 평가를 위하여 함께 일을 하는 경우는 거의 없다. 학교가 복잡해지고 학생들이 다양해지면서 체제를 개선하여야 한다는 요구와 더불어 교사들이 함께 일을 하여야 한다는 요구가 증대되고 있다. 통합교육의 초기에 특수교육 교사들은 일반교육 교사들과 함께 일을 함으로써 인간관계와 역할을 바꾸어 나갔다(Ferguson, Ralph, & Sampson, 2002; Maeroff, 1993). 특수교육 교사들은 점점 더 많은 학교들이 통합교육을 실행하도록 노력하는 과정에서 그들의 역할을 계속 재발견하고 있다. 그동안 분리교

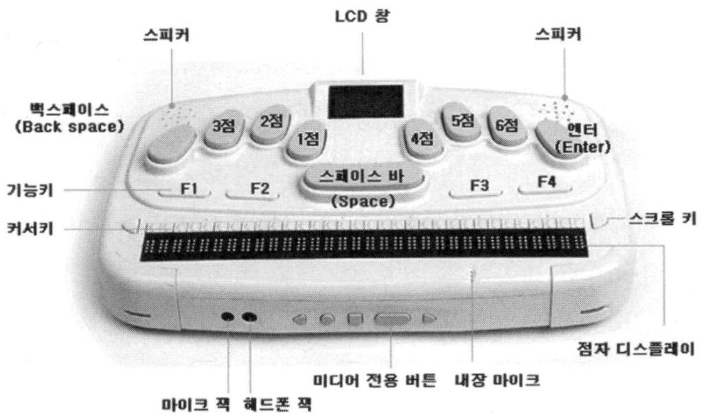

[그림 2-1] 점자정보단말기-브레일 한소네

출처: 힘스코리아(http://www.himskorea.co.kr/)

육을 제공하던 특수학교도 새로운 역할과 통합교육을 지원할 수 있는 자원으로서 일반학교와의 새로운 관계의 개발을 위하여 노력하고 있다. 그러나 이러한 노력들이 너무 개인적으로 이루어져 왔다는 데 문제가 있다. 일반교육 교사와 특수교육 교사들은 함께 일을 하여야 한다. 특수교육 교사들은 역할과 책임 및 일반교육의 내용을 다시 배우거나 새로이 배워야 하며, 일반교육 교사들은 통합교육의 전문용어와 전문지식의 가정, 그리고 특수교육 교사들과 충분한 공감대를 형성할 수 있어야 한다. 이러한 요구는 일반학교의 경우 더욱더 증대되고 있다. 지난 얼마 동안 일반학교는 교사들에게 때로는 학년 팀을, 때로는 학교 팀을 구성하여 팀 중심으로 일을 하여야 한다는 요구를 해 왔다. 이런 팀들은 통합학급의 교육과정 교수와 평가체계를 조정한 학급 중심의 교육과정을 포함하여 협력 작업을 실질적으로 수행한다. 그리고 일부 팀은 학교 내외 전반에 걸쳐 표준 중심의 학습, 학생 평가, 포트폴리오 평가 등 학습 결과와 실행의 변화 전략을 함께 연구한다. 교사들의 집단적인 실행은 서로 다른 기술과 전문성을 구비한 교사들이 학생들에게 더 나은 학습 결과를 가져오게 하며, 개별 학생의 학습 요구에 각각 다르게 반응하게 할 뿐만 아니라, 효과적이고 지속적인 전문성을 개발하도록 유도한다. 점점 학교의 리더십은 교사들이 자신들의 실행을 개선하기 위해 함께 일함으로써 지속적으로 서로에게서 배우는 실천 공동체 또는 전문 학습 공동체를 요구한다 (DuFour, Eaker, & DuFour, 2005; Lave & Wenger, 1991; Rogoff, Turkanis, & Bartlett, 2001).

넷째, 학교와 교사는 통합교육을 위하여 부모의 참여에서 가정과 학교의 연계로 체제를 전환하여야 한다.

가족은 자녀의 교육에 관여하고 자녀들이 더 많이 성취하도록 학교에 오래 머물 때 더 완전하게 학교에 참여하게 된다(Henderson & Mapp, 2002). 또한 학교는 대부분의 부모들을 회의와 행사에 참여하도록 하기 위하여 노력하지만, 때로는 부모들의 참여를 불만스럽게 여기기도 한다. 이들은 많은 가족 구성원들이 학교에 오는 것을 꺼린다. 또한 일부 부모들은 학교의 기대에 겁을 먹거나, 학교와 가정의 일과 과제는 엄격히 분리되어 있고, 그렇게 분리되어야 한다고 생각한다. 일부 가족들은 학교에서 자신이 환영받지 못하며 학교를 위협적이라고 생각하는 경우도 있다. 또 일부는 소득을 얻기 위하여 일해야 하거나 막연히 교사와의 관계를 발전시키는 것에 수줍음을 느끼기도 한다(Gutman & McLoyd, 2000; Lewis & Forman, 2002; Rao, 2000). 그리고 가족 참여의 정의나 자녀 교육에의 참여는 학교 직원과 가족 구성원 사이에 다른 것으로 인식될 때도 있다. 다른 종류의 문화적 자본(cultural capital)을 지니고 있는 가족들은 문화적, 경제적으로 교사들과 다르다고 인식한다(Lareau & Horvat, 1999; Lopez, Scribner, & Mahitivanichcha, 2001).

또한 어떤 가족 구성원은 자녀 교육에서 학교에 참여하지 않는 것과 집에서 숙제를 포함한 학교 활동을 하는 것이 다르다는 개념을 가지고 있을 수도 있다(Lopez, Scribner, & Mahitivanichcha, 2001). 물론 이러한 해석은 가족에 따라 달라진다. 일부 가족은 교사와 가장 일반적인 설명과 참여에 대한 정의를 공유하지만, 이런 정의를 공유하지 않는 가족들이 더 많다. 관심 사항에 기반을 둔 가족과의 연계를 결정하는 학교는 가족이라는 큰 집단을 떠날 수도 있다고 생각한다. 학생들은 때로 그들의 가족이나 교사들도 알지 못하는 가족과 학교의 관계에 대한 관점을 지니고 있을 수도 있다. 일반적인 관점에도 불구하고 특히 중 · 고등학교의 학생들은 그들의 부모나 가족 구성원이 학교에 오거나 교사와 이야기하는 것을 원하지 않을 수도 있다. 실제로 많은 학생들은 가족과 교사가 직접 의논하는 것과 그들의 학습을 지원하기 위하여 함께 일하는 것을 원하지 않는다(Dodd, 1996; Gonzalez, Moll, & Amanti, 2005; Ramirez, 2002). 어린 학생들은 그들의 가족 구성원이 학교에 참여하는 것만을 좋아하나, 고학년 학생들은 그들의 가족 구성원이 학교위원회와 기타 활동에 참여하기를 더욱 바란다. 따라서 부모는 학교에 참여해야 하며, 학교도 가족의 참여를 자극해야 한다.

다섯째, 학교는 통합교육을 단순한 학교 개선에서 지속적인 학교 개혁 체제로 전환하여야 한다.

학교의 개선 결과에 대한 비판적 검토는 반복된 개선과 구조 조정에도 불구하고 학교들이 충분히 바뀌지 않고 있음을 나타낸다. 학교의 실제적인 변화나 개선은 매우 미미하며, 그러한 변화는 빨리 고착되어 버린다. 통합교육을 위한 학교의 변화는 한 세기 이상 학교를 지배하여 오던 관행을 개혁하는 일이다. 그러나 그동안 통합교육을 위한 학교의 개선은 일시적인 모면책에 불과한 면이 많았다. 이러한 학교의 개선은 '지난 수십 년간 이루어져 온 끔찍한 관성'(Fullan, 2005, p. 32)이라 할 수 있다. 현재 도전하여야 하는 학교 개혁은 단순히 기존 관행에서 오류를 정정하거나 새로운 추측을 추가하기보다 더욱 효과적인 관행을 지닌 학교를 재발견하는 것이어야 한다(Abrams & Gibbs, 2000). 왜냐하면 통합교육은 교육체제를 완전히 바꾸어야 하는 근본적인 변화를 요구하기 때문이다. 사회 제도의 근본적인 변화는 성취를 위하여, 그리고 그러한 변화에 견디기 위하여 상당한 시간을 필요로 하는 매우 복잡하고 어려운 일이다(Ferguson, Kozleski, & Smith, 2003; Kozleski, Ferguson, & Smith, 2005). 학교의 복잡한 상황은 차별화되고 상호 보완적인 전략을 필요로 하며, 지속적인 변화와 개선을 위하여 일관성을 요구한다. 통합교육을 위한 학교의 변화에 대하여 한 가지 다행스러운 일은 이미 학교를 통합교육 체제로 바꾸는 데 필요한 일을 대부분 알고 있다는 점이다(Glickman, 2002; Pfeffer & Sutton, 2000; Schmoker, 2006). 앞에서 언급한 네 가지 체제 전환 과제는 이미 알고 있는 것으로서 지속적인 개선을 위해 꾸준히 노력하여야 하는 부분이다. 이런 지속적인 학교 변화는 집중된 노력과 조직 개발을 필요로 하는 변화 그 자체이다.

요약

통합이란 학교나 지역사회가 모든 사람을 공동체의 온전한 구성원으로 받아들이고, 그들이 기여하는 바를 높이 사는 것을 함의하는 용어이다. 통합을 교육에서 구현하는 통합교육은 장애학생도 일반학교의 일반교육 교실에서 교육을 받아야 하며, 그들의 특별한 요구도 일반학교의 일반교육 교실에서 충족시켜야 한다고 요구한다. 이러한 통합교육은 학생의 장애를 손상, 결함 내지 비정상으로 규정하고 장애를 치료하거나 보완하여야 한다는 의학적 모형이 아닌 학생의 장애와 기능의 결함이 사회적 요인에 달려 있다고 가정하는 장애에 대한 사회적 모형에 토대를 둔다. 그래서 장애나 결함을 유발하며 학생의 접근과 참여 및 진보를 저해하는 일반교육 환경을 개선하기 위하여 별도의 인적, 물적, 재정적 자원의 제공을 요구한다.

이와 같은 통합교육은 장애학생에게 비장애학생과의 상호작용을 촉진하며, 생활연령에 맞는 교육환경을 제공하고, 기능적인 교육과정에 접근하게 하여 배제를 방지하며, 졸업 이후의 생활을 준비하도록 하는 데 도움이 된다. 뿐만 아니라 통합교육은 비장애학생의 경우 장애학생들과의 상호작용을 통하여 미래의 성인생활에서 비차별적으로 살아가도록 지원한다. 이러한 이점에도 불구하고 통합교육은 장애학생의 일반학교 접근을 방해하는 물리적 장애물이나 제도적 장애물과 더불어 차이를 수용하지 않는 학교의 분위기나 문화와 같은 사회적 장애물들로 인해 실행에 어려움이 많다.

통합교육의 장애물을 극복하기 위한 노력은 1960년대부터 주류화란 방법으로 이루어졌으나, 이는 경도 장애학생들의 일반학교 접근만 허락할 뿐, 그들의 요구에 적절한 교수방법을 제공하지 않는 문제점이 있었다. 이를 해결하기 위하여 1980년대에는 일반교육 주도라는 방법이 요구되었다. 그러나 일반교육 주도의 통합도 일반교육 교사들의 장애학생에 대한 긍정적이지 않은 태도와 교수의 부적절성 등으로 인하여 1990년대부터 일반교육과 특수교육의 동등한 협력과 상호 접근을 강조하는 방향으로 이루어지고 있다. 이러한 과정을 통하여 현재 장애학생의 통합교육은 물리적 통합과 사회 · 정서적 통합을 넘어 장애학생이 일반 교육 교실의 교육과정에 완전히 접근하고 참여하며 진보하는 교육과정적 통합을 요구한다. 이런 통합교육으로의 발전을 위하여 학교는 교수를 지원하는 체제에서 학습을 지원하는 체제로 전환하고, 서비스 제공 체제에서 지원 제공 체제로 전환하며, 교사는 개인 실행 체제에서 집단 실행 체제로 전환하고, 학교와 교사는 가정과 학교의 연계로 체제를 전환하되, 이런 전환이 일회적이 아닌 지속적인 체제로 이루어져야 할 것이다.

참고문헌

정동영(2007). 최소 제한적 환경의 개념 진전과 그 함의 재고. **특수교육저널 이론과 실천, 8**(4), 337-363.

정동영(2010). 통합의 패러다임에서 본 정상화의 유산과 함정. **지적장애연구, 12**(4), 141-162.

Abrams, L. S., & Gibbs, J. T. (2002). Disrupting the logic of home-school relations: Parent involvement strategies and practices of inclusion and exclusion. *Urban Education, 37*(3), 384-407.

Ainscow, M., Booth, T., Dyson, A., Farrell, P., Frankham, I., Gallannaugh, F., Howes, A., & Smith, R. (2006). *Improving schools, developing inclusion*. London: Routledge.

Alexander, C., & Strain, P. S. (1978). A review of educators'attitudes toward handicapped children and the concept of mainstreaming. *Psychology in the Schools, 15,* 390-396.

Bain, A., & Dolbel, S. (1991). Regular and special education principals'perceptions of an integration program for students who are intellectually handicapped. *Education and Training in Mental Retardation, 26,* 33-42.

Bank-Mikkelson, N. (1980). Denmark. In R. J. Flynn & K. E. Nitsch (Eds.), *Normalization, social integration and community services* (pp. 51-70). Baltimore, MD: University Park Press.

Barnett, C., & Monda-Amaya, L. E. (1998). Principals' knowledge of and attitudes toward inclusion. *Remedial and Special Education, 19,* 181-192.

Barton, L. (1997). Inclusive education: Romantic, subversive or realistic? *International Journal of Inclusive Education, 1,* 231-242.

Bennett, T., DeLuca, D., & Bruns, D. (1997). Putting inclusion into practice: Perspectives of teachers and parents. *Exceptional Children, 64,* 115-131.

Berryman, J. D. (1989). Attitudes of the public toward educational mainstreaming. *Remedial and Special Education, 10,* 44–49.

Booth, T., & Ainscow, M. (Eds.). (1998). *From them to us: An international study of inclusion in education.* New York: Routledge.

Borthwick-Duffy, S. A., Palmer, D. S., & Lane, K. L. (1996). One size doesn't fit all: Full inclusion and individual differences. *Journal of Behavioral Education, 6,* 311–329.

Brucker, P. O. (1994). The advantages of inclusion for students with learning disabilities. *Journal of Learning Disabilities, 27,* 581–582.

Canadian Teachers' Federation Dissertation Paper. (1981). *The integration of children with special needs.* (Available from Canadian Teachers Federation, 110 Argyle Avenue, Ottawa, Ontario, K2P 1B4).

Carr, M. N. (1993). A mother's thoughts on inclusion. *Journal of Learning Disabilities, 26,* 590–592.

Center, Y., Ward, J., Parmenter, T., & Nash, R. (1985). Principals'attitudes towards the integration of disabled children into regular schools. *The Exceptional Child, 32,* 149–160.

Choate, J. S. (Ed.). (1997). *Successful inclusive teaching: Proven ways to detect and correct special needs.* Needham Heights, MA: Allyn & Bacon.

Cline, R. (1981). Principals'attitudes and knowledge about handicapped children. *Exceptional Children, 48,* 172–174.

Connora, D. J., & Ferrib, B. A. (2007). The conflict within: Resistance to inclusion and other paradoxes in special education. *Disability & Society, 22*(1), 63–77.

Cook, B. G., & Semmel, M. I. (1999). Peer acceptance of included students with disabilities as a function of severity of disability and classroom composition. *The Journal of Special Education, 33,* 50–61.

Cook, B. G., Semmel, M. I., & Gerber, M. M. (1999). Attitudes of principals and special education teachers toward the inclusion of students with mild disabilities. *Remedial and Special Education, 20,* 199-207, 256.

Davis, J., & Maheady, L. (1991). The regular education initiative: What do three groups of education professionals think? *Teacher Education and Special Education, 14,* 211–220.

Davis, W. E. (1980). Public schools principals'attitudes toward mainstreaming retarded pupils. *Education and Training of the Mentally Retarded, 15,* 174–178.

Dodd, A. W. (1996). Involving parents, avoiding gridlock. *Educational Leadership, 53*(7), 44–47.

Donaldson, J. (1980). Changing attitudes toward handicapped persons: A review and analysis of research. *Exceptional Children, 46,* 504–514.

DuFour, R., Eaker, R., & DuFour, R. (Eds.). (2005). *On common ground: The power of professional learning communities*. Bloomington, IN: National Educational Service.

Esposito, B. G., & Reed, T. M. (1986). The effects of contact with handicapped persons on young children's attitudes. *Exceptional Children, 53*, 224-229.

Evans, I. M., Salisbury, C. L., Palombaro, M. M., Berryman, J., & Hollowood, T. M. (1992). Peer interactions and social competence of elementary-age children with severe disabilities in an inclusive school. *Journal of the Association for Persons with Severe Handicaps, 17*, 205-217.

Evans, T., & Lunt, I. (2002). Inclusive education: Are there limits? *European Journal of Special Needs Education, 17*(1), 1-14.

Fagel-Wilson, M., Etienne, J., Sparks, S., Coons, D., Schultz, M., Jones, B., Bertelsen, C., & Opperman, J. (1993, March). *The Ohio Federation Council for Exceptional Children report on inclusion*. Columbus: The Ohio Federation Council for Exceptional Children.

Farrell, P. (1997). *Teaching pupils with learning difficulties: Strategies and solutions*. London: Falmer Press.

Farrell, P. (2001). Special education in the last twenty years: Have things really got better? *British Journal of Special Education, 28*(1), 3-9.

Ferguson, D. L. (2008). International trends in inclusive education: The continuing challenge to teach each one and everyone. *European Journal of Special Needs Education, 23*(2), 109-120.

Ferguson, D. L., Kozleski, E., & Smith, E. (2003). Transforming general and special education in urban schools. In F. Obiakor, C. Utley, & A. Rotatori, (Ed.), *Advances in special education: Vol. 15, Effective education for learners with exceptionalities* (pp. 43-74). London: Elsevier Science.

Ferguson, D. L., Ralph, G., & Sampson, N. K. (2002). From "special" educators to educators: The case for mixed ability groups of teachers in restructured schools. In W. Sailor (Ed.), *Advances in special education: Vol. 15, Effective education for learners with exceptionalities* (pp. 142-162). New York: Teachers College Press.

Ferguson, R. F., & Mehta, J. (2004). An unfinished journey: The legacy of Brown and the narrowing of the achievement gap. *Phi Delta Kappan, 85*(9), 656-669.

Fuchs, D., & Fuchs, L. S. (1994). Inclusive schools movement and the radicalisation of special education reform. *Exceptional Children, 60*(4), 294-309.

Fullan, M. (2005). Tri-level development. *Education Week, 24*(25), 32-36.

Gans, K. D. (1987). Willingness of regular and special educators to teach students with handicaps. *Exceptional Children, 54*, 41-45.

Gardner, H. (1983). *Frames of mind: The theory of multiple intelligences*. New York: Basic Books.

Gartner, A., & Lipsky, D. (1987). Beyond special education: Toward a quality system for all students. *Harvard Educational Review, 57*, 367–395.

Garvan-Pinhas, A., & Schmelkin, L. P. (1989). Administrators' and teachers' attitudes toward mainstreaming. *Remedial and Special Education, 10*, 38–43.

Gerrard, L. C. (1994). Inclusive education: An issue of social justice. *Equity & Excellence in Education, 27*, 58–67.

Gibb, G. S., Young, J. R., Allred, K. W., Dyches, T. T., Egan, M. W., & Ingram, C. F. (1997). A team-based junior high inclusion program: Parent perceptions and feedback. *Remedial and Special Education, 18*, 243–249, 256.

Glicking, E. E., & Theobald, J. T. (1975). Mainstreaming: Affect or effect? *The Journal of Special Education, 9*, 317–328.

Glickman, C. (2002). *Leadership for learning: How to help teachers succeed.* Alexandria, VA: Association for Supervision and Curriculum Development.

Gliedman, J., & Roth, W. (1980). *The unexpected minority: Handicapped children in America.* New York: Harcourt Brace Jovanovich.

Gonzalez, N., Moll, L. C., & Amanti, C. (Eds.). (2005). *Funds of knowledge: Theorizing practice in households, communities, and classrooms.* Mahwah, NJ: Lawrence Erlbaum.

Gottlieb, J., & Corman, L. (1975). Public attitudes toward mentally retarded children. *American Journal of Mental Deficiency, 80*, 72–80.

Green, S. K., & Shinn, M. R. (1994). Parent attitudes about special education and reintegration: What is the role of student outcomes? *Exceptional Children, 61*, 269–281.

Grove, K. A., & Fisher, D. (1999). Entrepreneurs of meaning: Parents and the process of inclusive education. *Remedial and Special Education, 20*, 208–215, 256.

Gutman, L. M., & McLoyd, V. C. (2000). Parents' management of their children's education within the home, at school and in the community: An examination of African-American families living in poverty. *Urban Review, 32*, 1–24.

Hall, L. J. (1994). A descriptive assessment of social relationships in integrated classrooms. *Journal of the Association for Persons with Severe Handicaps, 12*, 280–286.

Hannah, M. E., & Pliner, S. (1983). Teacher attitudes toward handicapped children. A review and syntheses. *School Psychology Review, 12*, 12–25.

Haug, P. (2003). Qualifying teachers for the school for all. In K. Nes, M. Strømstad, & T. Booth, *Developing inclusive teacher education* (pp. 97–115). New York: Routledge.

Helmstetter, E., Peck, C. A., & Giangreco, M. F. (1994). Outcomes of interactions with peers with moderate or severe disabilities: A state-wide survey of high school students. *Journal of the Association of Persons with Severe Handicaps, 19*, 263–276.

Henderson, A. T., & Mapp, K. L. (2002). *A new wave of evidence. The impact of school, family and community connections on student achievement: Annual synthesis.* Austin, TX: Southwest Educational Lab.

Hendrickson, J. M., Shokoohi-Yekta, M., Hamre-Nietupski, S., & Gable, R. A. (1996). Middle and high school students' perceptions on being friends with peers with severe disabilities. *Exceptional Children, 63,* 19-28.

Hirshoren, A., & Burton, T. E. (1979). Willingness of regular teachers to participate in mainstreaming handicapped children. *Journal of Research and Development in Education, 12,* 93-100.

Horne, M. D. (1985). *Attitudes toward handicapped students: Professional, peer, and parent reactions.* Hillsdale, NJ: Erlbaum.

Houck, C. K., & Rogers, C. J. (1994). The special/general education integration initiative for students with specific learning disabilities: A snapshot of program change. *Journal of Learning Disabilities, 27,* 58-62.

Jacob, E. (1999). *Cooperative learning in context: An educational innovation in everyday classrooms.* New York: SUNY Press.

Janney, R. E., Snell, M. E., Beers, M. K., & Raynes, M. (1995). Integrating students with moderate and severe disabilities into general education classes. *Exceptional Children, 61,* 425-439.

Jensen, E. (2005). *Teaching with the brain in mind* (2nd ed.). Alexandria, VA: Association for Supervision and Curriculum Development.

Kauffman, J. M. (1999). Commentary: Today's special education and its messages for tomorrow. *Journal of Special Education, 32*(4), 244-254.

Kauffman, J. M., Bantz, J., & McCullough, J. (2002). Separate and better: A special public school class for students with emotional and behavioral disorders. *Exceptionality, 10*(3), 149-170.

Kelly, E. J. (1971). *Philosophical perspectives in special education.* Columbia, Ohio: Charles E. Merrill Publishing Company.

Klingner, J. K., Artiles, A. J., Kozleski, E., Harry, B., Zion, S., Tate, W., Durán, G. Z., & Riley, D. (2005). Addressing the disproportionate representation of culturally and linguistically diverse students in special education through culturally responsive educational systems. *Education Policy Analysis Archives, 13*(38).

Kochar, C. A., West, L. L., & Taymans, J. M. (2000). *Successful inclusion: Practical strategies for a shared responsibility.* Upper Saddle River, NJ: Prentice Hall.

Kozleski, E. B., Ferguson, D. L., & Smith, A. (2005). Paths for change: The systemic change framework and inclusive schools. *TASH Connections, 31,* 12-14.

Kozol, J. (2006). *The shame of the nation: The restoration of apartheid schooling in America.* New York: Random House.

Lareau, A., & Horvat, E. M. (1999). Moments of social inclusion and exclusion: Race, class, and cultural capital in family-school relationships. *Sociology of Education, 72*(1), 37-53.

Lave, J., & Wenger, E. (1991). *Situated learning. Legitimate peripheral participation.* Cambridge: Cambridge University Press.

Law, M. (1993). Changing disabling environments through participatory research. *Canadian Journal of Rehabilitation, 7*(1), 22-23.

Lazar, A. L., Stodden, R. L., & Sullivan, N. V. (1976). A comparison of attitudes held by male and female future school administrators toward instructional goals, personal adjustment, and the handicapped. *Rehabilitation Literature, 37*, 198-222.

Lewis, A. E., & Forman, T. A. (2002). Contestation or collaboration? A comparative study of home-school relations. *Anthropology and Education Quarterly, 33,* 60-89.

Lipsky, D. K., & Gartner, A. (1987). Capable of achievement and worthy of respect: Education for handicapped students as if they were full-fledged human beings. *Exceptional Children, 54,* 69-74.

Lopez, G. R., Scribner, J. D., & Mahitivanichcha, K. (2001). Redefining parental involvement: Lessons from high-performing migrant-impacted schools. *American Educational Research Journal, 38*(2), 253-288.

Lovitt, T. C., & Cushing, S. (1999). Parents of youth with disabilities: Their perceptions of school programs. *Remedial and Special Education, 20,* 134-142.

Lovitt, T. C., Plavins, M., & Cushing, S. (1999). What do pupils with disabilities have to say about their experience in high school? *Remedial and Special Education, 20,* 67-76, 83.

Maeroff, G. (1993). *Team building for school change: Equipping teachers for new roles.* New York: Teachers College Press.

Margolis, H., & McGettigan, J. (1988). Managing resistance to instructional modifications in mainstreamed environments. *Remedial and Special Education, 9*, 15-21.

Meijer, C. J. W. (Ed.). (2003). *Special education across Europe in 2003: Trends in provision in 18 European countries.* Middelfart: European Agency for Development in Special Needs Education.

Naor, M., & Milgram, R. (1980). Two preservice strategies for preparing regular classroom teachers for mainstreaming. *Exceptional Children, 47*, 126-129.

Nirje, B. (1976). The normalization principle and its human management implications. In R. B. Kugel & A. Shearer (Eds.), *Changing patterns in residential services for the mentally retarded*

(2nd ed., pp. 231-252). Washington, DC: President's Committee on Mental Retardation.

Nirje, B. (1985). The basis and logic of the normalization principle. *Australia & New Zealand Journal of Developmental Disabilities, 11*, 65-68.

OECD (2004). *Equity in education: Students with disabilities, learning difficulties, and disadvantages.* Paris: OECD.

Oliver, M. (1996). *Understanding disability: From theory to practice.* Basingstoke: Macmillian.

Paul, P. V., & Ward, M. E. (1996). Inclusion paradigms in conflict. *Theory into Practice, 35*(1), 4-19.

Payne, R., & Murray, C. (1974). Principals' attitudes toward integration of the handicapped. *Exceptional Children, 41*, 123-125.

Peters, S. J. (2007). A historical analysis of international inclusive education policy and individuals with disabilities. *Journal of Disability Policy Studies, 18*(2), 98-108.

Pfeffer, P., & Sutton, R. (2000). *The knowing-doing gap.* Cambridge, MA: Harvard University Press.

Pijl, S., Meijer, C., & Hegarty, S. (1997). *Inclusive education: A global agenda.* London: Routledge.

Pivik, J., McComas, J., & Laflamme, M. (2002). Barriers and facilitators to inclusive education. *Exceptional Children, 69*(1), 97-107.

Polloway, E. A., & Patton, J. R. (1996). *Strategies for teaching learners with special needs* (6th ed.). Upper Saddle River, NJ: Prentice Hall.

Ramirez, A. Y. (2002). Follow-up study: High school students' comments regarding parents. *School Community Journal, 12*, 29-51.

Rao, S. S. (2000). Perspectives of an African American mother on parent-professional relationships in special education. *Mental Retardation, 38,* 475-488.

Rawls, J. (1971). *A theory of justice.* Cambridge, MA: Belknap Press of Harvard University Press.

Reindal, S. M. (2009). Disability, capability, and special education: Towards a capability-based theory. *European Journal of Special Needs Education, 24*(2), 155-168.

Rogoff, B., Turkanis, C. G., & Bartlett, L. (Eds.). (2001). *Learning together: Children and adults in a school community.* New York: Oxford University Press.

Rose, D., Meyer, A., & Hitchcock, C. (2005). *The universally designed classroom: Accessible curriculum and digital technologies.* Cambridge, MA: Harvard Education Press.

Ruppmann, J. (1991, November 27). *Where disabled do best* [Letter to the editor]. The Washington Post, p. A16.

Sasso, G. M. (2000). The retreat from inquiry and knowledge in special education. *Journal of Special Education, 34*(4), 178-193.

Schmoker, M. (2006). *Results now: How we can achieve unprecedented improvements in teaching and learning*. Alexandria, VA: Association for Supervision and Curriculum Development.

Shotel, J. R., Iano, R. P., & McGettigan, J. F. (1972). Teacher attitudes associated with the integration of handicapped children. *Exceptional Children, 38,* 677-683.

Skrtic, T. M. (1991a). *Behind special education: A critical analysis of professional culture and school organization*. Denver: Love.

Skrtic, T. M. (1991b). The special education paradox: Equity as the way to excellence. *Harvard Educational Review, 61*, 148-162.

Stainback, W., & Stainback, S. (1984). A rationale for the merger of special and regular education. *Exceptional Children, 51,* 102-111.

Stainback, W., & Stainback, S. (Eds.). (1990). *Support networks for inclusive schooling: Interdependent integrated education*. Baltimore: Brookes.

Stephens, T. M., & Braun, B. L. (1980). Measures of regular classroom teachers' attitudes toward handicapped children. *Exceptional Children, 46*, 292-294.

Sternberg, R. J. (1990). *Handbook of human intelligence*. New York: Cambridge University Press.

Sternberg, R. J. (1998). Principles of teaching for successful intelligence. *Educational Psychologist, 33,* 65-71.

Taylor, B. R. (1994). Inclusion: Time for a change-A response to Margaret N. Carr. *Journal of Learning Disabilities, 27,* 579-580.

Thomas, C. (2004). How is disability understood? An examination of sociological approaches. *Disability and Society, 19*(6), 569-583.

Thomas, G. (1997). Inclusive schools for an inclusive society. *British Journal of Special Education, 24*(3), 103-107.

Thomas, G., Walker, D., & Webb, J. (1998). *The making of the inclusive school*. London: Routledge.

Tomlinson, C. A. (2003). *Fulfilling the promise of the differentiated classroom: Strategies and tools for responsive teaching*. Alexandria, VA: Association for Supervision and Curriculum Development.

Tomlinson, C. A., & McTighe, J. (2006). *Integrating differentiated instruction and understanding by design: Connecting content and kids*. Alexandria, VA: Association for Supervision and Curriculum Development.

Towfighy-Hooshyar, N., & Zingle, H. W. (1984). Regular class students: Attitudes toward integrated multiply-handicapped peers. *American Journal of Mental Deficiency, 88,* 630-637.

Trent, S. C., Artiles, A. T., & & Englert, C. S. (1998). From deficit thinking to social constructivism: A review of theory, research, and preactive in special education. *Review of Research in*

Education, 23, 277-307.

UNESCO (1994). *The Salamanca statement and framework for action on special needs education.* Paris: Author.

UNESCO (1997). *Inclusive schools and community support programs.* Report 1996, First Phase 1997. Paris: UNESCO.

UNESCO (2001). *The open file on inclusive education*. Paris: UNESCO.

Vitello, S. J., & Mithaug, D. E. (1998). *Inclusive schooling: National and international perspectives.* Mahwah, NI: Lawrence Erlbaum.

Voeltz, L. (1980). Children's attitudes toward handicapped peers. *American Journal of Mental Deficiency, 84,* 455-464.

Wade, S. E. (Ed.). (2000). *Inclusive education: A casebook and readings for prospective and practicing teachers.* Mahwah, NJ: Lawrence Earlbaum.

Wagner, M., Newman, L., Cameto, R., & Levine, P. (2005). *Changes over time in the early postschool outcomes of youth with disabilities: A report from the National Longitudinal Transition Study-2(NLTS2).* Menlo Park, CA: SRI International.

Wagner, M., Newman, L., Cameto, R., Levine, P., & Marder, C. (2003). *Going to school: Instructional contexts, programs, and participation of secondary school students with disabilities: A report from the National Longitudinal Transition Study-2(NLTS2).* Menlo Park, CA: SRI International.

Wedell, K. (1995). Making inclusive education ordinary. *British Journal of Special Education, 22*(3), 100-104.

Will, M. (1986). Educating children with learning problems: A shared responsibility. *Exceptional Children, 55,* 128-137.

Willis, S., & Mann, L. (2000). *Differentiating instruction: Finding manageable ways to meet individual needs.* Alexandria, VA: Association for Supervision and Curriculum Development.

Yates, S., Dyson, S., & Hiles, D. (2008). Beyond normalization and impairment: Theorizing subjectivity in learning difficulties-theory and practice. *Disability & Society, 23*(3), 247-258.

Yuker, H. E. (Ed.). (1988). *Attitudes toward persons with disabilities*. New York: Springer-Verlag.

Center for Applied Special Technology, http://www.cast.org/research/udl/index.html

힘스코리아, http://www.himskorea.co.kr/

제 3 장

특수학급 교사 역할

서울 청량초 특수학급(사진: 김윤진 교사 제공)

이 장의 구성

1. 특수학급 담임으로서 특수학급 교사의 역할
   1) 학습지도
   2) 생활지도
   3) 학급경영

2. 특수교육 교사로서 특수학급 교사의 역할
   1) 특수교육 요구 사정
   2) 통합학급 지원
   3) 특수교육 관련 서비스 지원
   4) 전환 지원
   5) 가족 지원
   6) 지역사회 네트워크 구축 및 구동

연구과제

1. 특수학급 교사의 담임교사로서의 역할을 알아보자.
2. 특수학급의 성공적인 운영을 위한 특수교육 교사로서의 역할을 알아보자.
3. 특수학급 교사의 역할 수행을 위해 갖추어야 할 특수학급 교사의 자질에 대해 알아보자.

이 장의 개요

특수학급이란 장애학생을 위하여 일반학교 내에 설치된 독립된 학급을 말한다. 특수학급은 특수학교보다 덜 제한된 환경이나 일반학급보다는 더 제한적인 환경이다. 그래서 학생의 통합을 지원하기에 용이한 환경이지만, 동일한 장애유형의 학생들만을 대상으로 하는 특정 특수학교와는 달리 다양한 장애 유형과 정도의 학생들을 대상으로 운영되는 특징을 지니고 있다. 그리고 역할이란 일반적으로 신분적 지위를 가지고 사람들이 부여받은 지위를 수행하는 데 필요한 어떤 일을 말하나, 역할의 개념에 대한 해석은 학자에 따라 다르다. 즉, 역할의 개념에 대하여 심리학자들은 개인적 인성에 두고 정의하며, 인류학자들은 규범적 기대에 두고 정의하고, 사회학자들은 상호작용 체제의 입장에 두고 정의한다. 이렇게 볼 때 특수학급 교사의 역할이란 특수학급 교사라는 지위에 부여하는 특수학급 교사의 개인적 인성에 대한 기대일 수도 있고, 특수학급 교사라는 지위에 대한 규범적 기대일 수도 있으며, 특수학급의 학생들과 그들의 부모 및 동료 교사들과 지역사회와의 상호작용에 대한 기대일 수도 있다. 이와 같이 특수학급 교사의 역할은 그들을 어떻게 보는가에 따라 달라지며, 자신이 역할을 어떻게 지각하는가에 따라서도 달라진다. 역할 수행자가 기대되는 역할을 지각하는 정도를 역할지각(role perception)이라고 한다. 역할지각을 정확히 하는 사람일수록 자신의 역할에 대한 적응력이 높으며, 자신의 역할을 보다 명확하게 규정한다. 역할을 잘 수행하는 유능한 특수학급 교사란 자신에 대한 역할기대를 정확히 지각하고 충실히 실행하는 교사라고 할 수 있다.

특수학급 교사는 일반학교에서 특수학급을 담당하는 특수교육 교사로서 일반학교의 일반학급을 담당하는 일반교육 교사와 같이 담임교사로서의 역할을 수행할 것으로 기대되지만, 특수학급 교사는 일반학교 내의 특수교육 교사로서 일반학급 교사와는 달리 특수교육 교사로서의 역할도 수행할 것으로 기대된다. 그렇다고 하여 특수학급 교사들이 특수교육 교사로서 특수학교의 교사들과 동일한 역할을 수행하여야 한다는 의미는 아니다. 특수학급 교사의 경우 특수교육 교사로서 특수학교의 교사들과 동일한 역할도 수행하여야 하지만, 특수학교의 교사들과는 다른 역할도 수행하여야 한다. 따라서 이 장에서는 특수학급 교사의 역할을 일반학교 내의 특수학급을 담당하는 담임교사로서 수행하여야 하는 역할과 일반학교 내의 특수교육을 지원하는 특수교육 교사로서 수행하여야 하는 역할로 구분하여 알아본다.

1. 특수학급 담임으로서 특수학급 교사의 역할

교사의 역할은 규정하기 어려운 과제이다. 그러나 담임교사의 역할을 말할 때 가장 많이 언급하는 것은 학습 지도자로서의 역할, 생활 지도자로서의 역할, 학급 경영자로서의 역할이다(김남지, 한유경, 2011; 김정규, 권낙원, 1994; 정태범, 1998; Becher & Ade, 1999; Jackson, 1968; Jarolimek & Foster, 1997 참조). 이 세 가지 역할에 평가자로서의 역할(정범모, 1963), 학교와 지역사회 연계자로서의 역할(이정희, 1984) 등을 추가하기도 하지만, 담임교사들이 보편적으로 수행하여야 할 역할은 이 세 가지다. 특수학급 교사들도 일반학급 교사들과 동일하게 독립된 하나의 학급을 담당하는 담임교사로서 기본적으로 학습지도, 생활지도, 학급경영이라는 역할을 수행하여야 한다. 그러나 특수학급 교사들은 학생들의 특별한 교육적 요구와 더불어 그들의 다양한 발달적, 사회적, 심리적 특성 등으로 인하여 학습지도와 생활지도 외에도 학생에 대한 유무형의 다른 지원을 더 요구받고 있다. 이러한 요구로 인하여 특수학급 교사의 역할은 일반학급의 담임교사들에 비하여 더 큰 비중을 차지하며, 일반학급의 담임교사들과 공통적인 역할을 수행하면서도 특수한 역할을 더 수행하여야 하는 역할이다.

1) 학습지도

담임교사는 다양한 역할을 수행하지만, 담임교사가 수행하는 역할 중에서 가장 중요한 것은 학습지도이다. 학습지도란 교육목표에서 요구되는 내용을 계통적으로 계획하여 학생의 학습활동을 수행하도록 도와주는 수업을 의미한다. 학습지도를 위한 담임교사의 역할을 구체화하면 학습지도를 계획하는 일, 실행하는 일, 학습 결과를 평가하는 일 등으로 구분될 수 있다. 실제로 교사들은 모두 학생을 어떤 내용으로 어떻게 지도할 것인가를 계획 · 실행 · 평가하기 위하여 적절히 자료를 준비하고, 학생의 동기를 유발하며, 수업의 모형을 선정하고, 교재 연구를 수행하고, 적절한 발문과 보상 방법, 적합한 과제의 선정과 제시 방법, 타당한 평가 방법 등을 선택하고 실행하는 역할을 수행한다.

이와 같은 학습지도 역할은 교사의 본분이면서도 교사의 전문성을 증명할 수 있는 핵심적인 역할이 된다. 학습지도는 교사가 가지고 있는 유무형의 지식을 교수·학습 과정을 통하여 학생들에게 전달하는 과정이며, 학생의 학습과 행동에 대하여 적절한 피드백을 주는 활동을 의미한다. 이러한 학습지도 역할을 제대로 수행하기 위하여 특수학급 교사는 장애학생의 교수·학습, 즉 수업에 대한 전문성을 확립하여야 한다.

교사의 전문성은 수업 과정에서 교과 내용에 대한 지식과 이를 지도하는 데 필요한 방법적 지식을 종합하고 재구성하여 적용할 수 있는 능력이다(정현우, 2012, p. 1). 교사가 수업을 실행하려면 교과 내용에 대한 지식뿐만 아니라 그 내용을 제시하는 순서와 도입하는 방법, 질문하는 방법, 학생들의 반응에 응답하는 방법, 학생들이 배운 것을 평가하는 방법, 학습자료의 유용성 등에 대한 지식을 소유하여야 한다(Tobin & McRobbine, 1999). 이러한 지식의 총체를 교사의 수업 전문성, 곧 교사의 전문성이라고 한다. 이러한 교사의 전문성을 나타내는 개념이 '교수내용지식(pedagogical content knowledge: PCK)'이다.

교수내용지식은 '특정 내용을 특정 학생의 이해를 촉진할 수 있도록 가르치는 방법에 대한 지식'(Shulman, 1986), '교사 개인의 교과내용에 대한 이해로부터 학습자에게 적합한 내용의 형식으로 변환하는 과정에 동원되는 교사의 지식'(Geddis & Wood, 1997) 등으로 정의된다. 이러한 교수내용지식의 구성요소는 교과 지식, 교육학 지식, 상황 지식의 세 가지 범주로 구분된다(Gess-Newsome, 1999).

교과 지식은 교과내용과 교육과정에 관한 지식을 말한다. 먼저 교과내용에 대한 지식은 특정 교과를 구성하는 학문적 영역의 지식 또는 교수·학습 내용에 대한 지식을 의미하며, 교육과정에 대한 지식은 교과를 구성하는 내용의 위계와 체계에 대한 지식, 즉 국가, 지역, 학교 수준 교육과정의 목적, 내용, 자료, 교육 프로그램에 대한 지식과 교육과정 내용의 관계와 체계에 대한 지식을 의미한다.

교육학 지식은 교수전략, 교육학, 교육목적, 평가, 자료와 자원에 관한 지식으로 구성된다. 교수전략에 대한 지식은 수업의 실행을 위한 표현, 활동, 방법, 전략, 교수계획에 대한 지식을 말하며, 교육학에 대한 지식은 교육철학, 교육심리학, 교육사회학과 같은 교육학 지식을 의미하고, 교육목적에 대한 지식은 교육을 통하여 교사가 추구하는 교육의 방향 혹은 결과를 말한다. 그리고 평가에 대한 지식은 교수·학습 평가의 대상, 방법, 도구, 원리 및 평가활동에 대한 지식을 의미하며, 자료와 자원에 대한 지식은 수업을 위하여 사용되는 모든 시설과 도구, 매체에 대한 지식을 의미한다.

상황 지식은 학생 이해, 상황에 대한 지식으로 구성된다. 학생 이해에 대한 지식은 학생의 선행학습 및 오개념, 학습하기 어려운 내용, 학습 동기, 지적 · 신체적 발달 수준, 학습전략, 학습자의 흥미, 관심, 필요성에 대한 지식을 의미하며, 상황에 대한 지식은 교수의 기간, 교수에 적절한 계절 및 여건, 사회적 · 문화적 · 물적 자원, 관련 조직 · 단체 · 기관 등 수업에 영향을 줄 수 있는 모든 상황적 요인에 대한 지식을 의미한다.

이와 같은 교수내용지식의 구성요소는 교사의 학습지도 역할과 그 역할의 수행에 필요한 지식을 구체적으로 나타내어 준다. 교사들은 학습지도의 역할을 충실히 수행하기 위하여 교수내용지식, 즉 교과 지식, 교육학 지식, 상황 지식을 구비하여 교과지도는 물론, 학생들의 학습의욕 고취와 학습 습관 형성을 지도하며, 학생들에게 최적의 학습지도를 수행하여 학습에 대한 자신감과 탐구정신을 길러 주어야 한다(이병환, 정애숙, 2006). 이러한 교사의 학습지도 역할은 정규 수업시간에만 이루어지는 것이 아니라 수업을 떠난 정규 교과 외의 활동, 즉 자율학습시간, 자치활동, 행사 참여활동 등을 도와주는 일에서도 수행되어야 한다(Bae, 1990).

이와 같은 교사의 학습지도 역할에 특수학급 교사의 학습지도 역할은 학생의 장애 이해, 개별화 교육 프로그램(Individualized Educational Program: IEP)의 수립과 실행, 교육과정의 수정 등에 대한 역할도 추가하여야 한다. 물론 학생의 장애 이해를 학생을 이해하는 역할에 포함하고, 개별화교육 프로그램의 수립과 실행, 교육과정의 수정을 교과교육을 실행하는 역할에 포함할 수 있지만, 이러한 역할은 일반학급 교사들보다 특수학급 교사들의 역할에서 더욱 강조되어야 하는 부분이다.

장애는 심리적, 생리해부학적 구조나 기능의 손상으로 활동에 제한을 유발하고 참여를 제약하는 조건이다. 이러한 장애의 정의는 장애를 개인적 병리보다 사회적 병리로 보아야 한다는 의미다. 그리고 장애는 유형과 정도에 따라 다른 특성과 요구를 나타낸다. 그러므로 특수학급 교사는 학습지도를 위하여 학생의 장애를 제대로 이해하여야만 한다.

한편, IEP는 개별 장애학생의 교육적 요구에 적절한 교육을 제공하기 위하여 특수교육에 도입된 장애학생들의 교육의 평등을 보장하기 위한 도구이다. IEP에서 '개별화(individualized)'란 한 학생의 교육적 요구를 의미하며, '교육(education)'이란 특수교육 및 관련 서비스를 의미하고, '프로그램(program)'이란 학생에게 실제로 무엇을 제공할 것인가에 대한 진술을 의미한다(이유훈, 김형일, 2003). 이 말은 IEP는 개별 학생을 단위로 그의 교육적 요구에 적합한 교육목표, 교육방법, 교육내용, 특수교육 관련 서비스 등을 포함한 교육계획임을 의미한다. 이러한 IEP는 부모와 학교 관계자 간의 의사소통 수단, 부모와 학교 간의 의견 차이를 해결하기 위한 기회 제공, 자료에 대한 합의 문서, 특수교육과 관련 서비스의 제공을 보증하는 관리의 수단, 공무원들이 서류의 준수 여부를 점검하는 문서, 계획된 결과의 성취를 향하여 학생이 진보되어 가는 정도를 확인하는 평가 장치 등의 기능을 한다(Fiscus & Mandell, 1983). 실제로 특수학급의 장애학생들은 비장애학생들과의 개인 간 차(inter-individual difference)만이 아니라 개인 내 차(intra-individual difference) 또한 커서 집단교육으로는 그들의 요구에 적절한 교육을 제공할 수 없어 IEP를 작성하고 실행하여야 한다. 이러한 차원에서 IEP의 작성과 실행은 특수학급 교사의 학습지도 역할에서 중요한 역할 중 하나가 된다고 할 수 있다.

한편, 교육과정 수정(modification)은 장애학생들이 교육과정에 접근하고 참여하며 진보하는 것을 방해하는 장애물이나 장벽을 제거하는 조정(accommodation)과 적합화(adaptation)를 의미한다. 교육과정 수정은 무엇을 가르칠 것인가를 수정하는 교육과정적 수정(curricular modification)과 어떻게 가르치고 학생이 배운 것을 어떻게 나타내게 할 것인가를 수정하는 교수적 수정(instructional modification)으로 구분된다(Janney & Snell, 2000). 이런 교육과정 수정은 교육목표, 교육내용, 교육방법, 교육환경, 교육결과의 평가 등에 대한 조정과 적합화로 이루어진다. 특수학급의 학생들은 교육적 요구와 선호에 따라 개인별로 적절한 교육목표, 교육내용, 교육방법, 교육환경, 교육결과의 평가 등을 제공받지 않으면 교육과정에 접근하지 못하고 참여하지 못하며 진보하지 못한다. 그러므로 특수학급 교사의 학습지도 역할은 개별 학생의 요구와 선호에 적합하게 교육과정을 조정하거나 적합화하는 역할도 포함하여야 한다.

2) 생활지도

생활지도란 학생 개인이 일상생활에 있어서 위기 또는 문제 사태에 직면하였을 때 현명한 적응, 선택, 해결을 할 수 있도록 학생을 지도하는 일(주영흠, 2000, p. 73), 또는 학생이 당면하게 되는 가정적 · 신체적 · 정서적 · 성격적인 여러 가지 문제의 해결을 돕는 활동(김남지, 한유경, 2011, p. 54)을 의미한다. 이러한 생활지도는 학교교육에서 학습지도 못지않게 중요한 교육활동의 영역이다. 특히 최근 급격히 변화되고 있는 사회의 구조와 기능의 변화는 학생들의 문제를 더욱 증대시켜 학교교육에서 생활지도의 중요성을 더욱 강조하고 있다. 따라서 담임교사는 학생들이 자신의 문제를 정확히 파악하고, 그 문제의 해결을 위한 이해력과 통찰력을 길러 보다 안정되고 통합된 성찰을 할 수 있도록 도움을 주어야 한다. 이것이 바로 교사의 책임이며, 생활지도의 역할이다.

실제로 담임교사는 학습지도 외에 생활지도를 통하여 학생들이 자기 자신을 잘 이해하고 자신의 능력을 최대한 계발할 수 있도록 도와야 하며, 자신이 부딪히는 환경에 잘 적응하고 현명한 선택을 할 수 있도록 도와야 한다. 또한 학생이 신체적 · 지적 · 정서적 · 사회적인 면에서 잘 조화되고 통합된 인간이 되도록 도와서 행복한 개인, 유능한 사회인이 될 수 있도록 하여야 한다(Becher & Ade, 1999). 이러한 생활지도는 전통적으로 학생 조사활동(inventory service), 정보활동(information service), 상담활동(counseling service), 정치활동(placement service), 추수활동(follow-up service)을 통하여 이루어진다(Gibson & Mitchell, 1981, pp. 25-29).

먼저, 학생 조사활동은 학생 이해활동이라고도 하며, 생활지도의 기초적인 단계로서 학생들을 개별적으로 이해하는 데 필요한 기초자료들을 조사 · 수집하는 활동이다(주영흠, 2000, p. 80). 학생 조사활동은 가정환경, 성적, 특별활동, 지능, 적성, 흥미, 성격, 장래 희망 등을 포함하여 이루어져야 한다. 학생 이해활동을 위하여 수집되는 정보는 객관성과 신뢰성이 높아야 하며, 문제해결에 필요한 사실과 요인을 포함하고 있어야 한다. 이런 정보를 수집하기 위해서는 다양한 방법과 기술을 사용하고, 수집된 정보는 기록 · 보관되어야 한다(주영흠, 2000, p. 81).

정보활동은 학생의 교육이나 직업에 관한 정보, 그리고 개인생활이나 사회생활 등에 관련된 지식 또는 정보를 제공하여 이를 지혜롭게 활용하도록 돕는 일이다(주영흠, 2000, p. 81). 인간은 언제나 자기 자신은 물론 타인과 환경에 대하여 정확하고 올바르게 이해하기를 원한다. 이런 이해를 돕기 위하여 생활지도를 할 때는 학생들에게 다양한 정보를 정확하게 제공하여야 한다. 잘못된 정보나 자료는 판단에 오류를 유발하며 바람직하지 못한 행동의 원인이 될 수 있다. 그러므로 교사의 생활지도 역할 수행을 위한 정보활동은 학생들이 필요로 하는 각종 정보와 자료를 정확히 제공함으로써 그들의 개인적 성장과 사회적응을 도와야 한다.

상담활동은 생활지도의 중핵이 되는 활동이다. 상담은 지도 · 조언을 제공하는 상담자와 지도 · 조언을 받는 내담자와의 문제해결을 위한 역동적 활동으로 일상생활에서 해결하여야 할 교육적, 직업적, 가정적, 사회적, 신체적, 도덕적, 정서적, 종교적 문제를 자기 힘으로 해결할 수 있도록 도와주며, 자기가 가지고 있는 흥미, 적성, 능력, 성격 등 인격적 특성과 잠재력을 발견하고 이해하여 최대한으로 발전시켜 나가도록 도와주는 활동이다(김제한, 1994, p. 78). 상담은 생활지도와 혼용되는 경우도 있지만, 개인이 당면하고 있는 현실적인 문제의 해결을 위하여 도움을 받을 뿐만 아니라 장래 계획, 미래의 장기적인 인생설계를 세우는 데, 그들 자신의 힘으로 해결할 수 있도록 도와준다는 것에 생활지도와 차이점이 있다(김제한, 1994, p. 78). 상담은 내담자의 문제와 관심영역, 특성이나 성격에 따라 거의 파멸상태에 도달한 내담자를 대상으로 위기상담, 내담자의 미래 탐색을 돕는 촉진상담, 장차 일어날 수 있는 문제를 방지하는 예방상담, 내담자의 원만한 성장과 발달을 돕는 발달상담으로 구분되며, 상담방법에 따라 지시적 상담과 비지시적 상담으로 구분되고, 상담 대상에 따라 집단상담과 개별상담으로 구분된다. 따라서 교사의 생활지도 역할은 상담의 목적, 절차, 방법 등에 대한 이해와 지식을 요구하는 역할이라고 할 수 있다.

정치활동은 직업, 학교, 교과, 특별활동, 부업 또는 그 밖의 활동을 선택하여 그 활동에 종사하도록 함으로써 개인의 성장과 발달을 돕는 활동이다(주영흠, 2000, p. 82). 세상의 모든 일이나 놀이는 모두 정치활동의 대상이 된다. 정치활동은 선택과 결정이라는 행위를 통하여 이루어진다. 이러한 선택과 결정은 모두 자기결정(self-determination)과 관련된다. 자기결정은 한 사람이 자신의 인생의 주체로서 부당한 외적 영향이나 간섭으로부터 자유롭게 선택하고 결정하는 원동력이다(Wehmeyer, 1992). 이러한 자기결정은 그 기능에 따라 자율성, 자기조정, 역량강화, 자기인식 등의 구성요소를 포함한다(Wehmeyer, 2000; Wehmeyer, Agran, & Hughes, 2000; Wehmeyer, Kelchner, & Richards, 1996). 따라서 교사는 학생들이 자신의 삶을 책임지고 나아가 자신의 당면한 문제들을 스스로 잘 해결해 나갈 수 있도록 정치활동을 지도하는 역할을 담당하여야 한다.

추수활동은 생활지도를 받은 학생이 어느 정도 개선되어 건전하게 학교생활이나 사회생활에 적응하고 있는가를 알아보고, 그 결과를 환류시켜 새로운 생활지도 계획의 자료로 삼는 활동을 말한다(주영흠, 2000, pp. 82-83). 추수활동은 다른 분야에서와 마찬가지로 생활지도에서도 중요한 활동이다. 생활지도가 이루어진 뒤 그 효과가 어떻게 나타나는가를 반드시 추수지도를 통하여 점검하여야 한다. 이런 추수활동을 통하여 교사는 생활지도 계획 및 지도방법을 반성하고, 그 개선을 도모할 수 있는 자료를 확보하여야 한다(주영흠, 2000, p. 83).

한편, 20세기 후반부터 교육은 수월성의 문제, 영재교육의 문제, 학습부진아의 문제 등과 함께 진로지도의 문제, 청소년의 비행문제, 인간성 회복을 위한 교육의 문제, 사회와 정치의 발전을 위한 교육의 문제, 환경 윤리교육의 문제 등으로 위기감이 고조되기도 하고 진통을 겪기도 한다(주영흠, 2000, p. 83). 이런 교육의 문제와 관련하여 생활지도는 전통적인 활동 외에 자문(consultation), 조정(coordination), 심리교육(psychological education), 진로교육(career education) 활동 등을 요구한다(박성수, 1998, pp. 188-196).

자문활동은 생활지도를 수행하고 있는 생활지도 담당 교사나 상담자 등의 지도과정에 개입해서 생활지도가 효과적으로 이루어질 수 있도록 지원하는 일이다. 자문은 도와주거나 혹은 문제를 해결하는 과정이며, 전문적으로 도움을 주는 자문가(consultant)와 다른 사람에 대하여 책임을 지고 있는 도움을 요청하는 피자문가(consultee) 사이에 일어나는 활동이고, 양방 간의 자율적인 관계여야 한다. 또한 문제해결 과정에서 도움을 주는 자문가가 단독으로 문제를 해결하는 것이 아니라 도움을 요청하는 피자문가와 함께하는 활동이고, 자문의 목표는 도움을 요청하는 사람의 현재 업무를 해결하도록 도움을 주는 데 있으며, 도움 요청자는 미래의 문제를 더 효과적으로 다룰 수 있는 방법에서 이득을 보는 활동이다(Meyers, Parsons, & Martin, 1979, p. 4). 이런 자문활동은 특수학급 교사의 생활지도 역할에서 특히 강조되어야 한다. 특수학급의 학생은 특수학급만이 아니라 통합학급에서 일부 또는 대부분의 시간을 보내고 있다. 그러므로 특수학급 교사는 특수학급 내에서의 학생생활지도뿐만 아니라 통합학급 내에서의 특수학급 학생들의 생활지도에 대하여도 적극적으로 자문활동을 수행하지 않으면 안 된다.

조정활동은 생활지도의 목적을 달성할 수 있는 최상의 방법과 과정을 준비하고, 개인이 조직과 조화롭게 협력하는 것을 말한다(주영흠, 2000, p. 84). 생활지도에서는 정보활동, 정치활동, 추수활동 등이 점점 더 세분화되고 단편화되고 있다. 이런 실정에 따라 생활지도를 담당하는 전문가들 사이에 협력적 조정이 이루어지지 않으면 효과적으로 실행될 수 없다. 조정의 방법에는 전문가나 전문기관이 내담자의 문제에 초점을 맞추어 분업과 협동을 하는 상호조절전략, 전문기관과 전문기관이 협의를 통하여 상이한 특성체제를 분석하고 공동으로 문제를 해결하는 제휴전략, 기관 간 총체적 체제에 초점을 두고 기관 전체의 역할과 기능을 조정하는 조합전략 등이 있다(주영흠, 2000, pp. 84-85). 이러한 조정활동도 특수학급 교사의 생활지도 역할에서 매우 중요하다. 왜냐하면 특수학급 교사가 통합학급 교사와 공동으로 장애학생의 생활지도를 수행하는 경우 조정을 통하여 최상의 생활지도 방법을 마련하고 실행하여야 하기 때문이다.

심리교육은 심리적 특성의 형성과 변화에 초점을 맞추고 개인의 행동을 효율적으로 발달시키기 위하여 자아의 내면세계에 대한 이해 내지 자신의 행동에 대한 객관적 이해를 돕는 교육을 말한다(주영흠, 2000, p. 85). 심리교육은 대부분 인성 계발 프로그램으로 이루어지고 있다. 인성 계발은 언제나 강조되어야 하는 교육활동이다. 이런 인성 계발을 강조하는 심리교육은 대체로 개념, 원리, 이론과 같은 인지적 영역에 초점을 맞추기보다 느낌, 감정, 정서, 동기, 개인의 가치 등 정의적 특성에 치중하는 경우가 많다. 따라서 심리교육은 지식을 가르치는 교수방법보다는 직접 느끼고 경험하는 체험 중심의 교수방법을 채택하는 경향이 있다(주영흠, 2000, p. 85).

진로교육은 학생들이 자신의 장애를 정확히 인식하여 긍정적으로 받아들이고, 이를 적극적으로 개선해 나가면서, 자신의 요구와 능력에 적합한 진로를 선택하고, 선택한 진로에 요구되는 태도와 능력을 배양하여 학교 졸업 이후 독립적으로 만족한 삶을 향유할 수 있도록 하기 위하여 일생 동안 가정, 학교, 사회 등에서 수행하는 교육활동으로 정의된다. 그러나 진로교육은 직업을 넘어서 학업, 결혼, 가정, 여가 등 평생에 걸친 모든 활동이 자아의 계발과 사회적 적응, 그리고 공동체에 대한 봉사 등에서 효율적이고 현실적으로 이루어질 수 있도록 교육하는 활동으로 인식하여야 한다(주영흠, 2000, p. 86). 이런 진로교육은 생활지도 활동의 하나로서 학생의 발달에 따라 적절히 이루어져야 한다.

지금까지 살펴본 생활지도 활동은 전문가에 의하여 이루어질 수도 있지만, 기본적으로는 학생들과 가장 가까운 담임교사들에 의해서 이루어져야 한다. 이런 담임교사의 생활지도 역할은 특별한 것이 아니라 학생의 성장 · 발달을 돕는 일이 교사의 중요한 역할이기 때문에 더욱더 요구된다. 그러나 특수학급 교사의 경우 앞에서 언급한 생활지도 활동에 행동지원활동을 더 추가하여야 한다.

특수학급의 장애학생들은 자신이나 타인을 방해하는 문제행동으로 인하여 학습활동에 제대로 참여하지 못하고, 사회적 이익을 얻지 못하는 일이 많다. 실제로 장애학생들은 다양한 행동문제를 나타내어 또래들로부터 배척을 당하며, 제반 발달에 어려움을 경험하는 경우들이 많다. 이러한 장애학생의 문제행동에 대하여 그동안 투입되어 온 전략은 주로 문제행동을 직접적으로 진정시키거나 제거시키는 행동수정(behavior modification)이었다(고동희, 이소현, 2003).

행동수정은 문제행동을 감소시키는 데는 성공적이나 어떤 상황에서는 문제행동을 다시 유발하기도 하고, 바람직한 행동의 유지와 일반화에 어려움이 있는 것으로 밝혀졌다. 행동수정이 문제행동에 효과적이지 않은 이유는 먼저 행동수정의 원리를 적용할 때 일반적으로 문제행동을 하는 사람이 누구인지, 문제행동을 일으키는 사회적 상황이 무엇인지, 문제행동을 하는 기능과 목적이 무엇인지에 대하여 이해하려는 관심이 없었기 때문이었다. 그리고 행동수정이 문제행동에 효과적이지 않았던 두 번째 이유는 전통적인 행동수정 절차가 사회적으로 적절하고 다양한 기회를 가르치고 강화하기보다 오히려 행동을 억압하고 통제하는 등의 배타적인 방법을 강조해 왔기 때문이다(Koegel, Koegel, & Dunlap, 1996). 이런 문제들로 인하여 1990년대부터 인간 존중의 이념 아래 문제행동에 대한 새로운 중재방법으로 긍정적 행동 지원(Positive Behavior Support: PBS)이 적용되어 오고 있다(이영철, 2002).

긍정적 행동 지원은 학생의 문제행동을 특정 기능을 지닌 행동으로 보고, 긍정적 행동을 통하여 문제행동의 기능을 대신하게 하여 문제행동을 예방하거나 줄이는 접근법이다. 긍정적 행동 지원은 문제행동을 하는 학생의 종합적인 변화를 목표로 하는 종합적, 연구 중심적, 친행동적 접근법이 된다. 사람들은 대부분 문제행동의 이유를 조사하지 않고 일반적으로 벌을 통하여 문제행동을 제거하려고 한다. 그러나 긍정적 행동 지원은 문제행동이 일어나는 장소, 시기, 방법뿐만 아니라, 문제행동의 원인에 기초하여 문제행동을 지원한다(정동영, 2010, p. 103). 이 점이 전통적인 행동수정과 다른 점이다. 긍정적 행동 지원에 이용되는 전략은 교실환경의 적합화, 예측 가능성의 증대, 선택 결정, 교육과정 수정, 긍정적 행동 인정, 대체기술 교수 등이다(Ruef, 1998). 이런 전략을 이용하는 긍정적 행동 지원은 학교 전체와 체제 전체 모형에 초점을 두고 진전해 가고 있다(Turnbull et al., 2002). 이러한 긍정적 행동 지원은 특수학급 교사들의 생활지도 역할에 필히 포함되어야 하는 활동이다.

3) 학급경영

학급경영이란 문자적인 의미로 해석하면 학급을 경영하는 일이다. 학급은 '학생들이 공동으로 학습하고 생활하는 교육을 위한 장이고 집단이며, 집단이 가진 교육 기능을 활성화하여 각 개인에게 전인적 발달의 기회를 제공하는 학교교육 운영의 기본 조직'(성병숙, 1992, p. 7)이다. 그리고 경영은 '조직의 목적을 효과적으로 달성하기 위하여 자원을 획득하고 활용하여 조직 구성원들의 행위를 합리적으로 조정하는 일련의 과정'(성병숙, 1992, p. 7)이다. 그러므로 학급경영이란 학교의 가장 기본적인 구성단위인 학급의 교육목표를 효과적으로 달성하기 위하여 인적, 물적 자원을 계획 · 조직하고 조정 · 평가하는 창의적인 목표 달성 과정 전체라고 정의할 수 있다.

이와 같은 학급경영의 의미는 훈육을 제공하고 학생의 문제행동을 최소화하려는 질

서유지로서의 학급경영이나 수업을 위한 학습환경 조성이라는 조건정비로서의 학급경영보다 교육경영으로서의 학급경영으로 개념을 파악하는 개념이다(유지영, 2013, p. 19). 이런 교육경영으로서의 학급경영이란 학급의 교육목적을 추구하는 활동이며, 교육자원을 획득하고 배분하고 활용하는 활동이고, 계획, 조직, 지도, 조정, 통제 등 일련의 활동과정을 다루며, 집단 협동활동임을 의미한다.

한편, 담임교사의 학급경영에 대하여 연구자들(권기욱, 2003; 문락진, 1995; 박남기, 2008; 박병량, 2003)은 공통적으로 학급 운영계획 수립, 교실 환경 조성, 행동 경영, 수업 운영, 학부모와 지역사회 등 외부와의 관계, 사무관리, 학급 운영결과 평가 등을 그 주요 내용으로 들고 있다. 그러나 담임교사의 학급경영 활동을 수업활동과 분리하여 보는 연구자들도 있고, 통합하여 보는 연구자들도 있다. 교사의 학급경영 활동을 수업활동과 분리하여 보는 입장은 수업을 교과지도 활동으로 보고 학급경영을 수업을 지원하는 활동으로 보는 반면(예: Johnson & Bany, 1970), 교사의 학급경영 활동을 수업활동과 통합하여 보는 입장은 학급경영의 핵심을 수업이라고 한다(예: Lemlech, 1999). 교사의 학급경영 활동을 수업과 분리하여 수업을 지원하는 활동으로 보는 입장은 수업, 즉 교수・학습지도를 위한 학급의 내적 체제 정비 및 학생 집단 관리에 학급경영의 초점을 맞추나, 교사의 학급경영 활동을 수업과 통합하여 보는 입장은 교육과정을 기획하고 조직화하며 효율성을 높이기 위하여 환경을 구성하고 학생의 발달과 잠재적 문제를 측정하고 예측하는 활동에 학급경영의 초점을 맞춘다(유지영, 2013, pp. 21-22). 담임교사의 역할을 학습지도, 생활지도, 학급경영으로 구분하여 보는 입장의 바탕에는 교사의 학급경영 활동을 수업활동과 분리하여 보는 입장이 있다. 이런 입장은 담임교사의 역할을 강조하는 관점을 가지고 있다. 교과 담임은 학급 담임교사와 달리 수업활동 외에 학급경영 활동에는 거의 참여하지 않는다. 그러므로 학급 담임교사의 학급경영 활동은 학급 운영계획 수립, 교실 환경 조성, 행동지도, 학부모와 지역사회 등 외부와의 관계, 사무관리, 학급 운영결과 평가 등을 주요 내용으로 한다고 할 수 있다.

이와 같은 담임교사의 학급경영은 일정한 원칙에 입각하여 운영되어야 한다. 즉, 교사의 학급경영은 학생이나 상황에 따라 달라지는 것이 아니라 일관되게 이루어지기 위하여 원리를 마련하여야 한다는 것이다. 교사의 학급경영 원리는 흔히 학생의 인격을 존중하고 그들의 개성을 자유로이 계발하는 자유의 원리, 학급의 안전과 이익을 위하여 협동하는 협동의 원리, 학급 내외의 생활을 위하여 언제나 자료의 수집과 분석, 통합, 정리, 활용하는 과학적인 방법을 지도하고 그러한 기회를 만들어 주는 창조의 원리, 학생이 흥미를 갖게 할 수 있는 생활환경을 제공하고 성공감과 자신감을 갖도록 자율적 활동을 권장하는 흥미의 원리, 당면한 사회적 요구, 학생의 요구, 가정의 요구 등을 수용하여 교육적 가치가 있다고 생각되는 경우 가급적 충족시켜 주는 요구의 원리, 교사와 학생, 학생과 학생이 서로 존중하고 인격적으로 대하는 접근의 원리, 학생의 생활 실태, 학급의 교육적 제 환경 조건의 관찰, 평가, 반성을 통하여 보다 나은 방향으로 변화를 도모하는 발전의 원리 등이라고 한다(유지영, 2013, pp. 24-25).

이와 같은 원리의 확립을 통하여 교사는 소신을 갖고 학교의 방침을 토대로 학생들의 집약된 의견을 최대한 존중하면서 자율적이고 민주적인 분위기로 학급을 경영해야 한다. 교사가 학급경영을 잘하고 바람직한 학급풍토를 조성하면 학생의 정신적, 사회적 발달이 촉진되고, 학생 간에 강력한 정체감 및 일체감이 형성되어 자발적으로 협동하게 되며, 학생들이 학급에 대하여 긍정적인 태도를 갖게 된다(Jarolimek & Foster, 1997). 따라서 교사, 특히 담임교사의 역할 중에서 학급경영은 학생의 학습지도 성과 제고뿐만 아니라 학생의 정서 함양 및 인성과 역량강화와 관련하여 중요한 역할이 된다고 할 수 있다.

특수학급의 교사들도 분명히 하나의 독립된 학급을 담당하는 담임교사로서 학교의 방침에 따라 학급경영의 역할을 담당하여야 한다. 그러나 특수학급 교사는 학생들이 통합학급에 적을 두고 있는 특징을 고려하여 통합학급과 연계하여 학급경영을 도모하여야 한다. 그러므로 특수학급 교사의 학급경영 역할은 통합학급과의 협력(collaboration)이라는 또 다른 역할을 포함하여야 한다고 볼 수 있다.

협력이란 공동의 목적을 성취하기 위하여 둘 이상의 개인이나 기관들에 의하여 주도되는 공동의 이익을 위한 활동이다. 이러한 활동은 상호 관계와 목적의 정의, 합동 구조의 개발과 책임의 공유, 공동의 권위와 성공을 위한 책임, 자원과 보상의 공유 등을 통하여 이루어진다(정동영, 2000, p. 28). 일반교육과 특수교육으로 분리된 교육환경에서 업무를 수행하여 왔던 특수교육 교사들이나 일반교육 교사들은 이전의 고립적 업무 수행방식으로 통합교육 환경에서 학생들의 교육적 요구에 효율적으로 대응하는 것이 어렵다(Buysse & Wesley, 1993; Miller, 1992). 장애학생들이 통합학급에서 제대로 교육을 받을 수 있도록 하기 위해서는 특수학급 운영과 통합학급 운영이 연계되어야 하며, 특수학급 교사와 통합학급 교사의 협력도 이루어져야 한다.

앞에서 언급한 자문과 조정도 협력의 한 형태이지만 협력은 흔히 팀 접근으로 이루어진다. 팀 협력의 방법은 단학문적 팀 협력(uni-disciplinary teamwork), 다학문적 팀 협력

(multi-disciplinary teamwork), 간학문적 팀 협력(inter-disciplinary teamwork), 초학문적 팀 협력(trans-disciplinary teamwork) 등으로 구분된다([그림 3-1] 참조; Kopfstein, 1994). 단학문적 팀 협력은 다른 분야와 교류하지 않고 동일한 분야의 구성원들만이 모여서 협력하는 방식이고, 다학문적 팀 협력은 개입 계획이나 결과를 공유하기 위하여 만나지만, 구성원들이 각각 상호 독립적으로 활동하고 개입활동을 조정하지 않는 방식이다. 간학문적 팀 협력은 다양한 분야의 구성원들로 구성되어 서비스를 통합 · 조정하며, 내담자에 대한 사정과 개입을 위하여 공동으로 협력하는 방식이다. 이 방식은 팀의 분야 간 구분 및 분야 간 협의와 조정을 강조한다. 그리고 초학문적 팀 협력은 하나의 팀을 구성하는 여러 전문 분야의 역할 이완(role release)을 바탕으로 분야를 초월하여 정보와 기술을 공유하는 협력방식이다(Kopfstein, 1994). 이러한 팀 협력의 방법 가운데 초학문적 팀 협력은 혁신적인 방법임과 동시에 긍정적인 효과를 지니는 방법이다(Rainforth, York, & Macdonald, 1992). 이 협력방식은 분야를 초월한 정보와 기술의 공유를 요구한다. 바로 이러한 특성에 초학문적 팀 협력의 특징, 즉 역할 이완에 대한 정의가 놓여 있다. 역할 이완은 전통적으로 다른 분야의 팀 구성원들이 분야를 구분하지 않고 결합하여 정보, 자원 및 기술을 교환하는 과정이다(Kopfstein, 1994). 그러므로 특수교육을 전공한 특수학급 교사와 일반교육을 전공한 통합학급 교사의 협력은 다학문적 협력이 아니라 적어도 초학문적 팀 협력이 이루어지는 것이 최상일 것이다.

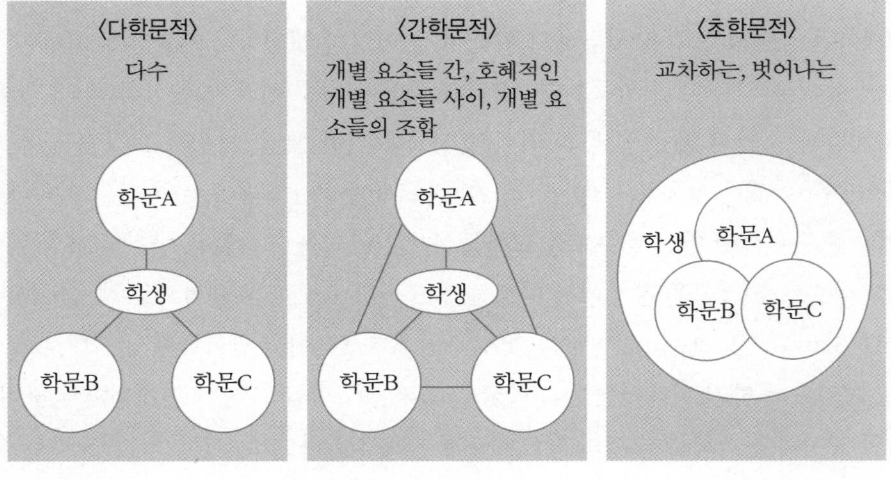

[그림 3-1] 협력 모형

출처: Giangreco, York, & Rainforth (1989), p. 57.

특수학급 교사와 통합학급 교사가 함께 수행하여야 할 활동은 학생들의 다양한 요구 확인, 교수 상황에 대한 동료의 관심사 경청, 교육적 문제의 확인과 정의, 학교 환경의 문제해결안 창출 및 수행 촉진, 학생의 요구에 부응한 각종 서비스에 의뢰하는 중개, 중재방법이나 수업기법의 시연과 다른 전문가에 대한 원조, 직접 장애학생을 가르치는 교사나 전문가들에 대한 직접적인 지원, 팀원의 전문성 계발활동 주도나 전문성 계발 활동에의 참여, 행동 변화 프로그램의 고안과 수행을 위한 교사 지원, 자원, 자료, 아이디어의 공유, 공동 교수활동이나 시연 교수활동에의 참여, 평가와 사정 활동에의 참여 등이 있다(Snell & Janney, 2000). 이러한 활동들 중에서 수업기법의 시연 등은 학습지도와 관련된 활동도 있지만, 실제로 통합학급과 특수학급의 일과표 작성, 장애학생의 적응 프로그램 운영과 학업평가 등에서 통합학급 교사와 특수학급 교사의 협력이 이루어져야 한다. 뿐만 아니라 통합학급의 교사들은 교사의 통제하에 장애학생들이 기술을 훈련할 수 있도록 기회를 제공하고, 장애학생이 학습할 수 있는 긍정적인 학급환경을 구성하기 위한 노력을 기울여야 한다(Morsink, Thomas, & Smith-Davis, 1987). 그리고 특수학급 교사들은 통합학급 내에서 장애학생들의 행동 특성을 관찰하고 평가하며, 학생에게 가장 적합한 교육환경과 고려되어야 하는 학생의 문제점에 관하여 통합학급 교사에게 정보를 제공해 주어야 한다(이소현, 황복선, 2000, p. 72). 이런 과정에서 특수학급 교사와 통합학급 교사의 협력이 이루어지지 않으면 안 된다. 그러므로 특수학급 교사는 학급경영의 역할에 통합학급 교사와의 협력이라는 역할도 포함하여야만 한다.

2. 특수교육 교사로서 특수학급 교사의 역할

특수학급 교사들은 일반교육 교사들과는 달리 특수교육 교사이면서 특수학급의 담임으로서 수행해야 하는 역할 외에도 일반학교 내의 특수교육 지원과 관련된 역할을 수행해야 한다. 이러한 특수학급 교사의 역할은 특수학교 교사의 역할과 유사한 측면도 있지만, 구분되는 측면도 있다. 특수학급 교사들이 일반학교의 특수교육을 지원하는 특수교육 교사로서 수행할 것으로 기대되는 특별한 역할은 특수교육 요구 사정, 통합학급 지원, 특수교육 관련 서비스 지원, 전환 지원, 가족 지원, 지역사회 네트워크 구축 및 구동 등이다.

1) 특수교육 요구 사정

사정(assessment)은 특정 의사결정 과정과 관련된 변인 및 관련 자료나 정보를 모두 수집하여 가치를 판단하는 의사결정 행위로서, 피검사자에 대한 정보를 제대로 보유하고 있지 않은 상황에서 피검사자의 능력이나 교육 요구를 보다 종합적으로 측정하는 과정이다. 이러한 사정은 일반적으로 학생의 교육계획 수립, 교육성과 확인, 교육 프로그램 점검에 목적을 두고 있다. 교육계획 수립은 학생의 현재 수행 수준에 대한 진단을 요구한다. 학생의 현재 수행 수준을 진단하여야 학생에게 적절한 교수목표를 선정할 수 있고, 학생을 적절한 집단에 정치할 수 있기 때문이다. 교육성과 확인은 학생을 교수목표에 따라 지도하고 난 이후 목표의 성취 정도를 확인하는 것이다. 학생의 교육 프로그램 시행 이후 기대된 성과, 즉 교수목표에 대한 학생의 진보 정도를 확인하는 것은 사정의 대표적인 목적이다. 그리고 교육 프로그램의 점검은 프로그램을 시행하고 난 이후 질적 기준에 맞게 효과적, 효율적으로 구성 내지 실행되었는지를 점검하는 것이다. 이 목적은 원래 계획하여 실행한 교육 프로그램의 목적 및 목표 달성도, 적합도와 효용도를 점검하여 프로그램의 질과 효과를 향상시키는 데 필요한 수정을 결정함으로써 달성된다. 이러한 사정의 일반적인 목적 외에 특수교육 요구 사정은 특수교육 적격성(eligibility) 결정이라는 하나의 목적을 더 요구한다. 학생이 특수교육을 받을 자격이 있는지를 결정하는 특수교육 적격성 결정은 학생의 조건 및 발달의 정도, 특수교육 서비스의 수혜 여부, 필요한 특수교육 서비스와 특수교육 관련 서비스의 내용, 학생이 일반학급에 통합될 수 있는 정도 등의 결정을 요구한다(정동영 외, 2010, p. 101).

이와 같은 목적의 특수교육 요구 사정은 일반적으로 **선별**(screening), **의뢰**(referral), **진단**(diagnosis), **프로그램 계획**(program planning), **배치**(placement), **프로그램 평가와 진보 점검**(program evaluation and progress monitoring), **재사정**(reassessment)의 과정으로 이루어진다. 각각의 절차는 모든 사람들이 합리적으로 받아들일 수 있는 합당한 과정으로 이루어져야 한다. 왜냐하면 특수교육 요구의 사정은 학생에게 명칭을 붙이는 것과 관련하여 제기될 수 있는 법적 문제를 방지할 수 있기 때문이다(정동영, 2011, pp. 41-42).

선별은 학생이 지니고 있는 문제의 범주를 확인하여 정확히 진단을 받아야 하는지를 결정하는 과정이다. 이는 주어진 맥락에서 학생이 특수교육에 적합한지를 결정하기 위한 최초의 과정이다. 대부분의 학교, 특히 초등학교는 조기에 청력, 시력, 언어에 문제를 지닌 학생을 확인하기 위하여 적극적으로 노력하여야 한다. 이들은 주의를 요하는 학생을 발견하기 위해 정기적으로 특정 도구와 장치를 이용한다. 이러한 선별의 과정에서는 학생의 건강, 시력, 청력, 행동, 언어발달, 운동발달, 학업성취 등을 구체적으로 조사한다. 선별은 명칭을 붙이는 과정으로 판단되지 않아야 한다. 왜냐하면 선별에 의하여 확인된 학생은 문제를 지닐 수도 있고 그렇지 않을 수도 있기 때문이다. 선별의 목적은 문제를 지닌 학생을 쉽게 가려내는 데 있다. 선별이 완전하게 이루어지면, 선별에 의하여 확인되는 학생의 수는 비교적 적을 것이고, 선별을 통하여 확인된 학생은 대부분 특수교육에 배치되는 데 충분한 문제를 가질 것이다(정동영, 2011, pp. 105-106).

의뢰는 문제의 가능성이 보이는 학생으로 선별된 학생을 진단에 의뢰하는 과정이다. 그러나 의뢰 이전에 의뢰 전 중재전략(prereferral intervention strategies)을 적용하는 일이 중요하다. 왜냐하면 특수교육 요구, 즉 장애를 지닌 것으로 의심되는 학생으로 선별된 학생에 대하여 의뢰 전 중재를 제공하면 더 이상의 진단을 필요로 하지 않는 학생을 확인할 수 있어 시간과 노력, 비용 등을 절감할 수 있기 때문이다(정동영, 2011, pp. 43-44).

진단은 심층적인 검사를 통하여 문제의 심각성을 확인하고, 필요한 서비스를 결정하는 과정이다. 이런 진단은 타당도와 신뢰도가 높은 검사도구의 선정 및 부모와 학생에 대한 통보와 동의와 관련된다. 이런 과정을 기초로 하여 이루어지는 특수교육 적격성 결정은 법적으로 문제가 되지 않으며, 학교 프로그램의 상태 변화로 해석된다. 그러나 그렇지 않은 경우에는 문제가 된다(정동영 외, 2010, p. 106).

프로그램 계획은 진단을 통하여 측정된 학생의 현행 기능수준과 기타 수행에 관한 자료를 수집하여 교수목표를 설정하고, 그 목표의 성취를 위한 계획을 수립하는 과정이다. 진단을 통하여 확인된 학생의 강점과 약점 및 요구에 따라 적절한 IEP의 구조와 내용, 필요한 특수교육 서비스의 본질, 학생이 일반학급에 통합될 수 있는 정도, 관련 서비스 등을 결정하여야 한다. 이런 결정은 모두 위원회를 통하여 이루어져야 한다. 만약 부모가 위원회의 결정을 반대한다면, 합당한 청문과 소송 같은 과정을 보장하여야 한다. 위원회의 가정이 잘못되었거나 사용된 검사가 부적절하면 결정의 결과는 학생에게 불공평을 가져오게 될 것이기 때문이다(정동영, 2011, p. 45).

배치는 진단의 결과에 따라 적절한 교육환경을 선택하는 과정이다. 진단 결과에 따라 이루어지는 배치 결정은 학생에게 명칭을 붙이고, 학생의 교육 상태를 바꾸며, 특수교육을 시작하게 한다. 장애학생의 교육 배치는 가장 분리된 환경에서부터 가장 통합된 환경까지를 범위로 하는 연속체에서 학생의 요구에 가장 적절한 데에 배치하여야 한다(정동영 외, 2010, p. 107). 이런 배치 유형을 결정하는 데 적용되어 온 원리는 최소 제한적 환경(Least Restrictive Environment: LRE)이다. 즉, 장애학생은 가능한 한 제한이 적은 자연적 환경인 일반학급에 배치하여야 한다는 것이다. 그러나 이 원리는 끊임없이 논쟁의 대상이 되고 있다. Lloyd, Singh 및 Repp(1991)은 장애학생의 배치 결정과 관련하여 최소 제한적 환경이 무엇이며, 일반학급에서 고려하여야 할 최소 제한적 환경과 모든 학생에게 권장할 수 있는 최소 제한적 환경이 무엇인가라는 의문을 던졌다. 그러면서 일반학급을 떠난 특수한 환경에서는 장애학생에게 적절한 조건을 제공할 수 없는지, 또 장애학생에게 일반학급 외부에서 교육을 제공하는 것은 기본적인 권리를 위반하는 것이 아닌지를 묻고 있다. 장애학생의 배치는 많은 요인들을 고려하여야 하는 문제이며, 가능한 한 이들을 최소 제한적 환경에 배치하여 권리와 교육적 이익을 보장하여야 하는 문제라고 할 수 있다(정동영, 2007, p. 354). 그러므로 특수교육 요구를 지닌 장애학생의 배치 결정은 특정 개인이 아니라 다학문적 팀으로 구성된 위원회를 통하여 이루어져야 한다.

프로그램 평가는 프로그램의 적합도를 평가하는 과정이며, 학생의 진보 점검은 프로그램의 결과, 즉 학생의 교수목표 성취 정도를 확인하는 과정이다. 학업과정에 대한 평가에서 학생의 점수를 조사하여 획득되는 검사자료는 프로그램의 효과와 학생의 진보를 증명하는 데 이용된다. 교사는 프로그램에서 학생이 얻은 평균적인 이익을 기초로 하여 프로그램의 전반적인 효과를 판단한다. 이때 교사는 학생의 장애유형과 학생의 수, 특정 활동의 결정에서 나타나는 오류를 피하기 위하여 평가요인과 관련되든 그렇지 않든 주의하여야 한다. 왜냐하면 검사의 통계적인 결과는 이익이나 손실의 정도를 나타낼 수는 있지만, 검사도구의 오류 때문에 이들이 정확하지 않을 수 있기 때문이다. 따라서 프로그램이 적용되는 과정에 나타나는 제반 문제점들도 평가하여야 한다(정동영, 2011, p. 47).

재사정은 학생의 진보나 상태를 점검하여 평가를 다시 시행하는 과정이다. 즉, 학생이 최초의 사정을 통하여 계획된 교육 프로그램을 받고 적절한 환경에 배치되었음에도 불구하고, 프로그램 평가나 학생의 진보 점검에서 성과를 나타내지 못하거나 최초의 평가로부터 많은 기간이 지난 후에는 앞의 과정을 순환적으로 실시한다(정동영 외, 2010, pp. 108-109).

특수교육 요구 사정 절차에서 중요한 과정은 의뢰 전 과정이다. 흔히 특수교육 요구의 사정 절차는 장애범주와 심각도의 분류를 위한 절취점(cut score) 판단과 요구 판단을 위한 진단에 중점을 두고 이루어지고 있으나, 학생의 장애범주와 심각도 분류 및 요구 분석을 위한 일련의 자료를 획득하기 위해서는 의뢰 전 과정을 강조하여야 한다. 사정은 중재의 계열, 중재에 대한 반응, 중재의 강도, 중재의 성과, 즉 자원 배정의 기초가 되는 일련의 자료 수집과정이다(Fuchs & Fuchs, 1998; Gresham, 1991). 이런 자료의 수집은 학교 전체 및 교실 전체의 중재를 통하여 이루어진다. 이를 위하여 특수교육 요구의 사정은 의뢰될 학생의 교육적 수행과 사회적 성과, 전형적인 학생과 의뢰될 학생의 수행 차이 및 교육 서비스 단위에서 자연적으로 이루어지는 중재에 대한 반응을 분석하는 중재반응(Responsiveness to Intervention: RTI)의 모형을 이용해야 한다(정동영 외, 2010, p. 109).

중재반응의 모형은 다층으로 이루어지는데, 층의 수, 즉 단계의 수는 대상 및 환경에 적합하게 조정 가능하나, 일반적으로 3개의 단계로 이루어진다. 1단계에서는 보편적 검사와 적합한 교실 기반 교수를 시행하며, 2단계에서는 1단계에 적합하게 반응하지 못한 학생들을 대상으로 구체적인 부분에 대한 집중적인 중재를 시행한다. 그리고 3단계에서는 2단계의 중재에도 적합하게 반응하지 못하는 학생에 대하여 개별적으로 초점을 맞추고서 강도 높고 집중적인 중재를 시행한다(정동영, 2011, p. 48). 이러한 과정을 통하여 특수교육 요구를 지닌 학생을 선별해야만 중재의 성공을 위해 요구되는 가외의 노력, 시간 또는 자원을 조사하고, 학생의 통합을 위해 학교생활 내내 이를 제공하여야 할 것인지의 여부 및 추가하여야 할 계획과 특별한 자원이 있는지의 여부를 결정할 수 있다. 그러므로 사정은 현재 환경에서 학생의 요구를 충족시키는 데 필요한 중재반응의 과정을 통하여 특수교육 서비스나 지원을 명료히 하거나, 이를 위한 환경적 수정을 확정하는 데 필요한 자료를 수집하는 절차인 의뢰 전 과정에 중점을 두고 이루어져야 한다.

이와 같은 특수교육 요구 사정 절차에서 특수학급 교사들이 직접적으로 담당해야 하는 절차는 선별, 의뢰, 프로그램 계획, 프로그램 평가 및 진보 점검이다. 진단과 배치 및 재사정은 교육청의 특수교육지원센터와 특수교육운영위원회에서 이루어진다. 그러므로 특수교육 요구 사정의 과정에서 특수교육 교사는 선별과 의뢰 등의 절차에 대한 역할을 능동적으로 수행해야 할 뿐만 아니라, 진단과 배치 절차 등에 대해서도 숙지하고 안내할 수 있어야 한다.

2) 통합학급 지원

통합학급은 특수교육 요구를 지닌 장애학생이 배치되어 있는 일반학급을 말한다. 이러한 통합학급은 장애학생을 포함하여 모든 학생의 학업적 성장 · 발달과 사회적, 정서적 성장 · 발달을 도모하여야 한다. 장애학생을 포함한 모든 학생이 적극적으로 상호작용을 하며, 긍정적인 태도로 학습에 참여하는 학급 풍토와 분위기 조성을 위하여 통합학급 교사는 장애학생을 포함하여 모든 학생이 수업에 참여하고 진보할 수 있도록 교수 · 학습을 지도하고, 이들이 원만한 대인관계를 형성하여 적극적으로 자신의 문제를 해결할 수 있도록 생활지도를 수행하며, 장애학생을 포함한 모든 학생이 활기차고 성공적이며 만족하는 학교생활을 영위할 수 있도록 학급경영을 도모하여야 한다. 이러한 통합학급의 운영은 담임교사 혼자만의 노력으로는 어려운 부분이 많다. 실제로 많은 통합학급 교사들이 학급의 성공적인 운영을 위하여 노력하고 있지만, 장애학생을 교육하고 평가할 수 있는 훈련을 거의 받지 않았거나 장애학생에 대한 교수의 부담감, 특수학급 교사와의 협력적 의사소통의 결여 등으로 어려움을 겪고 있다(김지영, 2012, p. 3). 이러한 이유에서 특수학급 교사의 역할은 특수학급에서뿐만 아니라 통합학급으로까지 확대되어야 한다고 요구된다(김경숙, 2006; 김지영, 2012; 방명애, 정상진, 2001 참조). 그러므로 특수학급 교사의 특별한 역할은 장애학생이 속한 통합학급의 교수 · 학습에 대한 지원뿐만 아니라 일반학급 교사와 비장애학생을 대상으로 하는 장애이해교육, 장애학생과 비장애학생들의 교우관계 형성과 유지를 위한 지원 등의 역할을 포함한다(김지영, 2012, pp. 7-24).

특수학급 교사의 통합학급 교수 · 학습 지원 역할의 대표적인 활동의 하나는 협력교수(co-teaching)다. 협력교수는 두 명 혹은 그 이상의 전문가가 단일한 물리적 공간에서 다양한 능력의 학생이 혼합되어 있는 집단에게 실질적인 교수를 전달하는 것이다(이경림, 2008, p. 103). 협력교수는 다양한 형태로 제공될 수 있지만, 기본적으로 다음의 네 가지 형태가 있다. 첫째, 두 명의 교사가 주교사와 보조교사의 역할을 분담하여 교대로 담당하는 상호교수, 둘째, 교사들이 각각 독립적인 학습영역, 즉 스테이션에서 소집단의 학생이나 개별 학생을 대상으로 각기 다른 내용을 지도하는 스테이션교수, 셋째, 같은 교수내용에 대하여 두 명의 교사가 함께 계획하지만 두 교사가 각기 다른 방법으로 지도하는 평행교수, 넷째, 학생을 학습수준에 따라 소집단과 대집단으로 구분하고 두 명의 교사가 각각 다른 집단을 교수하는 대안교수의 형태이다(이경림, 2008, pp. 103-

104). 그러나 특수학급 교사와 통합학급 교사의 협력교수는 두 명이 동일한 물리적 공간인 통합학급의 교실에서 함께 교수를 진행하는 것을 넘어서서 특수교육과 일반교육이 서로 잘 융합될 수 있도록 교수 · 학습의 계획부터 준비, 실행, 평가에 이르기까지 특수학급 교사와 통합학급 교사 공동의 지속적인 노력과 관심이 있어야 성공적으로 이루어질 수 있다.

협력교수는 함께 협력적으로 교수하는 것뿐만 아니라 목표를 세우고 문제를 확인하고 학생의 요구와 기술을 진단하고 정보를 교환하며, 서로의 의견을 나누고 문제를 해결하며 계획을 세우고, 세운 계획을 실행 · 평가하는 등의 업무를 함께 수행하는 것을 의미한다(이소현, 2005). 이러한 협력교수는 학생이 한 명의 교사로부터 배울 때보다 교사의 시간과 관심을 더 많이 받을 수 있으며, 학습전략과 학습기술 교수를 받을 수 있기 때문에 장애학생과 더불어 학업성취도가 낮은 학생들의 학업성취에 도움이 된다. 뿐만 아니라 협력교수는 비장애학생들의 학교학습에 대한 자신감과 긍정적인 태도를 형성하게 하며, 교우에 대하여 친밀감을 높일 수 있다. 또한 협력교수는 교사들에게 전문가적인 만족도 향상과 자기발전, 학생에 대한 이해의 증가, 개인적인 지원관계 형성 같은 긍정적인 영향을 미친다(김지영, 2012, pp. 10-11). 그러므로 특수학급 교사의 특별한 역할에서 통합학급 교사와의 협력교수는 특수학급 학생의 통합학급에의 참여를 위하여 가능한 한 강조되어야 하는 역할이다.

특수학급 교사들의 통합학급의 교수 · 학습 지원 역할은 통합학급 교사와의 협력교수 외에 통합학급 교사의 교수 · 학습 활동에 대한 자문과 조정을 포함한다. 앞에서 생활지도를 위한 자문과 조정을 언급하였지만, 통합학급 교사에 대한 자문과 조정은 교수 · 학습에 대해서도 이루어져야 한다. 특수학급의 학생들이 통합학급의 교수에 참여하고 진보하기 위해서는 교수적 수정이 이루어져야 한다. 교수적 수정은 교과 위주로 운영되는 통합학급의 수업에 실질적으로 참여하면서 궁극적으로 개별화된 교수목표에 도달하는 데 도움을 준다(최하영, 2011). 그러나 통합학급 교사들은 교수적 수정에 대한 지식을 구비하지 않고 있다. 그러므로 특수학급 교사들은 통합학급 교사들에 대하여 교수목표, 교수내용, 교수자료, 교수방법 등의 수정에 대한 자문을 제공하고, 특수학급의 수업과 통합학급의 수업이 연계될 수 있도록 조정하는 역할을 수행하여야 한다.

장애이해교육은 장애에 대한 잘못된 개념이나 이해를 바로잡아 장애학생에 대한 편견을 없애는 활동이다. 장애이해교육은 일반교육 교사들과 비장애학생들의 장애학생에 대한 올바른 이해를 돕고 함께 생활하면서 겪게 되는 문제해결에서 일어날 수 있는 실수와 오해를 줄이도록 돕는다. 장애이해교육은 이해중심전략과 활동중심전략을 통하여 이루어질 수 있다(김희규, 2004). 이해중심전략은 장애의 유형별 특성과 원인, 장애인을 도와주는 방법, 가설적 사례에 대한 해결방안 토의, 영상자료 감상 등을 포함할 수 있으며, 활동중심전략은 모의 장애체험활동, 장애인시설의 참관활동, 장애인을 위한 봉사활동 등을 포함할 수 있다. 이러한 장애이해교육은 장애학생만이 아니라 비장애학생을 위한 인간이해활동이 된다. 장애학생의 교육목적이 사회통합이라고 하면, 이들의 사회통합은 비장애인들의 우호적인 태도나 시혜를 베푸는 태도만으로는 이루어지기 어렵다. 모든 사회 구성원들이 개인은 누구나 다른 점을 지니고 있으며 다르다는 것이 누구보다 더 우월하거나 열등하다는 것을 의미하지는 않음을 자각할 때 장애학생의 교육과 이들의 사회통합은 더욱 성공적으로 이루어질 수 있다. 따라서 장애를 타인의 문제로 보지 않고 우리의 문제로 여기고 더불어 살아가는 방법을 익힐 수 있도록 하는 장애이해교육은 특수학급 교사들이 기본적으로 수행해야 하는 역할의 하나가 된다고 할 수 있다.

교우관계란 둘 이상의 개인이 서로 애정과 관심, 흥미, 정보를 공유하고 접촉을 유지하면서 물적, 심적 지원을 주고받는 관계를 의미한다. 친구란 또래로서 같은 공간에서 서로 호감을 가지고 활동을 함께 공유하는 개인을 말하는데, 어느 누가 일방적으로 도와주는 관계가 아닌 동등한 입장에서 서로 공통성을 가지고 취미를 공유하거나 흥미로운 활동을 함께하며 시간을 보내는 사람이다. 친구가 있는 사람은 자신의 가치를 재확인하고, 소속감을 갖게 되며, 의사소통과 사회적 상호작용의 기회를 가질 수 있고, 필요한 도움을 더 많이 얻을 수 있지만(Stainback & Stainback, 1987), 그렇지 않은 경우에는 다른 사람이나 사회로부터 고립되고 소외된다. 특수학급의 학생들이 통합학급에서 비장애학생들과 원만한 교우관계를 형성하고 유지하는 일은 매우 어렵다. 그래서 특수학급 학생들이 통합학급에서 친구들로부터 고립되고 배제되는 경우가 많이 발생한다.

교우관계의 형성과 유지는 근접성, 공유성, 상호성 등에 의존하여 이루어진다. 근접성이란 물리적 측면에서의 근접과 접촉을 의미한다. 교우관계의 형성은 물리적으로 가까이 있는 사람과 이루어지는 상호작용으로 서로 간에 호의적 감정이 형성되어 친밀한 관계를 형성하고 유지하게 된다. 공유성은 활동이나 경험을 공유하는 것을 의미한다. 사람들은 자주 만나서 흥미로운 활동을 함께 하면서 시간을 보내고 경험을 공유함으로

써 친밀한 관계를 형성하고 유지할 수 있다. 그리고 상호성은 상호 간의 호혜적인 관계를 말한다. 사람들은 서로 간에 도움이 되는 관계로서 나를 좋아하거나 나의 일을 도와주거나 내가 어려움을 당하였을 때 힘이 되어 주는 사람과 친밀하게 되고, 그 관계를 유지한다. 이런 관계는 한 사람이 다른 사람에게 무조건 도움이나 지원을 받는 일방적인 관계가 아니고 서로 주고받는 상호관계에 중점을 두는 조화성을 조건으로 한다.

이와 같은 조건을 토대로 특수학급 교사는 잠재적으로 친구가 될 수 있는 비장애학생들이 생활하고 놀이하는 장면에 특수학급의 학생들을 자주 노출시켜 친밀한 관계를 형성할 기회를 제공하여야 한다. 그러나 교육관계의 형성이란 강요할 수 없는 일이기 때문에 특수학급 교사는 특수학급 학생들에게 상대방의 말을 귀 기울여 듣기, 대화 시작하기, 대화 주고받기 등의 기술들을 지도하여야 한다. 장애학생과 비장애학생의 교우관계 형성을 지원할 때 유의해야 할 점은 이 둘 간에 위계적 관계가 형성되지 않도록 장애학생이 도움을 받는 입장에만 있지 않고 장애학생과 비장애학생이 서로 도움을 주고받을 수 있도록 구조화하여야 한다는 것이다. 따라서 특수학급 학생과 통합학급 학생의 교우관계 형성과 유지에 적극적으로 참여하여야 하는 일은 특수교육 교사의 또 하나의 중요한 역할이라 할 수 있다.

3) 특수교육 관련 서비스 지원

특수교육 관련 서비스는 학생이 특수교육의 혜택을 받을 수 있도록 돕는 데 필요한 이동 서비스나 발달적, 교정적 서비스 및 기타 지원 서비스를 말한다. 이러한 특수교육 관련 서비스는 나라마다 규정하는 범위가 다르다. 우리나라는 특수교육 관련 서비스를 상담 지원, 가족 지원, 치료 지원, 보조인력 지원, 학습보조기기 지원, 통학 지원, 정보접근 지원 등으로 규정하고 있으나(「장애인 등에 대한 특수교육법」 제2조 2호), 미국의 경우는 특수교육 관련 서비스에 '언어병리학, 청각 서비스, 통역 서비스, 심리 서비스, 물리치료, 작업치료, 치료 레크리에이션을 포함한 레크리에이션, 장애의 조기 판별과 진단, 재활 상담을 포함한 상담 서비스, 보행 서비스, 진단 혹은 평가를 위한 의학 서비스를 포함하며, 학교 보건 서비스, 학교 간호 서비스, 학교 사회사업 서비스, 부모 상담과 훈련을 포함한다'(Gail, 2009).

상담 지원이란 미국의 경우 자격을 갖춘 사회사업가, 심리학자, 지도 상담원 또는 기타 자격을 갖춘 사람이 제공하는 서비스이다. 부모 상담과 훈련은 자녀의 요구를 이해하도록 부모들을 돕는 것을 의미하며, 학생의 발달에 대한 정보를 부모에게 제공하기, 부모가 자녀의 IEP나 개별화 가족 지원 계획(Individualized Family Services Plan: IFSP) 수행 지원에 있어서 필요로 하는 기술을 습득할 수 있도록 도와주기 등을 포함한다. 그리고 가족 지원이란 가족상담, 양육상담, 보호자 교육, 가족 지원 프로그램 운영 등을 말한다.

치료 지원이란 물리치료, 작업치료, 언어치료 등 의료적인 측면의 치료 서비스를 의미한다. 미국의 경우 의학 서비스는 자격을 갖춘 의사가 특수교육 및 관련 서비스가 필요한 학생을 대상으로 의학적으로 관련된 장애를 판별하는 서비스를 말한다. 작업치료는 자격을 갖춘 작업치료사가 제공하는 서비스로 질병, 부상 또는 박탈을 통해서 손상 혹은 손실된 기능을 개선하기, 개발하기, 또는 복원하기, 기능이 손상 또는 손실되었을 경우 독립적 기능을 위한 과제 수행 능력을 개선하기, 조기 특수교육을 통하여 초기 · 후기 손상 또는 기능 손상을 예방하기로 규정하고 있다.

보조인력 지원은 특수교육 교사를 보조하는 인력을 말하며, 학습보조기기 지원은 보조공학기기 등의 제공을 의미하며, 통학 지원은 특별한 이동수단을 제공해야 하는 경우 필요로 하는 특별한 도구(특수 또는 수정된 버스, 리프트 및 램프 등)를 지원하고 학교의 등하교 이동 지원을 의미한다. 그리고 정보접근 지원은 정보접근을 위하여 별도의 매체를 요구하는 경우 디지털 텍스트의 전자기록, 녹음테이프 또는 음성녹음, 문자통역, 수화통역 등에 대한 지원을 의미한다.

이와 같은 특수교육 관련 서비스 지원은 치료 지원과 같이 특수학급 교사와 서비스 담당자와 연계하여 이루어지는 지원과 학습보조기기 지원, 보조인력 지원, 정보 지원처럼 특수학급 교사의 직접적인 감독 하에 이루어지는 지원으로 구분된다(정동일, 2012, p. 189). 그러므로 특수학급 교사는 학생의 특수교육 관련 서비스 지원 요구와 유형 파악, 특수교육 관련 서비스 지원 절차와 활용방법의 이해, 특수교육 관련 서비스 영역별 지원기관과 협력기관에 대한 정보를 파악하고 연계망을 확보하는 등의 역할을 수행하여야 한다.

4) 전환 지원

전환(transition)이란 하나의 조건이나 상황에서 다른 조건이나 상황으로 이동하는 과정을 말한다. 이러한 전환은 학교 입학이나 졸업과 같이 생의 중요한 사상과 관련하여 이루어지는 수직전환과 동일한 연령의 한 상황이나 환경에서 다른 상황이나 환경으로 이동하는 수평전환으로 구분된다(Polloway et al., 1991). 수직전환은 미래에 일어날 수 있는 좌절과 충격을 최소화하며, 수평전환은 모든 연령에서 요구되며 수직전환과 결합되어야 완전한 전환이 이루어진다.

장애학생의 경우 빈번히 논의되는 수평전환의 하나는 분리된 환경에서 덜 제한적이고 더욱 통합적인 환경으로 이동하는 전환이다. 이런 전환은 일생을 통하여 언제나 이루어질 수 있는 전환으로서 특정 생활연령에만 한정되지 않는다는 특징을 지닌다(Blalock & Patton, 1996). 그리고 장애학생의 경우 관심의 대상이 되는 수직전환은 취학 전 과정에서 취학 과정으로의 전환과 중등학교에서 학교 졸업 이후 성인생활로의 전환이다(Brinckerhoff, 1996; Chandler, 1993).

어린 장애아동들의 취학전 과정에서 취학 과정으로의 전환은 분리에서 통합 프로그램으로의 이동과 관련된다(Chandler, 1993). 이 전환은 새로운 기술을 습득하고, 환경을 교차하여 기술을 일반화하며, 시간을 뛰어넘어 기술을 유지하고, 새로운 방식으로 기술을 사용할 기회를 요구한다. 비장애아동들의 경우 이러한 전환은 쉽고 적응이 유연한 과정이나, 어린 장애아동들의 경우에는 도전의 대상이 되고 긴장을 유발하는 과정이 된다(Hains, Fowler, & Chandler, 1988). 어린 장애아동들은 취학전 과정에서 취학 과정으로의 전환을 위하여 학업전 기술, 학업 기술 등에 대한 서비스를 받아야 한다(Chandler, 1993).

장애학생들의 중등학교에서 학교 졸업 이후 성인생활로의 전환도 어려운 과정이다. 이들은 먼저 고등학교 교육의 성공을 위하여 중학교에서 고등학교로의 전환을 성공적으로 통과하여야 한다. 이때 상담가, 부모, 특수교육 교사, 일반교육 교사들은 가장 통합된 환경에서 가능한 한 학업 프로그램을 받아들이도록 장애학생들을 자극하여야 한다(Aase & Price, 1987; Michaels, 1994). 중등교육은 의존 상태에서 독립 상태로 학생들을 이동시키는 과정이다(DuChossois & Michaels, 1994). 이 전환은 학생의 독립적인 성인생활을 위하여 고용과 지역사회 참여 등에 필요한 서비스를 제공하여야 한다. 부모들은 자녀의 희망을 확인하고, 그들의 사회적 발달과 학업적 성장을 촉진함으로써 이들의 전환을 지원할 수 있다. 그러나 고등교육이나 고용의 성공에 필요한 핵심 요인은 학생 자신이 된다. 장애학생 자신이 이 과정 동안 학습기술, 학습전략, 존엄 및 독립과 더불어 그들의 생활에 필요한 일상생활과 직업기술 등을 습득하고 숙달하지 않으면 안 된다(Brinckerhoff, 1996). 중등학교에서 고용으로 직접 전환하는 학생들은 고용을 위한 전환 서비스를 받아야 하나, 중등학교에서 고등교육으로 전환하는 학생들은 고등교육을 위한 전환 서비스를 받아야 한다.

학교에서 고용으로 전환하는 장애학생들은 진로인식과 진로탐색 및 진로상담, 높은 성취 표준에 초점을 맞춘 학업과 직업교수, 전이 가능한 작업기술, 구조화된 직장 경험을 포함하는 전환 서비스를 제공받아야 한다(Goldberger, Kazis, & O'Flanagan, 1994; Hamilton & Hamilton, 1994). 진로인식은 학생들이 학교를 떠난 이후 생산적으로 직업활동에 참여할 수 있는지를 예측하는 지표가 된다. 더 나은 진로인식이 더 나은 경쟁고용을 가져온다는 결과는 장애학생들이 학교를 떠난 이후 그들의 전환이 표적으로 하는 더 높은 기술과 더 많은 임금을 제공하는 직장을 획득하기 이전에는 증명되지 않는다(Wagner et al., 1993). 그렇지만 더 나은 진로인식이 학생을 직업활동에 생산적으로 참여하게 한다(Bhaerman, 1977; Enderlain, 1976)는 사실은 장애학생들이 전환과정 동안 중점적으로 서비스를 받아야 하는 내용임을 분명히 하여 준다. 물론 이러한 활동은 초등학교와 중학교의 진로인식과 진로발달의 토대 위에서 이루어진다(Clark et al., 1991; Hamilton & Hamilton, 1994).

높은 수준의 읽기, 쓰기, 셈하기 기술을 지니고 학교를 졸업하는 장애학생이 경쟁고용에 포함되는 수는 그렇지 않은 학생들보다 2배 이상이 된다(Benz, Yovanoff, & Doren, 1997). 그러나 높은 수준의 학업기술 성취는 학생의 고용과 교육 결과에 직접 영향을 미치는 다른 변인들을 통하여 중재되어야 더욱 효과적이 된다. 그리고 직장중심 학습활동은 학교중심 학습활동보다 장애학생들의 전환과정에서 더욱 강조되어야 하는 활동이다. 직장중심 학습활동은 장애학생들에게 폭넓게 전이할 수 있는 기술, 직업 관련 사회적 기술, 더욱 고차원적인 사고기술을 제공한다(Goldberger, Kazis, & O'Flanagan, 1994). 그러므로 장애학생들은 지역사회 서비스, 학교중심사업, 도제훈련, 임금고용과 같은 직장 경험을 통하여 직장중심 학습활동의 기회를 제공받아야 한다(Goldberger, Kazis, & O'Flanagan, 1994; Hamilton & Hamilton, 1994).

한편, 고등교육으로 전환을 도모하는 장애학생의 경우, 교사들은 고등학교에 재학하는 동안 고등교육의 요구에 대한 서비스를 제공하여 고등교육으로의 전환을 준비하도록 도와야 한다. Cowen(1991)은 학생의 교육과 발달을 고찰하여 고등학교 1학년 동안 고등교육이 적절한 학생들은 장애의 유무와 본질을 이해하고, 대학 입학을 위하여 준비할 교과를 선택하고, 법적 권리를 학습하며, 진로유형을 탐색하고, 더 나은 독립심을 개발하여야 한다고 하였다. 그는 2학년 학생들은 학업기술을 개발하고 정련하며, 독립심을 촉진하며, 자신의 장애를 명백히 이해하여야 한다고 하고, 3학년은 고등교육의 경험을 위하여 가장 적절한 고등교육 환경과 학생의 흥미와 능력을 짝짓는 데 초점을 맞추어야 한다고 하였다. 이는 학년별로 고등교육으로의 전환을 지원하는 데 필요한 서비스를 분석한 결과이다.

이와 같이 장애학생들의 전환 지원은 취학전 과정에서 취학 과정으로 전환하는 어린 장애아동들의 경우는 학업기술이나 학업준비기술을 중심으로 제공되어야 하고, 중등학교 장애학생들의 경우에는 학업발달과 직업발달을 촉진하는 학교중심 학습활동과 직장중심 학습활동을 통하여 고등교육으로의 전환이나 직장으로의 전환을 중심으로 제공되어야 한다. 특히 미국의 경우 2004년 「장애인교육향상법(Individuals with Disabilities for Education Improvement Act: IDEIA)」은 16세나 그 이전에 학생의 IEP에 학교 졸업 이후 성인생활 환경의 접근에 필요한 전환 서비스를 언급하는 개별화 전환계획(Individualized Transition Plan: ITP)을 첨부하여야 한다고 규정하고 있다. 따라서 장애학생들의 전환을 지원하는 역할은 특수학급 교사, 특히 중등학교 특수교육 교사의 중요한 역할이라고 할 수 있다.

5) 가족 지원

가족 지원이란 가족으로 하여금 그들이 직면하는 다양한 문제들에 대해서 이용할 수 있는 자원, 장점 등을 동원하여 문제를 능동적으로 해결해 나갈 수 있도록 하는 것이며, 이를 위하여 개별 가족 구성원 및 전체 가족 구성원 모두의 역량과 기능을 강화하는 일련의 노력이다(이경면, 2011, p. 393). 가족 지원이 필요한 이유는 장애 자녀에 대하여 가장 잘 알고 있는 것은 가족이며, 자녀가 배우는 것에 가장 큰 관심을 갖는 것도 가족이고, 학생의 전 학교생활을 통하여 교육 프로그램에 관여하는 유일한 집단이 가족이며, 교육팀이 결정한 사항들은 항상 가족의 생활에 영향을 미치기 때문이다(Giangreco, Cloninger, & Iverson, 1998, pp. 19-22).

역사적으로 장애학생의 교육은 주로 장애학생 개인에게 초점이 맞추어져 왔으나, 1960년대 이후부터는 장애학생뿐만 아니라 가족이나 지역사회 등 학생의 생태학적 환경에도 관심을 기울이기 시작하였다. 이처럼 특수교육이 학생중심에서 가족중심으로 옮겨 오게 된 배경에는 가정은 학생의 성장과 발달을 촉진시키는 효과적이고 경제적인 지원체제이며, 가족 구성원의 적극적인 참여는 교육 프로그램의 성공과 관련하여 결정적인 역할을 할 수 있다는 생각이 있다. 그러나 장애학생의 가족들은 부모의 사회경제적 수준, 부모가 아동을 다루는 데 있어서의 미숙함, 가족관계의 전반적인 문제, 부모가 자녀의 장애를 주관적으로 해석할 때 부모의 비합리적 문제해결 방법 등의 여러 요인들로 인하여 적절히 역할을 수행하지 못할 수도 있다. 따라서 특수교육 전문가들은 장애학생 가족의 개별적 특성과 처한 상황, 이에 근거한 가족의 요구 등을 정확히 이해하고, 이에 기초하여 가족과의 협력을 이끌어 내어야 한다(이경면, 2011, p. 391).

이와 같이 장애학생의 가족 지원은 개별 가족의 특성과 요구, 그리고 교육기관의 특성과 현실적인 여건 등 여러 요소에 따라 달라질 수 있다. 즉, 가족 지원은 장애학생의 교육과 관련하여 부모를 참여시키는 수준에서 이루어질 수도 있고, 형제자매를 대상으로 이루어질 수도 있으며, 부모의 심리적 지원을 제공하는 방식으로 이루어지거나 가족 전체의 역량강화를 지원하는 방식으로 이루어질 수도 있다.

부모참여는 장애학생의 교육계획을 수립하고 전달하는 과정에 부모의 참여를 보장하고 부모를 강화하며 훈련하는 것을 의미한다. 부모는 장애 자녀의 서비스 요구를 일관적으로 감독하고, 자신들이 보유하고 있는 가치와 기대를 통하여 자녀의 미래에 영향을 미치며, 자녀의 미래생활을 선택하는 데 필요한 정보를 제공하고, 자녀와 함께 이익이나 손실을 얻는 존재이다(Benz & Halpern, 1997). 그러나 장애학생의 교육에서 부모참여가 제대로 이루어지는 사례는 그리 많지 않다. 이런 부모참여의 부족은 그들의 참여에 대한 기대와 형태에 융통성이 없고, 교사들의 전문지식에 의하여 위협을 받기 때문에 나타난다. 부모들은 장애학생의 교육계획 개발, 서비스 전달, 사정과 평가 등에 훈련자 또는 지도자로 참여하여야 한다. 그러나 부모들은 장애학생의 교육 요구를 결정하는 과정에 학교 직원이나 전문가와 동등한 기여자로 인식되지 않는다는 사실 때문에 그 과정에 제대로 참여하지 않는 경우가 많다(Lynch & Stein, 1982). 그러므로 특수학급 교사들은 부모들을 교육의 과정에 참여하도록 동기화하는 방법, 협력적인 관계를 개발하고 유지하는 데 필요한 상호작용의 종류, 가족들이 교육을 방해할 때 대처하는 방법, 교사들이 가족의 참여를 고려하지 않을 때 가족들이 행동하는 방법 등의 문제를 해결하여야 한다. 또한 특수학급 학생의 부모들은 자녀의 사정과 프로그램의 평가, 프로그램의 전달과정에 참여하는 훈련을 받아야 하며, 지역사회의 지원과 기관의 협력을 구하는 방법과 법적 관련 쟁점에 대해서도 교육을 받아야 한다.

장애학생의 형제자매는 가족 구성원으로서의 가족의 자원을 함께 공유하며, 서로의 사회성 발달과 정서 발달에 영향을 끼치는 중요한 역할을 한다. 특히 장애학생에게 있어서 그들의 형제자매는 친구나 보호자의 역할을 하고, 사회성을 익히는 주요한 대상이 될 수 있기 때문에 더욱 중요하다. 부모와 마찬가지로 형제자매도 장애학생으로 인하여 여러 가지 어려움을 경험할 수 있다(남윤석, 2012, p. 164). 그러므로 특수학급 교사는 장애학생의 형제자매들이 경험하는 어려움을 이해하고, 장애를 지닌 형제자매를 수용하고 바람직한 역할을 수행할 수 있도록 지원하여야 한다.

가족의 역량강화는 가족들이 장애학생의 지원에 적극적으로 참여하여 가족 스스로 새로운 지식과 기술을 획득하고 선택하는 연습을 함으로써 문제해결을 위한 가족의 능력을 강화하는 것이다. 장애학생의 가족들은 장애학생의 성장 · 발달에 따라 여러 위기를 맞을 수 있다. 생애주기별로 장애학생의 가족들이 맞이하는 위기는 장애아동이 태어날 때 처음 나타나며, 부모들은 충격과 함께 깊은 슬픔을 경험하게 되고, 여러 가지 심리적 적응과정을 거치게 된다. 두 번째 위기는 장애의 진단 및 치료 시기에 나타날 수 있는데, 전문가들의 무성의한 태도, 부적절하거나 불충분한 조언 등에 의해서 가중될 수 있다. 세 번째 위기는 유치원 혹은 학령기의 교육을 시작하는 과정에서 나타날 수 있다. 자녀를 어느 기관에 보내야 할지, 자녀가 소외되지는 않을지 등과 관련하여 부모들은 다양한 현실의 벽을 경험함으로써 위기를 느낄 수 있다. 네 번째 위기는 자녀의 사춘기에 나타나는데, 성적 발달의 경우 여느 아이들과 같이 발달하는 경향이 큰데, 부모들은 자녀들이 이성에 대해서 관심을 갖고 있거나 혹은 성적인 부분에 대한 행동적 징후들이 나타나는 경우에 적절한 중재방법을 찾지 못함으로써 위기를 느낄 수 있다. 다섯 번째 위기는 취업과 관련된 것으로, 학교교육을 마치고 직업교육을 받았음에도 불구하고 적절한 직장을 찾을 수 없는 현실적인 문제들 앞에서 부모들은 위기를 느낄 수밖에 없다. 여섯 번째 위기는 부모의 고령화에 의한 것으로써 하루가 다르게 자라나는 자녀들과 달리 부모들은 점점 더 나이가 들면서 경제적으로, 신체적으로 자녀를 적절하게 교육, 양육하는 데 한계를 느끼면서 나타나게 된다(이경면, 2005, pp. 222-225). 이러한 위기를 맞을 때마다 장애학생의 가족들은 지원을 받아야 한다. 미국의 경우 장애 위험에 놓인 신생아 및 영아에게 조기에 적절한 서비스를 제공하기 위하여 그들의 가족을 지원하는 IFSP를 수립하도록 규정하고 있다. 이런 가족 지원은 신생아기 및 영유아기뿐만 아니라 연령에 따라 적절히 이루어져야 한다. 따라서 학령기의 장애학생들을 대상으로 하는 특수학급 교사들도 연령단계와 가족의 상태에 따라 가족 지원을 적절하게 제공하는 역할을 담당하여야 한다.

6) 지역사회 네트워크 구축 및 구동

지역사회란 일반적으로 사람들이 일정한 생활을 영위해 나가는 생활 공동체로서의 지역적 공간 또는 지역적 집단생활 그 자체를 의미한다. 학생은 지역사회를 무대로 하여 생활하기 때문에 학교는 지역사회의 자원을 활용하여야 한다. 특히 특수학급 학생들의 경우 특수교육 관련 서비스나 전환 서비스의 제공 등을 위해서는 지역사회의 자원을 활용하지 않으면 안 된다. 특수학급 교사가 지역사회의 자원을 활용하기 위해서는 지역사회와 네트워크(network)를 구축하고, 이를 제대로 구동할 수 있어야 한다. 물론 지역사회와의 네트워크는 학급 단위보다 학교 단위에서 구축되어야 효과적일 수 있다. 그렇지만 특수학급의 경우 필요한 네트워크를 학급 단위에서 구축할 수밖에 없는 부분도 있다.

네트워크란 실행력을 높이기 위하여 체제를 확립하고 다수의 노드(node)(사람이나 팀, 조직 등) 사이를 내·외적으로 연계하는 것이다(OECD, 2003). 하나의 체제 안에서 이루어지는 구성요소 간의 연계·협력·제휴 등의 개념은 제한적 내지 일회적 성격이 강하나, 네트워크는 보다 체계적이어서 규모가 크며, 한 지역의 종합적 체제를 전제로 지속성을 가지는 개념이다(최돈민, 2013, p. 271). 학교와 지역사회와의 네트워크 형성은 다양한 영역에서 가능하지만, 기본적으로 인적 네트워크(communication network), 사업 네트워크(transportation network), 정보 네트워크(information network), 공간 네트워크(location network)로 구분한다. 인적 네트워크는 인적 자원을 상호 교류하는 네트워크를 말하며, 사업 네트워크는 지역 단위의 사업을 연계·협력하는 네트워크를 말하고, 정보 네트워크는 인적 네트워크나 사업 네트워크 등의 구축과 구동에 필요한 정보를 수집하여 데이터베이스화하고 통신망으로 연결하는 네트워크를 말하며, 공간 네트워크는 시설, 설비, 교재·교구 등의 물적 자원을 교류하는 네트워크를 말한다(최돈민, 2013, pp. 271-272).

특수학급 교사는 필요한 경우에 자신을 대체할 기간제 교사나 강사 및 방과후 학교나 특기적성교육을 위한 강사들과의 인적 네트워크를 구축하고 있어야 한다. 또한 특수학급 교사는 학생들이 필요로 하는 지역사회 중심 교수의 시행, 특수교육 관련 서비스와 전환 서비스의 제공을 위하여 민간 교육, 문화, 복지시설 등은 물론 지방의 문화 축제나 이벤트 사업의 주체와의 사업 네트워크도 구축하고 있어야 한다. 그리고 특수학급 교사는 지역사회 인적, 물적 정보를 수집하여 데이터베이스화하고 필요한 경우 직접적으로 연결할 수 있는 정보 네트워크를 구축하고 있어야 하며, 학생들을 위한 지역중심 교수의 실시, 특수교육 관련 서비스와 전환 서비스의 제공 등을 위하여 지역사회 내의 다양한 시설, 설비, 교재 · 교구 등을 활용할 수 있는 공간 네트워크를 구축하고 있어야 한다. 이런 네트워크의 구축과 구동은 특수학급의 운영을 위하여 필수적인 특수학급 교사의 과업이 된다. 특수교육은 장애학생들의 학교 졸업 이후 성인생활로의 전환을 지원하기 위하여 현재 생활뿐만 아니라 미래의 성인생활에 필요한 기능적 기술의 습득을 지원하는 지역사회 중심 교수를 강조하고 있으며(김영준, 김진호, 2010, p. 492), 지역사회 내 관련 기관과의 연계를 통한 전환 지원을 요구하고 있다(박희찬, 2006, p. 105). 그러므로 특수학급 교사는 학생의 교육을 위하여 필요한 경우 지원을 받을 수 있는 인적 네트워크, 사업 네트워크, 정보 네트워크, 공간 네트워크를 구축 및 구동하는 역할을 수행하여야 한다.

학교교육이 지역사회의 자원을 적극 활용하는 문제는 비단 학교 교육활동을 풍부하게 하는 차원만이 아니다. 이는 공교육을 통하여 지역주민의 자녀들이 지역문화에 대한 최소한의 향유 기회를 제공하여 주는 것과도 관련된다(최돈민, 2013, p. 275). 그러나 학교에서 지역사회의 협력을 얻으려면 학교에 대한 지역사회 구성원들을 깊게 이해하여야 한다. 이를 위하여 특수학급 교사는 특수학급의 교육목적, 교육계획 등에 대하여 지역사회 구성원들이 충분히 이해하도록 하는 방책을 강구하는 노력을 기울여야 하며, 지역사회의 실태를 조사하여 지역사회의 자원을 정확히 파악하고 그런 자원의 활용을 위하여 여러 가지 측면에서 지역사회에 봉사하여야 한다. 따라서 특수학급 교사의 역할은 학급이나 학교 내에서만이 아니라 지역사회와의 네트워크를 구축하고 구동하는 것까지로 확대되어야 한다.

요약

특수학급 교사는 일반학교 내의 특수학급을 담당하는 담임교사로서의 역할과 일반학교 내의 특수교육을 지원하는 특수교육 교사로서의 역할 두 가지를 수행하여야 한다. 특수학급 담임으로서 수행하여야 할 역할은 학습 지도자이자 생활 지도자로서의 역할, 학급 경영자로서의 역할이며, 특수교육 교사로서 수행해야 할 역할은 학생의 특수교육 요구 사정, 통합학급 지원, 일반학급 장애학생의 특수교육 관련 서비스 지원, 전환 및 가족 지원, 지역사회 네트워크 구축 및 구동 등이 있다.

특수학급 담임교사로서 특수학급 교사는 학습 지도자로서 교과의 교수 · 학습지도를 담당하며, 학생의 장애이해, 개별화교육계획의 수립과 실행, 교육과정의 수정 등을 담당하는 역할을 수행하여야 한다. 그리고 특수학급 교사들은 생활 지도자로서 학생에 대한 조사활동, 정보활동, 상담활동, 정치활동, 추수활동을 담당하여야 하며, 자문활동, 조정활동, 심리교육, 진로교육을 담당하는 역할도 수행하여야 한다. 또한 특수학급 교사는 학급 경영자로서 학급 운영계획 수립, 교실 환경 조성, 행동지도, 학부모와 지역사회 등 외부와의 관계, 사무관리, 학급 운영결과 평가 등을 담당하며, 특수학급 학생들의 통합학급과의 협력도 담당하는 역할을 수행하여야 한다.

특수교육 교사로서 특수학급 교사는 학생의 특수교육 요구 사정 과정에서 선별과 의뢰 등을 담당하는 역할을 수행하여야 하며, 통합학급 지원을 위하여 통합학급 교사와의 협력교수 외에 통합학급 교사의 교수 · 활동에 대한 자문과 조정을 담당하며, 비장애학생과 일반교육 교사의 장애이해교육 및 장애학생과 비장애학생의 교우관계 형성과 유지를 지원하는 역할도 수행하여야 한다. 그리고 특수교육 교사로서 통합학급의 장애학생에 대한 특수교육 관련 서비스 지원과 전환 지원 및 가족 지원을 중개하는 역할도 수행하여야 하며, 학급이나 학교 내에서만이 아니라 지역사회와의 네트워크를 구축하고 구동하는 일도 수행하여야 한다.

참고문헌

강선희(2010). 초등학교 담임교사의 역할에 대한 학생과 학부모, 교사의 기대 차이 연구. **초등교육학연구**, 17(2), 1-25.

고동희, 이소현(2003). 교사의 긍정적 행동 지원이 장애학생의 수업시간 문제행동에 미치는 영향. **정서·행동장애연구**, 19(2), 1-21.

권기옥(2003). **최신 학급경영**. 서울: 원미사.

김경숙(2006). 장애유아 통합교육을 위한 일반교사와 특수교사 간 협력체제 연구. **열린유아교육연구**, 11(5), 291-319.

김남지, 한유경(2011). 초등학교 담임교사 역할수행의 성차 분석. **교육과학연구**, 42(1), 51-76.

김영준, 김진호(2010). 지역사회 중심교수 프로그램이 지적장애 고등학생의 일상생활기술 수행에 미치는 효과. **특수아동교육연구**, 12(4), 491-516.

김정규, 권낙원(1994). **교사와 교육**. 서울: 형설출판사.

김제한(1994). 학생상담에 있어서의 면접 기법. **학생생활연구**, 20, 77-96.

김지영(2012). 특수교사의 통합학급 지원이 일반학생의 장애학생과 특수교사 인식에 미치는 영향. 한국교원대학교 교육대학원 미간행 석사학위논문.

김희규(2004). 장애이해교육이 초등학교 일반아동의 장애아동에 대한 태도 개선에 미치는 효과. **특수교육연구**, 11(2), 47-68.

남윤석(2012). 부모참여와 가족지원. 정동영, 권충훈, 김미선, 김주영, 김형일, 김희규, 남윤석, 박중후, 신영숙, 오세웅, 이옥인, 이유훈, 이인순, 장은주, 정동일, 정해동, 정해시 공저. **특수교육 교직실무**(pp. 147-168). 경기: 교육과학사.

문락진(1995). **학교·학급경영의 이론과 실제**. 서울: 형설출판사.

박남기(2008). 초등학급경영의 개념과 범위 그리고 영역분석: 단행본, 승진규정, 학급교육과정 운영부를 중심으로. **초등교육연구**, 21(1), 1-32.

박병량(2003). **학급경영**. 서울: 학지사.

박성수(1998). **생활지도**. 서울: 정민사.

박희찬(2006). 장애학생의 직업전환을 위한 지역사회 기관간의 프로그램 연계. **특수아동교육연구**, 8(3), 103-127.

방명애, 정상진(2001). 특수교사와 일반교사의 통합교육을 위한 교사간 협력에 대한 인식 비교. **특수교육학연구**, 36(2), 65-82.

성병숙(1992). 학습경영평가모형 탐색에 관한 연구. 한국교원대학교 대학원 미간행 석사학위논문.

유지영(2013). 초등학교 담임교사의 학급경영 실제와 의미 탐색. 충남대학교 대학원 미간행 박사학위논문.

이경림(2008). **시각장애학생 교육의 이해와 실제**. 서울: 서현사.

이경면(2005). 특수교육 대상학생 가족상담. 국립특수교육원 연수 자료.

이경면(2011). 장애아동의 가족 지원. 정동영, 김미선, 김정연, 김형일, 김희규, 남윤석, 박선희, 박중휘, 서은정, 오세웅, 이경면, 이옥인, 이필상, 전보성, 정해동, 진홍신 공저. **특수교육학개론**(pp. 389-412). 경기: 교육과학사.

이병환, 정애숙(2006). 학급담임교사의 역할에 대한 중학생의 기대석. **한국교육논총**, 5(1), 91-115.

이소현(2005). 통합교육 효율화를 위한 특수교육 장학의 방향과 과제. **제6회 특수교육 전문직 워크숍**, 149-164. 경기: 국립특수교육원.

이소현, 황복선(2000). 통합교육을 위한 특수교사-일반교사 간 협력모형: 구조적 측면을 중심으로. **특수교육연구**, 7, 67-87.

이영철(2002). 발달장애인을 위한 긍정적 행동 지원의 고찰과 적용. **정신지체연구**, 4, 51-67.

이유훈, 김형일(2003). **개별화교육프로그램의 구안과 실제**. 경기: 교육과학사.

이정희(1984). 교사의 역할과 자질에 관한 일고찰. **행동연구**, 6, 204-217.

정동영(2000). 장애학생의 전환 서비스 강화를 위한 기관 간 협력방안. 대구대학교 대학원 미간행 박사학위논문.

정동영(2007). 최소 제한적 환경의 개념 진전과 그 함의 재고. **특수교육저널: 이론과 실천**, 8(4), 337-363.

정동영(2010). 일반학급 발달장애아동의 긍정적 행동 지원체계 개발을 위한 지원요소 분석. **특수아동교육연구**, 12(2), 101-126.

정동영(2011). 장애아동의 사정. 정동영, 김미선, 김정연, 김형일, 김희규, 남윤석, 박선희, 박중휘, 서은정, 오세웅, 이경면, 이옥인, 이필상, 전보성, 정해동, 진홍신 공저. **특수교육학개론**(pp. 37-64). 경기: 교육과학사.

정동영, 김주영, 김형일, 김희규, 정동일(2010). **특수교육의 이해**. 경기: 교육과학사.

정동일(2012). 특수교육 관련 서비스와 지역사회 협력. 정동영, 권충훈, 김미선, 김주영, 김형일, 김희규, 남윤석, 박중후, 신영숙, 오세웅, 이옥인, 이유훈, 이인순, 장은주, 정동일, 정해동, 정해시 공저. **특수교육 교직실무**(pp. 169-200). 경기: 교육과학사.

정범모(1963). **교직의 전문성: 교직과 교사**. 서울: 현대교육총서.

정태범(1998). **학교교육의 구조적 개혁**. 경기: 양서원.

정현우(2012). 정신지체 특수학교 과학교사의 교수내용지식의 구조와 형성과정 탐색. 한국교원대학교 대학원 미간행 석사학위논문.

주영흠(2000). 생활지도의 원리와 기능. **학생생활연구**, 4, 71-89.

최돈민(2013). 학교와 지역사회의 네트워크 구축 방안. **교육종합연구**, 11(4), 269-291.

최하영(2011). 장애학생의 교육과정적 통합 제고를 위한 교수적 수정 연구 고찰. **특수교육**, 10(2), 5-24.

Aase, S., & Price, L. (1987). Building the bridge: LD adolescents' and adults' transition from secondary to postsecondary settings. In D. Knapke & C. Lendman (Eds.), *Capitalizing on the*

future (pp. 126–149). Columbus, OH: Association on Handicapped Student Service Programs in Postsecondary Education.

Bae, S. Y. (1990). Student teacher's thought processes: The evolution of two student teacher's professional beliefs during their student teaching period. Unpublished Doctoral Dissertation, University of Illinois.

Becher, R. M., & Ade, W. (1999). The relationship of field placement characteristics and student' potential field performance abilities to clinical experience performance ratings. *Journal of Teacher Education, 33*(2), 24–30.

Benz, M. R., & Halpern, A. S. (1997). Transition service for secondary students with mild disabilities: A statewide perspective. *Exceptional Children, 53,* 507–514.

Benz, M. R., Yovanoff, P., & Doren, B. (1997). School-to-work components that predict postschool success for students with and without disabilities. *Exceptional Children, 63,* 151–165.

Bhaerman, R. D. (1977). *Career education and basic academic achievement: A descriptive analysis of the research.* Washington, DC: U.S. Government Printing Office (ERIC Document Reproduction Service No. ED 140 032).

Blalock, G., & Patton, J. R. (1996). Transition and students with learning disabilities: Creating sound futures. *Journal of Learning Disabilities, 29*(1), 7–16.

Brinckerhoff, L. C. (1996). Making the transition to higher education: Opportunities for student empowerment. *Journal of Learning Disabilities, 29*(2), 118–136.

Buysse, V., & Wesley, P. (1993). The identity crisis in early childhood education: A call for professional role clarification. *Topics in early Childhood Special Education, 13*(4), 318–429.

Chandler, L. K. (1993). Steps Preparing for Transition: Preschool to Kindergarten. *Teaching Exceptional Children, Summer*, 52–55.

Clark, G. M., Carlson, B. C., Fisher, S., Cook, I. D., & D'Alonzo, B. (1991). Career development for students with disabilities in elementary schools: A position statement of the Division of Career Development. *Career Development for Exceptional Individuals, 14*(2), 109–120.

Cook, L., & Friend, M. (1995). Co-teaching: Guidelines for effective practice. *Focus on Exceptional Children, 28*(3), 1–16.

Cowen, S. (1991). How to choose a college: Helpful strategies for students with learning disabilities. Unpublished manuscript.

DuChossois, G., & Michaels, C. (1994). Postsecondary education. In C. A. Michaels (Ed.), *Transition strategies for persons with learning disabilities* (pp. 79–118). San Diego: Singular.

Enderlain, T. D. (1976). *A review of career education evaluation studies.* Washington, DC: U.S. Government Printing Office (ERIC Document Reproduction Services No. ED 141 584).

Fiscus, E. D., & Mandell, C. J. (1983). *Developing individualized education programs.* St. Paul, STATE: West Publishing Company.

Fuchs, L. S., & Fuchs, D. (1998). Treatment validity: A unifying concept for reconceptualizing in identification of learning disabilities. *Learning Disabilities Research & Practice, 13,* 204-219.

Gail, R. H. (2009). Welcome to the individuals with disabilities act (IDEA) of 2004. 특수교육 관련 서비스의 국제적 동향. **국립특수교육원 제14회 국제 세미나 자료**, 11-35.

Geddis, A. N., & Wood, E. (1997). Transforming subject matter and managing dilemmas: A case in teacher education. *Teaching and Teacher Education, 13*(6), 611-626.

Gess-Newsome, J. (1999). Secondary teachers knowledge and beliefs about subject matter and their impact on instruction. In J. Gess-Newsome & N. G. Lederman (Eds.), *Examining pedagogical content knowledge: The construct and its implications for science education* (pp. 51-94). Netherlands: Kluwer Academic Publishers.

Giangreco, M., York, J., & Rainforth, B. (1989). Providing related services to learners with severe handicaps in educational settings: Pursuing the least restrictive option. *Pediatric Physical Therapy, 1*(2), 57.

Giangreco, M. F., Cloninger, C. J., & Iverson, V. S. (1998). *Choosing options and accomodations for children: A guide to educational planning for students with disabilities* (2nd ed.). Baltimore: Brookes.

Gibson, R. L., & Mitchell, M. H. (1981). *Introduction to guidance.* New York: Macmillan Publishing Co.

Goldberger, S., Kazis, R., & O'Flanagan, M. K. (1994). *Leaning through work: Designing and implementing quality worksite learning for high school students.* New York: Manpower Demonstration Research.

Gresham, F. M. (1991). Conceptualizing behavior disorders in terms of resistance to intervention. *School Psychology Review, 20*, 20-36.

Hains, A. H., Fowler, S. A., & Chandler, L. K. (1988). Planning school transitions: Family and professional collaboration. *Journal of the Division for Early Childhood, 12,* 108-115.

Hamilton, S. E., & Hamilton, M. A. (1994). *Opening career paths for youth: What can be done? Who can do it?* Cornell Youth and Work Program, Cornell University. American Youth Policy Forum, Jobs for Future.

Hutinger, P. L. (1981). Transition practices for handicapped young children: What the experts say. *Journal of Division for Early Childhood, 2*, 8-14.

Jackson, P. W. (1968). *Life in the classroom.* New Yok: Holt, Rinehart and Winston, Inc.

Janney, R. E., & Snell, M. E. (2000). *Practices in inclusive schools: Modifying school work.* Baltimore:

Paul H. Brookes Publishing Co.

Jarolimek, J., & Foster, C. D. (1997). *Teaching and learning in the elementary school* (6th ed.). New Jersey: Upper Saddle River.

Johnson, L., & Bany, M. (1970). *Classroom management: Theory and skill training*. New York: MacMillan.

Koegel, L. K., Koegel, R. L., & Dunlap, G. (1996). *Positive behavior supports: Including people with difficult behavior in the community*. Baltimore: Paul H. Brookes Publishing Co.

Kopfstein, R. (1994). *Inservice education for interdisciplinary teamwork: Training and evaluating teams*. D.S.W.diss., City University of New York.

Lemlech, J. K. (1999). *Classroom management methods and techniques for elementary and secondary teacher* (3rd ed.). Prospect Heights, IL: Waveland.

Lloyd, J. W., Singh, N. N., & Repp, A. C. (1991). *The Regular Education initiative: Alternative perspectives in concepts, issues, and models*. Sycamore, IL: Sycamore.

Lynch, E. W., & Stein, R. (1982). Perspectives on parent participation. *Quarterly, 3*(2), 56-63.

Meyers, J., Parsons, R. D., & Martin, R. P. (1979). *Mental health consultation in the schools*. San Francisco: Jossey-Bass Publishers.

Michaels, C. A. (1994). Curriculum ideology in the secondary special education transition planning process. In C. A. Michaels (Ed.), *Transition strategies for persons with learning disabilities* (pp. 23-52). San Diego: Singular.

Miller, P. S. (1992) Segregated programs of teacher education in early childhood: Immoral and inefficient practice. *Topics in Early Childhood Special Education, 14*(2), 39-52.

Morsink, C. V., Thomas, C., & Smith-Davis, J. (1987). Noncategorical special education programs: Process and outcomes. In M. Wang, M. Reynolds, & H. Walberg (Eds.), *Handbook of special education: Research and practice* (Vol. 1, pp. 287-312). Oxford, England: Pergamon.

OECD (2003). *Networks of innovation towards new models for managing schools and systems*. Paris: OECD.

Polloway, E. A., Patton, J. R., Smith, J. D., & Roderique, T. W. (1991). Issues in program design for elementary students with mild retardation: Emphasis on curriculum development. *Education and Training in Mental Retardation, 26*, 142-150.

Rainforth, B., York, J., & Macdonald, C. (1992). *Collaborative teams for students with severe disabilities: Integrating therapy and educational services*. Paul H. Brookes Publishing Co.

Ruef, M. B. (1998). Positive behavioral support: Can schools reshape in a school wide system of positive behavior support. *Focus on Exceptional Children, 36*(1), 1-18.

Shulman, L. S. (1986). Those who understand knowledge growth in teaching. *Educational Research,*

15(2), 4-14.

Snell, M., & Janney, R. (2000). *Collaboration teaming: Teachers' guides to inclusive practices.* Baltimore: Paul H. Brookes.

Stainback, W., & Stainback, S. (1987). Facilitating friendship. *Education and Training in Mental Retardation, 22,* 10-25.

Tobin, K., & McRobbine, C. J. (1999). Pedagogical content knowledge and Co-participation in science classrooms. In J. Gess-Newsome & N. G. Lederman (Eds.), *Examining pedagogical content knowledge: The construct and it implications for science education* (pp. 215-234). Netherlands: Kluwer Academic Publishers.

Turnbull, A., Edmondson, H., Griggs, P., Wickham, D., Sailor, W., Freeman, R., Guess, G., Lassen, S., Mccart, A., Park, J., Riffel, L., Turnbull, R., & Warren, J. (2002). A blueprint for schoolwide positive behavior support. *Exceptional Children, 68*(3), 377-402.

Wagner, M., Blackorby, J., Cameto, R., & Newman, L. (1993). *What makes a difference? Influences on postschool outcomes of youth with disabilities. The third comprehensive report from the National Longitudinal Transition Study of Special Education Students.* Menlo Park, CA: SRI International (ERIC Document Reproduction Service No. ED 365 085).

Wehmeyer, M. (1992). Self-determination and the education of students with mental retardation. *Education and Training in Mental Retardation, 27,* 302-314.

Wehmeyer, M. L. (2000). Assessment of self-determination: Negotiating the minefield: A response to Baker et al. *Focus on Autism and other Developmental Disabilities, 15*(3), 157-158.

Wehmeyer, M. L., Agran, M., & Hughes, C. (2000). A national survey of teachers' promotion of self-determination and student-directed learning. *The Journal of Special Education, 34*(2), 58-68.

Wehmeyer, M. L., Kelchner, K., & Richards, S. (1996). Essential characteristics of self-determined behaviors of adult with mental retardation and developmental disabilities. *American Journal on Mental Retardation, 100*, 632-442.

제 4 장

특수학급 교육대상자

인천 구월초 특수학급(사진: 박지수 교사 제공)

이 장의 구성

1. 지적장애의 이해와 교육
   1) 지적장애의 개념
   2) 지적장애의 특성
   3) 지적장애 학생을 위한 교육적 지원
2. 정서 · 행동장애의 이해와 교육
   1) 정서 · 행동장애의 개념
   2) 정서 · 행동장애의 특성
   3) 정서 · 행동장애 학생을 위한 교육적 지원
3. 자폐성 장애의 이해와 교육
   1) 자폐성 장애의 개념
   2) 자폐성 장애의 특성
   3) 자폐성 장애 학생을 위한 교육적 지원
4. 학습장애의 이해와 교육
   1) 학습장애의 개념
   2) 학습장애의 특성
   3) 학습장애 학생을 위한 교육적 지원

연구과제

1. 지적장애 학생의 특성에 따른 중재 방안에 대해 설명해 보자.
2. 정서 · 행동장애 학생의 특성에 따른 중재 방안에 대해 설명해 보자.
3. 자폐성 장애 학생의 특성에 따른 중재 방안에 대해 설명해 보자.
4. 학습장애 학생의 특성에 따른 중재 방안에 대해 설명해 보자.

이 장의 개요

2007년 제정된 「장애인 등에 대한 특수교육법」에서는 특수교육대상자로 분류된 학생들의 요구에 따른 적절한 특수교육 및 관련 서비스 제공을 위한 지원을 규정하고 있다. 2007년 제정된 「특수교육법」에서 제시한 특수교육 지침에 따르면 특수교육 및 관련 서비스 대상자를 10개의 유형으로 분류하였다. 특수교육 통계(교육부, 2018)에 의하면 전국의 특수학급에 입급되어 있는 장애학생들은 모두 48,848명이며, 장애유형별로는 지적장애가 30,041명으로 대부분을 차지하고 있다. 그 다음은 발달지체, 자폐성 장애와 지체장애, 정서 · 행동장애, 의사소통장애, 학습장애, 청각장애, 시각장애, 건강장애의 순으로 입급되어 있다고 보고하고 있다.

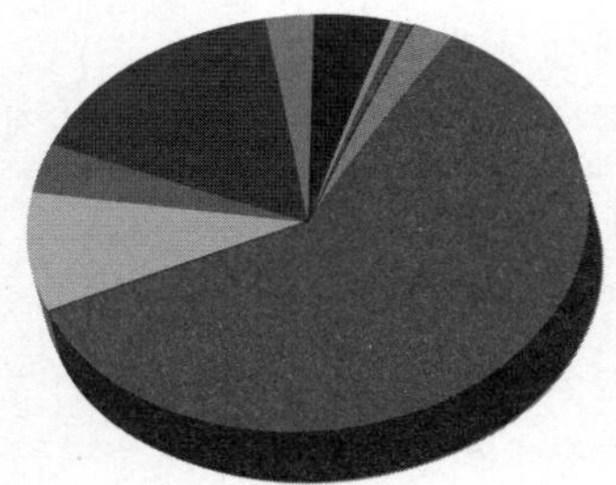

〈2018 특수학급 특수교육대상자 현황〉

이 장에서는 일반적으로 특수학급 교육의 주 대상이라 할 수 있는 지적장애와 정서 · 행동장애, 자폐성 장애, 학습장애 각각의 개념과 분류, 특성, 그리고 교육적 지원 방법에 대해 살펴보고자 한다.

1. 지적장애의 이해와 교육

1) 지적장애의 개념

지적장애(intellectual disabilities)와 관련된 초기 명칭은 백치와 우둔, 천치, 바보 등이 있었으며, 이후 협회 혹은 학회에서 정신박약, 정신결함 등과 같은 용어들이 사용되었다. 이는 실패나 결핍을 뜻하고 매우 부정적인 의미로 사용되었다. 이후 '정신지체(mental retardation)'라는 용어를 사용하였고, 정신지체는 장애를 개인 내에 있는 결함으로 보는 것으로 개인의 능력과 개인이 기능하는 맥락 사이의 적합성으로 보아야 한다는 생태학적 관점에서 다시 '지적장애'로 명칭이 변경되었다.

먼저, 법적인 정의로 우리나라 「장애인 등에 대한 특수교육법」과 미국의 「장애인교육법(IDEA)」의 지적장애 정의를 살펴보면 다음과 같다.

〈우리나라의 「장애인 등에 대한 특수교육법」〉

지적 기능과 적응행동상의 어려움이 함께 존재하여 교육적 성취에 어려움이 있는 사람

〈미국의 「장애인교육법(IDEA)」〉

현저하게 낮은 평균 이하의 지적 지능과 함께 적응행동의 제한성을 보이는 것으로 발달기 동안에 나타나며, 아동의 교육 수행에 부정적인 영향을 미친다.

한국특수교육학회(2008)에서는 지적장애를 "지적 기능과 적응행동에 어려움이 함께 존재하여 교육적 성취와 일상생활 및 직업 기술 습득에 어려움이 있는 사람"으로 정의하고 있으며, 미국 지적 및 발달장애협회(American Association on Intellectual and Development Disabilities: AAIDD, 2010)에서는 지적장애를 "지적 기능과 적응행동에서 유의미한 제한성을 보이며, 이러한 장애는 18세 이전에 나타나는 것"으로 규정하고 있다. 그리고 다음의 다섯 가지 가정들은 진단과 판별을 위한 이 정의를 적용하는 데 필수적으로 고려되어야 한다.

- 현재 기능상의 제한점은 또래가 생활하는 일상적인 지역사회 환경과 문화의 맥락 안에서 고려되어야 한다.
- 타당한 진단을 위해서는 의사소통과 행동적 요인의 차이뿐만 아니라 문화 및 언어적 다양성이 고려되어야 한다.
- 개인의 제한점은 강점과 함께 존재한다.
- 제한점을 기술하는 가장 중요한 목적은 필요한 지원 프로파일을 개발하기 위한 것이다.
- 개별화된 적절한 지원이 일정 기간 주어진다면 지적장애인의 생활 기능은 일반적으로 향상될 것이다(AAIDD의 용어와 분류를 위한 특별위원회, 2010, p. 1: 김진호 외, 2017 재인용).

이와 같은 지적장애에 대하여 심리학자와 교육자들은 여러 가지 기준으로 분류를 시도해 왔다. 그동안 많이 사용되던 지적장애의 분류는 지적 수준에 따른 분류로 경도(mild), 중등도(moderate), 중도(severe), 최중도(profound)이고, 발달 가능성을 기준으로 교육가능(educable), 훈련가능(trainable), 보호수용(care)으로 분류하였다. 그러나 후자는 누구나 교육받을 권리가 있다는 비판이 제기되면서 사용하지 않는 용어이다.

표 4-1 지적장애의 분류

지적장애의 정도	IQ 점수 범위	IQ 분류 표준편차	적응행동의 제한 범위
경도	55~70	−2SD	두 개 또는 그 이상의 영역
중등도	35~54	−3SD	두 개 또는 그 이상의 영역
중도	20~34	−4SD	모든 영역
최중도	20미만	−5SD	모든 영역

출처: 한국특수교육학회(2008).

1992년에 AAMR(현, AAIDD)은 지적장애를 지원의 종류와 강도에 따라 간헐적 지원(intermittent support), 제한적 지원(limited support), 확장적 지원(extensive support), 전반적 지원(pervasive support)으로 분류하였다(〈표 4-2〉 참조).

표 4-2 지원의 강도에 따른 지적장애 분류

분류	지원의 강도
간헐적 지원	필요한 경우에 한해 간헐적으로 제공되는 지원으로 항상 지원을 필요로 하지 않거나, 인생의 전환 시기 중 단기간의 지원이 필요한 경우(예: 실직, 심각한 의료적 위기). 간헐적 지원은 고강도 혹은 저강도로 제공됨.
제한적 지원	일정한 시간에 걸쳐서 일관성 있게 제공되는 지원으로 시간제한적인 지원. 지원의 강도는 확장적 지원에 비해 지원인력과 비용이 덜 들어감(예: 시간제한적인 고용훈련, 혹은 학교에서 성인기로의 전환기 지원 제공 등).
확장적 지원	적어도 일부 환경(직장 또는 가정)에서 정규적(예: 매일)으로 요구되는 지원으로, 시간제한적인 지원이 아님(예: 장기간의 가정생활 지원).
전반적 지원	항구적이며 고강도인 지원. 전반적인 모든 환경에 걸쳐 제공되며 잠재적으로 삶을 유지하는 데 필요한 지원. 전반적 지원은 일반적으로 확장적 또는 제한적 지원보다 더 많은 수의 인력과 중재가 요구됨.

출처: Luckasson et al. (2002).

지원의 강도에 따른 지적장애의 분류체계는 특정 환경에서 지적장애인의 실제적인 기능에 초점을 두고 고안되었다. 이 분류체계는 다양한 분야를 교차하는 적절한 평가를 요구하고 좋은 체계를 지향하며, 그것을 서비스 전달과 일치하게 결정하여 서비스의 간학문적 조정을 촉진하기를 강조한다.

2) 지적장애의 특성

(1) 인지적 특성

지적장애 아동들은 긍정적 반응 경향성, 부정적 반응 경향성, 성공 기대감, 외부 지향성, 효과적 동기의 다섯 가지 동기적 요인으로 인하여 낮은 수행 능력을 보인다(Zigler & Bennet-Gates, 1999).

긍정적 반응 경향성은 사회적 강화, 특히 지원을 하는 성인들로부터의 강화에 대한 지속된 반응을 말한다(Zigler & Hodapp, 1986). 지적장애 아동들은 사회적 강화를 받기 위하여 지루한 과제에 지속적으로 의존할 수 있다(Zigler & Bennet-Gates, 1999). 이러한 지적장애 아동들은 나이가 들어감에 따라 사회적 강화에 동기부여가 덜 되고, 또래들보다 더 지속적인 의존을 보이게 된다(Zigler & Balla, 1982).

부정적 반응 경향성은 지적장애 아동들이 성인과의 상호작용에서 나타내는 지나친 신중함과 꺼림을 의미한다. 이런 경향은 지적장애 아동들에게서 종종 나타나는 사회적 강화에 대하여 지속된 반응인 긍정적 반응 경향성과 반대되는 경향이다. 어른들에 대한 처음의 신중함은 이후 어른들과의 지속적인 상호작용이 부정적이거나 나쁘게 작용하지 않으면, 긍정적 반응 경향성에 의하여 나중에 극복될 수 있다(Zigler & Hodapp, 1991). 이런 부정적 반응 경향성에서 중요한 점은 그와 같은 신중함이 아동들의 사회적 효율성을 약화시킬 수 있다는 것이다. 높은 부정적 반응 경향성은 더욱 위축적이고 자기 고립적이 되도록 할 수 있다(Tasse & Havercamp, 2006).

성공 기대감은 개인이 새로운 과제에 직면하여 성공을 기대하는 정도다. 성공에 대한 기대는 과거 경험과 관련된다. 아동들이 성공 경험의 과거를 가지고 있다면, 새로운 상황에서도 성공할 것이라는 기대를 가질 수 있다. 지적장애 아동들은 지적인 과제에서 이미 실패한 경험을 더 많이 가지고 있기 때문에 낮은 성공 기대감을 가지고 있다(Zigler & Hodapp, 1991).

외부 지향성은 문제해결에서 자신의 내적인 인지 능력을 활용하기 이전에 외부 세계에서 단서를 찾으려고 하는 것이다(Bybee & Zigler, 1992). 지적장애 아동들은 보통 자신의 능력을 신뢰하지 않기 때문에, 그리고 과거에 실패를 자주 하였기 때문에 흔히 외부 지향성을 나타낸다(Bybee & Zigler, 1992). 외적 단서에 지나치게 의존하는 아동들은 의사결정과 자기결정에 상당한 어려움을 갖게 된다(Zigler & Balla, 1982).

효과적 동기는 어렵고 힘든 문제로부터 오는 만족감이다. 이것은 호기심, 능력을 높이기 위한 숙달, 도전적인 과제를 선호하는 것 등의 문제와 연관된다(Zigler & Balla, 1982). 이런 효과적 동기는 환경에서 영향을 미치고 그 환경이 나타내는 도전들을 극복하기 위한 바람으로 정의된다. 지적장애 아동들은 비장애아동에 비하여 낮은 효과적 동기를 가지고 있다(Harter & Zigler, 1974).

지적장애 아동들은 비장애아동들에 비하여 선택적 주의집중이 어렵고, 주의집중 시간이 짧으며, 주의의 유지가 어렵기 때문에 한 번에 여러 자극에 자발적으로 집중하기가 곤란하다(Bergen & Mosley, 1994; Zearman & House, 1963). 또한 관련 단서보다 무관 단서에 좀 더 주의를 기울이는 경향이 있다(Krupski, 1977). 주의는 크게 선택적 주의(selective attention)와 주의 유지(sustained attention)로 구분된다. 선택적 주의는 환경을 이해하기 위하여, 개인이 관련 있는 것은 선택하고 주의하는 반면, 관련 없는 다른 차원은 무시하는 것이다(Johnston & Dark, 1989). 주의 유지는 특히 지속적인 기간 동안 환경에서 변화를 탐색하는 것과 관련이 있다. 즉, 환경에서 방해 자극을 억제하면서 주의집중을 유지하는 것이다.

또한 지적장애 아동들은 단기기억에서 어려움을 가지고 있는데, 특히 단기기억에서 작동기억(working memory)과 연관된 문제가 제기된다. 작동기억은 동일한 다른 정보를 처리하면서 동시에 그 정보를 보존하는 한정된 용량의 처리자원이라 할 수 있다(Swanson, 1999). 지적장애 아동들은 작동기억의 용량이 적고, 정보조작 속도가 늦으며, 일차 정보처리 프로그램의 이용 가능성이 한정되어 있고, 장기기억으로의 통로가 한정되어 있으며, 특정한 실행 과정에 제한이 있다(최영하, 2001). 장기기억은 기억된 정보가 오랫동안 경과한 후에도 회상되는 정보를 의미한다. 일반적으로 지적장애 아동들은 정보가 단기기억에서 충분히 전송되고 난 후 장기기억에서의 파지는 지적장애의 영향을 덜 받는 것으로 본다. 즉, 지적장애 아동과 비장애아동 간 장기기억 능력에서의 차이는 없는 것으로 확인되었다(Ellis, 1970; McCartney, 1987).

또한 지적장애 아동들은 초인지(meta-cognition)에 결함을 가지고 있는 것으로 알려져 있다. 초인지는 언어 또는 다른 학습 과정이나 활동을 수행하기 위한 개인의 인지 능력을 사용하는 능력이다. 즉, 개인이 자신이 알고 있는 것에 관하여 아는 능력이다(Berger & Reid, 1989; Ellis & Dulaney, 1991). 이런 처리 과정에서 가장 분명한 사실은 지적장애 아동들에게 효과적으로 사고하고 추리하는 능력이 부족하다는 것이다(Baroody, 1987; Schultz, 1983; Zetlin & Bilsky, 1980).

(2) 학업적 특성

지적장애 아동들은 학습한 내용의 일반화와 전이에 어려움을 가지고 있다(Heyes & Taplin, 1993). 일반화는 결과를 이끌어 내는 능력 혹은 규칙, 아이디어 혹은 경험으로부터 참조할 수 있는 능력이다. 일반적으로 학습자가 어떤 과제를 학습한 뒤, 자신이 배운 지식을 다른 비슷한 과제, 또는 같은 시기에 다른 과제 혹은 다른 환경에 적용할 수 있는 능력이다. 지적장애 아동들이 일반화에 도달하는 데 겪는 어려움은 전형적인 문제이지만, 잘 설계된 교수를 통하여 이 문제를 어느 정도 극복할 수 있다(Ferguson & McDonnell, 1991; Tirapelle & Cipani, 1992). 특히 Horner, Williams와 Steveley(1987)는 최중도에서 중도 지적장애 아동들에게 집중적인 전환 훈련을 실시하여 훈련이 아닌 상황에서 일반화할 수 있음을 보고하였다. 그리고 훈련의 전이 기술은 획득된 기술을 실적적인 상황 혹은 다른 교실 상황에 적용하고 개념화하는 능력이다. 지적장애 아동의 전이 기술을 높이기 위하여 학습한 기술과 개념을 적용할 집중적인 기회를 제공해 주어야 한다.

지적장애 아동들은 우연학습(incidental learning)에도 어려움을 가지고 있다(Gast et al., 1991). 우연학습은 의도하지 않게 일어날 수 있고 혹은 어떤 다른 기술이나 개념이 학습될 수 있다는 점에서 훈련의 일반화와 전이에 상당히 밀접한 관계를 가지고 있다. 지적장애 아동들의 우연학습이 어렵기 때문에 이들의 학습을 위해서 교사는 신중하고 구체적으로 안내해야 한다. 지적장애 아동들은 지원 없이는 실생활 상황에 그들이 학습한 것을 적용하는 데 어려움을 가지고 있다(Gast et al., 1991; Greeson & Vane, 1986).

(3) 사회 · 정서적 특성

지적장애 아동들은 또래들과의 상호작용 빈도가 낮고, 혼자 놀거나 아무런 의도 없이 행동하는 경우가 많다. 지적장애 성인의 경우도 일터에서 상대방의 비판을 받아들이고 갈등을 해결하고 지시를 따르고, 대화를 하는 데 어려움을 나타낸다. 지적장애 아동들의 사회 · 정서적 특성과 관련된 변인들은 정서적 인식, 정서적 반응, 또래관계, 친구관계 형성, 대인관계, 문제행동 등을 포함한다.

정서적 인식은 행복함, 슬픔, 화남, 두려움과 같은 정서를 나타내는 얼굴 표정을 인식하는 능력이다. 지적장애 아동들은 이러한 정서적 인식 능력에 많은 어려움을 가지고 있는 것으로 보인다(Kasari & Bauminger, 1998).

정서적 반응은 다른 사람과 정서를 공유할 수 있는 능력이다. 지적장애 아동들은 정서적 반응에서 어려움을 지니고 있는 경우도 많으나, 다운증후군 아동들은 대상이나 물체보다 사람의 얼굴을 더 오랫동안 주시하는 것으로 보고되고 있다(Kasari, Mundy, & Sigman, 1990; Kasari et al., 1995; Ruskin et al., 1994). 이는 다운증후군 아동들이 다른 사람과 사회적 관계를 맺을 수 있음을 시사한다. 이러한 사회성은 적극적이고 원만한 성격을 가진 다운증후군 아동들의 지각력을 넓히고 상호작용을 할 수 있는 가능성을 시사한다(Gibson, 1978).

또래관계는 초기 아동기의 사회화에 가장 의미 있는 과제 중 하나이다. 지적장애 아동들은 비장애아동에 비하여 상대적으로 상호작용에 어려움을 가지고 있다. 이들은 사회적 상호작용이 부족하고(Field, 1984), 협력적인 놀이보다 일방적인 놀이나 고립을 더 자주 보인다(Crawley & Chan, 1982; Guralnick & Weinhouse, 1984).

친구관계 형성은 또래관계와는 다른 의미다. 친구관계는 호혜적(reciprocal)이고, 오랜 시간에 걸쳐 안정적이며, 역동적인 사회적 상호작용에 기초한다(Buhrmester, 1990;

Dunn, 1993; Hartup, 1992; Howes, 1983, 1988; Parker & Gottman, 1989). 지적장애 아동들은 친구관계를 형성하는 데 어려움을 가지고 있다(Parker et al., 1995). 그러나 이런 어려움의 속성은 지적장애의 원인에 따라 다양할 수 있다. 주요하게 고려해야 할 사항은 먼저 지적장애 아동의 독특한 발달적 조건이 어떻게 친구관계 형성에 영향을 미치는가에 관심을 갖는 것이다. 그리고 일단 친구관계가 형성되면 친구관계가 비장애아동과 같은 형태인지 혹은 구별되는 것인지를 살펴보아야 한다. 지적장애 아동들의 친구관계 형성과 기능은 이들의 장애 특성에 따라 달라질 수 있다. 그리고 친구관계를 형성하는 맥락적 사항도 고려해야 한다(Kasari & Bauminger, 1998).

지적장애 아동들의 대인관계 형성 및 유지에 장애를 주는 주요 요인은 이들의 자기중심적 사고라 할 수 있다. 지적장애 아동은 상대방의 관점을 무시하고 자기중심적인 사고와 행동을 함으로써 동료들로부터 배척을 받게 되고(김형일, 1995; 신현기, 1993), 이로 인하여 친구가 거의 없으며, 그에 따라 만성적으로 사회적 고립과 외로움을 겪고, 가족 구성원 이외의 다른 사람과의 사회적 상호작용은 짧은 기간으로만 그치게 된다(Newton & Horner, 1993).

지적장애 아동의 일상생활에서 문제행동은 개인의 적응뿐만 아니라 다른 사람과의 관계에서도 심각한 방해요인으로 작용한다. 문제행동은 적응행동과 서로 다른 개념으로 여기기도 하지만 큰 맥락에서 서로 연관성을 가지고 있다. 지적장애 아동들의 문제행동 원인은 개인에 따라 다를 수 있다. 그리고 인과관계도 환경이나 맥락적 요인들과 연관될 수 있고, 병인론적 측면과 관련을 맺을 수 있다. 문제행동의 유형으로 속임수, 거짓말, 훔치기, 기질적 울화(temper tantrums), 기타 심각한 문제행동들이 있다. 그리고 비장애아동들에게는 단순한 문제행동이지만(예: 잡담이나 수다), 이들에게는 심각한 결과로 나타날 수 있다(Everington & Luckasson, 1989; Williams, 1985). 따라서 각 개인들의 상황에 따라 개별적인 문제행동들이 진단되어야 한다.

(4) 의사소통적 특성

지적장애 아동들은 비장애아동에 비하여 의사소통 문제를 나타내며, 이러한 문제는 이들이 가지고 있는 인지 능력의 결핍과 밀접한 관련이 있고, 언어 발달에 상당히 연관되어 있다. 일반적으로 지적장애 아동들은 조음장애, 음성장애, 말더듬 등 여러 가지 의사소통의 문제를 나타낸다(Hardman, Drew, & Egan, 1996). 지적장애 아동들의 말과 언어 특성의 원인은 다양하게 논의되고 있다. 인지적 결함이 언어 발달을 지체시켜 비장애아동들과 발달상에 차이를 보이게 된다. 경도 지적장애 아동의 경우 정상적으로 기능할 수 있도록 일상생활에 필요한 말과 언어를 획득할 수 있지만, 중도 지적장애 아동들은 이들보다 더 크게 지체의 차이를 보일 뿐만 아니라, 말과 언어 장애의 원인도 중복되어 더 심각한 수준에 머무른다. 또한 지적장애 아동들의 말과 언어 장애는 이차적인 장애로 나타날 수 있다. 말을 사용할 수 있는 환경이 제한되거나 적절한 언어적 모델이 없을 경우 말과 언어 기능의 장애를 심하게 보일 수 있다. 또한 언어 획득을 위한 결정적 시기(critical period)에 환경의 영향을 절대적으로 받게 된다. 그리고 지적장애 아동의 경우 지적 능력뿐만 아니라 다른 장애의 중복장애로 인하여 말과 언어 장애를 수반할 수 있다.

3) 지적장애 학생을 위한 교육적 지원

지적장애 학생을 위한 교수방법은 모델링과 연습의 기회 제공, 교사 중심 직접교수(direct instruction) 방법이 많이 사용된다. 최근 인지 또는 초인지 전략을 사용하여 읽기 학습을 향상시키는 자기질문법, 자기교수법, 자기통제법 등이 교육방법으로 강조된다. 그리고 구성주의 교수방법을 활용한 모델링(modeling), 코칭(coaching), 비계설정(scaffolding), 명료화(articulation), 반성적 사고(reflection), 탐구(exploration) 등의 교육방법이 지적장애 학생을 위한 교육방법으로 활용된다(한국특수교육학회, 2008). 여기서는 지적장애 학생을 위한 교육방법으로 강조되고 있는 기능적 기술 교육과 기술의 습득과 숙달, 일반화를 위한 구체적인 지원방법을 살펴보기로 한다.

(1) 기능적 기술 교육

지적장애 아동들의 교수에 발전이 이루어지면서 1980년대부터는 기능적 기술(functional skill)의 교수가 강조되었다. 기능적 기술이란 아동 자신이 스스로 수행하지 않으면 다른 누군가에 의하여 수행되어야 하는 기술이다(Brown et al., 1984). 이러한 기능적 기술은 궁극적 기능화 준거(criterion of ultimate functioning)에 의하여 선정되어야 한다(Brown, Nietupski, & Hamre-Nietupski, 1976). 이 준거는 교수내용을 아동의 현재 환경보다 미래 환경, 즉 학교 졸업 이후의 성인 생활에 필요한 기술로 선정하여야 한다는 것을 의미한다. 이러한 기능적 교수의 내용을 결정하는 데 중요하게 고려되어야 할 원리는 다음과 같다(백은희, 2005).

- 교수내용은 다양한 지역사회 환경에서 교수가 이루어질 수 있는 것이어야 한다.
- 교수내용은 아동이 현재 혹은 미래 환경에 참여하는 데 도움이 되는 것들이어야 한다.
- 교수내용은 아동의 더 나은 삶의 질에 기여하여야 한다.
- 교수내용은 연령에 적합한 기술, 일과, 그리고 자료들이어야 한다.
- 교수내용은 사회에서 가치 있다고 보는 기술들이어야 한다.
- 교수내용은 아동에게 도움이 되고 지역사회에서도 생산적인 기여자가 되도록 하는 것이어야 한다.

지적장애 아동들은 비장애아동이 학습하는 일반교육 교육과정에 포함된 기술인 학업적 기술(academic skills)을 습득하는 데 어려움이 많다. 이런 학업적 기술의 습득에 어려움을 겪는 지적장애 아동은 학업적 기술에 기능적 기술을 결합한 혼합된 교육과정(blended curriculum)으로 교수를 받아야 한다(AAIDD, 2010, p. 197).

(2) 기술의 습득을 위한 교육

과제 분석은 주어진 과제를 해결하는 데 필수적인 선행기술들을 분석하고, 해당 과제를 각각의 하위 단계들로 분석하여 하위 과제부터 차례대로 가르치는 방법이다. 이러한 과제분석은 가르치기 위한 교수목표뿐 아니라 어떤 단계의 수행 여부를 확인해 주는 평가적 의미를 가진다.

모델링은 교사가 직접 과제를 수행하는 것을 보여 주는 것이다. 교사가 여러 번 시범을 보인 후 아동이 따라 하도록 하여 새로운 행동, 기술, 개념을 획득하도록 하고, 강화와 피드백을 제공하여 획득한 행동, 기술, 개념을 숙달하도록 하는 방법이다.

촉구는 전반적인 신체적 도움, 부분적인 신체적 도움, 제스처, 그림 촉구, 언어적 지시 등을 통하여 새로운 기술이나 지식을 획득하도록 하는 방법이다. 이 중에서 신체적 도움은 최대 촉구이고, 언어적 지시는 최소 촉구에 해당된다. 이러한 촉구는 최대 촉구에서 최소 촉구 양식(most-to-least prompt format)과 최소 촉구에서 최대 촉구 양식(least-to-most prompt format)으로 상황과 아동의 특성에 따라 적절하게 사용할 수 있다. 최대 촉구에서 최소 촉구 양식은 예를 들면, 아동이 신체적 도움으로 과제 수행을 시작하여 언어적 지시로도 과제를 완성할 수 있는 단계에 이르렀다고 하면, 최대 촉구에서 최소 촉구 양식을 사용했다고 볼 수 있다. 이 양식은 아동들에게 많은 실수를 허용하지 않는다는 장점을 가지고 있다. 반면, 최소 촉구에서 최대 촉구 양식은 교사의 언어적 지시에서 처음 시작한 다음, 그림, 제스처, 그리고 신체적 보조 순으로 이어지는 방식이다. 이 양식은 학습 과정에서 관리되지 않으면 아동들이 실수 양식을 배울 위험이 있다. 궁극적으로 이들 두 양식의 지원들은 제거되고 좀 더 자연적이고 일반적인 지시나 촉구 수준 단계로 진전되는 것이 바람직할 것이다.

(3) 기술의 숙달을 위한 교육

숙달은 획득한 기술이나 지식이 자연스러운 환경에서 유용하도록 정확성과 속도를 함께 요구한다. 숙달 수준을 높이기 위해서는 완성과제에 대한 피드백 제공, 속도 내기와 전력질주에 대한 격려, 아동의 학습에서 교사의 참여 줄이기, 정확성과 속도에 대한 피드백 제공, 과제 수행 이전의 시연 증대와 같은 전략을 사용한다. 원활한 숙달을 위하여 수업과정에서 강화자가 작용하는지를 확인하고, 충분한 연습 기회가 주어졌는지 확인하며, 연습 기회가 교사에 의하여 방해받지 않았는지 점검하고, 어느 수준의 정확성을 제공하였는지를 확인해야 한다(신현기 역, 2006).

(4) 기술의 일반화를 위한 교육

일반화는 획득한 기술이나 지식을 새로운 방법 또는 낯선 조건하에서도 사용할 수 있는 것을 의미한다. 이것은 교수가 끝난 뒤에도 이미 획득한 기술이나 지식을 새로운 사람, 장소 또는 일에 적용하는 것, 다른 형태의 행위를 사용하기 위하여 그 기술이나 지식을 수정하거나 변경하는 것을 포함한다. 이러한 일반화 능력을 높이기 위해서는 다양한 지도 사례 사용, 실세계와 연결된 수업 실행, 기술 숙달 제고, 일반적인 자료 및 언어 사용, 수업 시 구체적인 일반화 전략 활용 등의 전략을 활용한다. 지적장애 아동들은 교실에서 획득한 기술들을 실제 세상에 일반화하거나 적용하는 데 어려움을 지닌다(Stokes & Baer, 1977; Stokes & Osnes, 1986). 이런 일반화의 어려움 때문에 중도 지적장애 아동을 위한 기능적 기술의 교수는 지역사회 중심 교수(community-based instruction)로 이루어져야 한다(Clark et al., 1994). 그리고 일반교육 환경에서 지적장애 아동들의 일반화를 위한 교수전략은 동일한 연령이나 다른 연령의 아동들과 짝이 되어 학습하는 또래교수(peer tutoring), 아동이 집단에 소속하여 함께 공통의 목표를 향하여 함께 학습하는 협동학습(cooperative learning), 다른 사람의 행동과 그 결과의 관찰을 통하여 학습하는 관찰학습(observational learning)이라고 보고되고 있다(Collins, Branson,

& Hall, 1995; Hunt et al., 1994; Werts, Caldwell, & Wolery, 1996; Wolery et al., 1994).

2. 정서 · 행동장애의 이해와 교육

1) 정서 · 행동장애의 개념

정서 · 행동장애는 그동안 정서장애, 행동장애, 정서 및 행동 장애 등의 여러 가지 명칭으로 사용되어 왔다. 이러한 정서 · 행동장애의 용어의 다양성은 행동에 대한 개인적인 인내 정도의 편차, 전문가의 이론적 모델의 차이점, 정서적 문제와 관련된 용어의 차이, 행동에 대한 사회적 기대의 문제가 복합적으로 작용하여 나타난 결과이다(이대식 외, 2018). 우리나라 「장애인 등에 대한 특수교육법 시행령」(2008)에서는 장애 명칭을 '정서 · 행동장애'라는 용어로 사용하고 있다. 이 용어는 「특수교육진흥법」(1998)에서 사용한 '정서장애(자폐증 포함)'라는 용어에서 자폐성 장애가 별도의 장애영역으로 분리되면서 '자폐증 포함'이라는 용어가 삭제되고, 문제행동을 중요한 요인으로 해석하여 '행동'이라는 용어를 추가한 것이다. 「장애인 등에 대한 특수교육법 시행령」(2008)에서는 '정서 · 행동장애'를 다음과 같이 정의하고 있다.

> 장기간에 걸쳐 다음 각 목의 어느 하나에 해당하여, 특별한 교육적 조치가 필요한 사람
>
> 가. 지적 · 감각적 · 건강상의 이유로 설명할 수 없는 학습상의 어려움을 지닌 사람
> 나. 또래나 교사와의 대인관계에 어려움이 있어 학습에 어려움을 겪는 사람
> 다. 일반적인 상황에서 부적절한 행동이나 감정을 나타내어 학습에 어려움이 있는 사람
> 라. 전반적인 불행감이나 우울증을 나타내어 학습에 어려움이 있는 사람
> 마. 학교나 개인 문제에 관련된 신체적인 통증이나 공포를 나타내어 학습에 어려움이 있는 사람

미국의 「장애인교육법」(2004)에서는 '정서장애(emotional disturbance)'라는 용어를 채택하고 있으며, 다음과 같이 정의하고 있다.

(i) 장기간에 걸쳐 아동의 교육적 수행에 심각한 영향을 미치는 다음의 특성 중에서 1개 혹은 그 이상을 나타내는 상태를 의미한다.
  (a) 지적, 감각적 혹은 건강 요인으로는 규명할 수 없는 학습의 무능력
  (b) 동료와 교사들과의 만족스러운 대인 관계를 형성하고 유지하는 능력의 부족
  (c) 정상적인 상황하에서의 부적절한 행동이나 감정 유형
  (d) 일반적으로 만성적인 불행감과 우울한 기분
  (e) 개인 혹은 학교 문제와 관련해서 신체적인 통증이나 심한 공포감을 느낌
(ii) 정서장애에는 조현병을 포함한다. 이 용어에는 정서장애라고 판명되지 않은 사회적 부적응 아동은 포함하지 않는다.

정서장애 관련법과 관련학회에서 제시하고 있는 정서 · 행동장애의 정의를 다시 한 번 정리하면 〈표 4-3〉과 같다.

표 4-3 정서 · 행동장애 관련 정의

미국의 장애인교육법 (2004)	(i) **정서장애**(emotional disturbance)는 장기간에 걸쳐 아동의 교육적 수행에 심각한 영향을 미치는 다음의 특성 중에서 1개 혹은 그 이상을 나타내는 상태를 의미한다. (a) 지적, 감각적 혹은 건강 요인으로는 규명할 수 없는 학습의 무능력 (b) 동료와 교사들과의 만족스러운 대인 관계를 형성하고 유지하는 능력의 부족 (c) 정상적인 상황하에서의 부적절한 행동이나 감정 유형 (d) 일반적으로 만성적인 불행감과 우울한 기분 (e) 개인 혹은 학교 문제와 관련해서 신체적인 통증이나 심한 공포감을 느낌 (ii) 정서장애에는 조현병을 포함한다. 이 용어에는 정서장애라고 판명되지 않은 사회적 부적응 아동은 포함하지 않는다.
국립정신건강 및 특수교육협회 (1992)	(1) **정서 · 행동장애**(emotional and behavioral disorder)는 다음과 같은 장애를 의미한다. a. 학교생활에 있어서 적절한 연령, 문화, 또는 민족의 표준에서 벗어나 학습과 사회적 기술, 대인관계 능력, 직업 등을 포함하는 교육적 수행능력에 부정적인 영향을 미치는 행동이나 정서적 반응을 말한다. b. 스트레스를 받는 환경에서 나타날 수 있는 반응보다 더 지속적이다. c. 두 개의 다른 환경에서 지속적으로 나타나며, 적어도 하나의 환경은 학교와 관련되어 있다. d. 일반적인 교육에서 적용되는 직접적 중재에 반응하지 않거나 아동의 상태가 일반적인 교육 중재로 충분치 않다.

	(2) 정서 · 행동장애는 다른 장애와 중복되어 나타날 수 있다. (3) 정신분열증, 정동장애, 불안장애, 품행 또는 적응장애가 교육적인 수행 능력에 부정적인 영향을 미치는 경우에는 이 범주에 포함된다.
장애인 등에 대한 특수교육법 시행령(2008)	**정서 · 행동장애**는 장기간에 걸쳐 다음 각 목의 어느 하나에 해당하여, 특별한 교육적 조치가 필요한 사람을 말한다. 가. 지적 · 감각적 · 건강상의 이유로 설명할 수 없는 학습상의 어려움을 지닌 사람 나. 또래나 교사와의 대인관계에 어려움이 있어 학습에 어려움을 겪는 사람 다. 일반적인 상황에서 부적절한 행동이나 감정을 나타내어 학습에 어려움이 있는 사람 라. 전반적인 불행감이나 우울증을 나타내어 학습에 어려움이 있는 사람 마. 학교나 개인 문제에 관련된 신체적인 통증이나 공포를 나타내어 학습에 어려움이 있는 사람
장애인복지법 시행령(2008)	**정신장애인(精神障碍人)** 지속적인 정신분열병, 분열형 정동장애(情動障碍: 여러 현실 상황에서 부적절한 정서 반응을 보이는 장애), 양극성 정동장애 및 반복성 우울장애에 따른 감정조절 · 행동 · 사고 기능 및 능력의 장애로 인하여 일상생활이나 사회생활에 상당한 제약을 받아 다른 사람의 도움이 필요한 사람
한국특수교육학회(2008)	**정서 및 행동장애**는 정서 및 행동이 또래집단의 규준 혹은 기대 수준을 심하게 벗어나 일반적인 환경하에서 사회적 관계, 감정조절, 활동수준, 주의집중력 등의 곤란으로 자신 및 타인의 기능을 방해하며, 학업, 대인관계, 일상생활에 부정적인 영향을 지치는 상태를 말한다.

정서 · 행동장애는 그 특성에 따라서 내면화 장애 및 외현화 장애, 그리고 기타 장애로 분류될 수 있으며, 내용은 〈표 4−4〉와 같다(한국특수교육학회, 2008).

표 4−4 정서 · 행동장애의 분류

분류	내 용
내면화 장애 (우울 · 불안 · 위축 집단)	불안장애: 범불안장애, 공포증, 강박장애, 신경성 거식증, 신경성 폭식증, 외상 후 스트레스장애, 선택적 함묵증 등 기분장애: 우울장애, 양극성 장애
외현화 장애	주의력결핍 과잉행동장애(ADHD), 품행장애(CD), 반항성 장애(ODD)
기타 장애	정신분열증, 투렛장애

2) 정서 · 행동장애의 특성

(1) 인지 및 학업 특성

많은 정서 · 행동장애 아동들은 낮은 기억력과 짧은 주의집중 능력, 과잉행동을 나타낸다. 자기 통제 능력이 낮아 수업에 집중을 하려 해도 스스로 통제가 되지 않는다. 정서 · 행동장애 아동들은 대부분 IQ가 평균 90~95로, 장애를 지니지 않은 아동들의 평균에 비해 약간 낮은 정도이며, 정규분포곡선에서 낮은 점수 범위와 경도 지적장애에 해당하는 점수 범위에 몰려 있고, 높은 점수 범위에는 적게 분포되었다(Kirk, Gallagher, & Ananstasiow, 2003; Kauffman & Landrum, 2011: 김진호 외, 2017 재인용).

대부분의 정서 · 행동장애 학생들은 그들의 지적인 능력에 맞는 학업수행 결과를 나타내지 못한다. 정서 · 행동장애 학생들은 학습장애 학생들과 같이 지능검사와 학업성취도 간에 유의미한 차이를 보이는 경우도 있다. 일반적으로 의사소통장애와 정서 · 행동장애가 학생의 학업성취도에 부정적인 영향을 미치며, 낮은 학업성취도는 다시 정서적인 문제와 행동상의 문제를 초래하게 된다. 정서적으로 고통을 겪고 있는 학생들은 자신의 문제에 집착하게 되고 학습에 집중하기가 어려워진다. 정서 · 행동장애 학생의 50% 정도는 현재 속해 있는 학년 수준 대비 한 학년 이상 차이 나는 낮은 성취를 보인다(Jones, Dohrn, & Dunn, 2004). 또한 교사나 부모는 그들의 학업에 대해 낮은 기대를 갖기 때문에 학생들은 동기가 더욱 낮아진다(Coleman & Webber, 2002). 미 교육부(2004)의 통계에 따르면 정서 · 행동장애 학생들은 비장애학생들의 평균에 비해서 유급률이나 고등학교 졸업비율, 중퇴, 장기 결석 비율 등에서 좋지 않은 결과를 보여 주고 있다(김형일 외, 2018 재인용). 그리고 많은 연구자들은 정서 · 행동장애 학생들의 30~50%는 학습장애를 보이는 것으로 보고하고 있다(Fessler, Rosenberg, & Rosenberg, 1991).

(2) 정서 및 행동적 특성

정서 · 행동장애 학생들의 경우 학습동기 부족 혹은 주의집중과 과잉행동 문제가 학습에 어려움을 초래하는지에 대해 확실한 것은 아니지만, 분명한 것은 문제행동을 보이는 학생들은 학업에 실패할 위험이 높다는 것이다. 정서 · 행동장애 학생들은 반사회적 행동이나 공격적 행동 등 문제행동으로 인해서 학교 규율을 어겨 정학이나 퇴학을 당하는 경우가 많기 때문에 학교에서 학업을 계속하기 어려울 뿐만 아니라 학습에 집중하기도 어려워진다. 이러한 문제는 다시 낮은 학업성취 결과로 나타나며 이는 이 학생들의 낮은 자존감을 형성하게 되고, 다시 위축되거나 혹은 공격적인 행동으로 나타나는 악순환을 겪게 된다. 만일 교사가 이 학생들의 문제행동이 여러 가지 다른 요인과 관계가 있음을 잘 이해하지 못할 경우 학생들의 반사회적인 행동은 '반항아' 혹은 '공격적인 아동'으로 인식될 수 있다(정동영 외, 2010).

정서 · 행동장애 학생들의 정서 및 행동 관련 특성 중 가장 두드러진 점은 적응행동의 문제와 동료 또는 성인들과의 대인관계의 어려움일 것이다. 대부분의 정서 · 행동장애 학생들은 공격적인 행동을 하거나 동료 또는 어른들로부터 거절을 당한 경험을 가지고 있다. 더구나 공격적인 행동은 만일 아동기 초기부터 나타나게 되면 이러한 행동은 미래의 비행이나 범죄를 예견할 수 있는 가능성을 나타내는 것이기도 하다. 미 교육부(2004)에서 정서 · 행동장애 성인들을 상대로 한 조사에 따르면 이들의 범죄율이 다른 장애 청소년들에 비해 어떤 경우는 두 배 가까이 많이 나타나는 것으로 보고되고 있다(김형일 외, 2018 재인용).

3) 정서 · 행동장애 학생을 위한 교육적 지원

정서 · 행동장애 학생들을 위한 교육방법은 학생들이 가지고 있는 인지적 특성과 정서 및 행동적 특성을 고려하여 다양한 접근이 필요하다. 이 학생들을 위한 교육방법으로 문제행동의 기능을 평가하고 기능에 맞는 대안적 행동을 가르치는 데에 중점을 두는 긍정적 행동지원이나 문제행동 표출 이후에 대처방식보다는 환경구성을 구조화하여 문제행동이 표출되지 않도록 예방하는 전략이 강조되고 있으며, 문제행동이 자주 발생하는 시간(예: 활동 간 전환 시, 점심시간, 휴식시간)의 구조화, 명백한 규칙 설정, 일관적인 피드백 등 기본적인 전략의 중요성이 강조되는 환경 조절 등의 방법이 강조되고 있다. 또한 팀 중심의 접근을 통해서 교사–아동 간 전략만이 아니라 학교수준의 전략이 개발되어 아동의 담임교사, 전체 교사, 부모 등 관련인이 개입하여 아동의 전체 시스템으로부터 일관적인 피드백을 받을 수 있는 체계적인 전략이 요구된다. 그리고 자기점검, 자기평가, 자기강화, 행동계약 등 사고기능을 이용하여 학생들의 인지적 행동을 관리할 수 있으며, 또래중재와 지원을 위해서 아동의 부적절한 행동을 감소시키도록 돕는 또래들이 개입된 전략들(또래 점검법, 긍정적 또래 보고법, 또래 교수법, 또래 비교법)을 이용할 수 있다. 또한 학생과 교사 간의 관계를 개선하고 효율적이고 긍정적인 관계 확립을 위하여 변별적 수용과 공감적 관계가 필요하다(한국특수교육학회, 2008).

정서 · 행동장애 학생을 위한 지원 방법은 여러 모델에서 제시한 중재의 절충적인 접근 방법이 더 바람직하다. 즉, 정서 · 행동장애에 대한 수많은 이론과 철학, 그리고 방법들을 결합해야 하는데, 그 구체적인 내용은 다음과 같다(정동영 외, 2011).

- **정신분석학적 모델**: 정신분석학적 모델은 정서장애와 문제행동의 원인을 인간 정신의 구성요소인 원초아(id), 자아(ego), 초자아(superego) 등 삼자의 역동적 관계의 병리적 불균형으로 설명한다. 특히 성장과정에서 무의식에 억압된 원초아의 욕구는 행동장애의 원인이 된다고 본다. 중재의 목표는 아동의 내적 정신병리를 발견하는 데 두며, 꿈의 분석, 자유연상 등에 의하여 인간 정신의 심층에 억압된 무의식적 욕구를 발견하여 합리적으로, 또 현실적으로 해소시키려고 시도한다. 중재 방법은 주로 심리치료나 역할놀이, 사이코드라마, 현실치료, 환경치료 등의 방법을 사용하며, 아동 자신 및 아동의 부모를 대상으로 개인적으로 실시되나 필요한 경우 집단 중재 과정을 진행하기도 한다. 이 모델에서는 학업 자체는 크게 중요시되지 않으며, 극히 수용적인 분위기에서 아동의 욕구충족을 최대한 허용한다.
- **신체생리학적 모델**: 신체생리학적 모델은 유전적 요인, 신경생리학적 요인, 생화학적 결함, 기질적 요인 등으로부터 정서 · 행동장애의 원인을 찾으려는 접근방법이다. 이 모델에서는 정서 · 행동장애의 문제와 원인은 기본적으로 개인에게 있다고 보고, 1차적으로 의학적인 방법을 중요한 중재 방안으로 모색한다. 이 모델에서 중재 방법으로 적용하고 있는 것은 수술이나 신체적 훈련, 유전공학, 약물치료, 식이요법, 바이오피드백 등의 방법이다.
- **심리교육적 모델**: 심리교육적 모델에서의 문제행동의 원인에 관한 관점은 정신분석학적 기본가정과 동일하나, 원초아의 욕구보다는 자아(ego)의 현실적응 기능을 더 강조한다. 따라서 정서 · 행동장애는 억압된 무의식적 욕구일 뿐 아니라, 자아의 현실적응 기능의 결핍에 그 원인이 있다고 본다. 이 모델에서의 중재 목표는 정신분석학적 심리치료와 함께 자아의 현실적응 기능을 강화하는 데 둔다. 자아의 기능을 육성하기 위하여 생활적응 기술, 사회적 기술, 학습방법과 기술, 자조행동 등에 관한 훈련을 실시한다. 중재 방법에 있어서는 개인의 욕구에 부응하는 교육적 분위기를 강조하며, 창의적 활동과 과제를 중요시한다.
- **생태학적 모델**: 생태학적 모델에서의 정서 · 행동장애 주요 원인은 아동과 아동의 생태적 환경 간의 부정적인 상호작용이라고 본다. 즉, 정서장애 및 부적응 행동은

아동과 그의 생태적 환경 간의 부조화 및 상호작용의 이상에 그 원인이 있다고 본다. 중재의 목표는 아동과 그의 생태적 환경(부모, 교사, 형제, 동료 등) 간의 상호작용을 개선하는 데 있다. 아동의 생태체계를 변화시키고 재조직함으로써 아동과의 상호작용을 개선하고 원활하게 하려고 시도한다. 따라서 입원이나 격리치료를 배격하며, 생활환경 안에서의 치료와 교육을 강조한다. 중재 방법으로는 아동 자신의 생활기술, 인간관계의 기술 및 학습기능 등을 훈련함으로써 환경에의 적응력을 향상시키는 한편, 아동의 가정, 학교, 이웃, 지역사회 등 아동의 생활환경 전반에 걸친 변화를 시도함으로써 아동과 그의 환경 간의 상호작용을 개선한다.

- **행동주의적 모델**: 행동주의적 모델은 문제행동의 주요 원인이 부적절한 행동의 학습, 또는 적절한 행동의 학습결손 등에 있다고 본다. 대부분의 인간 행동은 환경자극에 의하여 조건적으로 형성되고 학습되는 것으로 본다. Pavlov의 고전적 조건화 이론과 Thorndike 및 Skinner 등의 조작적 조건화 이론, Bandura의 사회학습 혹은 관찰학습 이론이 그 기초를 이루고 있다. 중재 목표는 부적응 행동의 교정과 새로운 적응행동의 학습에 둔다. 아동의 행동에 영향을 미치는 환경자극(즉, 선행자극과 후속자극)을 체계적으로 조절하고 재배열함으로써 부적응 행동의 변화와 새로운 행동의 학습에 주력한다. 이 모델의 주요 중재 방법으로서는 응용행동분석이 강조된다. 행동에 영향을 주는 환경자극 요인들을 찾아내기 위하여 행동의 관찰과 측정이 중요시되며, 바람직한 적응행동 및 학습행동을 체계적으로 정적 강화함으로써 학습의 효과를 높이려고 노력한다. 구체적으로 강화물을 사용하거나 행동계약, 토큰경제 등의 방법을 사용하여 바람직한 행동을 증가시키고, 차별강화나 타임아웃, 벌, 체벌, 신체적 구속 등의 방법을 사용하여 문제행동을 감소시킬 수 있다.
- **인지적 모델**: 인지적 모델은 정서장애와 문제행동을 인지와 정서 간의 관계에서 초래된 결과로 본다. 즉, 왜곡된 혹은 결함적 사고 패턴이 건강하지 못한 정서를 이끈다고 본다. 왜곡된 사고는 부정적 기대와 자기평가, 부적절한 귀인, 그리고 비합리적 신념 때문에 나타나며 결함적 사고는 미처 학습하지 못한 인지과정에서 나타난다. 인지치료는 행동 시연, 강화, 벌과 같은 학습에 대한 행동주의적 원칙을 일부 포함한다. 그러나 인지적 모델의 중재 초점은 행동변화를 위한 외적 변인의 수정보다는 합리적 정서행동치료와 대인 간 문제해결 방법, 사고와 정서, 행동에 대한 자기 관리, 즉 자기교수 훈련, 자기점검, 자기평가, 자기조절, 그리고 인지적 전략 교수법을 중심으로 한다.

- **인본주의적 모델**: 인본주의적 모델에서는 정신병리란 아동이 자아실현의 욕구를 충족하지 못하고, 또 아동의 정서감정이 거부될 때 발생되는 것으로 본다. 그리고 아동의 내적 · 외적 경험과 자아구조의 불일치가 심하게 되면 정서적인 혼란과 문제행동으로 표출된다는 것이다. 학생들의 문제를 해결하기 위한 중재의 목표는 아동의 자발적 성장과 발달에 두고 있다. 아동의 감정을 무조건적으로 수용함으로써 아동 스스로 자신의 잠재능력을 성장시켜 자아실현에 이르도록 도와주는 데 주력한다. 중재 방법에 있어서, 교사는 지도자로서보다 보조자로 임하며, 아동중심의 교육적 분위기가 강조된다. 교사는 아동의 자아 성장과 발달에 필요한 자료를 제공하며, 비권위적이고 비지시적인 입장을 취한다. 교사는 학생에게 긍정적인 관심을 보이고, 아동에 대한 이해와 수용에 입각한 공감적 인간관계의 형성이 중요시된다.

3. 자폐성 장애의 이해와 교육

1) 자폐성 장애의 개념

자폐성 장애는 전반적 발달장애 중에서 가장 이해하기 어렵고 신비스러운 장애로 알려져 있다. 실제로 우리가 접하기는 어렵지만 다운증후군보다 더 높은 출현율을 보일 정도로 일반적인 발달장애의 한 영역이라 할 수 있다.

1943년 Leo Kanner에 의해 자폐성 장애가 소개되기 전까지는 이와 같은 증상을 나타내는 장애는 아동기 정신분열증, 정신박약아, 백치, 정신지체, 저능아 등 여러 가지 용어로 불려 왔다. Kanner는 1943년 그가 치료 중인 11명의 특이한 행동을 고찰하면서 다음과 같은 특성을 보고하였다(김진호 외 역, 2017).

- 전형적인 방식으로 다른 사람들과의 관계 형성 곤란
- 바깥세상으로부터 동떨어져 있는 듯한 아주 심한 고립
- 부모가 안아 주는 것에 대한 저항
- 함묵증 및 반향어를 포함한 심한 언어장애
- 기계적인 암기력이 뛰어남

- 특별한 음식 선호
- 반복 및 동일성에 대한 강박적 욕구
- 앞뒤로 흔들기와 같은 반복적인 이상한 행동
- 놀이에서의 상상력 결핍과 자발적 행동의 결여
- 정상적인 외모
- 동일성에의 집착

자폐성 장애는 의사소통, 언어의 이해, 놀이, 대인관계 등과 관련된 능력에 문제를 보이는 일종의 발달장애라고 할 수 있다. 자폐성 장애는 질병이 아니며, 전염되는 것도 아니다. 이것은 선천적인 것으로 알려진 신경학적 발달장애이며, 일반적으로 3세 이전에 발견된다. 자폐성 장애가 뇌기능에 문제가 있는 것으로 알려져 있지만 특별한 원인은 아직 밝혀지지 않고 있으며, 다양한 원인으로 추정되고 있다.

우리나라 「장애인 등에 대한 특수교육법 시행령」(2008)과 미국 「장애인교육법」(1999)에서는 자폐성 장애를 다음과 같이 정의하고 있다.

〈「장애인 등에 대한 특수교육법 시행령」(2008)〉

사회적 상호작용과 의사소통에 결함이 있고, 제한적이고 반복적인 관심과 활동을 보임으로써 교육적 성취 및 일상생활 적응에 도움이 필요한 사람

〈미국 「장애인교육법」(1999)〉

- 자폐증이란 일반적으로 3세 이전에 뚜렷하게 나타나며, 언어적 및 비언어적 의사소통과 사회적 상호작용에 심각한 영향을 미치는 발달장애이며, 이것은 아동의 교육적 수행에 부정적인 영향을 미치게 된다. 흔히 자폐와 관련되는 기타 특성들에는 반복적인 활동과 상동행동, 환경적인 변화와 일상생활의 변화에 대한 저항, 감각적 경험에 대한 이상 반응 등이 있다.
- 이 용어는 아동이 심각한 정서장애로 인해 아동의 교육적 성취에 중요한 부정적 영향을 받는 경우에는 적용되지 않는다.
- 3세 이후에 자폐증의 특성을 보이는 아동들도 앞에서 서술한 진단 기준에 해당된다면 '자폐증'을 지닌 것으로 진단될 수 있다.

최근에는 자폐성 장애의 범주에 해당하는 폭넓은 범위의 하위 유형들과 심각한 정도를 모두 포함하여 자폐 범주성 장애(Autism Spectrum Disorders: ASD)라는 용어를 사용한다. 한국특수교육학회(2008)에서는 자폐성 장애에 대해 다음과 같이 설명하고 있다.

> 자폐성 장애(autistic disorder)는 자폐증(autism)라고도 불리며, 3세 전에 나타나는 발달장애로 알려져 있다. 자폐성 장애는 사회적 상호작용 및 의사소통 발달에 있어서의 질적인 결함과 제한적이고 반복적이고 상동적인 관심 및 행동을 보이는 등 세 가지 주요 영역에 영향을 미치는 장애이다. 자폐성 장애는 현재 『정신장애 진단 및 통계 편람(DSM-IV-TR)』에 의하여 아스퍼거 증후군, 레트 장애, 소아기 붕괴성 장애, 달리 분류되지 않는 전반적 발달장애(PDD-NOS)와 함께 전반적 발달장애에 속하는 다섯 가지 장애 중 하나로 분류된다. 그러나 최근에는 자폐성 장애를 이해함에 있어서 자폐적 성향 및 그로 인한 행동 특성이 다양하고 폭넓은 증상으로 나타난다는 사실을 고려하여 범주성 장애로 인식하기 시작하였으며, 따라서 자폐 범주성 장애라는 용어가 사용되고 있다.

미국 「장애인교육법」의 자폐증 범주에 해당되어 특수교육을 받은 대부분의 아동들은 미국정신의학회(APA)의 『정신장애 진단 및 통계 편람(DSM-IV)』에서 자폐장애, 아스퍼거 장애, 소아기 붕괴성 장애, 달리 분류되지 않은 전반적 발달장애 등 네 가지 전반적 발달장애 중 하나로 진단을 받는다. 이 장애는 발생의 연령과 증상의 심각성에 따라서 가장 심한 자폐장애 및 가장 가벼운 아스퍼거 증후군으로 일차적으로 분류된다. 『정신장애 진단 및 통계 편람(DSM-5)』에서는 4개의 관련 장애를 자폐 범주성 장애라는 단일 진단범주 속에 포함시키며 다음과 같은 진단기준을 제시하고 있다(김진호 외 역, 2017).

- 사회적 의사소통 및 사회적 상호작용의 지속적인 결함이 다음과 같이 나타난다.
  - 사회적 · 정서적 상호작용, 관심 공유, 사회적 상호작용의 정상적인 시작과 반응 등에서의 문제
  - 비언어적 의사소통 행동(예: 몸짓언어, 눈맞춤, 몸짓, 얼굴표정)의 사용 및 이해의 결함
  - 관계를 맺고 유지하기, 사회적 맥락의 변화에 따라 처신하기, 친구 사귀기 등의 곤란, 친구에 대한 관심 부족

- 제한적이고 반복적인 행동, 관심 또는 활동이 다음 중 적어도 2개 이상 나타난다.
  - 상동적이고 반복적인 근육운동, 물건 사용 및 말(구어)
  - 동일성 고집, 틀에 박힌 일에 대한 비융통성 혹은 의식적인 행동
  - 심각성이나 강도 면에서 아주 제한되고 고착화된 관심
  - 감각에 대한 과잉 혹은 과소 반응, 감각 측면에서의 비정상적인 관심
- 이와 같은 증상들은 발달 초기에 나타나야 한다.
- 이와 같은 증상들은 사회적, 직업적 혹은 현재 기능의 다른 중요한 부분에 임상적인 유의미한 손상을 초래한다.
- 이와 같은 증상들은 지적장애나 발달지연으로 설명되지 않는다.

2) 자폐성 장애의 특성

자폐성 장애는 사회적 상호작용과 의사소통의 질적인 결함과 상동행동 등의 행동상의 문제를 보인다. 이 외에도 과잉행동이나 자해 행위, 섭식장애, 감정이나 표현의 문제, 집착과 충동성, 감각상의 문제 등을 보인다. 자폐성 장애의 대표적인 특성을 살펴보면 다음과 같다(정동영 외, 2010).

(1) 인지적 특성

자폐성 장애아동들은 다양한 범위의 지능을 나타내지만 일반적으로 약 50~70%의 자폐성 장애아동들은 표준화된 지능검사 결과, 지적장애 지능의 범위에 속하며, 이들의 평균 지능은 35~50인 것으로 알려져 있다(Freeman, 2000). 그리고 남아에 비해 여아의 지적장애 정도가 더 심한 것으로 나타난다(APA, 2000).

나머지 20%의 자폐성 장애아동의 지능은 평균이거나 그 이상의 우수한 지능을 가지고 있다. 그러나 자폐성 장애아동의 중요한 특성 중 하나가 의사소통장애이기 때문에, 수용언어와 표현언어가 중요한 검사 요인이 되는 지능검사는 자폐성 장애아동의 지적 능력을 정확하게 검사할 수 없다. 그리고 이러한 검사 결과는 전문가들의 교육적인 추천이나 안내에 중요한 역할을 한다. 또한 장애아동에 대한 전문가들의 인식은 장애아동들에게 제공되는 서비스나 지원에 영향을 주게 된다. 뿐만 아니라 아동들의 개인차를 고려하지 않은 진단 결과를 바탕으로 교육 프로그램을 구성하게 되면 아동들의 교육 기회가 강화되기보다는 오히려 제한될 가능성이 있다. 지적장애로 진단된 많은 자

폐성 장애아동들은 학습 기회나 지역사회 참여 기회가 오히려 적게 주어지기도 한다 (Biklen, 1990).

(2) 학업적 특성

대부분의 자폐성 장애아동들은 지적 능력이 낮기 때문에 학업성취도가 매우 낮고, 이들의 의사소통 결함과 사회적 상호작용의 결함, 그리고 행동의 문제는 학교에서의 학업 수행에서 부정적인 영향을 미친다.

자폐성 장애아동 중 평균 이상의 지적 능력을 가진 고기능의 자폐인 경우 정상적인 학업성취도를 나타내거나 비장애아동보다 더 우수한 성적을 보이는 경우도 있으나, 그들이 가진 자폐적인 성향으로 인해서 학교라는 조직에 잘 적응하지 못하고 일반적인 사회적 기대에 부응하지 못하기 때문에 높은 지적 능력을 갖고 있음에도 불구하고 학업 수행에 여러 가지 어려움을 직면하게 된다.

그렇지만 적절한 지원이 주어지면 우수한 학업성취를 보이는 경우도 있으며, 고기능의 자폐 아동은 고등학교와 대학을 비장애아동들처럼 졸업하기도 하고, 졸업 이후 직장 생활도 가능하며 학업을 계속하여 전문가로서의 삶을 사는 경우도 있다. 이 외에도 자폐성 장애아동 중 자폐영재(autistic savant) 혹은 서번트 증후군(savant syndrome)의 경우에 다른 영역에서는 지적장애와 같은 지능과 낮은 수행능력을 보이지만 특정 영역, 즉 암기력이나 수학적 계산 능력, 음악, 미술, 기계 조작 등에 있어서는 천재적인 능력을 발휘하기도 한다. 그러나 이들의 학업 수행에 있어서 많은 자폐 아동들이 보이는, 전체보다는 사람이나 사물의 몇몇 특징에 초점을 맞추려는 경향인 과잉선택성과 변화 수용에 대한 문제, 부적절한 시청각 반응, 언어 및 비언어적 의사소통의 문제는 이들의 학업성취도에 부정적인 영향을 미치며 학교생활에 있어서도 많은 어려움을 초래하게 된다.

(3) 사회 · 정서적 특성

자폐성 장애아동의 사회적 상호작용 문제는 초기 Kanner의 자폐증 특성에서도 가장 특징적인 부분으로서 전형적인 방식으로의 타인과의 관계 형성 문제, 심각한 고립과 부모와의 관계 형성 문제 때문에 대인관계 형성에 어려움을 보인다.

DSM-IV 진단 기준에서도 중요한 기준으로 제시한 바와 같이 그들은 사회적 상호작용에서의 비언어적 행동, 즉 눈맞춤이나 얼굴표정, 신체 동작 및 자세, 몸짓 등과 같은 부분의 뚜렷한 손상을 보이며, 동일 연령의 발달 수준에 맞는 또래관계 형성이 어렵다. 또한 다른 사람들과 즐거움이나 관심, 성취감을 자발적으로 나누려 하지 않는다. 예를 들면, 관심을 보인다거나 관심 있는 물건을 보여 주기, 관심 있는 대상을 찾거나 관심 있는 부분을 가리키기 등의 행동을 하지 않는다. 그리고 사회적인 반응이나 정서적인 반응을 보이거나 서로 주고받는 행동을 하지 않다. 일반적으로 자폐성 장애인들은 다른 사람들에게 자신의 관심을 표현하지 않으며, 다른 사람들과 상호작용을 하는 중에 즐거워하거나 상대방을 잘 바라보지 않는다. 그리고 그들은 다른 사람들에게 상황에 적절한 얼굴표정을 거의 혹은 전혀 짓지 않으며, 자폐성 장애아동에게 사물을 지적하거나 표정으로 단서를 주고 이름을 불러도 사물이나 혹은 활동에 관심을 보이지 않는다.

이와 같은 자폐성 장애아동의 증상은 대인관계에 있어서 매우 부정적인 영향을 준다. 이들은 사회적 역할에 대한 이해에 있어서도 문제를 나타내는데, 일반적인 사회적 규칙을 지키거나 대화 도중 상대방의 감정을 인식하지 못하고 고려하지 않는다. 그들은 대화 기술에 결함을 보이고 틀에 박힌 정형화된 표현을 하며, 남들과 다른 특정 부분에 관심을 보인다거나 상대방의 말을 그대로 반복하기도 한다.

(4) 의사소통적 특성

자폐성 장애아동의 의사소통 문제는 사회적 상호작용과 마찬가지로, Kanner의 자폐증의 가장 특징적인 증상 중 하나이다. Kanner는 자폐증의 대표적인 증상으로 함묵증이나 반향어를 포함한 언어의 질적인 결함을 지적했다. 자폐성 장애아동은 구어 발달이 지연되거나 혹은 전반적인 구어 능력이 결여되어 있으며, 몸짓이나 동작 등과 같은 구어를 대체할 수 있는 의사소통 양식을 사용하지 않는다. 뿐만 아니라 이들은 다른 사람들과 적절히 대화를 시작하거나 유지하는 대화 기술도 부족하며, 정형화된 언어를 사용하거나 말을 반복하기도 하고, 질적으로 다른 특이한 언어를 사용하기도 한다.

언어(말) 발달은 지능과 관련이 있으며, 지능이 낮은 경우 언어 발달이 지체되거나 매우 어렵다. 자폐성 장애를 가진 사람들의 50%는 전혀 말을 하지 않으며, 약 50%만이 약간의 말을 한다(Wing & Attwood, 1987). 그리고 말을 할 수 있다고 하더라도 반향어(echolalia)를 하거나 조음장애와 반복, 기본적인 자신의 요구를 표현하고자 할 때 특이한 단어와 구를 사용하거나 구를 생략하기도 한다. '나, 너' 등의 대명사를 도치하여 말하기도 하며, 알 수 없는 말을 하거나 TV 광고 또는 일기예보, 스포츠 중계 등에서 나온 문구를 끊임없이 이야기하기도 한다. 또한 말의 리듬과 강세, 높낮이 등의 운율학적인 면에서의 문제와 함께 음색이 일정하거나 기계음과 같은 부적절한 소리를 내는 등 음성학적인 면에서도 문제를 보인다. 더구나 의사소통의 결함은 구문론 혹은 화용론적인 부분에 있어서 전반적인 결함을 갖고 있다.

자폐성 장애아동들은 비언어적인 방법으로 자신의 의사를 표현하지 못한다. 이들은 자신이 원하는 것을 정확하게 가리키지 못하고 다른 사람의 손을 잡아끌어 자신의 의사를 표현하려 하며, 손가락으로 정확하게 지적하지 못한다. 이들은 얼굴표정이나 몸짓으로 자신의 의사를 표현하지 못할 뿐만 아니라 상대방의 비언어적인 행동의 의미를 이해하지 못한다.

또한 자폐성 장애아동은 청자의 관점을 이해하는 능력이 부족하며, 유머를 이해하지 못한다거나 상대방의 의도를 파악하는 능력이 부족하다. 그리고 이들의 말과 언어의 질적인 결함뿐만 아니라 근본적으로 의사소통을 하고자 하는 의도 표현 및 의사소통에 대한 이해가 결여되었다는 점이 가장 큰 문제라고 할 수 있다. 과거에는 자폐성 장애아동들이 의사소통 시도가 단순히 결여된 것으로 알려져 있었으나 현재는 의사소통 신호들을 특정 목적에 사용하는 능력에 결함이 있다고 알려져 있다(이소현, 박은혜, 2008).

(5) 행동적 특성

자폐성 장애아동은 매우 제한적이며 반복적인 상동행동을 보이며, 관심이나 흥미가 비정상적으로 제한적이고 상동적이다. 이들은 비효율적인 정형화된 일이나 반복적인 습관, 일과를 융통성 없이 집착하고 동일성에 대해 비합리적으로 고수하는 경향이 있다. 또한 비정상적인 신체 움직임을 반복적으로 하며, 사물의 일부분 혹은 특정 부위에 지속적으로 집착하고 몰입하는 경향이 있다.

이들의 일과나 습관의 동일성에 대한 집착, 환경 변화에 대한 민감한 반응 등은 일상생활의 변화(이사나 환경의 변화)나 학교생활의 변화(학급의 이동, 전학, 예고 없이 이루어지는 시간표의 변경 등)를 수용하지 못하기 때문에 일상생활이나 학교생활에 매우 큰 어려움을 초래하기도 한다.

또한 자폐성 장애아동은 부적절한 감각 반응을 보이기도 한다. 이들은 일상적인 소리에 놀라서 귀를 막는다든지 자신의 연령에 맞지 않게 물체를 입에 넣는다거나 빨기도 하며, 냄새를 맡기도 한다. 혹은 맛을 전혀 느끼지 못하거나 냄새를 맡지 못하기도 한다. 뿐만 아니라 공포나 두려움에 대한 반응도 일반적이지 않아서 위험에 대해 적절히 대처하거나 반응하지 못하며, 반대로 전혀 위험하지 않은 사물에 극도의 공포를 느끼기도 한다. 이 외에도 자폐성 장애아동들이 보이는 문제행동은 주의집중 결함 및 과잉행동, 공격행동이나 자해행위, 섭식장애와 수면장애, 감정 조절의 문제를 지니고 있다. 주의집중과 과잉행동, 충동성의 문제는 지능과 관련이 있는데, 지능이 낮은 자폐성 장애아동은 이와 같은 주의집중 및 과잉행동, 충동성의 문제를 갖고 있다. 또한 이들의 자해행위는 상처를 나게 해서 피부조직을 상하게 하기 때문에 심할 경우 매우 위험한 사태가 생길 수 있다. 이들은 머리를 벽에 부딪치거나 손가락이나 손, 손목을 물기도 하며, 너무 세게 긁거나 할퀴고 비벼서 상처를 내기도 한다. 이러한 자해행위의 원인은 분명하지 않지만 심할 경우 생명의 위험도 가져올 수 있기 때문에 적절한 지도가 필요하다. 이러한 자해행위를 줄이기 위해서 적절한 강화물을 사용하거나 혐오자극 등의 벌을 사용할 수 있으며, 머리를 보호할 수 있는 장치(예: 헬멧)를 씌우거나 신체적인 활동을 제한하기도 한다.

음식을 섭취하는 데에도 문제를 보이는데, 예를 들면 편식을 하거나 이식증(pica)을 보이기도 한다. 또한 이들은 잠을 자는 데에도 어려움을 겪고 있다. 그리고 감정조절에도 문제가 있어 아무 이유 없이 웃거나 울기도 하며, 심한 경우 우울증에 걸리기도 한다. 특히 사별이나 전학, 부모의 불화, 질병 등의 사건들은 이들의 우울증을 더 심화시킬 수 있다. 특별히 지적 능력이 있는 자폐인들은 자신의 장애 심각성에 대한 지각과 가족들이 자신과 달리 장애가 없다는 사실로 인해 더 의기소침해지고 우울증이 심해져 고통을 받게 된다. 이들의 감정조절 문제는 비장애인들에 비해 더 부정적인 결과를 초래하기도 하며, 자살에 대한 표현이나 징후 등 자살 충동이 비장애인들에 비해 심한 경우가 많다(Hardan & Stahl, 1999).

3) 자폐성 장애학생을 위한 교육적 지원

자폐성 장애는 매우 이질적인 장애이다. 그러므로 이들에게는 다양한 교육적 중재와 교수전략이 필요하다. 자폐성 장애학생들에게 가장 적절한 교육환경은 고도로 구조화되고 확실하며 학생의 요구를 충분히 반영한 프로그램이라 할 수 있다. 즉, 학생에게 제시하는 과제와 학생에게 제공되는 환경을 구조화해야 한다. Autism Speaks 웹사이트에 의하면 모든 자폐성 장애학생에게 적합한 중재 방법은 있을 수 없으며, 대부분의 자폐성 장애학생은 고도로 구조화된 행동 프로그램에 긍정적인 반응을 보인다.

(1) 학업 기술 지도

많은 자폐성 장애학생들은 시각적인 방식을 더 선호하는데, 그들은 정보가 시각적인 방식으로 제공되었을 때 좀 더 성공적인 경험을 갖게 된다. 일반적으로 교사들은 수업을 대부분 구두 강의로 진행하며, 자폐성 장애학생들이 학습할 수 있을 것이라 기대하고 있다. 그렇지만 자폐성 장애학생들은 상상력이 부족하기 때문에 이와 같은 수업에 참여하기가 매우 어렵다. 예를 들면, 역사 시간에 학생들에게 로마 시대에 살고 있다고 상상하고 그 마을의 저녁 풍경에 대한 이야기를 쓰도록 요구한다거나, 혹은 미술 시간에 학생들에게 찰흙으로 조각을 하기에 앞서 꽃병을 먼저 상상해 보고 그것을 그리도록 요구한다면, 자폐성 장애학생들이 이러한 과제에 성공할 확률은 거의 없다. 자폐성 장애학생들의 수업에서는 다음과 같은 점에 유의해야 한다(채희태, 김희규 역, 2011).

- 학생이 쓰기 과제나 아이디어를 생각해야 하는 과제를 완성하도록 하기 위해서는 사진 또는 그림 자료를 제공해야 한다.
- 구체적인 사물을 사용하여 감각적 경험을 할 수 있도록 한다.
- 학생이 참조할 수 있도록 수업 내용을 사전에 적어 준다.
- 사전에 '만들어 놓은' 참고 작품을 제공한다.
- 학생들이 과제를 시작할 수 있도록 함께 활동한다.

이와 같은 자폐성 장애학생들의 특성을 고려하여 학업 기술을 지도하기 위해서 교사들은 〈표 4-5〉를 고려하여 지도해야 한다(채희태, 김희규 역, 2011).

표 4-5 기초적인 교과 학습 기술에 대한 지도방법

교과	지도방법
듣기 · 말하기	• 주어진 주제에 대한 대화를 계속 유지할 수 있도록 하고, 학생의 관심이 특정 주제로 바뀌었다면, 이 주제는 다음에 다루도록 한다. • 표현언어와 수용언어의 차이를 인식하고, 먼저 교사 자신이 학생들이 명확하게 이해할 수 있도록 수업한다. • 교사가 전달하고자 하는 중심 내용을 강조하기 위해서 핵심어휘로 간단히 줄여 말해 준다.

읽기	• 학생의 단어재인(해독) 능력과 읽기이해 능력을 평가하고 개별적인 요구에 맞춰 차별화된 과제를 제공한다. • 학생이 답을 찾기 위해 앞에 읽은 단락으로 다시 돌아가 읽은 것과 이해한 것을 연결지을 수 있도록 지속적으로 지도해야 한다. • 해독 능력은 낮지만 읽기이해 기술이 뛰어난 동료를 학생의 짝을 지어 준다. • 몇몇 자폐성 장애학생들은 소설보다 사실적인 읽기 자료를 더 좋아하고 더 쉽게 이해한다는 점을 고려하여 가능하면 학생들이 더 잘 수행할 수 있는 과제를 선택해야 한다.
쓰기	• 학생들이 창의적으로 아이디어를 생각하도록 하기 위해서 시각적 지원, 즉 사진과 그림, 그림책, 동영상 자료들을 제공한다. • 정답이 한 가지만 있는 것이 아님을 학생들에게 보여 줌으로써 '……에 대해 어떻게 생각하나요?'에 대한 여러 가지 응답 방법을 제공한다. • 학생들에게 쓰기 과제를 시작하기 전이나 과제를 하는 중에 그 내용을 다이어그램이나 그림으로 그릴 수 있도록 한다. • 자신감을 높여 주기 위해 긍정적인 방법으로 강화한다.
수학	• 구체적인 자료를 제공한다. • 가능한 한 학생의 특별한 관심과 관련된 활동을 한다. 예를 들어, 학생이 차에 특별한 관심이 있다면, 차를 이용하여 수세기, 분류하기, 짝짓기, 비교하기 등의 활동을 한다. • 플라스틱 화폐가 아닌 실제 화폐를 사용하고, 요리 기술을 익힐 수 있도록 계량하고 측량하는 활동을 통해서 일상생활 기술들을 발달시킨다. • 과자와 점심을 사고 버스 요금을 계산하는 것 등과 같은 다른 영역들과 통합된 실제적인 수학 기술들을 지도한다. • 수학적 개념을 발달시키기 위해서 학습지나 익힘책 등에 의존하지 않고, 활동이나 게임을 통해 수학 기술들을 지도한다. • 과제가 한 페이지 안에 들어가도록 배치하고, 과제 제시방법을 명확하게 한다. • 학습된 내용을 일반화하고 유지할 수 있도록 개념을 규칙적으로 반복 지도한다.

(2) 응용행동분석

응용행동분석은 인간의 행동을 측정 가능한 과학적인 방법으로 분석하는 중재 전략으로, 아동의 행동 문제를 보다 적응적인 행동으로 변화시키는 것을 목적으로 한다(홍준표, 2007). 응용행동분석은 모든 자폐성 장애학생들에게 의사소통 기술과 놀이, 사회성, 학교생활, 자기 보호, 직업 그리고 지역사회 생활 기술을 습득시키고, 문제행동을 감소시키기 위해서 긍정적인 강화와 여러 가지 다른 원리를 이용한다. 응용행동분석 중재의 최종 목표는 아동이 다양한 상황에서 독립적으로 제 기능을 발휘하는 데 중점을 두

고 있다.

응용행동분석 기법을 크게 나눈다면 첫 번째는 새로운 행동을 학습시킬 때 사용하는 행동형성, 과제분석, 보조법, 용암법이 있으며 두 번째로는 바람직하지 않은 행동을 교정할 때 사용하는 고립, 과잉정정, 소거, 포만, 권리박탈, 조건부운동, 체계적 감각둔감화 등이 있다(정보인, 2011).

(3) 마루놀이

마루놀이(floor time)는 소아정신과 의사인 Stanley Greenspan에 의해 개발된 것으로, 놀이 및 학습이 주로 마루에서 이루어지기 때문에 붙여진 명칭이다. 마루놀이는 양육자가 자폐성 장애 자녀를 위하여 가정에서 할 수 있는 놀이 중심의 상호작용 중재 방법이다. 부모는 놀이를 지시하거나 통제하지 않고 아동의 요구를 존중하며 아동의 눈높이에 맞추어 놀이 파트너가 되어야 한다. 마루놀이 전략의 주된 목적은 여섯 가지 기본적인 발달 목표를 바탕으로 자폐성 장애아동의 정서적 · 지적 개선을 이루는 데 있다. 여섯 가지 기본적인 발달 목표는 ① 자기조절과 세계에 대한 흥미, ② 친밀감, ③ 양방향 의사소통, ④ 복잡한 의사소통, ⑤ 감정적 아이디어, ⑥ 감정적 사고이다. 이러한 중재가 마루놀이라고 불리는 이유는 아동들이 마루에 앉아 자신의 수준에 맞게 놀이를 하기 때문이다.

마루놀이의 중재는 ① 관찰하기, ② 의사소통의 순환적 접근 시도하기, ③ 아동의 놀이 주도에 따르기, ④ 놀이 확장하기, ⑤ 아동의 주도로 의사소통 순환 종료하기의 5단계로 이루어진다(채희태, 김희규 역, 2011).

(4) 환경 중심 언어 중재

환경 중심 언어 중재는 기능적인 의사소통을 자연스럽게 유도할 수 있는 자연스러운 환경에서 아동의 관심과 흥미에 따라서 언어를 중재하는 것을 목적으로 하는 다소 포괄적인 언어 중재 방법으로(윤혜련, 김영태, 2002; Alpert & Kaiser, 1992), 대화의 맥락 속에서 아동을 중심으로 분산된 훈련을 시도하여 일반적으로 언어가 사용되는 맥락 내에서 언어의 형태와 내용을 교수하는 특징을 가지고 있다. 이러한 환경 중심 언어 중재는 어머니, 조기 중재자 그리고 특수교사와 같은 성인들이 아동의 언어와 발달을 촉진하기 위해 의도적으로 환경을 구성하고 아동의 관심을 따르며, 자연스러운 환경 내의 일상 활동 중에 아동의 반응에 대한 촉진, 수정 그리고 강화를 제공함으로써 중재를 실시한다. 지금까지 이 접근법은 특수교육 분야에서 의사소통이나 상호작용을 유도하기 위하여 많이 사용되었고, 언어발달에 지체가 있거나 의사소통 문제가 있는 다양한 장애아동들을 대상으로 발화의 빈도, 반응도, 어휘 및 문장의 증가와 자극 및 상황 일반화 증가 등에 효과가 있는 것으로 알려져 있다(김영태, 2002).

강화된 환경 중심 언어 중재는 환경 중심 언어 중재가 가지고 있는 포괄적인 중재방법이 신뢰성 있는 일반화 효과를 보여 주지 못한다는 제한점을 극복하기 위하여 초기 언어 중재와 환경 중심 언어 중재를 혼합한 접근 방법으로(Hancock & Kaiser, 2002), 이전의 환경 중심 언어 중재보다 더 효율적으로 환경을 조절하고 반응적으로 상호작용하도록 구성된 것이다(전병운 외, 2018). 강화된 환경 중심 언어중재에는 아동의 활동 참여와 대화 상대자와의 의사소통을 촉진하기 위한 환경 조절(Ostrosky & Kaiser, 1991), 사회적 상호작용, 새로운 언어 형태를 모델링하기 위한 반응적 상호작용 전략, 기능적인 맥락에서 새로운 언어의 사용을 모델링하고 촉진하기 위한 환경 중심 언어 중재 기법(아동 중심의 시범, 선반응 요구-후시범, 시간지연, 우발교수) 등이 포함된다(Hemmeter & Kaiser, 1994). 즉, 강화된 환경 중심 언어 중재는 기존에 논의되지 않았던 반응적 상호작용 요소를 중요시하고 상호작용을 강조하고 있다(전병운 외, 2018).

(5) 그림교환 의사소통 체계

그림교환 의사소통 체계는 아동의 선호 사물을 중심으로 그림(실물 사진 또는 그림)과 선호 사물을 교환하여 의사소통하는 기능적이고 실제적이며 자발적인 의사소통 체계로서 발달장애를 가진 아동이나 성인들이 손쉽게 자발적이고 실제적인 의사소통 기술을 습득할 수 있도록 도와주는 획기적인 의사소통 체계이다. 그림교환 의사소통 체계는 그림교환 수단을 기본적인 체계로 사용하기 때문에 기능성과 자발성을 현저하게 발달시켜 주는 장점이 있으며, 인식능력의 지체로 인하여 학습하는 데 어려움을 보이는 자폐성 장애 및 전반적 발달장애 아동들에게 매우 효과적이다(양문봉, 2000). 아동들은 카드를 사용해서 자신의 요구와 관찰한 내용, 또는 자신의 감정 상태를 '소리화'하는 것이다. 많은 자폐성 장애아동들은 이 방법을 통해서 시각적인 의사소통법을 익히게 된다. 이 방법은 아동이 독립적인 의사소통 기술을 익히고 적용하도록 유도하는 효과적인 방법이다(Bondy & Frost, 2002).

그림교환 의사소통 체계의 단계는 교환개념 익히기, 자발적 교환하기, 선호하는 그림카드 변별하기, 문장으로 표현하기, 그림카드로 다양한 문장 사용하기, 습득한 의사

소통 기술을 종합적으로 사용하여 상호작용 확장하기의 6단계로 이루어진다(채희태, 김희규 역, 2011).

(6) 사회적 상황 이야기

사회적 상황 이야기는 Carol Gray에 의해 개발된 전략으로, 자폐 범주성 장애 아동의 사회적 상황 이해 능력을 향상시킬 수 있게 하기 위해 널리 사용되고 있다. 학생이 상황을 파악하는 데 어려움이 있는 경우, 이 전략은 학생이 확실하고 지속적으로 상황을 이해할 수 있도록 도움을 줄 수 있다. 이야기의 중요한 특성 중 하나는 이야기의 가독성이 매우 높고, 문체가 긍정적이어서 학생들에게 쉽게 전달될 수 있다는 점이다. 이야기는 학생과 관련된 다음의 여러 가지 사항을 고려해야 한다.

- 나이
- 읽기와 이해 능력
- 집중력
- 흥미
- 선호하는 학습 양식

이 전략은 학생들에게 쉽게 학습되는 것이 아니기 때문에 학생들이 그 원리를 숙지할 수 있도록 많은 연습이 필요하다.

(7) 감각 지도

자폐성 장애학생들의 감각 지도를 위한 감각통합치료는 촉각, 전정감각, 고유수용성 감각, 시각, 청각 등의 감각자극 수용을 통하여 감각의 성숙을 이룸으로써 아동이 환경과 효과적으로 상호작용할 수 있도록 돕는다(Ayres, 1979). 자폐성 장애아동은 일반적으로 감각통합 기능장애를 가지고 있으며, 이러한 장애는 감각을 통해 들어온 정보를 처리하는 데 어려움을 초래한다. 자폐성 장애아동의 감각통합장애 증상은 경도, 중등도, 중도 등 다양하게 나타낼 수 있는데, 그 증상은 청각, 촉각, 운동감각 등이 증가되기도 하고 혹은 감소되기도 한다. 감각통합치료의 목표는 보다 전형적인 방법으로 감각 입력을 처리하는 신경 체계 능력의 발달을 촉진하는 데 있다. 이 치료법은 자폐성 장애학생의 자세조절과 시운동 통합능력, 상동행동의 빈도 감소, 운동, 감각처리, 행동, 작업수행, 학습 및 심리교육, 감각-지각 기능과 운동 기능을 긍정적으로 변화시킬 수 있는 것으로 알려져 있다.

자폐성 장애 아동의 감각 지도 방법은 6단계로 진행이 되며(Larkey, 2007), 감각 지도 방법의 1단계는 아동의 감각적 문제들(시각, 청각, 운동, 맛, 촉각, 냄새, 응시 등)을 진단한다. 2단계에서는 감각지도를 위한 목표를 결정하고 전략을 선택하며, 3단계에서는 감각활동을 선택한 후 적용한다. 4단계에서는 그 활동에 대한 목표, 내용, 관찰 등에 대해 기록하며, 5단계에서는 기록한 내용을 평가하고, 6단계에서는 아동의 감각적 문제들을 재평가한다(진홍신, 2011).

4. 학습장애의 이해와 교육

1) 학습장애의 개념

학습장애라는 개념은 1960년대 초반 미국의 시카고에서 관련된 부모들과 전문가 단체의 모임에서 Kirk(1963)에 의해 처음으로 제안되었다. 학습장애와 관련된 연구는 학습장애와 유사한 기능장애에 관한 의학적인 연구에서 그 근원을 찾고 있는데, 1800년대에서 1930년대의 기간에는 뇌의 기능과 기능장애에 관한 과학적인 연구가 시작되어 이후 임상적 연구의 기초가 되었다. 1930년대부터 1960년의 기간에는 학습에 영향을 주는 뇌손상은 뇌성마비와는 달리 매우 경미한 것으로 '미소뇌기능장애(Minimal Brain Dysfunction: MBD)'라는 용어로 부르게 되었고, 보통에 가까운 지능과 중추신경계의 이상으로 인하여 학습이나 행동에 문제가 있는 학생을 지칭하였다. 1960년대 이후 1980년대까지는 학습장애 프로그램의 발흥기라고 할 수 있으며, 1969년 특수학습장애를 가진 학생들을 위한 법령(PL 91-230)이 제정되고 학습장애 관련 조직이 결성되어 학습장애아 협회(Association for Children with Learning Disabilities: ACLD)와 미국학습장애합동위원회(National Joint Committee for Learning Disabilities: NJCLD)가 조직되었다(김동일, 이대식, 신종호, 2003).

학습장애의 정의 중 가장 널리 사용되는 정의는 미국의 「장애인교육법(IDEA)」 정의라고 할 수 있는데, 미국의 「장애인교육법」은 1975년 제정된 이후 몇 차례의 개정 과정을 거치면서 약간의 수정이 이루어졌다. IDEA(2004)의 학습장애의 정의는 다음과 같다.

'특정 학습장애(Specific Learning Disability: SLD)'란 구어나 문어를 이해하고 관련된 기본적인 심리학적 과정에서 한 가지 이상의 장애를 의미하며 이것은 듣기, 쓰기, 말하기, 읽기, 사고, 철자사용 및 산수계산 등에서 불완전한 능력을 나타낸다. 특정 학습장애에는 지각장애, 뇌 손상, 미소 뇌 기능장애, 난독증(dyslexia), 발달적 실어증 등과 같은 장애를 포함한다. 이 용어는 시각, 청각, 혹은 운동장애, 지적장애, 정서장애, 환경, 문화 혹은 경제적인 불이익으로 인한 학습문제 아동들은 포함하지 않는다.

우리나라 「장애인 등에 대한 특수교육법 시행령」(2008)에서 제시한 학습장애의 정의는 다음과 같다.

개인의 내적 요인으로 인하여 듣기, 말하기, 주의집중, 지각(知覺), 기억, 문제 해결 등의 학습기능이나 읽기, 쓰기, 수학 등 학업 성취 영역에서 현저하게 어려움이 있는 사람.

이 정의에 의하면 학습장애의 원인은 개인 내적인 요인에 의한 것이며, 학습장애의 특성을 학문학습장애뿐만 아니라 주의집중이나 지각, 기억, 문제해결력의 어려움까지 포괄하는 것으로 진술하여 기존의 정의에 비해 원인과 특성을 구체화하였다고 볼 수 있다. 그렇지만 여전히 타 장애와의 차별성이나 중복되는 부분에 대한 혼란은 다른 학습장애 정의와 마찬가지로 해결되지 못했다고 볼 수 있다. 또한 학습부진이나 학습지진과 구분하기가 매우 애매하다는 비판을 받고 있다.

정대영(2005)은 각종 학습장애 정의에 포함된 하위 장애 유형을 비교 분석한 후, 3개의 유사 영역으로 묶었다. 첫째, 발달적 및 신경생리학적 유형, 둘째, 학업적 성취 유형, 셋째, 사회성 영역이다. 학업적 성취 유형으로 구어장애(듣기, 듣기 이해, 말하기, 발달적 실어증), 읽기(음소적 지식, 단어재인, 읽기이해), 쓰기(철자법, 쓰기, 짓기) 수학계산, 수학 문제해결, 수학 추론, 사고하기, 기타로 나누었다.

한국특수교육학회(2008)에서는 학습장애를 학습장애 발현 시점에 따라 〈표 4-6〉과 같이 발달적 학습장애와 학업적 학습장애, 기타 비언어성 학습장애로 분류하고 있다.

표 4-6 한국특수교육학회(2008)의 학습장애 하위 범주 분류기준

하위 범주	분류기준
발달적 학습장애	• 학령 전기 아동들 중 학습과 관련된 기본적 심리과정에 현저한 어려움을 보이는 경우 • 구어장애, 주의집중장애, 지각장애, 기억장애, 사고장애로 나뉨
학업적 학습장애	• 학령기 이후 학업과 관련된 영역에서 현저한 어려움을 보이는 경우 • 읽기장애, 쓰기장애, 수학장애로 나뉨
기타 비언어성 학습장애	• 언어능력에는 강점을 보이나 공간지각능력, 운동능력, 사회성 기술과 같은 비언어성 능력에서 결함을 보임

2) 학습장애의 특성

(1) 인지적 특성

많은 학습장애 학생들은 주의집중 능력에 장애를 가지고 있다. 이들은 많은 경쟁자극 중 일정한 자극을 선택하여 주의집중하는 선택적 주의집중 능력이 부족할 뿐만 아니라 주의집중 대상을 원활하게 이동하는 능력이 부족하다. 또한 주의를 유지하는 시간이 짧고 주변의 작은 소음이나 움직임에 쉽게 주의가 흐트러진다.

Mercer와 Pullen(2005), Lerner(2003)의 연구에 의하면 학습장애 아동들은 비장애아동에 비해 학습전략 사용이 빈약한 것으로 나타났다. 또한 Wood(2006)는 학습장애 학생들은 단기기억과 작동기억, 장기기억에도 문제를 보이는데, 정보처리나 주의력의 문제로 인해서 정보를 회상하는 데 어려움을 갖고 있으며, 정보를 저장할 때 효과적인 전략을 사용하지 못하기 때문에 기존에 저장된 정보를 인출하는 데도 어려움을 겪는다고 하였다. 이들의 시기억 장애는 읽기학습의 발달을, 청기억 장애는 구어능력의 발달을 저해한다.

학습장애 학생들은 정보를 지각하고 처리하는 능력에도 문제를 가지고 있어 감각기관을 통해 습득한 정보를 인식하고 변별하고 해석하는 능력에 장애가 있다고 알려져 있다. Salend(2006)는 이들이 감각장애를 지니지 않고 있음에도 시각적 · 청각적 정보를 인식하고 변별하고 해석하는 데 어려움을 겪는다고 하였다.

이들의 운동장애는 과잉행동으로 나타나기도 하며 반대로 과소행동의 형태로 나타나는 경우도 있다. 또는 동작을 크게 해야 하는 경우(gross motor)에도 어려움을 겪게 되는

데, 예를 들면, 걸음걸이나 균형감각이 미숙하고 공을 차거나 받기, 리듬에 맞춰 뛰거나 움직이는 데 어려움을 보인다. 뿐만 아니라 작은 동작(fine motor)에도 어려움을 보이는데, 오리기나 자르기, 그리기, 연필 쥐기, 쓰기, 줄 맞추기 등의 동작에 어려움을 나타낸다.

끝으로 초인지 혹은 상위인지 장애는 학습장애 학생들의 과제 수행에 필요한 기술과 전략을 인식하고 활용하는 데 어려움을 겪는 중요한 원인이 된다. 초인지(metacognition)란 '사고에 관한 사고(thinking about thinking)'를 의미하는 용어로(Wood, 2006), 학습장애 학생들은 이와 같은 초인지 능력이 부족하여 과제 해결 방법을 바로 알 수 없는 경우에는 매우 혼란스러워 한다.

(2) 학업적 특성

학습장애 학생은 어휘나 단어의 의미, 개념 형성, 문법적 규칙이나 구문론의 적용, 언어이해력의 장애를 가지고 있으며, 단어 명명 능력의 부족으로 단어를 찾는 속도가 느리고 사물의 이름을 대지 못한다. 수업시간에 새로운 단어를 학습하거나 지시를 따르거나 질문을 이해하는 데도 어려움을 겪을 뿐만 아니라 자신의 요구를 표현하는 데에도 문제를 보인다. 학습장애 학생들은 구두표현과 듣기이해 기술에 결함이 있으며, 화용능력의 결함도 동반하는 경우가 있다.

뿐만 아니라 이들은 비언어적인 의사소통 능력에도 문제를 보인다. 즉, 얼굴 표정이나 몸짓, 맥락에 대한 이해 능력이 부족하며, 주로 수용적인 태도를 보여 사용 어휘가 제한되어 있으며, 비언어적인 사회적 단서를 이해하거나 다른 사람들의 반응을 판단하는 데 어려움이 있다.

많은 학습장애 학생들은 읽기에 장애를 가지고 있다. 이들의 읽기 문제는 단어재인 능력과 독해능력의 장애로 나타난다. 단어재인 장애 학생들은 글을 읽을 때 단어의 한 부분을 생략하거나 첨가, 대체, 반복 등의 문제를 보인다. 또한 글자를 발음하는 속도가 느리고 그리고 'ㅏ'를 'ㅓ'로 읽는 것과 같이 비슷한 형태의 다른 철자로 읽는다. 독해능력이 부족한 학습장애 학생들은 국어과목의 학업성취도가 현저히 떨어진다. 책을 읽고도 무슨 내용을 읽었는지 잘 모른다. 그리고 글의 핵심을 잘 파악하지 못하며, 때로는 부적절한 어휘를 사용한다. 대명사가 지시하는 것이 무엇인지 파악하지 못하며, 글을 읽는 속도도 느리다. 이러한 독해 장애 학생들은 기억력이 부족하며, 글씨를 쓸 때 많이 틀리는 경우가 있다. 이들은 학년이 올라가면서 국어나 수학 과목 이외에도 다른 과

목의 학업성취도가 점차 떨어진다. 이와 같은 독해장애의 원인은 읽을 수는 있으나 그들이 가지고 있는 지적 능력을 읽는 데 다 써 버리기 때문에 읽은 내용을 파악하는 데 할애할 에너지가 없다고 해석하기도 한다(송종용, 2000).

학습장애 학생들은 쓰기 학습에도 어려움을 가지고 있다. 이들은 습자, 철자 쓰기, 문어적 표현에 장애를 가지고 있어 글씨를 쓸 때 철자법이 많이 틀리거나 글을 쓰는 속도가 매우 느리다. 또 이들은 글씨를 알아볼 수 없을 정도로 필체에 문제가 있으며, 연필을 잡고 쓰는 데 힘이 너무 많이 들어가거나, 지각적인 문제로 인해 잘못된 방향으로 글자나 숫자를 쓰는 경우가 많고(거울을 보듯이 거꾸로 씀, mirror writing), 공책의 줄에 맞춰 글을 쓰는 데 어려움을 나타낸다.

쓰기 표현에서의 문제점으로는 쓰기와 관련된 규칙들을 지키는 데 어려움을 가지며(철자법, 맞춤법, 영어의 대소문자), 잘못된 문법구조들을 사용한다(복수, 시제 등). 글을 쓸 때 불완전한 문장들을 사용하거나 다양하고 복잡한 문장들보다 기본적으로 짧고 간단한 문장들을 사용한다. 또한 글짓기에 사용되는 단어들이 한정되어 있으며, 글을 쓸 때 논리적인 구성, 전후관계, 또는 사고의 일관성에 어려움을 지닌다.

수학에 어려움을 보이는 학습장애 학생들은 블록 맞추기나 조립 같은 공간운동 과제의 수행능력이 많이 부족하다. 숫자 및 기본적인 수학부호가 갖는 의미 등과 함께 기본적인 수학 개념을 잘 이해하지 못한다. 부주의로 인한 셈하기 오류를 자주 범하며, 암산을 잘하지 못한다. 계산할 때 수의 자릿값(place value)을 이해하지 못하며, '받아올림' 등과 관련된 계산을 어려워한다. 도형 및 분수, 소수와 관련된 문제들을 어려워한다.

(3) 사회 · 정서적 특성

학습장애 학생들은 다른 사람을 의식하지 못하고 사회적 분위기를 잘 파악하지 못하며 사회적으로 고립된다. 약 30%의 학습장애 아동이 이와 같은 문제를 안고 있다. 또한 대인관계에도 문제를 보일 뿐만 아니라 동료로부터 소외되거나 거부되기도 한다. 또한 이들은 낮은 자아개념, 정서적 문제(스트레스나 우울증), 품행문제, 공격성, 실패에 대한 조바심, 불충분감 등의 정서적 · 행동적인 문제를 나타내기도 하며, 심한 스트레스를 경험하기도 한다. 이와 같은 스트레스의 원인은 주변의 주요 인물, 즉 부모나 교사, 동료들로부터의 노력이 부족한 탓이라고 비판을 받는 경우와 학습부진아라는 명칭의 부담, 그리고 그로 인한 동료들로부터의 소외가 중요한 원인이 된다. 이와 같은 스트레스

표 4-7 한국특수교육학회(2008)의 학습장애의 특성

특성	하위영역	내용
학업적 특성	① 구어장애	음운론, 형태론, 통사론, 의미론, 화용론의 결함을 보인다. –구조적인 문제 없이 발음에 문제를 보인다. –짧은 문장과 제한된 어휘를 사용하여 말하거나 단어의 의미 및 문장을 이해하는 데 어려움을 보인다. –대화 상황에 맞게 적절하게 반응하는 데 어려움을 보인다.
	② 읽기장애	–학습장애 아동의 대표적인 어려움이다. –음운인식, 일견단어, 문맥단서, 단어구조분석을 통한 단어재인에 어려움을 보인다. –읽기 유창성 및 이해력에 어려움이 나타난다.
	③ 쓰기장애	글자쓰기에 있어 글자 모양, 크기, 진하기 등의 문제로 판독하기 어렵게 쓴다. –소리 나는 대로 쓰거나, 삽입, 대체, 생략 등의 철자 오류를 보인다. –글의 구성 및 작문에 심각한 문제를 보인다. –읽기장애와 동시에 나타나기도 하고, 읽기에 문제가 없는데도 쓰기장애를 보이기도 한다.
	④ 수학장애	–기초적인 연산과정의 정확도와 속도가 또래에 비해 현저하게 낮다. –수학개념을 이해함에 있어서 자주 틀리고 복잡한 문제의 연속적인 단계를 따르는 것이 어렵다. –문장제 문제해결에서의 어려움을 보인다. –읽기장애와 동시에 나타나기도 하고, 읽기에 문제가 없는데도 수학장애를 보이기도 한다.
심리적 특성	① 주의집중장애	–주의집중 시간이 짧고 작은 자극에도 산만해진다. –한 가지 주제에 몰입하는 선택적 주의집중에 어려움이 있다.
	② 기억장애	–정보를 기억하는 데 어려움을 겪는다. –특히, 단기기억과 작동기억에 어려움을 겪는다.
	③ 문제해결장애	–문제해결 전략이나 학습 전략을 인식하고 활용하는 데 어려움을 보인다.
	④ 초인지 전략장애	–과제를 효과적으로 수행하기 위해 필요한 전략들을 인식, 계획, 수행 및 평가하는 데 어려움을 보인다.
	⑤ 지각장애	–감각으로부터 의미를 끌어내는 활동에 어려움을 보인다. –청각자극, 시각자극, 촉각자극을 변별, 조직 및 해석하는 데 어려움을 보인다.
사회·정서적 특성	① 사회성 장애	–사회적 상황이나 자극에 대한 적절한 해석 및 대처 능력의 결여가 나타난다.
	② 낮은 자아 개념	–낮은 자기효능감 및 낮은 자아개념을 지닌다.
	③ 학습동기 결여	–불합리한 귀인 및 학습된 무기력이 나타난다. –외적 통제소재가 강하게 나타난다.

를 그대로 방치할 경우 학업 저하, 정서적인 문제, 약물복용, 우울증, 심지어 자살로까지 이어질 수 있다.

3) 학습장애 학생을 위한 교육적 지원

(1) 학습전략의 지도

학습장애 학생의 교육에 있어서 학습전략에 대한 지도는 매우 중요하다. 학습전략은 학습을 위한 기술을 의미하며, 학습전략의 훈련은 어떤 특정한 내용을 직접 가르치기보다는 학생들에게 학습하는 방법을 배울 수 있도록 도와주는 것이다. 학습장애 아동은 자신의 학습 내용을 조절하기 위해서 체계적인 전략을 사용하지 못하기 때문에 교과의 내용만을 교수하는 것은 적절치 못하다는 주장이 제기되고 있다(이소현, 박은혜, 2008).

Alley와 Deshler(1979), Clark 등(1984)은 교사들이 통합된 학생들에게 학습전략 지도를 하기 위한 교수방법 모형을 제시했다. 그 모형을 요약하면 다음과 같다.

- 학생의 기술(능력) 수준을 평가하기 위해서 미리 지도한 내용이 아닌 과제를 수행하도록 요구한다.
- 학생 자신이 현재 전략에 관한 문제를 인식하도록 도움을 준다.
- 새 전략을 설명하고, 과거의 전략과 비교하여 장점을 알게 한다.
- 학생에게 그 전략을 시범 보인다.
- 학생에게 전략을 말로 시연해 보도록 지도한다.
- 학생에게 자신의 수준에 맞는 자료들을 가지고 전략을 연습할 수 있는 기회를 주고, 그 자료들로 일반학급에서 사용해 보도록 한다.
- 학생의 전략 사용에 대해 피드백해 본다.
- 학생의 전략 사용의 숙달을 확인하기 위해 사후 검사를 해 본다.

주의가 산만한 학습장애 학생들은 중요한 과제에 선택적으로 집중하지 못하거나 주의집중 시간이 짧거나 혹은 주의를 적절하게 이동하지 못하기 때문에 학습에 집중하지 못하거나 과제를 완수하지 못하는 경우가 많다. 그러므로 교사는 이들의 주의집중력 향상을 위한 프로그램을 마련해야 하며, 이들이 과제에 좀 더 집중하고 완수할 수 있도록 해야 한다. 주의집중을 향상시킬 수 있는 방법은 〈표 4-8〉과 같다(강위영, 정대영, 2004).

표 4-8 주의집중력 향상 방법

주의집중 영역	선택적 주의집중	주의집중 시간	주의집중 이동
개선 방법	• 중요한 자극 말해 주기 • 자극의 수와 복잡성 줄이기 • 관련자극의 강도 증가 • 신기성의 이용 • 다감각적 지도 • 의미와 선수 경험 이용	• 성취과제에 대한 설명 • 타이머 이용 • 과제 수행 시간의 점진적 증대 • 활동 중단 빈도 조절 • 주의집중 시간의 점진적 증대	• 한 번에 한 가지 감각 통로만 요구하기 • 주의집중 이동 시간의 허용 • 주의집중 이동 시간의 속도와 융통성 증대

(2) 기초 교과 학습 기술의 지도

① 읽기 지도

읽기에 있어서 가장 중요한 하위 기술은 단어재인과 이해력이다. 읽기 기술을 가르치는 방법은 부호중심 접근법과 의미중심 접근법으로 구분할 수 있다. 부호중심 접근법은 부호를 해석하는 방법(글자를 읽는 방법)을 먼저 가르치고 난 뒤에 이해력을 가르치며 이때 부호를 해석하는 방법을 가르칠 때 낱글자와 소리 간의 관계를 강조하면서 가르친다(Mercer & Mercer, 2005: 이소현, 박은혜, 2008 재인용).

읽기 유창성 기술 또한 학습장애 학생들에게 필요한 기술이다. 특히 다른 사람들 앞에서 읽기를 해야 하는 상황에서는 읽기 유창성이 매우 필요한 기술이다. 읽기 유창성 향상을 위한 방법은 여러 가지가 있는데, 예를 들면 교사와 학생이 함께 이야기나 시, 책 등을 읽는 것도 학생의 읽기 유창성 향상에 도움을 줄 수 있다.

읽기 이해 기술을 향상시키기 위한 구체적인 방법으로 단서 사용, 줄 따라가기, 내용 미리 알기, 또래교수 활용, 교재의 난이도 조절, 녹음 교재 사용, 컴퓨터 활용, 반복 읽기 등 이해력 증진을 위한 다양한 전략과 SQ4R 방법이 있다. SQ4R 읽기 전략은 개관하기(Survey), 질문 만들기(Question), 읽기(Read), 암송하기(Recite), 개요 쓰기(Write), 복습하기(Review)의 6단계로 구성되어 있으며, 각 단계마다 이해가 원만히 되고 있는가에 대한 자기점검(self-monitoring)을 하도록 하였다.

② 쓰기지도

쓰기 기술은 읽기 기술을 기본으로 하여 형성된다. 쓰기 기술은 넓은 의미에서 손으로 직접 글자나 단어를 쓰는 기술과 단어를 쓸 때 맞춤법에 맞게 쓰는 것, 쓰기를 통해서 자신의 생각을 표현하는 것(작문)을 포함한다.

쓰기에 문제가 있는 학생들은 우선적으로 쓰기학습에 필요한 시각적 운동의 하위기술과 문자형성 능력을 성취해야 한다. 시각적 운동의 하위기술로는 운동패턴 훈련법과 피부 및 근육 운동지각 피드백, 시각적 공간지각 능력 개선, 시각적 변별력 개선, 문자와 단어에 대한 시기억 개선 등의 방법을 사용하여 글씨 쓰기의 장애를 개선할 수 있다(강위영, 정대영, 2004).

시각 및 청각의 결함이나 환경적 요인, 동기유발 요인, 시기억, 지각 결함 등 다양한 원인에 의해 나타날 수 있는 철자의 오류는 일반적으로 우연학습이나 단어목록에 의한 학습, 일반화에 의한 철자학습 등의 방법으로 지도할 수 있다. 그러나 이와 같은 일반적인 절차에 의해 지도가 어려운 학습장애 학생들은 개별화교수나 자기점검법, 과잉학습, 강화 제공, 아동이 익숙한 단어의 사용, 사전 이용법 지도 등 아동의 개인차를 고려한 교수방법과 다양한 교수절차를 활용해야 한다.

철자 쓰기 지도에 가장 좋은 결과를 얻은 다감각적 접근법은 아동이 보고, 듣고, 느끼게 함으로써 아동에게 단어를 시각적으로 분석하게 하여 가르치고 음성화하여 기억을 되살려 쓰게 한다. 시각, 청각, 근육운동 지각 및 촉각 접근법은 다감각 접근법의 한 예로 다음과 같이 8단계로 구성되어 있다(Fernald, 1943: 강위영, 정대영, 2004 재인용).

- 교사는 가르칠 단어를 쓰고 말한다.
- 아동은 단어를 따라 말한다.
- 아동은 문자나 단어를 말하는 동안 손가락으로 단어를 추적한다.
- 단어를 지우고 아동에게 기억을 되살려 쓰게 한다.
- 아동은 페이지를 넘기고 그 단어를 두 번 쓰게 한다.
- 교사는 아동에게 그 단어를 사용할 기회를 자주 부여한다.
- 교사는 아동이 단어의 정확한 철자를 많이 접하도록 책과 사전을 자주 이용하도록 장려한다.
- 문자와 절차를 대응시킨다.

작문지도에 대한 학습전략 중 자기제어전략발달(Self-Regulated Strategy Development: SRSD) 모델은 학생들이 쓰기 과정과 관련된 쓰기 지식과 기술 전략을 발달시키며, 학생들이 쓰기 기술에 대한 자기점검 능력의 지속적인 발달, 쓰기에 대한 긍정적인 태도를 발달시킨다. 이 SRSD 모델의 단계는 배경지식의 확장, 쓰기 전략에 대한 논의, 모델링, 기억하기, 전략을 사용하여 표현하기, 독립적인 수행 등이다(Lerner, 2003).

③ 수학 지도

수학능력은 크게 계산능력과 추리능력으로 구분되며, 많은 학습장애 아동들이 문제를 보이는 영역이다. 추리능력에 어려움을 보이는 아동들은 읽기 결함으로 인하여 주어진 문제를 이해하지 못하거나, 문제에서의 핵심적인 내용과 비핵심적인 내용을 구분하지 못한다. 또한 사용해야 할 적절한 연산을 결정하지 못하거나 계산을 하지 못하는 등의 이유로 수학문제 해결에 어려움을 보인다.

수학교수의 실제적인 목적은 문제해결에 개념과 기술들을 적용하는 것이며, 미국수학교사협의회(2000)에 의해 설정된 목적도 모든 수준에서 문제해결을 더욱 강조한다. 국내에서도 수학장애 학생을 위한 지도 전략 연구가 이루어지고 있는데 인지전략 훈련을 통한 문장제 문제해결, 자기교시 훈련을 통한 연산 및 방정식 교수 등과 같은 수학문제해결을 위한 전략 훈련에 초점이 맞추어져 있다(김애화, 2006).

Lerner(2003)는 수학학습장애 학생들의 문제해결을 위한 교수전략으로 이야기 문제 사용하기, 구어로 문제 제시하기, 시각적 강화, 단순화하기, 재진술하기, 문제 추가하기, 사고를 위한 시간 제공하기 등을 제시했다.

학습장애 아동의 수학 기술을 향상시키기 위한 그 외의 방법으로 시각적 촉진, 네모칸 또는 보조선 이용, 문제 수 조절, 자기점검 교재, 자동 암산, 구체물 조작, 언어적 촉진, 실제 상황 활용 단서적 단어 인식 등 가상 상황을 활용한 활동을 다양하게 응용할 수 있다.

또한 수학 능력에 결함을 보이는 학생들이 교과학습을 잘 수행하도록 도와주기 위해 적용할 수 있는 방법은 계산기나 컴퓨터 등의 보조공학 자료를 사용하는 것이다. 기본적인 계산을 위해서 구구단 표를 사용하고 좀 더 복잡한 계산을 위해서는 전자계산기를 사용하는 것이 유용하다. 단, 효율성을 높이기 위해선 먼저 전자계산기의 사용 방법을 구체적으로 가르쳐야 한다. 그리고 수학용 소프트웨어프로그램은 학습장애 학생들에게도 유용하게 활용될 수 있다. 컴퓨터는 학생들의 학습동기를 유발할 수 있고, 개별적인 피드백 제공과 반복적 사용이 가능하다는 장점이 있다(Lewis, 1998).

요약

지적장애는 지적 기능과 함께 적응행동상의 결함 때문에 교육적 성취와 일상생활에 있어 제한을 가진 발달장애이다. 이 장애는 긍정적 반응 경향성, 부정적 반응 경향성, 성공 기대감, 외부 지향성, 효과적 동기의 다섯 가지 동기적 요인으로 인하여 낮은 수행 능력을 보이며, 주의집중과 단기기억, 초인지 등의 인지적 결함을 나타낸다. 또한 학습한 내용의 일반화와 전이에 어려움을 가지고 있으며, 사회 · 정서적 영역에서의 어려움을 가지고 있다. 뿐만 아니라 조음장애, 음성장애, 말더듬 등과 같은 의사소통 영역에서의 장애를 보이기도 한다. 지적장애 학생을 위한 교육적 지원으로는 기능적 기술의 교육과 함께 기술의 습득과 숙달, 일반화를 위한 교육으로 나누어 제시하였다.

정서 · 행동장애는 정서 및 행동이 또래집단의 규준 혹은 기대 수준을 심하게 벗어나 일반적인 환경하에서 사회적 관계, 감정조절, 활동수준, 주의집중력 등의 곤란으로 자신 및 타인의 기능을 방해하며, 학업, 대인관계, 일상생활에 부정적인 영향을 미치는 상태를 말한다. 이 장애는 낮은 기억력과 짧은 주의집중 능력, 과잉행동 등으로 인하여 학업에 어려움을 겪게 되며, 적응행동의 문제, 대인관계의 어려움을 갖고 있다. 정서 · 행동장애 학생을 위한 지원 방법으로는 여러 모델에서 제시한 중재의 절충적인 접근 방법을 제시하였다.

자폐성 장애는 의사소통, 언어의 이해, 놀이, 대인관계 등과 관련된 능력에 문제를 보이는 일종의 발달장애라고 할 수 있다. 자폐성 장애는 사회적 상호작용과 의사소통의 질적인 결함과 상동행동 등의 행동상의 문제를 보인다. 이 외에도 과잉행동이나 자해행위, 섭식장애, 감정이나 표현의 문제, 집착과 충동성, 감각상의 문제 등을 보인다. 자폐성 장애학생들의 특성을 고려하여 학업 기술 및 의사소통과 사회적 기술을 지도하기 위한 방법을 제시하였다.

학습장애는 개인의 내적 요인으로 인하여 듣기, 말하기, 주의집중, 지각, 기억, 문제해결 등의 학습기능이나 읽기, 쓰기, 수학 등 학업성취 영역에서 현저하게 어려움을 가지고 있는 장애를 말한다. 이 장애는 주의집중, 기억, 지각, 초인지 등의 인지적 영역에서의 문제와 읽기, 쓰기, 수학 등 학업적 영역에서의 문제, 그리고 낮은 자아개념, 정서적 문제(스트레스나 우울증), 품행문제, 공격성, 실패에 대한 조바심, 불충분감 등의 정서적 · 행동적인 문제를 나타내기도 하며, 심한 스트레스를 경험하기도 한다. 학습장애 아동을 위한 교육은 학습전략의 지도와 기초 교과학습 기술의 지도로 나누어 제시하였다.

참고문헌

강위영, 정대영(2004). 학습장애아동교육. 서울: 형설출판사.

교육부(2018). 2018 특수교육통계.

김동일, 이대식, 신종호(2003). 학습장애아동의 이해와교육. 서울: 학지사.

김애화(2006). 학습장애학생을 위한 중재연구에 관한 문헌분석. 특수교육저널: 이론과 실천, 7(2), 265-299.

김영태(2002). 아동언어장애의 진단 및 치료. 서울: 학지사.

김진호, 박재국, 방명애 역(2017). 최신 특수교육. 서울: 시그마프레스.

김형일(1995). 대인문제해결훈련이 정신지체인의 직업적응행동에 미치는 효과. 단국대학교 대학원 석사학위논문.

김형일, 김대룡, 김희규, 옥정달, 우주형, 유장순, 채희태(2018). 장애인의 이해. 경기: 양서원.

백은희(2005). 정신지체이해와 교육. 경기: 교육과학사.

송종용(2000). 학습장애: 공부를 못하는 것도 병이다. 서울: 학지사.

신현기(1993). 정신지체인의 대인문제해결 특성. 단국대학교 대학원 석사학위논문.

신현기 역(2006). 정신지체: 역사적 관점, 현재의 동향, 그리고 미래의 방향. 서울: 시그마프레스.

신현기, 구본경(2007). 자폐아 중재에 관한 국내 연구 분석. 특수아동교육연구, 9(3), 283-314.

양문봉(2000). 자폐스펙트럼 장애. 서울: 도서출판 자폐연구.

우혜경(2009). 그림교환 의사소통 체계의 활용이 중증 자폐성 장애 아동의 자기의사표현 행동에 미치는 효과. 공주대학교 특수교육대학원 석사학위논문.

윤혜련, 김영태(2002). 환경언어중재 및 집단언어중재 방법. 이화특수교육 학술대회 발표논문집, 105-132.

이대식, 김수연, 이은주, 허승준(2018). 통합교육의 이해와 실제: 통합학급에서의 효과적인 교육방법. 서울: 학지사.

이소현 역(2007). 자폐범주성 장애–중재와 치료. 서울: 시그마프레스.

이소현, 박은혜(2008). 특수아동교육. 서울: 학지사.

장애인 등에 대한 특수교육법[일부개정 2008.2.29 법률 제8852호]

장애인 등에 대한 특수교육법 시행령[제정 2008.5.26 대통령령 제20790호]

장애인 등에 대한 특수교육법 시행규칙[제정 2008.6.12 교육과학기술부령 제5호]

전병운, 김희규, 박경옥, 유장순, 정주영, 홍성두(2018). 장애학생을 위한 국어교육의 이론과 실제. 서울: 학지사.

정대영(2005). 학습장애의 개념과 분류에 대한 고찰. 학습장애연구, 2(2), 1-29.

정동영, 김형일, 김주영, 김희규, 정동일(2010). 특수아동의 이해. 경기: 교육과학사.

정보인(2011). 7차 교육과정 교사용 지도서 감각 · 운동지각활동–전정감각과 관련된 활동구성. 서울: 청람문화사.

진홍신(2011). 자폐성 장애아동. 정동영 외, 특수교육학개론. 경기: 교육과학사.

채희태, 김희규 역(2011). 자폐아동을 위한 지원전략, 100ideas. 서울: 시그마프레스.

최영하(2001). 정신지체아의 심리 및 지도. 대구: 대구대학교 출판부.

한국특수교육학회(2008). 특수교육대상자 개념 및 선별기준.

홍준표(2007). 응용행동분석의 작업모형 연구. 생활과학논집, 25, 1-17.

Alley, G., & Deshler, D. (1979). *Teaching the learning disabled adolescent: Strategies and methods*. Denver: Love Publishing.

Alpert, C. L., & Kaiser, A. P. (1992). Training parents as milieu language teachers. *Journal of Early Intervention, 16*, 31-52.

American Association on Intellectual and Developmental Disabilities. (2010). *Intellectual disability: Definition, classification, and systems of supports*. Washington, DC: American Association on Intellectual and Developmental Disabilities.

American Psychiatric Association. (1994). *Diagnostic and statistical manual of mental disorders* (4th ed.). Washington, DC: Author.

American Psychiatric Association. (2000). *Diagnostic and statistical manual of mental disorders* (4th ed., text rev.). Washington, DC: Author.

Autism Society of America. (2000). What is autism? *Advocate, 32*(6), 3.

Baroody, A. J. (1987). Problem size and mentally retarded children's judgment of commutativity. *Education and Training in Mental Retardation, 91*(4), 439-442.

Bergen, A., & Mosley, J. L. (1994). Attention and attentional shift efficiency in individuals with and without mental retardation. *American Journal on Mental Retardation, 98*(6), 732-743.

Berger, R. S., & Reid, D. K. (1989). Differences that make a difference: Comparisons of metacomponential functioning and knowledge base among groups of high and low IQ learning disabled, mildly mentally retarded, and normally achieving adults. *Journal of Learning Disabilities, 22*(7), 422-429.

Biklen, D. (1990). Communication unbound: Autism and praxis. *Harvard Education Review, 60*, 291-314.

Bondy, A., & Frost, L. (2002). *Pyramid approach to education*. Newark, DE: Pyramid Education Products.

Brown, L., Nietupski, J., & Hamre-Nietupski, S. (1976). The criterion of ultimate functioning and public school services for severely handicapped students. In M. Thomas (Ed.). *Hey don't forget about me: New directions for serving the severely handicapped* (pp. 2-15). Reston, VA:

Council for Exceptional Children.

Brown, L., Sweet, M., Shiraga, B., York, J., Zanella, K., & Rogan, P. (1984). *Functional skills in programs for students with severe handicaps*. Madison: University of Wisconsin and Madison Metropolitan School District.

Buhrmester, D. (1990). Intimacy of friendships, interpersonal competence and adjustment during preadolescence and adolescence. *Child Development, 61*, 1101–1111.

Bybee, J., & Zigler, E. (1992). Is outerdirectedness employed in a harmful or beneficial manner by students with and without mental retardation? *American Journal on Mental Retardation, 96*, 512–521.

Clark, F., Deshler, D., Schumaker, J., Alley, G., & Warner, M. (1984). Visual imagery and self-questioning: Strategies to improve comprehension of written material. *Journal of Learning Disabilities, 17*(3), 145–149.

Clark, G., Field, S., Patton, J., Brolin, D., & Stillington, P. (1994). Life skills instruction: A necessary component to all students with disabilities: A position statement of the Division on Career Development and Transition. *Career Development for Exceptional Individuals, 17*(2), 125–134.

Collins, B. C., Branson, T. A., & Hall, M. (1995). Teaching generalized reading of cooking product labels product labels to adolescents with mental disabilities through the use of key words taught by peer tutors. *Education and Training in Mental Retardation and Developmental Disabilities, 30*, 65–75.

Coleman, M. C., & Webber, J. (2002). Emotional and behavioral disorders: Theory and practice (4th ed.). Boston, MA: Allyn & Bacon.

Crawley, S. B., & Chan, K. S. (1982). Developmental changes in free-play behavior of mildly and moderately retarded preschool-aged children. *Education and Training of the Mentally Retarded, 17*, 234–239.

Doll, E. A. (1941). The essentials of an inclusive concept of mental deficiency. *American Journal of Mental Deficiency, 46*, 214–229.

Dunn, J. (1993). *Young children's close relationships: Beyond attachment*. London: Sage.

Ellis, N. R. (1970). Memory process in retardates and normals. In N. R. Ellis (Ed.), *International review of research in mental retardation* (4th ed., pp. 1–32).

Ellis, N. R., & Dulaney, C. L. (1991). Further evidence for the cognitive inertia of persons with mental retardation. *American Journal on Mental Retardation, 95*, 613–621.

Everington, C., & Luckasson, R. (1989). Addressing the needs of the criminal defendant with mental retardation: The special educator as a resource to the criminal justice system. *Education and Training in Mental Retardation, 24*(3), 193–200.

Ferguson, B., & McDonnell, J. (1991). A comparison of serial and concurrent sequencing strategies in teaching generalized grocery item location to students with moderate handicaps. *Education and Training in Mental Retardation, 26*(3), 292-304.

Fessler, M. A., Rosenberg, M. S., & Rosenberg, L. A.(1991). Concomitant learning disabilities and learning problems among students with behavioral/emotional disorders. Behavioral Disorders, 16(2), 97-106.

Field, T. (1984). Play behaviors of handicapped children who have friends. In T. Field, J., L. Roopnarine, & M. Segal (Eds.), *Friendships in normal and handicapped children* (pp. 153-163). Norwood, NJ: Ablex.

Freeman, B. (2000). *Autism: What we know*. Paper presented at a meeting of the Alabama Autism Acsdemy, Birminham.

Gast, D. L., Doyle, P. M., Wolery, M., Ault, M. J., & Baklatz, J. L. (1991). Acquisition of incidental information during small group instruction. *Education and Treatment of Children, 14*(1), 1-18.

Gibson, D. (1978). *Down's syndrome: The psychology of mongolism*. Cambridge: Cambridge University Press.

Greeson, L. E., & Vane, R. J. (1986). Imagery-based elaboration as an index of EMR children's creativity and incidental associative learning. *Education and Training of the Mentally Retarded, 21*(3), 174-180.

Guralnick, M. J., & Weinhouse, E. (1984). Peer-related social interactions of developmentally delayed young children: Development and characteristic. *Developmental Psycology, 20*, 815-827.

Gutstein, S. E., & Sheely, R. K. (2002). *Relationship development intervention activities with young children: Social and emotional development activities for Asperger Syndrome, Autism, PDD, and NLD*. England: Jessica Kingsley Publishers.

Hancock, T. B., & Kaiser, A. P. (2002). The effects of trainer implemented enhanced milieu teaching on the social communication of children with autism. *Topics in Early Childhood Special Education, 22*(1), 39-54.

Hardan, A., & Stahl, R. (1999). Suicidal behavior in children and adolescents with developmental disorders. *Research in Developmental Disabilities, 20*(4), 287-296.

Hardman, M. L., Drew, C. J., & Egan, M. W. (1996). *Human exceptionality: Society, school, and family* (5th ed.). Boston: Allyn & Bacon.

Harter, S., & Zigler, E. (1974). The assessment of effectance motivation in normal and retarded children. *Developmental Psychology, 10*, 169-180.

Hartup, W. W. (1992). Peer relation in early and middle childhood. In V. B. VanHasselt & M.

Hersen (Eds.), *Handbook of social development: A lifespan perspective* (pp. 257-281). New York: Plenum.

Hemmeter, M. L., & Kaiser, A. P. (1994). Enhanced milieu teaching: Effects of parentimplemented language intervention. *Journal of Early Intervention, 18*, 269-289.

Heyes, B. K., & Taplin, J. E. (1993). Development of conceptual knowledge in children with mental retardation. *American Journal on Mental Retardation, 98*(2), 293-303.

Hodapp, R. M., & Zigler, E. (1997). New issues in the developmental approach to mental retardation. In W. E. MacLean, Jr. (Ed.), *Ellis' handbook of mental deficiency, psychological theory, and research* (3rd ed., pp. 115-136). Mahwah, NJ: Lawrence Erlbaum Associates.

Horner, R. H., Williams, J. A., & Steveley, J. D. (1987). Acquisition of generalized telephone use by students with moderate and severe mental retardation. *Research in Developmental Disabilities, 8*(2), 229-247.

Howes, C. (1983). Patterns of friendship. *Child Development, 54*, 1041-1053.

Howes, C. (1988). Peer interaction of young children. *Monographs of the Society for Research in Child Development, 53* (series 217).

Hughes, C., Hugo, K., & Blatt, J. (1996). Self-instructional intervention for teaching generalized problem-solving within a functional task sequence. *American Journal on Mental Retardation, 100*, 565-579.

Hunt, P., Staub, D., Alwell, M., & Goetz, L. (1994). Achievement by all students within the context of cooperating groups. *Journal of the Association for Persons with Severe Handicaps, 19*, 290-301.

Individuals with Disabilities Education Act (IDEA), 34 C. F. R. 300.8(c) (4) (2004)

Johnston, W. A., & Dark, V. J. (1989). Selective attention. *Annual Review of Psychology, 37*, 43-75.

Jones, V., Dohrn, E., & Dunn, C. (2004). Creating effective programs for students with emotional and behavior disorders: Interdisciplinary approaches for adding meaning and hope to behavior change interventions. Boston, MA: Allyn & Bacon.

Kasari, C., & Bauminger, N. (1998). Social and emotional development in children with mental retardation. In J. A. Burack, R. M. Hodapp, & E. Zigler (Eds.), *Handbook of mental retardation and development*. Cambridge: Cambridge University Press.

Kasari, C., Freeman, S., Mundy, P., & Sigman, M. (1995). Attention regulation by children with Down syndrome: Coordinated joint attention and social referencing. *American Journal on Mental Retardation, 100*, 128-136.

Kasari, C., Mundy, P., & Sigman, M. (1990, April). *Empathy in toddlers with Down syndrome*. Paper presented at the Society for Research in Child Development, Seattle, WA.

Kauffman, J. M., & Landrum, T. J. (2011). **정서 · 행동장애**(Characteristics of Emotional and Disorders of Children and Youth, 9th ed.). 김진호, 노진아, 박지연, 방명애, 황복선 역. 서울: 시그마프레스. (원저는 2009년 출간).

Kirk, S. A. (1963). Behavioral diagnosis and remediation of learning disabilities. In *Proceedings of the Conference on the Exploration into the problems of the Perceptually Handicapped Child*. Evanston, IL: Fund for the Perceptually Handicapped Child.

Kirk, S. A., Gallagher, J. J., & Anastasiow, N. J.(2003). Educating exceptional children (10th ed.). Boston: Houghton Mifflin.

Koegel, L., Koegel, R. L., Shoshan, Y., & McNerney, E. (1999). Pivotal response intervention II: Preliminary long-term outcome data. *Journal of the Association for Persons with Severe Handicaps, 24*, 186-198.

Krupski, A. (1977). Role of attention in the reaction time performance of mentally retarded adolescents. *American Journal of Mental Deficiency, 82*, 79-83.

Larkey, S. (2007). Practical Sensory Programmes for Students with Autism Spectrum Disorder and Other Special Needs. London: Jessica Kingsley Publishers.

Lerner, J. W. (2003). *Learning disabilities: Theories, diagnosis, and teaching strategies* (9th ed.). Boston: Houghton Mifflin.

Lewis, R. (1998). Assistive technology and learning disabilities: Today's realities and tomorrow's promises. *Journal of Learning Disabilities, 31*(1), 16-26.

Luckasson, R., Coulter, D. L., Polloway, E. A., Reiss, S., Schalock, R. L., Snell, M. E., Spitalnik, D. M., & Stark, J. A. (2002). *Mental retardation: Definition, classification, and systems of supports* (10th ed.). Washington, DC: American Association on Mental Retardation.

MaCartney, J. R. (1987). Mentally retarded and nonretarded subjects' long-term recognition memory. *American Journal of Mental Retardation, 92*, 312-317.

Maanum, J. L. (2009). *The general educator's guide to special education*. Thousand Oaks, CA: Corwin.

Mercer, C. D., & Pullen, P. C. (2005). *Students with learning disabilities* (6th ed.). Upper Saddle River, New Jersey: Merrill Prentice Hall.

National Council for Teachers of Mathematics. (2000). *Principles and standards for school mathematics*. Reston, VA: Author.

Newton, J. S., & Horner, R. (1993). Using a social guide to improve social relationships of people with severe disabilities. *The Association for Persons with Severe Handicaps, 18*(1), 36-45.

Ostrosky, M. M., & Kaiser, A. P. (1991). Preschool classroom environments that promote communication. *Teaching Exceptional Children, 23*(4), 6-10. (Reprinted in Annual editions:

Educating exceptional children, 6th ed., pp. 158-161, by K. L. Freiberg. Ed., 1995, Guilford, CT: Dushkin.)

Parker, J. G., Rubin, K. H., Price, J. M., & DeRosier, M. E. (1995). Peer relationships, child development, and adjustment: A developmental psychopathology perspective. In D. Cicchetti & D. J. Cohen (Eds.), *Developmental psychopathology* (pp. 96-161). New York: Wiley.

Prizant, B. M., Wetherby, A., Rubin, E., Rydelll, P. J., & Laurent, A. (2006). *The SACERTS model: A comprehensive educational approach for children with autism spectrum disorders*. Baltimore, MD: Paul Brookes Publishing Company.

Ruskin, E. M., Kasari, C., Mundy, P., & Sigman, M. (1994). Attention to people and toys during social and object mastery in children with Down syndrome. *American Journal on Mental Retardation, 99*, 111.

Salend, S. J. (2006). *Creating inclusive classrooms: Effective and reflective practces for all students*. Upper Saddle River, NJ: Merrill Prentice Hall.

Schultz, E. E., Jr. (1983). Depth of processing by mentally retarded and MA-matched nonretarded individuals. *Education Training in Mental Retardation, 88*(3), 307-313.

Simpson, R. L., et al. (2005). *Autism Spectrum Disorders*. Corwin Press.

Stokes, T. F., & Baer, D. M. (1977). An implicit technology of generalization. *Journal of Applied Behavior Analysis, 17*, 273-278.

Stokes, T. F., & Osnes, P. G. (1986). *Programming the generalization of children's social behavior: Development, assessment, and modification* (pp. 407-433). Orlando, FL: Academic Press.

Swanson, H. L. (1999). What develops in working memory? A lifespan perspective. *Developmental Psychology, 35*, 986-1000.

Tasse, M. J., & Havercamp, S. M. (2006). The role of motivation and psychopathology in understanding the IQ-adaptive behavior discrepancy. *International Review of Research in Mental Retardation, 31*, 231-240.

Tirapelle, L., & Cipani, E. (1992). Developing functional requesting: Acquisitioning, durability, and generalization of effects. *Exceptional Children, 58*(3), 260-269.

Wehmeyer, M. L. (1994). Perceptions of self-determination and psychological empowerment of adolescents with mental retardation. *Education and Training in Mental Retardation and Developmental Disabilities, 29*(1), 9-21.

Werts, M. G., Caldwell, N. K., & Wolery, M. (1996). Peer modeling of response chains: Observational learning by students with disabilities. *Journal of Applied Behavior Analysis, 29*, 53-66.

Williams, L. D. (1985). A band that exceeds all expectations. *Music Educators Journal, 71*(6), 26-29.

Wing, L., & Attwood, A. (1987). Syndromes of autism and atypical development. In D. Cohen &

A. Donneean (Eds.), *Handbook of autism and pervasive developmental disorders* (pp. 3-19). New York: Wiley & Sons.

Wood, J. W. (2006). *Teaching students in inclusive settings: Adapting and accommodating instruction*. Upper Saddle River, NJ: Merrill Prentice Hall.

Wolery, M., Werts, M. G., Snyder, E. D., & Chaldwell, N. K. (1994). Efficacy of constant time delay implemented by peer tutors in general education classroom. *Journal of Behavioral Education, 4*, 415-436.

Zearman, D., & House, B. T. (1963). The role of attention of retardate discrimination learning. In N. R. Ellis (Ed.), *Handbook of mental deficiency*. NY: McGraw-Hill, 159-223.

Zetlin, A. G., & Bilsky, L. H. (1980). Reasoning by trainable mentally retarded and young nonretarded individuals. *Journal of Mental Deficiency Research, 24*(1), 65-71.

Zigler, E., & Balla, D. (1982). Introduction: The developmental approach to mental retardation. In E. Zigler & D. Balla (Eds.), *Mental retardation: The developmental-difference controversy*. Hillsdale, NJ: Lawrence Erlbaum Associates.

Zigler, E., & Bennet-Gates, D. (1999). *Personality development in individuals with mental retardation*. Cambridge: University Press.

Zigler, E., & Hodapp, R. M. (1986). *Understanding mental retardation*. New York: Cambridge University Press.

Zigler, E., & Hodapp, R. M. (1991). Behavioral functioning in individuals with mental retardation. *Annual Review of Psychology, 42*, 29-50.

www.autismspeaks.org

특수학급 경영의 실제

제5장 통합교육을 위한 협력
제6장 특수학급 교육과정
제7장 개별화교육계획
제8장 진단 및 평가
제9장 일반교육 교육과정 접근
제10장 교수 · 학습방법 및 평가
제11장 특수교육보조원
제12장 장애이해교육
제13장 진로교육

제 5 장

통합교육을 위한 협력

이 장의 구성

1. 통합교육과 협력

1) 통합학급과 통합교육

2) 협력을 위한 교육구성원의 역할

2. 통합교육 교사와의 협력

1) 협력과정에 필요한 기술

2) 협력의 형태 및 방법

3) 교사 간 협력의 실제

3. 학부모와의 협력

1) 학부모의 교육활동 참여 영역

2) 협력적 관계를 위한 방법

연구과제

1. 특수교육대상자 교육을 위한 교육구성원 간 협력에 대하여 알아보자.
2. 통합교육 시 통합교육 교사와 학부모와의 협력 사례를 설명해 보자.

이 장의 개요

교육부(2018)의 특수교육 통계에 따르면, 특수교육대상자 수는 총 90,780명이며, 그 중 일반학교에 배치된 학생 수는 64,443명으로 71%에 해당된다. 이들은 통합교육을 위해 일반학교의 일반학급(15,595명 17.2%)과 특수학급(48,848명, 53.8%)에 배치된 학생들이다. 통합교육은 특수교육대상자가 일반학교에서 장애유형 · 장애정도에 따라 차별을 받지 아니하고 또래와 함께 개개인의 교육적 요구에 적합한 교육을 받는 것을 말하는 것이다. 이는 비장애학생과 장애학생이 같은 공간에서 교육을 받는 것이며, 이들에게 최선의 교육활동을 제공하기 위해서는 다양한 노력이 필요함을 보여 주는 것이다.

국립특수교육원(1995)은 '통합교육이 다양한 능력과 개성을 가진 학생들이 함께 학습하고 생활하는 것을 의미하기 때문에 장애아동뿐만 아니라 일반아동에게도 상호 혜택이 주어질 것을 가정하고 있다.'고 하였다. 이처럼 양방향의 상호 혜택이 되기 위해서는 교사들 간의 협력을 통한 적극적인 지원이 필요하다.

협력은 장애학생의 교육목적 달성을 위해 학부모, 통합교육 교사, 특수교육 교사, 특수교육보조원 등 교육에 참여하는 이들이 상호 존중과 신뢰를 바탕으로 공통된 목표를 위해 함께 노력하는 과정이다. 이는 교사 1인의 일방적인 의사소통이나 지원이 아니라, 학생의 질적인 교육기회 보장을 위한 2인 이상의 역동적인 과정으로 특수교육 교사는 통합교육 교사 및 학부모와의 소통과 협력이 필수적이다.

이 장에서는 통합교육을 위한 통합교육 교사와의 협력, 학부모와의 협력의 실제 사례를 살펴보고자 한다.

1. 통합교육과 협력

1) 통합학급과 통합교육

(1) 통합학급

통합학급이란 단순히 장애아동과 비장애아동이 섞여 있는 물리적인 조직이 아니라, 이질성이 다른 학급구성원(장애아동과 비장애아동)들이 서로의 문화를 공유하면서 동질성(또래관계, 교육관계)을 형성하여 그들의 목표를 향해 상호작용하고 협동하는 학교 조직 내의 기본 단위라고 정의할 수 있다(손상희, 2005). 특수교육대상자는 통합학급이 본래 소속 학급으로 교육적 요구와 필요에 의해 특수학급에 배치되어 특수교육과 특수교육 관련 서비스를 지원받는다.

(2) 통합교육

「장애인 등에 대한 특수교육법」 제2조 6항에는 "통합교육이란 특수교육대상자가 일반학교에서 장애유형 · 장애정도에 따라 차별을 받지 아니하고 또래와 함께 개개인의 교육적 요구에 적합한 교육을 받는 것을 말한다."라고 명시되어 있다. 또한 동법 제21조에는 통합교육을 위해 각급 학교의 장이 노력해야 할 사항으로 ① 통합교육의 이념 실현, ② 교육과정의 조정, 보조인력의 지원, 학습보조기기의 지원, 교원연수 등을 포함한 통합교육계획을 수립하여 시행, ③ 통합교육 실시를 위해 특수학급 설치 · 운영에 관해서도 기술하고 있다.

장애학생이 비장애학생과 함께 일반교육 교실에서 그들의 특별한 요구에 적절한 교육을 받도록 하기 위해 학교를 개선하는 것을 '통합교육'이라고 한다. 통합교육은 일반학교에 대하여 융통성 있고 유연하고 반응적인 체제(Lipsky & Gartner, 1987, p. 72)를 요구한다. 다시 말하면, 분리된 특수교육과 일반교육의 체제를 새로운 체제로 재구조화하여 특별한 요구를 지닌 학생인 장애학생들을 일반교육에서 교육한다는 것이다. 통합교육의 성공은 학교가 모든 학습자의 개별성과 다양성이 존중되는 학교문화를 형성하고 이에 적합한 교육을 제공할 수 있는 교사의 전문성을 확보했을 때 가능하다(경기도교육연구원, 2016).

2) 협력을 위한 교육구성원의 역할

Bruner(1991)는 구성원들의 활동을 안내하는 공동의 목적을 가지며 혼자서는 효율적으로 달성할 수 없는 목적을 실현하기 위한 과정으로 협력을 정의한다. 이때의 협력은 공동의 목적과 방향을 설정하는 것, 목적을 달성하기 위한 책임감을 공유하는 것, 공동의 목표를 달성하기 위해 함께 일하는 것을 포함한다.

Cook과 Friend(1993)는 협력을 두 명 이상의 동등한 참여자가 공동의 목적을 달성하기 위하여 의사결정에 참여하는 직접적인 상호작용의 한 방식으로 정의하며, 교사 협력의 특징을 다음과 같이 일곱 가지로 제시하고 있다. 첫째, 협력의 참여는 자발적이어야 한다. 둘째, 협력에 참여하는 교사는 동등하다. 셋째, 협력에 참여하는 교사는 공동의 목적을 가진다. 넷째, 협력에 참여하는 교사는 의사결정에 대한 책임을 공유한다. 다섯째, 협력에 참여하는 교사는 결과에 대한 책임을 공유한다. 여섯째, 협력에 참여하

표 5-1 공동협력의 주요한 과제

항목	특수교사	일반교사	부모	치료교사/보건교사/영양교사	기타 관련 서비스 제공자/행정가
개별화교육프로그램의 개발(전년도 IEP 숙지, 조기교육에 관한 기록, 전년도 교육활동 및 목표달성 여부, 새로운 교육목표 교육과정 등의 계획	장애와 관련된 정보 제공, 교수적합화, 평가항목의 수정 등	통합학급의 교육과정 제공	가정환경, 아동의 강점, 약점, 교육과정에서 필수적으로 제공해야 하는 항목들의 우선순위 등	치료활동, 약물의 투입과 관련된 정보 제공 등	보조교사의 지원 여부, 현재 학교 외에서 받고 있는 서비스 항목
협력교수	교수활동 강점	교수활동 강점, 특기분야 등			
일상생활과 관련된 요구(약물과 관련된 내용 등)			물품지원, 수업시간조정		
수업자료, 교수전략					
학급적응(행동문제, 정서, 사회적 기술 등)	행동지원방법	학급경영정보, 교수집단화 등			

출처: 이대식, 김수연, 이은주, 허승준(2008).

는 교사는 자원을 공유한다. 일곱째, 협력에 참여하는 교사는 상호 신뢰와 존중의 관계를 형성한다.

Johnson과 Johnson(1974)은 협력을 각 개인의 목적이 공동의 목적과 연결되고 그들의 목적을 성취하기 위하여 긍정적인 상호관계를 맺는 것으로 정의하였다. 그리고 빈번한 상호작용, 효과적인 의사소통과 정보 교환, 구성원의 노력 촉진, 구성원의 자원에 대한 공유 및 활용, 발산적 사고, 모든 구성원의 높은 감정적 관여와 헌신, 구성원 간의 높은 수용과 지지, 구성원 간의 신뢰, 문제해결을 통한 갈등 관리, 실현 가능한 분업, 실패에 대한 낮은 두려움을 협력적인 상호작용의 특징으로 제시하였다(Johnson & Johnson, 1982).

2. 통합교육 교사와의 협력

일반학교에서 통합교육 환경에 있는 장애학생은 통합학급과 특수학급에 동시에 소속된 경우가 대부분이다. 이것은 통합교육 교사와 특수교육 교사가 함께 장애학생의 학교생활에 대해 책무성을 가짐을 의미한다. 장애학생의 통합교육 효과를 높이기 위해서는 특수교육 교사와 통합교육 교사의 공동의 노력이 필요하다. 아동의 배치에 관한 결정부터 통합된 학생의 교수·학습의 계획, 실행, 적용을 위해서는 필수 불가결한 요소다(김수연 외, 2006). 특히 통합교육의 성공적인 실행에 방해가 되고 있는 요소 중 하나로 특수학급 교사와 통합학급 교사에게서 발견되는 주인의식의 결여가 지적되면서, 그들 간의 협력관계 형성이 통합교육의 질적 성과를 위한 필수적인 요소로 대두되었다(이소현, 황복선, 2000).

국립특수교육원(2017)의 특수교육 실태조사에 따르면, 특수교사의 통합학급 수업참여 정도에서 특수학급 교사는 '참여한다' 17.2%, '참여하지 않는다' 82.8%로 나타났다. '참여한다'는 경우 유 87.2%, 초 14.8%, 중 6.4%, 고 5.5%였다. 또한 특수학급 교사가 참여하는 통합학급 수업영역은 '특정교과에 관계없이 참여' 54.1%, '특정교과(예: 사회, 과학, 음악, 미술, 체육 등)만 참여 23.3%, '창의적 체험활동(유치원: 특별 프로그램)만 참여' 13.4%, '기타' 9.2%로 나타났다. 특수교사가 참여하는 통합학급 수업형태에 대한 설문조사에서는 특수학급 전체에서는 '일반교사가 주도적으로 수업을 실시하고 특수교사는 보조 역할'이 67.0%, '일반교사와 특수교사가 동등한 역할로 수업'이 15.0%, '특수교사가 주도적으로 수업을 실시하고 일반교사는 보조 역할'이 4.7% 순으로 나타났다.

특수교육 실태조사 결과처럼 통합교육 실행 비율이 낮으며, 이는 통합학급 교사와 특수학급 교사 간 협력을 위한 사전 준비 또한 미비할 수밖에 없는 상황이다. 성공적인 통합교육을 위해서는 특수학급 교사 개인의 노력이 아닌 학교구성원 전체가 참여할 수 있어야 한다.

통합교육의 수준이 개인 특수교사의 역량에 좌우되지 않으려면 지속 가능한 통합교육 시스템이 구축되어야 한다. 지속 가능한 통합교육 시스템이 갖추어진다면, 학교관리자가 바뀌어도, 특수교사가 신규 임용되어 오더라도, 그 학교의 장애학생은 충분한 지원을 제공받으면서 통합될 수 있을 것이다(경기도교육연구원, 2016).

1) 협력과정에 필요한 기술

협력과정에 필요한 기술로는 개인 간의 의사소통 기술, 듣기 기술, 질문 기술, 관찰 기술 등이 있다.

(1) 개인 간의 의사소통 기술

조화롭고 생산적인 관계를 발전시키고 유지하는 데에는 많은 노력이 필요하다 (Bauwens & Hourcade, 1995). 일반학급에서 교육받는 특별한 요구를 가진 학생들이 늘어남에 따라, 특수교육 교사와 일반교사는 다음과 같은 방법, 즉 학생 발전에 대한 정보를 교환하기, 진단검사의 정보 공유하기, 성적에 대한 책임을 공유하기, 협력적인 장·단기 교육계획에 참여하기, 부모들과 다른 전문가들을 함께 만나기와 같은 방법으로 의사소통하고 있다(Voltz, Elliott, & Cobb, 1994). 효과적인 개인 간의 의사소통 기술은 이러한 의사소통을 순조롭게 진행시키는 데 필수적인 것이다. Johnson과 Pugach(1996)는 대인관계 기술의 네 가지 중요한 요소들을 제시했다.

- 서로에 대해 알고 믿기
- 정확하고 명백하게 의사소통하기
- 서로 수용하고 지원해 주기
- 대립관계의 문제를 건설적으로 해결하기

⑵ 듣기 기술

듣기는 삶의 모든 면에서 가장 근본적인 요소로서, 협력적인 활동에 있어서 특히 중요하다. 이는 어떤 사람이 말하고 있다는 것을 이해하기 위한 관심과 기대를 나타내며(Friend & Cook, 1996), 관계없는 문제들(예: 날씨나 방과후의 일) 대신에 문제가 담고 있는 자문의 핵심을 유지하도록 도와준다. 또한 듣기는 친밀감 형성을 도와주며, 정확하고 적절한 정보를 얻을 수 있게 해 준다. 교육자들은 훌륭하고 적극적인 듣기가 협력을 촉진시켜 준다고 확신한다(Idol-Maestas & Ritter, 1985).

대부분의 교사들은 효율적이고 반응적인 경청이 동료관계 형성에 중요하다는 것에 동의한다. 그러나 효율적으로 듣는 것을 배운 교사는 거의 없다. 효율적인 듣기를 방해하는 반응들에 대해 아는 것은 듣기 기술을 향상시키는 데 있어서 첫 걸음이다. Friend와 Cook(1996)은 듣기 기술을 향상시키는 데 있어서의 추가적 전략들을 다음과 같이 열거하였다.

- 토론 결과에서 여러분이 말했던 정보를 반복하라.
- 정보가 주어질 때, 여러분의 분류체계를 바꾸면서 얻은 지식(정보)에 대해 범주화하라.
- 여러분에게 도움이 될 만한 세부 목록은 참고사항으로 노트에 적어라.
- 여러분이 계속 반응하고 있다는 신호를 선택하여 사용하라.

⑶ 질문 기술

질문하기는 협력을 하는 동안에 지식 습득의 기본적 원천으로써 이용된다. 적당한 질문을 표현하는 기술을 습득하는 것은 중요하다. 질문을 말로 표현하는 방식은 우리가 받는 반응들에 크게 영향을 끼친다(Friend & Cook, 1996). 예를 들어, 정보를 얻고자 하는 물음은 정보를 제공하고자 하는 질문(예: '선생님은 철수에게 어떤 읽기 교재를 사용하나요?' 또는 '선생님은 상학이의 부모에게 그를 의사에게 데려가 진찰을 받아 볼 것을 요구한다면 무슨 일이 일어날 거라 생각합니까?')과 다르게 표현되어야 한다.

질문은 의사소통의 과정을 명확히 해 줄 수 있는 그리고 안내해 줄 수 있는 도구이다. 질문은 문제의 발생 빈도, 기간, 정도, 그리고 행동이 일어나는 상황과 관련된 정보를 알아내기 위해 세부적이고 잘 고안되어야만 한다.

비록 질문이 매우 유용한 것이라고는 하지만, 특수교육 교사 혹은 상담자는 자신의 질문이 심문처럼 들리지 않도록 세심한 배려를 해야 한다. 예를 들어, 한 선생님이 '문제 학생'에 대한 도움을 청하러 다른 선생님을 찾아간 상황에서 사용되어야 할 첫 단계는 다양한 질문을 하는 것이다. 도움을 요청한 선생님은 심문을 받고 있다고 느낄지도 모른다. 너무 많은 질문은 협력 관계를 진전시킬 가능성을 없애 버린다. 질문은 다른 전략과 함께 사용됨으로써 실제적으로 협력을 북돋아 줄 수 있다.

(4) 관찰 기술

듣기 기술, 질문 기술과 더불어, 협력적 자문과정에 중요한 또 다른 기술은 교실에서 관찰하는 능력이다. 주의 깊은 관찰은 자문과정의 정보를 수집하는 데 필수적인 것으로 오랫동안 알려져 왔다(Idol, Nevin, & Paolucci-Whitcomb, 1994). 특수교육 교사(자문가)가 교실에서 학생이나 교사의 행동을 관찰하는 것은 일반교사에게 가장 큰 도움이 될 수 있다. 일반교사는 학교생활에서 학급활동 동안에 특별한 학생을 떨어져서 관찰할 기회가 거의 없다. 특수교육 교사는 중재를 계획할 수 있는 관찰 자료를 제공할 수 있다. 특별한 행동에 대해 수집된 자료는 목표를 설정하고, 프로그램을 계획하고 중재의 효과를 평가할 수 있도록 도와줄 수 있다(Dettmer, Thurston, & Dyck, 1993). 그러나 다른 교사의 학급을 관찰하는 것은 쉬운 일이 아니다. 특수교육 교사가 관찰하려고 일반교사의 학급에 들어갈 때 두 협력자는 모두 불편하다. 특히 교사는 긴장하고 걱정하게 될 수 있다. 관찰의 과정을 촉진시켜 주는 그리고 교사의 걱정을 줄여 주는 몇 가지 단계가 있다. Dettmer, Thurston과 Dyck(1993)은 다음을 제안한다.

- 교실에 들어갈 때 긍정적인 말을 하라.
- 교사에 의해 지정된 장소에 겸손하게 앉아라.
- 교실활동에 참여하지 마라.
- 행동을 암호로 기록하라.
- 교사에게 미소와 도움을 주는 눈으로 관찰을 마쳐라.
- 교실 방문 후 관찰에 관해 긍정적이며 특별한 말을 교사에게 하라.

대개 한 번의 관찰로는 도움이 되지 않으므로, 반복해서 관찰하는 것이 가장 좋다. 여러 날 동안의 자료를 가지고 특수교육 교사는 일반교사에게 많은 예를 들어 의문시되던 행동과 문제에 관해 신뢰할 만한 이해를 제공할 수 있다. 관찰자는 교사행동도 알게 된다. 교육적 문제에 수정이 필요하다면 특수교육 교사는 부담스럽지 않은 방식으로 가능한 교육적 변화를 토론해야 한다. 효율적인 관찰 기술은 협력 관계에 있어서 매우 중요하다.

2) 협력의 형태 및 방법

국립특수교육원(2017)의 특수교육 실태조사 결과에는 특수교사가 통합학급 수업에 참여하는 비율은 17.2%이며, 유치원이 87.2%에 해당된다. 초등과 중등에 비해 월등히 통합교육 실시율이 높게 나타나고 있다. 통합교육을 실시함에 있어 특수교육 교사와 통합교육 교사의 긴밀한 협력이 필요하다는 것에는 이의가 있을 수 없을 것이다.

〈표 5-2〉는 방명애(2003)가 제시한 교사 간 공동협력 형태에 관한 것이다.

표 5-2 교사 간 공동협력의 형태

협력 형태	설명	예
협력적 교환	교사 경력에 상관없이 새로운 정보나 지식을 자유롭게 교환한다.	특수교사와 일반학급 교사가 통합된 특수아동의 학습 특성에 관해 정보를 교환한다.
협력적 모델링	경험이 많은 교사가 특정 교수 실제에 대해 동료교사들에게 시범교수를 보인다.	특수교사가 일반학급 교사들에게 통합된 특수아동의 행동문제 중재방법을 시범 보인다.
협력적 코칭	경험이 많은 교사가 동료교사에게 새로운 교수전략이나 실제를 습득하고 적용할 수 있도록 피드백을 제공한다.	경험이 많은 특수교사가 신임 특수교사에게 개별화교육 프로그램을 능숙하게 작성할 수 있도록 피드백을 제공하며 돕는다.
협력적 감독	경험이 많은 교사가 동료교사의 교수 실제에 대해 평가적 피드백(evaluative feedback)을 주어 교수가 향상되도록 돕는다.	주임교사가 컴퓨터를 이용한 일기 프로그램을 실시한 교사의 교수방법이 효과적이었는지에 대해 평가한다.
협력적 조언	경험이 적은 교사가 문제에 부딪힐 때마다 경험이 많은 교사가 조언을 하여 문제 해결을 돕는다.	신임교사가 비협조적인 부모와의 관계, 교사의 탈진상태(burnout) 및 동료교사와의 갈등에 이르기까지 모든 문제에 대해 경험이 풍부한 교사에게서 조언을 받는다.

출처: 방명애(2003).

(1) 소통과 참여

통합교육 교사와 특수교육 교사가 통합교육을 위한 학생들의 준비도 진단, 비장애 학생들의 태도 변화를 위한 전략을 시행, 치료교육, 교수방법의 계획과 실행, 장애학생

표 5-3 통합교육 교사 협의 자료의 예시

2018 통합교육 교사 협의 자료

1. 통합교육의 개념 및 필요성
   가. 모든 유아를 대상으로 함
   나. 모든 유아가 하나의 교육활동 속에서 함께 놀고 배우면서 각자의 교육적 요구를 해결하고 최상의 발달과업을 이행할 수 있도록 교육내용 · 방법을 실행하여야 함

2. 협력교수
   가. 협력교수란: 교사가 한 팀을 이루어 교육하면서 각각 개별적으로 가진 지식을 다른 교사와 공유하고 한 사람이 활동할 때보다 더 나은 교육 방안을 얻는 것
   - 일반교사: 일반유아가 가진 지식의 깊이에 대한 전문성
   - 특수교사: 특별한 교육적 요구에 따라 고안한 교수방안에 대한 전문성

   나. 협력교수의 유형

유형	방법	장점	단점
교수 지원	주교사, 부교사의 형태	적재적소에 따른 지원이 가능함	교육활동에 대한 관심이 떨어질 수 있음
스테이션 교수	독립된 스테이션을 각각 맡아서 운영	소집단으로 운영 가능	스테이션 간 활동 내용의 수준차가 동일해야 함
평행교수	각자 다른 소집단에서 동시에 교육활동을 함		
팀티칭	교육내용을 공동으로 구안하여 같은 학습 집단을 동일하게 가르침		

3. 통합교육의 실행

순번	실천과제	협의 결과	
1	학습자 간 '의미 있는 소통'이 일어나도록 하는 수업환경 조성	김○○	
		이○○	
		이○○	
2	하나의 교육과정 구안 (통합교육 시간표)		
3	교사 간 협력 방안 마련		

출처: 송민지(2018).

과 가족들을 위한 지원서비스, 학부모나 다른 협력체제 구성원들과의 커뮤니케이션, 학생들의 성취도 평가 등 전반적인 부분에서의 소통과 참여가 필요하다. 〈표 5-3〉과 〈표 5-4〉는 공립단설유치원 환경에서 통합교육 교사와 특수교육 교사와의 협력을 위해 실시하는 협의와 실행과정을 보여 주는 자료이다.

표 5-4 통합교육 협의록의 예시

<table>
<tr><th>일시</th><th>2018. 4. 25. (수) 14:00~</th><th>장소</th><th>풀잎1반 교실</th></tr>
<tr><td>참석자</td><td colspan="3">특수학급교사(송○○), 통합학급 교사(최○○)</td></tr>
<tr><td>협의주제</td><td colspan="3">2018 5월 통합교육 협의회</td></tr>
<tr><td>협의 내용</td><td colspan="3">
<table>
<tr><th>순</th><th>실천과제</th><th colspan="3">협의 결과</th></tr>
<tr><td>1</td><td>학습자 간 '의미 있는 소통'이 일어나도록 하는 수업환경 조성</td><td colspan="3">김○○: 주의환기를 위한 시도
이○○: 자신감 향상을 위한 노력</td></tr>
<tr><td rowspan="6">2</td><td rowspan="6">교사 간 협력 방안 마련</td><td rowspan="3">1</td><td>활동명</td><td>(이야기 나누기)
나에게는 다양한 감정이 있어요</td></tr>
<tr><td>활동일시</td><td>2018. 5. 2.(수) 10:30~11:00</td></tr>
<tr><td>협력유형</td><td>평행교수</td></tr>
<tr><td rowspan="3">2</td><td>활동명</td><td>(바깥) 동대문을 열어라</td></tr>
<tr><td>활동일시</td><td>2018. 5. 23.(수) 10:30~11:00</td></tr>
<tr><td>협력유형</td><td>팀티칭</td></tr>
</table>
〈이야기 나누기〉 나에게는 다양한 감정이 있어요
<table>
<tr><th>학급</th><th>활동내용</th><th>담당</th><th>자료 및 유의점</th></tr>
<tr><td>꽃잎반</td><td>이야기 나누기</td><td>최○○</td><td rowspan="2">사전 유아 명부 작성</td></tr>
<tr><td>풀잎반</td><td>이야기 나누기</td><td>송○○</td></tr>
</table>
</td></tr>
</table>

〈바깥〉 동대문을 열어라

단계	활동내용	담당	자료 및 유의점	
사전 활동	–이야기 나누기 –'동대문을 열어라' 노래 배우기	송○○, 최○○	학급별 진행	
인솔	–줄 서서 나가기	앞: 최○○ 뒤: 송○○	5′	안전사고에 유의하여 진행한다. 특수교육지도사는 유아를 지원한다.
도입	–활동방법 · 규칙 및 약속 설명 –시범 보이기	최○○	10′	
전개	–'동대문을 열어라' 활동	송○○, 최○○	15′	
마무리	–활동평가, 활동방법의 어려움 –규칙 및 약속 이행의 여부 –통합하여 활동한 것에 대한 평가	송○○	5′	
인솔	–줄 서서 나가기	앞: 최○○ 뒤: 송○○	5′	

1. 대문 역할을 하는 친구 두 명을 정하고 대문 역할이 된 친구가 문을 만든다.
2. 모든 친구들이 '동대문을 열어라' 노래를 부른다.
3. 노래에 맞춰 대문 안으로 친구들이 들어간다.
   –노랫말에 '12시가 되면 문을 닫는다.'라고 끝나는 부분에 들어오는 친구가 다시 대문 문지기가 된다.

출처: 송민지(2018).

(2) 교육과정 구성을 위한 협력

교육과정이란 학생이 학교에서 배우는 모든 것을 의미하며 특정 교과학습, 일반적 지식 및 기술, 사회적 상호작용, 학습과정, 가치관과 사회규범을 가르치는 잠재적 교육과정까지 포함한다. 교육과정 적용 시 적절한 지원만 제공된다면 장애학생은 기능적 기술뿐만 아니라 교과학습도 일반학급의 교육과정에 참여하면서 성공적으로 학습할 수 있다. 성공적인 학습을 위한 통합교육 교사와 특수교육 교사의 협력은 필수적이다.

(3) 통합학급에서의 교과지도 및 교수적 수정

① 통합장면에서의 교과지도

일반학교에 통합되어 있는 장애학생의 경우, 주로 주지교과인 국어와 수학과를 제외한 나머지 교과를 통합학급에서 수업을 하는데(이유훈 외, 2000), 이 경우 통합학급 교

사가 교과수업을 담당해야 하는 실정이지만, 특수교사의 지원이 제공되지 않으면 거의 방치되는 경우가 많다(강경숙 외 2000; 김은주 외, 2003; 정주영, 신현기, 2003). 장애학생의 경우 국어와 수학 등 주지교과 외 도덕, 사회, 과학, 음악, 미술, 체육과 같은 예체능 과목은 통합학급에서 수업을 하기 때문에 이러한 일반교과목에 접근하기 위한 방법이 강구되어야 한다. 그렇지 않을 경우, 인지수준과 적응능력이 떨어지는 장애학생은 물리적 통합 수준에 머무르기 때문에 의미 없는 수업시간을 보내게 된다. 다시 말하면, 장애학생을 통합교육 장면에 배치할 때는 장애학생에게 적절한 방법으로 교과수업을 전개하기 위한 교수적 접근을 시도해야 한다는 것이다. 정주영과 신현기(2003)의 연구에 의하면, 교수적 수정에 대한 통합학급 담당 일반교사들의 인식은 교수적 적합화에 대해 긍정적인 지각을 보였으며 실행 가능성 면에서도 비교적 긍정적인 반응을 보였다.

특수학급에서는 통합학급에서 이루어지는 교수·학습의 질을 보장하기 위해 협력적 관계를 유지하면서 지원요소를 파악하여 자문·상담의 역할뿐 아니라 자료 제공자의 기능도 더불어 수행해야 한다(강경숙, 2002). 이러한 자료 제공은 교사 차원의 수행뿐 아니라 국가적인 차원에서 통합학급 교과수업의 원활한 진행을 위해 프로그램 개발과 더불어 현장에 제공되고 보급되어야 할 것이다.

② 통합장면에서의 교수적 수정

교육과정적 통합을 위한 다양한 요소로는 교수적 수정을 들 수 있을 것이다. 장애를 가진 학생에게 적절한 수정(accommodation)을 조치하기란, 여러 과목에 관해 나열해 놓은 적합화(adaptation) 제안사항 중 하나를 골라 사용할 수 있는 것이 아니다. 학생의 능력과 기술에 대한 평가, 그리고 확보될 수 있는 자원에 대한 계획을 철저히 세워야 한다(Hoover & Patton, 1997; Stainback & Stainback, 1992). 교육과정적 수정 대상이 되는 학생과 관련된 모든 교사들 간의 협력 또한 확보되어야 한다(Walther-Thomas et al., 1999).

우리나라에서 교육과정 통합에 대한 강력한 촉구와 더불어 가능한 방안을 제시한 박승희(1999)는 교수적 수정의 다섯 가지 유형으로 교수환경의 수정, 교수 집단화 형태의 수정, 교수방법(교수활동, 교수전략 및 교수자료)의 수정, 교수내용의 수정, 평가방법의 수정을 제시하고 있다.

3) 교사 간 협력의 실제

협력은 통합교육 활동 시에 빛을 발한다. 통합교육은 장애학생이 일반학교에 배치됨으로써 시작된다. 과거에는 일반학교 배치만으로도 통합교육의 긍정적인 성과라고 여겼지만, 이제는 질적인 성과를 기대하며, 교육과정적 통합을 통한 교육적인 성과를 평가하기 시작하였다. 통합교육 교사와 특수교육 교사가 함께 할 수 있는 통합교육의 내용을 살펴보면서, 어떤 방법과 내용으로 협력이 이루어져야 할지 다시 한 번 고민해 봐야 한다. '장애'는 협력이란 도구를 통해 시너지 효과를 내게 하는 원동력이 되기도 한다. 통합교육 교사와 특수교육 교사의 협력을 통해 윈윈(win-win) 하는 교육의 성과를 얻을 수 있을 것이다.

통합교육 교사와 특수교육 교사의 협력이 없으면 진정한 통합교육의 성공은 없다. 질적인 통합을 요구하고 있는 지금, 통합교육 교사에게는 장애학생이 심적 부담으로 다가올 수밖에 없다. 통합교육은 특수교육 교사의 노력만으로 이루어지는 것이 아니기 때문이다. 통합장면에 있는 통합교육 교사의 따뜻한 사랑과 관심이 우선되어야 한다. 통합교육 교사가 장애학생을 마음으로 내 학급 내 아이로 받아들이면, 학급 학생들도 생각의 혼란 없이 그들을 당연하게 내 친구로 받아들이기 때문이다.

통합에도 단계가 있다. 처음 만난 그 순간부터 질적인 통합교육이 이루어질 수는 없기 때문이다. 서로 노력하는 가운데 적응하며 상호 협력하는 것을 배우게 되는 것이다. 이 과정이 동시에 이루어지기도 하지만 대부분 현장에서는 3단계의 발전 과정을 거치며, 통합의 정도에 따라 통합교육 교사와 특수교육 교사의 협력 정도도 변하게 된다. 여기서는 통합교육 활동을 3단계로 구분하여 간략히 기록해 보았다.

(1) 1단계: 함께 있기(물리적 통합)

장애학생을 처음 보았다면 이 시기는 그 아이를 받아들이는 시간으로, 서로가 적응하는 기간이다. 적응기간은 장애학생에게만 필요한 것은 아니다. 서로를 있는 그대로 받아들이는 시간, 함께하는 시간을 통해 장애학생도 학급 구성원으로 자리매김을 할 수 있도록 하는 시기다. 이때가 통합교육 교사와의 협력이 가장 중요한 때이기도 하다.

(2) 2단계: 함께 놀기(사회적 통합)

서로 다른 특성을 지닌 학생들이 함께 놀며, 서로를 이해하고 학급 구성원으로서 자리매김하게 하고, 상호 호혜적인 관계로 협력할 수 있는 또래친구가 되도록 지원하는 활동이다. 즉, 비장애학생과 장애학생이 서로 부대끼며 정을 쌓아 가는 것이다. 함께 놀기에 익숙해질 때쯤이면 이런 질문을 하는 통합교육 교사도 생겨난다. "수업 중에 아무것도 안 해요. 도와줘야 하는데, 어떻게 해야 해요?"

다음의 예시는 수련회를 다녀온 자폐성 장애학생의 엄마가 담임선생님과 친구들에게 전하는 글이다.

이정희(가명) 선생님과 그 악동들에게…^^

1박 2일의 수련회…. 잘 다녀왔습니다. 허여멀겋던 얼굴이 빨갛게 그을려 가지고 온 모습도 예쁩니다. 주위에서 주워들은 그 말썽 많은 수련회… 안전사고에 장애아이를 경험하지 못한 담임선생님의 염려에도 불구하고 저의 의견을 지지해 주시고, 종민(가명)이를 믿고 흔쾌히 동참케 하신 이정희 선생님과 6학년 2반 친구들에게 고마움을 전합니다. 아직 miss이신 담임샘을 엄마처럼 좋아했다네요. 어찌 그리 넉넉하신 가슴을(?) 가지셨는지… ㅋㅋ 그렇게 좋아하니 미워할 수도 없을 겁니다. ㅎㅎ~~~~~~ 아이들과의 좋은 경험을 통해 종민이의 마음도 훌쩍 컸으리라 봅니다. 함께하신 선생님과 친구들… 비록 완벽한 모습은 아니지만 종민이도 같이할 수 있다는 믿음을 보았으리라 생각하며 무엇보다 값진 결과가 아니었나 하는 생각이 듭니다. 아직 어린 동생들 때문에 종민이가 수련회 떠나는 모습을 보지 못하신 특수학급 선생님들께도… 마음으로 지지해 주신 것… 감사드립니다.

종민이가 테이프를 잘~ 끊었으니 후배들이여!! 쭉~~ 이어 가시길…//ㅋㅋ.

—통합학급 담당교사에게 감사한 마음을 전하는 학부모의 글
(우리 학교 우리 교실, 2005. 4. 27.)

(3) 3단계: 함께 공부하기(교육과정적 통합)

교사는 학급에 속한 장애학생들이 물리적으로만 존재하는 것이 아니라, 적합한 교육을 받도록 하는 것이 중요하다. 예를 들면, 교육과정의 수정방법, 소집단 · 대집단 · 일대일 교수법, 협동학습 전략, 또래교수 방법, 우정관계 촉진전략 등 다양한 교수방법론과 실제에 익숙해져야 한다.

3. 학부모와의 협력

학부모는 특수교육 교사에게는 더할 나위 없는 든든한 조력자이다. 또한 가족은 장애학생의 첫 번째 교사이기 때문에 더욱 중요하다. 가족 구성원들 중 특히 학부모는 장애자녀를 격려하고, 촉진하며, 칭찬과 적절한 피드백을 제공한다. 자녀에 대해서 학부모만큼 잘 아는 사람은 없으며, 자녀가 많은 기술들을 배우는 데 도움을 주는 1차적인 지원자이기에 중요하다. 학부모의 역할을 단순히 한 자녀의 양육자가 아닌 학생을 함께 지도하는 동료교사 혹은 협력교사의 수준으로 확대시킬 경우에는 그 중요성이 더욱 커진다.

학부모와의 협력을 위해서는 가장 먼저 학부모의 마음 읽기가 필요하다. 학부모는 특히 자녀가 새 학년이 되면 담임교사에 대한 기대와 함께 한편으론 불안함과 미안함으로 인해 심리적으로 불편한 상태가 된다. 담임교사가 내 아이를 어떻게 생각하는지, 내 아이에 대해 어떤 태도를 보이는지, 내 아이를 이해하고 도울 수 있는지를 탐색하게 된다. 이런 마음과 행동은 부모라면 누구나 겪는 일이다. 특수교육 교사는 학부모의 이런 마음을 잘 읽어 낼 필요가 있다. 같은 상황이라도 보는 시각에 따라 부정적인 생각으로 교사와의 거리가 멀어질 수도 있기 때문이다. 학부모의 마음 읽기를 실패한다면 협력하는 일이 쉽지만은 않을 것이다.

생각해 보기

- 교사의 생각

경력 2년차인 교사 홍길순은 요즘 기분이 우울하다. 특별히 기분 나쁘게 대한 적이 없는데 부모님이 학급 일에 부정적이고 호응도 없다. 얼마 전 아침 교실 앞에서 의논할 게 있다고 하길래 "수업이 5교시이니까, 2시 이후에 오세요."라고 말씀 드렸다. 그러나 그날 오후 2시에 오시지 않았고, 그 후론 교실 방문도 뜸해지시고, 가끔씩 마주쳐도 목례만 할 뿐 서먹한 얼굴로 대하고 있다.

• **학부모의 생각**

올해 입학한 내 아이가 교실에서 적응을 못하고 힘들어한다. 선생님 눈치도 보인다. 교실에서 옆 친구를 깨물고 소리 지르고 해서 수업이 어렵다고 며칠 전 담임선생님이 말씀하셨다. 나도 이제 학교라는 울타리에 들어왔는데 어떻게 해야 할지 잘 모르겠다. 선생님께 도움을 받고 싶은데 학기 초라 너무 바쁘신 것 같다. 며칠을 고민하다 등굣길에 특수학급 선생님께 말씀을 드렸다. "선생님, 잠깐 드릴 말씀이 있는데요……." "수업이 5교시이니까, 2시 이후에 오세요."라는 선생님 말씀을 들었다. 2시가 다 되었다. 며칠을 고민하던 것이 무엇이었나? 생각해 보니 딱히 특수교사에게 할 말이 없어, 가지 않았다.

학생의 교육을 위해 학부모의 협력은 필요충분조건임에 틀림없다. 그럼에도 많은 교사들은 학부모와의 관계 형성이 어렵고, 협력의 어려움으로 인해 교사 개인의 노력만으로 충분하다고 생각하기도 한다. 좋든 싫든 학부모와 특수교육 교사는 한배에 타고 있다. 서로의 의견을 조율하고 협력한다면 더할 나위 없지만, 반대의 경우 양보도 없고 의견 조율도 없다면 그 배는 머지않아 뒤집히거나 난파될 것임에 틀림없다. 학생(자녀) 교육을 위해 특수교육 교사인 나는, 아이의 부모인 나는 어떤 마음으로 교육에 참여하며 어떤 많은 노력과 시도를 할 것인가 생각해 볼 필요가 있다.

1) 학부모의 교육활동 참여 영역

학부모의 학교 교육활동 참여에서 중요한 것은 학부모가 어느 범위까지 참여할 수 있는가 하는 문제다. 교사의 전문적 고유 권한으로서의 가르칠 권리를 존중하면서, 동시에 학부모의 자녀교육권이 보장되는 참여 영역을 명확히 구분하는 것은 쉽지 않다. 교사의 전문직의 자율성을 보장하는 범위 내에서 학부모가 교육활동에 참여할 수 있는 영역은 다음과 같이 분류할 수 있다(김선욱, 2003).

첫째, 교수 · 학습지도 영역에서의 참여이다. 이는 학부모가 교실수업의 참관자, 학습의 보조자, 교수 요원으로 참여하는 경우와 학부모가 자녀의 성적, 태도, 진학, 능력 등에 대해 교사와 상의하거나 의사소통을 하는 경우가 해당된다.

둘째, 생활지도 영역에서의 참여이다. 이는 학부모가 직접 자녀의 인성문제, 풍기문제 등 자녀의 생활지도 면에서 교사와 상담을 하는 경우가 포함되며, 학부모가 교통지도 및 교외 생활지도 요원으로 활동하는 경우 등이 포함된다.

셋째, 특별활동 영역에서의 참여이다. 이는 학부모가 예체능, 취미, 오락 등의 특별활동 영역에서 시범을 보이거나 이 분야에 대한 전문적 지식을 제공하는 활동 등이 포함된다.

넷째, 학교의 행정 및 재정 그리고 시설 영역에서의 참여이다. 이 경우는 학부모가 학교의 행 · 재정 영역에서의 의사결정에 직간접적으로 참여하는 것을 의미한다.

교육과학기술부(2010)에서 제시한 학부모의 자녀 학교교육 활동 참여 방법에는 학부모회 중심의 학교교육 참여, 자원봉사활동 참여, 학교정책 수립을 위한 학부모 모니터링 활동, 학교에 의한 학부모 교육활동, 학교교육 정보 제공 활동이 있다. 〈표 5-5〉는 학부모회 학교교육 참여 중점지원 활동 내용을 정리한 것이다.

표 5-5 학부모회 학교교육 참여 중점지원 활동

구분	중점 지원내용
학교교육 모니터링	학교수업 및 방과후학교 참관, 학교교육에 대한 정기적인 학부모 의견 수렴 등 학교교육 모니터링 활동지원
학부모 자원봉사	창의적 체험활동 지도, 저소득층 · 다문화가정 자녀돌봄, 독서지도 등 학부모의 전문성을 발휘한 자발적인 봉사활동 지원
학부모 교육	학부모회가 학부모 수요조사를 통해 희망하는 학부모교육을 신청하면 학교에 직접 찾아가서 학부모교육 프로그램 제공

출처: 교육과학기술부(2010).

2) 협력적 관계를 위한 방법

특수학급 학부모도 〈표 5-5〉와 같이 다양한 방법과 내용으로 학급활동에 참여하고 있다. 특수교육 교사는 학부모의 적극적인 참여와 협력을 위해서 학생(자녀)에 대한 정보를 직간접적으로 제공해야 한다. 이를 통해 학부모가 자녀의 교육활동에 관심을 갖고 교육활동의 협력자로 자리매김 되도록 특수교육 교사의 지속적인 노력이 필요하다.

(1) 전화 통화

가장 손쉬운 방법이 전화 통화이나 의외로 자주 이용하지 않는 것이 대부분이다. 전화는 학부모와 가장 손쉽게 빨리 의견을 나누고 조율할 수 있는 방법으로, 이를 통해 자녀의 제 특성을 이해할 수 있도록 하며, 학교와 가정과의 연계하에 교육의 일관성을 유지하고 책임 있는 부모로서의 역할을 수행할 수 있도록 한다.

학부모와의 전화 통화는 다음과 같은 일상적인 문제를 해결 또는 지원하기 위한 방법으로 활용된다.

- 일주일이나 한 달에 한 번 주기적으로 학교생활에서의 학습진보, 행동발달, 문제행동, 친구관계 등의 정보 제공
- 학생의 몸에 어제는 없던 상처가 있을 때나 특수학급 교실에서는 없었던 상처가 하교를 위해 내려온 학생의 얼굴, 목이나 손등에 났을 경우
- 학생이 제시간에 등교하지 않았거나 결석을 한 경우
- 학생이 알림장이나 안내장을 제대로 전달하지 못하는 경우
- 담임교사와의 협의사항이나 학생과의 문제행동 수정 시 계약사항을 안내장이나 알림장으로 보내기 전 미리 사전 안내한 경우 등

(2) 학교방문 상담

학부모 상담은 전화, 학교방문 등 다양한 형태로 이루어진다. 학교방문 상담일 경우 사전에 상담 일정을 조율해야 한다. 특수교육 교사는 상담 시 필요한 질문 내용을 미리 준비해 두는 것이 효과적이다. 예를 들면, 특수교육대상자의 인적사항, 교육사항 등에 대한 '기초자료 조사서'(〈표 5-6〉 참조)를 준비해서 질문하고 작성하는 것이 바람직하다. 상담은 학부모와 라포 형성을 통해 교육적 협력관계를 형성시킬 수 있는 기회가 될 수 있다. 또한 특수교육대상자 정보 파악을 통해 개별화교육계획 수립 시 기초자료로 활용할 수 있다. 이 기초자료 조사서는 학교방문 상담이 어려운 경우, 가정으로 보내 회신을 받을 수도 있다.

표 5-6 기초자료 조사서 양식의 예

기초자료 조사서(양식)

1. 인적사항

학생명 (학년반)		(–)	주민등록번호	
주소			복지카드	유, 무
장애명			장애원인	
성격 (특성)	장점			
	단점			
문제행동				
건강	병력			
	약물	〈복용 중인 약물〉		
가족관계	관계	이름	생년월일	직업
연락처	휴대폰		〈부〉	〈모〉
	e-mail			
교사와의 만남	연락 가능한 일시			
	학교방문 가능 일시			

2. 교육 관련 사항

가. 자녀가 현재 방과 후에 다니고 있는 복지관, 학원, 과외 등과 같은 교육기관?

교육기관(기관명)	요일	시간	교육활동 내용

나. 자녀가 좋아하는 것과 싫어하는 것은 무엇입니까?

	좋아하는 것	싫어하는 것
과목(분야)		
음식		
물건		
장소		
행동(활동/놀이)	예) 비디오 시청	
말		
친구		

다. 교육내용과 방법을 결정하기 위한 기초자료

영역		현재 할 수 있는 정도	올해 희망 목표
국어	듣기		
	말하기		
	읽기		
	쓰기		
수학			
신체활동	대근육		
	소근육		
기타	음악		
	미술		
	시지각 협응		
사회성		(예) 친구들과 잘 지낸다. 내성적이라 말을 잘 하지 않는다.	

		현재 할 수 있는 정도	올해 희망 목표
일상생활	옷입기		
	식사하기		
	대・소변		
	주의집중		
	착석		
	지시따르기		
	1인1역할		

라. 자녀에게 필요한 체험교육활동은?

	활동 내용	장소
현장・체험활동		
방과후 활동		
기타		

3. 바람

가. 올 한해 교사가 내 자녀에게 "이렇게 해 주면 좋겠다" 하는 것은 무엇인가요?

나. 올 한해 자녀에게 기대하는 것은 무엇인가요?

〈유치원 특수교육 교사의 학부모 상담관련 예〉

Q: 유치원의 통합교육 교사와 특수교육 대상 유아 학부모 간 기억에 남는 일이 있었나요?

A: 몇 해 전 상담주간에 있었던 일인데요. 특수교육 대상 유아 학부모님들이 특수학급 교사는 물론 통합학급 교사와도 상담을 하도록 계획했습니다. 사실 상담이 실행되기까지 상당히 어려움이 있었습니다. 학부모는 통합학급 교사와의 상담 필요성을 느끼지 못했던 것 같았습니다. 대화를 통해 통합학급 교사, 특수학급 교사와 각각 상담을 진행하게 되었는데 결과는 아주 부정적이었습니다. 통합학급 교사와 상담을 한 학부모님이 저에게 강하게 항의를 하셨어요. 통합학급 교사가 자신과 상담을 하며 줄곧 눈물을 흘리며 동정하는 태도를 보여 상당히 불쾌했다고 하셨지요. 통합학급 교사와 이야기해 봤습니다. 통합학급 교사는 상담 중에 장애가 있는 조카 생각이 떠올라 본인도 모르게 눈물이 줄줄 흐르더랍니다. 결국 학부모와 교육적인 내용에 관한 의견은 나누지도 못하고 상담을 끝냈다고 죄송해하시더라고요. 여전히 많은 통합학급 교사가 자신의 학급에 속한 특수교육 대상 유아를 교육적인 측면보다는 시혜의 대상으로만 바라보는 것이 아닌가…… 성급한 생각도 해 봤습니다. 또한 장애학생 학부모와의 상담 시 유의사항도 전달했어야 하나 다시금 생각해 보게 되었답니다.

(3) 학급소식지

학급소식지는 교사와 학부모 간 대표적인 정보교환 및 전달 수단이다. 소식지의 발행 빈도는 필요와 상황에 따라 다양하며, 용지의 크기 및 형식도 다양하게 만들 수 있다. 학급소식지의 내용은 담임의 학급운영방침, 지도자세, 학습 진도와 가정학습에 대한 연락, 학급행사일정 및 재정소요, 학생의 전 · 출입, 학생 개인 정보 등으로 다양하게 구성할 수 있다. 학급소식지를 통해서 부모는 담임교사의 지도자세, 인품, 학급분위기, 자녀의 모습 등에 대해 알 수 있으며, 이를 기초로 가정에서 자녀와의 대화를 풍부하게 할 수 있다. 소식지는 시간이나 재정이 허용되는 범위 내에서 자주 보내는 것이 좋다(박남기 외, 2009).

장애학생 부모는 일반부모의 역할과 더불어 자녀의 장애를 받아들이고 자녀의 특수성에 따른 새로운 역할들을 인식하고 적응해야 한다. 또한 자녀의 장애를 이성적으로 인정하고 나면 실제적인 지원방법에 익숙해져야 한다. 이를 위해 특수교육 교사는 학부모가 장애자녀를 잘 지원할 수 있도록 부모교육은 물론 다양한 자료를 제공해야 한다.

부모교육은 보통 연 2회 3월과 9월에 실시하게 된다. 이는 자녀의 개별화교육계획 수립과 학교생활 전반에 대한 부모의 지원에 관한 내용으로 이루어진다.

(4) 알림장

알림장에는 학생이 기록하는 알림장이 있고, 또 하나는 교사가 기록해서 보내는 알림장이 있다. 교사가 작성하는 경우, 알림장의 기능과 기본생활습관 지도자료의 역할을 겸하는데, 학생의 행동 변화를 간략히 기록하여 매일의 학교생활을 안내하고, 가정과 연계하여 기본생활과 문제행동 지도가 일관성 있게 이루어지도록 할 수 있다.

알림장 기록은 매일의 바쁜 일상 속에서 결코 쉬운 일이 아니다. 또한 학급의 모든 학생보다는 문제행동이 많은 친구에게 치우친 점이 있긴 하지만, 이런 활동을 통해 학부모의 관심이 높아진다. 자녀의 사소한 행동에도 세심한 관심을 기울이고, 전화나 쪽지로 궁금한 것을 질문하는 경우가 많아진다. 이런 알림장의 효과는 학부모가 심리적 위안과 안정을 느끼고, 교사 신뢰의 밑거름이 되기도 한다.

박남기 등(2009)은 알림장은 학부모와 교사가 서로 연락할 사항을 기재하는 노트라고 하였다. 이러한 알림장은 양방향적일 수 있고 교사가 학부모에게 메시지를 전달하는 형태일 수도 있다. 일방향적인 의사소통 수단인 알림장은 학기 중에 수시로 사용되고 있다. 한편, 쪽지나 알림장에서 다루는 내용의 범위는 더 넓어질 필요가 있다. 예를 들어, 쪽지나 알림장은 학교나 학급행사 등 사실적인 정보만이 아니라 교사가 새롭게 추진하고자 하는 아이디어나 학급규칙 등에 대해 학부모에게 미리 알리거나 학부모의 의견을 구하는 형태로 활용될 수 있다. 학부모들은 학급 내에서 시도되는 다양한 방법에 대해 거부반응을 보이거나 비협조적인 경향을 보이는데, 교사가 새로 시도하는 학급경영 기법을 학부모들이 보다 긍정적이고 협조적인 자세로 받아들이게 하기 위해서는 학부모에게 미리 설명하고 의견을 수렴할 필요가 있다.

(5) 가정방문

요즘 일반학급에서는 가정방문이 거의 사라졌지만, 장애학생을 지도하는 특수학교(급)에서는 잦은 결석이나 장기결석 등의 문제를 해결하기 위한 일환으로 가정방문을 실시하기도 한다. 그러나 교사와의 관계에 적절한 라포(rapport)가 형성되어 있지 않으면 학부모는 가정방문 자체를 거부할 수 있다. 특히 교사가 젊거나 전근 온 첫해인 경

우는 더욱 어렵다. 이런 경우 전화 연락을 통해 학교와 교사에 대한 정보를 간접적으로 전달한다. 그런 후 약속을 정해 방문하는 것이 좋다. 가정방문은 특히 학생의 가정환경을 파악하기에 좋은 방법으로 가족 지원의 방법과 내용 등을 결정할 수 있는 단서를 찾을 수 있다.

가정방문은 가정과 학급 사이에 연계를 갖게 하고, 학부모와 교사 간의 지속적이고 체계적인 관계를 형성하게 하는 본질적인 요소다(박병량, 2003). 박남기 등(2009)이 정리한 가정방문의 의미를 살펴보면 다음과 같다.

- 교사는 가정방문을 통해 학생 가정의 학습환경을 직접 확인할 수 있고, 부모의 이해와 신뢰를 얻을 수 있다. 아동의 생활환경을 파악하고, 특별한 배려를 요하는 아동, 보호자의 교육 자세 등을 확인할 수 있다.
- 가정방문은 교사와 부모 간 정보 교류의 기회가 된다. 교사는 가정방문을 통해 학생 교육과 관련하여 학교에서 수행하고 있는 일을 부모에게 알려 주고, 부모는 가정에서 하고 있는 것을 교사에게 알려 줄 수 있다.
- 교사는 특정한 문제에 대하여 부모의 협력을 구할 수 있으며 학생에게 최선의 교육을 제공할 수 있는 방법을 강구할 수 있다(권기욱, 1996).
- 부모의 학교에 대한 부정적인 감정과 비협조적인 태도를 완화시킬 수 있다.
- 교사는 학생의 가정 학습활동을 부모가 효과적으로 지도할 수 있도록 교육할 수 있고, 학생 개인에 대한 진단적 지도가 가능하다(권기욱, 1996).

(6) 학교로 초청하기

초청의 형태는 회의를 통한 의견수렴, 연수를 통한 정보의 전달, 캠프나 현장학습의 보조, 통학 · 식사지도 등과 같은 자원봉사, 그리고 일일교사와 같은 교육활동의 형태를 띨 수 있다.

① 학부모 일일교사제 도입

학부모 일일교사는 처음 시도가 어렵지만, 부모와 특수교육 교사, 부모와 장애자녀와의 관계에 긍정적인 변화를 가져오게 한다. 학부모가 자녀가 속한 특수학급에서 수업을 시도하는 것은 장애가 있는 대부분의 아이들이 엄마와의 관계에서 부적절한 행동을 나타내는 일이 많기 때문이다. 수업을 함께하며 자녀에게는 '엄마와의 정서적 이유'

를, 엄마에게는 자녀의 장애에 대한 객관적인 사고를 갖게 할 수 있다. 지속적인 학부모 일일교사제를 통해 부모는 특수교육 교사의 어려움을 이해하고 적극적으로 학급활동에 동참하게 되는 계기가 마련되기도 한다.

② 다양한 활동에 자원봉사자로 참여

학부모는 학교교육에 도움이 되는 자발적인 자원봉사에 다양하게 참여할 수 있다. 이것은 학부모들이 교사와 학생들을 더욱 가까이서 이해할 수 있는 계기가 된다. 그러므로 교사는 학부모들이 다양한 학교 교육활동에 참여하도록 정보를 제공해 주는 역할을 해야 한다(김승희, 이성주, 전희정, 이순덕, 2012).

장애자녀가 있는 학부모들은 특수학급 교육활동에 자원봉사자로 참여하는 경우가 많다. 〈표 5-7〉은 일반 학부모들이 참여하는 학교교육 봉사 및 지원의 유형이며, 여기에서는 특수학급 교육활동에 참여한 예를 간략히 안내하고자 한다.

- **사진전시회**: 장애이해교육의 일환으로 사진전시회를 실시한다. 이는 특수학급의 교육활동을 전교생에게 알리는 자리다. 학부모는 교실을 전시장으로 꾸미는 일을 지원하기도 하며, 행사 당일 안내자로서의 역할도 한다. 사진전시회에는 장애학생들의 작품, 수업활동 모습 등 다양한 교육활동 결과물을 전시한다.
- **친구 초청시간**: 통합학급 친구들과 어울려 즐길 수 있는 공식적 시간을 계획하여 운

표 5-7 학부모의 학교교육 봉사 및 지원의 유형

유형	내용
학교교육 지원을 위한 자원봉사	• 방과후 학생지도 교실 운영, 독서도우미 등 학습지도 자원봉사 • 보조교사, 야간자율학습 지도, 시험감독 보조 등 교실지원 자원봉사 • 교통지도, 안전지도, 귀가지도 등 학교안전 자원봉사
취약계층 학생 지원을 위한 자원봉사	• 저소득층, 장애인, 다문화가정 학부모 및 학생지원 자원봉사 • 방과후 자녀돌봄 자원봉사 • 비행, 학교폭력 피해 · 가해 청소년에 대한 공동보호 자원봉사
학생과 학부모가 함께 하는 체험활동	• 학부모와 함께 하는 문화 · 등산 · 병영 등의 체험활동 • 교내외 창의적 체험활동 지원 • 지역사회와 연계한 봉사 체험활동

출처: 김승희 외(2012), p. 309.

영한다. 학생들이 즐겁게 참여하는 통합교육 활동이며, 장애 이해 및 체험활동의 시간으로도 활용한다. 함께 뛰어놀며 서로에게 조금씩 더 다가가는 시간으로, 학부모가 자원봉사자로 활동한다.

- **다양한 체험 캠프**: 통합학급 친구들과 함께하는 통합 캠프는 물론, 장애 특성을 고려한 특수학급 학생들만의 일상생활 캠프 등 다양한 체험활동을 운영하며, 프로그램 운영에 학부모가 보조교사 및 자원봉사자로 참여하게 된다.

요약

협력은 장애학생의 교육목적 달성을 위해 학부모, 통합교육 교사, 특수교육 교사, 특수교육 보조원 등 교육에 참여하는 이들의 상호 존중과 신뢰를 바탕으로 공통된 목표를 위해 함께 노력하는 과정이다. 이는 교사 1인의 일방적인 의사소통이나 지원이 아니라, 학생의 질적인 교육기회 보장을 위한 2인 이상의 역동적인 과정으로, 특수교육 교사는 통합교육 교사와 학부모와의 소통 및 협력이 필수적이다.

통합교육은 특수교육대상자가 일반학교에서 장애유형 · 장애정도에 따라 차별을 받지 아니하고 또래와 함께 개개인의 교육적 요구에 적합한 교육을 받는 것을 말한다. 이는 일반학생과 장애학생이 같은 공간에서 교육을 받는 것이며, 이들에게 최선의 교육을 제공하기 위해서다.

특수교육 대상 학생의 교육효과를 높이기 위해서는 특수교육 교사와 통합교육 교사의 공동 노력과 학부모의 학교 교육과정에의 참여가 필수요인이기도 하다. 결국 특수교육 교사는 특수교육에 관계된 이들의 협력적인 관계를 개발하고 유지할 수 있어야 할 것이다.

참고문헌

강경숙(2002). 일반교사와 특수교사의 협력방안. 1급정교사과정 자격연수 1기 연수교재. 국립특수교육원.

강경숙, 권택환, 김수연, 김은주(2000). 세 학교의 통합교육 운영사례. 국립특수교육원.

강경숙, 김희규, 유장순, 최세민(2005). 장애학생의 교육과정적 통합을 위한 교과별 수업적용 방법 구안. 국립특수교육원.

경기도교육연구원(2016). '모든 학생을 위한 통합교육' 모델개발연구.

교육과학기술부(2010). 교육과학기술부가 학부모의 학교참여를 지원합니다.

교육부(2013). 특수교육 통계.

교육부(2018). 특수교육 통계.

국립특수교육원(1995). 21세기를 향한 특수교육 장 · 단기 발전방안 연구.

국립특수교육원(2003). 통합학급 운영 실태 분석연구.

국립특수교육원(2017). 특수교육 실태조사.

권기욱(1996). 최신 학급경영. 서울: 원미사.

김선욱(2003). 학부모의 학교교육활동 참여활성화 방안 연구. 전남대학교 대학원 석사학위논문.

김수연, 이대식, 이은주, 허승준(2006). 통합교육의 이해와 실제. 서울: 학지사.

김승희, 이성주, 전희정, 이순덕(2012). 예비교사와 신규교사를 위한 알기 쉬운 교직실무. 경기: 공동체.

김은주, 권택환, 김정균, 박현옥(2003). 통합학급 운영실태 분석연구. 국립특수연구원.

김정혜(2012). 특수교사와 통합학급 교사의 협력관계 형성에 관한 사례 연구. 한국교원대학교 대학원 석사학위논문.

박남기, 고전, 구영철, 김용, 박상완, 서자영, 유길한, 윤홍주, 임수진, 전제상(2009). 초등학급경영의 이론과 실제. 경기: 교육과학사.

박병량(2003). 학급경영. 서울: 학지사.

박승희(1999). 일반학급에 통합된 장애학생의 수업의 질 향상을 위한 교수적 수정의 개념과 실행방안. 특수교육학연구, 34(2), 29-71.

방명애(2003). 일반교사와 특수교사의 협력체제 개발. 국립특수교육원.

손상희(2005). 통합학급 운영의 이론과 실제. 서울: 도서출판 특수교육.

송기창 외(2009). 중등교직실무. 서울: 학지사.

송민지(2018). 2018 통합교육 교사 협의자료 및 통합교육 협의록.

정동영, 김희규, 신영숙(2014). 특수학급경영론. 서울: 학지사.

신영숙, 박명희(2004). 3월 통합학급 운영의 길잡이. 경기도교육청.

이대식, 김수연, 이은주, 허승준(2008). 통합교육의 이해와 실제. 서울: 학지사.

이소현, 황복선(2000). 통합교육을 위한 특수교사-일반교사 간 협력 모형: 구조적 측면을 중심으로. 특수교육연구, 7, 67-87.

이유훈, 김경진, 박정연(2000). 특수학급 교육과정의 편성과 운영. 국립특수교육원.

정주영, 신현기(2003). 통합학급 내 정신지체학생의 교수적 지원에 대한 특수학급 교사의 인식과 실제. **특수교육학연구, 38**(2), 219-250.

최세민, 유장순, 김주영(2009). **최신특수학급경영론**. 서울: 박학사.

한국특수교육교과교육학회 편(2009). **특수교육 교과 교재연구 및 지도법**. 경기: 교육과학사.

한상길(2011). **교직실무**. 경기: 공동체.

Bauwens, J., & Hourcade, J. J. (1995). *Cooperative teaching: Rebuilding the schoolhouse for all students*. Austin, TX: PRO-ED.

Bruner, C. (1991). *Thinking collaboratively: Ten questions and answers to help policy makers improve children's services*. Education and Human Services Consortium. Washington, DC.

Cook, L., & Friend, M. (1993). Education leadership for teacher collaboration. In S. Bonnie (Ed.), *Program Leadership for Serving Students with Disabilities* (pp. 421-444). (n.p.).

Cook, L., & Friend, M. (1995). Co-teaching: Guidelines for creating effective practices. *Focus on Exceptional Children, 28*(3), 1-16.

Dettmer, P., Thurston, L. P., & Dyck, N. (1993). *Consultation, collaboration, and teamwork for students with special needs*. Boston: Allyn and Bacon.

Friend, M., & Cook, L. (1996). *Interations: Collaboration skills for school professionals*. White Plains, NY: Longman.

Heron, T. E., & Harris, K. C. (1987). *The educational consultant*. Austin, TX: Pro-Ed.

Hoover, K. H., & Patton, J. R. (1997). *Curriculum adaptations for students with learning and behavior problems*. Austin, TX: PRO-ED.

Idol, L., Paolucci-Whitcomb, P., & Nevin, A. (1986). *Collaborative consultation*. Austin, TX: Pro-Ed.

Idol, L., Nevin, A., & Paolucci-Whitcomb, P. (1994). Collaborative consultation (2nd ed.). TX: Pro-Ed.

Idol-Maestas, L., & Ritter, S. (1985). A follow up study of resource/consulting teachers: Factors that facilitate and inhibit teacher consultation. *Teacher Education and Special Education, 8*, 121-131.

Johnson, D., & Johnson, R. (1974). Instructional goal structure: Cooperative, or individualistic. *Review of Educational Research, 44*(2), 213-240.

Johnson, D. W., & Johnson, F. P. (1982). *Joining together: Group theory and group skills* (2nd ed.). NJ: Prentice-Hall.

Johnson, L. J., & Pugach, M. C. (1996). The emerging third wave of collaboration: Expanding beyond individual problem solving to create an educational system that embraces diversity. In S. Stainback & W. Stainback (Eds.), *Controversial issues confronting special education: Divergent perspectives* (pp. 197-204). Boston: Allyn & Bacon.

Lipsky, D. K., & Gartner, A. (1987). Capable of achievement and worthy of respect: Education for handicapped students as if they were full-fledged human being. *Exceptional Children, 54*, 69-74.

Pugach, M. C., & Johnson, L. J. (1995). *Collaborative practitioners, collaborative schools*. Denver: Love.

Stainback, S., & Stainback, W. (1992). *Curriculum Considerations in Inclusive Classrooms: Facilitating Learrning for All Students*. Baltimore, Maryland: Paul H. Brookes.

Voltz, D. L., Elliott, R. N. Jr., & Cobb, H. B. (1994). Collaborative teacher roles: Special and general educators. *Journal of Learning Disabilities, 27*(8), 527-535.

Walther-Thomas, C., Korinek, L., McLaughlin, V. L., & Williams, B. T. (1999). *Collaboration for inclusive education: Developing successful programs*. Needham Heights, MA: Allyn & Bacon.

제 6 장

특수학급 교육과정

이 장의 구성

1. 특수학급 교육과정의 배경
   1) 특수학급 교육과정 운영 근거
   2) 2015 특수교육 교육과정의 유형과 편제

2. 특수학급 교육과정의 편성과 운영
   1) 특수학급 교육과정의 편성과 운영 방향
   2) 특수학급 교육과정 편성과 운영의 근거

3. 특수학급 교육과정의 편성과 운영의 실제
   1) 주제중심 통합교육과정의 의미
   2) 주제중심 통합교육과정 편성
   3) 주제중심 통합교육과정 운영
   4) 일반학급 주제중심 교육과정 편성 · 운영 사례

연구과제

1. 2015 특수교육 교육과정에 대해 알아보자.
2. 특수학급 교육과정을 주제중심으로 편성 · 운영하는 방법을 설명해 보자.

이 장의 개요

2015 개정 특수교육 교육과정은 2015 개정 초 · 중등학교 교육과정을 근간으로 교육과정 통합을 위한 동시 개정 고시 추진 및 장애 특성과 수준을 고려한 교과 교육과정 개발의 필요성에 근거한 교육과정이다. 이는 2011 개정 특수교육 교육과정이 특수교육 대상 학생의 교육적 요구의 보편성과 특수성을 반영하여 연관 · 조정된 교육과정이라는 부분에서 일맥상통(一脈相通)한다.

특수학급 교육과정은 대한민국 「헌법」 제31조, 「교육기본법」 제2조, 「초 · 중등교육법」 제23조 제2항에 의거한 공통교육과정과 선택교육과정, 「장애인 등에 대한 특수교육법」 제20조 및 동법 시행규칙 제3조 제2항에 의거한 2011 개정 특수교육 교육과정과 2015 개정 특수교육 교육과정을 학교(급)실정에 맞는 교육과정으로 편성하게 된다.

국립특수교육원(2017) 특수교육 실태조사 중 '특수학급에서 주로 적용하고 있는 교육과정'에 대한 설문에 유치원, 초 · 중 · 고 전체에서 '해당학년교육과정(유치원교육과정, 공통교육과정, 선택교육과정)과 기본교육과정을 모두 적용'에 58.7%, '유치원교육과정 및 공통교육과정'과 '선택교육과정' 19.4%, '기본교육과정' 16.4%, '학교(급) 자체 개발 교육과정' 4.3%, '기타' 1.1% 순으로 나타났다. 통합환경에 배치된 특수교육 대상 학생에게 일반학교의 교육과정을 온전히 적용하지 못하는 현실을 보여주고 있다. 이는 특수학급에 속한 구성원들의 장애영역, 장애 정도, 학생의 학년, 학생 수 등의 복합적인 문제로 이질군의 학생들이 함께 수업 받고 있어 해당 학년의 교과를 학생 개개인에게 적용하기 어렵게 된다. 그렇다면 현실적으로 특수학급에서는 어떤 교육과정을 편성 · 운영해야 하는가?

이 장에서는 특수학급 교육과정의 기본 배경, 특수학급 교육과정 편성 · 운영의 방향을 알아보고, 특수학급 교육과정의 편성 · 운영의 실제에 대하여 살펴보고자 한다. 다만, 안내되는 예시 자료가 2010, 2011, 2015 특수교육 교육과정이 혼재되어 있음을 밝혀 둔다.

1. 특수학급 교육과정의 배경[1)]

1) 특수학급 교육과정 운영 근거

(1) 장애인 등에 대한 특수교육법 제20조(교육과정의 운영 등)

① 특수교육기관의 유치원·초등학교·중학교·고등학교과정의 교육과정은 장애의 종별 및 정도를 고려하여 교육부령으로 정하고 영아교육과정과 전공과의 교육과정은 교육감의 승인을 받아 학교장이 정한다.〈개정 2008. 2. 29., 2013. 3. 23.〉

② 특수교육기관의 장 및 특수교육대상자가 배치된 일반학교의 장은 제1항에 따른 교육과정의 범위 안에서 특수교육대상자 개인의 장애 종별과 정도, 연령, 현재 및 미래의 교육요구 등을 고려하여 교육과정의 내용을 조정하여 운영할 수 있다.

(2) 2015 특수교육교육과정(제2015-81호)

Ⅲ. 초·중등학교 교육과정 편성·운영의 기준

1. 기본 사항

파. 일반학급 및 특수학급에 배치된 특수교육 대상 학생의 교육과정을 다음과 같이 편성·운영한다.

1) 편제와 시간 배당은 해당 학년군의 교육과정을 따른다.

2) 교과의 내용을 대신하여 생활기능 및 진로와 직업 교육, 현장 실습 등으로 편성·운영할 수 있다. 그 영역과 내용은 학생의 장애 특성 및 정도를 반영하여 학교가 정한다.

2. 공통 교육과정 및 선택 중심 교육과정 편성·운영

① 초등학교

나. 교육과정 편성·운영 기준

---

1) 이 절의 내용은 해당 본문에서 일부 필요한 내용만 발췌한 것이다.

9) 학년을 달리하는 학생을 대상으로 복식 학급을 편성 · 운영하는 경우에는 교육 내용의 학년별 순서를 조정하거나 공통 주제를 중심으로 교재를 재구성하여 활용할 수 있다.

③ 고등학교

나. 교육과정 편성 · 운영 기준

2) 일반 고등학교(특수학교 및 자율 고등학교 포함)

아) 학교는 특수교육 대상 학생의 다양한 직업적 체험과 현장 적응력 제고 등을 위해 학교에서 배운 지식과 기술을 경험하고 적용하는 현장 실습을 교육과정에 포함하여 운영할 수 있다.

4) 특성화 고등학교와 산업수요 맞춤형 고등학교

사) 다양한 직업적 체험과 현장 적응력 제고를 등을 위해 학교에서 배운 지식과 기술을 경험하고 적용하는 현장 실습을 교육과정에 포함하여 운영해야 한다.

① 현장 실습은 교육과정과 관련된 직무를 경험할 수 있도록 운영하며, 학교와 산업계가 프로그램을 공동으로 개발하고 실습의 과정과 결과를 평가하도록 한다.

② 현장 실습은 지역사회 유관 기관들과 연계하여 다양한 형태로 운영할 수 있으며, 이와 관련된 구체적인 사항은 시 · 도 교육청이 정한 지침에 따른다.

3. 기본 교육과정 편성 · 운영

① 초등학교

나. 교육과정 편성 · 운영 기준

3) 학교는 해당 학년군 교육과정을 적용하되, 필요한 경우 타 학년군의 교과 내용으로 대체하여 운영할 수 있다.

7) 학년을 달리하는 학생을 대상으로 복식 학급을 편성 · 운영하는 경우에는 교육내용의 학년별 순서를 조정하거나 공통 주제를 중심으로 교재를 재구성하여 활용할 수 있다.

② 중학교

나. 교육과정 편성 · 운영 기준

9) 학년을 달리하는 학생을 대상으로 복식 학급을 편성 · 운영하는 경우에는 교육내용의 학년별 순서를 조정하거나 공통 주제를 중심으로 교재를 재구성하여 활용할 수 있다.

③ 고등학교

나. 교육과정 편성 · 운영 기준

16) 학년을 달리하는 학생을 대상으로 복식 학급을 편성 · 운영하는 경우에는 교육내용의 학년별 순서를 조정하거나 공통주제를 중심으로 교재를 재구성하여 활용할 수 있다.

Ⅵ. 학교 교육과정 편성 · 운영

4. 모든 학생을 위한 교육기회의 제공

나. 학습부진 학생, 장애를 가진 학생, 특정 분야에서 탁월한 재능을 보이는 학생, 귀국 학생, 다문화 가정 학생 등이 학교에서 충실한 학습 경험을 누릴 수 있도록 필요한 지원을 한다.

다. 특수교육 대상 학생을 위해 특수학급을 설치 · 운영하는 경우, 학생의 장애 특성 및 정도를 고려하여 초 · 중등학교 교육과정을 조정하여 운영하거나 특수교육 교육과정 및 교수 · 학습 자료를 활용할 수 있다.

(3) 2019년도 특수교육운영계획(교육부)

Ⅱ. 통합교육 및 특수교육 지원 내실화

3. 학교 교육과정 운영의 내실화

2) 특수학급 및 통합학급 교육과정 편성 · 운영 지원 강화

–특수학급(순회교육 포함) 교육과정 편성 · 운영 강화 및 통합학급 교육과정 편성 · 운영 지원

–특수교육대상자가 있는 일반학교는 학교 교육과정에 통합교육 계획 수립 및 편성 · 운영

–특수교육대상자가 있는 일반학교는 학교교육과정위원회 운영 시 특수교사 참여 확대

2) 2015 특수교육 교육과정의 유형과 편제

(1) 특수교육 교육과정의 유형과 성격

유형	성격	적용 학년(연령)
유치원 교육과정	• 일반 유치원 교육과정(누리과정)을 근간으로 하는 교육과정	만 3~5세
공통 교육과정	• 일반교육의 보편성을 근간으로 편성 · 운영되는 교육과정 –시각 · 청각 · 지체장애 학생들의 경우 특수교육 공통 교육과정(국어, 영어, 체육)을 활용할 수 있음.	초 1~중 3학년
선택 중심 교육과정	• 고등학교 1~3학년 과정에서 일반교육의 보편성을 근간으로 편성 · 운영되는 교육과정 –장애 특성을 고려하여 특수교육 전문 교과 교육과정(직업, 이료)을 활용할 수 있음	고 1~3학년
기본 교육과정	• 공통 교육과정 및 선택 중심 교육과정을 적용하기 어려운 학생들을 위해 편성 · 운영하는 교육과정 –일반교육과정을 재구성 및 수정하여도 적용이 어려운 학생들을 위해 실생활 및 삶과 연계되는 내용을 중심으로 구성된 대안형 교육과정	초 1~고 3학년

(2) 2015 특수교육 교육과정 편제

구분		교과목
유치원 교육과정	유치원	5개 영역(신체운동 · 건강, 의사소통, 사회관계, 예술경험, 자연탐구)
기본 교육과정	초등학교	**편제: 교과(군), 창의적 체험활동** • 교과(군): 국어, 사회, 수학, 과학/실과, 체육, 예술(음악/미술) –다만, 1, 2학년의 교과는 국어, 수학, 바른 생활, 슬기로운 생활, 즐거운 생활로 한다. • 창의적 체험활동: 자율 활동, 동아리 활동, 봉사 활동, 진로 활동 –다만, 1, 2학년은 체험 활동 중심의 '안전한 생활'을 포함하여 편성 · 운영한다.
	중학교	**편제: 교과(군), 창의적 체험활동** • 교과(군): 국어, 사회, 수학, 과학, 진로와 직업, 체육, 예술(음악/미술), 선택(재활, 여가 활용, 정보통신 활용, 생활영어, 보건 등) • 창의적 체험활동: 자율 활동, 동아리 활동, 봉사 활동, 진로 활동

	고등학교	**편제: 교과(군), 창의적 체험활동** • 교과(군): 국어, 사회, 수학, 과학, 진로와 직업, 체육, 예술(음악/미술), 선택(재활, 여가 활용, 정보통신 활용, 생활영어, 보건 등) • 창의적 체험활동: 자율 활동, 동아리 활동, 봉사 활동, 진로 활동
공통 교육과정	초등학교	**편제: 교과(군), 창의적 체험활동** • 교과(군): 국어, 사회/도덕, 수학, 과학/실과, 체육, 예술(음악/미술), 영어 –다만, 1, 2학년의 교과는 국어, 수학, 바른 생활, 슬기로운 생활, 즐거운 생활 • 창의적 체험활동: 자율 활동, 동아리 활동, 봉사 활동, 진로 활동 –다만, 1, 2학년은 체험 활동 중심의 '안전한 생활'을 포함하여 편성 · 운영한다.
	중학교	**편제: 교과(군), 창의적 체험활동** • 교과(군): 국어, 사회(역사 포함)/도덕, 수학, 과학/기술 · 가정/정보, 체육, 예술(음악/미술), 영어, 선택[한문, 환경, 생활 외국어(독일어, 스페인어, 중국어, 일본어, 러시아어, 아랍어, 베트남어), 보건, 진로와 직업 등] • 창의적 체험활동: 자율 활동, 동아리 활동, 봉사 활동, 진로 활동
선택 중심 교육과정	고등학교 (일반고등학교와 특수목적 고등학교만 포함)	**편제: 교과(군), 창의적 체험활동** • 교과는 보통교과와 전문교과로 한다. • 보통교과 영역은 기초, 탐구, 체육 · 예술, 생활 · 교양으로 구성하며 –기초: 국어, 수학, 영어, 한국사 –탐구: 사회(역사/도덕 포함), 과학 –체육 · 예술: 체육, 예술 –생활 · 교양: 기술 · 가정/제2외국어/한문/교양 • 전문 교과는 전문 교과 I 과 전문 교과 II, 전문 교과III으로 구분한다. –전문 교과 I : 과학, 체육, 예술, 외국어, 국제 계열에 관한 과목 –전문 교과 II : 국가직무능력표준에 따라 경영 · 금융, 보건 · 문화콘텐츠, 미용 · 관광 · 레저, 음식 조리, 건설, 기계, 재료, 화학 공업, 섬유 · 의류, 전기 · 전자, 정보 · 통신, 식품 가공, 인쇄 · 출판 · 공예, 환경 · 안전, 농림 · 수산해양, 선박 운항 등에 관한 과목. 과목은 전문 공통 과목, 기초 과목, 실무 과목으로 구분 –전문 교과III: 직업과 이료에 관한 과목

2. 특수학급 교육과정의 편성과 운영

1) 특수학급 교육과정의 편성과 운영 방향

제6차 특수학교 교육과정 시기까지는 특수학급의 교육과정 편성과 운영에 대한 국가 차원의 분명한 지침이 없었기 때문에 특수학급 현장에서는 특수학교 교육과정을 준용하거나 일반학교 교육과정을 재구성하여 적용하였다. 특수교육 교육과정에서 제시하고 있는 장애학생을 위한 교육과정 편성 및 운영의 중점 내용과 공통 사항을 바탕으로 특수학급의 교육과정 편성 및 운영에 대한 고려사항을 정리하면 다음과 같다.

첫째, 특수학급 교육과정은 최상의 통합교육을 지원하기 위한 교육과정으로 편성·운영되어야 한다. 특수학급은 통합교육을 목적으로 설치된 학급이며, 통합교육은 일반학급에서 장애 유형이나 정도에 따라 차별을 받지 않고 또래와 함께 개인의 교육적 요구에 적합한 교육을 받는 것이다. 이것은 단순한 물리적 통합을 넘어 교육과정적 통합과 사회적 통합을 요구하는 것이다. 따라서 특수학급 교육과정은 장애학생의 개인적 요구를 고려하여 물리적 통합을 넘어 교육과정적 통합교육이 이루어질 수 있도록 일반학교 교육과정의 재구성 혹은 교육과정 수정 등을 반영하여 편성·운영되어야 한다. 뿐만 아니라 장애학생이 사회생활에 필요한 기술을 익히고 생활적응 능력을 향상시킬 수 있도록 또래와의 접촉 기회를 증가시켜 바람직한 사회적 상호작용이 이루어질 수 있도록 사회적 통합 관련 교육과정을 편성·운영해야 한다.

둘째, 특수학급 교육과정은 특별한 지도 방법이 요구되는 경우 교과와 장애 특성을 고려하여 편성·운영되어야 한다. 각 교과 활동에서는 학습의 개별화가 이루어지도록 하고, 발표·토의 활동과 실험, 관찰, 조사, 실측, 수집, 노작, 견학 등의 직접 체험 활동이 충분히 이루어지도록 한다. 그리고 개별적인 학습 활동과 더불어 소집단 공동 학습 활동을 중시하여 공동으로 문제를 해결하는 경험을 많이 갖도록 해야 한다.

셋째, 특수학급 교육과정은 학생의 인성과 기본생활습관을 형성할 수 있도록 교육과정을 편성·운영해야 한다. 또한 학생의 현재와 미래 생활과 직접 관련된 생활 중심과 기능 중심 교육과정으로 편성·운영되어야 한다. 이들의 발달 가능성을 최대로 성취하고 기본적인 생활의 자립을 영위할 수 있도록 하기 위하여 일반학교 교육과정에 준하되 그 내용은 학생의 특성에 맞게 수정·보완하여야 하며, 기본생활습관의 확립, 사회

생활의 적응, 직업적응능력 등 보다 구체적이고 경험 중심적인 내용에 중점을 두어야 한다.

넷째, 특수학급 장애학생들의 장애 개선과 장애로 인한 결손 보충을 위한 치료지원 및 보행훈련, 심리 · 행동적응훈련 등 특정한 장애 유형의 특수교육 대상자에게 필요한 특수교육 서비스가 제공되어야 하며, 이것은 개별화교육계획에 따라 교과시간에 병행 지원되거나, 창의적 체험활동 시간을 편성하여 제공될 수 있다.

다섯째, 특수학급은 학생의 요구 및 흥미, 적성 등을 고려하여 진로 및 직업에 대한 탐색과 선택을 돕기 위해 진로교육을 위한 교육과정을 편성 · 운영하여 진로를 적절히 안내할 수 있도록 해야 한다. 이를 위해서 진로와 직업 교과의 교육과정 내용과 관련이 있는 현장 실습을 다양한 형태로 운영할 수 있다.

여섯째, 학년을 달리하는 학생을 병합하여 복식 학급을 편성 · 운영하는 특수학급의 경우에는 교육내용의 학년별 순서를 조정하거나 공통 주제를 중심으로 교재를 재구성하여 활용할 수 있으며, 교과는 필요에 따라 통합 교육과정으로 편성 · 운영할 수 있다.

일곱째, 특수학급 교육과정은 해당 학교 학년의 편제와 교육과정 시간 배당을 적용하되, 특수교육 교육과정을 고려하여 학교 교육과정에서 정한다.

여덟째, 특수학급 교육과정의 합리적 편성과 효율적 운영을 위하여 특수교사와 통합학급 교사, 교육과정(교과 교육) 전문가, 학부모 등이 참여하는 학교 교육과정 위원회를 구성하여 운영한다. 그리고 교육과정을 편성 · 운영함에 있어서는 교원의 조직, 학생의 실태, 학부모의 요구, 지역사회의 실정 및 교육 시설 · 설비 등 교육 여건과 환경이 충분히 반영되도록 노력한다.

2) 특수학급 교육과정 편성과 운영의 근거

(1) 특수학급 교육과정 편성을 위한 기초 설계

① 특수학급 교육과정에 대한 사전 설문조사(교사용, 학부모용)를 실시하여 특수학급 교육과정 편성 기초자료로 활용한다. 학급구성원의 실태 파악을 전제로 한다면, 일반학교에서 교육과정 편성 시 가장 중요한 것은 학교의 여건과 학부모의 교육에 대한 관심일 것이다. 교사가 아무리 훌륭한 교육과정을 편성했다고 하더라도, 학교에 속한 교직원의 태도, 학교의 분위기, 학교의 교육중점 등에 동떨어진 교육과정을 운영하고자 한다면 상당한 어려움을 겪게 될 것이다. 이에 설문조사는 특수

표 6-1 포곡고등학교(2018) 특수학급 교육과정 편성을 위한 설문자료 중 일부

구분	문항	n	순위
수업참여 희망 여부 (우선 참여 여부)	① 특수학급 수업	10	1
	② 통합학급 수업	2	2
Total		12	
특수학급 수업 참여 영역 (주 참여 교과 영역)	① 기초 교과(군)	5	1
	② 탐구 교과(군)	4	2
	③ 체육 · 예술 교과(군)	3	3
	④ 생활 · 교양 교과(군)	4	2
	⑤ 진로 · 직업 교과(군)	5	1
Total		21	
학교 자율 과정 편성 (우선 편성 여부)	① 교과 수업	6	1
	② 진로 및 직업 관련 수업	5	2
Total		8	1
일일 평균 수업 시간	① 1시간 이하	1	3
	② 2~3시간	7	1
	③ 4~5시간	3	2
	④ 6시간 이상	1	4
Total		12	
진로 · 직업 관련 수업 시간 (총 수업 시간에서의 범위)	① 30% 미만	1	3
	② 30% 이상~40% 미만	7	1
	③ 40% 이상~50% 미만	3	2
	④ 50% 이상	1	3
Total		12	

학급이 어떤 교육과정의 틀을 가지고 운영되며, 그 틀에 적합한 교육내용과 교육방법은 어떤 것인지 사전에 단서를 제공하는 것과 마찬가지기 때문에 중요하다.

② 개별학생의 특수학급에서의 교과와 시수 등에 따른 제반 사항은 개별화교육지원팀에서 결정하도록 한다. 교육구성원 간 공적인 참여와 지원, 문제의 최소화 및 효과적인 교육과정 편성 · 운영을 위해서는 개별화교육지원팀의 역할과 기능이 좀 더 확장되어 운영될 필요가 있다.

(2) 특수학급 교육과정 편성 방법

학교 현장의 '특수학급 교육과정 운영계획'에 제시된 편성 · 운영지침, 성격, 편제, 시간 배당에 대한 예시자료를 소개하고자 한다.

① 편성 · 운영 지침

편성 · 운영 지침에는 학급에서 어떤 교육과정을 적용하는지 기록해야 한다.

〈2018 초등학교 특수학급 교육과정의 편성 방침 작성 예〉

- 1~2학년과 3~4학년은 '2015 개정 교육과정'에 의거, 교육과정을 편성 · 운영하고, 5~6학년은 '2011 교육과정'에 의거 교육과정을 편성 · 운영한다.
- 복식 학급(1~6학년) 운영으로
  - 교육내용의 학년별 순서를 조정하고 공통 주제를 중심으로 교재를 재구성하여 운영한다.
  - 수준별 수업 운영을 위해 해당 학년군 교육과정을 적용하되, 필요에 따라 타 학년군의 교과 내용으로 대체하여 운영한다.
- 창의적 체험활동(자율, 동아리, 봉사활동, 진로) 및 수학여행, 현장체험학습, 수련회 등 학교 행사는 통합학급에 참여함을 원칙으로 한다.
- 시간표는 주당 시간으로 고정 제시하였으나, 실제 운영은 학급에서 변동 시간표를 작성하여 융통성 있게 편성하여 실시하며, 주간학습 안내를 활용한다.
- 모든 교육활동을 통해 학생의 기본생활습관을 형성할 수 있도록 편성한다.

〈2018 고등학교 특수학급 교육과정의 편성 방침 작성 예〉

- 특수학급에 배치된 특수교육대상자의 교육과정 편제와 시간 배당은 해당 학년의 교육과정을 따르고, 적용이 어려운 경우 특수교육 교육과정을 고려하여 조정 · 운영한다.
- 진로 및 직업교육에 대한 교육적 요구를 반영하여 교육과정을 편성 · 운영한다.
  - 해당 학년의 모든 교과는 학생의 학습 특성 및 교육적 요구에 따라 통합하거나 교육내용을 수정한다.
  - 진로 및 직업 관련 주제중심의 교육과정은 교과(교과 간, 교과 내)를 통합하고 교육내용을 재구성 또는 대체하여 사용한다.
  - 개별적인 학습 활동과 더불어 소집단 공동 학습 활동을 중시하여 협동학습 형태로 문제를 해결하는 경험을 많이 가지게 한다.

–학생의 장애 정도와 능력을 고려하여 특수교육 교과용 도서 및 교육청이나 학교에서 개발한 관련 교수 · 학습 자료를 활용한다.
–모든 교육활동을 통해 자신의 진로 및 직업에 대하여 인식하고, 탐색하고, 준비하는 데 필요한 지식, 기술, 태도를 함양할 수 있도록 한다.

- 창의적 체험활동은 통합학급에서 실시한다. 단, 학생의 장애 특성 등을 고려하여 특수학급에서 별도로 실시할 수 있다.

② 성격

〈2018 초등학교 특수학급 작성 예〉

1) 본 교육과정은 「초 · 중등교육법」 제23조 제2항, 「장애인 등에 대한 특수교육법」 제20조 및 동법 시행규칙 제3조 2항, 「지방교육자치에 관한 법률」 제20조 제6호, 2011 개정 특수교육 교육과정(교육부 제2011-501호), 2015 개정 특수교육 교육과정(교육부 제2017-132호)에 따른 2018 경기 특수교육 교육과정 편성 · 운영지침에 의거하여 학급 실정에 맞게 제반 교육활동과 그 기준을 재편성한 ○○중학교 특수학급의 교육과정이다.
2) 본 교육과정은 학급이 속한 지역사회의 특성과 학생 및 학부모(또는 보호자)의 요구를 반영하여 편성하였다.
3) 본 교육과정은 2018년 3월 1일부터 시행한다.

③ 편제

〈초등학교 특수학급 작성 예〉

○○초등학교 특수학급 교육과정은 학급의 제 조건과 대상 학생의 능력과 교육적 요구에 따라 교과통합의 주제중심 통합교육과정(I단계)과 공통교육과정(II단계)을 적용한 교과와 창의적 체험활동으로 편성한다.

(1) 교과

① I단계: 주제중심 통합교육과정

- 공통교육과정 1~2학년의 국어, 바른 생활(이하 '바생'), 슬기로운 생활(이하 '슬생')에서 주제를 추출하여 교과를 통합하여 교육과정을 편성 · 운영한다. 교과는 국어, 바생, 슬생이며, 중심 교과는 슬생이다.
- 전일제의 경우에만 I단계 전 교과를 통합교과로 구성하여 지도하며, 시간제의 경우 해당 교과만 지도한다.

② II단계: 공통교육과정(해당 학년 교육과정)

- 해당 교과의 교육내용 수정을 통해 적절한 교수 · 학습 활동을 전개한다.

(2) 창의적 체험활동

- 창의적 체험활동은 통합학급 참여를 원칙으로 한다.

〈고등학교 특수학급 작성 예〉

(1) 교과

① 기초 교과영역(국어, 영어, 수학): 해당 학년 교과의 교육내용 수정을 통해 교수 · 학습 활동을 전개한다.

② 사회, 체육 · 예술 및 생활 · 교양 교과영역: 해당 학년 교과의 교육내용

③ 진로와 직업(주제중심 통합교육과정): 선택교육과정 전문교과 직업에서 주제를 추출하고 교과를 통합하며, 교육내용은 특수교육 교육과정 진로와 직업교과의 내용을 재구성하거나 내용을 대체하여 운영한다.

편제 작성 시 유의사항은 다음과 같다.

- 특수학급 교육과정 편성이 공통교육과정(또는 선택교육과정) 중심이라면 교과의 명칭은 일반교육과정의 교과로, 기본교육과정으로 운영된다면 교과는 특수교육 교육과정에 명시된 교과로 편성한 후 교육내용 재구성을 통해 교육활동을 전개한다.
- 편성 · 운영 방침 작성 시 장애 상태와 학교 · 학급의 실태를 고려한다는 이유로 교육과정에서 제시하고 있는 교과목을 임의로 변경해서는 안 된다(「초 · 중등교육법」 제23조 학교의 교과(敎科)는 대통령령으로 정함).

- '사회적응활동, 일상생활훈련, 성교육, 인권교육, 장애인식개선교육' 등은 교과목으로 편성할 수 없으며, 창의적 체험활동, 선택교과(중학교) 등에서 선택하여 편성 후 교과와 연계하여 교육활동을 전개한다.
- 창의적 체험활동을 특수학급에서 운영하게 되는 경우, 시수 산정 방법이나 내용을 기재해야 하며, 이 부분을 학급 시간표와 학생 개별화교육계획에도 명시해야 한다. 또한 중학교의 경우, 직업 관련 교육활동 진행 시에는 창의적 체험활동 중 '진로활동', 공통교육과정 운영 시에는 선택교과 중 '진로와 직업'으로 구성하는 것도 한 방법이다.

④ 시간배당

〈작성 예〉

- 시간배당은 학생이 속한 해당 학년에 준한다.
- 특수학급에서의 교육 시간배당은 학생의 장애 상태와 정도에 따라 개별화교육지원팀에서 협의하여 조정한다.
- 학기 초 3월 1~2주간은 통합학급에 완전통합한다. 단, 대상 학생의 장애 상태에 따라 통합의 시기와 정도를 조절한다.

시간배당 작성 시 유의사항은 다음과 같다.

- 통합학급 완전통합 기간은 학교(급) 실정을 고려하고 정한다. 더불어 특수교육 대상 학생 개인의 특성을 고려하여 맞춤형 기간을 실정하여 운영하는 것도 필요하다.
- 통합학급 완전통합 기간에는 개별화교육계획 수립을 위한 진단평가, 전교생・통합학급에서의 장애이해교육, 개별화교육지원팀을 구성하여 IEP가 수립되어야 한다. 또한 통합학급 담당교사 및 학부모 간담회를 개최하여 특수학급 교육과정 운영을 위한 소통과 협력을 이끌어 내야 한다.

3. 특수학급 교육과정의 편성과 운영의 실제

특수학급은 특수교육대상자의 장애 다양화, 장애 중증화되고 있다. 또한 학생 구성원이 초등학교는 1~6학년, 중 · 고등학교는 1~3학년의 학생들이 동시에 배치되기 때문에 학생 맞춤형 교육과정 재구성을 통한 교육과정 운영은 결코 쉽지 않다. 이런 문제를 해결하기 위한 방법으로 초 · 중등학교 교육과정(일반교육과정)을 적용하되, 학급(생) 여건을 고려하여 교육과정 조정, 교육과정 수정, 교육과정 대체 등으로 적절히 편성 · 운영되어야 할 필요가 있다. 여기에서는 초등학교 특수학급에서 학생 공통으로 적용할 수 있는 교육과정인 주제중심 통합교육과정을 편성 · 운영하는 방법에 대해 소개하고자 한다.

1) 주제중심 통합교육과정의 의미

(1) 주제중심의 통합

초등학교에서 교과를 통합하는 데 있어 가장 촉망되는 형태는 탐구활동과 학습이 일어나는 주요 주제를 중심으로 통합하는 것이나, 주제중심 학습이나 주제중심 단원들은 중심 아이디어를 바탕으로 만들어진 교수계획이라 할 수 있다(김재복, 2007).

주제중심 학습과 주제중심 단원들은 초등학교 단계에서는 매우 광범위한 교육과정 통합을, 중학교 단계에서는 핵심적인 교육과정 통합을, 그리고 고등학교 단계에서까지도 교육과정 통합으로 귀결되면서, 접근법의 핵심이 되고 있다(김재복, 2007). 초등학교 통합교과의 형태는 교과와 교과의 통합, 교과와 생활의 통합, 활동주제 중심의 통합을 거쳐 현재 주제중심의 통합 형태를 취하고 있으며, 주제를 하루, 1주일, 2주일, 또는 한 달 등 일정 기간 동안 학습의 중심으로 삼기 위해서 교사가 통합 프로그램을 개발해야 한다(정광순, 2004). 이처럼 주제중심 통합은 교과의 여러 가지 통합방식 가운데 현재 학교 현장에서 가장 쉽고 재미있게 접근할 수 있는 방법 중의 하나이다(홍영기, 2003).

통합교과를 적용하는 데 있어 초등학교는 중 · 고등학교와는 달리 담임교사가 대부분의 교과를 지도하기 때문에 여러 교과를 통합하여 지도하기에 유리한 면이 많다. 또한 Piaget의 인지발달이론에 따르면 초등학교 시기는 전조작기와 구체적 조작기에 해당되기 때문에 지식을 개념적으로 학습하기보다는 구체적 조작이나 체험활동을 통해 학습하는 것이 효과적이므로 실제 초등학교 교육과정은 통합교과뿐만 아니라 체험과 활동 중심으로 학습과제와 학습활동을 통합적으로 운영하고 있다.

주제중심 통합은 개인이나 소집단 또는 전체 학급이 관심을 갖는 주제에 대해 관련된 의문을 해결하려는 시도를 통해 학생들에게 협력과 협동을 통한 배움의 공동체를 이루는 기회를 제공하고, 자기주도적 학습을 통해 긍정적 자아존중감을 신장시키기 위한 방향으로 교육과정을 재구성하는 방법이다. 따라서 동일한 주제를 중심으로 교과 간 내용 통합 및 다양한 자료와 활동, 지식을 상호 관련시켜 학생 중심의 활동을 통한 학습을 유도할 수 있는 교육 프로그램을 개발하는 것을 의미한다.

2) 주제중심 통합교육과정 편성

주제중심 통합교육과정은 일반교육과정 교과에서 내용을 추출하여 편성한다. 이는 생활 주변의 주제로 접근하여 내용체계와 내용을 조정하는 과정을 통해 장애학생에게 적절한 제재요소들로 구성하기 위해, 보통 '주제 선택하기 → 주제 조직하기 → 자료 모으기 → 교육과정 편성하기' 순으로 이루어진다. 여기서는 교육과정 편성을 위한 주제를 선택하고 조직한 예를 소개하고자 한다.

(1) 주제 선택하기

첫 번째 단계는 주제 선택 단계이다. 주제는 원래 추상적이고 광범위한 개념이지만, 장애학생들에게 주제는 하나의 비교적 구체적이고 제한적인 토픽(예: 우리 가족, 내 친구, 우리 고장, 물 등)이 될 수도 있고, 어떤 문제나 이슈(예: 소풍, 인형놀이)가 될 수도 있다.

주제의 요건으로 아동들의 흥미와 요구에 적절한 것, 포괄적이어서 작은 하위 토픽들로 나누어질 수 있는 것, 지역적으로나 역사적으로 제한적이지 않은 것, 아이디어들 간의 비교를 가능하게 하고, 구체적 상황 및 자료와 자원 등을 폭넓게 조사할 수 있는 것, 교사 간의 장벽을 허물어 '통학문적(cross-discipinary)' 프로그램이 가능한 것, 학교

표 6-2 주제중심 통합교육과정 주제

3월	4월	5월	6월	7월	9월	10월	11월	12월	2월
신나는 우리 학교	자라는 우리들	행복한 우리 집	정다운 이웃	신나는 여름	자랑스러운 우리나라	편리한 생활	지구와 환경	겨울 나기	새로운 시작

표 6-3 교육과정 편성을 위한 월별 및 주별 주제 선택하기

월	월별 주제	주별 주제			
		1	2	3	4
3	신나는 우리 학교	새 학년 새 학기	우리 학교	우리 교실	내가 할 수 있는 일
4	자라는 우리들	따뜻한 봄	소중한 나	식물의 자람	동물의 성장
5	행복한 우리 집	함께 하는 우리 집	화목한 우리 집	살기 좋은 우리 집	고마우신 분들
6	정다운 이웃	우리 고장 모습	우리 고장 사람들	고장을 돕는 기관들	우리 고장 자랑거리
7	신나는 여름	건강한 여름나기	우리 생활과 물	여름방학	
9	자랑스러운 우리나라	우리나라 상징	자랑스러운 우리나라	세계의 다른 나라	아름다운 우리나라 (가을)
10	편리한 생활	계기교육	옛날과 오늘날	편리한 도구와 기계	교통기관과 통신수단
11	지구와 환경	자연과 우리 생활	깨끗한 환경	우리가 사는 지구	지구와 우주
12	겨울나기	겨울맞이	계절의 변화	불과 안전한 생활	감사한 생활
2	새로운 시작	마무리	특수학급 안내		

출처: 신영숙(2010).

와 사회의 벽을 허물어 아동이 처한 주변을 하나의 실험실로 사용할 수 있도록 하는 것, 지역사회의 이해를 증진할 수 있는 것 등을 들고 있다. 주제는 아동으로부터 유도되는 것이 이상적이지만 중앙집중형 교육과정 체제에서는 교사가 제시한다.

특히 장애학생을 대상으로 편성하는 특수학급 교육과정은 학교, 학부모, 지역사회의 특성, 장애학생의 장애 특성 등을 고려해야 한다. 주제를 선정하고 내용을 조직함에 있어서 고려사항은 첫째, 장애학생의 학습성취를 기대할 수 있도록 아동의 호기심을 유발하는 관심사여야 하며, 둘째, 통합교육과정임을 고려해 생활주제, 시간의 흐름과 계절의 변화 등을 반영해야 하며, 셋째, 지역 및 학교의 여건에 적합한 실험·관찰 등 활동 가능한 내용을 근간으로 해야 한다는 것이다. 〈표 6-2〉와 같이 연간 주제를 선정하고, 연간 주제에 따라 〈표 6-3〉처럼 월별 및 주별 주제를 선정한다.

(2) 주제 조직하기

두 번째 단계는 주제 조직의 단계이다. 주제중심의 통합교육과정이 편성되기 위해서는 내용체계를 주제/소주제에 근접한 내용을 선정하고 조정하는 과정을 통해 장애학생에게 적절한 제재요소들로 구성해야 한다.

다음 예시에서는 공통교육과정 국어, 슬생, 바생(1~2학년) 교과에서 교육내용을 추출하였고, 월별 주제와 연관해 〈표 6-4〉와 같이 학습내용을 조직하였으며, 〈표 6-5〉는 공통교육과정 교과를 분석한 내용이다.

표 6-4 주제에 따른 학습내용(예)

월	주	월 주제	주별 주제	학습내용
3	1	신나는 우리 학교	새 학년 새 학기	우리 교실 알기, 내 자리 알기, 학교 규칙 알기 화장실 사용방법 알기, 좌측통행 알기
	2		우리 학교	학교를 도와주시는 분들 알기, 교실에 있는 물건 바르게 사용하기 바른 자세로 걷기, 조용히 걷기, 학교 곳곳의 위치, 기능 알기
	3		우리 교실	자기 물건에 이름 쓰기, 책가방 챙기기, 교실에 있는 물건 이름표 만들기 놀이기구 이용방법 알고 바르게 이용하기, 놀이 기구의 위치와 이름 알기
	4		내가 할 수 있는 일	내 이름 말하기, 내 소개하기, 시간표 익히기, 친구의 좋은 점 찾기
4	1	자라는 우리들	따뜻한 봄	학교주변 봄나들이, 꽃밭구경, 친구집 방문하기
	2		소중한 나	나의 몸, 우리 몸의 생김새, 아이와 어른의 모습, 성교육
	3		식물의 자람	식물채집, 식물의 잎과 줄기, 식물의 뿌리, 식물의 잎이 하는 일
	4		동물의 성장	동물의 생김새, 동물의 암수, 동물의 어미와 새끼, 사는 곳
5	1	행복한 우리 집	함께 하는 우리 집	여러 가지 집, 동식물과 함께 사는 우리 집
	2		화목한 우리 집	우리 집 행사, 친척들과의 관계
	3		살기 좋은 우리 집	가정생활과 여가생활, 살기 좋은 우리 집, 우리생활과 물질
	4		고마우신 분들	어버이날, 스승의 날, 어린이날
6	1	정다운 이웃	우리 고장 모습	우리 고장의 모습, 우리 학교의 주변모습, 우리 집의 주변모습
	2		우리 고장 사람들	고장 사람들이 하는 일(직업), 가게놀이, 더불어 사는 우리 이웃
	3		고장을 돕는 기관들	고장의 여러 기관과 단체(우체국, 병원, 농협, 소방서 등)
	4		우리 고장 자랑거리	우리 고장의 전통문화, 우리 고장 축제, 전해 내려오는 전설 등

7	1	신나는 여름	건강한 여름나기	여름날씨와 우리 생활 모습
	2		우리 생활과 물	여러 가지 모습의 물, 물을 이용한 활동
	3		여름방학	여름방학 계획 세우기
9	1	자랑스러운 우리나라	우리나라 상징	우리나라 상징(무궁화, 애국가, 태극기, 태권도, 추석, 민속놀이 등)
	2		자랑스러운 우리나라	세계적인 우리 문화재, 훌륭한 조상, 계기교육
	3		세계의 다른 나라	세계의 여러 나라, 세계 속의 한국
	4		아름다운 우리나라	사람들의 가을맞이, 가을의 식물과 동물, 가을의 들과 산
10	1	편리한 생활	계기교육	개천절, 한글날, 국군의 날 등
	2		옛날과 오늘날	생활도구의 발달, 여러 가지 도구의 사용법
	3		편리한 도구와 기계	편리한 도구, 거울과 렌즈
	4		교통기관과 통신수단	교통 · 통신의 발달, 물체의 속력, 정보화 시대의 생활
11	1	지구와 환경	자연과 우리 생활	자연을 이용하는 생활모습,
	2		깨끗한 환경	환경과 생물, 쾌적한 환경, 여러 가지 돌과 흙
	3		우리가 사는 지구	자연재해 종류와 원인, 자연재해와 환경문제
	4		지구와 우주	지구와 달, 별자리를 찾아서, 태양의 가족
12	1	겨울나기	겨울맞이	계절에 따라 달라지는 생활, 우리들의 겨울맞이, 겨울을 따뜻하게 보내려면
	2		계절의 변화	우리 생활과 자연 환경, 일기예보에 따른 대처방법, 계절의 변화
	3		불과 안전한 생활	자연 재해와 환경 문제, 열의 이동과 우리 생활, 에너지
	4		감사한 생활	크리스마스, 설날, 겨울방학 등
2	1	새로운 시작	마무리	1년 마무리, 책거리, 새 학년 준비
	2		특수학급 안내	학급달력 만들어(월별 활동 사진이나 미술작품 등으로) 홍보, 기타

표 6-5 교육과정에 따른 교과내용 분석 자료(1학기)

월	주	기간	주제	소주제	국어	바른생활	슬기로운 생활
3	1	2-6	신나는 우리 학교	새 학년 새 학기	완전통합	완전통합	완전통합
	2	8-13		우리 학교	1-1-1. 배우는 기쁨 그림을 보고 선생님 따라 낱말 읽기(6-9쪽)	2-1-1 스스로 할 수 있어요 스스로 할 일(2-5쪽)	1-1-1. 즐거운 학교생활 학교 밖 시설(10-11쪽) 교통안전 생활(12-19쪽)
	3	15-20		우리 교실	1-1-1. 배우는 기쁨 우리는 하나(10-17쪽)	1-1-2. 스스로 잘해요 학교에서 스스로 하기 (20-23, 28쪽) 2-1-1 스스로 할 수 있어요 학교에서 스스로 할 일 (8-9쪽)	1-1-1. 즐거운 학교생활 학교 안 시설(8-9쪽)
	4	22-27		규칙 지키기		1-2-2. 차례를 지켜요 학교에서 차례 지키기 (18-19, 24-25쪽) 2-2-6. 지키면 안전해요 교통신호와 교통안전 표지의 필요성 알기(66-69쪽)	1-1-1. 즐거운 학교생활 교통안전 생활(12-19쪽)
	5	29-3		내가 할 수 있는 일	1-1-2. 이렇게 생각해요 내 꿈(37-39쪽)	1-1-2. 스스로 잘해요 집에서 스스로 하기 (24-27, 29, 30-31쪽) 2-1-1 스스로 할 수 있어요 가정에서 스스로 할 일 (6-7쪽)	
4	6	5-10	자라는 우리들	따뜻한 봄	1-1-2. 이렇게 생각해요 나무(25-25쪽) 2-1-1. 느낌을 말해요 영치기 영차(6-8쪽)		1-1-2. 봄이 왔어요 봄맞이(20-23쪽) 봄꽃과 나무(24-29쪽) 자연물 놀이(33-33쪽)
	7	12-17		소중한 나	1-1-4. 아, 재미있구나! 아기의 대답(65쪽) 1-2-3. 생각을 전해요 (읽기) 자기자랑(42-45쪽)	1-2-1. 나의 몸 손발 깨끗이 하기(4-5쪽) 바르게 이 닦기(6-7쪽) 자주 목욕하기(8-11쪽) 2-1-3 단정한 모습 단정한 옷차림(26-29쪽) 때와 장소에 맞는 옷차림 (30-31쪽) 신발 바르게 신기(32-33쪽) 바른 옷차림(34-37쪽)	1-2-1. 나의 몸 몸 살펴보기(6-7쪽) 눈, 코, 입, 귀, 손이 하는 일 (8-15쪽) 1-1-1. 커 가는 내 모습 자라온 과정(6-7쪽) 지금 모습(12-15쪽) 2-1-3. 귀를 기울여요 소리를 내는 것(내 몸에서 나는 소리(32-34쪽)
	8	19-24		식물의 자람	2-2-5. 어떻게 정리할까요? 푸른숲 수목원(82-83쪽)	2-2-7. 생명의 소중함 생명이 소중한 까닭 알기 (78-81쪽) 주변의 동식물을 사랑하고 보호해야 하는 까닭 알기 (84-86쪽)	1-1-5. 자연과 함께 해요 동물과 식물(동물64-65쪽) 2-1-7. 동물과 식물은 내 친구 기를 수 있는 식물 (82-83쪽)

	9	26-1		동물의 성장	1-1-3. 마음을 나누며 소 세 마리(48-50쪽) 1-1-4. 아, 재미있구나! 괜찮아(66-68쪽) 2-1-2. 알고 싶어요 동물들은 어떻게 잘까요?(24-25쪽) 개미 이야기(30-31쪽) 어름치(32-35쪽) -뜻이 반대인 낱말 알아보기	2-2-7. 생명의 소중함 주변의 동식물을 사랑하고 보호해야 하는 까닭알기(84-86쪽) 동식물의 생명을 소중히 하는 생활 실천하기(86-90쪽)	1-1-5. 자연과 함께 해요 동물과 식물(식물66-67쪽) 2-1-7. 동물과 식물은 내 친구 기를 수 있는 동물(80-81쪽)
5	10	3-8	행복한 우리 집	건강한 몸	1-1-5. 생각을 펼쳐요 음식(82-83쪽)		1-1-4. 건강하게 생활해요 건강을 지키는 방법(52-55쪽)
	11	10-15		함께하는 우리 집	1-2-5. 더 알고 싶어요(말 · 듣) 소개하기(59-65쪽)	2-2-5. 화목한 가정 형제자매끼리 사이좋게 지내기(60-61쪽)	1-1-3. 가족은 소중해요 가족소개(37-39쪽) 가족이 하는 일(40-41)
	12	17-22		살기 좋은 우리 집	2-2-3. 생각을 나타내요 어떤 집을 만들면 좋을까요?(51-54쪽)	1-1-3. 가족은 소중해요 식사할 때의 바른 자세 알아보기(36-37쪽) 식사도구 바른 사용법(38-39쪽) 골고루 먹기(40-43쪽)	2-1-6. 우리 집이 좋아요 집 모양(66-67쪽) 집 안과 밖(68-73쪽) 집의 쓰임(74-77쪽)
	13	24-29		화목한 우리 집	1-2-6.이렇게 해 보아요 우리 가족의 발 그리기(95-98쪽)	2-2-5. 화목한 가정 화목한 가정에 대하여 알아보기(54-57쪽) 집안일 돕기(62-65쪽)	1-1-3. 가족은 소중해요 서로 돕는 가족 1-2-3.함께하는 한가위 우리 집 행사(38-39쪽)
6	14	31-5	정다운 이웃	사이 좋은 이웃	2-2-6. 하고 싶은 말 서로 다른 색이 모여 하나를 만듭니다(90-91쪽)	2-1-4. 사이좋은 이웃 이웃(38-41쪽) 이웃 간에 지켜야 할 예절(42-43쪽) 이웃과 다정하게 지내기(44-45쪽)	2-1-4. 사이좋은 이웃 소중한 이웃(45-47쪽)
	15	7-12		우리 고장 모습	3-1-3. 이런 생각이 들어요 어린이 축구장이 생겼으면(44-45쪽)	2-1-4. 사이좋은 이웃 이웃생활(46-49쪽)	2-1-5. 함께 사는 우리 우리 마을의 모습(56-57, 60-65쪽)
	16	14-19		우리 고장 사람들	2-2-6. 하고 싶은 말 마을회의(95-97쪽)	1-2-4. 함께 쓰는 물건 공공장소 물건 바르게 사용하기(50-51, 53쪽)	2-1-5. 함께 사는 우리 마을을 위해 애쓰시는 분들(58-59쪽)

	17	21-26		고장을 돕는 기관들	바생2-1-6. 함께 지켜요 공공장소 알아보기 (62-65쪽) 공공장소에서의 바른 행동(66-67쪽) 공공장소에 따른 규칙 (68-69쪽) 공공장소에서 지킬 일 실천하기(70-71쪽)	1-2-2. 차례를 지켜요 공공장소에서 차례 지키기 (22-23, 26-27쪽) 2-1-6. 함께 지켜요 공공장소 알아보기(62-65쪽) 공공장소에서의 바른 행동 (66-67쪽) 공공장소에 따른 규칙 (68-69쪽) 공공장소에서 지킬 일 실천하기(70-71쪽)	2-2-4. 물건도 여행을 해요 생활에 필요한 물건 (40-45쪽) 물건이 우리 손에 오는 과정(46-49쪽)
	18	28-3		우리 고장의 자랑 거리	2-2-2. 바르게 알려줘요 장승(33-36쪽)		2-2-5. 가게에 가요 가게 구경(52-59쪽) 가게의 종류(60-63쪽) 물건 사는 방법(64-65쪽) 가게 놀이(66-75쪽)
7	19	5-10	신나는 여름	우리 생활과 물	2-1-6. 의견이 있어요 물 없이 살 수 없어요 (86-87쪽)		3-1-1. 우리생활과 물질 우리 주위에서 볼 수 있는 여러 가지 액체(44-45쪽) 다양한 모양의 그릇에 물 부어 보기(44-45쪽)
	20	12-17		건강한 여름 나기		1-1-6. 와! 여름이다 몸 깨끗이 하기(82-83쪽) 공공장소에서 지켜야 할 일 (85-87쪽)	1-1-6. 와! 여름이다. 여름 날씨(74-77쪽) 여름철 건강(78-79쪽) 안전한 물놀이(80-81쪽)
	21	19-20		여름 방학		1-1-6. 와! 여름이다 여름방학 계획 세우기 (88-92쪽)	2-1-8. 하루를 알차게 생활계획 세우기(94-99쪽)

(3) 자료 모으기

세 번째 단계는 자료를 수집하는 단계이다. 다양하고 활동적인 교육과정 구현이 가능하도록 주제와 관련된 다양한 자료를 수집하여 활용한다.

(4) 교육과정 편성하기

네 번째 단계는 교육과정을 편성하는 단계이다. 연간 교육과정 진도표 작성을 통한 특수학급 교육과정을 편성하였다면, 이를 근간으로 특수교육 대상 학생의 개별화교육계획서를 수립하여 교수·학습 활동이 이루어지게 된다.

〈표 6-6〉, 〈표 6-7〉은 홍경희(2018)가 작성한 '2018 특수학급 국어(3, 4, 5학년)과 교

육과정 재구성 계획과 그에 따른 진도표'이다.

표 6-6 2018학년도 1학기 국어과(3, 4, 5학년) 교육과정 재구성 예

교육과정 재구성 목표			주제중심 및 성취기준 분석을 통한 교육과정을 재구성하여 학생이 가능한 성취기준 도달 또는 경험을 할 수 있도록 한다.		
교육과정 재구성 의도			해당 학년 수준의 학습성취가 가능하며 다수를 차지하는 학년인 3학년을 중심으로 대주제를 설정하고, 대주제와 관련된 성취기준을 분석하여 관련 성취기준을 달성하거나 경험하기에 적합한 성취기준을 선정하여 교육과정의 순서를 조정하거나 학생이 학습할 수 있는 수준의 내용으로 대체할 수 있도록 한다.		
주제중심			교육과정 재구성 계획		
월별	주제	성취기준(핵심어)	3학년	4학년	5학년
3	기본생활 습관 기르기	• 읽기습관 • 높임법, 예절, 대화, 즐거움, 공감	올바른 독서습관 언어예절	올바른 독서 습관 언어 예절	올바른 독서습관 언어예절
4	꿈을 꾸는 어린이	• 읽기 경험 나누기, 느낌, 생각, 표현, 작품 감상	감상 나누기 경험과 느낌 나누기	동시 읽기 느낌 표현하기	감상 나누기 경험과 느낌 나누기
5	가족 사랑	• 문장의 짜임, 호응, 문단, 글의 중심생각 • 읽는 이 고려, 마음, 표현	문단의 짜임 마음을 표현하고 전하기	마음을 표현하기	문단의 짜임 마음을 표현하고 전하기
6	우리 지역	• 글의 유형 • 사실과 의견, 주장, 주제 • 원인과 결과	설명하는 글 의견 파악하기 원인과 결과	글을 읽고 이해하기	설명하는 글 의견 파악하기 원인과 결과
7	사계절	• 낱말을 분류, 국어사전, 의미 관계 • 상황, 낱말의 뜻, 바른 국어 사용, 한글, 소중	낱말의 의미 알기 낱말의 뜻 짐작하기	낱말 정확하게 읽기 낱말의 의미 알기	낱말의 의미 알기 낱말의 뜻 짐작하기

표 6-7 2018학년도 1학기 국어과(3, 4, 5학년) 교육과정 재구성에 따른 진도표 예

학기	월	시기	지도내용		
			3학년	4학년	5학년
1	3	1-3	통합학급 적응기간	통합학급 적응기간	통합학급 적응기간
		4-10	개인진단평가	개인진단평가	개인진단평가
		11-17	〈책 놀이터〉 -읽을 책 정하여 읽기 -책 읽기 후 활동하기	〈책 놀이터〉 -읽을 책 정하기 -책을 소리 내어 읽기	〈책 놀이터〉 -읽을 책 정하여 읽기 -책 읽기 후 활동하기
		18-24	〈높임말 사전〉 -높임말 표현의 사용 경우 높임 표현 사용 방법 알기	〈높임말 사전〉 -높임말과 그렇지 않은 말 -올바른 높임말 사용	〈높임말 사전〉 -높임말 표현의 사용 경우 높임 표현 사용 방법 알기
		25-31	〈역할놀이〉 -높임 표현과 언어예절	〈역할놀이〉 -높임 표현과 언어예절	〈역할놀이〉 -높임 표현과 언어예절
	4	1-7	〈시낭송회, 시화〉 -재미있게 읽거나 감동 받은 책 소개하기 -시 읽기, 이야기 읽고 재미나 감동 나누기	〈시낭송회, 시화〉 -시 읽기 -이야기 읽고 재미나 감동 나누기: 재미있는 말 표현	〈시낭송회, 시화〉 -재미있게 읽거나 감동 받은 책 소개하기 -시 읽기, 이야기 읽고 재미나 감동 나누기
		8-14	〈나만의 캐릭터〉 -만화 영화 보고 재미와 감동 표현하기	〈나만의 캐릭터〉 -만화 영화 보고 재미와 감동 표현하기	〈나만의 캐릭터〉 -만화 영화 보고 재미와 감동 표현하기
		15-21	〈나는야 멋진 배우: 연극〉 -이야기에 나타난 감각적 표현	〈나는야 멋진 배우: 연극〉 -이야기에 나타난 감각적 표현	〈나는야 멋진 배우: 연극〉 -이야기에 나타난 감각적 표현
		22-28	〈시낭송회, 시화〉 -이야기를 읽고 생각이나 느낌 나누기 -느낌을 살려 시낭송하기	〈시낭송회, 시화〉 -이야기를 읽고 생각이나 느낌 나누기 -느낌을 살려 시낭송하기	〈시낭송회, 시화〉 -이야기를 읽고 생각이나 느낌 나누기 -느낌을 살려 시낭송하기
	5	29-5	-편지를 읽고 마음을 나타내는 말 익히기 -글을 읽고 인물의 마음 짐작하기	-마음을 나타내는 말 익히기	-편지를 읽고 마음을 나타내는 말 익히기 -글을 읽고 인물의 마음 짐작하기
		6-12	〈편지 보내기: 우체국 다녀오기〉 -마음이 잘 드러나게 편지 쓰기 -마음을 담아 편지 쓰기	〈편지 보내기: 우체국 다녀오기〉 -편지 쓰는 방법 알기 -마음을 담아 편지 쓰기	〈편지 보내기: 우체국 다녀오기〉 -마음이 잘 드러나게 편지 쓰기 -마음을 담아 편지 쓰기
		13-19	-설명하는 글 알아보기	-설명하는 글 알아보기	-설명하는 글 알아보기

	20–26	〈중심문장, 뒷받침문장 나무〉 –중심문장과 뒷받침문장을 파악하며 글 읽기 –중심문장과 뒷받침문장 생각하며 글쓰기	〈바른 자세로 말해요〉 –말하는 바른 자세 –자신 있는 발성하기 –완성된 문장으로 말하기	〈중심문장, 뒷받침문장 나무〉 –중심문장과 뒷받침문장을 파악하며 글 읽기 –중심문장과 뒷받침문장 생각하며 글쓰기
	27–2	–문단 만들기 놀이하기	–문장 만들기	–문단 만들기 놀이하기
6	3–9	–메모 알아보기 –내용 간추리며 듣기	–이야기를 읽고 내용 알기	–메모 알아보기 –내용 간추리며 듣기
	10–16	–글을 읽고 내용 간추리기 –책 소개하기	–글을 읽고 내용 간추리기 –책 소개하기	–글을 읽고 내용 간추리기 –책 소개하기
	17–23	〈꼬마 작가〉 –원인과 결과에 따라 말하기 –원인과 결과를 생각하며 경험 말하기, 이야기 꾸미기	〈꼬마 작가〉 –원인과 결과 알기 –원인과 결과를 생각하며 말하기	〈꼬마 작가〉 –원인과 결과에 따라 말하기 –원인과 결과를 생각하며 경험 말하기, 이야기 꾸미기
	24–30	글을 읽고 의견 파악하기	글을 읽고 의견 파악하기	글을 읽고 의견 파악하기
7	1–7	〈나만의 국어사전〉 –국어사전 사용법 –낱말의 뜻	〈나만의 낱말사전〉 –낱말의 뜻	〈나만의 국어사전〉 –국어사전 사용법 –낱말의 뜻
	8–14	–국어사전을 활용하여 책 읽기	–낱말의 뜻에 맞게 문장 쓰기	–국어사전을 활용하여 책 읽기
	15–21	–낱말의 뜻 짐작하기	–설명서 읽기	–낱말의 뜻 짐작하기
	22–28	–안내문 읽기	–안내문 읽기	–안내문 읽기

3) 주제중심 통합교육과정 운영

다음 자료는 신영숙(2010)이 편성 · 운영한 특수학급 교육과정을 예시로 학생들에게 어떻게 적용하여 운영할 것인지 대한 교육과정 이수시간, 시간표 등을 제시하고 있다. 이 내용에 들어가기에 앞서, 해당 학교 · 보호자 · 학생의 여건을 고려하여 편성된 한 학급의 교육과정일 뿐임을 밝혀 둔다.

(1) 학생별 교육과정 이수시간 책정

3월 완전통합 기간 없이 바로 특수학급에서의 교육활동이 시작되었다. 지체장애 1학년 학생의 입학과 새 환경 적응에 어려움을 보이는 자폐성장애 5학년 학생의 전학으로 빠른 지원방법 모색이 필요하였다. 완전통합을 위한 시간 없이 통합교사와 학부모와

표 6-8 대상학생별 통합학급 및 특수학급 주간 이수 시간

순	이름	학년반	주당 수업시수	특수학급시수		통합 시수	운영형태	장애명
1	이○○	1-5	25	1학기	12	13	시간제	지체장애 (뇌병변2급)
				2학기	12	13		
2	조○○	1-5	25	1학기	12	13	시간제	지적장애
				2학기	12	13		
3	유○○	5-3	32	1학기	3	29	특별지도	지체장애 (뇌병변1급)
				2학기	3	29		
4	이○○	5-7	32	1학기	16	16	시간제	자폐성장애 (자폐성 장애 2급)
				2학기	12	19		
5	최○○	6-1	32	1학기	3	29	특별지도	정서 · 행동장애
				2학기	3	29		
6	하○○	6-5	32	1학기	12	20	특별지도 (수학, 과학, 영어)	지적장애 (지적장애3급)
				2학기	12	20		
7	정○○ (일반배치)	4-5	30	1학기	0	30	완전통합	지체장애 (뇌병변2급)
				2학기	0	30		

* 정○○은 일반학급 배치로 완전통합교육을 받고 있다. 도움반의 지원내용은, 수업 전 부족한 수학 문제 해결, 점심시간 친구들과 도움반에서의 놀이활동, 도움반 서랍장 이용, 방과 후 틈새시간 학습활동, 현장체험학습 시 지원 등이다.

표 6-9 대상 학생별 교육과정 운영형태

구분	내용	적용학생
시간제	교과와 관계없이 일정한 수업시간(예: 1~2교시-특수학급, 3~4교시-일반학급 등)을 특수학급에서 수업받거나, 또는 특정 교과(예: 음악, 미술)만을 일반학급에서 교육하고 나머지는 특수학급에서 교육(특수학급에서 교육받는 시간이 더 많거나 같음)	이○○(1-5) 조○○(1-5) 이○○(5-7)
특별지도	특정 교과(예: 국어, 수학)만을 특수학급에서 지도하고 나머지는 일반학급에서 교육(일반학급에서 교육받는 시간이 더 많음)	유○○(5-3) 최○○(6-1) 하○○(6-5)
완전통합	일반학급에 완전통합되어 있으면서 필요시 교육과정 수정, 학습자료 제공, 협력교수, 특수교육보조원 등을 지원함	정○○(4-5)

의 수시상담 및 협의를 통해 지원받아야 할 교과목과 지원내용 등에 대해 의논하고 〈표 6-8〉과 같이 결정하였다.

특수학급 운영형태는 통합교육을 기본으로 하며 시간제, 특별지도, 완전통합 지원을 혼합하여 운영한다. 〈표 6-9〉는 대상 학생별 교육과정 운영형태이다.

(2) 학생별 시간표 및 특수학급 시간표

특수학급 1학급으로 학생은 1학년 2명, 5학년 2명, 6학년 2명 총 6명이다. 특수학급 운영 형태는 시간제, 특별지도로 운영하고, 공통의 교육과정인 통합교육과정을 운영하기 위해 특별히 시간표 조정은 하지 않았다.

이 시간표는 학생 개별 지도 및 해당 학년 교과지도 시간을 활용하기 위해 작성된 것이다. 그러나 이 시간표의 문제는 3복식의 학생 구성으로 교육과정 적용상의 어려운 현실을 고려한 것으로, 개별 교육과정 수정이나 통합학급과의 협력수업은 사실상 어려운 현실을 보여 주고 있다.

〈표 6-10〉은 학생들의 개별 특성과 학부모 요구, 통합교사와의 협의에 의해 결정된 특수학급 시간표이다. 색으로 표시된 부분이 특수학급에서 수업을 받게 되는 교과이다.

표 6-10 학생 개인별 통합학급 시간표

1–5 이○○

교시＼요일	월	화	수	목	금	토
1	국어	국어	수학	국어	수학	국어
2	국어	국어	수학	바생	수학	즐생
3	슬생	즐생	국어	즐생	슬생	재량
4	슬생	즐생	바생	즐생	즐생	특활
5					재량	
6						

1–5 조○○

교시＼요일	월	화	수	목	금	토
1	국어	국어	수학	국어	수학	국어
2	국어	국어	수학	바생	수학	즐생
3	슬생	줄생	국어	즐생	슬생	재량
4	슬생	즐생	바생	즐생	즐생	특활
5					재량	
6						

5–3 유○○

교시＼요일	월	화	수	목	금	토
1	국어	국어	수학	국어	국어	체육
2	수학	재량	도덕	수학	수학	미술
3	재량(정)	음악	실과	영어	음악	미술
4	영어	과학	실과	과학	과학	특활
5	사회	체육	계발	체육	국어	
6		수학		사회	사회	

5–7 이○○

교시＼요일	월	화	수	목	금	토
1	국어	국어	영어	음악	영어	국어
2	수학	수학	국어	과학	국어	사회
3	사회	과학실	수학	실과	수학	특활
4	과학	재량 도서실	도덕	실과	재량 정보	체육
5	음악	미술	계발	국어	체육	
6		체육		사회	미술	

6–1 최○○

교시＼요일	월	화	수	목	금	토
1	도덕	실과	미술	영어	국어	수학
2	영어	실과	미술	과학	재량	국어
3	과학	사회	음악	사회	과학	체육
4	국어	정보	체육	국어	사회	특활
5	수학	수학	계발	수학	음악	
6		국어		체육	국어	

6–5 하○○

교시＼요일	월	화	수	목	금	토
1	국어	영어	수학	국어	영어	국어
2	수학	음악	과학	재량	국어	사회
3	실과	수학	사회	재량	미술	체육
4	실과	국어	국어	도덕	미술	특활
5	과학	사회	계발	음악	수학	
6		체육		체육	과학	

표 6-11 초등학교 특수학급 시간표

	월	화	수	목	금	토
교과	수학	영어	국어	국어	영어	국어
1 (9:00–9:40)	(1–5)이○○ (1–5)조○○ (5–7)이○○	(1–5)이○○ (1–5)조○○ (5–7)이○○ (6–5)하○○	(1–5)이○○ (1–5)조○○ (6–5)하○○	(1–5)이○○ (1–5)조○○ (5–7)이○○	(1–5)이○○ (1–5)조○○ (6–5)하○○	(1–5)이○○ (1–5)조○○ (5–3)유○○ (5–7)이○○ (6–5)하○○
교과	국어	수학	과학		국어	재량
2 (9:50–10:30)	(1–5)이○○ (1–5)조○○ (5–7)이○○ (6–5)하○○	(1–5)이○○ (1–5)조○○ (5–7)이○○	(1–5)이○○ (1–5)조○○ (5–7)이○○ (6–5)하○○		(1–5)이○○ (1–5)조○○ (5–7)이○○	(1–5)이○○ (1–5)조○○ (5–7)이○○ (6–5)하○○
교과	사회	수학/사회	수학	사회	사회	재량
3 (10:40–11:20)	(5–5)이○○	(6–5)하○○ (6–1)최○○	(5–5)이○○	(6–1)최○○	(5–5)이○○	(1–5)이○○ (1–5)조○○ (5–7)이○○ (6–5)하○○
교과					사회	
4 (11:30–12:10)					(6–1)최○○	
교과	수학				수학	
5 (13:10–13:50)	(6–5)하○○				(6–5)하○○	
교과				사회	과학	
6 (14:00–14:40)				(5–7)이○○	(6–5)하○○	

다음 예시는 2018학년도 고등학교 특수학급 자료이다. 특수학급 2학급 중 1학급 6명 학생에 대한 개인별 통합학급 시간표와 특수학급 시간표이다(〈표 6–12〉, 〈표 6–13〉 참조). 특수학급 시간표는 두 학급 학생들이 다소 혼재되어 있다. 음영 표시된 부분이 전환교육실(특수학급 교실)에서의 수업을 받게 되는 교과이며, 특수교사 3명이 교과별 내용 재구성을 통해 교육과정을 운영하고 있다.

표 6-12 고등학교 특수학급 학생 개인별 통합학급 시간표의 예

1-2	월	화	수	목	금
1	국어	수학	국어	영어	사회
2	진A	기B	사회	국어	수학
3	과실	한사	수학	과A	과B
4	영어	영어	과A	진B	한사
5	사회	과B	자율	한사	영어
6	체육	사회	자율	수학	미술
7	체육	국어		기A	미술

1-3	월	화	수	목	금
1	영어	영어	과B	수학	음악
2	사회	수학	수학	영어	음악
3	과A	사회	영어	체육	국어
4	한사	진A	국어	체육	사회
5	수학	한사	자율	사회	과A
6	국어	기B	자율	국어	한사
7	진B	과실		과B	기A

2-5	월	화	수	목	금
1	한문	문A	미적	문A	생I
2	세사	영어	세사	영어	문B
3	미적	문B	한문	세지	문A
4	창특	세지	일어	일어	음악
5	문B	생I	자율	스포	영어
6	세지	음악	자율	스포	창특
7	영어	음악		미적	세사

2-5	월	화	수	목	금
1	한문	문A	미적	문A	생I
2	세사	영어	세사	영어	문B
3	미적	문B	한문	세지	문A
4	창특	세지	일어	일어	음악
5	문B	생I	자율	스포	영어
6	세지	음악	자율	스포	창특
7	영어	음악		미적	세사

3-2	월	화	수	목	금
1	독서	창특	사문	영A	창특
2	독서	한지	독서	정보	확통
3	한지	사문	한지	독서	영A
4	정보	확통	영A	영B	독서
5	스포	독서	자율	사문	지I
6	스포	생윤	자율	확통	지I
7	영B	영B		생윤	생윤

3-4	월	화	수	목	금
1	생윤	동사	영B	독서	독서
2	독서	지I	독서	영A	동사
3	영A	지I	창특	사문	생윤
4	확통	사문	정보	확통	확통
5	동사	영A	자율	생윤	영B
6	창특	독서	자율	정보	스포
7	사문	독서		영B	스포

표 6-13 2018학년도 1학기 시간표의 예

	월	화	수	목	금
1	박**/국어 방**, 안**/영어 신**/생윤, 이**/독서	박**/수학, 방**/영어 강**, 유**/영어 백**, 임**/문A 박**/한사, 오**/사회 김**/기A, 안**/기B	박**, 안**/국어 김**/수학, 신**/영B 이**/문B 강**, 유**/영어 백**, 임**/미적	박**/영어, 방**/수학 김**, 안**/국어 백**, 임**/문A 이**/영A	이**/영어, 이**/창특 임**, 백**/생I 강**, 유**/한문
2	김**/영어, 이**/음악 박**, 안**/국어 강**, 유**/문B 임**/세사, 오**/과A 이**/독서	방**/수학, 박**/기B 오**, 박**/국어 백**, 임**/영어 김**/과B, 안**/사회 신**/지I	방**/수학, 오**/영어 김**/국어, 이**/독서 안**/과B	박**/국어 이**, 방**, 백**, 임**/영어 신**/영A	박**/수학, 안**/영어 백**, 임**/문B 이**/확통, 이**/창특 강**, 유**/창특
3	오**/국어, 박**/과실 백**, 임**/미적 신**/영A, 이**/한지 강**, 유**/생I 방**/과A, 박**/과B	오**, 김**/영어 박**/수학, 안**/국어 백**, 임**/문B 박**/한사, 방**/사회 신**/지I	박**/수학, 방**, 박**/영어 신**/창특	김**/국어, 이**/미적 임**/세지, 신**/사문 이**/독서	방**/국어, 오**/영어 박**/수학, 신**/생윤 이**/스포, 이**/영A 임**, 백**/문A 유**, 강**/영어
4	박**/영어, 박**/영어 강**, 유**/미적 백**, 임**/창특 신**/확통, 이**/정보 방**/한사, 안**/음악	박**, 이**/영어 오**, 김**/수학 강**, 유**/미적 이**/확통, 신**/사문 임**/세지, 방**/진A 박**/사회, 안**/한사	방**/국어 강**, 유**/문A 이**/영A, 신**/정보 임**/일어, 안**/체육	오**, 안**/수학 박**/영어 이**/문A, 이**/영B 신**/확통, 임**/일어	안**/한사, 김**/국어 이**/스포, 신**/확통 이**/독서 임**, 백**/음악 강**, 유**/법정
5	방**, 박**/수학 백**, 임**/문B 강**, 유**/음악 이**/법정, 안**/과B	김**/국어, 임**/생I 안**/수학, 신**/영A 이**/독서	자율	오**, 박**/국어 이**/문B, 신**/생윤	박**, 김**/영어 강**, 유**/미적 임**, 백**/영어 오**, 안**/수학 방**/과A, 신**/영B 박**/국어, 이**/지I
6	방**/국어, 이**/영어 오**, 안**/수학 임**, 백**/세지 강**, 유**/문A 신**/창특	이**/문B 안**/영어 강**, 유**/문A	자율	박**, 박**/수학 방**/국어, 이**/확통 신**/정보, 김**/영어 안**/과실	박**/국어, 방**/한사 이**/미적, 오**/과B 신**/스포 김**/진B, 이**/지I 강**, 유**/문B
7	강**, 유**/영어 백**, 임**/영어 이**/영B, 신**/사문 이**/문A	박**/국어, 이**/미적 박**/영어, 이**/영B 안**/과A	방과후교실	오**, 안**/영어 강**, 유**/문B 백**, 임**/미적 신**/영B	오**/국어, 김**/수학 이**/문A, 안**/과A 신**/스포

(4) 수업시수의 조정

초등학교 1학년 이○○, 조○○의 특수학급 수업은 주로 국어, 수학 교과로 1~2교시에 집중되어 있다. 6학년의 경우, 통합학급 수업시간표에서 특정 교과(예: 영어, 수학, 과학) 시간에 특수학급에서 수업을 받고 있다. 이에 학생들이 모이게 되는 수업시간이 주로 1~2교시이며, 다른 시간은 주로 개별 진도에 따른 개별지도가 이루어진다. 결국 학생이 함께하는 시간에는 특수학급 교육과정(과학중심 통합교육과정)을 적용해야 하는 경우가 생기게 된다. 이 교육과정 적용을 위해서는 학생들 간의 교과목별 시간 수가 상향, 하향, 또는 추가되는 경우도 생겨난다. 이는 특수학급 교육과정 운영을 위해 불가피하게 나타나는 현상이기도 하다. 3~4명이 같은 수업시간에 배정되면, 각 학생들의 해당 학년 교과의 교육과정 수정을 통한 수업을 진행하기가 곤란하기 때문이다. 이에 여기에서는 특수학급 수업 1~2교시에 주로 참여하는 1학년 학생의 수정된 교과별 주당 수업 시수를 조정하여 개별화교육지원팀 협의를 통해 적용된 사례를 제시한 것이다.

표 6-14 통합학급에서 특수학급으로 오는 교과별 수업시수

국어(6)		수학(4)		즐거운 생활(6)		재량(2)	
통합학급	특수학급	통합학급	특수학급	통합학급	특수학급	통합학급	특수학급
0	6	0	4	5	1	1	1

표 6-15 특수학급에서 수업받는 교과별 시수 조정의 예

국어(6)		수학(4)		즐거운 생활		슬기로운 생활		영어(2)		재량(2)	
원래 시수	하향 조정	원래 시수	하향 조정	원래 시수	하향 조정	원래 시수	추가	원래 시수	추가	원래 시수	상향 조정
6	4	4	2	1	0	0	2	0	2	1	2

* 1학년 학생의 영어수업은 불가피한 시간 추가 현상이다. 실제로 이 시간은 6학년 학생의 영어수업시간이기 때문이다. 6학년 영어수업이 어려워 교과와 내용을 하향조정하여 수업이 진행되고 있다. 이때 함께 수업받게 되는 1학년, 5학년 학생에게 한 교실 다른 교과를 지도할 수는 없는 불가피한 상황이기에 벌어진 현상이기도 하다.

4) 일반학교 주제중심 교육과정 편성·운영 사례

다음 자료는 서정초등학교(2013)의 2학년 1학기 주제중심 교육과정 자료이다. 2학년은 통합교육과정으로 바른 생활, 슬기로운 생활, 즐거운 생활 교과는 이미 통합 단원으로 운영할 수 있도록 교과서 내용이 구성되어 있다. 하지만 여기에 그치지 않고 성취수준을 살펴보면서 주제중심으로 다시 재구성해 보았다. 수학과목을 제외하고 국어, 통합 교과, 창체를 함께 재구성하였는데, 2학년 교사 4명이 모두 2~3년간 주제중심 교육과정을 운영해 본 경험이 있어서 2월 중순부터 교육과정 재구성 작업에 들어갔고, 다양한 지식들을 어떤 주제로 묶어 효과적으로 학습할 것인지에 대한 고민을 통해 2013학년도 서정 2학년 주제중심 교육과정을 완성하였다.

주제통합의 근거로 사용한 것은 각 교과별로 도달해야 하는 성취수준인데, 올해는 통합 교과서를 중심으로 주제를 선정하였다. 공간적인 부분과 시간적인 부분으로 나누어서 학기당 4개의 교과서로 제시된 주제 책을 중심으로 국어 교과를 접목시켜서 꼭 배워야 할 지식들을 효과적으로 학습하고, 배운 지식을 확장시키기 위해 다양한 활동들을 함께 묶어서 재미있는 교육활동이 될 수 있도록 고민하였다. 2학년 학생들의 특성에 맞게 신체 및 표현 활동이나 체험을 골고루 넣으려고 노력하였으며 창의적 체험활동 시간으로 많이 보충하였다. 또한 수학과의 기초 확립을 위하여 수학 교과의 집중적인 교육활동을 전개하도록 주제로 통합하지 않았으나 가급적 단위수업시간에 주제와 관련된 예를 들거나 활동을 전개하려 노력하였다.

(1) 2013 연간 교육과정 운영일수(2학년 1학기)

월 (수업일수)	주	기간	수업일수	연간 수업일수							학년별 주간 수업시수						학교행사활동	공휴일
				일	월	화	수	목	금	토	1	2	3	4	5	6		
3 (20)	1	2	0	•	•	•	•		1	2								3.1 삼일절
	2	3~9	5	3	4	5	6	7	8	9							3.4(월) 시업식, 입학식 3.4(월)~6(수) –1학년 학부모교육	
	3	10~16	5	10	11	12	13	14	15	16								
	4	17~23	5	17	18	19	20	21	22	23							3.20(수) 학부모총회 학운위구성	
	5	24~30	5	24	25	26	27	28	29	30								

4 (22)	6	31~6	5	31	1	2	3	4	5	6								
	7	7~13	5	7	8	9	10	11	12	13								
	8	14~20	5	14	15	16	17	18	19	20								
	9	21~26	5	21	22	23	24	25	26	27							4.23~30(화~화) 1학기 학부모상담주간	
5 (21)	10	28~4	4	28	29	30	1	2	3	4							5.3(금) 오월한마당	5.1 개교기념일
	11	5~11	5	5	6	7	8	9	10	11							5.6~5.8 효도주간	
	12	12~18	4	12	13	14	15	16	17	18								5.17 석가탄신일
	13	19~25	5	19	20	21	22	23	24	25								
	14	26~1	5	26	27	28	29	30	31	1								
6 (19)	15	2~8	4	2	3	4	5	6	7	8								6.6 현충일
	16	9~15	5	9	10	11	12	13	14	15								
	17	16~22	5	16	17	18	19	20	21	22								
	18	23~29	5	23	24	25	26	27	28	29							6.24~25 호국보훈주간	
7 (20)	19	30~6	5	30	1	2	3	4	5	6								
	20	7~13	5	7	8	9	10	11	12	13							7.10(수) 국가수준 학업 성취도평가(6)	
	21	14~20	5	14	15	16	17	18	19	20								
	22	21~24	5	21	22	23	24	25	26	•							7.26(금) 여름방학식	
1학기 수업일수	102		수업시수															

(2) 주제중심 교육과정 시수 편성(2학년)

구분 \ 학년		2학년			
		1~2 학년군 시수	2012학년도 1학년 운영시수	기준시수	본교 운영 시수
교과	국어	448	216	232	232
	수학	256	120	136	136
	바른생활	128	60	68	68
	슬기로운 생활	192	88	104	104
	즐거운 생활	384	176	208	208
	소계	1408	660	748	748
창의적 체험활동		272	170	102	102
연간 총 수업시간 수		1680	830	850	850

(3) 주제중심 교육과정 재구성(2학년 1학기)

주제	학습기간 (주, 날짜)
1주제　소중한 새싹	1주~6주(3.4~4.8)
2주제　꿈꾸는 봄	6주~11주(4.8~5.14)
3주제　또 다른 가족	11주~16주(5.14~6.20)
4주제　여름아! 반갑다	16주~22주(6.20~7.26)

(4) 주제별 교과목 수업 시수 운영 계획(2학년 1학기)

주제	국어	바생	슬생	즐생	창체	계	수학	합계	비고
1주제	24	9	15	28	14	90	22	112	수학 교과는 통합에 적합지 않아 주제통합을 하지 않음.
2주제	31	10	12	27	14	94	18	112	
3주제	25	9	13	28	17	92	21	113	
4주제	44	8	15	25	10	102	11	113	
계	124	36	55	108	55	344	72	450	

(5) 주제중심 수업시수표(2학년 1학기)

지도기간(일)	주제통합 / 일반수업	핵심 역량	국어	수학	바생	슬생	즐생	창의적 체험활동 자	동	봉	진	계	관련체험학습
3/4 ~ 4/8	소중한 새싹	기초학습, 창의력, 정보처리, 대인관계, 의사소통, 자기관리, 생태감수성	24		9	15	28	11				112	나의성장 알기(학부모 참여수업)
				22				1	2				
4/8 ~ 5/14	꿈꾸는 봄	대인관계, 의사소통, 기초학습, 자기관리, 진로개발, 시민 의식	31		10	12	27	7		2	3	112	성사천 봄나들이 (성사천)
				18					2				
5/14 ~ 6/20	또 다른 가족	문제해결, 창의력, 기초학습, 정보처리, 대인관계, 국제감각, 자기관리, 시민의식	25		9	13	28	14	3			113	고양시 다문화센터 (본교방문) 지구촌 한가족 (도서관)
				21									
6/20 ~ 7/26	여름아! 반갑다	대인관계, 의사소통, 창의력, 기초학습, 자기관리, 정보처리, 시민의식	44		8	15	25	4	3			113	웅진플레이 도시(체험) 물총놀이 (운동장)
				11				2		1			

1학기 계	124	72	36	55	108	39	10	3	3	450	
2학기 예정 시수	108	64	32	49	100	15	25	3	4	400	
총 수업 시수	232	136	68	104	208	54	35	6	7	850	
1, 2학년군 기준 시수	448	256	128	192	384	272					

(6) 주제 재구성 이유와 마인드맵

주제 4 재구성 이유와 마인드맵

우리 아이들이 사계절 중 가장 좋아하는 계절은 여름이다. 활동적이며 생동감 있는 여름에 할 수 있는 활동 중 물놀이 활동을 가장 좋아하는 것 같다. 여름에는 많은 곤충들뿐만 아니라, 여러 가지 채소나 과일들도 쉽게 접할 수 있어 이번 네 번째 주제 '여름아! 반갑다'에서는 크게 두 가지의 활동주제로 구성되는데 먼저 여름 곤충과 식물에 관한' 여름 친구들 모여라!'와 주변에서 보고 느낄 수 있는 '여름 풍경'을 다루게 된다.

첫 번째 활동주제는 '곤충'에 중점을 두고 여름을 안전하게 지내는 방법을 알고 안전한 여름 생활을 할 수 있도록 바른 생활과의 실천 활동들을 적절하게 마련하고, 도시에서는 흔히 보기 어렵지만 여름철에 주변에서 볼 수 있는 곤충과 식물들을 다양한 탐구 활동을 통해 관찰하여 여름철 곤충과 식물을 다양한 방법으로 표현하고 친구와 함께 어울려 곤충과 관련된 놀이를 하면서 즐겁게 여름을 보낼 수 있도록 하는 활동이다. 아이들의 관심이 많은 곤충들을 보고 재미있는 말을 사용하여 친구들과 말놀이의 맛을 느끼고 낱말에 대한 친근하고 편안한 마음을 가질 수 있도록 하는 활동이다.

두 번째 활동주제는 '여름 풍경'으로 여름을 느끼는 데 중점을 두고 몸으로 직접 느낄 수 있도록 물놀이, 물총놀이 활동과 옛날과 오늘날의 여름 풍경의 변화를 알고 여름에 볼 수 있는 것이나 바뀐 것을 찾아보는 다양한 활동을 통해 주변에 찾아온 여름을 느끼는 즐거운 생활을 할 수 있도록 하는 활동이다. 이러한 시간적, 공간적 변화를 차례대로 글로 표현할 수 있도록 국어과 '알기 쉽게 차례대로'와 '느낌을 나타내어요' 단원을 통합하여 자신이 겪은 일을 이야기로 간단히 일의 차례가 드러나게 표현함으로써 문학적 표현 활동의 즐거움을 경험하고 서사적 말하기의 기초 능력도 키울 수 있는 활동이다.

주제 4 참고 사이트	저탄소 녹색성장 교육환경 교육포털	누리집 www.mee.kr 누리집 www.keep.go.kr	주제 4 참고 도서	반디 각시 선물상자(보림) 반딧불이다!(지양어린이) 반딧불이와 춤을(행복한 아이들) 깜빡깜빡 반딧불이야, 똥똥 개똥불이야!(애플비) 곤충 세계에서 살아남기1.2.3(아이세움) 봄 여름 가을 겨울 식물도감(진선아이)	우리와 함께 살아가는 곤충 이야기(아이세움)

(7) 주제단원에 따른 교육과정 성취기준, 활동 내용, 학습목표 등

주제4	여름아! 반갑다	
과목 · 단원	교육과정 성취기준	핵심역량 (차시)
국어 11. 재미가 새록새록	• 친구들과 함께 재미있는 말놀이를 해 본다. (듣기 · 말하기) • 말의 재미를 느끼고 재미를 주는 요소를 활용하여 자신의 경험을 표현한다.(문학)	대인관계 의사소통 창의력(12)
국어 10. 이야기 속으로	• 일이 일어난 차례를 생각하며 듣고 말한다. (듣기 · 말하기) • 이야기의 시작, 중간, 끝을 파악하며 작품을 이해한다.(문학)	대인관계 의사소통(10)
국어 6. 알기 쉽게 차례대로	• 일이 일어난 차례를 생각하며 듣고 말한다.(듣기 · 말하기) • 일상생활에서 겪은 일을 동시나 노래, 이야기로 표현한다.(문학)	대인관계 의사소통(10)
국어 9. 느낌을 나타내어요	• 겪은 일이 잘 드러나게 일기와 시를 써 본다. (쓰기, 문학) • 자기가 쓴 시를 꾸며 시화 전시회를 열어 본다.(국활)	기초학습 의사소통(12)
통합 〈여름〉 1. 곤충과 식물	• 여름을 안전하게 지내는 방법을 알아보고 안전한 여름 생활을 한다.(바른 생활) • 여름에 주변에서 볼 수 있는 곤충이나 채소 및 과일, 식물 등을 조사해 본다.(슬기로운 생활) • 여름에 볼 수 있는 곤충, 채소, 과일, 식물 등을 여러 가지 방법으로 표현한다.(즐거운 생활)	자기관리 정보처리 시민의식 대인관계 (20+2)
통합 〈여름〉 2. 여름 풍경	• 여름을 건강하게 지내는 방법을 알아보고 이를 지킨다.(바른 생활) • 학교 주변을 살펴보고 여름에 볼 수 있는 것이나 봄에서 여름으로 바뀐 것을 찾아본다.(슬기로운 생활) • 여름에 필요한 소품 만들기, 여름 풍경 그리기, 여름에 하는 놀이 등을 통해 주변에 찾아온 여름을 느껴 본다.(즐거운 생활)	시민의식 정보처리 대인관계 자기관리 창의력 (21+3+2)
창체	• 곤충, 해충 역할극 하기 • 배다골 물놀이장 현장체험학습 • 물총놀이 체험활동	대인관계 의사소통(7)
주제 미포함 창체	• 방학식	자2 봉1
주제 미포함 수학 6. 곱셈	• 곱셈구구를 이해하고 한 자릿수의 곱셈을 할 수 있다.	(10+1)
총 시간 수	113(6/20~7/26)	

재구성 배움 활동 및 내용	교과/차시	학습목표(핵심역량)	수행평가 내용	방법	시기(날짜)
			주제 책	노래	놀이
★ 주제 4 설명 및 생각나누기 –여름의 자연환경과 여름동물, 식물에 대한 경험나누기	여름(슬1) 여름(즐1)	→ 여름에 대한 주제망을 짠다. (자기 관리)	우리와 함께 살아가는 곤충 이야기	싱그러운 여름	고무줄, 꼬리 잡기
[작은 주제 1: 여름 친구들 모여라!] ◆ 곤충 친구들과 놀아요. –학습주제, 사계절 생태놀이, 무엇을 할까요, 고무줄 놀이 –여름 곤충 모형 만들기, 다섯 고개 놀이(수행) –재미있는 말을 넣어 문장쓰기 –여러 가지 곤충모습 흉내 내기 및 씨름하기, 곤충역할극 –해충 피해 예방방법 알기, 해충 역할극[재구성: 역할극] –재미있는 말을 넣어 경험한 일 글로 쓰기	여름(즐)3 여름(슬)2 국 2 여름(즐)1 여름 (바1창동2 국 2	→ 주제알기, 고무줄놀이 할 수 있다.(대인관계) → 여름곤충 모형 만들 수 있다. (창의력) → 재미있는 말 넣어 문장 쓸 수 있다.(의사소통) → 해충의 피해를 예방하는 방법을 알 수 있다.	[슬: 모형 만들기] 여름에 볼 수 있는 곤충을 살펴보고 그 특징을 발표한다. [바: 계획 세우기] 여름철을 안전하게 보낼 수 있는 방법을 계획하고 스스로 실천한다. [국: 문학] 말의 재미를 느낄 수 있는 여러 가지 말 놀이를 즐겁게 할 수 있다. [즐: 만들기] 녹색마을을 보전하는 방법을 알고, 마을을 꾸밀 수 있다.	조사 활동 실기 평가 관찰 평가 지필 평가 대화법 시연법 실기 평가	7월 1주 (7/5)
◆ 맛있는 여름 –여름과일과 채소–말놀이 방법 알기 –과일 단면 자르고 특징 그리기 –말 덧붙이기, 말 전하기 놀이 –여름철 음식 만들기 –여름철 안전수칙 알기(수행) –여러 가지 말놀이 –말놀이 대회(수행)	여름(슬2 국2) 여름(슬1즐1) 국 2 여름(즐2 바1) 국2 국활2	→ 여름 과일, 채소 알아본다. → 말놀이 방법 안다. → 말놀이를 할 수 있다. (대인관계, 의사소통) → 여름을 안전하게 보내기 위해 할 일을 안다. (자기관리)			
◆ 싱그러운 여름–곤충소리, 동요 부르기 –음악 들으며 곤충움직임 표현하기 –장소변화에 따른 일의 순서알기 – 환경보호 –이어 주는 말 쓰임 알기 –녹색 마을 꾸미기(수행) –자신의 일을 차례에 맞게 이야기하기 –주사위 책을 만들기	여름(즐)1 여름(즐)1 국 3 여름(슬2 국2) 여름(바1즐1) 국3 국활2	→ 여름 소리를 생각하며 노래를 부를 수 있다.(대인관계, 의사소통) → 장소의 변화에 따른 순서에 맞게 글을 읽을 수 있다. → 녹색마을 보전하는 방법을 알고 꾸밀 수 있다.(시민의식, 자기관리)			
[작은 주제 2: 여름 풍경] ◆ 여름이 좋아요 –학습주제, 여름이 왔어요, 무엇을 할까요, 수박 따기 놀이 –차례대로 말하면 좋은 점, 시간을 나타내는 말 –여름을 건강하게 보내는 방법알기 〈주제4 현장체험학습: 웅진플레이도시〉 7/3(수) –현장학습사전학습: 물놀이 안전규칙알기 –현장학습 학습제: 즐겁고 안전한 물놀이하기 –현장학습 사후학습: 겪은 일을 차례대로 말하기	여름(즐)4 국 2 여름(바)2 [창자2 창동1 즐3] 여름(즐)4 국 2 여름(바)2 [창자2 창동1 즐3]	→ 주제알고 놀이를 해 본다. (대인관계) → 시간을 나타내는 말 알 수 있다.(기초학습) → 여름을 건강하게 지내는 방법 안다.(자기관리)			
◆ 여름을 그려요 –여름이 되어 달라진 모습 관찰 –겪은 일을 차례대로 말하는 방법 –여름 모자 만들기 –옛날과 오늘날의 여름풍경 비교 –이야기 듣고 차례대로 말하기 –우리 마을 여름풍경 조사하고 그리기 –겪은 일을 차례대로 말하고, 일기 글감을 찾는 방법 알기	여름(슬)2 국2 여름(즐2) 여름(슬)2 국 2 여름(슬2 즐2) 국 4	→ 여름풍경을 찾아보고 경험을 떠올려 꾸밀 수 있다.(정보처리, 시민의식, 창의력) → 일이 일어난 차례에 맞게 이야기를 들려준다.(의사소통, 문제해결)			
◆ 신나는 여름놀이–여름놀이(공놀이) [체험활동–물총놀이] –겪은 일이 드러나게 일기 쓰기 –성장일기 쓰기–여름노래 부르기 –여름철 질병예방 알기 –겪은 일을 시로 쓰는 방법알기 –겪은 일이 드러나게 시 쓰기 –'더위 팔기' 놀이, 여름계획 –겪은 일이 드러나게 시 쓰기 –시화 전시회	여름(즐1 창자2 국2 국활2 여름(바)1 국 2 여름(즐)1 국 2 여름(바1즐1) 국2 국활2	→ 친구들과 공을 이용해 다양한 놀이를 해 본다.(대인관계, 시민의식, 창의력) → 겪은 일이 드러나게 시나 일기를 쓸 수 있다. (창의력, 대인관계) → 여름노래를 부르며 여름놀이를 해본다.(창의력, 대인관계, 시민의식)			
★ 주제 4 되돌아보기 및 주제 평가 –자기평가 및 반성/ UCC 보여 주기	여름(슬1 바1)	→ 주제 4에 대해 돌아보고 반성할 수 있다.(자기관리)	[메모]		

요약

「특수교육진흥법」(1994)에서는 장애학생에게 통합교육을 제공하기 위한 교육장소로 특수학급을 명문화하였고, 2008년 개정된 특수학교 교육과정에서는 특수학교라는 제한된 배치장면을 초월하여 일반학급과 특수학급에서 통합교육을 받고 있는 특수교육대상자에 대한 열린 교육과정을 제안하고 있다. 「장애인 등에 대한 특수교육법」(2007)에서는 장애 종별과 정도, 연령, 현재 및 미래의 교육요구 등을 고려하여 교육과정의 내용을 조정하여 운영할 수 있도록 하고 있으며, 2011년 개정된 특수교육 교육과정에서는 일반 초 · 중 · 고등학교 교육과정인 공통교육과정 및 선택교육과정의 기본 틀을 근간으로 한 보편성과 특수성이 반영된 교육과정을 규정하고 있다. 이는 통합교육 장면에 배치된 장애학생들이 또래친구와 같은 교육경험을 하는 것을 전제하고 있다. 교육부(2015b)에서는 2015 개정 특수교육 교육과정도 초 · 중등학교 교육과정(또는 일반교육과정)을 근간으로 특수교육 대상 학생의 교육적 요구의 보편성과 특수성을 반영하여 연관, 조정된 교육과정이라고 밝히고 있다.

교육과정이란 학교교육에 있어 학생들에게 어떠한 교육목표를, 어떠한 교육 내용과 방법 및 평가를 통하여 성취시킬 것인가를 정해 놓은 공통적 · 일반적 기준이다. 특수교육은 일반적인 교육과정으로는 풀어낼 수 없으므로 특별한 교육 목표와 내용, 방법으로 가능한 한 일반적인 교육과정에 접근시키고자 하는 강한 의지가 있다. 결국 특수학급 교육과정은 원칙적으로는 일반학교 교육과정(공통교육과정 및 선택교육과정)의 해당 학년 교육과정을 따르도록 되어 있으나 학생의 특별한 교육적 요구에 알맞게 특수교육 교육과정을 조정하거나 재구성하여 운영할 수 있다.

특수학급 학생들의 질적인 교육 지원을 위해 특수학급 담당교사의 교육과정 문해력 신장과 교육과정 편성 · 운영에 대한 전문성 향상을 위한 노력이 필요하다.

참고문헌

강현석, 박영무, 박창언, 손충기, 이원희, 최호성 역(2006). 교육과정 개발과 설계. 경기: 교육과학사.

경기도교육청(2007). 주제통합 · 교과통합, 통합수업 어떻게 할까요?.

경기도교육청(2017). 경기도 특수교육 교육과정 편성 · 운영지침.

곽병선(1983). 통합교육과정의 구성방법. 한국교육개발원.

교육과학기술부(2008a). 특수학교 교육과정.

교육과학기술부(2008b). 「장애인 등에 대한 특수교육법령」 해설자료.

교육과학기술부(2011). **특수교육 교육과정.**

교육과학기술부(2012). **특수교육 교육과정.**

교육부(2015a). **기본교육과정.**

교육부(2015b). **2015 개정 특수교육 교육과정 길라잡이.**

교육부(2019). **2019년도 특수교육 운영계획.**

국립특수교육원(2006). **특수학급 운영편람.**

국립특수교육원(2012). **2010 개정 특수교육 교육과정 개정방향 및 내용.** 국립특수교육원 · 한국특수교육총연합회.

국립특수교육원(2017). **특수교육 실태조사.**

김경자(2003). 교육과정 개발 및 운영자로서의 초등교사. **교육과학연구, 34**(1), 145-161.

김재복(2007). **통합교육과정.** 경기: 교육과학사.

김종철 외(1990). **학교 · 학급경영론.** 서울: 한국방송통신대학교 출판부.

박남기(2007). 초등학급경영의 개념과 범위 그리고 영역 분석: 단행본, 승진규정, 학급교육과정 운영부를 중심으로. **초등교육연구, 21**(1), 1-32.

박남기, 강원근, 고전, 김용, 박상완, 성병창, 유길한, 윤홍주, 정수현, 조동섭(2009). **초등학급경영의 이론과 실제.** 경기: 교육과학사.

박승희(1999). 2000년대 한국 특수학급의 정체성과 발전 방향: 특수학교, 특수학급 및 일반학급의 관계구도의 진전. **특수교육학연구, 33**(2), 35-66.

서정초등학교(2013). **2학년 교육과정 운영계획.**

신영숙(2010). **특수학급 교육과정 운영계획.** 덕동초등학교.

원선숙(2014). **특수학급 교육과정 운영계획.** 양곡초등학교.

윤종욱, 김라경, 손창균, 최하영, 김대권, 김현태, 이정현, 권미은, 서유진, 이기성, 김종무, 김선희, 이동원, 이종희(2017). **2017 특수교육 실태조사.** 국립특수교육원.

이영만, 홍영기(2006). **초등통합교육과정.** 서울: 학지사.

이유훈, 최세민, 유장순, 권택환(2006). 초등학교 특수학급 교육과정 편성 · 운영 현황과 문제점 및 개선방안에 관한 연구. **특수교육연구, 13**(1), 91-116.

정희섭, 박혜준, 조규영, 김혜영, 신영숙(2006). **특수교육 실태조사: 한국특수교육기관의 운영 실태 및 교육만족도 조사 연구.** 국립특수교육원.

정광순(2004). **교육과정에 기초한 초등통합교과 지도.** 경기: 양서원.

포곡고등학교(2018). **특수학급 교육과정 운영계획.**

홍경희(2018). **특수학급 교육과정 운영계획.** 동천초등학교.

홍영기(2003). 초등학교 통합교재의 설계 및 운영방안과 수행평가 준거 개발. **초등국어교육, 13,** 229-257.

Gamberg, R., Kwak, W., Hutchings, M., & Altheim, J. (1988). *Learning and loving it: Theme studies in the classroom.* Portsmouth, N. H.: Heinemann.

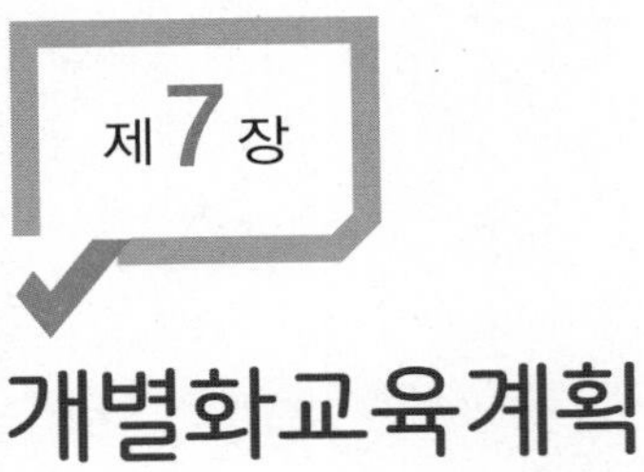

개별화교육계획

이 장의 구성

1. 개별화교육계획의 개념

1) 개별화교육계획의 의미
2) 개별화교육계획의 구성요소
3) 개별화교육지원팀 구성 및 운영

2. 개별화교육계획 수립의 실제

1) 개별화교육계획 작성 절차
2) 개별화교육계획 수립
3) 교육과정 중심의 개별화교육계획 수립

3. 개별화교육계획 기반 교육과정-수업-평가(기록) 일체화

1) 개별화교육계획 기반 교육과정-수업-평가(기록) 일체화의 의미
2) 개별화교육계획 기반 교육과정-수업-평가(기록) 일체화 과정
3) 개별화교육계획 유형
4) 개별화교육계획 수립 과정
5) 개별화교육계획 기반 교육과정-수업-평가(기록) 일체화 사례

연구과제

1. 특수교육대상자에게 개별화교육계획이란 어떤 의미인지 설명해 보자.
2. 교육과정 중심의 개별화교육계획 수립을 위한 특수교육 교사의 역할에 대해 알아보자.
3. 개별화교육계획 기반 교육과정-수업-평가(기록) 일체화와 교육과정 중심의 개별화교육계획의 의미에 대해 생각해 보자.

이 장의 개요

특수교육에 있어서의 개별화교육은 미국에서 1975년 제정된 「전장애아교육법(The Education for all Handicapped Children Act)」에서 개별화교육계획(IEP)을 작성, 운영하도록 한 것에서 본격적으로 시작되었다. 우리나라의 경우는 1977년 「특수교육진흥법」 제정 당시에는 개별화교육계획의 작성 · 운영에 관한 내용이 없었으며, 1994년 전면 개정된 「특수교육진흥법」에서 개별화교육계획이 명시되었다. 그 후 2007년 4월 30일에 「장애인 등에 대한 특수교육법」으로 전면 개정되었다. 「장애인 등에 대한 특수교육법」 제2조(정의)에서는 '개별화교육'을 각급 학교의 장이 특수교육 대상자 개인의 능력을 계발하기 위하여 장애 유형 및 장애 특성에 적합한 교육 목표, 방법, 내용 및 특수교육 관련 서비스 등이 포함된 계획을 수립하여 실시하는 교육으로 규정하고 있다. 또한 개별화교육계획 수립 · 실시는 법령에 명시된 법적 문서로서 개별화교육지원팀 구성, 개별화교육계획 작성, 학기별 학업성취도 평가 실시 및 결과를 특수교육대상자 본인 또는 보호자에게 통보해야 한다.

학교교육의 가장 중심적인 영역은 교육과정 운영이며, 교육과정에 근거해서 IEP가 설계되고, 교과 진도표가 작성되며, 교수 · 학습지도안을 통해 수업에 반영되어야 한다. 이러한 연계과정을 통해서 분명한 의도와 내용, 방법을 가진 교육이 실천될 수 있다. 학급 교육과정을 기반으로 개별 학생 수준에 적합한 개별화교육계획을 수립하고, 그것을 효율적으로 학급 구성원에게 적용하는 일은 특수교사의 전문성과 관계된 중요한 일이다.

이 장에서는 개별화교육계획의 개념을 바탕으로 개별화교육계획 수립의 실제를 살펴보고 개별화교육계획 기반 교육과정-수업-평가(기록)일체화에 대하여 알아보고자 한다.

1. 개별화교육계획의 개념

1) 개별화교육계획의 의미

김정권(1996)은 우리나라 헌법 제31조 제1항에서 규정하고 있는 법 앞에서의 평등권 실현을 다음과 같이 설명하고 있다. 즉, 이 조항에서 규정하고 있는 '능력에 따라 균등하게 교육받을 권리'란 대한민국 국민이면 누구나 교육받을 권리를 갖는다는 것이다. 여기서 주목해야 할 것은 '능력에 따라 균등하게'라는 표현이다. 만일 이 대목이 없다면 모든 학생이 취학하는 것만으로 교육권이 확보되는 결과가 된다. 그러나 학교에 다니는 것만으로 교육권이 실현되는 것은 아니다. 학교에 다니는 모든 학생이 그들의 소질을 최대로 개발할 수 있는 '학습권'이 보장될 때 그것이 가능한 것이다. 결국 모든 학생이 각기 갖고 있는 독특한 교육적 욕구를 충족시켜 줄 수 있는 적절한 교육을 실시하여 각 학생의 능력을 최대로 개발했을 때 학생의 진정한 교육권이 보장된다는 것이다. 다시 말하면, 진정한 교육권이란 '취학권'과 '학습권'이 완전히 이루어져야만 가능하다.

따라서 '능력에 따라'는 학생의 개인차에 따른 교육적 배려로서, 이는 교육이 인간의 존엄성 차원에서 적합하여야 함을 의미한다. 즉, '균등'은 '동등한 평등(equal as same)'이 아니라 '적합한 평등(equal as fitting)'으로 보아야 한다. 이 적합한 평등이란 사람이 천차만별의 능력을 갖고 있기 때문에 그 다양한 능력의 최대 가능성을 찾아 보다 높은 삶의 가치수준에 도달하는 데 도움이 되도록 교육방법과 인생설계를 강구하는 것이다(김정권, 1996). 개별화교육계획은 영 · 유아기의 개별화가족지원계획(Individual Family Service Plan: IFSP)과 청소년기 이후에 작성하는 개별화전환교육계획(Individualized Transition Plan: ITP)과 밀접하게 관련이 있다. 즉, 학령기 특수교육 대상 학생의 교육적 요구에 대한 체계적이고 추적 가능하며 지속적인 지원의 틀을 마련하기 위한 전생애주기적 지원과 밀접한 문서로 교육 전문가뿐만 아니라, 학습자 본인 및 학부모, 학교 관리자, 지역사회 전문가, 관련 서비스 종사자 등을 위한 문서이다(경기도교육청, 2017b).

개별화교육계획(individualized education plan)은 「장애인 등에 대한 특수교육법」에 근거한 법적 문서다. 개별화교육계획은 개별화(individualized), 교육(education), 계획(plan)의 세 가지 요소로 구성되어 있다. 개별화는 특수교육 대상 학생 개인의 교육적

요구이며, 교육은 교육과정과 특수교육 관련 서비스가 해당된다. 계획은 개별화교육지원팀 협의를 통해 개별화교육을 설계하는 것을 기록한 문서다.

정리하면, 개별화교육계획이란 개별화지원팀이 협력하여 특수교육 대상자의 교육적 요구에 적합한 교육과정 및 특수교육 관련 서비스에 대하여 기록한 법적인 문서이며, 교육설계도라 할 수 있다(송영준 외, 2009).

2) 개별화교육계획의 구성요소

개별화교육계획에는 기본적으로 특수교육대상자의 인적사항 및 기본정보, 교육배치, 교육 목표 및 내용, 교육 및 지원활동에 대한 시간 안내 등이 포함되어야 한다. 특수교육대상자의 특수교육을 받을 교과목, 특수학급에서의 주당 수업 시수, 통합학급에서의 주당 수업시수, 특수교육 관련 서비스 등이 개별화교육지원팀에서 결정된다. 이때 특수교육대상자의 교육적 요구가 반영되어 개별화교육계획이 작성되며, 「장애인 등에 대한 특수교육법 시행규칙」 제4조 제3항에는 인적사항, 현재 학습 수행수준, 교육목표, 교육내용, 교육방법, 평가계획, 특수교육 관련 서비스가 포함된다.

그러나 학자에 따라서는 개별화교육계획에 포함되어야 할 내용을 다른 관점에서 보는 경우도 있으므로, 여기에서는 일반적이고 공통적인 내용을 중심으로 최세민 등(2009)이 정리한 내용을 제시하였다.

인적사항에는 특수교육 대상 학생의 개인적인 신상을 기록하며, 대상 학생의 현행 수준 파악은 교육목표를 설정하는 단계이므로 개별화교육이 필요한 교과영역과 학업 기술들이 무엇인가를 결정하고 각 영역에 대한 현재의 수행수준을 기록해야 한다.

장기 교육목표는 교과별 연간 목표로 대상 아동이 1년 동안 성취해야 하는 교육목표를 의미하며 포괄적인 문장으로 서술된다. 단기 교육목표는 교과별 하위 목표로, 아동이 현행 수준에서 장기 목표를 성취하기까지의 중간 단계들을 관찰 가능하고 측정 가능한 문장으로 서술한 것이다. 교육의 시작 및 종료 시기를 기술하는데, 대상자의 배치 유형과 관련 서비스에 따라 달라질 수 있으나 대개 1년으로 기록된다.

교수방법에서는 사용되는 교수전략이나 교수자료를 기술한다. 평가계획에는 어떤 측정도구로 평가할 것인지에 대한 평가방법, 어느 정도 수준까지 수행해야 교육목표를 성취한 것으로 볼 것인지에 대한 평가 기준, 얼마나 자주 평가를 실시할 것인지에 대한 평가 실시 일정 등이 포함된다.

3) 개별화교육지원팀 구성 및 운영

개별화교육계획(IEP)의 작성을 위해서는 매 학년의 시작일부터 2주 이내에 각각의 특수교육대상자에 대한 개별화교육지원팀을 구성해야 하며, 매 학기의 시작일부터 30일 이내에 개별화교육계획을 작성해야 한다. 또한 각급 학교의 장은 매 학기마다 개별화교육계획에 따라 각각의 특수교육대상자의 학업성취도 평가를 실시하고, 그 결과를 특수교육대상자 또는 그 보호자에게 통보해야 한다. 법령에도 개별화교육지원팀 구성, 개별화교육계획 작성, 매 학기별 학업성취도 평가 실시 및 결과 통보 등 개별화교육계획 수립 실시에 대한 사항이 구체적으로 명시되어 있다.

(1) 개별화교육 관련 법령

「장애인 등에 대한 특수교육법」과 「장애인 등에 대한 특수교육법 시행규칙」에 명시된 개별화교육계획과 관련된 내용은 다음과 같다.

장애인 등에 대한 특수교육법

제22조(개별화교육)

① 각급 학교의 장은 특수교육대상자의 교육적 요구에 적합한 교육을 제공하기 위하여 보호자, 특수교육교원, 일반교육교원, 진로 및 직업교육 담당 교원, 특수교육 관련 서비스 담당 인력 등으로 개별화교육지원팀을 구성한다.

② 개별화교육지원팀은 매 학기마다 특수교육대상자에 대한 개별화교육계획을 작성하여야 한다.

③ 특수교육대상자가 다른 학교로 전학할 경우 또는 상급학교로 진학할 경우에는 전출학교는 전입학교에 개별화교육계획을 14일 이내에 송부하여야 한다.

④ 특수교육교원은 제1항부터 제3항까지의 규정에 따른 업무를 수행하기 위하여 각 업무를 지원하고 조정한다.

⑤ 제1항에 따른 개별화교육지원팀의 구성, 제2항에 따른 개별화교육계획의 수립·실시 등에 관하여 필요한 사항은 교육부령으로 정한다. 〈개정 2008. 2. 29., 2013. 3. 23.〉

장애인 등에 대한 특수교육법 시행규칙

제4조(개별화교육지원팀의 구성 등)

① 각급 학교의 장은 법 제22조 제1항에 따라 매 학년의 시작일부터 2주 이내에 각각의 특수교육지원팀을 구성하여야 한다.

② 개별화교육지원팀은 매 학기의 시작일부터 30일 이내에 개별화교육계획을 작성하여야 한다.

③ 개별화교육계획에는 특수교육대상자의 인적사항과 특별한 교육지원이 필요한 영역의 현재 학습수행수준, 교육목표, 교육내용, 교육방법, 평가계획 및 제공할 특수교육 관련서비스의 내용과 방법 등이 포함되어야 한다.

④ 각급 학교의 장은 매 학기마다 개별화교육계획에 따른 각각의 특수교육대상자의 학업성취도 평가를 실시하고, 그 결과를 특수교육대상자 또는 그 보호자에게 통보하여야 한다.

(2) 개별화교육지원팀 구성

종전「특수교육진흥법 시행규칙」제9조 '개별화교육운영위원회'에서 학교의 장을 위원장으로 하고 5인 이상 10인 이하의 위원을 구성하도록 한 것과 달리, 특수교육법에서는 보호자, 특수교육 교원, 진로 및 직업교육 담당교원 등 각 학생을 잘 알고 있거나 각 학생의 교육적 요구 영역의 전문성을 지닌 자들이 참여하도록 하고 있다. 그러나 해당 보호자가 팀원으로 참여하기 어려운 경우 학급의 학부모 대표가 학급 단위의 개별화교육지원팀에 참여하여 각 학생들의 학부모나 보호자의 의견 · 요구 등을 반영한 후 개별화교육계획을 작성하는 등 융통성 있게 운영할 수 있다. 즉, 법령에서는 개별화교육계획 작성에 있어서 부모의 참여를 보장하기 위해 개별화교육지원팀에 보호자를 포함하도록 하였으나 부모에 따라 팀원으로의 참여에 부담을 가질 수 있으므로, 보호자 대표를 개별화교육지원팀에 포함하고 개별화교육계획 작성 과정에서 각 학생의 보호자 의견이나 요구 등을 반영하는 방식으로 운영할 수도 있다는 것이다(김원경 외, 2010).

일반적으로 현장에서는 위원장 교장, 부위원장 교감, 위원 교무부장, 통합학급 담당교사, 보건교사, 특수학급 담당교사, 보호자 등으로 구성하여 운영한다.

개별화교육지원팀 규정 및 조직(예)

제1장 총칙

제1조 (목적) 장애인 등에 대한 특수교육법 제22조 5항 동법 시행규칙 5조에 의거하여, 특수교육 대상 학생의 능력 및 특성에 적합한 개별화교육계획의 수립 및 시행을 통하여 장애학생의 능력을 최대한 계발할 수 있도록 지원하고, 특수교육 관련 제반 문제해결을 위하여 개별화교육 운영지원팀을 설치 · 운영한다.

제2조 (명칭) 개별화교육지원팀이라 칭한다.

제2장 개별화교육지원팀의 구성과 운영

제3조 (개별화교육지원팀의 구성) 개별화교육지원팀은 다음에 의해 구성한다.

① 장애인 등에 대한 특수교육법 제22조 5항에 따라 매 학년의 시작일로부터 2주 이내에 특수교육 대상자별로 개별화교육지원팀을 구성한다.

② 보호자, 특수교육 교원, 일반교육 교원, 진로 및 직업담당 교원, 특수교육 관련 서비스 담당 인력 등을 학교 실정에 맞게 하여 위원장 1인을 포함한 8인으로 구성한다. (소위원회 구성: 특수교사, 통합학급 담임, 학생 학부모 1인으로 3인 구성: 개별지도 내용 협의 시)

위원장 (팀장)	부위원장 (부팀장)	간사	위원 (팀원)
교장	교감	특수교사	교무기획부장, 교육과정부장, 보건교사 통합교사 대표 1인, 특수학급 학부모 대표 1인

특수교육대상자 학생 개별 개별화교육지원팀 구성(예)

① 학생 개별 개별화교육지원팀 구성

– 인원: 3명(특수교사, 통합학급 담임, 학생 학부모)

– 내용: 개별 학생의 개별화교육계획 수립을 위한 의견 나눔 및 조율 등

*학생개별 개별화교육지원팀 협의 결과를 가지고 전체 개별화교육지원팀 협의회 개최

개별화교육지원팀(소위원회) 구성원							
주○○ (2-3)	배○○ (2-5)	김○○ (4-1)	김○○ (4-2)	홍○○ (4-3)	오○○ (6-4)	장○○ (1-1)	김○○ (3-3)
특수교사 통합교사 학부모	특수교사 통합교사 학부모	특수교사 통합교사 학부모	특수교사 통합교사 학부모	특수교사 통합교사 학부모	특수교사 통합교사 학부모	특수교사 통합교사 학부모	특수교사 통합교사 학부모
시간제	시간제	시간제	시간제	시간제	시간제	완전통합	완전통합

(3) 개별화교육지원팀의 역할

개별화교육지원팀은 특수교육대상자의 진단 · 평가 검사결과, 교육지원 요구사항을 비롯하여 개별화교육계획 수립에 필요한 구체적이고 다양한 정보를 수집해야 한다. 특수교육대상자에 대한 정보는 상담, 관찰 및 형식적 · 비형식적 평가 등을 통하여 수집한다. 정보는 통합학급의 생활기록부, 건강기록부, 가정환경 조사서 등을 참고로 할 수도 있다. 또한 보호자는 물론 특수교육대상자의 전년도 통합교육 교사, 특수교육 지도사, 관련 서비스 담당 인력 등에게도 수집할 수 있으며, 수집된 정보에 대해서는 철저히 비밀유지를 통한 관리가 필요하다.

개별화교육계획 작성 주체는 개별화교육지원팀이다. 개별화교육지원팀은 특수교육대상자의 교육적 요구에 대한 정보를 모으고, 수집한 정보를 바탕으로 개별화교육계획을 작성한 후 개별화교육계획 최종안에 개별화교육지원팀 구성원의 서명을 확인한다(권요한 외, 2011).

2014 개별화교육지원팀 운영(예)

제4조(운영) 특수학교(급) 교육과정 운영 및 특수교육과 관련된 제반사항에 대한 다음의 임무를 수행하고 효율적인 운영을 지원한다.

- 개별화교육계획 수립 · 평가에 관한 사항
- 특수교육 대상 학생의 통합학급 배치 건
- 특수교육대상자 선정 · 배치 희망자(부모)에 대한 상담 및 선별
- 특수/통합 학급의 교육과정 수립 건

- 특수학급 교육과정 운영 관련 제반사항에 관한 건
- 기타 특수교육 발전에 관한 사항으로 교장이 부의하는 사항
- 소위원회의 임무: 학생 개인별 개별화교육계획 수립에 관한 협의
- 통합교육협의회, 특수학급 방과후학교 관리위원회, 교통비선정위원회 등의 임무를 포괄하여 운영한다.

1) 개별화교육계획에 관한 내용

구분	세부 내용	시기
수립	• 현재 학습 수행능력, 행동특성 탐색 • 장·단기 및 월간 교육목표 설정 • 교육내용, 방법, 종류, 시기, 통합의 정도 등을 결정	• 완전통합기간 중 통합교사의 학생관찰과 특수교사, 학부모와의 협의 후 수립 • 배치 후 30일 이내
지도	• 교육 프로그램에 따른 개별 지도 • 적절한 통합교육 • 교육성취의 정도에 따른 목표 수정	• 학기 중 지속적으로
평가	• 성취목표에 따른 평가 • 지필, 면접, 관찰을 통한 종합인 평가 • 새 학년 계획 수립 시 기초자료 및 교수·학습 지도 방법의 개선자료 • 생활기록부 작성의 기초자료로 활용	• 학기말 • 학년말

2) 특수학급 교육과정 운영 관련 제반사항에 관한 내용

구분	세부 내용	시기
학급배치	• 특수교육대상자로 선정·배치받은 학생의 학급 배치건	학기초/수시
교육과정 평가	• 특수학급 교육과정의 구안·운영 관련 제반사항 • 통합학급교육과정의 운영관련 제반사항 • 특수교육 대상 학생의 평가관련 제반사항	학년초/말, 수시
특수학급 방과후학교	• 특수학급 방과후 운영 관련 제반사항 −프로그램 선정 및 강사 선정 운영관리	학기초/ 학기말/수시
교통비선정위원회	• 교통비 선정 대상자 선정에 관한 사항	학기초/필요시

제5조 (회의) 회의는 다음과 같이 소집한다.

① 위원장은 교내 개별화교육지원팀을 소집하고 의장이 된다.

② 위원장은 특수교육 관련 제반사항에 관한 회의소집 필요성이 있을 때 회의를 소집한다.

③ 회의는 재적의원 2/3 이상 출석으로 회의를 개의하고 출석의원 2/3의 찬성으로 협의 내용을 결정한다.

④ 위원장은 교내 개별화교육지원팀 협의회가 있을 시 회의록을 작성 · 비치한다.

제6조 경과조치

개별화교육지원팀 운영위원은 제3조에 의하여 위촉된 것으로 한다.

제7조 기타

본 규정에 정하지 아니한 사항은 초 · 중등교육법, 장애인 등에 대한 특수교육법 및 동법 시행령, 시행규칙에 의하여 처리한다.

–부칙–

–본 규정은 2014년 3월 3일부터 적용한다.

또한 개별화교육지원팀은 개별화교육계획 수립을 위한 회의 참석, 협의 및 의사결정, 개별화교육계획의 작성 · 실행 · 평가, 개별화교육계획의 재검토 및 재수정(필요시) 등의 역할을 수행하게 된다.

2. 개별화교육계획 수립의 실제

1) 개별화교육계획 작성 절차

① 개별화교육지원팀 구성	• 3월 1일로부터 2주 이내, 위원장 1인 포함 8인 구성 • 구성원: 교장, 교감, 특수교사, 교무기획부장, 교육과정부장, 보건교사, 통합교사 대표 1인, 특수학급 보호자 대표 1인 ※ 소위원회 구성: 특수교사, 통합학급담임, 학생 보호자 1인으로 3인 구성(개별지도내용 협의 시)

단계	내용
② 학생에 대한 정보 수집	• 학부모 상담, 통합학급 담당 교사 간담회 –학생에 대한 정보수집 –개별화교육계획(IEP)에 대한 요구 사항 수렴 • 진단평가 –학생의 학습, 사회적 기술, 대 · 소근육 운동 능력, 신체기능 평가 직접 관찰에 의한 평가 –특수교육 교사의 검사도구를 이용한 평가 –특수교육지원센터에서 실시한 진단 · 평가 결과 활용
③ 개별화교육계획 수립 (학기의 시작일부터 30일 이내 완료)	• 1단계: 초안 작성 –학교(급)여건, 특수교육대상학생 특성을 고려한 개별화교육지원팀원 각자의 의견 제시 또는 의견 작성 제출 –이에 따른 개별화교육계획서 초안 작성 • 2단계: 협의 및 결정 –전 학년도 개별화교육계획 평가 결과 반영 –진단평가 결과 및 학부모 요구 분석 –학생에 대한 정보수집 결과 분석 –특수학급 · 순회학급 교육과정 편성 · 운영 지침 반영 –특수교육 관련 서비스 내용과 방법 –인적사항, 현재 수행수준, 교육목표 및 내용 · 방법, 평가계획, 특수교육 관련 서비스 작성 • 3단계: 최종 기록 및 서명 –개별화교육계획서 작성 및 개별화교육지원팀의 서명 –특수교육대상자 본인 또는 보호자에게 복사본 제공
④ 개별화교육 실행	• 학기별 운영 • 학기말 평가결과를 보호자에게 통지(내부결재 후)

① 개별화교육지원팀 구성

- 학교에서는 특수교육 대상 학생 전체가 속한 개별화교육지원팀을 구성하고, 특수교육 대상 학생 각각의 개별화교육계획 수립을 위한 소위원회를 구성하여 운영한다.
- '소위원회 구성'은 '「장애인 등에 대한 특수교육법 시행규칙」 법 제22조 제1항에 따라 매 학년의 시작일부터 2주 이내에 각각의 특수교육지원팀을 구성'에 따른 특수교육 대상 학생 개별 특수교육지원팀이다.

② 학생에 대한 정보 수집

- 새 학기 시작 전에 선배정된 신입생의 경우
  - 학생에 대한 정보 수집 시기는 전년도 12월 중에 진행하는 것이 효과적이다. 예를 들면, 경기도 소속 지역교육청은 대부분 2018학년도 2학기 중에 2019학년도 유·초·중·고 특수교육대상자 선정·배치를 완료하고, 학교에 배치된 특수교육대상자 명단과 기초자료를 사전에 안내하고 있다.
- 선배정된 특수교육 대상 학생과 보호자를 대상으로 실시하는 사전 면담 시 '학생상담카드'를 필요시 사용할 수 있다(〈표 7-1〉 참조).

표 7-1 학생상담카드의 예

○○고등학교 특수학급

<table>
<tr><td rowspan="6">사 진</td><td rowspan="2">성명</td><td>(한글)</td><td colspan="2">연락처</td></tr>
<tr><td>(한자)</td><td colspan="2">(자택)</td></tr>
<tr><td>주민등록번호</td><td>–</td><td colspan="2">(본인)</td></tr>
<tr><td>주소</td><td colspan="3">(우)</td></tr>
<tr><td>통학방법</td><td>도보, 대중교통, 학부모 동반</td><td>소요시간</td><td></td></tr>
<tr><td>대중교통 노선</td><td colspan="3"></td></tr>
</table>

<table>
<tr><td rowspan="5">가족관계</td><td>성 명</td><td>관계</td><td>직업</td><td>연락처</td><td>핸드폰</td><td>장애가족 여부</td></tr>
<tr><td></td><td></td><td></td><td></td><td></td><td></td></tr>
<tr><td></td><td></td><td></td><td></td><td></td><td></td></tr>
<tr><td></td><td></td><td></td><td></td><td></td><td></td></tr>
<tr><td></td><td></td><td></td><td></td><td></td><td></td></tr>
</table>

<table>
<tr><td rowspan="2">출신학교</td><td colspan="4">20 년 2월 일 초등학교 졸업</td><td>입학 전
특수교육 경험유무</td></tr>
<tr><td colspan="4">20 년 2월 일 중학교 졸업</td><td></td></tr>
<tr><td rowspan="2">통합교육
배치형태</td><td>순회학급</td><td>완전통합</td><td>전일제 특수학급</td><td>시간제 특수학급</td><td>기타</td></tr>
<tr><td></td><td></td><td></td><td></td><td></td></tr>
<tr><td>치료 및 학원</td><td colspan="5">예) ○○복지관–인지치료, 태권도학원 등</td></tr>
<tr><td>방과후 교육활동
(교내 · 외부기관,
내용)</td><td colspan="5"></td></tr>
</table>

<table>
<tr><td rowspan="2">진로 희망</td><td>부모</td><td colspan="2"></td><td colspan="2">취미</td><td colspan="2"></td></tr>
<tr><td>본인</td><td colspan="2"></td><td colspan="2">특기</td><td colspan="2"></td></tr>
<tr><td colspan="2" rowspan="2">자격증 및 인증 취득현황</td><td>명칭</td><td colspan="2">급수 또는 내용</td><td colspan="2">취득연월일</td><td>발급기관</td></tr>
<tr><td></td><td colspan="2"></td><td colspan="2"></td><td></td></tr>
<tr><td rowspan="2">판정</td><td>장애유형</td><td></td><td>장애등급</td><td></td><td>중복장애</td><td colspan="2"></td></tr>
<tr><td>진단기관</td><td></td><td>진단일자</td><td></td><td>장애등록일자</td><td colspan="2"></td></tr>
<tr><td rowspan="5">생육력</td><td>신장</td><td>cm</td><td>체중</td><td>kg</td><td>혈액형</td><td colspan="2">RH(+, −) 형</td></tr>
<tr><td>출생 시 특이사항</td><td colspan="3"></td><td>병력</td><td colspan="2"></td></tr>
<tr><td>건강 상태 (자세히)</td><td colspan="6"></td></tr>
<tr><td rowspan="2">약물 복용</td><td>복용유무</td><td colspan="2">약물명</td><td colspan="2">복용기간</td><td>치료기관</td></tr>
<tr><td></td><td colspan="2"></td><td colspan="2"></td><td></td></tr>
</table>

③ 개별화교육계획 수립

개별화교육지원팀 구성원은 개별화교육계획 수립에 대한 책무성을 가져야 한다. 단순히 회의 참석이 아닌 특수교육대상자의 질적인 교육을 위해 노력해야 한다.

교육부(2017) 특수교육 실태조사 중 특수학급 개별화교육계획(IEP) 작성 참여자(중복응답)에 대한 설문조사에서 유·초·중·고 전체에서는 '특수교육교원' 97.4%, '보호자' 96.0%, '일반교육교원' 88.3%, '관리자' 77.2%, '특수교육 관련 서비스 담당 인력' 27.6%, '진로 및 직업교육 담당교원' 20.9%가 참여하는 것으로 나타났다.

④ 개별화교육 실행

수립한 1학기 개별화교육계획에 따라 실행하며, 1학기 운영한 내용과 결과에 따른 성취를 분석하여 2학기 개별화교육계획에 반영하고 수립·실행할 수 있는 기초자료로 활용하여야 한다. 특수교육 대상 학생의 교육활동 평가 및 학업성취도 결과는 학기별 가정으로 서면 통보하여야 한다.

2) 개별화교육계획 수립

개별화교육계획 최종안은 법률적으로 중요한 문서일 뿐만 아니라, 실제 수업에 적용해야 하는 실질적인 수업계획이다. 교사는 개별화교육계획에 설정된 교육목표와 연계하여 교과를 지도하고, 실행과정에서 계획했던 교수전략과 교수자료 등에 대한 교수적 수정을 할 수 있다. 또한 학업 이외에도 가족 지원, 치료 지원, 보조 지원, 통학 지원, 학습자료 지원, 정보접근 지원 등의 관련 서비스에 대해 지원하도록 한다(정은희, 2010).

개별화교육계획서는 대부분 세 가지로 구분하여 기록하고 있다. 첫째는 대상 학생의 인적사항에 관한 내용, 둘째는 교육배치에 관한 전반적인 사항, 셋째는 교육활동 및 지원서비스에 관한 사항이 포함되어 있다.

첫째, 대상 학생의 인적사항 내용을 살펴보면, 인적사항은 특수교육 대상 학생의 개인적인 신상을 기록하는 것으로 학생명, 학년 · 반, 주민등록번호, 생활연령(CA)을 포함하며, 가족사항으로는 학부모 또는 보호자 연락처, 조부모 및 형제자매 여부를 기록한다. 학생의 장애 상황을 기록하는 것도 필요한데, 장애 상황에는 장애유형, 장애원인, 장애등록일, 특수교육대상자 선정일과 학생에 대한 진단평가를 실시한 상황을 기록하게 된다. 〈표 7-2〉의 예시는 2010년 자료이므로 현재의 교육과정 편제나 용어 등에서 차이가 있음을 밝혀 둔다.

표 7-2 개별화교육계획서의 예(2010년)

인적 사항	학생명	이○○	주민등록번호	020519-
	학년반	1-5	생활연령(CA)	7년 10개월
가족 사항	부모(또는 보호자)		조부모 및 형제자매	이○○(오빠)
	연락처(핸드폰)	010-	집전화	031-618
장애 상황	장애유형	지체장애(뇌병변2급)	장애원인	조산(6개월에 출생)
	특수교육대상자 선정일	2010년 3월 9일	장애등록일	2003년 2월 19일

구분	검사명	검사일	검사자	결과 및 소견
진단평가	• 관찰 및 면담	2010. 3.	신○○	사람과 금방 친해지며, 자신의 생각을 말로 표현하고자 애씀. 기본학습이 전혀 이루어지지 않고 있으나 잠재력이 좋아 학습성취가 클 것으로 예견됨 사시수술한 병력이 있으며, 시력이 매우 나쁘나 병원에서의 시력측정이 어려운 상황임. 이로 인해 시력이 필요한 검사와 뇌병변으로 인한 손 사용등의 어려움으로 지능검사에 어려움이 있음

학생관련 정보특성	행동 및 정서적 특성	학습상의 강점과 약점
	• 성격이 밝고 사람들과 어울리기 좋아하나, 처음 본 사람과는 낯가림이 있어 말을 하지 않음 • 성격이 밝고 교사나 어른의 말씀에 순종함 • 문제행동이나 부적응 행동이 전혀 없음 • 신체적 기능상의 문제로 행동이 느리고 균형잡는 데 어려움이 있을 뿐임	• 강점: 말의 의미를 알고, 자신의 생각을 말과 행동으로 표현할 수 있음 • 약점: 장애로 인해 왼손을 주로 사용하고 있으나 글씨 쓰기에는 아직 힘이 부족함. 아직 선긋기나 색칠도 힘들어 약하고 흐리게 됨. 시력이 나빠 사물을 분간하지 못하는 건지, 인지가 낮아 못하는 건지 구별하기 어려움
	건강상태	**생육사 및 가정환경**
	• 제 또래보다 키가 크며, 건강상태 양호함 • 뇌병변으로 인해 오른쪽 손과 발이 왼쪽보다 사용이 좀 더 어려움 • 6살에 사시수술을 한 병력이 있으며, 현재에도 사시로 인해 정확한 시력측정이 어려움	• 선생님인 엄마와 아빠, 오빠와 단란한 가정을 이루고 있음. 주 양육자는 엄마이며, 엄마가 재직 중인 학교의 유치원도 함께 다녔음. 아빠를 많이 좋아하고, 아빠도 자녀양육과 교육에 관심이 높음

교육기간	(시작일) 2010. 03. 02~2011. 02. 28 (종료일)

교육배치	교육과정	교육유형	교 과	기 간	주당/총시간	담당자
	국민공통 기본교육과정	특별지도	국어 수학	2010. 3. 2~2011. 2. 28	12/25	도움반/ 신○○
	국민공통 기본교육과정	완전통합	바생, 슬생, 특활	2010. 3. 2~2011. 2. 28	13/25	1-5/ 김○○

종합의견

* 담임교사, 학부모, 학생의 의견을 반영하여 아래와 같이 교육과정을 적용하고자 한다.

- 교육배치: 특별지도 형태로 국어, 수학, 토요일 1~3교시는 특수학급에서, 나머지 시간은 1-5 교실에서 수업받는다.
- 교육내용 및 방법: 교육과정은 특수학급 교육과정인 '과학중심 통합교육과정'을 적용하며, 교과서는 해당 학년 교과 국어, 수학을 주로 사용한다. 수업시수는 특수학급 교육과정 적용에 따른 상향, 하향, 추가조정이 필요하다.
- 기타 지원내용: 방과후 활동 일환으로 일반특기적성 도예(월)와 종이접기(수), 급식비 지원

<table>
<tr><th colspan="3">교과 지원 계획</th><th colspan="7">특수학급의 교육 지원 계획</th></tr>
<tr><td>교육 지원 학급</td><td>책임교사</td><td>주당지원 시간</td><td>구분 / 교시</td><td>월</td><td>화</td><td>수</td><td>목</td><td>금</td><td>토</td></tr>
<tr><td>통합학급</td><td>김○○</td><td>13시간</td><td>1교시</td><td>국어</td><td>국어</td><td>수학</td><td>국어</td><td>수학</td><td>국어</td></tr>
<tr><td>특수학급</td><td>신○○</td><td>12시간</td><td>2교시</td><td>국어</td><td>국어</td><td>수학</td><td>바생</td><td>수학</td><td>즐생</td></tr>
<tr><th colspan="3">교과 이외의 지원 계획</th><td>3교시</td><td>슬생</td><td>즐생</td><td>국어</td><td>즐생</td><td>슬생</td><td>재량</td></tr>
<tr><td>특별활동</td><td colspan="2">·</td><td>4교시</td><td>슬생</td><td>슬생</td><td>바생</td><td>즐생</td><td>즐생</td><td>특활</td></tr>
<tr><td>방과후 교육활동</td><td colspan="2">(월) 13:10 도예
(수) 13:10 종이접기</td><td>5교시</td><td></td><td></td><td></td><td></td><td>재량</td><td></td></tr>
<tr><td>학교 외 프로그램</td><td colspan="2">(월) 19시 ○○빅 한글, 수학
(화, 목) 19시 피아노 개인교습</td><td>6교시</td><td></td><td></td><td></td><td></td><td></td><td></td></tr>
</table>

<table>
<tr><th colspan="12">특수학급 교육과정 적용을 위한 수정된 교과목과 수업시수</th></tr>
<tr><td colspan="2">국어(4)</td><td colspan="2">수학(2)</td><td colspan="2">즐거운 생활(0)</td><td colspan="2">슬기로운 생활(2)</td><td colspan="2">영어(2)</td><td colspan="2">재량(2)</td></tr>
<tr><td>원래 시수</td><td>하향 조정</td><td>원래 시수</td><td>하향 조정</td><td>원래 시수</td><td>하향 조정</td><td>원래 시수</td><td>추가</td><td>원래 시수</td><td>추가</td><td>원래 시수</td><td>상향 조정</td></tr>
<tr><td>6</td><td>−2</td><td>4</td><td>−2</td><td>1</td><td>0</td><td>0</td><td>2</td><td>0</td><td>2</td><td>1</td><td>+2</td></tr>
</table>

출처: 신영숙(2010).

둘째, 교육배치에 관한 전반적인 사항을 기록해야 한다. 교육기간에는 교육의 시작일과 종결일자를 기록한다. 현재의 수행능력 수준은 '특별한 교육 지원이 필요한 영역의 현재 학습수행 수준'이며, 여기에는 대상 학생의 연간 교육목적과 장 · 단기 교육목표, 주간 교육목표 및 지도내용과 평가방법이 포함되며, 어떤 교육환경에서 어떤 교육과정을 적용하여 교육을 지원하는지를 포함하여 기록해야 한다.

셋째, 교육활동 및 지원서비스에 관한 사항을 포함하여 작성한다. 교과 지원 계획, 특수학급의 교육 지원 계획(시간표), 교과 이외의 지원 계획(지원의 주체가 특수교육 교사인지 통합교육 교사인지 구별하여 표시), 특수교육 방과후교육 지원내용, 치료 지원내용 등 학생을 지원하는 전반적인 사항을 기록하게 된다.

김영미(2013)가 작성한 개별화교육계획서에는 교과 외 활동에 대한 것이 기록되어 있다(〈표 7-3〉 참조). 교과 외 활동으로 평가(중간, 기말), 수학여행, 현장학습, 학급행사, 점심시간, 쉬는 시간, 애국조회, 종례시간을 통합학급 또는 특수학급에서 활동할 것인지, 두 교사가 협력하여 지도할 것인지에 대한 책임의 주체를 명확히 하고 있다.

표 7-3 개별화교육계획서의 예(2013년)

학생 인적 사항 및 실태						
이름	김○○(남)		담임교사	최○○	특수교사	김○○
장애상황	발달장애 1급		수반 장애		보장구 및 약물복용	
진단평가	검사명		검사일	검사기관	결과	
보호자	성명	김○○	관계	모	직장	요리사
	주소	안양시			전화	
보호자의견	통합학급에서 잘 적응하여 사회성이 발달되길 바랍니다.					

운영 계획									
교육배치 및 교육방법	유형		시작 및 종결 일자		주당 시간		장소		담당교사
	부분 통합	통합학급	2013.03.04~2014. 02. 28		13		4-1		최○○
		특수학급			13		맑은반		김○○
	교과 외 활동 통합학급 참여(V) 특수학급 참여(●)	평가 (중간, 기말)	●	수학 여행	●	현장 학습	V ●	학급 행사	V ●
		점심시간	V	쉬는 시간	V ●	애국 조회	V	종례	V
통합학급 담임 의견 (개별화교육지원팀 의견)	문자해독이 전혀 이루어지지 않고 교사의 지시 따르기, 포인팅 등의 매우 기초적인 학습능력을 배우는 중임. 예체능 수업을 위주로 특수교육 실무사와 함께 통합학급 수업에 참여하는 것으로 하고 국어, 수학, 과학 3과목은 특수학급에서 하겠음.								

특수교육 관련 서비스				
제공 서비스	시작 및 종결 일자	시간	교육내용	서비스 기관명
치료지원(지원센터)				
특수학급 방과후 지원 (외부기관 자유수강권)	2013.3.1~2014.2.28	매주 토요일	특수체육	아이공간
통학지원	×			

현재 수행 수준	
국어	/듣기 · 말하기 · 쓰기/ (1) 내가 좋아하는 음식이나 놀이에 대해 명명하기 연습이 많이 요구됨. (2) 8칸 네모공책에 자음모음 쓰기를 지속적으로 연습 중임. (3) 미로 찾기를 통하여 눈과 손의 협응 훈련을 꾸준히 학습하고 있음. /읽기/ (1) 이야기를 듣고 이야기와 관련된 상황그림을 찾아내기를 학습 중임. (2) 사물 명명하기 학습이 꾸준히 요구됨.

수학	/수와 연산/ (1) 10개 이하의 구체물을 사용하여 가르기와 모으기를 꾸준히 학습하고 있음. (2) 구체물을 가지고 10까지 셈하기를 학습 중임. /도형/ (1) 삼각형, 사각형, 원 모양을 구별할 수 있으나 명명하기가 어려움. /측정/ (1) 교사의 도움을 받아 두 가지 물건의 무게를 '무겁다'와 '가볍다'로 표현함. /규칙성/ (1) 두 가지 이상의 색을 사용하여 교사가 정해 준 규칙에 따라 무늬 꾸미기를 스스로 잘함. /확률과 통계/ (1) 표에 나타난 숫자를 읽고 교사의 도움을 받아 막대그래프에 숫자만큼 표시하기를 할 수 있음.		
행동발달 특이사항	★ 2011. 4. 26. ○○학교(특수학교)에서 전입. 본교 특수학급에 입급. ★ 언어표현능력이 많이 부족하여 웃거나 우는 소리 등으로 의사표현을 함. 틱이 생겼음. ★ 화장실 사용, 급식 스스로 하기 등을 스스로 할 수 있으나 교사의 확인지도는 필요. ★ 학교에서 집까지 어른의 도움 없이 스스로 하교가 가능.		
개별화교육계획 시작일	2013. 3. 18	개별화교육계획 종료일	2014. 2. 28
개별화교육계획 수정일		개별화교육계획 수정내용	

출처: 김영미(2013).

〈표 7-4〉의 원선숙(2014b)이 작성한 개별화교육계획서에는 현재 수준 및 교육활동 계획에 대한 내용이 자세히 기록되어 있다. 김영미(2013)의 개별화교육계획서에 나타난 '교과 외 활동'과 일맥상통한 것으로 교육활동 계획에 유형, 교과, 기간, 주당시간, 장소, 책임자로 구분하여 기록하였다.

표 7-4 개별화교육계획서의 예

현재 수준 및 교육활동 계획

4학년 ○반 이름: 이○○

	교과		강점	약점
현재 수행수준	국어		같은 낱말(4음절 이내 단어) 찾기를 할 수 있음	모음 소리 기억을 몇 가지는 하고 있으나 정확한 음가를 잘 모르며 구분이 어려움
	수학		비교놀이, 수세기 등의 생활중심 활동은 잘 할 수 있음	10 이하 수의 동시적 수세기가 원활하지 않으며, 수 변별에서 가끔 혼동을 보임(4, 5, 6, 9)
	기타	운동	놀이나 운동 활동 시 참여하는 것은 좋아함	대근육 운동 시 주의집중을 잘 하지 않으며, 동작 모방이 정확하게 잘 이루어지지 않음
		사회성	사회성이 좋은 편이며, 자신의 의사표현을 잘 할 수 있으며 의사소통이 가능함	고집이 있으며, 다른 사람에게 양보하는 것을 하지 못하며, 원하는 것에 집착을 하는 경향이 있음

	유형	교과	기간	주당시간	장소	책임자
교육활동 계획	통합학급	과학, 영어, 음악, 미술, 체육, 도덕	2014. 3. 3 ~ 2015. 2.28	13	4-1	안○○, 교과전담
	도움반	국어, 수학, 사회	2014. 3. 3 ~ 2015. 2.28	13	도움1반	원○○
	치료지원 (지원센터 치료사 내방)	통합학급 교과 및 창체시간 활용	2014. 3. 3 ~ 2015. 2.28	1 (화요일 5교시)	교내 순회학급 교실	치료사 원○○
	진로탐색	통합/도움반 교과와 창체시간 활용	2014. 3. 3 ~ 2015. 2.28	교육과정 내용에 따라	4-1 도움반 체험학습 장소	안○○ 원○○
	보조인력 지원(필요시)	체육, 미술, 과학 중심	2014. 3. 3 ~ 2015. 2.28	-	4-1 그 외 장소	사회복무요원
	등교 및 아침 자습 시간	부모님과 등교 (도움반지도)	2014. 3. 3 ~ 2015. 2.28	-	도움1반	원○○
	점심시간	사회복무요원 과 특수교사의 지원	2014. 3. 3 ~ 2015. 2.28	월, 수, 목	특수교사 지원	○○
				화, 금	사회복무요원 지원	강○○
	하교	통합학급/ 도움반에서 태권도 도장 사부님 또는 부모님과 하교	2014. 3. 3 ~ 2015. 2.28	월-금 월, 화, 금 (태권도) 수, 목(부모)	도움1반 4-1	원○○ 강○○ 안○○
비고	* 수업시간 및 등하교, 점심시간 등 운영에 있어서는 연간 시간 운영계획 및 학급운영 사정에 따라 변동될 수 있으며, 변동 시 통합학급, 학부모, 특수학급 간 상호 협조하여 운영					

출처: 원선숙(2014b).

3) 교육과정 중심의 개별화교육계획 수립

개별화교육계획은 학교(급) 혹은 국가 수준의 교육과정에 근간을 두고, 특수교육대상자의 요구를 반영하여 작성해야 한다. 그러나 학교마다 여건이 다르고 적용하는 교육과정이 다르기 때문에 개별화교육계획의 토대가 되는 일률적 준거는 없다(송영준 외, 2009). 따라서 특수교육대상자에게 적용되는 교육과정이 무엇인지, 학급 구성원의 장애 특성과 장애 정도를 고려한 학급 교육과정을 편성해야 하며, 이러한 학급 교육과정을 토대로 개별화교육계획을 수립해야 한다. 여기에서는 특수학급 교육과정 편성, 학기별 개별화교육계획 수립, 월별 개별화교육계획 수립, 주간계획 수립, 개별화교육계획에 의한 교수 · 학습활동 평가의 실제를 소개하고자 한다.

(1) 특수학급 교육과정 편성

표 7-5 2010 주제중심 통합교육과정 편성의 예

월	월별 주제	주별 주제			
		1	2	3	4
3	신나는 우리 학교	새 학년 새 학기	우리 학교	우리 교실	내가 할 수 있는 일
4	자라는 우리들	따뜻한 봄	소중한 나	식물의 자람	동물의 성장
5	행복한 우리 집	함께 하는 우리 집	화목한 우리 집	살기 좋은 우리 집	고마우신 분들
6	정다운 이웃	우리 고장 모습	우리 고장 사람들	고장을 돕는 기관들	우리 고장 자랑거리
7	신나는 여름	건강한 여름나기	우리 생활과 물	여름방학	
9	자랑스러운 우리나라	우리나라 상징	자랑스러운 우리나라	세계의 다른 나라	아름다운 우리나라
10	편리한 생활	계기교육	옛날과 오늘날	편리한 도구와 기계	교통기관과 통신수단
11	지구와 환경	자연과 우리 생활	깨끗한 환경	우리가 사는 지구	지구와 우주
12	겨울나기	겨울맞이	계절의 변화	불과 안전한 생활	감사한 생활
2	새로운 시작	마무리	특수학급 안내		

표 7-6 2010-1학기 주제중심 통합교육과정의 예

월	주	기간	주제	소주제	슬생	국어	수학
3	1	2–6	신나는 우리 학교	새 학년	교실 물건에 관심 갖기	친구 사귀기	주변사물에 관심 갖기
	2	8–13		우리 학교	친구에게 관심 갖기	'나' 소개하기	주변사물에 관심 갖기
	3	15–20		우리 교실	학교 돌아보기	학교건물의 위치 알고 이동하기	건물의 위치 알고 찾아가기
	4	22–27		규칙 지키기	학교, 학급 규칙 지키기	학교건물 명칭 알고 기능 이해하기	○△□ 도형 명칭 알기
	5	29–3		내가 할 수 있는 일	급식 시 잔반처리 하기 (1학년 급식 시작)	'내 꿈' 말하기	교실에서 ○△□ 모양 찾기

4	6	5–10	자라는 우리들	따뜻한 봄	학교의 꽃과 나무 관찰하기	'나무' 따라 읽고, 글의 짜임 알아보기	△○□모양으로 사물 표현하기
	7	12–17		식물의 자람	식물 관찰하고, 식물의 성장과정 알아보기	'푸른숲 수목원' 내용 알아보기	5까지의 수 (수 세기, 수의 순서)
	8	19–24		소중한 나	나의 몸 살펴보고, 감각기관의 명칭과 역할 알아보기	'아기의 대답' 따라 읽고, 중심내용 알아보기	5까지의 수 (하나 많은 것과 하나 적은 것, 수), 두 수의 크기비교)
	9	26–1		동물의 성장	소와 생김새가 비슷한 동물 찾아보기	'소 세 마리'의 내용을 듣고, 자신의 느낌 표현하기	9까지의 수 (수세기, 수의 순서)
5	10	3–8	행복한 우리 집	건강한 몸	건강을 지키는 방법 찾아보기	'음식'따라 읽고, 내가 좋아하는 음식 발표하기	–
	11	10–15		함께하는 우리 집	가족이 하는 일 알기	우리 가족 소개하기	9까지의 수 (두 수의 크기 비교, 1 큰 수와 1 작은 수)
	12	17–22		살기 좋은 우리 집	여러 가지 집의 모양을 관찰하고 집의 쓰임 알아보기	내가 생각하는 우리 집 소개하기	더하기와 빼기 (두 수로 가르기)
	13	24–29		화목한 우리 집	서로 돕는 가족의 모습	'우리 가족의 발 그리기' 중심낱말과 중심문장 따라 읽기	더하기와 빼기 (두 수를 모으기)
6	14	31–5	정다운 이웃	사이좋은 이웃	소중한 이웃의 모습 알아보기	'서로 다른 색이 모여 하나를 만듭니다' 중심문장 따라 읽기	더하기와 빼기 (덧셈)
	15	7–12		우리 고장 모습	우리 마을의 모습 살펴보기	'어린이 축구장이 생겼으면' 중심문장 쓰기	더하기와 빼기 (뺄셈)
	16	14–19		우리 고장 사람들	마을을 위해 애쓰는 분들 알아보기	'마을 회의'의 중심문장 따라 읽고, 내용 이야기하기	더하기와 빼기 (덧셈식을 보고 뺄셈식 만들기)
	17	21–26		고장을 돕는 기관들	생활에 필요한 물건이 우리 손에 오는 과정 알기	공공장소 명칭과 하는 일 알아보기	더하기와 빼기 (뺄셈식을 보고 덧셈식 만들기)
	18	28–3		우리 고장의 자랑거리	가게의 종류 알아보고, 물건 사는 방법 익히기	'장승'이 지닌 의미 찾아보기	비교하기 (길이, 높이, 무게 비교하기)
7	19	5–10	신나는 여름	우리생활과 물	여름 날씨와 여름철 건강을 지키는 방법 알아보기	여름 알아보기	비교하기 (넓이, 들이 비교하기)
	20	12–17		건강한 여름나기	물의 세 가지 상태 알아보기 (고체, 액체, 기체)	'물 없이 살 수 없어요' 내용 알아보기	수 10 알기
	21	19–20		여름방학	여름방학 계획 세우기	여름방학 계획 세우기	–

출처: 신영숙(2010).

(2) 학기별 개별화교육계획 수립

〈표 7-7〉은 1학년 학생의 1학기 '슬기로운 생활' 개별화교육계획안이다. 주제중심 통합교육과정을 근간으로 학습내용이 기록되었고, 학습내용 오른쪽의 수행 정도/평가란에 평가 내용을 기록할 수 있게 하였다.

표 7-7 개별화교육계획안의 예

2010-1학기 슬기로운 생활

○○초등학교 1학년 ○반 이름: 이○○

과목명	슬기로운 생활
현재 성취수준	**장기 목표**
• 주변 생물보다는 무생물(큰 블록, 소꿉놀이)에 관심이 더 있다. • 친숙한 구체물의 명칭만을 알고 있다. • 탐구활동, 실험관찰 경험이 거의 없지만, 교사의 지시를 잘 따르며, 수업에 적극 참여한다.	• 주변의 사물에 관심을 갖고 소중히 다루어 관찰하며 특징을 알 수 있다. • 탐구활동에 대한 내용을 알고, 탐구내용을 1~2개의 낱말로 정확히 말하고, 따라 쓸 수 있다. • 실험활동에 대한 용어를 이해하고, 실험절차에 따라 실험에 참여할 수 있다.

월	주	주제	학습주제	학습내용(목표)	수행 정도/평가
3	1	신나는 우리 학교	새 학년	• 교실에서 친구들과 어울리기 • 학교 돌아보고 학교의 건물 명칭과 쓰임 알아보기 • 우리교실 규칙 정하기 (이름 부르면 선생님 쳐다보며 '네' 하고 대답하기, 복도는 오른쪽으로 걸어서 다니기, 고개 들고 걷기) • 교실과 집에서 내가 할 수 있는 일 알아보기	
	2		우리 학교		
	3		우리교실		
	4		규칙 지키기		
	5		내가 할 수 있는 일		
4	6	자라는 우리들	따뜻한 봄	• 봄이 주는 날씨 변화 알기(겨울과의 차이) • 학교 주변에 피는 봄꽃과 나무의 변화 관찰하고, 봄꽃 카드 만들기 • 씨앗의 명칭 말하고, 씨앗의 형태 따라 그리기 • 뿌리, 줄기, 잎에 구분하여 선으로 표시하기 • 우리 몸의 생김새와 뼈의 명칭 알아보기 • 감각기관의 명칭과 역할 알고, 동작으로 표현하기 • 식물의 성장에 필요한 것이 무엇인지 알기 • 동물들의 생김새와 특징 듣고, 이름 알기	
	7		소중한 나		
	8		식물의 자람		
	9		동물의 성장		

5	10	행복한 우리 집	건강한 몸	• 건강해지기 위한 방법(음식과 운동) 알아보기 • 가족의 역할을 1가지씩 이야기하기 • 우리 집의 구조 알아보기 • 서로 돕는 가족의 모습 역할놀이 해 보기	
	11		함께하는 우리 집		
	12		살기 좋은 우리 집		
	13		화목한 우리 집		
6	14	정다운 이웃	사이좋은 이웃	• 우리 집 근처에 있는 건물 명칭 말하기 • 우리 집과 학교위치 그림지도로 표현하기 • 마을을 위해 애쓰시는 분들 알아보기 • 우리 동네에 있는 공공기관 알아보기 • 우리 고장의 자랑거리는 무엇인지 찾아보기 • 가게의 종류 알아보고 물건 사는 방법 익히기(시장놀이 하기)	
	15		우리 고장 모습		
	16		우리 고장 사람들		
	17		고장을 돕는 기관들		
	18		우리 고장의 자랑거리		
7	19	신나는 여름	우리 생활과 물	• 물을 만지고 느낌 말하기 • 분수실험을 통해 물의 느낌과 압력의 명칭 익히기 • 고체, 액체, 기체 관찰하여 차이 1가지 알기 • 방학 동안 지킬 일 약속하기	
	20		건강한 여름나기		
	21		여름방학		
1학기 종합 평가					

출처: 신영숙(2010).

(3) 월별 개별화교육계획 수립

다음은 김영미(2013)가 작성한 1학년 학생의 5월 국어과 개별화교육계획 내용이다. 통합학급 교과 단원에 따른 특수학급에서의 교육내용이 작성되었고, 어떤 교육방법으로 지도할 것인지, 교수 · 학습 활동 후 평가의 준거는 무엇인지에 대해 기록되어 있다. 김영미(2013)는 국어과 개별화교육계획의 평가준거에 따라 월별 평가 및 누가기록을 통한 평가를 실시하고, 1학기 말에 교육활동 평가를 실시하여 학부모에게 자녀의 교육활동 결과에 대한 정보를 제공하였다. 그에 대한 자료는 〈표 7-8〉과 같다.

표 7-8 5월 국어 개별화교육계획

2013학년도 5월 교육계획 〈국어〉

이름	김○○	학년 반	1-3	기 간	4/29~5/31
5월	통합학급 교과 단원	특수학급 교육내용		교육방법	평가준거
4/29 ~ 5/3 (5)	(7)(8)(9) 여러 가지 낱말 만들기 단원정리 (10) 국어활동 자음자와 모음자로 낱말 만들기 놀이하기	(7) 같은 물건 짝짓기 -같은 물건 찾기 -그림과 그림 짝짓기 -실물과 사진 짝짓기 (8) 짝 맞추기 -양말, 신발, 장갑 짝지어 주기 -옷 입히기에서 양말, 신발, 장갑 붙이기 -양말, 장갑, 신발 그림을 반으로 나누어 퍼즐 만들어 맞추기		선택적 주의집중 직접교수 놀이학습 반복학습 과정관찰	• 제시된 물건과 같은 물건을 찾아내는가? • 같은 물건 찾기 활동을 이해하고 선택적 주의집중을 하는가? • 실물과 그림을 변별하는가? • 한 쌍이 되는 물건은 모양이 똑같다는 것을 아는가?
5/6 ~ 5/10 (5)	4. 기분을 말해요 / 듣말 (1) 단원 도입 다른 사람의 말을 듣는 바른 자세에 대하여 알기 (2)(3) 자신 있게 말하는 방법 알기 (4)(5) 여러 사람 앞에서 자신 있게 말하기	기본교육과정 국어 가 4. 이렇게 해 봐요 (1) 큰 소리와 작은 소리 듣기 -큰북소리, 천둥소리 등 -비오는 소리, 캐스터네츠 소리 등 (2) 큰소리와 작은 소리에 반응하기 -귀를 막는 표현하기 -귀에 손을 대고 소리를 모으는 표현하기 (3) 큰 소리끼리, 작은 소리끼리 모으기 (4) 흐름이 있는 소리 듣기 -큰 소리에서 작은 소리 -높은 소리에서 낮은 소리 -빠른 소리에서 느린 소리		선택적 듣기학습 소리변별 학습 반복학습	• 소리가 나는 여러 가지 물건에 관심을 갖는가? • 소리의 크기가 다름을 지각하는가? • 큰 소리와 작은 소리를 귀 기울여 듣는가?
5/13 ~ 5/17 (6)	(6)(7) 기분을 나타내는 말에 대하여 알기 (8) 기분이 잘 드러나게 말하는 방법 알기 (9)(10) 자기의 기분을 자신 있게 말하기 단원정리 (11) 국어활동 기분이 잘 드러나는 표정을 생각하며 기분 알아맞히기 놀이하기	(5) 음악 소리에 맞추어 움직이기 -올라간 머리, 내려간 머리 노래 들으며 손유희 따라 하기 -아기 코끼리의 행진 들으면서 코끼리처럼 걸어 보기 -파라슈트를 가지고 소리에 맞추어 움직여 보기 -월드컵 응원 박수 쳐 보기 -숲속의 음악가 노래에 맞추어 동작 따라 하기 -붕가붕가붕 율동하기		선택적 듣기학습 변별학습 놀이학습 즉각적 피드백 강화	• 소리의 흐름에 따라 몸을 움직이는가? • 여러 가지 흐름이 있는 소리를 듣고 소리의 차이가 있음을 이해하는가? • 음악 소리에 집중하여 끝까지 듣는가? • 음악 소리에 알맞은 동작을 따라 하는가?

(4) 주간 계획 수립

특수학급 교육과정에 제시된 교과별 지도요소를 근거로 주간 계획이 작성되어야 한다. 다음에는 특수학급 3개교의 주간학습계획이 제시되어 있다(〈표 7-9〉, 〈표 7-10〉, 〈표 7-11〉 참조). 학급별 특성에 따라 작성하는 방식과 내용에 차이가 있으나, 이는 학급 교육과정 적용에 따른 특성으로 볼 수 있다. 주간 계획을 통해 어떻게 학급 교육과정이 운영되는지 알 수 있을 것이다.

표 7-9 주간 교육 계획

주			자라는 우리들 / 봄	기간	5-10
요일	교과		학습 내용	관련교과(쪽수)	준비물 및 유의사항
월 (5)	국어	하○○ **이△△** 이○○	• 주간안내, 이 주일의 약속(기본생활) • 주말 이야기 나누기/ 중심낱말, 중심문장 쓰기		• 글쓰기 공책
	슬생	**이△△** 이○○	• 봄이 왔어요 –봄에 볼 수 있는 것들을 찾아보기(봄맞이) –봄 날씨 알아보기	• 1–1. 20–23쪽	
	과학	하○○	• 우리 몸의 생김새 알아보기/뼈 근육이 하는 일 알아보기	• 6–1. 21–25쪽 2단계 62–68쪽	• 인터넷 사이트
화 (6)	영어	하○○ 이○○ 이○○	• Hello, I'm Minsu –Hello(안녕) 인사말임을 알기/ Hello 노래 부르기 –영어낱말 읽기 –대화 듣고 따라 말하기	• 영어(3) 8쪽 Look and Listen	
	수학	**이△△** 이○○	• ○, △, □로 여러 가지 모양 꾸미고 발표하기	• 1–2, 22–25쪽	
	수학	하○○	• 분수로 나타내기 3–1(분수와 소수 6–1)	• 3–1, 98–99쪽 익힘책110–111쪽	
수 (7)	국어	**이△△** 하○○	• 그림 보고 문장 만들기(육하원칙)/숨은그림찾기		• 그림카드
	슬생	하○○ **이△△** 이○○	• 봄이 왔어요 –학교에 있는 꽃과 나무 살펴보기(사진 찍어 관찰하기) –꽃과 나무의 명칭 알기	• 바생24–25쪽 30–31쪽	
	수학	이○○ 이○○	• 여러 가지 모양 선 따라 그리기	• 1–2, 26–29쪽	• 확대복사

목 (8)	국어	이○○ 이○○	• 글자의 짜임 알아보기 –'나무' 읽기 –낱말 듣고, 글자 찾기(나무, 감나무, 배나무, 소나무)	• 24–25쪽	• 낱자카드
	사회	이○○	• 놀이를 통한 바른 행동, 바른 말 연습하기		
금 (9)	영어	**이△△** 하○○	• What's This? –왓츠 디스(이것은 무엇입니까?)임을 알기 –교실에 있는 물건의 이름 영어로 따라 말하기	• 영어(3) 16쪽	• 사물낱말카드
	국어	**이△△** 이○○	• 글자의 짜임 알고, 글자 만들어 보기 –나비, 휴지, 다리, 차표, 포도	• 26–27쪽	• 낱말카드, 자음 · 모음카드
	수학	하○○	• 분수의 크기비교 3–1(분수와 소수 6–1)	• 3–1, 103–105 익힘책114–117쪽	• 분수판
	과학	하○○	• 호흡기관과 순환기관이 하는 일 –호흡기관의 위치, 생김새, 하는 일 알기	• 6–1, 26–29쪽 2단계 69–74쪽	
토 (10)			토요휴업일		
알아 두기	• 3월 한 달이 지났습니다. 새 학년, 새 학교에 적응하느라 우리 아이들도 많이 힘들었습니다. 많이 격려해 주시고, 많이 칭찬해 주세요.(특히, 동생들 챙긴다고 애쓴 ○○ 파이팅^^) • ○○/○○–집에 **그림(꽃과 나무)**이 많이 들어간 **잡지책**이 있으면 보내 주세요. 공부할 때 교과서 이외의 익숙한 그림과 낱말로 작은 책을 만들어 사용하려고 합니다.				

출처: 신영숙(2010).

표 7–10 도움1반 주간 지도 계획

지도 대상	도움1반	지도 교사	원**	지도 기간	2014년 4월 28일 ~5월 2일	결재	담 임	부장	교감

요일 시간	월(4.28)	화(4.29)	수(4.30)	목(5.1)	금(5.2)
1교시	국어	수학	국어	창체	창체
	여러 가지 직업 알아보기	두 자릿수 바르게 읽고 (소리 크게) 쓰기/ 시계 보고 만들기	〈성교육〉 통합학급 시간: 국/국/체/도	직업 체험의 날	어린이날 기념 체육대회
대상아동	2–1, 3–1, 4–1	3–2, 2–1	전체	전체	전체
2교시	수학	사회	수학	창체	체육
	두 자릿수 바르게 읽기 (소리 크게)/ 시계 알아보기	여러 가지 직업 특성 표현하기	두 자릿수 바르게 읽고 (소리 크게) 쓰기/ 정시 읽기	직업 체험의 날	어린이날 기념 체육대회
대상아동	3–1, 3–2, 2–1, 4–1	3–1, 4–1	4–1, 2–1	전체	3–1/4–1

3교시		국어	수학	창체	체육
	-	낱말 따라 읽기(직업)	시계를 이용하여 정시 따라 만들고 읽기	직업 체험의 날	어린이날 기념 체육대회
대상아동		3-1	3-1, 4-1	전체	3-2
4교시		국어	사회	국어	체육
		낱말 따라 읽기(직업)	여러 가지 직업 알아보고 특성 표현하기	직업 관련 낱말 듣고 구분하여 찾아보기	어린이날 기념 체육대회
대상아동		3-1, 3-2, 4-1	3-1, 3-2	3-2, 4-1	전체
5교시	사회/국어	치료지원 (통합학급 국어 교과 연계)			체육
	여러 가지 직업 낱말 읽고 구분하기	작업치료			어린이날 기념 체육대회
대상아동	3-2, 4-1	4-1			전체
점심시간	급식지도	급식지도(공)	급식지도		급식지도
	식사 지도	식사 지도	식사 지도		식사 지도
대상아동	전체		3-1, 2		전체
6교시	방과후		방과후		
	미술치료		특수체육		
대상아동	3학년				

가정 통신

♠ **5월 1일은 직업 체험의 날로 운영**됩니다. 당일 급식이 없는 날이므로 4교시 후 바로 하교입니다. 하교방법에 대하여 문자 꼭 주시기 바랍니다.**(12시 10분 하교)**

♠ 2014학년 양곡초 학생평가는 평가혁신의 일환으로 〈교사별 상시평가〉로 이루어집니다. 도움반 친구들도 개별화교육계획과 연계한 상시평가 내용을 4월 30일에 가정으로 개인용 평가 결과 폴더로 보내드리겠습니다. 학생들의 개인별 성장에 도움이 될 수 있도록 많은 격려 부탁드립니다. 살펴보신 개인용 평가 결과 폴더는 5월 9일까지 도움반으로 제출해 주세요.

♠ 해당 날짜에는 학교 수업 후 급식 없는 날이므로 참고하시기 바랍니다.**(2014년 5월 1일** 근로자의 날, 7월 25일 여름방학식, 9월 26일 대운동회, 12월 24일 겨울방학식, 2015년 2월 13일 종업식 및 졸업식 총 5일)

♠ 등·하교 시 안전하게 다니기. 변동 사항이 있을 때에는 도움반으로 연락 주세요.

학년	국어	사회	수학	합계	총계
2-2					
3-1					
3-2					
4-1					

목표 / 아동	개인별 주간 지도 목표	평가
3-1	• 직업 관련 낱말 개념을 알고 낱말카드로 읽기/직업의 특성 이해하고 표현하기/정시 따라 만들고 읽기	
3-2	• 그 직업 관련 낱말 개념을 알고 낱말카드와 그림 잇기/직업의 특성 이해하고 좋아하는 직업 선택하여 표현하기/정시 따라 만들고 읽기	
4-1	• 직업 관련 낱말 개념을 알고 낱말카드로 구분하여 읽기/직업의 특성 이해하고 좋아하는 직업 선택하고 문장으로 표현하기/정시 따라 만들고 읽기	
2-1	• 중요 낱말 바르게 읽기/두 자릿수 바르게 읽고 쓰기(확인)	

출처: 원선숙(2014b).

표 7-11 주간 학습 안내

2013.05.20~05.24

<table>
<tr><th></th><th>월 5.20</th><th>화 5.21</th><th>수 5.22</th><th>목 5.23</th><th>금 5.24</th></tr>
<tr><td rowspan="2">김○○</td><td>기본교육과정
3. 짝짓기
(1) 교실에 있는 물건 중 같은 것끼리 짝지어 선긋기</td><td rowspan="2">(2) 여러 가지 물건을 짝지어 바구니에 담기

※ 학의천 생태학습
▶나뭇잎 세상
• 나뭇잎 모으기
• 나뭇잎 가면
• 나뭇잎 조형나라</td><td>(3) 같은 과일끼리 짝지어 선긋기
(4) 과일을 짝지어 접시에 올려 담기</td><td rowspan="6">연합
현장학습
과천과학관</td><td>(5) 같은 모양의 그림카드 짝지어 선긋기</td></tr>
<tr><td>기본교육과정
6. 입 모양과 말소리
(1) 입 모양 살펴보기
–거울로 내 입 모양 살펴보기</td><td>(2)입 모양 다양하게 하여 입술찍기 놀이</td><td>(3) 여러 가지 재료로 입 모양 만들기
(4) 아에이오우 노래 부르며 발음 따라 하기</td></tr>
<tr><td rowspan="2">김○○</td><td>(1) 100짜리 동전 더하기
–100원씩 더하여 읽기</td><td rowspan="2">(2) 500원에서 빼기
–100원짜리 5개를 가르고 모으기

※ 학의천 생태학습
▶나뭇잎 세상
• 나뭇잎 모으기
• 나뭇잎 가면
• 나뭇잎 조형나라</td><td>(3) 1000원에서 빼기
–100원짜리로 1000원 만들기
–100원짜리 10개를 가르고 모으기</td><td>–500원과 100원짜리로 1000원 만들기</td></tr>
<tr><td>(4) 식물과 관련된 강원도 방언 따라 말하기</td><td>(1) '무령왕릉 내부', '무령왕릉의 금제 관장식' 사진을 보고 퍼즐 맞추기</td><td>(2) 우리나라 전통 놀이의 종류와 놀이방법 알기
(3) 비사치기 놀이방법 알고 놀이하기</td></tr>
<tr><td rowspan="2">문○○</td><td>(1) 100짜리 동전 더하기
–100원씩 더하여 읽기</td><td rowspan="2">(2) 500원에서 빼기
–100원짜리 5개를 가르고 모으기

※ 학의천 생태학습
▶나뭇잎 세상
• 나뭇잎 모으기
• 나뭇잎 가면
• 나뭇잎 조형나라</td><td>(3) 1000원에서 빼기
–100원짜리로 1000원 만들기
–100원짜리 10개를 가르고 모으기</td><td>–500원과 100원짜리로 1000원 만들기</td></tr>
<tr><td>(4) 식물과 관련된 강원도 방언을 정리하여 발표해 보기
(5) 노래 '개구쟁이 내 동생'과 동화 '백설공주'의 한 부분을 경상도 방언으로 바꾸어 보기</td><td>(1) 퍼즐맞추기를 하여 어떤 사진인지 알아맞히기
–'무령왕릉 내부'
–'무령왕릉의 금제 관장식'</td><td>(2) 우리 나라 전통 놀이의 종류와 놀이방법 알기
(3) 비사치기 놀이방법 알고 놀이하기</td></tr>
</table>

최○○	(1) 100짜리 동전 더하기 −100원씩 더하여 읽기	(2) 500원에서 빼기 −100원짜리 5개를 가르고 모으기 ※ **학의천 생태학습** ▶ 나뭇잎 세상 • 나뭇잎 모으기 • 나뭇잎 가면 • 나뭇잎 조형나라	(3) 1000원에서 빼기 −100원짜리로 1000원 만들기 −100원짜리 10개를 가르고 모으기		−500원과 100원짜리로 1000원 만들기
	(4) 식물과 관련된 강원도 방언을 정리하여 발표해 보기 (5) 노래 '개구쟁이 내 동생'과 동화 '백설공주'의 한 부분을 경상도 방언으로 바꾸어 보기		(1) 퍼즐 맞추기를 하여 어떤 사진인지 알아맞히기 −'무령왕릉 내부' −'무령왕릉의 금제 관장식'		(2) 우리나라 전통 놀이의 종류와 놀이방법 알기 (3) 비사치기 놀이방법 알고 놀이하기

출처: 김영미(2013).

(5) 개별화교육계획에 의한 교수 · 학습 활동 평가

국립특수교육원(2017) 특수교육 실태조사 결과 중 초 · 중 · 고등학교 학업성취도의 주요 평가방법(중복응답)이 특수학급 전체에서 '관찰' 93.8%, '포트폴리오' 50.0%, '지필' 34.6%, '발표' 20.3% 순으로 나타나 있다. 초 · 중 · 고 학교급의 지필평가는 특수학교와 특수학급 모두 '학생의 수행능력에 따라 비장애학생과 같은 평가방법과 특수교육대상자용으로 개발된 평가내용'을 가장 많이 활용하고 있었으며, 그 다음으로 '특수교육대상자용으로 개발된 평가내용'을 활용하고 있었다. 특수학급 교육활동 및 평가결과의 학교생활기록부 반영 정도는 유 · 초등의 경우 '대부분 반영'이 67.5%, 68.5%였으나 중 · 고의 경우 '대부분 반영되지 못함'이 59.3%, 56.7%였다. 학업성취도 평가의 어려움은 특수학교와 특수학급 모두 '학생의 장애로 다양한 평가방법을 활용하기 어려움' 그리고 '평가 기준 마련의 곤란' 순이었다.

다음의 월별 교육평가와 학기별 종합평가 예시는 김영미(2013)가 작성한 내용이다. 또한 2018학년도 2학기 특수학급 개별화교육 평가 예시는 용인지역 고등학교 특수학급 자료이다.

① 월별 교육평가

표 7-12 5월 교육활동 평가

<table>
<tr><th>이름</th><td>김○○</td><th>통합학급</th><td>4-1</td></tr>
</table>

♥ 5월은 바쁘기도 했지만 너무나 즐겁고 행복한 하루하루였습니다. 매일매일 즐겁게 지낼 수 있도록 도와주신 맑은반 어머님들께 감사의 말씀 올립니다. ^^

♥ 6월 6일(목)은 현충일입니다. 가정에서는 반드시 국기를 게양하여 주시기 바랍니다.

♥ 6월 14일(금)은 학부모공개수업이 있습니다. 맑은반은 1교시에 수업공개 합니다.

♥ 6월 25일(화)은 관악산산림욕장으로 생태현장학습 갑니다. 5월에 하지 못했던 나뭇잎 조형활동과 자연물로 꾸미기 활동을 하고 오겠습니다. 5번 마을버스로 이동할 계획이며 도착예정시간은 12시입니다. 점심은 학교 급식을 할 것이고 돗자리와 간단한 간식을 준비해 주시면 되겠습니다. 우천 시에는 수요일로 연기합니다.

<table>
<tr><th colspan="2">영역</th><th>공부한 내용</th><th>반성 및 평가</th></tr>
<tr><td rowspan="2">교과
학습
발달</td><td>국어</td><td>◎ 교과서
4. 이 말이 어울려요
5. 알아보고 떠나요
◎ 독서감상문 쓰기
대체 활동</td><td>① 생일축하 장면에 대해 이야기 나누고 생일축하 카드 써 보기. "축하해. 축하합니다. 김○○" 교사가 쓴 글씨를 보고 따라 쓰기를 하기 시작했음.
② 듣말쓰 79-81쪽
-시에 나오는 낱말 읽고 따라 쓰기
③ '긴 의자' 책 읽고 내용 이해하기, 이야기 장면 중 긴 의자를 색종이를 찢어 표현함.</td></tr>
<tr><td>수학</td><td>◎ 수학1 79-81쪽
스토리텔링 가르기, 모으기
◎ 기본 수학 88-95쪽
같은 것끼리 짝지어 보기</td><td>① 4 이상의 수 개념 형성이 지속적으로 필요함.
② 숫자 2를 쓸 때 3자로 쓰려는 경향이 있음.
③ 두 개의 물건 중 교사가 제시한 그림과 같은 그림을 찾기. 포인팅이 정확하지 않으나 찾아 붙이기를 할 때에는 정확히 찾아 붙임.
④ 같은 그림 찾기는 스스로 매우 잘 하나 같은 그림을 찾아 선 긋기는 아직도 많은 연습이 필요함.</td></tr>
<tr><td rowspan="5">창체
활동</td><td>생활
지도</td><td colspan="2">1. 수업이 끝나면 자기자리 정돈하기. 사물함 정돈하기
2. 위험한 곳에 가지 않고 위험한 놀이 하지 않기</td></tr>
<tr><td>현장
체험
학습</td><td>◎ 교육청 연합현장학습
-국립과천과학관
-〈비틀깨비〉 뮤지컬 관람</td><td>뮤지컬 관람 내내 매우 바른 자세로 앉아 배우들의 춤과 노래 등에 동요하며 함께 어울리는 태도를 보임. 매우 즐거워하고 재미있어 하였음.</td></tr>
<tr><td>미술
과학</td><td>◎ 공작새를 표현해요
-물에 의한 색의 분해와 확산 경험하기</td><td>수성사인펜과 물이 만나면 어떻게 변하는지 알아보는 미술과학실험. 거름종이를 이용함. 사인펜의 색이 번지는 과정을 관찰한다기보다 붓에 물을 묻혀 바르는 과정 자체를 즐거워하였음.</td></tr>
<tr><td>동화
수업</td><td>◎ 칠교놀이 수학동화</td><td>평행사변형 모양은 사각형임을 알지 못함.
칠교조각으로 집 모양 만든 것을 보고 같은 모양 조각을 찾아 덧붙이기. 같은 모양 찾기는 잘하나 모양의 방향 찾기는 어려움.</td></tr>
<tr><td>성
교육</td><td colspan="2">◎ 건강한 몸 유지하는 방법 알기
-손 씻기, 실습하기, 화장실 사용방법 알기, 실습하기</td></tr>
</table>

행동발달 및 종합의견	○○는 언제나 그렇듯이 바깥활동을 할 때 매우 행복해 보이고 빛이 납니다. 현장체험학습 할 때마다 ○○의 의젓하고 즐거워하는 모습을 보면서 한 달에 한 번이라도 현장학습을 하도록 계획은 세운 것을 무척 잘하였다는 생각을 하였습니다. 그리고 언제부터인지 잘 기억이 나지 않지만 최근 우리 ○○가 선생님이 써 준 글씨를 보고 보조선 없이 따라 쓰기를 제법 잘하기 시작했습니다. 축하해 그리고 고마워 ○○야~

② 학기별 종합평가

학기별 종합평가서는 개별 학생의 월별 개별화교육계획 평가준거에 근거한 교수 · 학습 과정의 교육활동 평가를 실시한 것이다. 평가를 통해 교육목표가 성취되었는지, 도움이 더 필요한 부분은 어떤 영역인지 등에 대한 정보를 제공받게 된다.

표 7-13 2013학년도 1학기 교육활동 평가

2013학년도 1학기 맑은반 교육활동에 대한 결과를 다음과 같이 알려 드립니다.

아동명	문○○	통합학급	4-○	작성일	2013. 7. 22.	작성자	김○○
영역	교육 활동 평가 내용						
국어	/듣기 · 말하기/ (1) 이야기를 듣고 내용을 기억하여 질문에 대해 답을 찾을 수 있습니다. (2) 상황그림을 보고 문제상황을 해결하기 위한 내 생각을 말로 표현하는 데 문장 어휘력을 더 키워야 합니다. (3) 장소와 관련된 사진을 보고 언제 가 보았는지, 어떤 방법으로 가 보았는지에 대한 교사의 물음에 주의를 기울이며 답을 찾으려고 노력합니다. (4) 상황그림을 보고 부탁하는 말하기, 거절하는 말하기, 위로하는 말하기를 적절하게 표현할 수 있습니다. /읽기/ (1) 시에서 반복되는 낱말을 잘 찾을 수 있으나 억양을 달리하며 읽기는 어려워합니다. (2) 국어사전, 식물도감, 동물도감, 백과사전, 인터넷사전을 구별할 수 있습니다. (3) 책 만드는 과정을 이해하고 글과 그림이 어울리게 내용을 꾸며 나만의 그림책 만들기에 많은 관심과 흥미를 보입니다. /쓰기/ (1) 편지 쓰는 차례를 이해하고 편지쓰기를 할 때 필요한 문장을 찾아 쓸 수 있습니다. (2) 편지 쓰는 방법에 따라 감사의 마음을 표현하는 문장쓰기를 할 수 있습니다. (3) 주어, 목적어, 서술어로 된 문장 만들기를 할 수 있으며 문장성분을 잘 이해합니다.						

<table>
<tr><td>수학</td><td>/수와 연산/
(1) 두 자릿수의 숫자를 읽고 쓸 수 있으나 수개념 학습이 지속적으로 필요합니다.
(2) 구체물을 몇 개씩 묶어 묶음으로 세기를 배웠습니다.
(3) 구체물을 이용하여 똑같이 나누는 것에 대한 개념을 이해합니다.
/도형/
(1) 점을 직선으로 이어 삼각형과 사각형을 그릴 수 있습니다.
(2) 삼각형, 사각형에서 꼭짓점과 각을 구별하여 찾을 수 있습니다
(3) 여러 가지 모양에서 모난 부분을 찾아 각이라고 명명할 수 있다.
/측정/
(1) 천 원짜리와 만 원짜리를 구별하여 읽을 수 있습니다.
(2) 내가 가지고 있는 돈에서 물건 값을 계산하는 과정을 꾸준히 지도하고 있습니다.
/규칙성과 문제해결/
(1) 간단하게 배열되어 있는 도미노, 쌓기나무에서 공통된 규칙찾기를 할 수 있습니다.
(2) 생활주변에서 볼 수 있는 다양한 무늬에서 규칙 찾기를 학습하고 있습니다.
(3) 내가 만든 무늬를 사용하여 밀기, 뒤집기, 돌리기 등으로 새로운 무늬를 만들기에 관심을 보입니다.</td></tr>
<tr><td>과학</td><td>/무게 재기/
(1) 용수철 저울에 물건을 매달았을 때 용수철이 늘어난다는 것을 알고 있습니다.
/지표의 변화/
(1) '돌과 물'이라는 노래의 노랫말에 귀 기울이며 흙이 만들어지는 과정을 이해합니다.
/식물의 한살이/
(1) 여러 가지 열매 안의 씨앗과 관련된 열매를 찾아 짝지을 수 있습니다.
(2) 씨앗이 싹 트는 데 필요한 요소 중 물과 햇빛을 찾아냅니다.
(3) 식물에서 뿌리, 줄기, 잎, 꽃, 열매를 구별하는 학습은 실물과 관련하여 계속 필요합니다.
/모습을 바꾸는 물/
(1) 물의 세 가지 상태 중 얼음과 물의 상태를 잘 이해하고 구별합니다.
(2) 물과 얼음을 모양과 단단하기로 구분하여 특징 알기 실험에 호기심을 갖고 참여합니다.
(3) 자연현상(구름, 비, 눈)에 의한 물의 순환과정에 특히 관심을 보입니다.</td></tr>
<tr><td>행동 발달 상황</td><td>★ 자기 의사 결정 기술 능력과 관련된 학습과 치료가 꾸준히 요구됩니다.
★ 친구들과의 관계형성에 스스로 힘쓰고 노력하는 태도가 매우 바람직합니다.
★ 교사의 질문에 대해 바르고 정확한 눈빛을 교환하며 적절한 대답을 찾아 말하려는 적극적인 자세가 나타납니다.
이번 학기에 ○○는 배고플 때, 더워서 힘들 때에만 울었습니다. ^^ 올해 눈빛이 더 초롱초롱해진 것 같습니다. 선생님이 무언가를 설명하고 있으면 눈을 크게 뜨고 끝까지 쳐다보고 들어 줍니다. 무슨 말인지 이해해 보려는 태도가 눈에 띄게 나타났습니다. '네!'라고 대답도 씩씩하게 잘 하고, '주세요!'라는 말도 더 분명하게 합니다. 교실에 올라가서 친구들과 함께 지내는 것을 무엇보다 행복해합니다. 키도 더 커지고 배도 더 나오는 것 같습니다. 잘 먹고 건강한 우리 ○○!… 여름방학 즐겁게 보내고 더 씩씩해진 모습으로 만나요~!!!</td></tr>
<tr><td>학부모 의견</td><td>확인란
(인)</td></tr>
</table>

③ 평가 기준 및 학기별 종합 평가

용인지역 고등학교 특수학급 교육과정 운영계획 속에 포함된 특수교육 대상 학생 평가 기준이다.

〈특수교육대상학생 평가 기준(예)〉

특수교육 대상 학생의 평가는 특수학급 교사와 통합학급 교사가 상호 협력 체계 속에서 이루어지도록 한다.

- 개별화교육계획을 중심으로 평가한다.
- 평가는 교육내용의 계획과 진행 과정의 분석, 관찰, 일화기록, 면담, 자기평가 등 다양한 방법으로 실시한다.
- 표준화된 검사보다는 수시로 지도내용의 도입, 전개, 종결 과정에서의 단계별 평가로 목표지향적 평가가 되도록 한다.
- 평가결과는 서술식으로 기술하며, 특수교육 대상 학생의 성취결과 분석을 통한 수업의 질 개선자료 및 지도계획의 기초수립 자료로 활용한다.
- 평가결과를 통합학급 교사 및 학부모에게 안내하여 특수교육 대상 학생의 발달에 대한 이해를 돕는다.

또한 〈표 7-14〉는 일반학교 해당 학년 교육과정을 재구성하고, 교재는 기본교육과정 국어교과서를 활용한 경우로 2018학년도 2학기 특수학급 개별화교육 평가자료이다.

표 7-14 특수학급 개별화 교육 평가 예

2018학년도 2학기 특수학급 개별화교육 평가

1학년 4반 신○○

<table>
<tr><th colspan="3">학기
내용</th><th colspan="6">2학기</th></tr>
<tr><td rowspan="4"></td><td rowspan="4">국어</td><td>교재</td><td colspan="6">• 특수교육 기본교육과정 2011 초등 5~6 나(16~20단원)</td></tr>
<tr><td>지도방법</td><td colspan="6">개별지도, 직접교수, 문제 풀이</td></tr>
<tr><td rowspan="2">평가</td><td>평가준거</td><td>1</td><td>2</td><td>3</td><td>4</td><td>5</td></tr>
<tr><td>평가확인</td><td></td><td></td><td>○</td><td></td><td></td></tr>
</table>

<table>
<tr><td rowspan="8">교과 수업평가</td><td rowspan="4">수학</td><td>교재</td><td colspan="6">• 특수교육 기본교육과정 2015 개정 중학교 가(6~9단원)
• 문제집 보조 자료</td></tr>
<tr><td>지도방법</td><td colspan="6">개별지도, 직접교수, 최소촉진법</td></tr>
<tr><td rowspan="2">평가</td><td>평가준거</td><td>1</td><td>2</td><td>3</td><td>4</td><td>5</td></tr>
<tr><td>평가확인</td><td></td><td></td><td>○</td><td></td><td></td></tr>
<tr><td rowspan="4">영어</td><td>교재</td><td colspan="6">• 특수교육 기본 교육과정 중학교 생활영어</td></tr>
<tr><td>지도방법</td><td colspan="6">• 간단한 회화 및 단어 외우기
• 총체적 언어교수법을 통한 반복학습</td></tr>
<tr><td rowspan="2">평가</td><td>평가준거</td><td>1</td><td>2</td><td>3</td><td>4</td><td>5</td></tr>
<tr><td>평가확인</td><td></td><td></td><td>○</td><td></td><td></td></tr>
<tr><td rowspan="8">교과 외 수업평가</td><td rowspan="2">직업
(제과제빵)</td><td>내용</td><td colspan="6">• 쁘띠치즈, 우유식빵, 버터식빵, 초코쿠키, 초코칩 머핀, 단과자빵 등</td></tr>
<tr><td>평가</td><td colspan="6">평가준거: 1, ②, 3, 4, 5</td></tr>
<tr><td rowspan="2">직업
(바리스타)</td><td>내용</td><td colspan="6">• 에스프레소 머신의 명칭 및 커피추출방법 훈련
• 에스프레소, 아메리카노 추출 및 서빙 실습
• 커피 관련 음료 및 일반 음료 레시피 방법 훈련 및 실습</td></tr>
<tr><td>평가</td><td colspan="6">평가준거: 1, ②, 3, 4, 5</td></tr>
<tr><td rowspan="2">직업
(컴퓨터)</td><td>내용</td><td colspan="6">• 서식 설정, 수식 활용, 데이터 분석, 차트, 유형분석 등
• 최신기출문제 분석 및 반복 훈련</td></tr>
<tr><td>평가</td><td colspan="6">평가준거: 1, 2, 3, ④, 5</td></tr>
<tr><td rowspan="2">방과후
(배드민턴)</td><td>내용</td><td colspan="6">• 오버핸드스트로크, 언더핸드 스트로크, 드라이브, 단식경기 등</td></tr>
<tr><td>평가</td><td colspan="6">평가준거: 1, 2, 3, ④, 5</td></tr>
<tr><td colspan="2">종합의견</td><td colspan="7">–교과학습: 교과별 수업내용을 대체로 이해하고 배우는 속도가 전체적으로 향상되었음. 특히 수학 교과에서 도형을 비교하고 분류하는 부분을 즐거워하고 자신감을 보임. 영어 교과 시간에 문장, 단어를 읽고 쓰면서 단어와 문장을 암기하는 능력이 향상됨.
–진로직업: 직업 평가 시간에 집중해서 도구를 조립하고 분해하는 것을 잘하며 주어진 시간 안에 완성도가 높음. 제빵, 바리스타 실습시간을 즐거워하고 적극적으로 참여하려고 노력하나 능동적이고 적극적으로 활동하려는 부분은 아직 부족함. 컴퓨터 시간에 컴퓨터 교사의 설명을 듣고 프로그램을 작동할 수 있음.
–학교생활: 대부분의 아이들과 잘 어울려 활동하며 체육활동 및 게임을 할 때 친구들을 먼저 배려하고 양보하는 모습을 보임. 하지만 자기주장이 약한 편이므로 가정에서 자기 주장을 말할 수 있도록 지도가 필요함.
※ 자세한 교과별 수업 내용은 나이스학부모서비스를 참고하시기 바랍니다.</td></tr>
</table>

<table>
<tr><td rowspan="6">평가기준</td><td>평가준거</td><td>성공률</td><td>촉진의 강도</td></tr>
<tr><td>1</td><td>과제 수행을 전혀 하지 못하는 경우</td><td>과제 수행을 전혀 하지 못하는 경우</td></tr>
<tr><td>2</td><td>30% 이상 수행한 경우</td><td>교사가 시범을 보이면 수행하는 경우</td></tr>
<tr><td>3</td><td>50% 이상 수행한 경우</td><td>교사의 언어적 촉진을 받아 수행하는 경우</td></tr>
<tr><td>4</td><td>70% 이상 수행한 경우</td><td>교사가 단서를 제공할 때 수행하는 경우</td></tr>
<tr><td>5</td><td>90% 이상 수행한 경우</td><td>독립적으로 과제를 수행하는 경우</td></tr>
</table>

3. 개별화교육계획 기반 교육과정–수업–평가(기록) 일체화

다음의 글은 경기도교육청(2017b) 교육과정기초연구인 개별화교육계획 기반 교육과정–수업–평가(기록) 일체화 방안에서 일부 내용을 발췌한 것이다. 여기에서는 교육과정 중심 개별화교육계획– 수업–평가와 개별화교육계획 기반 교육과정–수업–평가의 차이점을 생각해 보자.

1) 개별화교육계획 기반 교육과정–수업–평가(기록) 일체화의 의미

- 교육과정–수업–평가(기록) 일체화란 교사가 자신이 운영할 교육과정을 재구성하고 배움 중심 수업의 철학과 가치를 반영한 학생 참여(활동) 중심 수업을 실시하며, 자신이 수업한 내용을 과정 중심으로 평가하여 교육과정–수업–평가(기록)이 일관되고 체계적으로 이어지는 교육과정 편성·운영 방식(경기도교육청, 2017a)
- 특수교육 대상 학생의 개별화교육계획을 기반으로 해당 학년의 교육과정 성취기준을 분석·재구성하여 수업으로 구현하고 이에 대한 평가를 실시하기 위한 방안
- 교사가 교육에 대한 진지한 성찰과 사유에 입각하여 교육과정에 대한 이해를 구체화하는 수업 설계이며, 학생이 배운 내용을 가장 적절하게 평가할 수 있는 방안(경기도교육청, 2016b)
- 개별화교육계획 기반 교육과정–수업–평가(기록) 특징(경기도교육청, 2015, 자료 수정)
  - –개별화교육계획의 장·단기 목표를 고려한 교육과정 재구성
  - –학생 중심의 맞춤형 교육 가능
  - –배움 중심 수업의 용이성
  - –학생 주도의 수업
  - –교과내용과 학생 경험통합의 용이성
  - –과정 중심 평가로의 전환
  - –교사의 교육과정 재구성 역량 신장
  - –교육과정 중심 조직으로 학교의 전환 가능성
- 개별화교육계획 기반 교육과정–수업–평가(기록) 일체화 방안(경기도교육청,

2016a, 자료 수정)
–교과 내 통합 재구성
–교과 간 통합 재구성

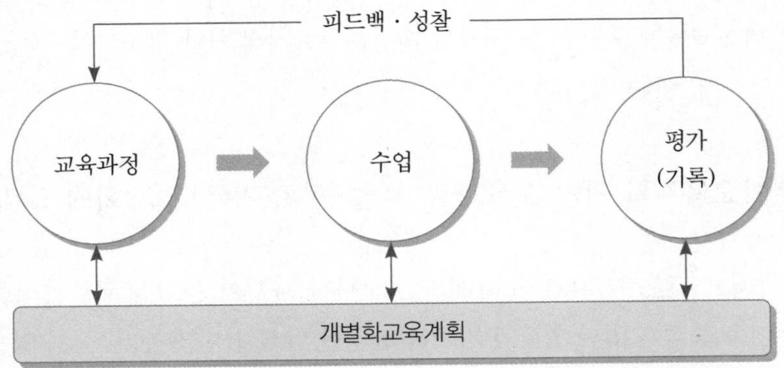

[그림 7–1] 개별화교육계획 기반 교육과정–수업–평가(기록) 일체화 모형

2) 개별화교육계획 기반 교육과정–수업–평가(기록) 일체화 과정

[그림 7–2]는 개별화교육계획을 기반으로 한 교육과정–수업–평가(기록) 일체화 과정이며, 이는 교과 내 통합 재구성을 중심으로 제시한 것이다.

순	단계	내용
1	특수교육 대상 학생 개별화교육계획 작성	• 특수교육 대상 학생의 개별화교육계획 작성 –수행 수준 및 필수 조정 사항 작성 –장 · 단기 목표 설정을 위한 우선순위 선정 –장 · 단기 목표 수립
2	교육과정 탐색	• 교육과정의 탐색 –국가수준 교육과정(총론, 교과교육과정) –경기도 교육과정 –학교 교육과정
3	교과 내 단원 재구성	• 교과에서 학생 배움의 의미 고찰 • 교과 성취기준을 중심으로 개별화교육계획의 장 · 단기 목표를 고려한 단원 내용 재구성 –성취기준 연결, 활동 계획 작성 –개별화교육계획 장 · 단기 목표 성취기준과 연결 • 재구성 내용을 중심으로 평가계획 수립 –평가 계획: 성취 기준에서 평가의 내용과 방법 추출하기 –개별화교육계획, 교육과정, 수업과 밀착된 평가도구 개발 –지필/수행, 서술형/논술형, 총괄평가/성장 중심의 과정 평가, 정의적 능력 평가, 배움 중심 수업에 맞는 관찰평가 등 평가 방법 다양화 –평가와 관련한 수업 차시와 활동 선정
4	재구성된 교육과정으로 배움 중심 수업 실천 교육과정, 수업과 연계한 평가	• 배움 중심 수업 철학 이해하기 • 교과 핵심 개념을 중심으로 학습내용 재구조화 –주제 정하기, 활동 제시하기, 차시 배분하기 • 교과 특성에 맞는 배움 중심 수업 실천 • 개별화교육계획, 교육과정, 수업과 밀착된 평가(기록) 실시
5	평가 결과 피드백	• 교사에게는 교수 · 학습의 질 개선, 학생에게는 과정 중심 평가 정보 제공
6	개별화교육계획 기반 교육과정-수업-평가(기록) 조망하기	• 개별화교육계획 기반 교육과정-수업-평가(기록) 조망하기

[그림 7-2] 개별화교육계획 기반 교육과정-수업-평가(기록) 일체화 과정

3) 개별화교육계획 유형

- 유형1: 해당 학년 교육과정에 근거한 개별화교육계획
  - 특수교육 대상 학생이 해당 학년 교육과정의 성취기준에 얼마나 도달할 수 있는가를 중심으로 수립되는 개별화교육계획이다.
  - 적용받는 해당 학년 교육과정의 교과별 목표에 얼마나 근접하고 있는가를 알 수 있는 장점이 있으나, 교과 성취기준에 도달하기 어려운 학생의 경우 작성이 어렵고 작성 시 유의할 점이 많아진다.
  - 매년 적용받는 해당 학년 교육과정 성취기준에 근거하여 작성되어야 한다.
  - 교과 교육과정 성취기준과 관련된 내용에만 초점을 맞추기 때문에 학교생활 전반에 걸쳐 특수교육 대상 학생의 요구에 대한 체계적 지원계획 수립이 어렵고, 학교 내 수업과 관련된 문서로만 한정지어 인식될 수 있는 오류가 있다.
  - 같은 학년군, 같은 교육과정을 적용받는 특수교육 대상 학생에게 보다 활용 가능성이 높은 개별화교육계획의 유형이다.

- 유형2: 개별 학습자의 교육적 요구에 근거한 개별화교육계획
  - 교육적 요구가 필요한 영역(예: 사회성 영역, 정서-행동 영역, 의사소통 영역 등)을 중심으로 특수교육 대상 학생의 독립적인 생활을 위한 교육의 방향성을 제시하는 유형
  - 교육과정 성취기준과의 직접적 관련성은 낮으나, 개별 학습자의 현재 수행 수준을 고려하여 장·단기 목표를 수립하게 되는 개별화교육계획으로 해당 교육과정 재구성 시 학생에 대한 구체적인 정보 제공이 가능하다.
  - 학습자에게 필요한 교육적 요구의 우선순위를 결정하면 이를 학교 수업과 생활지도에서 연계하기가 수월하다.
  - 현재 학습자의 우선순위 결정 및 이에 대한 장·단기 목표 수립을 위한 고도의 교사 전문성이 요구된다.
  - 성취기준과 현재 학습자의 수행수준 차이가 상대적으로 크거나, 또래나 학교의 전반적인 환경 등에서 개별화된 지원 수준의 강도가 더 높은(상대적으로 이질성이 큰 경우) 경우 활용이 용이한 개별화교육계획 유형이다.
  - 전 학기 개별화교육계획에서 교육적 요구의 우선순위 영역에 따라 작성된 장·

단기 목표 평가 결과를 기반으로 일부 수정·보완하여 다음 학기 개별화교육계획을 작성한다.

-특수교사 1인의 교육계획 운영이 아닌 다양한 전문가들에 의해 운영되어 학습자에 대한 영역별 현행 수행수준 및 교육적 요구 등 전반적인 정보가 필요한 경우 활용이 용이하다.

-다른 학년군, 다른 교육과정, 혹은 같은 교육과정이라도 다양한 수준으로 재구성된 교육과정을 적용받는 특수교육대상학생에게 보다 활용 가능성이 높은 개별화교육계획의 유형이다.

4) 개별화교육계획 수립 과정

- 1단계: 현재 수행수준을 영역별로 구체적이고 자세한 정보를 포함하여 진술
- 2단계: 개별화교육계획에서 현재 수행수준을 고려하여 장·단기 목표를 설정할 때 교육적 요구 우선순위 분석과정에 따라 지원할 영역 및 영역 내 하위영역 선정
- 3단계: 선정된 교육적 지원 우선순위 영역에 대한 현재 수행수준을 구체적으로 분석하고, 한 학기 또는 해당 학년 동안 달성 가능한 장단기 목표 수립
- 4단계: 수립된 장·단기 목표 달성에 대한 학생의 수행 능력 지속적 평가 실시

5) 개별화교육계획 기반 교육과정-수업-평가(기록) 일체화 사례

(1) 개별화교육계획

〈대상 학생: '○○초등학교 2학년 ○반 김○○'(가명)-만 8세, 의사소통장애〉

- 대상 학생 기본정보(인적사항)

	관계	이름	연락처	비고
가족 사항	부	김○○		
	모	오○○		

주소	경기도 화성시				
의학적 진단[1]		장애인 등록여부[2]		특수교육대상자 선정[3]	
		미등록		의사소통장애	
주 장애	의사소통장애	추가 장애 (해당하는 경우만)		해당 없음	
개별화교육계획 시작일	2017. 3. 1.	개별화교육계획 종료일		2017. 7. 25.	

• 현재 수행 수준 및 필수 조정 고려사항

영역		현재 수행수준 (학년수준, 표준화점수, 강점, 약점 등)	필수 조정 (조절, 수정, 혹은 필요한 보조공학 등)
학업적	읽기	[학.1.1)-①] 낱말을 천천히 읽을 수 있으나 유창성은 떨어짐 [학.1.1)-②] 만화를 좋아해 만화책의 글을 천천히 읽고 이해하려고 노력함	[학.1.2)-①] 낱말을 읽을 때 정확한 조음점을 짚어 주거나 입모양에 대한 교정 필요 [학.1.2)-②] 간단한 만화 읽기를 통한 글의 이해력 높이기 연습
	수학	[학.2.1)-①] 5 이하의 수 ±5 이하의 한 자릿수를 계산할 수 있음	[학.2.2)-①] 현행수준 이상 수(6 이상)의 연산은 구체물 및 반구체물의 활용이 필요함
	쓰기	[학.3.1)-①] 글자 쓰기에 흥미가 없음 [학.3.1)-②] 문장을 보고 바르게 보고 쓸 수 있음 [학.3.1)-③] 받침이 없는 간단한 낱말을 받아 쓸 수 있음 [학.3.1)-④] 소리와 표기가 다른 낱말의 뜻을 연결할 수 있음	[학.3.2)-①] 낱말카드학습, 음절 맞추기 학습을 통해 쓰기에 대한 흥미를 유발시키도록 함
	학습 기술	[학.4.1)-①] 보고 쓰기가 가능함 [학.4.1)-②] 문제를 반복적으로 제시하면 기억하여 스스로 해결할 수 있음 [학.4.1)-③] 교사가 가르쳐 준 학습 기술을 기억하여 반복적으로 학습함 [학.4.1)-④] 수업 시종을 지켜 필요한 학습 준비물을 준비할 수 있음	[학.4.2)-①] 짧은 문장은 소리 내어 말하고 기억하여 쓰도록 함

1) 의사 소견서, 진단검사 결과, 검사일 등
2) 「장애인복지법」 근거, 등록일자 등
3) 특수교육대상자 최초 선정일

영역		현재 수행수준 (학년수준, 표준화점수, 강점, 약점 등)	필수 조정 (조절, 수정, 혹은 필요한 보조공학 등)
인지적	일반적 능력·문제 해결력	[인.1.1)-①] 과제 분석을 통해 세분화된 과제를 제시하면 학습 과제에 대한 성취도가 높아짐 [인.1.1)-②] 언어적 의사소통의 어려움으로 비언어적 의사소통을 주로 사용함	[인.1.2)-①] 과제 분석을 통해 과제 세분화해서 제공하기 [인.1.2)-②] 사진, 그림 등의 시각자료를 활용하여 언어적 의사소통을 촉진할 필요가 있음
	주의집중 및 실행기능	[인.2.1)-①] 학생이 흥미를 보이는 학습 활동에는 자발적인 집중이 가능하며 주제에 따라 집중 정도가 매우 다름 [인.2.1)-②] 화를 참지 못하여 가끔 충동적인 행동을 보임(손을 올리거나 물건을 던지는 행동, 손바닥으로 때리는 행동)	[인.2.2)-①] 대상 및 상황에 따른 대처 방법을 반복적으로 말해 주며 적절한 말과 행동에 대한 중재 및 지도가 필요함
	언어 및 의사 소통	[인.3.1)-①] 간단한 낱말은 천천히 말하면 전달력이 있으나 자음의 대치 혹은 탈락이 잦아서 상대방이 알아듣지 못하는 경우가 많음 [인.3.1)-②] 자신의 말을 잘 알아듣는 사람에게는 흥분해서 더 빠른 속도로 말함	[인.3.2)-①] 자음의 대치 혹은 탈락이 많기 때문에 천천히 발음하고 또박또박 말하는 습관을 꾸준히 연습할 수 있도록 교사의 발음 들려주기, 녹음하여 스스로 체크하는 학습이 필요함
	추가적인 관련 요소	[인.4.1)-①] 익숙한 행동 및 학습 방법을 고치려 하지 않고 자신의 방법만 고수하며, 소리를 지르거나 물건을 던지는 공격적 행동을 가끔 보임	[인.4.2)-①] 개선되어야 할 공격적인 행동 유형을 분석하여 긍정적 행동지원을 계획함
기능적	진로 직업 및 전환	[기.1.1)-①] 그림 그리기, 조작 활동에 흥미를 느껴 교사가 다양한 미술 재료 및 작품을 제시하고 촉진하면 모방하여 비슷한 작품을 만들 수 있음(진로: 화가)	[기.1.2)-①] 언어적 촉진을 자주 제공하며 작품 진행과정에 대한 시연, 동영상 재생을 통해 과제 성공도를 높이도록 함
	사회적 기술 및 행동	[기.2.1)-①] 상대방이 발음을 잘 이해하지 못하여 같은 말을 되묻는 것에 대해 의기소침한 모습을 보이거나 말문을 닫는 경향이 있음 [기.2.1)-②] 1:1의 상황에서는 집중시간이 10분 이상 지속되지만 2명 이상이 모이면 장난을 치며 주의집중 시간이 5분 이하로 짧아짐	[기.2.2)-①] 상대방에게 정확한 이해를 위해 다시 한 번 말해 주는 것에 대해 의기소침해 하지 않도록 마음 훈련시키기 [기.2.2)-②] 2명 이상이 모였을 경우 자리 배치를 통한 집중시간 늘리기
	독립적 생활 기술	[기.3.1)-①] 외부 활동 시 또래 친구를 맺어 주면 손을 꼭 잡고 자리를 이탈하지 않음 [기.3.1)-②] 교실에서는 친구가 없어도 여가 시간을 그림 그리기 색종이 접기 활동을 하며 보낼 수 있음 [기.3.1)-③] 신변자립 가능하며, 급식도 스스로 먹을 수 있고 특수학급 교실도 혼자 찾아올 수 있음	[기.3.2)-①] 외부 활동 시 반드시 짝을 맺어 주는 것이 필요함

<table>
<tr><td></td><td>자기
결정 기술</td><td>[기.4.1)-①] 자기 주장이 강하여 '나 이거 알아'라는 말을 자주 사용하면서 다른 사람의 말을 잘 들으려 하지 않음
[기.4.1)-②] 도움을 필요로 할 때 요청하는 기술이 부족함</td><td>[기.4.2)-①] 상대방의 말을 들은 이후 자신이 하고 싶은 말을 하도록 기다리기 전략을 지도함
[기.4.2)-②] 자기 선택에 대한 확신이 없을 때는 도움을 요청하는 것이 바람직하다는 것을 지속적으로 지도함</td></tr>
<tr><td></td><td>추가적으로 중요한
고려 요소</td><td>[기.5.1)-①] 타인이 실수하는 것을 매우 좋아하여 타인의 잘못을 지적하며 자신을 드러내고자 하는 경향이 있음</td><td>[기.5.2)-①] 학생 이해를 위한 학부모 및 통합학급 교사 교육을 통해 팀 접근이 필요함
[기.5.2)-②] 타인을 존중하는 자세에 대한 인성교육이 필요함
[기.5.2)-③] 사회성 치료를 병행하며 놀이 중심의 언어치료가 필요함</td></tr>
<tr><td colspan="2">학부모
요구</td><td colspan="2">[부.1] 한글 해득 및 수 연산 능력 신장, 아이가 의사소통이 원만하게 이루어지지 않는다고 생각하여 학급 친구들에게 따돌림을 받지 않도록 인식개선교육을 각별히 지도해 주시기를 희망함</td></tr>
<tr><td colspan="2">통합학급
담임요구</td><td colspan="2">[통.1] 아이의 말을 제대로 알아듣지 못하여 고개를 끄덕여 주고 칭찬해 주는 것 외에 크게 해 주고 있는 것이 없지만 학급 친구들이 놀 때 함께 어울릴 수 있도록 원만한 학급 분위기를 조성하고 있음
[통.2] 학급에서는 학습을 지도하기에 어려움이 있기 때문에 도움반 수업을 통해 학습 향상이 이루어지기를 희망함</td></tr>
<tr><td colspan="2">특수학급
담임요구</td><td colspan="2">[특.1] 자기점검을 통해 의사소통, 사회성과 관련된 언어 및 기술 학습하기
[특.2] 행동보다는 낱말로, 낱말보다는 간단한 단문으로 표현하는 습관 기르기
[특.3] 주고받는 다양한 방법을 습득하여 움츠러들지 않고 자신 있게 표현하기</td></tr>
<tr><td colspan="2">교육적 배치</td><td colspan="2">(예시) 특수학급</td></tr>
</table>

특수교육 관련 서비스	치료 지원	통학비 지원	보조공학 기기대여	체험학습비 지원	그 밖의 지원

방과후학교	학교 내 방과후	특수학급 방과후	자유수강권(꿈e든 카드)	미참여
	V			

통학 관련	통학거리	통학방법	소요시간	동행인 여부	그 밖의 참고사항
	약 300m	도보	3분 이내	언니	

<table>
<tr><td rowspan="2">대상
교과</td><td>특수 학급</td><td>(예시) 국어, 수학</td></tr>
<tr><td>통합 학급</td><td>(예시) 기타 교과</td></tr>
<tr><td colspan="2">통합교육
지원 계획</td><td>(예시) 통합학급 장애 이해 수업 2회</td></tr>
<tr><td colspan="2">평가 계획</td><td>※ 개별 학생에 맞게 평가 계획 작성</td></tr>
</table>

(2) 개별화교육계획 기반 교육과정-수업-평가(기록) 일체화 계획

<table>
<tr><td>교과 및 단원</td><td colspan="4">국어 9. 생각을 생생하게 나타내요</td></tr>
<tr><td>단원 목표</td><td colspan="4">꾸며 주는 말을 사용해 생각이나 느낌을 자세하게 나타낼 수 있다.</td></tr>
<tr><td>성취 기준</td><td colspan="4">2국 03-02 자신의 생각을 문장으로 표현한다.
2국 02-03 글을 읽고 주요 내용을 확인한다.
2국 04-04 글자, 낱말, 문장을 관심 있게 살펴보고 흥미를 가진다.</td></tr>
<tr><td>개별화 단기 목표</td><td colspan="4">-상황추론카드를 보고 비언어적 표현을 활용하여 2가지 이상의 낱말을 정확한 발음으로 표현한다.
-상황에 맞는 어휘와 꾸며 주는 말을 활용하여 2개 이상의 단문으로 표현한다.</td></tr>
<tr><td rowspan="2">차시</td><td colspan="4">수업 및 평가 계획</td></tr>
<tr><td>교과서</td><td>재구성 의도</td><td>교육과정 재구성(수업)</td><td>평가</td></tr>
<tr><td>1-2</td><td>* 꾸며 주는 말을 사용하면 좋은 점 알기
-인물 알아맞히기 놀이하기
-글을 읽고 다른 점 말하기
-꾸며 주는 말을 사용하면 좋은 점 생각하기
-자신이 쓴 글 살펴보기</td><td>*학생수행 수준이 받침이 없는 낱말 읽기, 문장 보고 쓰기단계로 학생 배움 중심으로 학습 내용을 재구성함</td><td>* 꾸며 주는 말을 사용하면 좋은 점 알기
-플래시 그림카드 꾸미기
-동요를 활용한 꾸며 주는 말 놀이하기
-그림을 보고 두 글의 다른 점 찾기</td><td>*수행(관찰)평가
-듣기, 말하기, 자세 및 태도, 이해력 수준을 관찰 평가</td></tr>
<tr><td>3-4</td><td>* 꾸며 주는 말을 사용해 짧은 글쓰기
-더 어울리는 꾸며 주는 말 고르기
-꾸며 주는 말을 사용해 문장 만들기
-꾸며 주는 말을 사용해 글쓰기</td><td>*학생이 흥미를 가지고 수업에 몰입할 수 있도록 오감을 활용한 수업으로 구성함</td><td>* 생생 오감 체험하기
-특징적인 내 몸 탐색하기
-생생한 맛 표현하기
-촉감으로 알아맞히기
-그림과 더 어울리는 꾸며 주는 말 고르기</td><td>*수행(일화기록법)평가
-의미 있다고 생각하는 학생의 말이나 행동을 객관적으로 기록</td></tr>
<tr><td>5-6</td><td>* 주요 내용을 확인하며 글을 읽기
-「숲속의 멋쟁이 곤충」 글 읽기
-주요 내용 정리하기
-문장 띄어 읽는 방법 알기</td><td>*글을 읽고 주요 내용을 확인하는 데 어려움이 있음. 학생의 경험과 관련된 낱말, 그림수준으로 수정함</td><td>* 나 이거 진짜 알아!
-내가 경험한 동물 이야기 나누기
-나 이거 진짜 알아! 그림 낱말 책 만들기
-그림 낱말 책 주요 내용 확인하기
-생생 나무 소개하기 수행 1</td><td>*수행(쓰기, 읽기, 문법 영역)평가 1(생생 나무 소개하기)
-꾸며 주는 말을 사용하여 문장을 완성하고 읽을 수 있는지 평가</td></tr>
<tr><td>7-8</td><td>* 자신의 생각을 나타내는 짧은 글 쓰기
-「선생님, 바보 의사 선생님」 읽고 내용 확인하기
-꾸며 주는 말을 넣어 생각을 표현하는 방법 탐색하기
-인물에게 편지 쓰기</td><td>*스스로 자신의 생각을 나타내는 짧은 글을 쓰는 데 어려움이 있음. 영상 편지를 통해 자신의 생각을 능동적으로 표현하도록 구성함</td><td>* 영상 편지 보내기
-동시를 듣고 나의 생각 표현하기
-꾸며 주는 말을 덧붙여 문장 만들기 놀이하기
-영상은 사랑을 싣고!
-영상 편지 보내기 수행 2</td><td>*수행(쓰기 영역) 평가(영상 편지 보내기)
-꾸며 주는 말을 넣어 생각이나 느낌을 표현하는지 평가</td></tr>
</table>

9-10	*문장 만들기 놀이하기 -꾸며 주는 말을 바꾸어 가며 문장 만들기 놀이하기 -꾸며 주는 말을 넣어 문장 길게 만들기 놀이하기	*학생 스스로 문장 길게 만들기 활동에 어려움이 있어 학생이 적극적으로 참여할 수 있는 학습내용으로 변경함	* 문장 만들기 놀이하기 -내가 꾸민 낱말 나무 문장 말하고 읽기 -꾸며 주는 말을 바꾸어 가며 문장 만들기 놀이하기 -너 틀렸어! 나 알아! 놀이하기 -꾸며 주는 말을 넣어 문장 완성하기 지필	*지필(쓰기, 문법 영역)평가 -꾸며 주는 말을 찾아 그림에 어울리는 문장 완성하는지 평가

(3) 지필평가(예)

• 국어 지필평가 기준안

(2학년 1학기)

단원명	9. 생각을 생생하게 나타내요		
평가목표	꾸며 주는 말을 찾아 그림에 어울리는 문장을 완성할 수 있다.		
영역	쓰기, 문법	평가 시기	9~10차시(4월 4주)
평가유형	지필평가	평가 대상	개인
준비물	필기도구		
평가기준	상: 꾸며 주는 말을 찾아 그림에 어울리는 문장을 3개 이상 완성한다. 중: 꾸며 주는 말을 찾아 그림에 어울리는 문장을 2개 이상 완성한다. 하: 꾸며 주는 말을 찾아 그림에 어울리는 문장을 1개 이상 완성한다.		
평가상의 유의점	• 쓰기에 어려움이 있는 학생은 〈보기〉에서 찾아 오려 붙이기, 학생이 찾은 낱말을 교사가 점선으로 나타내어 따라 쓰기 등 다양한 방법으로 평가가 이루어질 수 있도록 한다.		
평가방법	• 인물에 대한 생각이나 느낌을 나타내는 감정표현을 찾아 쓸 수 있는지 평가한다. • 학생 특성에 따른 쓰기 평가 방법은 점선으로 표시하여 바르게 쓰기, 〈보기〉에서 제시한 내용 붙여서 나타내기 등 평가방법을 다양하게 할 수 있도록 조정한다.		
활용방안	• 일상생활에서 꾸며 주는 말을 이용해 문장 표현 능력을 키우도록 지속적으로 지도한다. • 꾸며 주는 말을 넣어 문장을 완성한 후 1문장 이상 스스로 보고 쓸 수 있도록 지도한다.		

• 사례: 학생 평가[기록]

<table>
<tr><td>교과 및 단원</td><td colspan="5">국어 9. 생각을 생생하게 나타내요</td></tr>
<tr><td>단원 목표</td><td colspan="5">꾸며 주는 말을 사용해 생각이나 느낌을 자세하게 나타낼 수 있다.</td></tr>
<tr><td>성취 기준</td><td colspan="5">2국 03–02 자신의 생각을 문장으로 표현한다.
2국 02–03 글을 읽고 주요 내용을 확인한다.
2국 04–04 글자, 낱말, 문장을 관심 있게 살펴보고 흥미를 가진다.</td></tr>
<tr><td>개별화 단기 목표</td><td colspan="5">–상황추론카드를 보고 비언어적 표현을 활용하여 2가지 이상의 낱말을 정확한 발음으로 표현한다.
–상황에 맞는 어휘와 꾸며 주는 말을 활용하여 1개 이상의 단문으로 표현한다.</td></tr>
<tr><th>차시</th><th>평가목표</th><th colspan="3">평가기준 및 결과</th><th>개별화교육계획 평가결과</th></tr>
<tr><td>1–4</td><td>• 꾸며 주는 말을 사용하여 짧은 글을 쓴다.</td><td colspan="3">• 꾸며 주는 말을 사용하면 좋은 점 알고 간단한 낱말을 써서 문장 만듦
• 내 몸을 탐색하여 생생한 맛으로 표현함
• 촉감으로 알아맞힘</td><td rowspan="10">상황추론카드를 보고 비언어적인 표현을 활용하여 2가지 이상의 낱말을 정확한 발음으로 표현할 수 있으며, 상황에 맞는 어휘와 꾸며 주는 말을 활용하여 1개 이상의 문장으로 표현함</td></tr>
<tr><td rowspan="3">5–6</td><td rowspan="3">• 주요 내용을 확인하며 글을 읽는다.</td><td>상</td><td>꾸며 주는 말을 사용하여 생생 나무를 완성하고 문장을 읽는다.</td><td></td></tr>
<tr><td>중</td><td>낱말카드나 그림을 보고 생생 나무를 완성하며 꾸며 주는 말을 읽는다.</td><td></td></tr>
<tr><td>하</td><td>제시된 문장을 보고 생생 나무를 완성하며 꾸며 주는 말을 천천히 따라 읽는다.</td><td>✓</td></tr>
<tr><td rowspan="3">7–8</td><td rowspan="3">• 자신의 생각을 나타내는 짧은 글을 쓴다.</td><td>상</td><td>꾸며 주는 말을 사용하여 자신의 생각이나 느낌을 2문장 이상 정확하고 구체적으로 표현한다.</td><td></td></tr>
<tr><td>중</td><td>꾸며 주는 말을 사용하여 자신의 생각이나 느낌을 1문장 이상 정확하고 구체적으로 표현한다.</td><td>✓</td></tr>
<tr><td>하</td><td>생각이나 느낌을 낱말 중심으로 표현한다.</td><td></td></tr>
<tr><td rowspan="3">9–10</td><td rowspan="3">• 문장 만들기 놀이를 한다.</td><td>상</td><td>꾸며 주는 말을 찾아 그림에 어울리는 문장을 3개 이상 완성한다.</td><td></td></tr>
<tr><td>중</td><td>꾸며 주는 말을 찾아 그림에 어울리는 문장을 2개 이상 완성한다.</td><td>✓</td></tr>
<tr><td>하</td><td>꾸며 주는 말을 찾아 그림에 어울리는 문장을 1개 이상 완성한다.</td><td></td></tr>
</table>

요약

특수교육 대상 학생의 교육을 위해 개별화교육계획서를 수립 · 실시해야 하며, 이는 법령에 명시된 법적 문서다. 개별화교육계획은 특수교육 대상 학생 개인의 능력을 계발하기 위하여 장애유형 및 장애 특성에 적합한 교육목표, 방법, 내용 및 특수교육 관련 서비스 등이 포함되어야 한다. 개별화교육계획을 수립하기 위해 특수교육 교사는 개별화교육지원팀을 구성하고 개별화교육계획을 작성하며, 학기별 학업성취도 평가 실시 및 결과를 특수교육대상자 본인 또는 보호자에게 통보해야 한다.

개별화교육계획 최종안은 법률적으로 중요한 문서일 뿐만 아니라, 실제 수업에 적용해야 하는 실질적인 수업계획이다. 그러므로 특수교육 교사는 개별화교육계획에 설정된 교육목표와 연계하여 교과를 지도해야 하며, 학급 교육과정을 기반으로 개별 학생 수준에 적합하도록 수립하여 적용해야 한다. 더불어 교육과정 중심의 개별화교육계획 수립 · 운영은 교사의 전문성과 관계된 일임을 알고, 전문성 신장을 위한 다양한 노력을 해야 할 것이다.

참고문헌

강현석, 박영무, 박창언, 손충기, 이원희, 최호성 공역(2006). **교육과정 개발과 설계**. 경기: 교육과학사.

경기도교육청(2015). 수시연구. 교육과정, 수업, 평가 운영 실태 및 일체화 방안 연구.

경기도교육청(2010). **특수교육 길잡이**.

경기도교육청(2016a). **교육과정정책보고서**. 2016 교육과정–수업–평가의 행복한 만남.

경기도교육청(2016b). **교육과정정책추진계획**.

경기도교육청(2017a). **교육과정정책보고서**. 교육과정–수업–평가 일체화.

경기도교육청(2017b). **교육과정기초연구**. 개별화교육계획 기반 교육과정-수업-평가(기록) 일체화 방안.

교육과학기술부(2008). **특수학교 교육과정**.

국립특수교육원(2017). **특수교육 실태조사**.

권요한, 윤광보, 이만영, 정희섭, 김원경, 정은희, 김요섭(2011). **특수교육교육과정론**. 서울: 학지사.

김경자(2003). 교육과정 개발 및 운영자로서의 초등교사. **교육과학연구, 34**(1), 145-161.

김영미(2013). **개별화교육계획서**. 안양부흥초등학교.

김원경, 이석진, 김은주, 권택환(2010). **특수교육법 해설**. 경기: 교육과학사.

김정권(1996). 개별화 교육의 배경. 한국정신지체아교육연구회 편. **개별화 교육 프로그램의 이론과 실제**. 대구: 대구대학교 출판부.

송영준, 김수연, 김의정, 이성봉, 이은주, 장병호, 정주영, 한홍석(2009). **개별화교육계획 수립 · 운영 보완 자료**. 국립특수교육원.

신영숙(2010). **덕동 특수학급 교육과정 운영계획**. 덕동초등학교.

원선숙(2014a). **특수학급 운영계획**. 양곡초등학교.

원선숙(2014b). **개별화교육계획서**. 양곡초등학교.

이유훈, 김형일(2003). **개별화교육프로그램의 구안과 실제**. 경기: 교육과학사.

이유훈, 최세민, 유장순, 권택환(2006). 초등학교 특수학급 교육과정 편성 · 운영 현황과 문제점 및 개선방안에 관한 연구. **특수교육연구, 13**(1), 91-116.

정동영, 권충훈, 김주영, 김형일, 김희규, 남윤석, 박중휘, 신영숙, 오세웅, 이유훈, 이인순, 장은주, 정동일, 정해동, 정해시(2012). **특수교육 교직실무**. 경기: 교육과학사.

정은희(2010). 개별화교육과 교수방법. 권요한 외 공저. **특수교육학개론**. 서울: 학지사.

정희섭, 박혜준, 조규영, 김혜영, 신영숙(2006). **특수교육 실태조사: 한국특수교육기관의 운영 실태 및 교육 만족도 조사 연구**. 국립특수교육원.

최세민, 유장순, 김주영(2009). **최신 특수학급경영론**. 서울: 박학사.

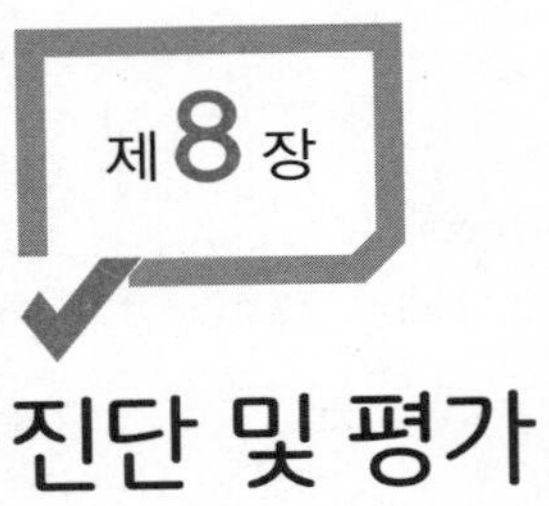
제 8 장

진단 및 평가

KISE-BAAT(수학)
KISE-BAAT(수학)
KISE-BAAT(읽기)
KISE-BAAT(쓰기)
KISE-BAAT(수학)
KISE-BAAT(수학)
KISE-BAAT(쓰기)
KISE-BAAT(읽기)
SHOT ON MI 8
AI DUAL CAMERA

이 장의 구성

1. 특수교육대상자 진단 · 평가의 개요
   1) 특수교육대상자 진단 · 평가의 목적
   2) 특수교육대상자 진단 · 평가의 법적 근거

2. 특수교육대상자 진단 · 평가의 절차
   1) 특수교육대상자 선정 · 배치 절차
   2) 특수교육대상자 진단 · 평가 및 선정 · 배치 관련기구

3. 특수교육대상자 진단 · 평가의 실제
   1) 계획 및 준비하기
   2) 특수교육대상자 진단 · 평가 의뢰하기
   3) 진단 · 평가 시행하기
   4) 진단평가팀 회의하기
   5) 특수교육운영위원회 심사하기

연구과제

1. 특수교육대상자 선정 · 배치를 위한 진단 · 평가의 목적을 알아보자.
2. 특수교육대상자 진단 · 평가 관련기구의 역할에 대해 설명해 보자.
3. 진단 · 평가 자료의 활용방법에 대해 설명해 보자.

이 장의 개요

특수교육대상자란 「장애인 등에 대한 특수교육법」(이하 '법'이라 한다) 제15조 제1항에 따르면 특수교육을 필요로 하는 사람으로 진단 · 평가된 사람으로 시각장애, 청각장애, 지적장애, 지체장애, 정서 · 행동장애, 자폐성 장애(이와 관련된 장애를 포함한다), 의사소통장애, 학습장애, 건강장애, 발달지체, 그 밖의 대통령령으로 정하는 장애로 규정된다. 일반적으로 앞의 장애유형인 특수교육대상자로 선정되기 위해서는 적절한 진단 · 평가 과정을 거치게 된다.

특수교육대상자 진단 · 평가는 크게 두 가지로 구분할 수 있다. 특수교육대상자로의 적격성 여부 및 특수교육대상자로 선정된 후 학생의 적절한 교육서비스 제공을 위한 기초 자료로 활용된다. 학교장 또는 보호자가 특수교육대상자 진단 · 평가를 의뢰하면, 특수교육지원센터는 진단 · 평가를 시행하고, 특수교육운영위원회는 진단 · 평가 결과를 토대로 심사를 통해 특수교육대상자로 선정하게 된다.

특수교육대상자로 학교에 배치되면, 진단 · 평가 결과는 학생의 개별화교육계획 수립 시 적절한 교육서비스 내용을 결정하기 위한 기초 자료로 활용된다. 교육부(2018)의 특수교육 연차보고서에 따르면 2018년 특수교육 요구 학생의 선정 · 배치 현황은 37,845명의 신청을 받아 34,878명을 특수교육대상자로 선정 · 배치하여 92.9%의 배치율을 보이고 있다.

진단 · 평가에 기초하여 현재의 학습 수행수준을 결정하고, 장 · 단기 수업목표를 계획하고 교육과정을 적용한다. 또한 교육과정 적용에 대한 평가를 수행하기 위하여 수업성과를 확인하게 된다. 이와 같은 일련의 과정을 사정(assessment)이라고 한다(백은희 외, 2005; 이승희, 2011; 최성규, 황석윤, 2010). 그러나 진단 · 평가에서의 '평가'와 교육과정의 '평가'는 구분된다. 즉, 진단 · 평가에서의 평가는 교육과정 적용을 위한 평가이고, 교육과정 평가는 교육과정을 적용한 다음에 수행되는 평가다. 그러나 사정의 개념에서 수행평가 등을 포함하는 교육과정 평가는 배치와 교육과정 수정 등을 요구하는 되먹임 과정으로 반복적으로 되풀이된다.

따라서 특수교육에서는 진단 · 평가와 교육과정 평가는 사정의 개념에 공존하는 과정이다. 진단 · 평가를 통하여 배치 및 교육과정 지원이 결정되고, 교육과정 평가를 통하여 배치 및 교육과정 지원방법 등의 수정이 요구된다(김남진 외, 2012; 최성규, 2011).

진단 · 평가는 결국 특수교육대상자로 선정하여 적합한 교육환경에 배치하는 것과 적절한 교육지원을 하기 위한 것이다. 이 장에서는 특수교육대상자의 선정 · 배치를 위한 진단 · 평가를 중심으로, 특수교육대상자의 진단 · 평가 개요, 특수교육대상자 선정 · 배치 및 진단 · 평가 관련 기구를 살펴보고, 특수교육대상자 선정 · 배치의 실제에 대하여 알아보고자 한다.

1. 특수교육대상자 진단·평가의 개요

1) 특수교육대상자 진단 · 평가의 목적

진단과 평가란 용어는 혼용되기도 하나, 그것이 이루어지는 시기와 목적에 있어서 차이가 있다. 진단은 '임상적 진단'과 '교육적 진단'으로 나누어 볼 수 있다. 즉, 의학자나 심리학자들에 의해 행해지는 증상의 원인을 찾기 위한 임상적 진단과, 주로 교실에서 교사에 의해 행해지는 교육적 변인과 관련된 교육적 진단이다. 장애학생의 진단목적은 장애학생이 학습이나 행동 면에서 다른 아동보다 얼마나 일탈되어 있는가를 알아내기 위한 '개인 간 차'에 관한 정보보다는 학습자 자신이 가지고 있는 강점과 약점을 판별하기 위한 '개인 내 차'에 초점을 두는 것이 더욱 의미가 있으며, 그 결과를 토대로 학생 고유의 특성이나 요구에 맞는 개별교육을 강화하는 것이 바람직하다(정인숙, 2001).

특수교육 대상 아동에 대한 진단 · 평가의 구체적인 목적은 다음의 다섯 가지로 구분할 수 있다(국립특수교육원, 2009a; McLoughiin & Lewis, 1994).

첫째, 선별이다. 선별은 학습에 심각한 어려움을 갖고 있는 아동을 확인하기 위해 초기 단계에 수행되는 활동이다. 선별은 타당하고 믿을 만한 정보를 간단하고 표준화된 검사도구로 효율적인 시간 내에 수집하여야 한다. 특히 선별에서 유의해야 할 점은 특수교육 대상 아동이 선별되지 않거나, 특수교육 대상이 아닌 아동이 선별되지 않도록 하는 것이다. 이 단계에서 교사는 대상 아동을 관찰하고 학업성취와 사회적 행동을 평가하고, 학부모에게 자신들의 자녀에게 학습문제가 있는지에 대한 자문을 요청할 수 있다. 그리고 아동의 현재 수업환경을 조사하고, 아동의 학습과 행동의 요구를 조정하기 위한 대안적 전략을 시도해야 한다. 만약에 다양한 정보를 근거로 교수 · 학습 방법 및 교육내용을 수정하고 교실환경에 변화를 기하였음에도 불구하고 지속적인 학습문제가 존재한다면 그 아동을 특수교육대상자로 의뢰하기 위한 심층적인 검사를 실시해야 한다.

둘째, 특수교육대상자로서의 적격성 판별을 위하여 필요하다. 이 수준에서의 사정은 선별과정보다는 좀 더 구체적인 정보 수집이 필요하다. 따라서 대부분 표준화된 검사를 통해 특정 장애 분류에 사용되는 자료들을 얻게 되며, 이를 통하여 장애가 있는 것으로 확인되면 아동은 특수교육을 받을 자격을 갖게 된다.

셋째, 교육 프로그램과 전략을 결정하는 데 사용할 수 있다. 진단은 적절한 프로그램과 전략을 결정하기 위하여 사용할 수 있다.

넷째, 아동의 진보를 확인한다. 특정 기간 동안 아동의 학업성취 면에서의 향상 여부를 확인하기 위한 과정이다. 즉, IEP에서 계획된 장·단기 목표가 제대로 달성되어 가는지 여부를 측정하기 위함이다. 아동의 발달 상황 관찰은 정기적 측정 자료를 근거로 한다. 매일 혹은 매주 단위로 아동 발달 관찰과 함께 프로그램의 진행 효과를 평가함으로써 아동들의 발달 상황을 평가한다.

다섯째, 프로그램 평가다. 이는 넓은 의미의 사정 목적으로 프로그램의 유용성 혹은 효과에 대한 판단을 하기 위함이다. 즉, 지속적인 평가를 통해 적용하고 있는 프로그램의 유지나 수정 혹은 폐지 여부를 결정하는 것이다.

2) 특수교육대상자 진단·평가의 법적 근거

특수교육대상자의 진단·평가는 「장애인 등에 대한 특수교육법」을 근거로 실시하며 구체적인 내용은 다음과 같다.

법 제14조(장애의 조기발견 등)

① 교육장 또는 교육감은 영유아의 장애 및 장애 가능성을 조기에 발견하기 위하여 지역 주민과 관련 기관을 대상으로 홍보를 실시하고, 해당 지역 내 보건소와 병원 또는 의원(醫院)에서 선별검사를 무상으로 실시하여야 한다.

② 교육장 또는 교육감은 제1항에 따른 선별검사를 효율적으로 실시하기 위하여 지방자치단체 및 보건소와 병·의원 간에 긴밀한 협조체제를 구축하여야 한다.

③ 보호자 또는 각급 학교의 장은 제15조 제1항 각 호에 따른 장애를 가지고 있거나 장애를 가지고 있다고 의심되는 영유아 및 아동을 발견할 때에는 교육장 또는 교육감에게 진단·평가를 의뢰하여야 한다. 다만, 각급 학교의 장이 진단·평가를 의뢰하는 경우에는 보호자의 사전 동의를 받아야 한다.

④ 교육장 또는 교육감은 제3항에 따라 진단·평가를 의뢰받은 경우 즉시 특수교육지원센터에 회부하여 진단·평가를 실시하고, 그 진단·평가의 결과를 해당 영유아 및 아동의 보호자에게 통보하여야 한다.

⑤ 제1항의 선별검사의 절차와 내용, 그 밖의 검사에 필요한 사항과 제3항의 사전 동의

절차 및 제4항에 따른 통보 절차에 필요한 사항은 대통령령으로 정한다.

시행령 제9조(장애의 조기발견 등)

① 교육장 또는 교육감은 매년 1회 이상 법 제14조 제1항에 따른 홍보를 하여야 한다.

② 교육장 또는 교육감은 장애의 조기발견을 위하여 관할 구역의 어린이집 · 유치원 및 학교의 영유아 또는 학생(이하 "영유아 등"이라 한다. 이하 이 조에서 같다)을 대상으로 수시로 선별검사를 하여야 한다. 이 경우 「국민건강보험법」 제52조 제1항 또는 「의료급여법」 제14조 제1항에 따른 건강검진의 결과를 활용할 수 있다. 〈개정 2011.12.8., 2012.8.31.〉

③ 교육장 또는 교육감은 선별검사를 한 결과 장애가 의심되는 영유아 등을 발견한 경우에는 병원 또는 의원에서 영유아 등에 대한 장애 진단을 받도록 보호자에게 안내하고 상담을 하여야 한다.

④ 교육장 또는 교육감은 선별검사를 받은 영유아 등의 보호자가 법 제15조에 따른 특수교육대상자로 선정받기를 요청할 경우 영유아 등의 보호자에게 영유아 등의 건강검진 결과통보서 또는 진단서를 제출하도록 하여 영유아 등이 특수교육대상자에 해당하는지 여부를 판단하기 위한 진단 · 평가를 하여야 한다.

⑤ 교육장 또는 교육감은 제3항에 따라 진단 · 평가한 결과, 영유아 등에게 특수교육이 필요하다고 판단되면 보호자에게 그 내용과 특수교육대상자 선정에 필요한 절차를 문서로 알려야 한다.

⑥ 제2항부터 제5항까지의 규정에 따른 선별검사 및 진단 · 평가에 필요한 사항은 교육부령으로 정한다. 이 경우 제2항에 따른 선별검사에 관한 사항은 보건복지부장관과 협의하여야 한다. 〈개정 2010. 3. 15., 2013. 3. 23.〉

시행규칙 제2조(장애의 조기발견 등)

① 교육장 또는 교육감은 「장애인 등에 대한 특수교육법」(이하 "법"이라 한다) 제14조 제1항 또는 제3항에 따른 선별검사나 진단 · 평가를 실시하는 경우에는 별표에 따른 검사를 각각 실시하여야 한다.

② 보호자 또는 각급 학교의 장은 법 제15조 제1항 각 호에 해당하는 장애를 가지고 있거나 장애를 가지고 있다고 의심되는 영유아 및 학생을 발견하여 진단 · 평가를 의뢰하고자 하는 경우에는 별지 제1호 서식에 따른 진단 · 평가의뢰서를 작성하여 교육장 또는 교육감에게 제출하여야 한다.

③ 교육감 또는 교육장은 「장애인 등에 대한 특수교육법 시행령」(이하 "영"이라 한다) 제9조 제5항에 따라 진단 · 평가의 결과를 영유아 및 학생의 보호자에게 알릴 때에는 별지 제2호 서식에 따른다.

2. 특수교육대상자 진단 · 평가의 절차

1) 특수교육대상자 선정 · 배치 절차

특수교육대상자 진단 · 평가 절차는 특수교육대상자 선정 · 배치 절차의 일부이며, 진단 · 평가는 유 · 초 · 중 · 고등학교 모두 해당 주소지의 교육지원청 특수교육지원센터가 담당한다.

1) 계획 및 준비 단계
- 진단 · 평가 추진 계획 수립 안내
- 진단 · 평가위원 구성
- 위원 소집 및 연수
- 검사도구 및 관련 서류 정비
- 각종 자료 수집

특수교육지원센터

2) 진단 · 평가 의뢰서 제출
- 제출대상
  - 본인 또는 보호자
  - 각급 학교장(보호자의 사전 동의)
- 제출방법
  - 인편, 우편, 공문 발송

교육장, 교육감

3) 진단 · 평가 의뢰서 접수 및 회부(즉시)
- 교육장(유 · 초 · 중학교)
- 교육감 (고등학교, 전공과)
- 특수교육지원센터로 진단 · 평가 회부

교육장, 교육감

4) 접수 명부 작성
- 접수 명부 작성(성명, 소속, 생년월일, 성별, 주소, 장애유형, 기타)

특수교육지원센터

5) 진단 · 평가시행 안내 및 관련 기관 협조 의뢰
- 관련 학교 안내
- 보호자 및 대상자 안내
- 관련 기관 협조 의뢰(병원, 보건소, 사회복지관, 장애인복지관, 보육정보센터, 기타)

특수교육지원센터

6) 진단 · 평가 시행
- 보호자(학생) 면담
- 진단 · 평가 영역별 실시 (30일 이내)
  - 지적 능력
  - 사회 · 정서적 능력
  - 신체적 능력

특수교육지원센터

7) 진단 · 평가 시행 결과 해석
- 진단 · 평가 팀별 결과 종합 해석
  - 지적 능력
  - 사회 · 정서적 능력
  - 신체적 능력
  - 교육적 지원 내용

특수교육지원센터

8) 진단 · 평가 결과 보고
- 접수 · 평가 결과 검토
- 진단 · 평가 결과 보고 (선정여부, 필요한 교육지원내용에 대한 최종의견 작성, 교육장(감)에게 보고)

특수교육지원센터

9) 진단 · 평가 결과 통보
- 교육장(감)은 특수교육대상자 선정여부 및 교육지원 내용 보호자에게 서면 통보(2주 이내)

교육장, 교육감

10) 특수교육운영위원회 심사
- 보호자 의견 수렴
- 특수교육대상자 학교 지정 · 배치 등 검사

특수교육운영위원회

11) 특수교육대상자 학교 배치
- 거주지에서 가까운 학교 배치
- 이의 시 재심 청구(보호자, 학교장)

특수교육운영위원회

12) 학교 배치 결과 통보
- 교육감(장) 학교 배치 결과 통보
- 이의 시 보호자는 행정심판 제기(90일 이내)

교육장, 교육감

[그림 8-1] 특수교육대상자 선정 · 배치 절차

출처: 국립특수교육원(2009b).

2) 특수교육대상자 진단 · 평가 및 선정 · 배치 관련기구

(1) 보호자 및 학교

특수교육대상자로 선정 · 배치 받기 위해서는 보호자 또는 해당 학교의 장은 특수교육지원센터에 특수교육대상자 진단 · 평가를 의뢰할 수 있다. 고등학교의 경우 특수교육대상자 선정 · 배치는 도단위 특수교육운영위원회의 심의를 거쳐 결정되며, 진단 · 평가는 고등학교가 속한 지역교육청의 특수교육지원센터에서 이루어진다. 진단 · 평가는 학교장이 의뢰하며, 소속 학교가 없는 유아나 학생은 보호자가 직접 의뢰하게 된다. 학교장이 진단 · 평가를 의뢰하는 경우에는 반드시 보호자의 사전 동의를 받아야 한다.

특수교육대상자의 선정 · 배치를 위한 진단 · 평가를 의뢰하였다면, 학생과 보호자는 특수교육지원센터의 진단 · 평가 담당교사와의 면담에 참여하게 되며, 보호자가 없는 경우 학생을 잘 알고 있는 담당교사나 친인척과의 면담 등을 통해 정확한 정보를 제공해야 한다.

「장애인 등에 대한 특수교육법」 제14조(장애의 조기발견 등)

③ 보호자 또는 각급 학교의 장은 제15조 제1항 각 호에 따른 장애를 가지고 있거나 장애를 가지고 있다고 의심되는 영유아 및 아동을 발견할 때에는 교육장 또는 교육감에게 진단 · 평가를 의뢰하여야 한다. 다만, 각급 학교의 장이 진단 · 평가를 의뢰하는 경우에는 보호자의 사전 동의를 받아야 한다.

동법 시행령 제9조(장애의 조기발견 등)

④ 교육장 또는 교육감은 선별검사를 받은 영유아 등의 보호자가 법 제15조에 따른 특수교육대상자로 선정받기를 요청할 경우 영유아 등의 보호자에게 영유아 등의 건강검진 결과통보서 또는 진단서를 제출하도록 하여 영유아 등이 특수교육대상자에 해당하는지 여부를 판단하기 위한 진단 · 평가를 하여야 한다.

동법 시행규칙 제2조(장애의 조기발견 등)

② 보호자 또는 각급 학교의 장은 법 제15조 제1항 각 호에 해당하는 장애를 가지고 있거나 장애를 가지고 있다고 의심되는 영유아 및 학생을 발견하여 진단 · 평가를 의뢰하고자 하는 경우에는 별지 제1호 서식에 따른 진단 · 평가의뢰서를 작성하여 교육장 또는 교육감에게 제출하여야 한다.

(2) 진단평가팀(특수교육지원센터)

학교의 장 또는 보호자로부터 특수교육대상자 진단・평가를 의뢰받은 특수교육지원센터는 회부된 후 30일 이내에 진단・평가를 시행해야 한다. 또한 특수교육지원센터는 진단・평가를 통해 특수교육대상자 선정 적격 여부 및 필요한 교육지원 내용에 관한 최종 의견을 작성하여 교육장 또는 교육감에게 보고해야 한다. 「장애인 등에 대한 특수교육법」 제정으로 특수교육대상자 진단・평가 기능이 특수교육지원센터의 중요한 역할로 자리매김되었다. 아직은 특수교육지원센터에서 시행되는 진단・평가가 특수교육대상자 적격성 여부를 가늠하는 초기 단계의 역할에 집중되어 있으나, 점차로 특수교육지원센터의 진단평가팀의 진단・평가에 대한 전문성과 책무성이 강화될 것으로 예상된다.

「장애인 등에 대한 특수교육법」 제11조(특수교육지원센터의 설치・운영)

① 교육감은 특수교육 대상자의 조기발견, 특수교육대상자의 진단・평가, 정보관리, 특수교육연수, 교수・학습활동의 지원, 특수교육 관련 서비스 지원, 순회교육 등을 담당하는 특수교육지원센터를 하급교육행정기관별로 설치・운영하여야 한다.

「장애인 등에 대한 특수교육법」 제16조(특수교육대상자의 선정절차 및 교육지원 내용의 결정)

① 특수교육지원센터는 진단・평가가 회부된 후 30일 이내에 진단・평가를 시행하여야 한다.

② 특수교육지원센터는 제1항에 따른 진단・평가를 통하여 특수교육대상자로의 선정 여부 및 필요한 교육지원 내용에 대한 최종 의견을 작성하여 교육장 또는 교육감에게 보고하여야 한다.

③ 교육장 또는 교육감은 특수교육지원센터로부터 최종 의견을 통지받은 때부터 2주일 이내에 특수교육대상자로의 선정 여부 및 제공할 교육지원 내용을 결정하여 부모 등 보호자에게 서면으로 통지하여야 한다. 교육지원 내용에는 특수교육, 진로 및 직업교육, 특수교육 관련 서비스 등 구체적이 내용이 포함되어야 한다.

동법 시행령 제7조(특수교육지원센터의 설치・운영)

⑤ 교육감은 특수교육지원센터의 진단・평가 과정에서 장애가 의심되는 영유아 또는 학생이 이전에 의료적 진단을 받지 아니한 경우에는 이에 대한 의료적 진단을 보건소, 병원 또는 의원에 의뢰하여야 한다.

⑥ 교육감은 제5항에 따라 의료적 진단을 보건소, 병원 또는 의원에 의뢰한 경우에는 그 비용을 부담하여야 한다.

(3) 특수교육운영위원회(교육지원청)

특수교육운영위원회는 특수교육지원센터로부터 진단 · 평가에 대한 최종 의견을 통지 받은 때부터 2주일 이내에 특수교육대상자로의 선정 여부 및 제공할 교육지원 내용을 결정해야 하는 심의기관이라 할 수 있다. 즉, 특수교육대상자 심사 및 결정권자인 것이다.

법 제15조 제2항에 따라 유치원 · 초등학교 · 중학교 과정 특수교육대상자의 심사는 각 시 · 군 · 구 교육청에 설치된 특수교육운영위원회가, 고등학교 과정은 각 시 · 도 교육청에 설치된 특수교육운영위원회가 각각 특수교육지원센터의 진단 · 평가 결과를 기초로 실시해야 한다. 법 제16조 제1항과 제2항에 근거할 때 비록 고등학교 과정 학생이라 할지라도 해당 주소지의 교육청 특수교육지원센터의 진단 · 평가 결과와 의견보고가 필요하므로 시 · 군 · 구 교육청 특수교육지원센터의 진단 · 평가 과정을 거쳐야 한다. 그러나 최종 특수교육대상자로의 선정 결정은 법 제15조 제2항에 따라 유 · 초 · 중학교 과정 특수교육대상자에 대해서는 시 · 군 · 구 교육장이 결정하며, 고등학교 과정 특수교육대상자에 대해서는 교육감이 결정하게 된다(김원경 외, 2010).

「장애인 등에 대한 특수교육법」 제15조(특수교육대상자의 선정)

① 교육장 또는 교육감은 다음 각 호의 어느 하나에 해당하는 사람 중 특수교육을 필요로 하는 사람으로 진단 · 평가된 사람을 특수교육대상자로 선정한다.

1. 시각장애
2. 청각장애
3. 지적장애
4. 지체장애
5. 정서 · 행동장애
6. 자폐성 장애(이와 관련된 장애를 포함한다)

7. 의사소통장애
8. 학습장애
9. 건강장애
10. 발달지체
11. 그 밖에 대통령령으로 정하는 장애

② 교육장 또는 교육감이 제1항에 따라 특수교육대상자를 선정할 때에는 제16조 제1항에 따른 진단 · 평가결과를 기초로 하여 고등학교 과정은 교육감이 시 · 도 특수교육운영위원회의 심사를 거쳐, 중학교 과정 이하의 각급 학교는 교육장이 시 · 군 · 구 특수교육운영위원회의 심사를 거쳐 이를 결정한다.

(4) 특수교육대상자의 선정 · 배치 결과

교육장 또는 교육감은 특수교육지원센터로부터 진단 · 평가에 대한 최종 의견을 통지 받은 때부터 2주일 이내에 특수교육대상자 선정 여부 및 교육지원 내용을 결정하여 보호자에게 통보하여야 한다. 이때 유 · 초 · 중학교는 교육장, 고등학교는 교육감이 특수교육운영위원회의 심사를 거쳐 이를 결정한 후, 그 결과를 신청인(학교, 보호자)에게 서면으로 통지해야 한다.

「장애인 등에 대한 특수교육법」 제17조(특수교육대상자의 배치 및 교육)

① 교육장 또는 교육감은 제15조에 따라 특수교육대상자로 선정된 자를 해당 특수교육운영위원회의 심사를 거쳐 다음 각 호의 어느 하나에 배치하여 교육하여야 한다.

1. 일반학교의 일반학급
2. 일반학교의 특수학급
3. 특수학교

② 교육장 또는 교육감은 제1항에 따라 특수교육대상자를 배치할 때에는 특수교육대상자의 장애 정도, 능력, 보호자의 의견 등을 종합적으로 판단하여 거주지에서 가장 가까운 곳에 배치하여야 한다.

동법 시행령 제11조(특수교육대상자의 학교 배치 등)

① 교육장 또는 교육감은 법 제17조 제1항에 따라 특수교육대상자를 학교에 배치할 때에는 해당 학교의 장과 특수교육대상자에게 각각 문서로 알려야 한다.

③ 각급 학교의 장은 특수교육대상자에 대한 교육지원 내용을 추가 · 변경 또는 종료하거나 특수교육대상자를 재배치할 필요가 있으면 법 제22조 제1항에 따른 개별화교육지원팀의 검토를 거쳐 교육장 및 교육감에게 그 특수교육대상자의 진단 · 평가 및 재배치를 요구할 수 있다.

동법 시행규칙 제3조(특수교육대상자의 학교 배치)

교육감 또는 교육장이 영 제11조 제1항에 따라 특수교육대상자를 학교에 배치할 때에는 별지 제3호 서식에 따라 해당 학교장과 특수교육대상자에게 통지하여야 한다.

표 8-1 특수교육대상자의 선정 기준(개정 2016. 6. 21.)

구분	장애인 등에 대한 특수교육법 시행령(제10조, 법 제15조에 따라)
시각장애	1. 시각장애를 지닌 특수교육대상자 시각계의 손상이 심하여 시각기능을 전혀 이용하지 못하거나 보조공학기기의 지원을 받아야 시각적 과제를 수행할 수 있는 사람으로서 시각에 의한 학습이 곤란하여 특정의 광학기구 · 학습매체 등을 통하여 학습하거나 촉각 또는 청각을 학습의 주요 수단으로 사용하는 사람
청각장애	2. 청각장애를 지닌 특수교육대상자 청력 손실이 심하여 보청기를 착용해도 청각을 통한 의사소통이 불가능 또는 곤란한 상태이거나, 청력이 남아 있어도 보청기를 착용해야 청각을 통한 의사소통이 가능하여 청각에 의한 교육적 성취가 어려운 사람
지적장애	3. 지적장애를 지닌 특수교육대상자 지적 기능과 적응행동상의 어려움이 함께 존재하여 교육적 성취에 어려움이 있는 사람
지체장애	4. 지체장애를 지닌 특수교육대상자 기능 · 형태상 장애를 가지고 있거나 몸통을 지탱하거나 팔다리의 움직임 등에 어려움을 겪는 신체적 조건이나 상태로 인해 교육적 성취에 어려움이 있는 사람

정서 · 행동 장애	5. 정서 · 행동장애를 지닌 특수교육대상자 장기간에 걸쳐 다음 각 목의 어느 하나에 해당하여, 특별한 교육적 조치가 필요한 사람 가. 지적 · 감각적 · 건강상의 이유로 설명할 수 없는 학습상의 어려움을 지닌 사람 나. 또래나 교사와의 대인관계에 어려움이 있어 학습에 어려움을 겪는 사람 다. 일반적인 상황에서 부적절한 행동이나 감정을 나타내어 학습에 어려움이 있는 사람 라. 전반적인 불행감이나 우울증을 나타내어 학습에 어려움이 있는 사람 마. 학교나 개인 문제에 관련된 신체적인 통증이나 공포를 나타내어 학습에 어려움이 있는 사람
자폐성 장애	6. 자폐성장애를 지닌 특수교육대상자 사회적 상호작용과 의사소통에 결함이 있고, 제한적이고 반복적인 관심과 활동을 보임으로써 교육적 성취 및 일상생활 적응에 도움이 필요한 사람
의사소통 장애	7. 의사소통장애를 지닌 특수교육대상자 다음 각 목의 어느 하나에 해당하여 특별한 교육적 조치가 필요한 사람 가. 언어의 수용 및 표현 능력이 인지능력에 비하여 현저하게 부족한 사람 나. 조음능력이 현저히 부족하여 의사소통이 어려운 사람 다. 말 유창성이 현저히 부족하여 의사소통이 어려운 사람 라. 기능적 음성장애가 있어 의사소통이 어려운 사람
학습장애	8. 학습장애를 지닌 특수교육대상자 개인의 내적 요인으로 인하여 듣기, 말하기, 주의집중, 지각(知覺), 기억, 문제 해결 등의 학습기능이나 읽기, 쓰기, 수학 등 학업 성취 영역에서 현저하게 어려움이 있는 사람
건강장애	9. 건강장애를 지닌 특수교육대상자 만성질환으로 인하여 3개월 이상의 장기입원 또는 통원치료 등 계속적인 의료적 지원이 필요하여 학교생활 및 학업 수행에 어려움이 있는 사람
발달지체	10. 발달지체를 보이는 특수교육대상자 신체, 인지, 의사소통, 사회 · 정서, 적응행동 중 하나 이상의 발달이 또래에 비하여 현저하게 지체되어 특별한 교육적 조치가 필요한 영아 및 9세 미만의 아동

3. 특수교육대상자 진단 · 평가의 실제

특수교육지원센터의 진단 · 평가를 거쳐 특수교육운영위원회의 심사를 통해 특수교육대상자로 선정되며, 적합한 교육환경에 배치된다. 이를 위한 학교현장, 특수교육지원센터, 특수교육운영위원회에서 실제로 수행하는 역할을 알아보고자 한다.

① 계획 및 준비하기	−진단 · 평가계획 수립하기 −진단평가팀 구성하기 −진단평가팀 운영계획 수립하기	특수교육지원센터
② 특수교육대상자 진단 · 평가 의뢰하기	−진단 · 평가 의뢰 및 서류 제출하기	보호자 또는 학교
③ 진단 · 평가 시행하기	−진단 · 평가 시행 일정 안내하기 −관련기관 협조 공문 보내기 −진단 · 평가 시행하기	특수교육지원센터
④ 진단평가팀 회의하기	−진단 · 평가 시행 결과 해석하기 −진단평가팀 결과 보고서 작성하기 −진단 · 평가 결과 보고하기 −진단 · 평가 결과 통지하기	특수교육지원센터
⑤ 특수교육운영위원회 심사하기	−특수교육대상자 선정 · 배치하기 −특수교육대상자 선정 · 배치 결과 통보하기	교육장 또는 교육감

[그림 8-2] 특수교육대상자 진단 · 평가의 과정

1) 계획 및 준비하기

(1) 진단 · 평가 계획 수립하기

특수교육지원센터에서는 2월 말~3월 초 특수교육대상자 진단 · 평가를 위한 진단 · 평가 운영계획을 수립하여 각급 학교는 물론 유관기관에 안내하여야 한다.

TIP

특히 특수학급이 설치되지 않은 학교에는 특수교육대상자로 선정받고자 하는 장애학생들에게 피해가 가지 않도록 교육지원청 메신저 등을 통한 지속적인 안내가 필요하다.

(2) 진단평가팀 구성하기

진단평가팀은 위촉위원으로 하며, 특수교사, 상담교사, 치료전문가, 의사, 사회복지사, 임상심리사, 특수교육 관련 대학교수 등 장애영역별 진단 · 평가 전문가로 위촉한다. 진단평가팀은 특수교육지원센터 소속으로 운영된다.

TIP

농 · 어촌 지역에서는 상담교사, 의사, 특수교육 관련 대학교수 등을 위촉하기에는 어려움이 있을 수 있으므로 지역별 특수성을 고려하여 위촉하게 된다.

(3) 진단평가팀 운영계획 수립하기

① 진단평가팀의 월 1회 회의 개최

진단평가팀은 월 1회 회의를 개최한다. 진단 · 평가 의뢰 학생에 대한 수시 개최가 이상적이지만, 위원들의 여건상 월 1회 개최하며, 중입선배정과 고입선배정 시에는 필요에 따라 월 2회 개최하기도 한다.

② 진단평가팀의 역할

진단평가팀 회의를 통해 특수교육대상자로의 적격성 여부, 특수교육 지원내용에 대한 최종 의견 작성 · 보고, 특수교육대상자로 선정 시 개별화교육계획 수립에 필요한 정보 등을 제공한다.

2) 특수교육대상자 진단 · 평가 의뢰하기

(1) 진단 · 평가 의뢰 및 서류 제출하기

본인 또는 보호자, 각급 학교장(보호자의 사전 동의)이 센터에 의뢰하고 서류를 제출하게 된다.

TIP

장애학생이 소속된 학교를 통해 진단 · 평가를 의뢰하고 서류는 업무관리지원시스템(공문)으로 제출하게 된다. 그러나 유치원 입학 전이거나, 재취학 등으로 인해 소속이 없는 경우에는 센터 방문을 통한 상담 후 필요한 서류를 직접 제출하게 된다.

(2) 제출 서류 알아보기

• 신규신청 및 상급학교 진학 시

• 특수교육대상자 선정 · 배치 신청 공문
• 특수교육대상자 진단 · 평가 의뢰서
• 특수교육대상자 기초조사카드
• 개인정보 수집 및 이용 동의서
• 주민등록등본 1부
• 기타(해당자만 제출)
  –복지카드 사본(교감 원본대조필)
  –장애인증명서
  –의사진단서(의무기록 사본 포함)
  –임상심리 평가서(1년 이내 검사 받은 학생)
  –건강장애 학생: 의사진단서, 최근 1년간 출결확인서(NEIS 자료 등)

수신: 경기도○○교육지원청교육장(초등교육지원과장)

제목: 2018학년도 특수교육대상자 진단 · 평가 의뢰 및 선정 · 배치 서류 제출

---

1. 관련: 초등교육지원과-○○○○(2018.○○.○○.)
2. 본교에 재학 중인 학생의 특수교육대상자 진단 · 평가 및 선정 · 배치 서류를 다음과 같이 제출합니다.

성명	학년	생년월일	연락처 (직통 번호)	배치 희망교(급)			장애상황		비고
			담임교사	1지망	2지망	3지망	영역	등급	
○○○	○	○○. ○○.○○		**중 (특수)	**중 (일반)				특수학급만 희망할 경우 3희망까지 작성

※ 장애인등록이 되어 있지 않은 경우, 장애상황란에 장애영역만 반드시 명시(특수교육법 제15조 1항의 장애영역 표시)

※ 일반학급 배치 희망자를 제외한 특수학급 희망자가 1희망만 작성할 경우 서류미비로 간주함

※ 재배치, 배치취소일 경우 비고란에 "재배치" "배치취소"라고 표기

※ 타 시도에서의 전입학으로 인한 재배치일 경우, 반드시 기존 배치통지서 제출

※ 일반학급 배치 희망자가 거주지 근거리 학교로 배치를 희망하는 경우는 1희망만 작성(전 가족이 등재된 주민등록등본 1개월 이내 자료 제출 또는 기타 서류)

※ 반드시 학년을 표시하며 특수학급을 신청할 경우 3지망까지 반드시 작성

붙임 1. 특수교육대상자 진단 · 평가의뢰서 〈서식 2〉 1부

2. 특수교육대상자 기초조사 카드 〈서식 3〉 1부

3. 개인정보동의서 〈서식 11〉 1부

4. 주민등록등본 1부

5. 기타(아래 해당자만)

-복지카드사본(교감 원본대조필) 또는 장애인증명서 원본 1부.

-건강장애영역 해당자: 의사진단서 1부, 원격수업 신청서 1부, 출결확인서 1부.

-이전에 진단을 받은 자: 의사진단서, 심리학적평가보고서 등 관련자료 1부.

-서류검토 후 추가서류 요청자: 관련서류 1부. 끝.

[그림 8-3] 특수교육대상자 선정 · 배치 신청 공문 예

<table>
<tr><th colspan="7">특수교육대상자 진단 · 평가 의뢰서</th></tr>
<tr><td rowspan="10">특수
교육
대상자</td><td>성명</td><td colspan="2"></td><td>성별</td><td></td><td>생년
월일</td><td></td></tr>
<tr><td>장애유형</td><td colspan="2"></td><td colspan="2">장애명/등급</td><td colspan="2">복지카드 소지자만 작성</td></tr>
<tr><td>주소</td><td colspan="4">주민등록등본상 도로명 주소 기재</td><td>확인자*
(담당
교사)</td><td></td></tr>
<tr><td>소속기관</td><td colspan="2"></td><td>시설</td><td>(O, X)</td><td>학년/반</td><td></td></tr>
<tr><td>보장구사용</td><td colspan="6">휠체어 사용유무(O, X)　　기타:</td></tr>
<tr><td rowspan="4">배치희망학교
※ 심의결과에 따라 희망교에 배치되지 않을 수 있음</td><td>1희망교</td><td colspan="2">학교명 기재 (　km)</td><td>유형</td><td colspan="2">특수학교, 특수학급, 순회학급, 일반학급 중 기재</td></tr>
<tr><td>2희망교</td><td colspan="2">(　km)</td><td>유형</td><td colspan="2"></td></tr>
<tr><td>3희망교</td><td colspan="2">(　km)</td><td>유형</td><td colspan="2"></td></tr>
<tr><td>최근거리
학교</td><td colspan="2">(　km)</td><td>유형</td><td colspan="2"></td></tr>
<tr><td rowspan="4">보호자</td><td>배치희망
사유</td><td colspan="6">보호자 자필로 기재하며 배치 희망 사유를 구체적으로 작성
(컴퓨터로 작성하지 않음)</td></tr>
<tr><td>성명</td><td colspan="3"></td><td colspan="2">대상자와의 관계</td><td></td></tr>
<tr><td>주소</td><td colspan="6"></td></tr>
<tr><td>연락처</td><td colspan="3">집:</td><td colspan="3">휴대폰:</td></tr>
<tr><td colspan="8">장애인 등에 대한 특수교육법 제14조 제3항 및 같은 법 시행령 제9조 제4항에 따라, 위와 같이 신청합니다.

년　　월　　일
보호자　　　　　　　(인)
학교장　　　　　　　(인)

경기도○○교육지원청교육장 귀하</td></tr>
</table>

※ 서류에 기재한 내용이 사실과 다른 경우에는 불이익이 있을 수 있으니 정확히 기재

※ 1개월 이내 발급한 주민등록등본(전 가족 등재확인)을 확인하여 담당교사가 '확인자'에 서명함

※ 일반학급 배치 희망자를 제외한 특수학급 희망자가 1희망만 작성할 경우 서류미비로 간주함

[그림 8-4] 특수교육대상자 진단 · 평가 의뢰서 예 (앞면)

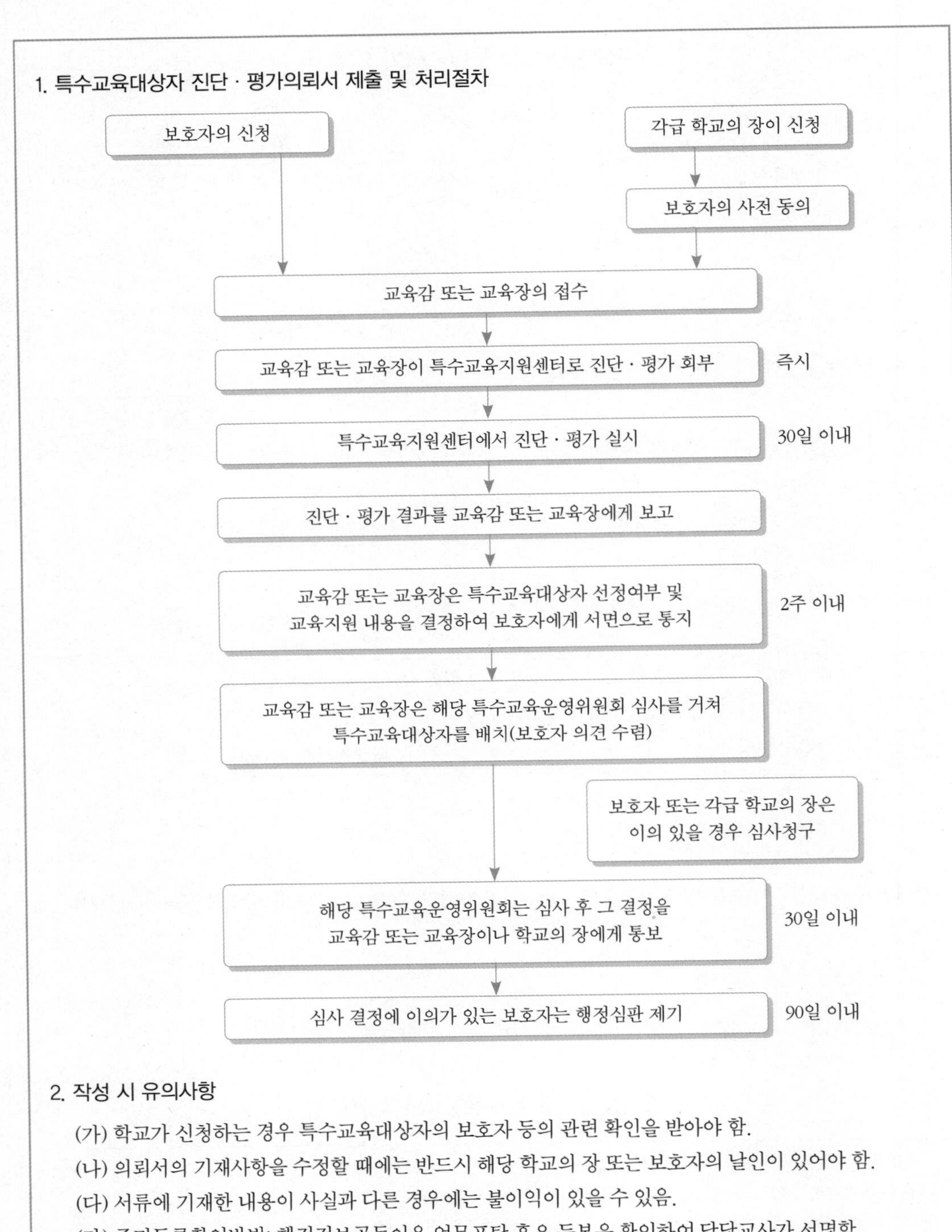

1. 특수교육대상자 진단 · 평가의뢰서 제출 및 처리절차

2. 작성 시 유의사항

(가) 학교가 신청하는 경우 특수교육대상자의 보호자 등의 관련 확인을 받아야 함.
(나) 의뢰서의 기재사항을 수정할 때에는 반드시 해당 학교의 장 또는 보호자의 날인이 있어야 함.
(다) 서류에 기재한 내용이 사실과 다른 경우에는 불이익이 있을 수 있음.
(라) 주민등록확인방법: 행정정보공동이용 업무포탈 혹은 등본을 확인하여 담당교사가 서명함.

※ 작성 시 유의사항은 지역상황에 맞게 수정하여 사용한 것임.

[그림 8-5] 특수교육대상자 진단 · 평가 의뢰서 예 (뒷면)

<table>
<tr><th colspan="8">특수교육대상자 기초조사 카드</th></tr>
<tr><td rowspan="3">특수
교육
대상자</td><td colspan="2">성명</td><td></td><td>성별</td><td></td><td>생년월일</td><td></td></tr>
<tr><td colspan="2">주소</td><td colspan="5">주민등록등본상 도로명 주소 기재</td></tr>
<tr><td colspan="2">소속 학교</td><td colspan="2"></td><td>학년</td><td colspan="2"></td></tr>
<tr><td rowspan="6">기초
자료
내용</td><td colspan="2" rowspan="3">장애인
등록사항</td><td rowspan="2">특수교육법상 장애유형</td><td colspan="4">복지카드상 장애구분</td></tr>
<tr><td colspan="2">등록장애명</td><td colspan="2">장애등급</td></tr>
<tr><td>교육적 신청 장애명
(장애인 등에 대한 특수교육법상 장애명)</td><td colspan="2">복지카드에 명시된 장애명 작성
(소지자만 작성)</td><td colspan="2">복지카드에 명시된 장애등급 작성</td></tr>
<tr><td colspan="2">발육 및
건강상태</td><td>신체적인 건강상태에 대해서 일반적으로 작성</td><td>행동특성
및 요인</td><td colspan="3">학생의 특이한 행동 특성을 중점으로 작성</td></tr>
<tr><td rowspan="2">기
초
학
력</td><td>읽기
및
쓰기</td><td>학생의 말하기, 듣기, 읽기, 쓰기 사용 능력 정도를 작성</td><td>사회생활
적응능력</td><td colspan="3">친구들과의 관계형성, 규칙 지키기, 활동 참여 정도 등 도움이 필요한 내용을 작성</td></tr>
<tr><td>수
개념</td><td>학생의 숫자, 사칙연산, 규칙성 등에 대한 수학적 활용 능력 정도를 작성</td><td>담임교사
의견</td><td colspan="3">특수교육의 필요성에 대한 개인의 견 등을 종합적으로 작성</td></tr>
<tr><td colspan="8">이 카드는 특수교육대상자로 선정 · 배치를 희망하는 학생의 담임교사가 작성.

년 월 일

작성자: 담당교사 (인)

경기도○○교육지원청교육장 귀하</td></tr>
</table>

[그림 8-6] **특수교육대상자 기초조사 카드 예**

(3) 진단 · 평가 의뢰 시 유의사항

① 장애명에 따른 조작적 정의

국립특수교육원(2009a)에서는 특수교육대상자 선정 기준 법 제10조와 관련하여 특수교육대상자 선정에 따른 장애를 〈표 8-2〉와 같이 조작적으로 정의하였다.

표 8-2 특수교육대상자 선정에 따른 장애의 정의

장애명	조작적 정의
시각장애	시각장애를 지닌 특수교육대상자는 시각에 의하여 학습 수행이 곤란하며, 특정의 광학기구 · 학습매체 등을 통하여 학습하거나 촉각이나 청각을 학습의 주요 수단으로 사용하는 아동으로서, 시각계의 손상이 심하여 시각 기능을 전혀 이용하지 못하는 상태인 맹과 보조공학기기의 지원을 받거나 환경의 개선을 통해서만 시각적 과제를 수행할 수 있는 상태인 저시력으로 구분한다.
청각장애	청각장애를 지닌 특수교육대상자는 선천적 혹은 후천적으로 청각 기관의 발달 결함 또는 상해로 인한 청력 손실의 발생으로 듣기 기능에 어려움이 있기 때문에 음성언어를 이용한 의사소통 기능에 장애를 동반한다.
지적장애	지적장애를 지닌 특수교육대상자는 지적 기능과 적응행동 모두에서 평균보다 현저하게 낮아 일상생활, 교육적 성취, 사회적 참여와 역할 수행 등에 어려움이 있으며, 18세 이전의 발달기에 나타난다.
지체장애	지체장애를 지닌 특수교육대상자는 선천적이거나 질병, 사고, 수술 등의 후천적인 원인으로 팔, 다리, 몸통, 그리고 머리 부위의 형태에 이상이 있거나 그 기능의 장애로 말미암아 일상생활이나 학습에 부정적인 영향을 주어 보조 기기의 도움이나 물리적 환경의 조정이 필요하거나 다른 사람의 도움이 필요한 아동을 말한다.
정서 · 행동장애	정서 · 행동장애를 지닌 특수교육대상자는 지적 · 감각적 · 건강상의 이유로 설명할 수 없는 부적절한 행동이나 감정, 전반적인 불행감이나 우울, 또는 학교나 개인 문제에 관련하여 신체적인 통증이나 공포를 나타내는 경향이 장기간에 걸쳐 발생하고, 그로 인해 학습에 불리한 영향을 받는 아동을 말한다.
자폐성장애 (이와 관련된 장애를 포함)	자폐성 장애를 지닌 특수교육대상자는 구어 및 비구어 의사소통과 사회적 상호작용에서 문제를 보이며, 제한적이고, 반복적이며, 상동적인 관심 · 행동 · 활동으로 인해 환경이나 일과의 변화에 저항을 보이는 아동을 말한다. 이러한 세 영역에서의 행동들은 일반적으로 3세 이전에 발생하며, 이로 인해 아동은 학습 및 일상생활 적응에 어려움을 보인다.
의사소통 장애	의사소통장애를 지닌 특수교육대상자는 말과 언어를 사용하여 의사소통하는 데 어려움이 있는 구어(말)장애와 언어장애를 보이는 아동을 말한다. 이때 말장애는 조음장애, 유창성장애, 음성장애를 포함하며, 언어장애는 언어와 관련된 추상적 규칙체계와 상징적 체계의 이해장애와 표현장애를 의미한다. 언어장애는 언어의 형태, 언어의 내용, 언어의 의사소통기능에 있어서의 손상을 포함한다. • 언어의 형태: 음운론, 형태론, 구문론 • 언어의 내용: 의미론 • 언어의 의사소통기능: 화용론

학습장애	학습장애를 지닌 특수교육대상자는 읽기, 쓰기, 수학, 듣기, 말하기, 문제해결을 포함한 사고, 기억, 주의집중, 지각의 한 영역 혹은 그 이상의 영역에서 현저한 어려움을 보이는, 이질적인 특성을 가진 개인들로 구성된 집단이다. • '현저한 어려움'이란 아동의 연령이나 학년에 비해 학업성취도가 유의미하게 떨어져서 최소 6개월 이상 일반교육 이외에 조기 중재 및 의뢰 전 서비스와 같은 체계적인 지원서비스를 받았음에도 불구하고 지속적으로 어려움을 보이는 것을 말한다. 이때 아동의 학업성취도는 일반적으로 동일 연령 및 학년 수준의 평균으로부터 1) 1학년~2학년 혹은 2) 1 표준편차~2 표준편차 뒤떨어진다. 학습장애는 개인 내적 원인으로 인한 것이며, 학령기뿐만 아니라 성인기에도 지속될 수 있다. • 학습장애는 지적장애, 행동장애, 감각장애 등의 다른 장애나 교육기회의 결핍, 문화, 사회, 경제적 불이익 등의 외적 요인의 결과로 나타나는 것은 아니다. • 하지만 최소 6개월 이상 일반교육 이외에 조기 중재 혹은 의뢰 전 서비스와 같은 체계적인 지원서비스를 받아야 할 대상에는 교육기회의 결핍, 문화, 사회 · 경제적 불이익 등의 외적 요인에 의한 결과로 학업상의 어려움을 겪는 아동이 포함된다. 이러한 학습장애 위험군 아동들의 학업성취도는 일반적으로 하위 15~20%에 속하며, '최소 6개월 이상 일반교육 이외에 체계적인 지원서비스'를 받았음에도 불구하고 지속적으로 어려움을 보이는 경우, 체계적인 진단 과정을 거쳐 학습장애로 진단한다. 여기서 '체계적인 지원서비스'는 과학적으로 검증된 효과적인 읽기, 수학, 쓰기 교수법을 의미한다.
건강장애	건강장애를 지닌 특수교육대상자는 심장이나 신장 등 신체의 내부 기관에 선천적 혹은 후천적으로 발생한 만성적 질환으로 인하여 3개월 이상의 장기 입원 또는 통원 치료 등 지속적이고 전문적인 의료 지원이 필요하여 학교 생활 및 학업 수행에 어려움이 있는 아동을 말한다. 주의력결핍 및 과잉행동장애(ADHD)는 전문적인 의료 지원의 필요성 차원에서 포함할 수 있지만, 지체장애와 같이 외형상으로 두드러진 장애 조건을 갖는 경우에는 포함하지 않는다.
발달지체	발달지체를 지닌 특수교육대상자는 영아 및 9세 미만으로 신체발달, 인지발달, 의사소통발달, 사회 · 정서발달, 또는 적응기술 영역 중 하나 또는 그 이상의 영역에서 또래보다 1년 이상 지체되어 교육적 조치를 해주지 않으면 발달에 부정적 영향을 미칠 수 있는 아동을 말한다. 단, 지적장애, 정서 · 행동장애, 자폐성장애, 의사소통장애 등으로 판별된 아동은 제외한다.

② 진단 · 평가 의뢰 시 주의가 필요한 장애영역 및 내용

앞에서 살펴본 국립특수교육원(2009a)에서 특수교육대상자 선정에 따른 장애를 조작적으로 정의한 내용을 근거로 하여, 특수교육대상자 선정 · 배치를 위한 진단 · 평가 의뢰 시 장애영역별 유의사항을 살펴보고자 한다.

• 정서 · 행동장애

단순 ADHD는 제외한다. 단, 6개월 이상의 지속적인 치료와 교육을 통해서도 학습 및 행동에 발전이 보이지 않는 경우 신청 가능하며, 정서 · 행동장애로 신청 시 의사진단서가 없는 경우에는 3개월 이상 학생의 행동관찰기록부(상담일지 등)를 첨부하여 신청하도록 한다.

• 학습장애

일반적으로 학습장애는 3학년 2학기에 해당되는 학생이 신청 가능하다. 비장애학생들의 3학년 1학기에 실시하는 학력검사 결과가 기준이 되며, 하위 15~20%에 속하는 학생들이 1차적으로 신청 가능하다. 단, 특정 학습장애(난독증 등)의 경우에는 진단서를 첨부하여 1학년부터 신청 가능하다.

〈학습장애 선정 조건 기준안〉

−1단계: 선별 및 선정의뢰(학교 → 특수교육지원센터 제출자료)

① 학습장애 선별 검사 결과

② 3학년 현재까지의 학업성적 결과(학교단위 학력평가 또는 교육과정 중심 평가 결과)

③ 선택사항: 의료기관에서의 난독증 진단 자료 등

−2단계: 검사 실시 및 학습장애 판정(특수교육지원센터)

① 센터에서 진단 · 평가 담당자가 학생과 학부모 면담

② 병원 의뢰증 발급 후 지능검사 실시

*지능이 낮을 경우: 학력진단검사 실시 않음(사회성숙도 검사, 적응행동 검사 실시)

*지능이 정상 범위일 경우: 학력진단검사(기초학습기능검사, KISE 기초학력 검사 등 표준화 검사) 실시

−3단계: 진단평가팀 회의

−4단계: 특수교육 대상 학생 선정(특수교육운영위원회)

* 배제요인: 지적장애, 정서 · 행동장애, 감각장애 등의 다른 장애나, 가정불화, 폭력, 학교생활 부적응, 문화적 기회 결핍(탈북아동, 국내 이주 학생) 등 개인의 내적 원인이 아닌 외적 요인으로 인해 학업에 집중하지 못할 만큼의 뚜렷한 이유가 있을 경우는 학습장애로 선정하지 않는다.

• 건강장애

건강장애를 지닌 특수교육대상자는 ① 만성질환 치료를 위한 장기 의료처치가 요구되어 ② 연간 수업일수의 3개월 이상 결석 위기에 처해 있는 학생으로 ③ 학교생활 및 학업 수행에 어려움이 있어 특수교육 지원이 요구되는 학생이다. 건강장애는 병명에 다른 따른 선정이 아니라 앞의 세 가지 조건을 갖춘 경우에 특수교육운영위원회에서 개별 학생의 의료적 진단 및 교육적 진단을 고려하여 선정한다. 건강장애로 선정 및 취소와 관련된 유의사항은 다음과 같다.

첫째, 학교 출석이 가능한 학생은 해당되지 않는다.

둘째, 상급학교 진학 시에는 특수교육운영위원회에서 재심사를 통해 건강장애 선정 여부를 결정한다.

셋째, 꿈사랑학교(경기도 이용 기관) 퇴교 후 학교 복귀 시 특수교육대상자 선정 · 취소를 신청하여야 한다(취소신청서 미제출 시 학교출석부 확인하여 특수교육운영위원회 심의 후 취소).

넷째, 건강장애에서 타 장애유형 특수교육대상자로 배치를 원할 경우, 건강장애 취소 후 해당 장애영역의 특수교육대상자로 신규 신청하여야 한다.

다섯째, 건강장애 특수교육대상자는 수시 신청 가능하다.

여섯째, 요보호 학생(특수교육대상자 아님)은 건강장애는 아니나 3개월(수업일수의 1/3) 이상의 치료를 요하는 화상, 교통사고 등의 심각한 외상적 부상으로 불가피하게 장기결석이 예상되는 학생들의 학습권 보장을 위해, 특수교육운영위원회 심의를 통해 원격수업을 이수하면 출석을 인정하여 유급을 방지하게 한다.

건강장애학생 학습 지원을 위해 꿀맛무지개학교(서울특별시교육청), 인천사이버학교(인천광역시교육청), 꿈빛나래학교(충청남도교육청), 꿈사랑학교, 한국교육개발원 등 5개 기관에서 운영하고 있다. 특수교육연차보고서(2018)의 원격수업시스템 운영기관 현황을 살펴보면 〈표 8-3〉과 같다.

표 8-3 원격수업시스템 운영기관 현황

기관명	학급 수	강사 수	전체 학생 수			월 평균 이용 학생 수	개별학생 평균이용일
			건강장애	기타	계		
꿀맛무지개학교 (서울특별시교육청)	16	15	165	72	237	208	78
인천사이버학교 (인천광역시교육청)	6	6	32	4	36	32	20
꿈빛나래학교 (충청남도교육청)	6	28	18	7	25	24	48
꿈사랑학교	55	34	890	329	1,219	1,147	84
한국교육개발원	12	5	287	85	372	331	63
계	93	88	1,392	497	1,889	1,742	293

출처: 교육부(2018).

• 발달지체

발달지체는 특별한 교육적 조치가 필요한 영아 및 9세 미만의 아동에게 해당되므로 영유아의 경우에만 신청 가능하다. 그러나 9세 미만인 8세는 일반적으로 초등학교 1학년에 해당되므로, 초등학교 1학년 학생이 발달지체로 신청할 경우, 이전에 발달지체 치료를 받은 소견서나 발달지체를 증빙할 만한 자료를 반드시 첨부하여 신청할 수 있다. 또한 초등학교 2학년부터는 '발달지체'란 장애명을 사용하지 않아야 한다.

• 기타: 다문화 및 재외국인 학생의 진단 · 평가 의뢰 시 유의사항

모국어가 아닌 이중언어와 낯선 문화 속에서 생활하므로 적응하는 데 어려움이 있는 학생들이다. 그러므로 학교 입학 후 최소 12개월 이상 경과해야 신청 가능하다. 신청 시 소속 학교의 '다문화 학생 교육지원 계획'에 따른 지원 결과물, 상담일지, 병원진단서(해당자에 한함) 등을 첨부하여야 한다.

TIP

지역마다 차이는 있지만, 예산의 부족으로 진단 · 평가를 실시하는 기준이 교육지원청별로 조금씩 차이가 있다. 일반적으로 신규로 신청한 경우에는 진단 · 평가를 실시한다. 그러나 복지카드나 장애인등록증을 소지한 장애등급이 1~2급인 경우에는 병원 또는 임상심리사를 통한 진단 · 평가를 실시하지 않고, 특수교육대상자 기초조사카드, 담임교사 및 학부모 상담을 통해 특수교육대상자로의 적합 여부를 가늠하기도 한다.

3) 진단 · 평가 시행하기

(1) 진단 · 평가 시행 일정 안내하기

진단 · 평가를 받을 학생이 속한 학교장 또는 보호자에게 공문으로 진단 · 평가 실시일과 시간, 장소 등을 안내한다. 진단 · 평가일은 검사일에 학생을 인솔할 수 있는 사람과 사전에 협의가 이루어져야 한다.

TIP

진단 · 평가 실시 전 학교로 발송하는 공문은 별도로 보호자에게 연락하여 진단 · 평가의 의미를 다시금 안내한다. 진단 · 평가를 통해 특수교육이 필요한지의 여부를 판단함으로써 특수교육대상자로 선정된다는 것을 안내한다. 간혹 진단 · 평가를 단지 자녀의 학력을 평가해 주는 것으로 이해하는 분들로 인해, 검사 당일 취소하는 경우가 생기기도 한다.

(2) 관련기관 협조 공문 보내기

진단 · 평가를 실시하는 기관(병원 등)에도 유선 연락을 하거나 필요에 따라 협조 공문으로 안내한다.

TIP

진단 · 평가를 위한 지능검사 등의 실시는 대도시인 경우 병원이나 복지관 등과 협약하여 진행한다. 그러나 병원 등과 협약할 수 없는 지역은 임상심리사를 채용하여 실시하며, 여건이 어려운 지역은 특수교사들로 구성된 진단평가팀이 직접 진단 · 평가를 실시하기도 한다.

(3) 진단 · 평가 시행하기

진단 · 평가는 의뢰 후 30일 이내에 실시하여야 한다. 진단 · 평가에는 정보제공자와의 상담, 학생 관찰, 장애영역에 해당하는 지능검사 등이 사용된다. 진단 시 오진 요소를 살펴보고, 신중한 진단 · 평가가 이루어지도록 한다.

① 보호자와의 상담 및 학생 관찰(진단 · 평가 담당교사)

특수교육지원센터 진단 · 평가 담당교사는 진단 · 평가를 의뢰한 담당교사, 보호자 등을 통해 일반적인 정보를 수집한다. 진단 · 평가 과정에서 부모 등 보호자의 의견 진술의 기회가 충분히 보장되어야 하므로, 진단 · 평가 담당교사는 보호자와의 면담이 필수적이다. 이 과정에서 학생에 대한 전반적인 정보를 얻게 된다. 자녀에 대한 교육열, 자녀의 장애 이해 정도, 양육태도 등에 대한 정보와 학생 상담과 관찰을 통해 직접적인 정보도 수집하게 된다.

② 장애영역별 진단검사(임상심리사 또는 해당 전문가)

의뢰된 학생에게 적합한 검사를 실시하게 된다. 검사는 학생이 검사실을 들어서면서 시작된다. 개인 지능검사는 학생의 장애 정도 등에 따라 차이가 있지만, 일반적으로 한 시간 이상 소요되며, 검사가 완료되면 학생을 퇴실시킨 후 학부모와 상담하게 된다. 또한 검사의 주체는 지역에 따라 병원, 특수교육지원센터 소속 임상심리사 등으로 구분될 수 있다.

표 8-4 특수교육대상자 선별검사 및 진단 · 평가 영역(제2조 제1항 관련)〈개정 2016. 6. 23.〉

구분		영역
장애 조기 발견을 위한 선별검사		1. 사회성숙도검사 2. 적응행동검사 3. 영유아발달검사
진단 · 평가 영역	시각장애 · 청각장애 및 지체장애	1. 기초학습기능검사 2. 시력검사 3. 시기능검사 및 촉기능검사(시각장애의 경우에 한함) 4. 청력검사(청각장애의 경우에 한함)

지적장애	1. 지능검사 2. 사회성숙도검사 3. 적응행동검사 4. 기초학습검사 5. 운동능력검사
정서 · 행동 장애, 자폐성 장애	1. 적응행동검사 2. 성격진단검사 3. 행동발달평가 4. 학습준비도검사
의사소통장애	1. 구문검사 2. 음운검사 3. 언어발달검사
학습장애	1. 지능검사 2. 기초학습기능검사 3. 학습준비도검사 4. 시지각발달검사 5. 지각운동발달검사 6. 시각운동통합발달검사

비고: 특수교육대상자 선정을 위한 장애유형별 진단 · 평가 시 장애인증명서 · 장애인수첩 또는 진단서 등을 참고자료로 활용할 수 있다.

4) 진단평가팀 회의하기

(1) 진단 · 평가 시행 결과 해석하기

진단평가팀에서는 1차적으로 진단 · 평가 결과에 대해 논의한다. 학부모와의 상담결과, 학생의 검사결과 등을 통해 학생의 지적 능력, 사회 · 정서적 능력, 신체적 능력, 학부모의 교육지원 사항 등 종합적으로 결과를 해석하여 학생에게 필요한 것이 무엇인지 논의한다. 진단 · 평가 결과의 논의에 따라 학생이 특수교육대상자로 적합한지 여부를 결정한다.

(2) 진단평가팀의 진단 · 평가 결과 보고서 작성하기

특수교육대상자 진단 · 평가 결과 보고서

성명: 신 ○○ 성별(남)

주소: 경기도 ○○○

생년월일: 2008년 2월 ○일생

현재 소속기관: ○○초등학교 3학년

<table>
<tr><th colspan="5">진단 · 평가 실시 결과</th></tr>
<tr><th>진단 · 평가 도구명</th><th>검사 일시</th><th colspan="3">검사결과</th></tr>
<tr><td>진단서</td><td>2017.04.01</td><td colspan="3">주의력결핍 과잉행동장애</td></tr>
<tr><td rowspan="2">한국 웩슬러 아동 지능검사
(K-WISC-III)</td><td rowspan="2">2017.04.11</td><td>전체지능</td><td>언어성</td><td>동작성</td></tr>
<tr><td>66(경도 지적)</td><td>66</td><td>73</td></tr>
<tr><td>사회성숙도검사(SMS)</td><td>2017.04.11</td><td colspan="2">사회연령: 7.58세</td><td>사회지수: 83.29</td></tr>
<tr><td>시각운동통합발달검사
(VMI)</td><td>2017.04.11</td><td colspan="3">6세 5개월 수준</td></tr>
<tr><td rowspan="3">적응행동검사
(KNISE-SAB)</td><td rowspan="3">2017.04.04</td><td colspan="3">전체 적응행동지수: 78(경계선수준)</td></tr>
<tr><td>개념적</td><td>사회적</td><td>실제적</td></tr>
<tr><td>66</td><td>84</td><td>86</td></tr>
<tr><td>행동 특성
(보호자 및 담임 의견)</td><td colspan="4">보호자 및 담임교사의 보고에 따르면 학생의 발육 및 건강상태는 양호한 편이라고 한다. 다만, ADHD 성향을 보여 4년 동안 매일 2회(아침, 저녁) ADHD약을 복용한다고 한다. 장문의 글로 된 사고력을 요하거나 시간이 걸리는 학습 내용을 어려워하며 틀리는 것을 두려워하여 처음부터 시도하지 않는 경우가 많다고 한다. 말하기, 듣기, 읽기는 어느 정도 가능하나 쓰기는 거의 가능하지 않다. 수학은 사고력을 요하는 문제 유형은 내용이 쉬워도 읽는 것 자체를 싫어하고 어려워한다. 핸드폰으로 폭력적인 영상을 자주 시청하는 편이며, 쉬는 시간에 총 모형으로 종이를 접어 친구들에게 쏘는 행위를 보이는 모습을 보이기도 했다고 한다. 또한 친구의 팔을 깨물어 멍을 들게 하는 등의 문제행동 모습도 보인 적이 있다고 한다. 보호자는 사회성기술 향상과 학습도움을 위해 특수학급을 신청하고자 한다.</td></tr>
<tr><th colspan="5">진단 · 평가 실시 결과에 대한 종합 의견</th></tr>
<tr><td colspan="5">보호자 및 학생의 면담과 검사결과를 종합해 볼 때, 위 학생은 정서 · 행동장애를 지닌 특수교육대상자로 선정되어 특수교사의 특수교육 및 특수교육 관련 서비스를 제공받는 것이 필요하다고 판단된다.</td></tr>
</table>

<table>
<tr><th colspan="4">교육적 지원 내용</th></tr>
<tr><td>특수교육지원
(배치, 통합, 기타)</td><td>진로 및 직업교육</td><td>특수교육 지원 관련 서비스</td><td>기타</td></tr>
<tr><td>특수학급</td><td></td><td>특수교육 방과후 학교 지원</td><td></td></tr>
</table>

「장애인 등에 대한 특수교육법」 제16조 제3항 및 같은 법 시행령 제9조 제5항에 따라 진단 · 평가 결과를 보고합니다.

2017년 4월 18일

○○특수교육지원센터 진단평가팀장

경기도○○교육지원청교육장 귀하

[그림 8-7] 특수교육대상자 진단 · 평가 결과 보고서 예-①

(3) 진단 · 평가 결과 보고하기

> 제16조(특수교육대상자의 선정절차 및 교육지원 내용의 결정)
> ② 특수교육지원센터는 제1항에 따른 진단 · 평가를 통하여 특수교육대상자로의 선정 여부 및 필요한 교육지원 내용에 대한 최종 의견을 작성하여 교육장 또는 교육감에게 보고하여야 한다.

진단평가팀에 의해 작성된 결과 보고서는 교육장(감)에게 보고한다. 유 · 초 · 중학교는 교육장에게, 고등학교는 교육감에게 보고하게 된다. 진단 · 평가 결과를 보고할 때는, 공문에는 특수교육대상자 선정 적합 여부를 안내하며 붙임자료로 특수교육대상자 진단 · 평가 결과 보고서를 첨부한다. 진단 · 평가 주체가 특수교육지원센터이므로 진단 · 평가 결과 보고서는 특수교육지원센터 팀장의 이름으로 교육장(감)에게 보고하는 것이 적절하다.

경기도○○교육지원청

수신자: 내부결재

제목: 2019 특수교육지원센터 진단평가팀의 회의 결과(3월) 보고

1. 관련: 초등교육지원과−3703(2019.02.27)
2. 2019 특수교육지원센터 진단평가팀의 회의 결과(3월)를 다음과 같이 보고합니다.
   가. 일시: 2019.3.19.(화) 15:00~18:00
   나. 장소: ○○특수교육지원센터
   다. 참석자: 진단평가팀 위원 12명
   라. 내용: 특수교육대상자 선정 적합성 여부, 특수교육 및 서비스 지원 등 협의
   마. 결과

구분	신규			장애아 무상보육료	계
	유	초	중		
신청인원	8	9	2	1	20
적합	8	8	2	1	19
부적합	0	1	0	0	1

붙임 1. 등록부 1부.
　　2. 진단평가팀 회의결과표 1부.
　　3. 진단평가결과보고서 1부.
　　4. 진단평가팀 회의록 1부(1~15쪽). 끝.

[그림 8-8] 특수교육대상자 진단 · 평가 결과 보고 공문 예

특수교육대상자 진단 · 평가 결과 보고서

성명: 최 ○○ 성별(남)

주소: 경기도 ○○○

생년월일: 2010년 07월 ○○일생

현재 소속기관: ○○초등학교 3학년

<table>
<tr><th colspan="6">진단 · 평가 실시 결과</th></tr>
<tr><td>진단 · 평가 도구명</td><td>검사 일시</td><td colspan="4">검사결과</td></tr>
<tr><td>의사진단서</td><td>2019.03.04.</td><td colspan="4">[주] 특정 읽기장애(난독증), [부] 특정 수학장애(난산증)</td></tr>
<tr><td rowspan="3">아동용 웩슬러 지능 검사 (KEDI-WISC)</td><td rowspan="3">2019.03.02.</td><td colspan="4">전체 지능: 81</td></tr>
<tr><td>언어이해IQ</td><td>지각추론IQ</td><td>작업기억IQ</td><td>처리속도IQ</td></tr>
<tr><td>90</td><td>83</td><td>86</td><td>83</td></tr>
<tr><td rowspan="2">읽기(CLT-R)</td><td rowspan="2">2019.01.23.</td><td>저하</td><td colspan="3">단락읽기유창성, 빠른자동이름대기(글자, 숫자, 물체), 시각주의력, 무의미낱말읽기 정답률, 음운인식(합성), 표기인식</td></tr>
<tr><td>경계</td><td colspan="3">음운작업기억</td></tr>
<tr><td>수학(CLT-M)</td><td>2019.01.23.</td><td>저하</td><td colspan="3">크기비교(정답률), 계수(정답률), 거리비교, 어림(오차율)</td></tr>
<tr><td rowspan="2">기초학습기능검사 (BASA)</td><td rowspan="2">2019.03.02.</td><td>읽기검사 학년점수</td><td colspan="2">수학검사 학년점수</td><td>쓰기검사 학년점수</td></tr>
<tr><td>초등 1학년</td><td colspan="2">초등 1학년</td><td>초등 1학년</td></tr>
<tr><td>아동인성검사 (KPRC)</td><td>2019.03.02.</td><td colspan="4">타인의식, 자아탄력에서 낮은 점수를 보임(일관성이 부족한 패턴으로 검사의 신뢰할 수 있는 해석에 제한점이 있음).</td></tr>
<tr><td>사회성숙도검사(SMS)</td><td>2019.03.02.</td><td colspan="2">사회연령(SA): 7(7.58)세</td><td colspan="2">사회지수(SQ): 88(평균 하)</td></tr>
<tr><td>행동 특성 (보호자 및 담임 의견)</td><td colspan="5">보호자 및 교사의 보고에 따르면 발육 및 건강상태는 양호하며 분노 조절을 위한 약물을 8세부터 복용 중이라고 한다. 읽기 유창성이 부족하며 읽기 시 생략, 대치가 자주 나타난다고 한다. 읽기 이해에 어려움이 있으며 쓰기 시 띄어쓰기나 칸 안에 맞추어 쓰는 것에 오류가 나타난다고 한다. 수 개념이 부족하여 사칙연산을 잘 못하며 수학적 사고 능력이 뒤떨어진다고 하며 문장제 문제에 특히 어려움이 있다고 한다.
기분이 자주 변하여 화를 잘 내고(쳐다만 보아도 화를 내기도 함) 화가 나면 크게 소리를 지르며, 또래관계가 원만하지 못하며 친구를 때리기도 한다고 한다. 가위나 칼로 책상을 긁거나 교과서, 책, 종이들을 자르고 찢고 마구 어지럽히며 정리정돈을 잘하지 못한다고 한다. 보호자는 학생이 일반학급에 배치되어 특수교육 관련 서비스 지원을 희망하고 있다.</td></tr>
<tr><th colspan="6">진단 · 평가 실시 결과에 대한 종합 의견</th></tr>
<tr><td colspan="6">2019년 2월 보호자가 제출한 지능검사가 2년 정도 경과한 것으로 특수교육대상자 선정을 위한 자료로 활용할 수 없어 2019년 3월 인지 및 정서 재검사를 실시하였다. 추가 제출한 진단서에서 난독증과 난산증으로 진단받았으며, 지능검사 결과 평균 하 수준이며 기초학습기능검사(BASA)에서 초등학교 1학년 수준을 보이고 있다. 검사를 실시한 임상심리사 소견이나 면담 및 평가 시 관찰된 행동패턴으로 볼 때 정서행동상의 어려움도 일부 예상되기에 지속적인 약물 복용이 필요하다고 사료된다. 하지만 난독 및 난산으로 진단을 받고, 전체지능 81의 평균 하 수준의 지능을 보이면서 기초학습기능검사 결과 읽기, 수학, 쓰기검사 모두에서 최소 −2표준편차 이하의 학력수준을 보이기에 학습장애를 지닌 특수교육대상자로 선정되어 일반학급에서 통합교육 및 특수교육관련서비스 지원이 필요하다고 판단된다.</td></tr>
</table>

교육적 지원 내용			
배치유형	진로 및 직업교육	특수교육 지원 관련 서비스	기타
일반학급	–	특수교육 방과후교육비	지속적 약물복용 병행 권유

「장애인 등에 대한 특수교육법」 제16조 제3항 및 같은 법 시행령 제9조 제5항에 따라 진단 · 평가 결과를 보고합니다.

2019년 3월 ○○일

○○특수교육지원센터 진단평가팀장

경기도○○교육지원청교육장 귀하

[그림 8-9] **특수교육대상자 진단 · 평가 결과 보고서 예-②**

(4) 진단 · 평가 결과 통보하기

제16조(특수교육대상자의 선정절차 및 교육지원 내용의 결정)

③ 교육장 또는 교육감은 특수교육지원센터로부터 최종 의견을 통지받은 때부터 2주일 이내에 특수교육대상자로의 선정 여부 및 제공할 교육지원 내용을 결정하여 부모 등 보호자에게 서면으로 통지하여야 한다. 교육지원 내용에는 특수교육, 진로 및 직업교육, 특수교육 관련 서비스 등 구체적인 내용이 포함되어야 한다.

특수교육지원센터로부터 진단 · 평가 결과 보고서를 보고받은 때부터 2주일 이내에 보호자에게 특수교육대상자 선정 여부와 교육지원 내용을 서면으로 통보하여야 한다. 일반적으로 진단 · 평가팀의 회의 이후 1주일 이내에 특수교육운영위회가 개최되므로, 진단 · 평가 결과 통지서, 특수교육대상자 배치 결과 통지서를 동시에 통보하기도 한다. 특수교육대상자 진단 · 평가 결과는 선정 · 배치를 위한 기초 자료이면서 교육지원을 위한 자료로 활용되어야 한다.

특수교육대상자 진단 · 평가 결과 통지서

교부번호: 2019-24

<table>
<tr><td>특수교육대상자
선정여부
및
교육지원 내용 등
결정사항</td><td>○특수교육대상자 선정 여부: 선정
「장애인 등에 대한 특수교육법」 제15조 및 동법 시행령 제10조에 의거하여, 지적장애를 지닌 특수교육대상자로 선정
○교육지원 내용 등 결정 사항
–진단 · 평가 결과
<table>
<tr><th>진단 · 평가 도구명</th><th>검사 일시</th><th>검사결과</th></tr>
<tr><td>한국 웩슬러
유아지능검사
(K–WPPSI)</td><td>2018.04.23.</td><td>전체 지능: 70(언어성 73, 동작성 72)</td></tr>
<tr><td>사회성숙도검사
(SMS)</td><td>2019.01.03.</td><td>사회연령(SA): 6.13세,
사회지수(SQ): 93.11</td></tr>
<tr><td>시각운동통합
발달검사(VMI)</td><td>2018.04.23.</td><td>4세 9개월 수준</td></tr>
<tr><td>아동청소년
행동평가척도
(K–CBCL)</td><td>2018.04.23.</td><td>내재화 척도: 53T(정상범위)
외현화 척도: 56T(정상범위)
문제행동 총점: 53T(정상범위)</td></tr>
</table>
–교육지원 내용
• 지적 기능과 적응행동상의 어려움이 있어 지속적이고 개별적인 교육지원이 요구됨
• 특수교육: 개별화교육계획 수립(배치일로부터 30일 이내 및 매 학기별 작성)
• 기타: 우유대금, 특수교육 방과후교육비 지원, 원거리 교통비 지원(근거리 제외) 등 가능함</td></tr>
</table>

성명: 신○○ 성별: 남

주소: 경기도 ○○○

생년월일: 2012년 05월 ○○일생

현재 소속기관: ○○어린이집 재원 중

「장애인 등에 대한 특수교육법」 제16조 제3항 및 같은 법 시행령 제9조 제5항에 따라 진단 · 평가 결과를 통지합니다.

교부자서명 ㊞

2019년 3월 ○○일

경기도○○교육지원청교육장 귀하

[그림 8-10] 특수교육대상자 진단 · 평가 결과 통지서 예

TIP

학부모나 특수교육 담당교사가 진단 · 평가 결과 통지서 이외의 임상심리사의 검사결과지를 요청하는 경우가 있다. 이때에는 소속 학교에서 공문으로 요청하며, 공문 내용에는 검사결과지의 사용 용도를 정확히 기록하여야 한다. 학생의 개인 정보에 해당되므로, 적법한 절차를 거치는 것이 바람직하다.

5) 특수교육운영위원회 심사하기

(1) 특수교육대상자 선정 · 배치하기

특수교육운영위원회는 제출서류를 근거로 특수교육대상자로의 선정과 학교(급) 배치를 결정하여야 한다.

제17조(특수교육대상자의 배치 및 교육)

① 교육장 또는 교육감은 제15조에 따라 특수교육대상자로 선정된 자를 해당 특수교육운영위원회의 심사를 거쳐 각 호의 어느 하나에 배치하여 교육하여야 한다.

1. 일반학교의 일반학급
2. 일반학교의 특수학급
3. 특수학교

② 교육장 또는 교육감은 제1항에 따라 특수교육대상자를 배치할 때에는 특수교육대상자의 장애 정도 · 능력 · 보호자의 의견 등을 종합적으로 판단하여 거주지에서 가장 가까운 곳에 배치하여야 한다.

(2) 특수교육대상자 선정 · 배치 결과 통보하기

특수교육대상자로 선정되면 특수교육대상자 배치 결과를 통보하고, 보호자 또는 학교에서 특수교육대상자 배치 결과 통지서를 수령할 수 있도록 안내한다. 또한 진단 · 평가를 받은 학생에게는 진단 · 평가 통지서도 함께 통보한다.

시행령 제11조(특수교육대상자의 학교 배치)

① 교육장 또는 교육감은 법 제17조 제1항에 따라 특수교육대상자를 학교에 배치할 때에는 해당 학교의 장과 특수교육대상자에게 각각 문서로 알려야 한다.

시행규칙 제3조(특수교육대상자의 학교 배치)

교육감 또는 교육장이 법 제11조 제1항에 따라 특수교육대상자를 학교에 배치할 때에는 별지 제3호 서식에 따라 해당 학교장과 특수교육대상자에게 통지하여야 한다.

[별지 제3호 서식]

특수교육대상자 배치 결과 통지서

교부번호:

배정학교 학교 부 제 학년 (학급)

성명: 성별 (남, 여)

주소:

생년월일: 년 월 일생

현재 소속기관: 학교 부 제 학년 재학(졸업)

위 학생은「장애인 등에 대한 특수교육법」제17조 제1항 및 같은 법 시행령 제11조 제1항에 따라 위의 학교로 배정되었음을 통지합니다.

교부자서명 ㉟

년 월 일

경기도○○교육지원청교육장 ㉟

[그림 8-11] 특수교육대상자 배치 결과 통지서 양식

요약

진단 · 평가는 특수교육대상자의 선정 · 배치와 관련되어 있어 중요하다. 이는 특수교육을 필요로 하는 사람을 선정하여 적합한 교육환경에 배치하여 적절한 교육을 지원하는 것이다.

특수교육대상자 진단 · 평가는 크게 두 가지로 활용되는데, 특수교육대상자로의 적격성 여부 및 특수교육대상자로 선정된 후 학생의 적절한 교육서비스 제공을 위한 기초 자료로 활용된다. 즉, 특수교육운영위원회의 심사를 통해 특수교육대상자로 선정 · 배치되면 진단 · 평가 결과는 학생의 개별화교육계획 수립 시 적절한 교육서비스 내용을 결정하기 위한 기초 자료로 활용되는 것이다. 특수교육대상자 진단 · 평가에 관한 사항은 특수교육지원센터에서 담당하며, 특수교육대상자로의 선정 · 배치는 특수교육운영위원회에서 담당한다.

참고문헌

경기도교육청(2014). **특수교육대상자 선정 · 배치 계획.**

경기도교육청(2017). **특수교육대상자 진단 · 배치 매뉴얼.**

경기도교육청(2019). **2019 특수교육정책추진 기본계획.**

경기도용인교육지원청(2014). **특수교육대상자 선정 · 배치 계획.**

경기도용인교육지원청(2018). **특수교육대상자 선정 · 배치 계획.**

교육부(2018). **특수교육연차보고서.**

국립특수교육원(2009a). **특수교육대상아동 선별 · 진단검사 지침.**

국립특수교육원(2009b). **특수교육지원센터 운영자료.**

김남진, 김정은, 최희승(2012). **장애아 진단 및 평가.** 경기: 양서원.

김원경, 이석진, 김은주, 권택환(2010). **특수교육법 해설.** 경기: 교육과학사.

백기엽(2006). 초등학교 특수교육대상자 선정 과정 실태 및 개선요구에 관한 특수학급 교사들의 인식 분석. 이화여자대학교 교육대학원 석사학위논문.

백은희, 이병인, 조수제(2005). 정신지체아동을 위한 적응행동 평가도구(SIB-R)의 한국표준화 연구. **특수교육학연구, 40**(2), 75-102.

서울장애인종합복지관(2005). **장애의 진단과 판정.**

이승희(2011). **특수교육평가.** 서울: 학지사.

정동영, 김주영, 김형일, 김희규, 정동일(2010). **특수교육의 이해.** 경기: 교육과학사.

정인숙(2001). **장애학생 지능 및 적응행동의 사정과 활용**. 국립특수교육원.

최성규(2011). **장애아동 언어지도**. 한국언어치료학회.

최성규(2013). 진단 · 평가 및 중재수업 간의 관계에 대한 청각장애학교 교사의 인식 연구. **특수교육연구, 20**(1), 117-140.

최성규, 황석윤(2010). 정신지체아동의 장애정도 결정을 위한 진단 · 평가 퍼지 프로그램 개발. **특수교육학연구, 45**(1), 291-316.

최순옥(2003). 특수교육대상자 선정 · 배치의 문제점과 개선방안. **현장특수교육, 10**(1), 58-61.

함미애(2005). 특수학급 입급 대상자의 선별 및 진단 절차. **현장특수교육, 12**(2), 12-15.

McLoughlin, J. A., & Lewis, R. B. (1994). *Assessing special students* (4th ed.). Prentice-Hall, Inc.

일반교육 교육과정 접근

이 장의 구성

1. 일반교육 교육과정 접근의 개념

2. 일반교육 교육과정 접근의 방법

   1) 보편적 학습설계

   2) 교육과정의 수정

3. 일반교육 교육과정 접근의 실제

   1) 보편적 학습설계 적용의 실제

   2) 교육과정 수정의 실제

연구과제

1. 장애학생을 위한 일반교육 교육과정 접근의 의미를 알아보자.
2. 장애학생을 위한 일반교육 교육과정 접근의 방법을 알아보자.
3. 장애학생의 일반교육 교육과정에의 접근을 위한 실제 사례를 이용하여 지도안을 작성해 보자.

이 장의 개요

특수교육 교육과정에서는 모든 학생들이 학교에서 충실한 학습 경험을 누릴 수 있도록 필요한 교육기회와 지원을 제공하도록 하고 있다. 이를 위해서는 동일하고 획일화된 교육과정이 아니라 학습자를 다양한 능력과 특징을 지닌 특별한 존재로 인정하여 이들의 차이를 수용하고 보완할 수 있도록 해야 하며, 다양한 교육적 요구를 가진 '모든 학생'들을 포함한 교육과정의 적용을 강조해야 한다. 1990년대 중반 이후 장애 인식 개선 프로그램을 비롯한 사회적인 통합에 많은 관심을 기울이면서 다양한 프로그램이 개발되었다. 최근에는 더 나아가 일반학교 교육과정에의 접근을 중심으로 한 장애학생의 교육과정적 통합에 대해 많은 관심을 기울이고 있다. 이를 반영하여 우리나라 초 · 중등 교육과정 및 특수교육 교육과정, 그리고 「장애인 등에 대한 특수교육법」과 미국의 「장애인교육법」에서는 학생들의 능력과 개인차를 고려한 수준별 교육과정 혹은 수준별 수업과 개별화교육 프로그램의 적용을 강조하고 있다. 또한 통합교육을 운영하는 일반학교에서는 교실 내의 다양한 요구들을 수용하기 위해 교육과정을 수정(modification)하거나 조절(accommodation)하도록 강조하고 있다.

이 장에서는 먼저 특수학급 장애학생의 일반교육 교육과정에의 접근 개념과 이를 위한 방법으로 보편적 학습설계의 개념 및 적용을 살펴보며, 장애학생들의 특성을 고려한 교육과정의 재구성과 조정을 통해서 교육목표를 달성하기 위한 실행방법으로 장애학생의 교육과정 수정의 개념, 방법, 그리고 일반교육 교육과정 접근의 보편적 학습설계와 교육과정 수정의 실제를 소개함으로써 장애학생의 성공적인 통합교육 실행과정에 도움을 주고자 한다.

1. 일반교육 교육과정 접근의 개념

1975년 「전장애아교육법(Education for All Handicapped Children Act: EAHCA)」을 통해서 미국의 장애학생을 위한 특수교육이 처음으로 의무화되면서 장애학생의 특수한 요구와 필요에 맞는 교육을 받을 수 있는 권리가 확보되었다. 그러나 당시 미국의 교육과정 모델은 일반교육 교육과정(general education curriculum)뿐이었으며, 이 일반교육 교육과정은 장애학생들을 포함하거나 편의를 제공하도록 설계되지 않았다. 그래서 이 교육과정을 장애학생에게 효과적으로 적용할 수 없었기 때문에 특수교육자들과 교육과정 설계자들은 개별화된 학습목표, 교수방법, 교재, 평가방법을 고려한 특수교육 교육과정(special education curriculum)을 별도로 개발하여 적용하게 되었다(이유훈, 2012). 이후 일반교육 교육과정은 비장애학생들에게 높은 표준을 요구하고, 학생의 진전을 위해 더 많은 책무성을 부여한 반면, 장애학생을 위한 특수교육 교육과정은 기대한 만큼의 성과를 가져오지 못하고 장애학생들은 계속해서 뒤처지게 되었다. 실제로 분리된 학습환경에서 개별화교육(individualized education)을 받은 장애학생들이 또래 수준으로 따라가거나 정규과정에서 또래학생들과 더 잘 융화하고 기능한다는 연구결과도 없었다(Hocutt, 1996: 안미리, 노석준, 김성남, 2005, p. 87 재인용).

1997년 미국 「장애인교육법(IDEA)」에서는 장애학생에 대한 무상의 적절한 공교육(free appropriate public education: FAPE)을 받을 권리뿐만 아니라 일반교육 교육과정에의 접근 권리를 새로이 규정하게 되었고, 장애학생도 비장애학생과 동일한 책무성(accountability) 시스템 내에서 평가받을 것을 요구하게 되었다. 즉, 장애학생의 학업수행에 대한 기대치를 높이고 그들의 교육성과에 대한 책무성을 높이는 것을 목표로 하였다(이유훈, 2012). 1997년에 개정된 IDEA에서 규정한 일반교육 교육과정에의 '접근 권리'는 상호 관련된 세 단계, 즉 '접근' '참여' 및 '진전'으로 이루어지며, 장애학생의 교육과정에 대한 접근성과 일반교육 교육과정에의 의미 있는 참여, 그리고 최종 학업성취뿐만 아니라 이전 단계인 접근과 참여에 대한 평가로서의 진전을 강조한다(Hitchcock, Meyer, Rose, & Jackson, 2002: 안미리, 노석준, 김성남 역, 2010, pp. 129-130 재인용).

2004년 「장애인교육향상법(Individuals with Disabilities Education Improvement Act:

IDEIA)」에서는 장애학생의 일반교육 교육과정(general education curriculum)에의 참여뿐만 아니라, 주(州)와 교육구로 하여금 장애학생들의 학습을 지원하기 위해 보편적으로 설계된 교육과정을 제공하기 위해 더 노력해야 함을 강조하게 되었다. 2004년 재승인된「장애인교육향상법(IDEIA)」은 1997 IDEA의 일반교육 교육과정 접근에 대한 조항들을 유지하면서,「아동낙오방지법(No Child Left Behind: NCLB)」의 여섯 가지 원리(책무성 강조, 전문적 자질의 교사양성, 과학적으로 검증된 연구기반 교수법 강조, 지방의 유연성 신장, 안전한 학교 조성, 부모의 선택권 확대)와도 연계하여 장애학생의 학업수행에 대한 더 높은 기대와 교육성과에 대한 책무성을 높이도록 하고 있다. 또한 1997년의 IDEA와 2004년의 IDEIA는 장애학생의 일반교육 교육과정에의 접근, 참여 및 진전을 보장하기 위해 종전의 IEP에 장애학생들의 일반교육 교육과정에의 접근 및 학업성취를 높일 수 있는 방안과 일반교육 기준에 의한 학업성취도 평가에 어떻게 참여시킬 것인가에 대한 고려사항을 진술하도록 하고 있다(이유훈, 2012).

장애학생의 일반교육 교육과정 접근을 위해서 특수교육은 일반교육 교육과정에 접근할 수 있도록 하는 일련의 서비스와 지원을 강조하며, IEP를 일반교육 교육과정을 위한 개별 학생을 위해 어떻게 실행할 수 있는지를 구체화하는 도구로 사용하도록 한다. 학생의 IEP는 기준을 반영하는 일반교육 교육과정 내에서의 학생 수준(예: 특정 과목에서 학생의 지식과 기술, 과정들의 수준)을 명시하는 평가에 기초하고 있다. 특수교육 교수의 목표들뿐만 아니라 학생이 일반교육 교육과정에 접근하고 진보하는 것을 돕는 데 요구되는 조정과 서비스 지원이 구체적으로 제시되어야 한다. 학생의 IEP는 특수교육이 특정 교육과정 영역들 혹은 일반교육 교육과정에서 다루어지지 않는 기술 영역들에서 교수를 제공함으로써 일반교육 교육과정을 어떻게 보충할 것인지 제공해야 한다. IEP에 대한 결정은 개별화되지만 학생들이 일반교육 교육과정에서 학습해야 한다는 기대에서 출발한다. 특수교육의 역할은 학생이 일반교육 교육과정에서 학습하고 진보하는 것을 돕는 데 있다(박승희 외 역, 2014).

[그림 9-1]은 개별화교육지원팀에서 장애학생의 일반교육 교육과정 접근을 위한 방법을 고려할 때 필요한 IEP 결정 과정에 관한 순서도이다.

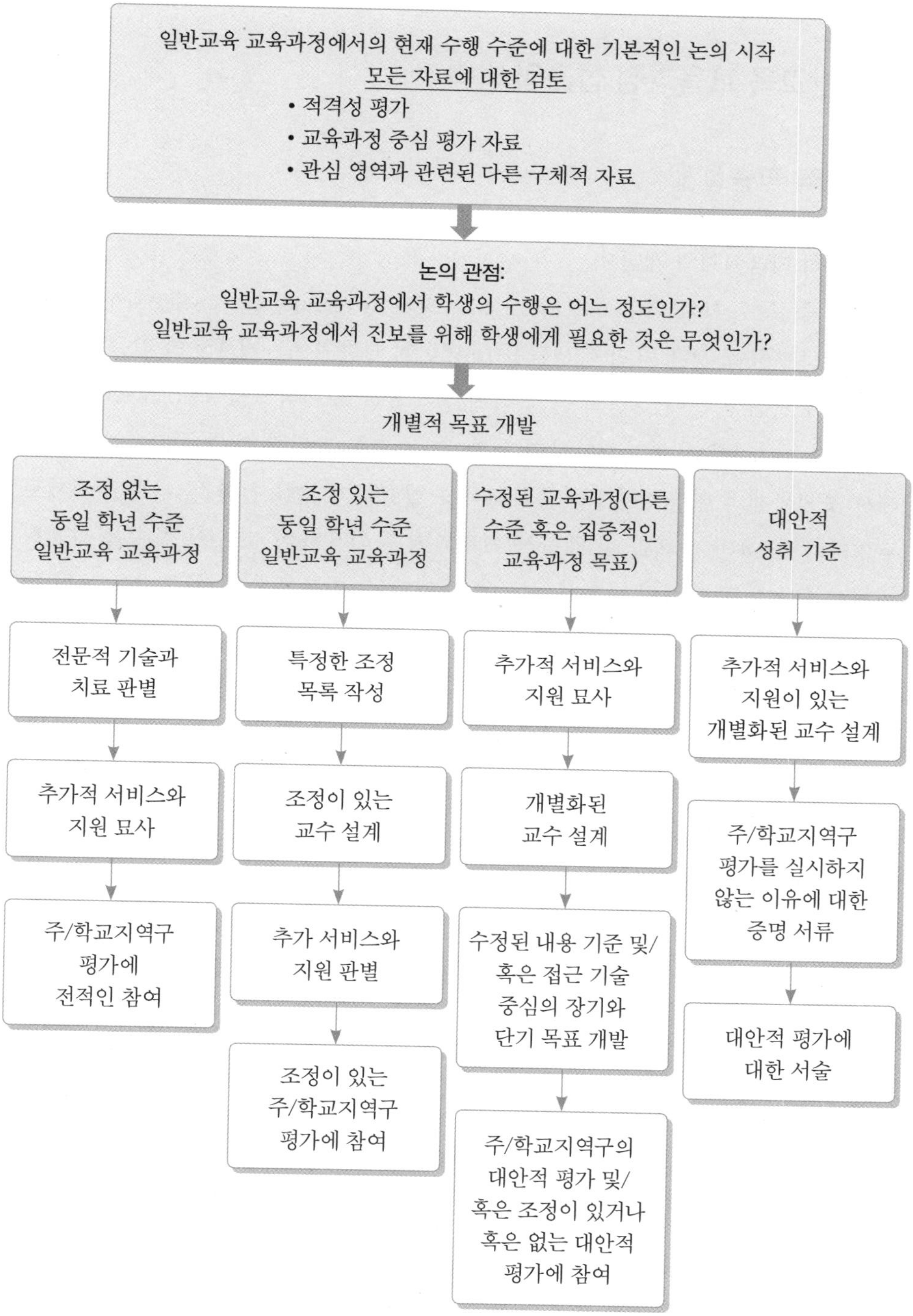

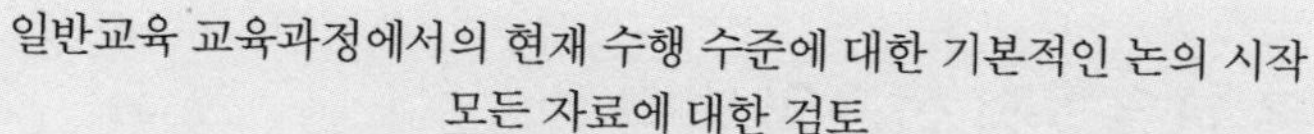

일반교육 교육과정에서의 현재 수행 수준에 대한 기본적인 논의 시작
모든 자료에 대한 검토
- 적격성 평가
- 교육과정 중심 평가 자료
- 관심 영역과 관련된 다른 구체적 자료

↓

논의 관점:
일반교육 교육과정에서 학생의 수행은 어느 정도인가?
일반교육 교육과정에서 진보를 위해 학생에게 필요한 것은 무엇인가?

↓

개별적 목표 개발

조정 없는 동일 학년 수준 일반교육 교육과정	조정 있는 동일 학년 수준 일반교육 교육과정	수정된 교육과정(다른 수준 혹은 집중적인 교육과정 목표)	대안적 성취 기준
↓ 전문적 기술과 치료 판별	↓ 특정한 조정 목록 작성	↓ 추가적 서비스와 지원 묘사	↓ 추가적 서비스와 지원이 있는 개별화된 교수 설계
↓ 추가적 서비스와 지원 묘사	↓ 조정이 있는 교수 설계	↓ 개별화된 교수 설계	↓ 주/학교지역구 평가를 실시하지 않는 이유에 대한 증명 서류
↓ 주/학교지역구 평가에 전적인 참여	↓ 추가 서비스와 지원 판별	↓ 수정된 내용 기준 및/혹은 접근 기술 중심의 장기와 단기 목표 개발	↓ 대안적 평가에 대한 서술
	↓ 조정이 있는 주/학교지역구 평가에 참여	↓ 주/학교지역구의 대안적 평가 및/혹은 조정이 있거나 혹은 없는 대안적 평가에 참여	

[그림 9-1] IEP 결정 과정

출처: 박승희 외 역(2014), p. 182.

2. 일반교육 교육과정 접근의 방법

1) 보편적 학습설계

(1) 보편적 학습설계의 개념

미국의 응용특수공학센터(Center for Applied Special Technology: CAST)에서는 장애를 포함하여 다양한 특성을 가진 학생들을 대상으로 일반교육과정으로의 접근과 참여를 촉진시키기 위해 학습에 보편적 설계 원리를 적용한 '보편적 학습설계(Universal Design for Learning: UDL)'의 개념을 제안하였다(황리리, 2015). 보편적 학습설계는 일반교육 현장에서 장애학생과 비장애학생의 통합교육을 실행하기 위한 철학적, 이론적 체제로서 대두되었다. 교육과정 개발 및 개발한 교육과정을 이용하여, 교수와 학습을 설계하는 단계에서부터 모든 학생의 다양한 요구를 반영할 수 있도록 적용하는 것을 보편적 학습설계라 할 수 있다(유성균, 정동영, 2017).

보편적 학습설계의 목적은 보다 많은 학생들이 일반교육 교육과정에 접근할 수 있도록 하는 데 있으며, 이를 통해 '특별한 조정(accommodation)과 지원'을 필요로 하는 학생의 수를 감소시키는 데 있다. 이러한 목적은 학생들이 교육과정 및 학습 환경에 접근할 수 있는 다양한 방법이 창출됨으로써 달성될 수 있다(Smith, 2007).

보편적 학습설계는 보편적 설계를 교육에 적용한 개념으로 보편적 설계란 특별한 설계상의 변경 없이도 가능한 한 많은 사람이 유용하게 사용할 수 있는 생산물이나 환경 등을 설계하는 것을 의미한다. 즉, 장애인들과 같은 다양한 신체적 특징을 지닌 사용자들이 추후 변경 없이도 자신들의 필요에 따라 적절하게 사용할 수 있도록 건축물 등을 설계해야 한다는 것이다(노석준, 2012; 황리리, 2015). 이는 거시적 의미에서는 모든 학생의 교육적 목적을 성취하기 위하여 국가 수준의 교육과정 개발단계부터 장애학생과 비장애학생의 교육적 목표를 고려한 교육내용, 교육방법, 교육환경, 평가 등을 선정하고, 이러한 교육 요소들이 수업운영에서 자연스럽게 지원되는 것을 일컫는다(한경근, 2007). 미시적 의미로는 장애학생을 포함한 비장애학생의 학습 목표성취를 위해 차이에 대한 수용, 학급 사회 공동체, 자연스러운 지원을 위한 교실환경과 교사의 융통성 있는 설명적 제시, 표현 수단 제시, 학생의 참여를 위한 다양한 수단 제시 교수법을 포함한다(박주연, 2008).

표 9-1 보편적 학습설계 원리의 의미와 하위 요소

원리	내용	하위 요소
다양한 표상수단의 제공	학습자마다 정보를 인식하고 이해하는 방법이 다르기 때문에 제시하는 방법을 다양하게 제공한다는 의미	지각, 언어 · 상징, 이해를 위한 선택권 제공
다양한 표현수단의 제공	학습자가 아는 것을 표현하는 방법은 제각각 다양하기 때문에 표현 방법을 스스로 선택하게 한다는 의미	신체적 행동, 표현기술과 유창성, 실행 기능에 대한 선택권 제공
다양한 참여수단의 제공	학생들이 학습에 참여하거나 동기를 부여받는 방법이 다르기 때문에 학습자의 흥미 및 동기 유발, 도전감 제공을 위하여 다양한 방법을 제공해야 한다는 의미	관심을 증가시키고, 노력과 끈기를 지속시키며, 자기조절을 할 수 있도록 하기 위한 선택권 제공

보편적 학습설계는 동일하고 획일화된 교육과정이 아니라 학습자를 다양한 능력과 특질을 지닌 특별한 존재로 인정하여 이들의 차이를 수용하고 보완할 수 있는 학습설계이며, 그 대상은 장애학생뿐만 아니라 다양한 교육적 요구를 가진 '모든 학생'들을 포함한다고 할 수 있다(황리리, 2015).

CAST(2014)에서는 보편적 학습설계의 필수적 원리로 다양한 표상수단(multiple means of representation), 다양한 표현수단(multiple means of expression), 다양한 참여수단(multiple means of engagement)의 세 가지 원리를 제시하고 있다. CAST(2014)에서 주창한 보편적 학습설계 원리의 의미와 하위 요소를 살펴보면 〈표 9-1〉과 같다(황리리, 2015 재인용).

다양하고 이질적인 학생 개인의 교육적 요구를 모두 포함하고, 그들이 쉽게 참여하고 진보를 경험할 수 있도록 하기 위한 교육과정의 개발이 필요하다. 장애학생을 위한 일반교육과정 접근 방법으로서 기존 교육과정의 어려움을 해결하기 위한 대안이 될 수 있는 보편적 학습설계는 다음과 같은 전제와 특징을 가진다(노준석, 2006).

첫째, 보편적 학습설계는 교실에서의 학습 차이의 연속성을 가정한다. 다시 말해서, 학습자는 학년 수준과 동일한 수준에서 혹은 그보다 낮은 수준에서, 그리고 그보다 상위의 수준에서 학습할 것이며, 개별 학습자는 개인적인 장단점을 가지고 있다는 것을 전제로 한다.

둘째, 보편적 학습설계는 융통성 있게 제시된 일반교육 교육과정을 바탕으로 하며, 그렇기 때문에 모든 학습자를 적절하게 포함하고 참여시키며 도전할 수 있도록 한다.

셋째, 보편적 학습설계는 모든 학습자가 대안적인 교육과정이나 표준을 설정하기보다는 동일한 표준하에서 진보하도록 한다. 그것은 모두를 위한 높은 기대를 유지하며 장애학생을 위한 교육과정을 '질적으로 저하시키지' 않는다.

넷째, 보편적 학습설계는 설계할 때부터 통합적이다. 즉, 수업 방법과 보조공학은 처음부터 통합되어 구축되거나 쉽게 이용할 수 있도록 사전에 계획된다.

(2) 보편적 학습설계의 적용

보편적 학습설계는 교사들이 그들의 학생들에게 장애가 있든 없든, 각 개인별 학생의 독특한 학습양식을 가장 잘 지원하는 방법으로 교육과정과 상호작용할 수 있는 기반을 제공해 주는 것이다. 교사가 보편적 학습설계를 적용하고자 할 때 첫 번째로 해야 하는 일은 어떠한 장애물이 학생의 이해를 방해하고, 어떠한 요구를 수용해야 하는지를 고려하는 것이다(보조공학 측면에서 물리적으로, 혹은 효과적 교수를 통해 인지적으로 등). 물리적 환경에 대한 보편적 설계가 그것의 궁극적 목적으로서 환경에 대한 접근을 용이하게 하는 반면, 학습의 보편적 설계는 개인의 학습을 방해하는 장애물만을 제거하는 것이다(Burgstahler, 2015). CAST(2014)에서 주장한 보편적 학습설계의 원리와 하위 요소의 교수적 적용을 위한 구체적인 내용은 〈표 9-2〉와 같다(황리리, 2015 재인용).

표 9-2 보편적 학습설계의 원리와 교수적 적용

보편적 학습 설계의 원리	하위 요소	교수적 적용 요소
다양한 표상수단 제공	인지방법의 다양한 선택 제공	• 정보의 제시 방식을 학습자에 맞게 설정하는 방법 제공하기 • 청각 정보의 대안을 제공하기 • 시각 정보의 대안을 제공하기
	언어, 수식, 기호의 다양한 선택 제공	• 어휘와 기호의 뜻을 명료하게 하기 • 글의 짜임새와 구조를 명료하게 하기 • 문자, 수식, 기호의 해독을 지원하기 • 범언어적인 이해를 증진시키기 • 다양한 매체들을 통해 의미를 보여 주기
	이해를 돕기 위한 다양한 선택 제공	• 배경지식을 제공하거나 활성화시키기 • 패턴, 핵심부분, 주요 아이디어 및 관계 강조하기 • 정보처리, 시각화, 이용의 과정을 안내하기 • 정보 이전과 일반화를 극대화하기

다양한 표현수단 제공	신체적 표현방식에 따른 다양한 선택 제공	• 응답과 자료 탐색 방식을 다양화하기 • 다양한 도구들과 보조공학(AT)기기 이용을 최적화하기
	표현과 의사소통을 위한 다양한 선택 제공	• 의사소통을 위한 여러 가지 매체 사용하기 • 작품의 구성과 제작을 위한 여러 가지 도구들 사용하기 • 연습과 수행을 위한 지원을 점차 줄이면서 유창성 키우기
	자율적 관리기능에 따른 다양한 선택 제공	• 적절한 목표 설정에 대한 안내하기 • 계획과 전략개발을 지원하기 • 정보와 자료 관리를 용이하게 돕기 • 학습 진행 상황을 모니터하는 능력을 증진시키기
다양한 참여수단 제공	흥미를 돋우는 다양한 선택 제공	• 개인의 선택과 자율성을 최적화하기 • 학습자와의 관련성, 가치, 현실성 최적화하기 • 위협이나 주의를 분산시킬 만한 요소들을 최소화하기
	지속적인 노력과 끈기를 돕는 선택 제공	• 목표나 목적을 뚜렷하게 부각시키기 • 난이도를 최적화하기 위한 요구와 자료들을 다양화하기 • 협력과 동료 집단을 육성하기 • 성취지향적 피드백을 증진시키기
	자기조절 능력을 키우기 위한 선택 제공	• 학습동기를 최적화하는 기대와 믿음을 증진시키기 • 극복하는 기술과 전략들을 촉진시키기 • 자기평가와 성찰을 발전시키기

출처: 황리리(2015)에서 발췌 수정.

보편적 학습설계와 함께 교사들은 대안적 교수 · 학습을 실시하거나, 교수 · 학습 진도를 빠르게 혹은 느리게 하거나, 학생들이 그들이 학습한 것을 나타내는 대안적 방법을 제공할 수 있다. 〈표 9-3〉은 보편적 학습설계 전략을 학생들의 특징과 요구를 고려하여 적용한 예이다(Burgstahler, 2015).

표 9-3 **보편적 학습설계 전략 적용의 예**

학생의 학습 특성	전략 적용의 예
참여하고 있는 수업내용을 이해하는 데 어려움이 있는 경우	• 다양한 능력, 관심사, 학습 방식 및 선호도를 가진 학생들의 요구를 고려하여 교과서와 기타 교육과정 채택하기 • 학생들에게 수업을 마칠 때 대답할 수 있어야 하는 몇 가지 질문들을 수업 도입 부분에 미리 제시하기 • 수업 내용을 논리적이고 간략한 형태로 제시하기 • 개요, 수업 노트, 요약, 학습 가이드 및 기타 인지적 지원 제공하기, 학생들이 자신에게 맞는 방법을 개발하도록 가르쳐 주기 • 깔끔하게 정리된 발표 자료(슬라이드)상에서 크고 굵은 글자체 사용하기, • 시각적 자료와 함께 제시된 모든 내용을 큰 소리로 읽기 • 정기적으로 학생의 선행 지식 및 현재 학습 상태를 비형식적(예: 학급토론) 혹은 형식적(예: 종종 간단한 평가 실시)으로 평가하여 그 결과에 따른 교수·학습 내용 및 방법 조정하기
학급토론에 참여하지 않거나 반대로 학급 내에서 대화를 독점하는 경우	• 토론의 방법을 다양화시켜(예: 온라인 토론, 전체 학급 토론, 소그룹 토론, 일대일 토론) 학생 자신이 편안하게 느끼는 형태의 토론에 참여할 수 있도록 도와주기 • 모든 학생이 특정 분량만큼 토론에 참여해야 하는 규칙 정하기(예: 한 학생당 특정 횟수보다 질문을 더 하지 못하는 규칙, 한 번 토론에 참여한 학생은 다른 학생들이 특정 횟수만큼 참여한 후 다시 토론에서 이야기할 수 있음) • 특정 수업에서 다음 질문은 아직까지 토론에 참여하지 않은 학생이 답해야 한다고 명시하기 • 전체 학급토론 전에 옆에 있는 급우들과 먼저 자신의 생각에 대해 나누어 보는 기회 제공하기 • 학급토론을 위해 작은 종이에 모든 학생들이 질문을 적고 제출하게 하고 교사가 그중 질문을 뽑아 토론 진행하기

출처: 정동영 외(2016).

2) 교육과정의 수정

(1) 교육과정 수정의 개념

장애학생의 교육이 특수학급에서의 수업에 한정되지 않고 일반학급 수업에의 참여가 강조되면서 장애학생의 일반학급 수업시간에의 참여가 증가되었다. 그러나 장애학생이 일반학급의 교과 수업에 물리적으로만 실재하고 실질적으로 장애학생의 개별화 목표 성취에는 도움이 안 되는 시간을 보내고 있음이 문제로 제기되고 있다. 2007년에 제정된「장애인 등에 대한 특수교육법」에서는 장애학생의 보다 적극적인 수업 참여를 강조하여 '특수교육대상자가 일반학교에서 장애유형 · 장애정도에 따라 차별을 받지 아니하고 또래와 함께 개개인의 교육적 요구에 적합한 교육을 받는 것'으로 통합교육을 정의하고 있다. 미국의 경우, 2000년대 초 연방정부의 특수교육 정책을 담당하는 특수교육재활국(OSERS)에서 5대 중점과제 중의 하나로 '일반교육과정으로의 접근(Access to the General Curriculum)'이라는 국가적인 요구와 더불어 '학교의 재구조화(School Restructuring)'가 이슈화됨으로써 장애학생의 교육과정적 통합이 함께 논의되었다. 또한「아동낙오방지법(NCLB)」과 미국「장애인교육법(IDEA)」에서도 장애학생의 일반교육과정에 대한 접근과 학습권을 강조하고 있다(강경숙 외, 2009).

장애학생의 통합 형태는 물리적 통합, 사회적 통합, 정서적 통합(행동적 통합), 그리고 교육과정적 통합으로 나눌 수 있다(Wood, 2006). '물리적 통합'이란 장애학생의 일반학급 배치를 의미한다. 물리적 통합은 학교와 교사들에게 있어 매우 중요한 단계이자 가장 첫 번째 단계라고 할 수 있다. 이때 일반학급의 환경은 가능한 한 보편적 설계의 원리를 준수해야 한다. 그리고 '사회적 통합'은 일반학급 동료들과의 자연스럽고 다양한 상호작용을 의미한다. 이와 같은 사회적 통합은 교사의 의도적인 계획에 의해서도 이루어질 수 있으며, 수업활동뿐만 아니라 쉬는 시간이나 점심시간, 학교 동아리 활동 등 수업 이외의 시간에도 이루어질 수 있다. '정서적 통합'은 장애학생이 학급 내에서 소속감이나 자신의 가치를 느끼는 감정을 의미하며, 그렇기 때문에 비장애학생들과의 '관계'를 강조한다. 정서적 통합은 장애학생을 가능한 한 덜 특별하게 대하거나 혹은 일반아동과 다르지 않게 대하는 교사의 태도가 매우 중요하다. '교육과정적 통합'은 비장애학생들과의 학습활동 참여를 확대하는 것을 의미한다. 즉, 교육과정적 통합이란 일반학급에 통합된 장애학생이 비장애학생과 함께 수업활동에 참여함으로써 실질적으로 한 학급의 구성원으로 소속되고 그 수업을 통해 적합한 교육적 성취를 이루는 수준의 통합을 의미한다. 박승희(2001)는 교육과정적 통합을 '일반학교에서 함께 교육을 받게 된 장애학생과 비장애학생의 교육과정이 서로 아무런 관련성 없이 별개의 교육내용으로 이분화된 것을 하나의 공동의 교육과정적 틀 아래에서 이 두 집단의 교육과정을 광범위한 하나의 연속체로 조화시키는 것을 의미한다.'라고 정리하였다.

이와 같은 교육과정적 통합을 위해 장애학생의 특성에 맞도록 교육과정을 수정하는 과정을 교수적합화 혹은 교수적 수정이라고 한다. 신현기 등(2005)은 교육과정의 수정을 '교수적합화(curricular adaptation 또는 instructional adaptation)'라는 용어를 사용하여 이는 '다양한 교육적 요구를 지닌 학생들의 수행 향상과 수업 참여의 범위와 양을 확장시키기 위해서 교수환경, 교수집단, 교수내용, 교수방법, 평가방법을 포함하는 교육의 전반적인 환경을 조절하고 수정하는 과정'이라고 하였다.

또한 박승희(2001)는 '교수적 수정'이란 용어를 '교육과정의 수정'보다 광의의 개념으로 해석하여 단순한 '교육내용'의 수정에 초점을 둔 협의의 개념이 아니라 좀 더 포괄적인 의미를 내포하고 있다고 하였다. 즉, '교수적 수정'은 한 활동에 적어도 부분적 참여를 허용하거나 한 학생의 수행을 강화하는 학습을 위해 사용되는 학습기대, 교육과정의 내용, 환경, 교수, 자료에서의 어떤 종류의 조정 혹은 수정을 의미한다고 하였다.

그리고 Pierangelo와 Giuliani(2007)는 조절(accommodation)은 학생들이 일반교육과정에 접근할 수 있도록 만들고 학습 수행을 나타낼 수 있도록 해 주는 과정이며, 교육과정의 교수 수준이나 수행 기준을 변화시키는 것은 아니라고 하였다. 즉, 조절은 장애학생들이 다른 학생들과 동일한 교육적 목표와 내용으로 학습하는 것을 의미한다. 그러나 장애학생들의 학습방식과 자신의 학습결과를 표현하는 방식은 또래들과 다를 것이다. 조절은 일상생활에 중심 학습이나 기초기술에 대한 교수로 대체하려는 것은 아니다. 대신 학습문제를 가진 학생들에게 정보를 습득하는 방법과 자신의 지식을 표현하는 방법을 제공하여 도움을 주고자 하는 것이다. 조절은 발표(표현, 반응)의 구성과 절차, 교수전략, 시간과 일정, 환경, 시설, 건물 구조 등과 같은 항목의 변화를 의미한다. 조절은 초등학교와 중등학교 학생들에게 적절하며, 즉시 활용할 수 있도록 준비되어야 한다(김희규 역, 2011).

이에 비해 수정(modification)은 장애학생들이 학습하고 수행하면서 보여 주는 기대수준을 변화시키는 것을 의미한다. 이러한 변화는 교육 수준과 내용 혹은 성취수준에서의 변화를 의미한다. 이러한 변화를 통해서 교사는 학생들에게 의미 있고 생산적인 학습 경험과 환경 그리고 개인의 요구와 능력을 바탕으로 한 사정이 이루어질 수 있도록 한다. 수정은 학생의 학년 수준에서 기대하는 과제의 양이나 형태를 변경하는 것이다. 예를 들어, 장애학생이 학급의 다른 학생들에 비해 낮은 수준에서 과제를 수행하기도 한다. 또는 다른 학생들의 목표 기술과 관련된 기술을 수행하게 될 것이다(Pierangelo & Giuliani, 2007).

Janney와 Snell(2000)은 교육과정의 수정을, 무엇을 가르칠 것인가를 수정하는 '교육과정적(curricular) 수정'과 어떻게 가르치고 학생이 배운 것을 어떻게 나타낼 것인가를 수정하는 '교수적(instructional) 수정', 시간과 장소를 같이하는 사람들을 수정하는 '생태학적(ecological) 수정'의 세 가지 범주로 구별하였다(조윤경, 홍은주, 2003, pp. 71-93 재인용).

첫째, 교육과정적 수정은 내용을 단순하게 하거나 대체적인 유형으로 바꾸는 것으로 가르칠 내용을 변화시키는 것이다. 단순하게 수정하는 방법은 동일한 내용을 난이도가 조금 낮은 활동으로 바꾸는, 즉 다른 활동 수준으로의 수정과 같은 것을 말한다. 대체적 혹은 기능적 교육과정으로의 변화는 학교, 가정 및 지역사회의 주요한 활동들에 대한 참여에 필요한 기술에 강조점을 두는 것을 말한다.

둘째, 교수적 수정은 교수적 자극 혹은 투입과 같이 교사가 어떻게 가르쳐야 하는가의 측면과 장애학생의 반응 혹은 산출과 같이 교수 동안 장애학생이 어떻게 반응해야 하는가의 측면 두 가지를 포함한다. 투입이건 산출이건 두 가지 다 난이도 혹은 양의 수준, 반응 감각 양식, 형식 혹은 자료의 세 가지 면에서 수정될 수 있다. 이러한 수정을 할 때 주의할 점은 수정은 가능하면 필요할 때만 해야 하고, 간단해야 하며, 장애학생에게 장애라는 낙인이 두드러지지 않게 하는 접근이어야 한다는 것이다. 이러한 기준에는 또래들과 다른 방법으로 반응하도록 요구하는 산출 수정보다는 교사의 계획적이고 구조화된 접근을 통한 투입 수정이 더 적절하게 부합될 수 있다.

셋째, 생태학적 수정은 장애학생이 성공할 수 있도록, 교수 장소와 사람들 수 혹은 배열, 시간표나 일정, 교수자를 변화시키는 것을 포함한다. 이 수정 방법을 사용할 때는 정기적인 평가를 실시해서 장애학생이 너무 의존하지 않고 자기관리 능력을 개발할 수 있도록 유의해야 한다.

이와 같이 교육과정의 수정은 학자에 따라 다양한 개념으로 정의되고 있지만, 결국 교육과정의 수정은 통합학급 상황에서 특수교육 대상 학생의 수업 참여를 가장 적합한 수준으로 성취시키기 위해서 통합학교 교육과정의 계획 단계에서 평가에 이르는 전 과정(process), 즉 교수환경과 교수목표, 교수내용과 교수방법, 교수전략 및 교수자료 그리고 평가방법에 대해 계획하고 실행하는 전 과정에서 수정하고 조정하며 보완하는 과정이라 할 수 있다.

(2) 교육과정 수정의 방법

일반학급에서 일반교육과정 중심으로 이루어지는 수업에 장애학생들이 적극적으로 참여하기 위해서는 교육과정 수정이 요구된다. 교육과정 수정은 가르치는 사람이 교육과정을 하나의 통합된 부분으로 구안할 때 가장 효과적이다. 장애학생이 통합학급의 수업에 적절히 참여하기 위해 필요한 교육과정 수정의 방법은 다음과 같다(Council for Exceptional Children, 1997).

첫째, 가르치는 학생에 대한 이해(장애유형, 강점과 약점)와 그들의 학습양식에 대한 정보를 획득한다. 장애학생은 장애의 유형이나 정도에 따라 교육적 요구가 다양하기 때문에 이들에게 최상의 교육서비스를 제공하기 위해서는 먼저 장애의 유형과 정도 그리고 강점과 약점에 대한 정보를 정확하게 파악해야 한다. 또한 장애학생의 경우 인지양식이나 학습양식이 다양하기 때문에 장애학생의 학습양식을 이해하고 적절한 교수방법을 선택할 수 있도록 해야 할 것이다.

둘째, 가르칠 내용과 그에 따른 장·단기 목표를 결정한다. 장애학생의 개별 특성에 대한 이해를 토대로 장기 교육목표와 단기 교육목표를 설정하게 되는데 이 경우 과제분석을 통하여 목표를 세분화하고 학생의 개별 특성에 따라 적절한 목표를 설정하도록 해야 한다. 목표 설정 시 장애학생의 인지, 언어능력 등이 이들의 학습에 많은 영향을 미치기 때문에 이러한 내용을 종합적으로 고려할 필요가 있다.

셋째, 어떻게 가르칠 것인가, 즉 교수방법을 결정한다. 장애학생은 다양한 개인차를 가지고 있기 때문에 교수·학습과정에서 장애학생의 개인차를 고려한 교수·학습방법을 적용할 필요가 있다. 예를 들어, 사회과 수업 시 활용할 수 있는 교수·학습방법으로는 탐구학습모형, 의사결정 수업모형, 협동학습모형, 토론 수업, 역할극과 시뮬레이션, NIE 등 다양한 교수방법이 있다.

다음은 앞에서 설명한 교육과정을 수정하는 과정의 예시이다(Hammeken, 2007).

〈1단계: 학생의 강점 기록하기〉

- 평균 수준의 능력
- 인식된 능력을 보상할 수 있는 수용언어와 표현언어
- 수학에 대한 강한 적성
- 집단활동에서의 협력
- 조작활동에서의 능력
- 토론활동을 즐기는 정도

이 내용은 예시이기 때문에 목록이 짧게 제시되었지만, 이와 같은 강점들을 구체적으로 상세히 작성하는 것이 바람직하다.

〈2단계: 교과 목표 설정하기〉

- 학생은 사회 시간의 과제를 80% 완성할 수 있다.
- 학생은 학급 평가 과제를 70% 정확히 완성할 수 있다.

그리고 학생이 읽기와 쓰기 영역에서 지원을 받는다면 다음과 같은 영역에서의 지원 전략을 함께 적용한다.

- 교과서 조정
- 녹음자료 제작
- 일일 과제
- 문어
- 노트 필기
- 대안 평가

〈3단계: 브레인스토밍하기〉

- 학생이 혼자서 읽을 수 없는 읽기 자료의 녹음 자료를 제공한다.
- 수업시간에 협동학습을 실시한다. 학생이 동료와 함께 쓰기 과제를 할 수 있도록 한다.
- 각 단원의 학습 안내서를 제공한다. 그리고 그 안내서에는 학생이 달성할 수 있는 목표들을 제시한다.
- 학생이 수업에 필요한 필기를 도와줄 수 있도록 동료를 제공한다. 그리고 필기 내용 복사본을 제공한다.
- 쓰기 평가는 학생 개인의 요구를 고려하여 시행한다. 학생의 긴 쓰기 과제에 대한 부담을 줄여 줄 수 있도록 대안 평가 양식을 사용하도록 허용한다. 최종 과제는 구술 발표로 하도록 한다.

〈4단계: 교육과정 수정하기〉

- 학생에게 가장 적합한 교육과정 수정에 대해 논의한다.
- 교육과정 수정의 담당자를 정한다(녹음 자료 제작이나 학습 안내서 제작은 자원봉사자에게 맡길 수 있다).

• 학급 내에서 교육과정 수정을 실행할 담당자를 정한다.

[그림 9-2]는 장애학생을 위한 교육과정 수정 시 활용할 수 있는 교육과정 수정 계획 양식이다. 이 양식은 통합학급 교사와 특수학급 교사가 함께 IEP 운영위원회 혹은 통합교육 운영팀에서 사전에 작성하여 효율적인 교육과정 수정이 진행될 수 있도록 한다.

일시: ____________________

학생이름: ____________________ 학년: ____________________

운영위원 명단

____________________ ____________________

____________________ ____________________

학생의 장점

____________________ ____________________

____________________ ____________________

• 실행 전략과 수정안:

교과서:

____

____

일일 과제

____

____

쓰기

____

____

철자

____

____

수학

____

____

환경 구성

____

____

정보처리과정

대집단 혹은 소집단 활동

평가

사회/정서/행동

추가 관심 영역

• 교육과정 수정 개발 책임 혹은 실행 담당자 명단

교과서:

교과서:

일일 과제:

쓰기 과제:

철자:

수학:

환경 구성:

평가:

[그림 9-2] 교육과정의 수정 계획 양식

출처: Hammeken (2007), pp. 249-250.

장애학생의 교육과정적 통합을 위한 교육과정 수정은 일반학급의 일상적인 수업에서 장애학생의 수업 참여의 양과 질을 최적의 수준으로 성취시키기 위해서 교수환경, 교수집단, 교수전략 및 교수자료, 교수내용, 평가방법, 과제, 행동관리 등 통합학급의 전반적인 교육환경을 수정·보완하고 조절하는 것이다. 이러한 교육과정 수정의 대상 항목과 그 내용을 열거하면 〈표 9-4〉와 같다.

표 9-4 교육과정 수정 항목과 내용

교육과정 수정 항목	교육과정 수정의 내용	
교수환경	1. 물리적 환경: 조명, 소음, 교수자료의 위치, 접근성, 자리배치, 자리구조, 기타 일반적인 구조화 2. 사회적 환경: 사회적 분위기, 소속감, 평등감, 존중감, 장애이해교육	
교수집단	학생들의 교수적 집단배열의 수정: 대집단, 협동학습, 또래교수, 1 : 1교수, 자습	
보조 인력	• 모델 역할자, 보조자, 정리 보조자, 대독자, 대필자 등으로서의 또래 배치 • 팀 협력 활동을 위한 또래	• 교사 보조 인력 배치 • 조언가 및 순회교사 배치 • 지역사회 지원
교육목표	• 학습 분량 축소 • 단순화, 쉬운 문제 • 축약 • 통합	• 실용적 기능 강조 • 지역사회 적응이나 요리활동 등 차별화된 목표 적용
교수내용	교육과정 내용의 보충 혹은 단순화, 변화시키는 방법 (1) 동일한 활동과 교수목적, 교수자료 (2) 동일한 활동과 자료, 수정된 목표 (3) 동일한 활동과 수정된 목표와 자료 (4) 동일한 주제, 수정된 자료와 목표 (5) 수정된 주제와 활동	
교수활동	과제의 난이도, 양	
교수전략	수업형태, 교육공학, 행동강화전략, 정보제시 및 반응전략	

수업내용 제시방식	• 손 신호나 수화 사용 • 시각, 청각 정보 사용 • 반복 지도 • 명료하게 말하기 • 학생 앞에서 말해 주기 • 복잡하거나 많은 정보를 나누어서 제시하기 • 시범 보이기 • 그림이나 그래픽 사용하기 • 구체물이나 색분필 사용하기 • 지시사항 학생에게 반복하게 하기	• 실험적 활동 사용하기(역할 연기, 신체 움직임, 집단 이야기 작성하기 등) • 내용 구성에 학생 참여시키기(개념 지도나 브레인스토밍) • 다중매체 활용하기(정보 복사 및 녹음해 주기) • 중요한 요점 강조하기 • 수업 진행 속도 조정하기 • 협동학습이나 소집단 토의 활용하기 • 질문에 대한 답 단서 주기 • 단순화하기
교수자료	• 대안적 교수자료 • 녹음도서 사용 • 학습보조도구 사용	
교재 적합화	1. 학생 자료의 유형 적합화 • 받아쓰게 하기 • 녹음하기 • 그림 그리게 하기 • 잡지에서 그림 오려 붙이게 하기 • 컴퓨터 활용하기 • 확대 혹은 축소한 자료 주기 • 전자계산기 혹은 구체물 활용하기	2. 적합화된 도구 사용하기 • 분필끼우개 • 잡기 편하게 된 가위 • 손잡이가 보완된 연필 • 맞춤법 교정기 • 날짜나 숫자 도장 • 워드기 • 줄노트 • 답안 작성용 여백이 많은 문제지
평가방법의 수정	• 시험시간의 융통성 • 시험방법의 수정: 대안적 평가방법 • 학습한 것 드러내는 방식: 검사, 포트폴리오 • 조정된 점수 부여: 노력, 향상, IEP에 따른 조정	

출처: 강영심 외(2005); 이대식 외(2005)에서 수정 발췌.

3. 일반교육 교육과정 접근의 실제

1) 보편적 학습설계 적용의 실제

〈표 9-5〉는 보편적 학습설계의 기본 원리에 대한 수업 설계 방법과 이를 적용하

표 9-5 보편적 학습설계의 수업 설계 방법 및 적용의 실제

원리	수업 설계 방법	적용의 실제
다양한 표상수단	복합적 예 제공하기, 중요 부분을 강조하기, 복합적 매체와 형식 사용하기, 배경 맥락 지원하기 등	멀티미디어 개념 지도, 파워포인트 프레젠테이션, 도형 조직자, 디지털 이미지, 멀티미디어 백과사전 사용
다양한 표현수단	숙련된 기술 수행의 모델 제공, 지원이 제공되는 연습, 지속적이고 적절한 피드백 제공, 기술 시연 등	과정의 단계를 보여 주는 수행 모델, 개념 지도 소프트웨어, 루브릭, 디지털 포트폴리오, 온라인을 이용한 멀티미디어 작품 만들기
다양한 참여수단	내용과 방법의 선택 기회를 학생에게 제공, 적절한 지원과 도전 수준 조정, 보상의 선택 기회 제공 등	학생이 관심 있어 하는 주제와 활동 연결하기, 활동이나 목표, 수준의 선택, 학생의 자기 감독 계획, 가이드 노트, 학생의 자료 선택

기 위한 구체적인 사례(조선화, 박승희, 2011; CAST, 2004; Garderen & Whittaker, 2006; Browder et al., 2008; Dymond et al., 2006)이다. 그리고 이와 같은 보편적 학습설계를 적용한 초등학교 과학 수업과 보편적 학습설계를 적용한 중학교 미술 수업의 사례를 제시하면 다음과 같다.

(1) 보편적 학습설계를 적용한 초등학교 과학 수업

〈표 9-6〉은 보편적 학습설계를 적용한 초등학교 과학 수업의 단계이고, 〈표 9-7〉은 보편적 학습설계를 적용한 초등학교 과학 수업의 실제 사례이다(조선화, 박승희, 2011).

표 9-6 보편적 학습설계를 적용한 초등 과학 통합수업 단계

단계	수업 내용
1단계 목표 설정	• 교육과정(교과서와 교사용 지도서, 주간 교수 · 학습계획안)의 목표를 참고하여 모든 학생이 성취할 수 있는 수준, 대부분의 학생과 일부 학생이 성취할 수 있는 세 수준으로 개별적 교수목표를 설정 • 모든 학생에게 적절한 도전을 주는 목표를 설정(장애학생 포함)
2단계 현재 상태 진단	• 학생, 교육과정 및 교실의 현재 상태를 세부적으로 진단 –현재 교사가 수업에서 일반적으로 사용하고 있는 교육과정(교수방법, 교수매체, 평가)을 진단 –모든 학생의 강점, 약점, 선호도를 진단(장애학생 포함) –학생이 수업에 참여하여 긍정적 학습성취도를 이루는 것을 막는 교육과정 내에 현존하는 방해요인을 판별

3단계 수업 계획	• 보편적 학습설계 교수방법, 교수매체 판별 –보편적 학습설계의 첫 번째 원리인, '인지적 학습을 지원하기 위한 복합적, 융통적인 제시 방법'의 교수적 설계 선택 –보편적 학습설계의 두 번째 원리인, '전략적 학습을 지원하기 위한 복합적, 융통적인 표현 방법'의 교수적 설계 선택 –보편적 학습설계의 세 번째 원리인, '정서적 학습을 지원하기 위한 복합적, 융통적인 참여의 선택 기회 제공'의 교수적 설계 선택 • 보편적 학습설계를 적용한 수업 계획 작성 –모든 학생의 학습성취도를 향상시킬 수 있도록 전체적인 보편적 학습설계를 적용한 수업을 계획 –작성된 수업 계획의 보편적 학습설계 요소를 체크리스트로 재검토
4단계 수업교수	• 계획에 따라 보편적 학습설계를 적용한 수업 교수(장애학생의 교육과정적 통합이 가능)
5단계 평가	• 보편적 학습설계를 적용한 수업 평가 및 다음 수업 계획(장애학생 요구가 별도로 사전 고려됨)

출처: 조선화, 박승희(2011).

표 9-7 보편적 학습설계를 적용한 초등 과학 통합수업 과정안 사례

단원	2. 빛의 나아감		장소	3-1, 3-3교실
주제	빛이 나아가는 모양		차시	5/7
교수목표	모든 학생	1. 빛이 나아가는 모습에 관한 노래의 한 문장을 부를 수 있다. 2. 빛이 나아가는 모습을 관찰할 수 있는 장치를 보고 빛이 나아가는 모습을 관찰할 수 있다.		
	대부분 학생	1. 빛이 나아가는 모습을 자신의 용어로 표현할 수 있다. 2. 빛이 나아가는 모습을 관찰할 수 있는 장치를 만들어 빛이 나아가는 모습을 관찰할 수 있다.		
	일부 학생	1. 빛이 나아가는 모습을 여러 가지 상황을 적용하여 자신의 용어로 설명할 수 있다. 2. 빛이 나아가는 모습을 관찰할 수 있는 장치를 만들어 빛이 나아가는 모습을 관찰하고, 자연 광선과 인공 광선의 차이를 설명할 수 있다.		
교수방법	도형 조직자, 협력학습(프로젝트 학습)		평가	프로젝트 활동을 통한 평가
교수매체	웹 플래시 학습자료(빛의 법칙 송), 파워포인트 프레젠테이션, 머리빗 슬릿, 레이저 포인터, 꼬마전구		원칙	*R: 인지적 지원망 **S: 전략적 지원망 ***A: 정서적 지원망

<table>
<tr><th rowspan="2">단계</th><th rowspan="2">과정
(형태)</th><th colspan="2">교수 · 학습활동</th><th rowspan="2">시간
(분)</th><th rowspan="2">자료</th><th rowspan="2">유의점</th></tr>
<tr><th>교사</th><th>학생</th></tr>
<tr><td rowspan="3">도입</td><td>전시
학습
상기
(전체)</td><td>• 전시학습 관련 질문하기
–그림자 상자에서 광원이나 물체를 다르게 하면 그림자의 크기가 어떻게 되었죠?</td><td>• 그림자가 생기는 데 필요한 것을 발표한다.
–광원이나 물체를 다르게 하면 그림자의 크기가 달라졌어요.</td><td>2</td><td></td><td></td></tr>
<tr><td>동기
유발
(전체)</td><td>• '빛의 법칙 송' 플래시 노래 동영상과 가사 활동지 제공
–가사를 잘 보면서 빛이 나아가는 모양에 대한 부분을 찾아보세요.</td><td>• 노래에서 빛이 나아가는 모양에 대한 부분을 찾아 발표하고, 활동지를 완성한다.
–공기 중엔 똑바로 나가죠.
–빛의 직진이죠.</td><td>5</td><td>R①'빛의 법칙 송' 플래시 노래 동영상
SA②'빛의 법칙 송' 가사 활동지</td><td></td></tr>
<tr><td>학습
문제
제시 및
학습
활동
안내
(전체)</td><td colspan="2">▣ 학습문제 알아보기
빛이 나아가는 모양 알아보기
▣ 학습활동 안내하기
【활동 1】 머리빗 슬릿 만들기
【활동 2】 레이저 포인터로 비커의 물 비추기 중 모둠별 1가지 활동 선택하여 프로젝트 학습 후 시간이 남는 모둠은 활동 3 하기
【활동 3】 꼬마전구 이용하기</td><td>3</td><td></td><td></td></tr>
<tr><td rowspan="2">전개</td><td>활동 1
(모둠)</td><td>• 프로젝트 활동 제공 활동 1, 2, 3의 방법 설명
–파워포인트를 보면서 모둠에서 어떤 활동을 할지 생각해 보세요.
• 모둠에서 선택한 활동 1가지 재료 제공
–활동 1과 2중에 모둠원끼리 상의해서 1가지 활동을 정하세요.
• 프로젝트 추가 활동 제공</td><td>• 모둠에서 원하는 활동을 선택한다.
• 모둠에서 원하는 활동을 선택하여 실시한다.
–프로젝트 활동지를 완성한다.
• 활동이 끝나고 시간이 남는 모둠은 활동 3도 한다.</td><td>15</td><td>R③파워포인트 프레젠테이션
SA④프로젝트 활동지</td><td></td></tr>
<tr><td>활동 2
(모둠)</td><td>• 프로젝트 활동 보고
–각 모둠에서 완성한 프로젝트 활동지를 발표하세요.</td><td>• 모둠별로 자유롭게 알게 된 내용을 발표한다.</td><td>10</td><td></td><td>교사는 활동보고 시 학생들의 이해를 돕도록 내용의 정리를 지원한다.</td></tr>
</table>

정리	평가 (개별)	• 프로젝트 활동에 대한 모둠별 강화 제공	• 활동한 내용에 따라 교사가 제공하는 강화를 받는다.	3	A강화제	
	차시 예고	• 다음 차시 예고	• 다음 차시 예고 듣기	2		
평가 계획	평가 방법	관찰법, 개념지도 완성을 통한 수시 평가				
	목표 수준에 따른 평가 내용	모든 학생	1. 빛이 나아가는 모습에 관한 노래의 한 문장을 부를 수 있다. 2. 빛이 나아가는 모습을 관찰할 수 있는 장치를 보고 빛이 나아가는 모습을 관찰할 수 있다.			
		대부분 학생	1. 빛이 나아가는 모습을 자신의 용어로 표현할 수 있다. 2. 빛이 나아가는 모습을 관찰할 수 있는 장치를 만들어 빛이 나아가는 모습을 관찰할 수 있다.			
		일부 학생	1. 빛이 나아가는 모습을 여러 가지 상황을 적용하여 자신의 용어로 설명할 수 있다. 2. 빛이 나아가는 모습을 관찰할 수 있는 장치를 만들어 빛이 나아가는 모습을 관찰하고, 자연 광선과 인공 광선의 차이를 설명할 수 있다.			

*R: 인지적 지원망(융통적 제시방법); **S: 전략적 지원망(융통적 표현방법); ***A: 정서적 지원망(융통적 참여의 선택 기회)

출처: 조선화, 박승희(2011).

(2) 보편적 학습설계를 적용한 중학교 미술 수업

다음은 자폐 범주성 장애학생이 포함된 중학교 미술과 수업의 보편적 학습설계 적용 수업의 사례이다. 먼저 〈표 9-8〉은 보편적 학습설계를 적용한 자폐 범주성 장애학생의 특성이고, 〈표 9-9〉는 보편적 학습설계를 적용한 미술과 수업의 실제 사례이다(박주연, 2008).

표 9-8 보편적 학습설계를 적용한 자폐 범주성 장애학생의 특성

		학생 1	학생 2
기초 사항	성별	남	남
	연령	만 14.2세	만 14.6세
	학년	중학교 2학년	중학교 2학년
통합 정도		국어, 영어, 수학을 제외한 전 과목	국어, 수학을 제외한 전 과목
학습 특성		• 수업시간에 단어 수준의 소리를 내고, 자리 이탈이 잦으며, 거의 타인과 눈 맞춤이 되지 않고, 주의집중하지 않음 • 교사나 비장애학생이 새로운 과제를 제시하거나 집중하는 과제를 중지시킬 때 책상이나 책을 손가락으로 두드리는 자기자극 행동을 보임 • 반복적으로 의자에서 이탈하고 물건을 일부러 떨어뜨리고 자주 주움. 과제 수행은 거의 하지 않음	• 단순한 모방학습에서는 능력이 뛰어나나, 다른 상황에의 적용은 어려우며, 지속적으로 무의미한 발성을 반복함 • 새로운 과제활동에서 계속적, 반복적 질문을 많이 함 • 교사와 비장애학생과의 상호작용은 전혀 없음. 반복되는 비장애학생의 행동은 모방을 하나 금방 주의가 산만해짐 • 비장애학생의 간단한 요구에는 반응 보임 • 제시된 과제를 간헐적으로 수행
언어 및 사회적 상호작용 수준		• 반향어로 언어소통 어려움, 단어의 모방이 가능함 • 요구에 대한 의사표현은 다른 사람의 손을 잡아끌거나 무의미한 언어를 반복적으로 표현함 • 질문에는 간단한 단어나 몸짓으로 반응을 보임. 눈 맞춤에 대한 거부감과 감정 기복이 큼	• 주변과 친숙한 간단한 요구는 2어절의 단어로 말함 • 다른 사람의 말을 따라하는 반향어가 자주 나타나고, 무의미한 말들을 반복하여 사용함 • 교사의 지시 따르기가 간혹 이루어지고 친구들이 먼저 말을 걸거나 놀이를 권하면 수동적으로 참여할 수는 있음
전반적 미술 활동 수준		• 미술활동 중 자동차나 계단 그리기에 흥미를 보이며, 유성 사인펜을 선호하며, 신호등과 광고 문구를 무척 좋아함 • 연필로 반곡된 선이나 기본 형태(세모, 동그라미, 네모)의 그리기 가능함 • 미술 발달은 도식기 단계(형태의 상징과 도식의 반복적 사용이 특징이며, 기하학적인 선의 사용과 대칭적인 표현)	• 광고 문구나 심볼에 집착을 보이며, 크레파스를 선호하고, 물감으로 그림 그리기도 좋아함 • 다른 사람의 그림이나 다른 자료의 그림을 잘 모방함 간단한 조형 활동은 수행할 수 있으며, 미술활동을 선호함 • 미술 발달은 도식기 단계(도식에서 조금 발전된 형태이나 사물의 반복적 형태로 표현, 동일한 대상, 색채 사용)

표 9-9 보편적 학습설계를 적용한 미술과 수업의 절차

구분	단계	교수 · 학습활동	보편적 학습설계의 원리
도입 (5분)	문제 인식	• 수업 과정에 대한 안내와 학습 목표, 학습 과제, 학생의 도달 수준을 분명히 알려주고 동기를 유발하여 학습 의욕을 촉진시킨다.	• 교사의 다양한 설명제시(과정별 활동 사진 PPT로 제시)
	다양한 설명 및 시범	• 다양한 설명 및 시범 단계 –학생들에게 새로운 학습 과제를 정확히 이해시키고 수행하는 방법을 교사가 다양하게 설명(그래픽 또는 영상물 등)하거나 시범을 보인다. –표현 재료와 용구의 특성, 사용 방법, 표현 및 제작 활동의 순서나 과정에 대해 그림이나 사진을 제시하면서 상세하게 설명하거나 필요한 경우엔 적절한 시범을 교사가 직접 또는 동영상을 통해 학생들에게 보여 준다. –이때 유의할 점은 학습자가 선호하는 학습방식을 고려해야 한다.	• 교사의 다양한 설명 제시(그래픽 또는 영상물 등) • 다양한 학생의 참여자료 제시(학습자가 선호하는 학습방식 제시: 자폐 학생–비장애학생; 사진, 동영상, 그래픽)
전개 (30분)	질의 응답 및 선택 기회 제공 (10분)	• 질의응답 단계 –교사는 학생이 활동 내용에 대해 이해하고 있는지를 상호 간의 언어와 비언어적 질문과 응답으로 확인한다. –교사가 가르친 원리나 절차, 시범을 통해 보여 준 내용을 학생은 자발적이거나 지원을 받아 간단한 몸짓이나 말로 표현할 수 있어야 한다. –때로는 확인 과정을 생략하고 연습 활동의 관찰을 통해 간접적으로 확인하고 피드백할 수 있다. • 재료와 주제에 대해 선택의 기회를 제공한다.	• 모든 학생의 다양한 표현수단 제시(언어와 비언어적 질문과 응답 및 자기 의사 표현) • 모든 학생의 수업 참여 방법 제시(언어나 비언어로 주제나 재료 선택: 실물재료, 눈짓이나 손으로 선택기회 제공)
	협동 작업을 통한 구조화 표현 (10분)	• 협동 작업을 통한 구조화된 표현 단계 –설명, 시범을 통해 개인별 이해된 학습 내용에 대하여 집단별로 단계적인 표현에 들어간다. –표현은 난이도가 쉬운 활동에서 높은 활동으로 진행하며, 점차 교사의 역할은 축소되고 학생의 역할이 확대되는 것이 중요하다. –잘 안 되는 부분이 있는 학생을 위해 학생 간의 사회적 상호작용을 통해 과제를 이해하고 역할분담을 통해 과제를 진행한다.	• 모든 학생의 차별화에 의한 설명적 방법제시(개별교육과 집단교육 병행, 과제분석에 따른 설명과 시범) • 모든 학생의 수업참여 방법 제시(점진적인 학생 참여 확대, 비장애학생과의 협동작업)

	개별적이고 독립적인 표현 (10분)	• 차별화 교수에 의한 개별적이고 독립적인 표현 단계 –단계적 학습을 통해 습득한 표현 재료와 용구, 표현 방법에 대한 기능이나 능력을 충분히 발휘하여 학생들이 독창적인 작품을 제작하도록 칭찬을 통하여 독려한다. –순회 지도와 비장애학생 지도를 통해 학생들의 개별적인 과제 수행을 돕는다. –독립적인 표현이 잘 되지 않는 경우 구조화된 표현 단계로 되돌아갈 수도 있으며, 다시 쉬운 용어로 설명 및 시범 단계로 돌아갈 수 있다. –이 단계에서는 학생들의 장점에 맞는 표현 능력을 발휘할 수 있도록 진행할 수도 있다. • 모든 학생이 과제에 참여할 수 있도록 한다.	• 모든 학생의 수업 참여 방법 제시(차별화 교수와 개별화 교수: 실물 자료 제시, 사회적 촉구) • 교사의 다양한 설명 방법 제시(모든 학생들에 맞는 이해하기 쉬운 용어의 설명과 시범 반복) • 모든 학생의 표현방법 제시(각 학생별 장점에 따른 표현: 선호하는 소재와 재료 사용)
정리 (10분)	정리 및 발전 (10분)	• 정리 및 발전 단계 –작품 감상 시간 등을 통해 교사나 학생 상호 간에 피드백을 주도록 한다. –잘된 부분은 칭찬해 주고, 잘못된 부분은 교사와 학생 상호 간에 보완할 수 있도록 한다. 오류의 교정은 학생자신이 납득할 수 있는 수준에서 진행되어야 한다.	• 모든 학생의 수업 참여 방법 제시(모든 학생과의 상호작용을 위한 구조화, 피드백을 통한 자기 평가와 타인 평가에 의한 오류 수정)

출처: 박주연(2008)에서 발췌 수정.

2) 교육과정 수정의 실제

(1) 교수환경의 수정

교수환경의 수정은 일반학급의 물리적, 사회 · 심리적 환경을 장애학생의 교육목표 달성을 위해서 수정 · 보완하고 조절하는 것을 의미한다. 한 학급의 물리적 환경과 사회적 분위기는 학생들의 학습 및 행동과 상호작용에 매우 중요한 영향을 미치며, 장애학생들이 일반학급에서 학업활동에 의미 있게 참여하고 사회적으로 수용됨으로써 이들의 학습 및 사회적 기술이 향상되기 위해서는 일반학급의 물리적, 사회 · 심리적 교수환경을 그들의 요구에 맞게 조정할 필요가 있다. 통합학급에서 주로 사용하는 장애학생의 통합을 위한 교수환경 수정 내용은 다음과 같다(김희규, 2009).

- 학생의 자리 배치
- 비장애학생을 위한 장애이해교육

- 장애학생과 비장애학생 간 상호작용 확대
- 장애학생의 소속감 증진
- 학생의 좌석 조절
- 교수자료의 위치
- 소음 및 조명

이대식 등(2005)은 물리적 환경의 수정 항목으로 자리배치와 자리구조, 기타 일반적인 구조화를 들고 있는데 장애학생을 위한 통합학급의 효과적인 자리배치 방법은 교실 앞이나 중앙, 소음이나 장애물 혹은 주의산만 유발 물체에서 먼 곳, 교사 옆, 그리고 조명 밝기를 조절하는 것을 들고 있으며, 자리의 구조는 휠체어의 입출입이 가능한 출입구 및 책상 배치, 무릎 위에 놓을 수 있는 책상이나 혹은 대형 테이블, 디딤돌 등을 제공할 것을 제시하고 있다. 이 외에 서랍이 달린 책상이나 연필꽂이, 필기구를 줄에 달아 항상 몸에 부착하도록 하거나 책상이나 책에 시간표 부착하기, 과제 목록표를 책상에 부착하는 등의 장애학생을 위한 통합학급의 물리적 환경에 대한 구조적 수정 항목을 제시하였다.

교수환경의 수정을 위한 교실의 물리적 배치를 조절하는 구체적인 방법은 다음과 같다(김희규 역, 2011, pp. 178-188).

- 선호하는 좌석을 제공한다. 학생이 더 잘 집중할 수 있는 위치를 제공한다(교실의 앞쪽에 배치하고 방해요소 차단).
- 교사는 수업 중 학생 가까이에 위치한다.
- 보기 쉬운 곳에 하루 일과를 게시한다.
- 일정 중 신체적 활동을 포함시킨다.
- 교실환경은 현재의 교육과정과 직접적으로 연관될 수 있도록 하며, 학생들이 가능한 한 많은 자료를 만들어 게시할 수 있도록 허용한다.
- 학생들에게 자극이 될 수 있는 요소를 줄인다.

또한 장애학생의 학습뿐만 아니라 사회적 기술 향상을 위해서도 물리적 환경을 수정할 필요가 있다. 예를 들면, 장애학생이 주의를 집중할 수 있도록 장애학생의 자리를 칠판 가까이 혹은 교사 가까이에 배치하거나, 또래 친구들과 쉽게 상호작용할 수 있도록 중간에 배치하는 것, 창문으로부터 떨어지게 하여 주의가 산만해지는 것을 방지하는 것, 칸막이 책상을 준비하는 것, 책상 뒤에 가방을 두고 학습할 자료들을 넣어 두는 것 등을 포함할 수 있다.

사회 · 심리적 환경은 통합교실 내의 심리적 측면과 사회적 측면을 포함한다. 학급 구성원들의 특성, 또래집단의 특성, 학급 전체 집단의 특성 등이 상호작용하여 고유한 교실 분위기를 연출하게 된다. 즉, 학생의 태도, 신념, 기대, 선행학습 경험, 가족, 또래관계가 교사의 태도, 신념, 기대, 선행 교수 · 학습 경험, 가족, 동료관계와 상호작용하면서 독특한 심리사회적 교실환경을 만들어 낸다(Miller, 2002). 그러므로 교사는 긍정적인 교실환경과 장애학생에 대한 수용적인 분위기를 조성하고, 학문적 · 비학문적 활동과 관련된 교실 일상, 장애학생의 행동관리 방법, 교수적 활동과 비교수적 활동에 대한 시간 할당 비율, 장애학생과 비장애학생 간의 개인적 관계 형성 등에 이르는 다양한 영역을 고려할 필요가 있다(박승희, 1999, pp. 105-113). 이와 같은 사회적 환경을 수정하기 위해서는 비장애학생들의 장애학생에 대한 이해가 선행되어야 한다. 장애이해교육의 방법으로는 장애인과의 접촉 경험과 모의 장애체험 같은 활동중심 접근과 장애인에 대한 소개, 토의, 장애인에 대한 영화와 책 소개, 장애에 대한 정보 제공, 초청강사를 통한 강연, 가설적인 사례의 제시와 같은 이해중심 접근이 있다(김희규, 2002, pp. 23-32). 이 외에도 교육과정의 수정을 통해서 비장애학생의 장애학생에 대한 태도를 향상시킬 수 있다.

교수환경의 수정은 교과별로 특별히 차별화하지 않고 물리적 환경과 사회 · 심리적

표 9-10 교수환경 수정의 예

영역	교수환경의 수정
물리적 환경	• 교사와 상호작용이 용이하도록 앞줄 중앙에 배치함 • 학습활동 시 또래지원이 용이한 아동과 짝이 되게 함 • 학습활동 시 불필요한 소음을 줄여 줌 • 모둠활동 시 또래와 원활히 상호작용을 할 수 있는 자리에 배치 • 장애학생의 접근성과 안전을 위해 교실을 1층에 배치
사회 · 심리적 환경	• 월 1회 장애 인식 개선 활동(비디오, 영화, 체험활동) • 장애학생의 학급활동 참여를 위해 학급 내 역할 부여하기 • 장애학생에게 일부 수정된 규칙 적용하기 • 장애학생의 참여를 위해 모둠활동 시 협력적 과제 부여하기 • 교사가 모든 구성원에게 동등한 배려와 관심 갖기

출처: 최세민 외(2010).

환경에서 적용 가능한 방법을 선택할 수 있으며, 교수환경의 수정에 대한 예시자료를 제시하면 〈표 9-10〉과 같다(최세민 외, 2010, pp. 169-194).

(2) 교수적 집단화 형태의 수정

다양한 능력의 학생들이 공존하는 통합학급에서 장애학생들의 개별화 교육목표를 달성하기 위해서는 장애학생들의 제한된 능력을 고려한 교수·학습의 형태를 마련해야 한다. 이를 위해서는 교사가 사용하는 교수적 집단화 형태를 수정하여 적용해야 한다.

비교적 동질집단으로 간주되는 일반학급에 장애학생이 통합되어 더욱 이질적인 학생 집단이 된 교수 공간에서 효과적으로 교수하기 위해서는 교수적 집단화 형태에서 특별한 고려를 요구한다. 다양한 능력의 학생들이 한 공간에 공존하는 통합교육 환경에서 장애학생들의 제한된 학습능력을 고려하면서 사용될 수 있는 교수·학습 형태에는 ① 대집단 혹은 전체 학급 교수, ② 교사 주도적 소집단 교수, ③ 협동학습 집단, ④ 학생 주도적 소집단 혹은 또래 파트너, ⑤ 또래 교사 혹은 다른 연령의 학생 교사, ⑥ 1:1 교수, ⑦ 자습 등이 있다(김은주, 2003, pp. 7-8).

다양한 교수적 집단화의 방법 중 장애학생들의 교육과정 수정을 위해서 무엇이 특별히 더 우수하다고 볼 수는 없다. 대부분의 교사들은 수업을 진행하는 중에 이러한 집단화 형태들을 교수할 수업 내용에 따라 다양하게 사용할 수 있다. 그러나 장애학생의 특성을 고려할 때 대집단 교수의 형태나 자습의 형태는 어려움을 겪을 수 있으며, 대집단 교수나 자습의 형태를 불가피하게 사용할 때는 교사의 세심한 관심과 지원이 필요하다. 이와 같이 통합학급 교사가 장애학생을 위한 집단화 형태를 수정할 때 고려해야 할 사항은 다음과 같다(김희규 역, 2011, pp. 178-188).

- 학생이 자신에게 의미 있는 활동을 하기 위해서 집단에 소속되도록 한다.
- 집단활동을 시작하기 전에 주의사항에 대해 학생에게 알린다.
- 학생이 부담스러운 감정을 갖기 전에 집단을 옮기도록 한다.
- 집단활동 단계를 학생에게 제시한다(문서 혹은 사진).
- 집단활동으로 옮기기 전에 학생이 독립적으로 활동을 완성할 수 있도록 한다.

통합학급 교사들은 수업 장면에서 다양한 교수적 집단화 형태의 수정을 통해서 장애학생들의 학습능력뿐만 아니라 일상생활 능력 및 대인관계 기술, 사회적 상호작용 기술 등의 사회적 기술을 적절하게 향상시킬 수 있으며 교사는 대집단 교수 혹은 자습을 가능하면 협동학습이나 소집단 혹은 파트너 구조로 수정하는 것이 바람직하다. Scott 등(1998)은 교수집단의 재구조화에서 또래 교수의 사용과 협동학습 집단의 사용을 강조하였는데, 이 방법은 일반적으로 장애학생의 참여기회와 선택권을 더 많이 허용한다. 이와 같이 협동학습이나 또래 교수는 30~40명의 학생을 상대해야 하는 통합학급 교사의 교과지도에서의 어려움을 극복하는 효과적인 방법이다. 뿐만 아니라 장애학생이 또래로부터 학습과제를 해결하는 데 직접적인 도움을 받을 수 있고, 또래 간 긍정적인 상호작용이 있을 경우 장애학생과 비장애학생 간 사회적 관계의 향상과 장애학생의 사회적 기술의 향상 및 자아개념의 향상을 가져올 수 있다.

(3) 교수목표의 수정

교사는 단일한 수업 맥락 안에서 모든 학생들을 위한 교수계획을 수립하고 교수목표를 설정하게 된다. 교수계획을 수립하고 교수목표를 설정할 때, 일반학교 교육과정의 목표가 통합학급에서 장애학생의 IEP의 장·단기 목표에 반영되어야 하며, 이를 위해서 장애학생을 위한 교육목표는 통합학급의 교수환경 및 요구를 확인한 후 장애학생의 강점과 약점을 확인하는 과정이 선행되어야 한다(김희규 외, 2011, pp. 275-306).

장애학생을 위한 교육과정 수정의 기본적 지침은 통합학급에서 일반학생과 장애학생과의 수업 참여의 차이를 최소화하며, 장애학생의 IEP 목표의 달성을 촉진할 수 있어야 한다. 그렇게 하기 위해서는 장애학생의 강점을 강화하고 약점을 보완하는 방향으로 교수적 수정을 개발해야 하고, 장애학생이 일반교육활동에서 분리되는 것보다는 되도록 동일한 활동에 비장애학생과 함께 참여하는 것이 선호되어야 한다. 그러나 통합학급에서의 장애학생을 위한 교육목표는 장애 정도와 유형에 따라 수정된다. 장애학생의 인지적 특성(지적 능력), 학습능력, 학습과 관련된 기술, 사회적 상호작용, 학습활동의 참여 수준 등을 고려하게 되는 것이다. 일반적으로 통합학급에서 활용할 수 있는 교육목표의 수정 내용은 다음과 같다(김희규, 2009).

- 단순화
- 축약 혹은 통합
- 실용적 기능
- 지역사회 적응 등의 차별화된 목표 적용

표 9-11 **통합학급의 일반학교 교육과정 목표를 수정한 예**

비장애학생의 교육목표	장애학생을 위한 수정된 교육목표
• 여러 가지 물체를 수평이 되게 할 수 있다. • 가운데를 받쳐서 수평이 되는 물체와 그렇지 않은 물체의 특징을 비교할 수 있다.	• 연필, 자, 나무막대로 수평 잡기를 시도할 수 있다. • 주어진 물체에 표시된 무게중심을 받침대 위에 올려놓을 수 있다.
• 예절에 맞는 몸가짐을 실천한다. • 경우에 맞는 몸가짐을 실천한다.	• 바른 몸가짐에는 어떤 것이 있는지 그림을 보고 구분할 수 있다. • 선생님께 공손하게 인사하는 태도를 가질 수 있다. (실천하기)

출처: 강경숙 외(2005).

〈표 9-11〉은 통합학급의 교육과정 목표를 경도 장애학생을 위해 수정한 것이다. 표에서 알 수 있듯이 비장애학생의 교육목표에 비해 장애학생을 위해 수정된 교육목표는 좀 더 분명하고 구체적으로 제시하였으며, 목표 달성 여부를 평가할 수 있도록 준거를 제시하고 있다. 또한 일상생활에서 흔히 접할 수 있는 교수자료를 제시함으로써, 장애학생들에게 유의미한 교육목표를 서술하고 있다(강경숙 외, 2009, pp. 287-314).

학습목표는 수업이 끝난 후 학생들이 반드시 습득해야 하는 학습결과이며 평가의 기준이 된다. 통합학급에서 장애학생을 위한 학습목표의 설정과정과 진술은 장애학생의 특성에 따라 구체적으로 이루어져야 하는데, 〈표 9-12〉는 통합학급의 비장애학생을 위한 음악과 교육과정의 단원목표를 특수학생에게 적합한 목표로 수정한 예이다.

표 9-12 **통합학급의 비장애학생을 위한 음악과 교육과정의 단원목표를 수정한 예**

단원명	12. 참새
통합학급 교육과정 단원목표	• 2/4박자의 다양한 2박자 리듬을 칠 수 있다. • 바장조의 가락을 보고 부를 수 있다. • 제재곡에 어울리는 리듬 반주를 신체표현으로 할 수 있다.
특수학생을 위한 수정된 단원목표	• 기본 2박자 리듬 한 가지를 따라 칠 수 있다. • 노래를 듣고 세 마디 이상 따라 부를 수 있다. • 모둠 활동에 즐겁게 참여할 수 있다.

대상 학생의 특성과 이를 바탕으로 한 교육목표 수정의 방향	대상 학생은 발달장애(자폐) 1급의 학생으로 간단한 문장을 따라 할 수 있으나, 의사소통이 제대로 이루어지지 않는다. 또한 의사소통을 구어로 하기보다는 행동으로 먼저 나타내려고 하고 본인의 의사대로 일이 되지 않으면 울거나 소리 지르는 등의 울화행동을 보인다. 그리고 청각적 자극을 즐겨, 종이 및 비닐을 찢어 귓가에서 흔들고, 상대방과의 적극적인 상호작용보다는 기대기, 손 잡기 등의 신체적 접촉을 즐겨 한다. 통합학급에서는 특수교육 보조원의 도움으로 수업을 하고 있다. 대상 학생은 중얼거리듯이 노래를 흥얼거리나 주요 멜로디는 거의 정확하고, 음악 듣는 것을 좋아한다. 감정 조절이 되지 않아 수시로 우는 학생에게 음악을 듣거나 신체활동을 하는 것은 하나의 감정 조절 수단이 될 수 있다. 이에 교사는 학생이 음악 활동을 통해 즐거움을 느끼고, 모둠활동에 참여하여 모둠의 일원으로 상호작용을 할 수 있도록 목표를 수정하였다.

출처: 김희규 외(2011), pp. 275-306.

(4) 교수내용과 자료 제시방법의 수정

교사는 일반교육과정의 내용을 장애학생의 독특한 교육적 요구와 기술 수준에 적합하게 다양한 수준으로 수정하여 통합된 장애학생에게 제시해야 한다. 교육과정 내용 수정에 대한 욕구를 결정하기 위한 첫 번째 단계는 장애학생의 개별화교육계획(IEP)에 있는 현행 수준, 연간 목표 및 단기 목표에 대해 상세하게 검토하는 것이다. 이 정보는 현재 일반교육과정의 교수목표와 견주어서 어느 정도의 수정이 필요한가를 교사들에게 알려 준다. 두 번째는 IEP 목적들을 하위 기술과 개념들로 세분화한다. 이렇게 과제를 분석할 때 몇 개의 단계로 나눌 것인가는 과제의 복잡성과 학생의 능력 수준에 따라서 결정된다. 이러한 단계를 거쳐서 교사는 대상 학생의 목표와 목적을 일반학급 대부분의 학생들과 같게 할 수 있으면, 내용에서는 수정을 필요로 하지 않으나, 교수환경, 교수방법, 평가방법에서 수정을 요구할 수 있다. 교육과정 내용을 수정하는 방법을 크게 나누어 보면, ① 교육과정 내용을 보충하는 것, ② 교육과정 내용을 단순화하는 것, ③ 교육과정 내용을 변화시키는 것이다(Gaylord-Ross, 1989; Schulz & Carpenter, 1995: 박승희, 2001 재인용).

일반학급에서 장애학생의 교육내용 수정이 필요하다면 비장애학생이 참여하는 학습활동과 되도록이면 분리되지 않도록 수정의 등급이 낮은 것부터 시도하는 것이 바람직하다. 또한 장애학생 개개인에게 적절하도록 비장애학생에게 제공되는 과제나 기술의 순서를 변화시키기, 같은 과제 내의 단계의 크기를 변화시키기, 그리고 같은 과제를

표 9-13 교수내용 및 자료 제시방법의 수정 예

학습내용	장애학생을 위한 내용 수정	자료 제시방법의 수정
촌락과 도시의 특징을 설명한다.	도시와 촌락의 사진을 보고 도시와 촌락을 구별하여 말한다.	교과서에 기술된 예문 중에서 도시의 특징에 해당하는 부분에는 빨간색 사인펜으로, 촌락에 해당하는 부분에는 파란색 사인펜으로 ○표와 밑줄을 그어 도시와 촌락의 특징을 용이하게 보고 쓸 수 있도록 한다.
도시와 촌락의 특징을 쓴다.	도시와 촌락의 특징을 보고 쓸 수 있다.	
농촌, 어촌, 산촌의 기능과 특징을 알아본다.	농촌, 어촌, 산촌의 그림과 그곳에서 생산되는 물건을 각각 제시하고 관련 있는 것끼리 선 긋기 한다.	농촌에서 볼 수 있는 모습, 발전하는 농촌, 산촌에서 볼 수 있는 모습, 산촌의 사계절, 어촌에서 볼 수 있는 모습, 도시의 모습을 제시한다.

출처: 최세민 외(2010).

수행하기 위해 요구되는 기술들의 수준을 변화시키기가 교육과정 내용 자체를 변화시키기보다 우선 시도되어야 한다(신현기 외, 2005, pp. 105-119).

교수내용과 자료 제시방법의 수정은 학습량을 수정하거나, 학습시간을 수정하거나, 내용수준을 수정하는 방법과 다양한 구조를 사용하는 방법, 즉 선행조직자를 사용하거나, 예습문제를 제시하거나, 단서 또는 기억을 돕는 장치를 사용하거나 즉각적인 피드백을 제공하는 방법을 사용할 수 있다. 또한 다양한 교수형태, 즉 강의와 토론식 수업을 할 수도 있고, 설명을 하거나 시청각 자료를 활용할 수도 있으며, 녹음 자료나 영화 자료를 활용하는 방법, 프로젝터나 슬라이드 자료를 이용하는 방법이 있다. 교수내용과 자료 제시방법의 수정은 장애학생과 비장애학생이 함께 교육활동에 참여할 경우 이들이 교육과정에 의미 있게 참여하도록 하는 데 있어 매우 중요한 영역이다. 〈표 9-13〉은 교수내용과 자료 제시방법의 수정 예시를 나타낸 것이다.

(5) 교수방법의 수정

일반학급 교육과정의 교수·학습 방법을 통합된 장애학생들에게 적용하기 위해서는 그들의 요구에 맞도록 수정해야 하는데, 이때 교수방법의 수정은 교수가 제시되고 전달되는 방식에서의 수정을 의미하며, 교수활동은 교수할 수업의 주제를 구체적인 활동들로 구조화하여 수업의 길이(차시)를 고려하여 편성한 것이다. 교수활동의 수정은 교수할 주요 과제를 작은 단계로 나누는 것, 과제의 양을 줄이는 것, 과제를 쉽게 또는 구체적으로 수정하는 것, 과제를 활동 중심적으로 수정하는 것 등을 포함한다. 교수전략에는 교수할 내용을 교수 활동의 맥락에서 효과적으로 교수하기 위하여 사용되는 여러 종류의 전략들이 포함되는데, 그 전략들은 가르칠 교과의 성격에 따라, 또는 학생의 학습양식에 따라 너무도 다양할 수 있기 때문에 여기서는 다음의 네 가지 공통적인 요소들을 제시한다(박승희, 2001).

- **수업 형태**: 강의나 시범과 같은 전통적인 교수 형태가 사용될 수 있다. 게임, 모의실시(simulations), 역할놀이, 발표, 활동중심적 수업 등 학생들의 활발한 참여와 발견학습이 중시되는 전략이 사용될 수 있다. 장애학생의 참여와 학습을 촉진하기 위해 주제중심적, 활동중심적, 경험적 수업 형태 및 지역사회 중심의 수업 형태가 건설적인 대안이 될 수 있으며, 이런 대안들은 강의식으로만 이루어지는 수업에 필수적인 보충이 된다. 활동중심적, 경험적, 지역사회 중심의 수업 형태는 학생들로 하여금 활발히 참여하게 하는 것, 진술된 목적을 듣고 읽는 것, 계획 과정에서 참여하고 내용을 정의하는 것을 돕는 것, 개인적이고 상호적인 문제해결을 통해서 자신의 지식을 구조화하는 것을 촉진한다.
- **교육공학 및 보조공학**: 워드프로세싱, 컴퓨터 보조학습용 소프트웨어 및 장애학생의 기능적인 능력을 향상시키는 보조공학(assistive technology) 등이 사용될 수 있다(Schultz & Carpenter, 1995).
- **행동강화 전략**: 수업내용의 효과적 교수를 위하여 행동 계약, 모델링, 토큰 경제, 부모와의 빈번한 의사소통, 즉각적인 개별적 피드백, 칭찬 등이 사용된다.
- **정보 제시 및 반응양식**: 전체 제시방법, 부분 제시방법, 시각적, 청각적 및 촉각적 학습양식에 따른 정보 제시방법들의 적용을 개별 학생의 다양한 학습 특성에 따라 적합하게 사용한다. 교수에 대해 기대되는 학생의 반응 방법들을 수정할 수 있다. 장애학생들의 다양한 대안적인 반응양식들을 허용한다(예: 쓰는 것 혹은 말하는 것 대신에 그림이나 역할극으로 나타내는 것 등)(박은혜, 1997, pp. 93-113).

교수활동과 교수전략 및 교수자료는 상호 긴밀하게 연관되어 있어서 정확히 세분하는 것보다는 교수방법하에 이 세 가지 요소들을 함께 또는 부분적으로 고려할 수 있다는 것이 중요하다(박승희, 2001).

교수활동은 교수할 수업의 주제를 구체적인 활동들로 구조화하여 수업의 길이(차시)

를 고려하여 편성한 것이다. 교수활동의 수정은 교수할 주요 과제를 작은 단계로 나누는 것, 과제의 양을 줄이는 것, 과제를 쉽게 또는 구체적으로 수정하는 것, 과제를 활동 중심적으로 수정하는 것 등을 포함한다. 교수활동과 교수전략 및 교수자료는 상호 연결되어 있어서 실제로 한 장애학생을 위해 교수방법의 수정을 한다고 했을 때 세 가지

표 9-14 교수방법 수정의 예

영역	장애학생을 위한 교수방법 수정
교수 활동	• 과제의 양 줄이기 –환경오염이 인간에게 미치는 영향 10가지 중 3가지만 알아보기 • 과제의 난이도 조절 –자연이 인간에게 주는 혜택과 관련된 사진이나 그림 자료를 3개 이상 수집하기 –친구들 앞에서 발표하는 기회 제공하기 –계절별 그림카드 보여 주기, 준비해 온 자료 들고 나와 보여 주기 • 모둠별 활동에 참여하기 –친구들과 모둠의 조를 나누어 참여하기, 친구와 함께 공동으로 발표하기, 계절별 이름 명명 신청하기, 수업시종에 구령하기 • 개별학습지 활동 –단원의 주요 핵심 단어 보고 쓰기, 그림이나 사진을 설명하는 짝짓기
교수 전략	• 통합학급 교사가 장애아동의 학습을 위해 사전에 활동을 준비함 • 활동중심의 수업 전개 –강의식 수업보다는 토론과 모둠활동을 할 수 있는 활동중심의 수업이나 놀이식 수업 전개 • 행동강화 전략 –수업활동과 관련하여 아동 개인의 특성에 따른 강점에 대한 보상체계 받기, 스티커 붙이기 활동을 통하여 행동계약에 의거 토큰으로 교환해 주기, 즉각적으로 피드백해 주기 • 주의집중 –수업진행에 앞서 박수치기나 간단한 손유희 활동으로 장애아동의 주의집중을 유도함 –따라 말하기나 도움 받아 발표기회 주기
교수 매체	• 교과서 수정 –단원의 학습이 시작되기 전에 미리 교과서를 수정함. 즉, 주요 핵심단어 강조하기, 보고 쓸 문장 만들기 등 • 개별학습 활동 –학습지 제작 또는 상업적인 교재 활동, 자료 조사 및 숙제하기에 도움 주기 • 구체물 또는 반구체물 자료 제공 –학습내용과 관련된 구체물 또는 그림이나 사진자료 준비

출처: 최세민 외(2010).

의 경계가 분명히 나누어지지 않을 수 있다.

교수방법의 수정은 교실 내의 모든 학생들을 대상으로 하지만 서로 다른 방식으로 교수하는 것을 전제로 한다. 통합된 장애학생들에게 일반학교의 교육과정을 적용하기 위해서는 〈표 9-14〉와 같은 수정된 방법으로 지도하여 성공적인 통합이 이루어질 수 있도록 한다(최세민 외, 2010, p. 177).

교수자료의 수정은 교사가 사용하는 모든 교수자료를 장애학생 개개인의 능력과 수준에 맞게 변화시키거나 새롭게 만드는 것을 포함한다. 예를 들면, 일반학급에서 장애학생은 다른 학생들과 똑같은 교수자료를 사용하되 일부만 하게 할 수도 있고(예: 문제의 수 조정), 같은 수준의 정보를 다른 형태로 제시할 수도 있으며(예: 책 대신 녹음기), 개별화된 수정 기대에 따라 대안적 교수자료를 사용할 수도 있다(신현기 외, 2005, pp. 105-119). 이대식 등(2005)은 교재 및 매체의 선정과 활용 측면의 적합화를 위해서 기본적으로 각 학생들의 다양한 학습양식을 고려하여 가급적 다양한 유형의 자료와 매체를 구비하고 활용해야 한다고 하였으며, 갖추어 활용할 수 있는 기자재로 시청각 기자재와 실물화상기, OHP, 분필, 화이트보드, 전자게시판, 스케치북과 컴퓨터 등을 들고 있다. 예를 들면, 읽기에 문제가 있는 학생을 위해 음성 지원 프로그램을 같이 사용하거나 음성 인식 텍스트 변환 프로그램을 이용할 것을 제안하고 있다.

(6) 평가방법의 수정

통합된 장애학생을 위한 평가방법의 수정은 학업 수행의 진보에 대한 매일의 측정과 성적 기준을 수정하는 것 등이 포함될 수 있다. 통합교육 환경에서 개별 학생의 평가는 매우 복잡한 쟁점들을 내포하고 있다. 일반학급에 통합된 장애학생의 수행에 어떻게 과연 공평하고 객관적인 점수를 부여할 것인가는 교사들에게 딜레마를 갖게 한다(Wood, 1998: 박승희, 1999, pp. 105-113 재인용). 일반학급에 통합된 장애학생들을 위한 평가 체계를 개발하는 경우에는 장애학생들이 통합교육 환경에서 성공의 기회를 체험하도록 하는 것이 필요하다. 통합된 장애학생을 위한 평가방법 수정의 예는 〈표 9-15〉와 같다(최세민 외, 2010, p. 179).

통합된 장애학생들의 평가 수행능력은 그들의 특별한 학습 요구에 영향을 받게 된다. 예를 들면, 읽기장애를 가진 학생의 수학시험지의 문항 또는 지시문이 읽기 위주로 되어 있을 경우 그 학생의 수학능력은 낮은 것으로 평가될 것이다. 그러므로 그들의 잠재능력을 충분히 발휘할 수 있도록 평가의 관리와 절차 등 전반적인 평가체제에 대한

표 9-15 평가방법 수정의 예

단원	제재	학습주제 및 평가내용	5	4	3	2	1
기후와 생활	계절의 특징 알기	-4계절의 이름 명명하기 -봄에 맞는 그림카드 고르기 -여름에 맞는 그림카드 고르기 -가을에 맞는 그림카드 고르기 -겨울에 맞는 그림카드 고르기					
	계절의 변화에 따른 사람들의 생활모습 알기	-봄에 나타나는 계절의 변화 고르기 -여름에 나타나는 계절의 변화 고르기 -가을에 나타나는 계절의 변화 고르기 -겨울에 나타나는 계절의 변화 고르기					
	여름과 겨울의 기후의 특징 알기	-옷차림은 어떻게 달라지는가? -달라지는 음식은? -언제 난방, 냉방을 하는가? -기후의 특징은 무엇인가?					

*독립적으로 수행(5), 단서 제공 시 독립적으로 수행(4), 도움 제공 시 독립적으로 수행(3), 도움 제공 시 부분적으로 수행(2), 도움 제공해도 독립적으로 수행하지 못함(1)
출처: 최세민 외(2010).

수정이 필요하다. 특수교육운영위원회는 학생에게 적절하고 특별한 평가체제를 결정해서 그 내용을 학생의 IEP에 기록해 두어야 한다. 그러나 이처럼 평가체제를 조정하는 것은 필요할 경우에만 이루어져야 하며, 장애학생이 통합학급에서 잘 적응하고 있다면 수정된 평가방법의 사용은 줄여 나가야 할 것이다. 장애학생을 위한 평가의 수정 방법을 구체적으로 제시하면 다음과 같다(신현기 외, 2005, pp. 134-137).

① 평가문항과 지시문의 제시방법

대부분의 평가문항이나 지시문의 제시 형태가 활자화되어 있기 때문에 시각장애 학생들이나 읽기장애 학생들은 이러한 형태의 평가문항의 답안을 작성하는 데 어려움을 겪게 된다. 이러한 형태의 문항이나 지시문은 학생이 읽고 이해할 수 있도록 다른 방법으로 제시해 주어야 한다. 예를 들면, 문항의 단을 구분 지어 준다든지, 문제를 풀어 나가는 순서대로 지시문을 제시해 준다든지, 점자나 확대문자 등 학생이 익숙하게 사용하는 언어로 지시문이나 문항을 다시 제시해 주어야 한다. 또한 문단의 형태도 지시문은 한 줄에 제시하거나, 이중부정문을 사용하지 않거나, 다른 예문을 제시해 주는 등의 방법을 사용하는 것도 좋다.

② 답안 작성

쓰기나 언어 장애를 가진 학생들은 답안을 작성하는 방법을 수정해 주어야 하는데, 철자에 문제가 있는 경우에는 칠판에 필요한 낱말들을 적어 준다거나, 쓰기(handwriting)에 문제가 있는 학생에게는 진술형 문항 대신 선다형 문항을 제시하거나, 문법이나 철자가 검사에 별 영향을 주지 않는 경우라면 테이프에 녹음한 답을 제시하게 한다거나 구술형 검사(oral test)를 받게 하는 것이 좋다. 만일 쓰기가 중요한 검사 내용일 경우에는 성인 기록자에게 학생의 답을 대신 적도록 하는 것도 대안으로 사용할 수 있다. 그리고 쓰기나 구술형 문제에 답을 완성하는 것이 어려운 학생들에게는 워드프로세서나 타자기, 컴퓨터 등의 기자재를 사용하게 하는 것도 도움을 줄 수 있을 것이다.

③ 채점

장애학생들의 평가에 있어서 채점하는 방법이나 절차도 수정할 필요가 있다. 예를 들면, 장애학생이 전체 문항 중에서 시도한 문항에 대한 정답 문항의 비율로 점수를 준다거나, 수학시험에서도 문제를 푸는 데 필요한 공식을 외우거나 쓰는 것으로 점수를 줄 수 있다. 또는 문법, 철자 등의 내용이 검사 요인이 아닐 경우 그 부분에 오류가 있다고 해도 벌점을 주지 않거나, 내용과 문법으로 나누어 점수를 주는 등의 방법을 사용할 수 있다.

④ 평가과정

통합된 장애학생들은 비장애학생들에 비해 정보를 처리하는 과정이나 과제에 집중하는 것에 어려움을 겪고 있기 때문에 빨리 수행하지 못하거나 신체상의 장애로 인해 금방 지치게 된다. 그러므로 교사들은 통합된 장애학생들에 대해 평가과정에서도 고려를 해 주어야 하는데, 시간 안배나 휴식시간을 자유롭게 해 준다거나, 하루 검사시간을 짧게 해서 며칠 동안에 걸쳐서 시험을 치르게 해야 한다.

요약

이 장에서는 통합학급 내 장애학생 교육 프로그램의 성공적인 시행을 위해서 일반교육 교육과정에의 접근을 위한 보편적 학습설계와 교육과정 수정의 개념과 의의, 그리고 실제 사례를 살펴보았다.

보편적 학습설계는 교육과정의 수정이 나중에 이루어질 필요가 없으며, 교육과정의 수정이 없이도 교수가 모든 학생에 의해 쉽게 인식되고, 일반교육 교육과정에 접근을 하는 데 있어서 불필요한 노력이나 좌절을 줄이도록 구조화되며, 학생에게 동기를 주고, 학생이 일반교육 교육과정에 많이 참여할 수 있도록 한다. 보편적 학습설계의 세 가지 원리는 다양한 제시 방법, 다양한 표현 방법, 다양한 참여 방법을 제공하는 것이다. 그리고 교육과정 수정은 통합학급 상황에서 특수교육 대상 학생의 수업 참여를 가장 적합한 수준으로 성취시키기 위해서 교육의 계획 단계부터 평가에 이르는 전 과정에 대한 수정과 조정, 보완이라 할 수 있다.

일반교육 교육과정 접근의 실제에서는 보편적 학습설계의 원리를 적용한 과학과와 미술과의 수업 사례를 제시하였다. 교육과정 수정의 실제에서는 교수환경의 수정과 교수적 집단화 형태의 수정, 교수목표의 수정, 교수내용과 자료 제시방법의 수정, 교수방법의 수정, 평가의 수정으로 나누어 살펴보고, 현장에서 적용할 수 있는 실제 사례를 제시하였다.

참고문헌

강경숙, 김희규, 유장순, 최세민(2005). **장애학생의 교육과정적 통합을 위한 교과별 수업 적용 방법 구안**. 국립특수교육원.

강경숙, 최세민, 김희규, 유장순(2009). 정신지체학생의 교육과정적 통합을 위한 초등학교 과학과 교육과정 수정 적용 사례. **초등교육연구, 22**(3), 287-314.

강영심 외(2005). **통합교육**. 서울: 학지사.

김은주(2003). **통합교육장면에서의 교육과정의 수정**. 2003년 직무연수 13기. 국립특수교육원.

김희규(2002). 활동중심 접근과 이해중심 접근이 장애학생에 대한 일반아동 태도 개선에 미치는 효과. 단국대학교 대학원 박사학위논문.

김희규(2009). 통합학급교사의 장애학생을 위한 교육과정 수정 실태 및 요구. **특수아동교육연구, 11**(3), 19-50.

김희규 역(2011). **통합학급 교사를 위한 특수교육입문**. 서울: 시그마프레스.

김희규, 강경숙, 최세민, 유장순(2006). 장애학생의 교육과정적 통합을 위한 초등학교 도덕과 교육과정 수정방법과 사례. **특수아동교육연구, 8**(3), 1-27.

김희규 외(2011). **특수교육음악교육론**. 경기: 교육과학사.

노석준(2012). 접근 가능한 WBI 설계 · 개발을 위한 교수설계원리로서의 '보편적 학습설계(UDL)'의 적용가능성 탐색. **한국교육논단, 11**(1), 97-125.

노준석 (2006). **보편적 학습설계: 교사 전문가들을 위한 지침서**. 서울: 아카데미프레스.

박승희(1999). 주제 II. 통합교육을 위한 교육의 재구조화에 대한 토의 1: 통합교육의 빛과 통합교육의 그림자. 국립특수교육원 편, **개원 5주년 세미나: 더불어 사는 복지사회를 향한 특수교육의 방향**. 국립특수교육원.

박승희(2001). 통합교육 환경에서 일반교육과정의 수정. **2001 자격연수 1기 연수교재**. 국립특수교육원.

박승희, 최재완, 홍정아, 김은하 역(2014). **장애학생의 일반교육과정 접근—통합학급 수업 참여방안**. 서울: 학지사.

박은혜(1997). 통합된 장애학생을 위한 효과적인 교수전략. **인간발달연구, 25**, 93-113.

박주연(2008). 보편적 학습설계에 기초한 통합 미술수업이 자폐 범주성 장애학생의 학습행동에 미치는 효과. 단국대학교 대학원 박사학위논문.

신현기(2004). **교육과정의 수정과 조절을 통한 통합교육 교수적합화**. 서울: 학지사.

신현기, 최세민, 유장순, 김희규(2005). **통합교육의 이론과 실제**. 서울: 박학사.

안미리, 노석준, 김성남 역(2010). **보편적 학습설계**. 서울: 한양대학교 출판부.

유성균, 정동영(2017). 초등학교 통합학급의 수업에 나타난 보편적 학습설계 요소 분석. **특수교육교과교육연구, 10**(1), 129-155.

이대식, 김수연, 이은주, 허승준(2005). **통합교육의 이해와 실제**. 서울: 학지사.

이소현, 박은혜(2002). **특수아동교육**. 서울: 학지사.

이유훈(2012). 통합교육과 교육과정. 정동영 외, **장애학생 통합교육론**(pp. 63-65). 경기: 교육과학사.

정동영 외(2015). **특수교육 수업컨설팅**. 경기: 교육과학사.

정동영 외(2016). **특수교육 교과교육론**. 경기: 교육과학사.

정주영(2001). 통합환경에서 장애학생을 위한 평가의 적합화-초등학교를 중심으로. **특수교육학연구, 36**(2), 105-126.

조선화, 박승희(2011). 보편적 학습설계를 적용한 초등 과학 통합수업이 통합학급 학생들의 과학 학습 성취도에 미치는 영향. **특수교육학연구, 46**(2), 51-84.

조윤경, 홍은주(2003). 질적인 통합보육 프로그램 개발을 위한 일반유아교육과정의 수정전략의 개념과 실제. **한국영유아보육학, 32**, 71-93.

최세민, 강경숙, 김희규, 유장순(2010). 통합교육장면에서 초등학교 사회교과의 교수적 수정 및 적용방법. **교육연구, 48**, 169-194.

한경근(2007). 장애인 특수교육법 제정 시행에 따른 한국 통합교육의 방향. **한국통합교육학회, 2007 동계학술대회 자료집, 31-34.

황리리(2015). 보편적 학습설계에 기반한 읽기교수가 학습장애 학생에게 미치는 효과-학업성취, 학업기대, 수업태도를 중심으로. 단국대학교 대학원 박사학위논문.

Allington, R. L., & Shake, M. C. (1986). Remedial reading: Achieving curricular congruence in classroom and clinic. *The Reading Teacher, 39*, 648-654.

Briggs, L. J. (1977). *Instructional design: Principles and applications*. Englewood Cliffs, NJ: Educational Technology Publications.

Browder, D. M., Mims, P. J., Spooner, F., Ahlgrim-Delzell, L., & Lee, A. (2008). Teaching elementary students with multiple disabilities to participate in shared stories. *Research & Practice for Persons with Severe Disabilities, 33*(1-2), 3-12.

Brown, F., & Snell, M. E. (2000). Development and implementation of educational programs. In M. E. Snell & F. Brown (Eds.), *Instruction of students with severe disabilities* (5th ed., pp. 115-172). New Jersey: Prentice-Hall Inc.

Burgstahler, S.(2015). *Applying universal design to address the needs of students with disabilities*. 국립특수교육원 제22회 국제세미나 자료집, 15-34.

Casella, V., & Bigge, J. (1988). Modifying instructional modalities and conditions for curriculum access. In J. Bigge (Ed.), *Curriculum-based instruction for special education students* (pp. 110-140). Mountain View, CA: Mayfield.

Center for Applied Special Technology (CAST). (2004). Planning for all learners(PAL) toolkit. Retrieved August 25, 2009, from http://www.cast.org/teaching every student/tool kits/tk_procedures.cfm?tk_id=21

Center for Applied Special Technology (CAST). (2008). Universal design for learning[On-line]. Avaliable: http://www.cast.org/about/index.html

Council for Exceptional Children (2005). *Universal design for learning: A guide for teachers and education professionals*. Pearson Mirrill Prentice Hall.

Collocott, J. (1991). Implementing multi-level teaching: Strategies for classroom teachers. In G. L. Porter & D. Richler (Eds.), *Changing Canadian schools: Perspectives on disability and inclusion* (pp. 191-218). Toronto: Roeher Institute.

Council for Exceptional Children. (1997). Effective accommodations for students with exceptional childrens. *CEC today, 4*(3), 1, 9, 15, VA: Author.

Daniels, H., & Bizar, M. (1998). *Methods that matter: Six structures for best practice classrooms*. Portland, ME: Stenhouse Publishers.

Dunst, C. J., Bruder, M. B., Trivette, C. M., Hamby, D., Raab, M., & McLean, M. (2001).

Characteristics and consequences of everyday natural learning opportunities. *Topics in early Childhood Special Education, 21*(2), 68-92.

Dymond, S. K., Renzaglia, A., Rosenstein, A., Chun, E. J., Banks, R. A., Niswander, V., & Gilson, C. L. (2006). Using a participatory action research approach to create a universally designed inclusive high school science course: A case study. *Research & Practice for Persons with Severe Disabilities, 31*(4), 293-308.

Friend, M., & Bursuck, W. (1996). *Including Students With Special Needs: A Practical Guide For Classroom Teachers*. Boston: Allyn & Bacon.

Garderen, D., & Whittaker, C. (2006). Planning differentiated, multicultural instruction for secondary inclusive classrooms. *Teaching Exceptional Children, 38*(3), 12-20.

Gaylord-Ross, R. (Ed.). (1989). *Integration strategies for students with handicaps*. Baltimore: Paul H. Brookes.

Gearheart, B. R., Weishahn, M. W., & Gearheart, C. J. (1988). *The exceptional student in the classroom* (4th ed.). Columbus: Charles E. Merrill.

Giangreco, M. F., Baumgart, M. J., & Doyle, M. B. (1995). How inclusive can facilitate teaching and learning. *Intervention in School and Clinic, 30*, 273-278.

Goodlad, J. I. (1984). *A place called school: Prospects for the future*. NY: McGraw-Hill.

Hammeken, P. A. (2007). *The teacher's guide to inclusive education: 750 strategies for success*. Thousand Oaks, CA: Corwin Press.

Hocutt, A. M.(1996). Effectiveness of special education: Is placement the critical factor? *Future of Children, 6*(1), 77-102.

Horn, E., Lieber, J., Li, S., Sandall, S., & Schwartz, I. (2000). Supporting young children's IEP goals in inclusive settings through embedded learning opportunities. *Topics in Early Childhood Special Education, 20*(4), 208-223.

Janney, R. E., & Snell, M. E. (2000). *Practices in inclusive schools: Modifying school work*. Baltimore: Paul H. Brookes.

Kaufman, M. J., Agard, J. A., & Kukic, M. D. (1975). Mainstreaming: Toward an explication of the construct. In E. L. Meyen, G. A. Vergason, & R. J. Whelan (Eds.), *Alternatives for teaching exceptional children* (pp. 35-54). Denver: Love.

King-Sears, M. E., & Cummings, C. S. (1996). Inclusive practices of classroom teachers. *Remedial and Special Education, 17*, 217-225.

Miller, S. P. (2002). *Validated practices for teaching students with diverse needs and abilities*. MA: Allyn and Bacon.

Pierangelo, R., & Giuliani, G. (2007). *Understanding, developing, and writing effective IEPs*.

Thousand Oaks, CA: Corwin.

Safran, J., & Safran, S. P. (1985). Organizing communication for the LD teacher. *Academic Therapy, 20*, 427-435.

Salend, S. J., & Salend, S. M. (1984). Consulting with the regular teacher: Guidelines for special educators. *The Pointer, 28*, 25-28.

Schumm, J. S., & Vaughn, S. (1991). Making adaptations for mainstreamed students: General classroom teachers' perspectives. *Remedial and Special Education, 12*(1), 18-25.

Schulz, J. B., & Carpenter, C. D. (1995). *Mainstreaming exceptional students: A guide for classroom teachers*. Boston: Allyn and Bacon.

Scott, B. J., Vitale, M. R., & Masten, W. G. (1998). Implementing instructional adaptations for students with disabilities in inclusive classroom. *Remedial and Special Education, 19*(2), 106-119.

Smith, D. D. (2007). *Introduction to special education: Making a difference*. Boston: Allyn and Bacon.

Udvari-Solner, A. (1992). *Curricular adaptations: Accommodating the instructional needs of diverse learners in the context of general education*. Topeka: Kansas State Board of Education. (ED 354 685)

West, J. F., & Idol, L. (1987). School Consultation (part 1): An interdisciplinary perspective on theory, models, and research. *Journal of Learning Disabilities, 20*, 388-408.

Wood, J. W. (1998). *Adapting instruction to accommodate students in inclusive settings* (3rd ed.). Upper Saddle River, NJ: Merrill/Prentice Hall.

Wood, J. W. (2006). *Teaching Students in Inclusive Settings: Adapting and Accommodating Instruction* (5th ed.). Upper Saddle River, NJ: Merrill/Prentice Hall.

제 10 장

교수 · 학습 방법 및 평가

서울 청량초 특수학급(사진: 김윤진 교사 제공)

이 장의 구성

1. 특수교육 교수 · 학습 방법
   1) 교수 · 학습 원리
   2) 교수 · 학습 모형
   3) 장애학생을 위한 교수 · 학습 방법

2. 특수교육 교수 · 학습 평가
   1) 교수 · 학습 평가의 개념
   2) 장애학생을 위한 교수 · 학습 평가

3. 교수학습 방법 및 평가의 실제
   1) 국어과 교수 · 학습 방법 및 평가의 실제
   2) 과학과 교수 · 학습 방법 및 평가의 실제

연구과제

1. 장애학생을 위한 효율적인 교수 · 학습 원리에 대해 사례를 들어 설명해 보자.
2. 장애학생을 위한 교수 · 학습 모형을 적용하여 교수 · 학습 과정안을 작성해 보자.
3. 장애학생을 위한 평가방법에 대해 특정 교과의 예를 들어 설명해 보자.

이 장의 개요

교사에게 가장 중요한 전문성은 담당하고 있는 교과를 잘 가르치기 위한 교수의 전문성이라고 할 수 있다. 그 이유는 교사의 주된 임무가 바로 교과를 가르치는 일, 즉 교수 · 학습 방법 및 평가 등의 수업이고 교사는 다른 무엇보다 수업의 전문가가 되어야 하기 때문이다. 장애학생들의 교수 · 학습 방법 및 평가는 특수성과 보편성을 모두 포괄할 수 있어야 한다. 즉, 장애학생들의 특수성을 고려한 개별화된 교수 · 학습 및 평가 방법을 사용해야 하며 동시에 공통교육과정을 적용해야 하는 장애학생들에게는 비장애학생들과 마찬가지로 보편적인 교수 · 학습 및 평가 방법을 적용해야 할 것이다.

장애학생을 위한 교수 · 학습 방법은 학습 목표와 내용을 고려하여 직접 교수법, 문제해결 학습법, 창의성 계발 학습법, 협동학습법 등 다양한 교수 · 학습 방법을 활용해야 한다. 또한 이와 같은 학업 기술에 대한 지도뿐만 아니라 장애학생들의 문제행동과 사회성 기술에 대한 지도도 함께 이루어져야 하며, 이에 대한 평가가 학생들의 요구에 따라 적절한 방법으로 이루어져야 할 것이다.

이 장에서는 장애학생들의 특수성과 보편성을 모두 포괄할 수 있는 다양한 특수교육 교수 · 학습 방법과 평가 방법, 그리고 장애학생들에게 수업 모형을 적용한 교수 · 학습 방법 및 평가의 실제 사례를 살펴보고자 한다.

1. 특수교육 교수 · 학습 방법

1) 교수 · 학습 원리

특수교육에서의 교수 · 학습 방법에 대한 일반적인 개념은 '개인별 장애학생의 독특한 교육적 요구를 충족시키기 위해 개별적으로 계획된 특수한 방법'이라고 할 수 있다. 여기서의 '특수한'이란 비장애학생에게 적용되는 교수 · 학습방법을 대부분의 장애학생에게도 적용할 수 있되, 이들의 교육적 요구에 맞게 수정하거나, 비장애학생에게 제공되지 않는 특별한 자료나 지원을 부가적으로 제공하는 것을 의미한다. 또한 장애가 심한 일부 학생의 경우 '특수한'이란 비장애학생에게 많이 적용되지 않는 교수 · 학습방법(예: 신체적 촉진)의 적용을 의미하거나, 일반교육보다 개별화, 집중(반복적인 연습을 제공한다는 측면에서), 교사 통제, 교수의 구조화를 더 강조하는 것으로 볼 수 있다(이미선, 2016).

Vosniadou(2002)는 교육심리학, 발달심리학, 인지심리학, 사회심리학 및 임상심리학 등 심리학의 여러 분야에서 얻어진 주요 연구결과를 종합 · 분석하여 교사들의 수업 전문성 향상을 위한 효과적인 교수 · 학습의 원리를 제시하였다. 효과적인 수업을 위해서 교사들은 먼저 학생들의 학습 환경을 잘 조성해야 하며, 학생들의 인지적인 요소들을 고려하여 수업을 진행해야 하고, 끝으로 학생들의 발달적 차이와 개인적 차이를 고려하여 수업을 전개해야 한다. 효과적인 교수 · 학습의 원리와 적용의 예는 다음과 같다(이미선, 2016 재인용; 국제교육국, http://www.ibe.unesco.org).

(1) 적극적 참여의 원리

학습은 학습자의 능동적이고 적극적인 참여를 요구한다. 학교에서의 학습은 학생들로 하여금 주의집중, 관찰, 암기, 이해, 목표 설정 등을 요구하며 자신들의 학습은 자신에게 책임이 있다고 간주된다. 이러한 인지적 활동은 학습자의 적극적인 관여나 참여 없이는 이루어질 수 없다. 교사들은 학생들이 새로운 것을 탐구하고 이해하고 싶은 열망을 자연스럽게 이끌어 내고 성취할 수 있도록 도와주면서 학생이 적극적이고 목표지향적인 학습자가 되도록 도와야 한다.

교실에서의 적용

- 학습자가 오랜 시간 수동적으로 듣기만 하는 상황을 피한다.
- 실험, 관찰, 프로젝트와 같은 직접 참여해야 하는 활동을 제공한다.
- 수업 시간의 토론과 다른 협동 활동에 참여를 적극 권장한다.
- 미술관이나 박물관 등의 방문 계획을 세운다.
- 학생들로 하여금 자신들의 학습에 대해 일부 조정 권한을 부여한다. 자기 학습의 조정 권한을 갖는다는 것은 자신들이 배워야 할 것과 배우는 방법을 그들로 하여금 결정하도록 하는 것이다.

(2) 사회적 참여의 원리

학습은 일차적으로 사회적 활동이며, 학교에서의 사회적 생활에 참여하는 것은 학습이 일어나게 하는 데 있어서 중요한 역할을 한다. 부모와 자녀 간의 사회적 교류를 통하여 자녀들은 효율적인 사회 구성원이 될 수 있는 행동을 습득하게 된다. 학생들이 학습하는 방식은 학생들이 성장하는 사회의 구성원들이 갖고 있는 활동, 습관, 언어, 아이디어 등을 내면화하는 것이라고 할 수 있다. 사회적 활동은 학생들의 측면에서 보면 그들의 관심사이며, 그들의 학업 활동을 계속할 수 있도록 도와주는 것이다. 학생들은 자신의 작품을 다른 학생들과 공유한다는 것을 알 때, 그들의 (논문, 프로젝트, 미술 작품, 등등의) 작품의 질을 향상시키기 위하여 열심히 공부한다. 그러므로 교사들은 학생의 학습을 촉진시키는 사회적 참여를 증진시킬 수 있는 다양한 활동을 구성하는 데 노력해야 한다.

교실에서의 적용

- 학생들을 집단 편성하여 공부시킬 수 있으며, 이 집단을 지원하거나 안내할 수 있도록 학생에게 코치나 진행자(coordinator)의 역할을 부여한다.
- 학습 자료들을 공유할 수 있도록 집단 활동 장소가 확보된 교실 환경을 만든다.
- 모범을 보여 주거나 지도를 함으로써 학생들 상호 간에 어떻게 협동할 수 있는지를 가르친다.
- 학생들 간에 자연스럽게 의견을 나누고 다른 사람들의 의견을 평가할 수 있는 분위기를 조성한다.

(3) 의미 있는 학습활동의 원리

사람들은 실생활에 유용하다고 인식하거나 자신의 문화와 관련되어 있다고 생각되는 활동에 참여할 때 가장 많이 학습하게 된다. 학교 활동 중에는 학생들이 그 활동을 왜 하는지 또는 그 활동의 목적이 무엇이며 어디에 유용한지를 모르기 때문에 의미가 없는 것들이 많다. 또 일부 학교 활동들은 학생들의 문화와 관련되어 있지 않기 때문에 의미가 없는 것들이 많다. 많은 학교들은 다양한 문화를 가진 학생들이 모여 함께 배우는 지역사회에 있다. 학생들에겐 학습에 영향을 미치는 실제 생활, 습관, 사회적 역할 등에서 체제적인 문화적 차이가 있다. 따라서 어떤 문화 집단의 학생들에게 의미 있는 활동들이 다른 문화 집단의 학생들에게는 의미가 없는 것들이 있을 수 있다. 그러므로 교사는 학생들을 실생활 맥락으로 유도함으로써 교실 활동을 보다 의미 있게 만들어야 한다.

교실에서의 적용

- 학생들은 지역사회나 학교 주변 환경 프로젝트에 참여함으로써 과학에 대해 배울 수 있다. 학교는 지역사회의 과학자들과 접촉을 하고 그들을 수업에 초청하거나 학생들에게 그들의 연구시설에 방문할 수 있도록 한다.
- 학생들을 토론에 참여시킴으로써 그들의 언어와 대화 능력을 향상시킬 수 있다.
- 학급 신문을 만들게 함으로써 이와 관련된 작문 기능을 향상시킬 수 있다.

(4) 사전지식과 새로운 정보 간의 연계 원리

새로운 지식은 학습자들이 이미 가지고 있는 지식과 신념에 근거하여 구성된다. 새로운 정보를 기존 지식과 연계시키는 것이 학습에서 매우 중요하다. 교사들이 학습자의 기존 지식에 관심을 갖고, 이를 수업의 출발점으로 삼을 때 성취도는 향상된다. 그러므로 교사는 학생의 기존 지식을 활성화시켜야 하며, 학생이 기존 지식과 새로운 것들 간의 관계를 파악하고 연계시킬 수 있도록 지원해야 한다. 이런 활동은 교사가 학생들에게 모범을 보여 주거나, 학생들이 자신의 성취를 향상시키기 위한 노력의 일환으로 사용할 수 있는 도움(scaffold)을 제공함으로써 이루어진다.

교실에서의 적용

- 교사는 학생들이 수업에 필요한 사전지식을 가지고 있는지 확인하고, 그것들을 활성화시키기 위하여 수업을 시작하기 전에 수업 내용을 토론할 수 있다.
- 교사는 학생들이 기존에 갖고 있는 잘못된 믿음과 오개념들을 발견하기 위해서는 학생들의 기존 지식을 상세히 조사해야 한다.
- 교사는 사전에 학습한 학습 제재를 지도(예: 전시학습 상기)하며, 학생들에게 스스로 예습을 해오도록 해야 한다.
- 교사는 학생들이 이미 알고 있는 내용과 새롭게 읽은 내용과의 관계를 파악하는 데 도움이 될 수 있는 질문을 한다.

(5) 학습전략 교수의 원리

사람들은 주어진 문제를 이해, 판단, 기억, 해결하는 데 있어서 효율적이고 탄력적인 전략을 적용함으로써 문제해결 방법을 학습하게 된다. 학습전략은 주어진 상황에 적절한 방식으로 문제를 이해하고 해결하는 데 도움을 주며, 학습을 향상시키고 학습의 속도를 높여 준다. 학습전략은 정확성, 실행도, 과정의 요구, 그리고 그 적용되는 문제의 범위 등에서 차이가 날 수 있다. 아동들이 적절하게 활용할 수 있는 전략이 다양하면 다양할수록 아동들은 문제해결, 읽기, 내용 이해, 암기 등을 성공적으로 수행할 수 있다. 그러므로 교사는 학생들이 다양한 학습전략을 알고 활용하는 것의 중요성을 알고 직접적 혹은 간접적으로 전략을 지도해야 한다.

교실에서의 적용

- 교사는 읽기 수업 시 교재에서 중요한 부분을 찾아 정리하는 방법을 명확하게 시범하여 보여 준다.
- 교사는 과학 수업 시 학생들에게 실험 방법에 대한 시범을 보여 준다. 가설을 설정하고 결과를 정리하는 방법과 평가하는 방법을 시범 보여 준다.

(6) 자기통제와 반성적 사고의 원리

학습자는 자기의 학습을 계획하고 관리할 줄 알아야 할 뿐만 아니라 자신의 학습목표를 설정하고 실수를 수정할 줄 알아야 한다. 자기통제는 자신의 신념과 전략을 의식

하는 반성적 사고를 요구한다. 반성적 사고는 학습자가 자신의 의견을 표현하고 방어할 수 있도록 권장하는 토론, 논쟁, 논문 등과 같은 것을 통하여 향상될 수 있다. 그러므로 교사는 학생들이 자기통제자가 되고 반성적 사고자가 되는 데 도움을 주어야 한다.

교실에서의 적용

- 진술과 논쟁, 자신과 다른 사람의 문제해결 방법을 평가할 수 있는 기회를 준다.
- 자신의 생각을 점검하게 하고, 자신이 이해한 것을 질문으로 만들도록 한다(내가 하고 있는 것을 왜 하고 있는가? 얼마나 잘하고 있는가? 남아 있는 일들은 어떤 것들인가?).
- 사용해야 할 가장 효율적인 전략이 무엇이며 언제 사용해야 하는지를 알게 한다.

(7) 사전 지식 재구조화의 원리

때에 따라서는 학생의 기존 지식이 새로운 정보를 이해하는 데 방해가 될 수도 있다. 교사는 학생들이 학교에서 가르친 것에 반하는 기존 신념과 불완전한 지식을 갖고 있다는 것을 알 필요가 있다. 교사는 학생들에게 내적 불일치를 해결하는 방법을 지도하고 필요에 따라서는 기존의 개념을 재구조화하는 법을 지도해야 한다.

교실에서의 적용

- 교사는 학생들에게 자신의 생각이나 지식에 대한 설명들을 구체적으로 표현할 수 있는 상황을 제시한다.
- 과학적 설명을 확실하게 제시하고, 가능하다면 모형과 함께 실제 사례를 제시한다.
- 학생들에게 그들의 기존 개념들을 재구조화할 수 있는 충분한 시간이 주어져야 한다.

(8) 암기보다는 이해를 지향하는 원리

학습자료의 지식과 과정을 단순히 암기하는 것보다는 일반적인 원리와 설명을 중심으로 학습자료를 조직하였을 때 학습이 더 잘 이루어진다. 학생들이 학습내용을 이해하도록 하기 위해서는 학생들에게 그들이 하고 있는 것에 대한 생각을 할 수 있는 기회와 다른 학생들과 그것에 대해 이야기할 수 있는 기회가 주어져야 하며, 학생에게 학습내용을 정확하게 정리하고 다양한 상황에 어떻게 적용할 수 있는지 이해할 수 있는 기회를 제공해야 한다.

교실에서의 적용

- 학생이 자신의 말로 어떤 현상이나 개념을 설명하도록 지도한다.
- 학생들이 학습자료를 이해하면, 공통점과 차이점들을 파악할 수 있고, 비교 · 대조할 수 있으며, 이해할 수 있고 비유를 들 수 있도록 지도한다.
- 학생에게 구체적인 사례에서 일반적인 원리를 추출하는 법과 구체적인 사례를 통해 일반화하는 방법을 지도한다.

(9) 전이를 위한 학습 지원의 원리

수업 시간에 배운 것이 실제 상황에 적용 가능할 때 보다 의미 있는 학습이 이루어진다. 그러나 종종 학생들은 학교에서 뉴턴의 법칙을 배우지만 어떻게 그것을 실제 생활 상황에서 적용할 것인지를 알지 못한다. 그러므로 교사는 학생들이 학교에서 배운 것을 일상생활의 문제해결에 적용할 수 있도록 지원해야 한다.

교실에서의 적용

- 교과의 완전 학습을 요구한다. 적정 수준의 이해 없이 전이는 일어나지 않는다.
- 한 교과 영역에서 배운 것들을 관련된 다른 영역의 교과에 적용할 수 있도록 지도한다.
- 확실한 실례에서 어떻게 일반 원리를 추출하는지 학생들에게 보여 준다.

(10) 충분한 학습 시간 제공의 원리

학습이란 많은 시간이 필요한 복잡한 인지적 활동이며, 어떤 영역에서 전문성을 확보하기 위해서는 충분히 많은 연습을 한다. 그러므로 교사들은 학생들이 학습과제에 보다 많은 시간을 할애할 수 있도록 지원해야 한다.

교실에서의 적용

- 교실에서 학습에 사용하는 시간의 양을 늘린다.
- 학생들에게 그들이 이미 알고 있는 내용과 일관된 학습과제를 제시한다.
- 한꺼번에 너무 많은 주제를 가르치지 않으며 학생들이 새로운 정보를 이해할 수 있도록 충분한 시간을 제공한다.

(11) 발달적, 개인적 차이 인정의 원리

학습에는 주요한 발달적, 개인적 차이가 있으며, 학생들의 발달적, 개인적 차이가 고려될 때, 가장 효과적인 학습이 이루어진다. 학생들이 성장할수록, 그들이 세상을 표현하는 새로운 방법들을 형성하고 이러한 표현들을 조정하기 위해 사용하는 과정이나 전략을 바꾸게 되며, 과정과 전략에 대한 학습에 있어서도 개인적인 차이가 존재한다. 그러므로 교사는 학생들의 개인적 차이를 인정하면서 학생의 발달에 가장 적합한 환경을 조성해 주어야 한다.

교실에서의 적용

- 다양한 종류의 활동에서 학생이 보이는 관심도, 지속성, 자신감 등에 특별한 관심을 갖고 아동들이 잘하는 영역을 확인한다.
- 학생들의 강한 영역을 지원하고 이러한 영역을 통하여 전반적인 학업성취를 향상시키도록 활용한다.
- 학생들에게 생각을 자극하는 질문이나 해결할 문제들을 제시하고 다양한 방식으로 가설을 검증하도록 격려한다.

(12) 학습자 동기화의 원리

학습은 학습자의 동기에 의해 결정적인 영향을 받는다. 동기를 가진 학생은 목적을 성취하기 위한 열정을 갖고 많은 노력을 할 준비가 되어 있고, 상당한 결정력과 지속성을 갖고 있기 때문에 이것이 학습의 양과 질에 긍정적인 영향을 주게 된다. 따라서 교사는 말과 행동을 통해서 학생들의 성취동기에 영향을 줄 수 있다.

교실에서의 적용

- 학생의 성취를 인정한다.
- 학생의 성취 원인을 외적 요인이 아닌 내적 요인으로 돌린다.
- 경쟁보다는 협동을 증진시킨다.
- 적절한 수준의 난이도와 함께, 학습자의 관심과 고등 사고 기능을 촉진하는 과제를 제시한다.

2) 교수 · 학습 모형

(1) 교수 · 학습 모형의 개념

교수 · 학습 모형이란 복잡한 수업과정이나 현상을 특징적인 요인을 중심으로 단순화한 설명체계 혹은 구조를 의미한다. 또한 교수 · 학습 모형은 수업에 관한 일종의 계획을 담고 있는 틀이기도 하다. 즉, 수업 목표의 진술, 수업 과정에 대한 절차, 수업 내용의 조직 등의 문제를 구조화한 계획이다. 교수 · 학습 모형은 '단위 수업'을 전개하는 전체적인 구조적 틀을 의미하며, 이 틀은 몇 개의 단계로 구분되고 각 단계마다 교수(교사)와 학습(학생) 활동이 이루어진다(교육부, 2018b).

특수교사는 장애학생과 학교의 여건, 학생의 지적 발달과 학생의 학습에 대한 선행지식, 본 학습내용의 선수학습과의 관계와 학습 소재에 따라 가장 효과적인 교수 · 학습 모형을 선택하여야 할 것이다(정완호 외, 1996). 교사는 교수 · 학습 모형을 활용하여 수업을 짜임새 있게 운영함으로써 효율성을 높일 수 있다. 교사가 교수 · 학습 모형을 효과적으로 적용하기 위해서는 각 모형의 철학적, 심리학적 배경, 모형이 사용될 수 있는 적용 환경과 조건, 그리고 모형 자체에 대한 정확한 이해를 바탕으로 수업 내용이나 활동에 적합한 교수 · 학습 모형을 선택해야 한다(정동영, 김희규, 2018).

교사가 수업 실행 과정에서 교수 · 학습 모형을 선택할 때는 학습 목표와 내용(활동), 해당 단원의 차시별 수업 계획(수업 시수), 수업의 맥락, 학생 수, 교사와 학생의 능력, 학생의 흥미, 선수학습 능력, 기타 교사가 수업에서 고려하고자 하는 사항 등을 복합적으로 고려해야 한다. 교사는 수업의 여러 가지 변인을 종합적으로 고려하여 최적의 교수 · 학습 모형을 선택하고 그에 근거한 다양한 교수 · 학습 활동을 계획하고 실행하여야 한다(전병운 외, 2018).

또한 교사는 수업에 영향을 미칠 수 있는 변인, 즉 교사 측면과 학습자 측면, 과제 측면(목표와 내용), 상황 측면의 다양한 변인을 고려해서 교수 · 학습 모형을 선택해야 한다(최미숙 외, 2016).

- **교사 측면**: 교사의 교과에 대한 교육관, 모형에 대한 이해와 실행 능력, 관심이나 주안점, 흥미
- **학습자 측면**: 학습자의 인지적 · 정의적 능력과 수준, 관심과 태도, 수업 참여 인원, 학습자의 학습 스타일

- **과제 측면**: 학습 목표나 내용의 성격, 난이도, 계열성, 영역(언어 사용 기능, 문학, 문법 영역)
- **상황 측면**: 주어진 시간과 공간, 교재의 구성 방식

모든 수업에 적용할 수 있는 완전하고 단일한 교수 · 학습 모형은 없다. 교사는 목적과 과제에 따라, 그리고 고려해야 할 수업 변인에 따라 적합한 수업모형을 선택하고 적용해야 한다.

교사의 수업의 변인을 고려하여 선정한 교수 · 학습 모형은 일률적, 획일적으로 적용되는 것이 아니라 교사의 전문적 판단에 의해 적용되어야 한다. 특정 모형이 효과적이라고 해서 이를 모든 수업에 적용해서는 최대의 성과를 달성할 수 없으며, 수업의 효과를 효과적으로 달성하기 위해서는 몇 가지 모형을 적절히 혼합하는 것도 중요하다. 교수 · 학습 모형을 적용할 때는 특정 교수 · 학습 모형을 온전하게 구현하는 것이 중요한 것이 아니라 다양한 변형과 적용 및 재구성 작업을 동반한 교수 · 학습 방법의 구안이 바람직하다. 수업모형을 적용할 때는 다음과 같은 측면을 고려할 수 있다(전병운 외, 2018).

직접 교수 모형과 같이 단일 차시 내에 '설명하기' '시범 보이기' '질문하기' '활동하기'가 모두 이루어질 수 있다면 모형 적용의 완결성 면에서도 좋을 것이다. 하지만 장애학생의 경우 주제에 따라 3차시로 진행되어야 할 경우에는, 1차시 또는 1~2차시에 걸쳐 교사의 설명과 시범 중심의 수업을 전개하고, 2~3차시에 질문하기와 활동하기 중심의 수업을 적용할 수 있다. 이때 1차시는 '시작 활동'의 성격이, 3차시는 '마무리 활동'의 성격이 드러나게 된다.

직접 교수 모형, 경험 학습 모형, 문제해결 학습 모형, 역할 수행 학습 모형이나 반응 중심 학습 모형을 각각 단일 차시나 다차시에 걸쳐 적용하여 단일 모형의 형태로 수업에 적용할 수 있다. 또한 반응 중심 학습 모형의 반응의 심화 단계에 역할 수행 학습 모형을 삽입하여 복합 모형의 형태로 수업에 적용할 수 있다[예: 반응의 형성 → 반응의 명료화 → (반응의 심화로서의) 역할 수행(역할의 분석과 선정, 실연 준비, 실연) → 평가하기].

또는 주제 내용의 특성에 따라 3차시에 복수의 수업 모형을 적용할 수 있다. 예를 들면, 사회과의 경우, '우리 지역의 님비 현상'이라는 주제를 1차시는 '님비 현상'이라는 개념의 의미를 파악하기 위한 '개념학습 모형'을 적용하고, 2~3차시는 님비 현상이 나타내는 실태와 원인을 파악하고 이를 해결하기 위한 대안들을 찾아서 비교 검토한 후

최종적인 해결 방안을 도출하는 과정으로 '문제해결 학습 모형'을 적용하여 수업을 전개할 수 있다(교육부, 2018b).

모형을 적용하면서 특정 단계의 생략이나 추가 또는 단계 내 활동을 변경할 수 있다. 예를 들어, 역할 수행 학습 모형에서는 내용이 복잡하지 않고 시간적 여유가 없을 경우, '사전 연습' 단계를 생략하고 바로 즉흥 역할놀이 형태로 적용할 수도 있다[예: 상황 설정, 역할 선정, (준비 및 연습-생략), 실연(즉흥연기), 정리 및 평가].

(2) 교수 · 학습 모형의 특징과 단계

① 직접 교수 모형

직접 교수(direct instruction) 모형은 교사의 설명과 시범이 우선적으로 제시되기 때문에 국어과 수업목표 달성을 위해 필요한 내용만을 선별하여 지도할 수 있어 교수 · 학습의 효율성을 기할 수 있는 모형이다. 그리고 학습해야 할 내용을 세분화, 구체화하고 명시하여 지도하기 때문에 비교적 수월하게 장애학생들을 대상으로 한 수업목표에 도달할 수 있는 모형이다. 이 모형은 행동주의 심리학에 기본 토대를 둔 모형이지만 이론보다는 교사들의 교육 경험을 통해 만들어진 모형이다(정해동 외, 2016). 직접 교수 모형의 가장 두드러진 특징은 수업 시간 동안 교사 중심으로 핵심적인 내용을 전달하는 과정에서 비학문(교과)적인 내용을 최소화함으로써 교과(학문) 기술을 강조할 수 있고, 교사가 목표와 내용, 방법을 명시적으로 제시함으로써 높은 통제 수준을 유지할 수 있다는 데 있다. 또한 교사가 선정한 기준에 학생들이 부합할 수 있도록 유도함으로써 학생들의 학업성취에 대한 높은 기대를 설정할 수 있고, 체계적인 수업 계획을 통해 효율적인 수업 시간 관리가 가능하다는 특징이 있다(전병운 외, 2018).

직접 교수 모형은 설명하기 → 시범 보이기 → 질문하기(안내된 실행) → 활동하기(독자적 실행) 단계로 진행된다. 각 단계의 특징은 다음과 같다(전병운 외, 2018).

단계	내용
설명하기	교사가 수업 구조에 필요한 모든 정보를 명확하게 제시하는 단계로서, 교사는 학생들에게 새로운 개념이나 학습할 전략에 대하여 자세한 안내를 해야 한다.
시범 보이기	학습내용 적용의 실제 예시를 보여 주고 그것의 습득 방법이나 절차를 세부 단계별로 나누어 직접 시범을 보이거나 매체를 활용하여 시범을 보이는 단계이다.
질문하기	설명하고 시범 보인 내용을 더욱 구체적으로 이해시키고 이를 확인하기 위해 주어진 학습과제를 해결하는 데 필요한 지식, 전략, 과정 등에 관하여 세부 단계별로 질문하고 대답하는 단계이다.
활동하기	질문하기 단계에서 학생이 주어진 과제를 충분히 숙달하였다고 판단되면 스스로 과제를 해결할 수 있는 기회를 제공하여, 학생 혼자서 지식과 전략을 이용하여 과제를 수행할 수 있도록 해야한다. 활동하기 단계는 학생이 수업 목표에 도달했는가를 판단하는 평가의 과정이다.

② 창의성 계발 학습 모형

창의성 계발 학습 모형의 목적은 주어진 문제 또는 자신이 발견해 낸 문제를 창의적인 방법으로 해결하도록 하여 창의적 언어 사용 능력, 나아가서는 창의성을 계발하는 데 있다. 따라서 창의성 계발 학습에서는 흥미 있고 도전적인 과제, 해결할 만한 가치가 있는 문제, 창의성이 반드시 요구되는 문제를 제시하는 것과 주어진 문제를 학생들이 창의적으로 해결하도록 상황과 분위기를 조성해 주는 것이 매우 중요하다. 창의성 계발 학습 모형은 문제 발견하기 → 아이디어 생성하기 → 아이디어 선택하기 → 아이디어 적용하기 단계로 진행된다. 각 단계의 특징은 다음과 같다(최지현 외, 2007).

단계	내용
문제 발견하기	학습문제를 확인하고, 학습문제를 해결하기 위하여 주어진 학습과제를 이해하고 분석하는 단계다.
아이디어 생성하기	다양한 창의적인 방법을 통해 문제를 해결하기 위한 아이디어를 이끌어 내는 단계다.
아이디어 선택하기	여러 가지 방법으로 다양하게 이끌어 낸 아이디어들을 비교, 검토하여 그중에서 문제를 해결하기 위한 최선의 아이디어를 선택하는 단계다.
아이디어 적용하기	최선의 아이디어를 적용하고, 그 결과를 평가하는 단계다.

③ 반응 중심 학습 모형

반응 중심 학습 모형은 수용 이론이나 반응 이론에 근거한 것으로, 문학작품 수업에서 학생 개개인의 반응을 중요시하는 모형이다. 학생은 작품을 접하면서 의미와 경험을 교류하게 되고, 이를 통해 작품에 대해 다양한 반응(해석)을 나타낼 수 있다. 따라서 교사는 학생의 반응을 분석함으로써 학생이 읽기 과정에서 경험하는 의미를 파악하고 이를 활용하여 반응을 일반화할 수 있게 해야 한다. 학생들은 서로 다른 지식과 경험을 지니고 있기 때문에 문학작품에 대해 서로 다른 반응을 보이는 경우가 많다. 이 경우에 처음에는 반응을 보일 수 있는 공간을 마련해 주는 데 초점을 두고, 점차 자신의 반응을 명료화하면서 심화시켜 일반화할 수 있도록 유도한다. 교사는 개별 학생의 반응을 존중하는 동시에 서로 충분한 협의를 통해 각자의 반응을 검증할 수 있도록 기회를 제공해야 한다(교육과학기술부, 2009).

반응 중심 학습 모형은 반응 준비하기 → 반응 형성하기 → 반응 명료화하기 → 반응 심화하기 단계로 이루어진다. 각 단계의 특징은 다음과 같다(전병운 외, 2018).

반응 준비	학습문제를 확인하고 작품을 이해하는 데 필요한 배경지식을 활성화하는 단계이다.
반응 형성	작품을 읽으면서 학생이 최초의 반응을 형성하고, 작품을 읽고 난 후의 생각이나 느낌을 반응 일지 등에 간단히 정리해 보는 단계이다.
반응 명료화	각자 정리한 반응을 상호 공유하고 이를 바탕으로 자신의 반응을 정교화하거나 확장하는 단계이다.
반응 심화	주제, 인물, 사건, 배경 등을 토대로 다른 작품과 관련지어 보면서 작품에 대한 이해를 높이고, 현실 세계나 자신의 삶에 투영해 봄으로써 반응을 심화하는 단계이다.

④ 지식 탐구 학습 모형

지식 탐구 학습 모형은 구체적인 국어사용 사례나 자료의 검토를 통하여 국어 생활에 일반화할 수 있는 개념이나 규칙을 발견하는 데 초점을 두는 학습자 중심의 모형이다(교육과학기술부, 2009). 지식 탐구 학습 모형은 국어과의 경우 '지식' '문법 지식' '문학 지식'을 습득하는 데 유용한 모형이다. 예를 들면, '주장하는 글의 특성 알아보기' '토론을 할 때 지켜야 할 점 알아보기' '문장부호의 종류와 기능 알아보기' '이야기의 짜임 알아

보기' 등을 학습할 때 활용할 수 있다(교육과학기술부, 2009).

지식 탐구 학습 모형은 문제 확인 → 자료 탐색 → 지식 발견 → 지식 적용 단계로 진행된다. 각 단계의 특징은 다음과 같다(전병운 외, 2018).

문제 확인	학습문제를 발견하거나 확인하고 배경지식을 활성화하는 단계이다. 이 단계에서는 학생의 동기를 유발하고, 학습문제를 확인하며, 학습의 필요성이나 중요성을 확인한다.
자료 탐색	문제를 해결하기 위하여 둘 이상의 사례를 검토하는 단계로, 일관성 있는 지식을 추출할 수 있도록 다양한 사례 제시와 함께 교사의 적극적인 비계 설정이 필요하다. 이 단계에서는 기본 자료와 추가 자료, 혹은 사례에 대한 탐구가 이루어진다.
지식 발견	둘 이상의 실제 사례로부터 공통점이나 차이점을 추출함으로써 일반화할 수 있는 개념이나 규칙을 발견하는 단계이다. 이 단계에서는 자료 또는 사례의 비교와 일반화가 이루어지고 지식의 발견과 정리가 이루어진다.
지식 적용	발견한 개념이나 규칙을 실제 언어생활에 적용하는 단계이다. 이 단계에서는 발견한 지식의 적용과 일반화가 이루어진다.

⑤ 발견학습 모형

발견학습 모형은 개념 형성을 촉진하는 모형으로, 과학의 개념이나 원리를 발견 또는 재발견하는 과정(탐구과정)을 학습자에게 체험시킴으로써, 과학의 성과와 탐구의 과정 및 기법을 통일적으로 파악하게 하려는 학습 모형이다. 발견학습은 교사의 도움 없이 학생 스스로 학습할 내용을 발견하여 자발적으로 학습하게 하는 방법을 의미한다. 발견학습 모형의 특징은 첫째, 교재의 기본구조에 대한 철저한 학습을 강조한다. 중심개념과 기본요소를 철저하게 학습함으로써 교과에 대한 이해가 쉽고 망각을 방지할 수 있고, 전이가 쉽다. 둘째, 학습효과의 전이를 중요시한다. 가장 기본적인 원리가 되는 것, 공통성이 있는 것들의 요점을 배워 모든 유사한 사태에 대하여 전이가 되도록 한다. 셋째, 발견학습 모형은 학습의 결과보다 과정과 방법을 중요시한다. 또한 학습의 과정과 지식의 생성과정을 동일한 것으로 본다. 급변하는 사회에서 그 변화에 대응하는 창조적인 지성과 실천력을 훈련하는 학습이므로 그 과정에 학습의 중점을 두고 있다. 넷째, 발견학습 모형은 학습자의 주체적인 학습을 강조한다(강성립, 2008; 김지용, 2011; 송지원, 2012).

발견학습 모형은 탐색 및 문제 파악 → 자료 제시 및 관찰 탐색 → 추가 자료 제시 및 관찰 탐색 → 규칙성 발견 및 개념 정리 → 적용 및 응용 단계로 진행되며, 각 단계의 특징은 다음과 같다(강성렵, 2008; 정동영 외, 2008).

탐색 및 문제 파악	학습목표와 관련된 학습 자료가 제시되어 학생들이 학습 자료를 탐색하고 학습과제가 무엇인지 탐색하는 단계이다.
자료 제시 및 관찰 탐색	학생들에게 자유로운 탐색 활동을 하게 하는 단계로 현실 세계의 일부인 자료를 제시함으로써 과학 활동을 실세계와 관련짓고, 관찰을 통해 탐구 기능을 발달시키는 기회를 제공한다.
추가 자료 제시 및 관찰 탐색	귀납적인 추론을 자극하는 단계로 학생이 자료에 드러나 있는 규칙성을 연결한다. 제시된 추가 자료는 학생이 더 많은 관찰을 하여 그로부터 추리되는 규칙성을 인식하게 한다.
규칙성 발견 및 개념 정리	관찰 결과를 공개하고, 토의를 통하여 규칙성을 발견하거나 개념을 형성하고, 일반화를 하게 된다.
적용 및 응용	학생이 학습한 추상적인 개념을 확장시키거나 응용하는 단계이다.

⑥ 순환학습 모형

순환학습 모형은 순환적인 학습의 세 단계(탐색, 개념 도입, 개념 적용) 학습 주기를 이용하여 학생이 새로운 상황에서 그 개념을 적용할 수 있는 사례와 적용할 수 없는 비사례를 찾도록 함으로써 습득한 개념을 다듬는 활동을 제공한다. 각 단계의 특징은 다음과 같다.

탐색하기	최소한의 안내를 통하여 새로운 자료와 생각을 탐색하며 익숙한 사고방식으로 해결할 수 없는 문제나 인지적 갈등을 제기하고 규칙성을 확인한다.
개념 도입하기	탐색 단계에서 발견한 규칙성을 언급하는 새로운 개념을 도입하며 새로운 개념은 교사, 교과서, 시청각 매체 등을 통하여 도입한다.
개념 적용하기	새로운 개념의 적용 범위를 확장시키는 활동을 제공하고 습득한 개념을 새로운 상황과 문제에 적용시켜 일반화하는 기회를 제공한다.

3) 장애학생을 위한 교수·학습 방법

(1) 공통교육과정 대상 장애학생을 위한 교수 · 학습 방법

장애학생을 위한 교수 · 학습 방법은 특수성과 보편성을 모두 포괄할 수 있어야 한다. 즉, 장애학생들의 특성을 고려한 개별화된 교수 · 학습 방법을 사용해야 하며 동시에 공통교육과정을 적용해야 하는 장애학생들에게도 비장애학생들과 마찬가지로 보편적인 교수 · 학습 방법을 적용할 수 있다. 이처럼 공통교육과정을 장애학생들에게 적용할 때, 이 교육과정을 장애학생의 독특한 교육적 요구에 적합하도록 어느 정도로 어떻게 수정 · 보완하여 적용할 것인가 하는 것이 중요한 과제가 된다.

장애학생에게 수정 · 보완된 교육과정을 적용하고자 할 때에는 첫째, 가능한 한 공통교육과정의 골격이 흐트러지지 않고 '최소한'의 수정 · 보완이 이루어지도록 노력해야 한다. 둘째, 특수교육 대상 한 사람 한 사람이 가지는 독특한 교육적 요구를 최대한 충족시켜 줄 수 있도록 교육과정이 운영되어야 한다. 따라서 공통교육과정을 특수교육에 도입함에 있어, 보편 교육이 추구하는 공통적 보편성과 특수교육에서 존중되어야 할 개별적 특수성이 동시에 어떻게 충족될 수 있게 하느냐가 중요한 과제가 될 것이다(교육과학기술부, 1998).

특수교육 공통교육과정에서는 감각장애와 지체장애 학생들에게 비장애학생들과 같은 공통교육과정을 적용하도록 하고 있으나 이들의 장애 특성을 고려하고 장애를 극복하기 위한 교수 · 학습 방법을 마련하도록 하고 있다.

특수교육 공통교육과정의 국어과 교육과정에서는 시각장애와 청각장애 학습자를 위한 교수 · 학습 방향을 〈표 10-1〉과 같이 제시하고 있다(교육부, 2015).

또한 시각장애와 지체장애 학생을 위한 체육과 교수 · 학습 시 장애학생의 장애 특성을 고려하여 개인차에 맞는 수준별 수업과 통합적 교수 · 학습 활동, 그리고 창의적인 교수 · 학습 방법을 선정하여 활용하도록 해야 한다. 특히 시각장애 학생과 지체장애 학생들의 학습활동에 필요한 교육적 보조 서비스를 다각적으로 제공해야 한다. 그리고 각 영역의 지도 시 장애로 인하여 학습이 곤란한 영역은 장애 특성과 운동 능력에 따라 변형 또는 재구성하여 지도한다.

또한 학생의 과제 참여 기회를 증가시키고 학습활동의 질적 수준을 향상시키기 위해 충분한 시설과 용 · 기구를 확보하고, 다양한 교육매체와 정보화 자료를 활용하며, 시각장애 학생의 경우 보조음향신호기 등 시각보다 청각, 촉각 및 근운동 감각을 활용할

표 10-1 **특수교육 공통교육과정의 시각장애와 청각장애 학생을 위한 국어과 교수 · 학습 방향**

장애영역	국어과 교수 · 학습 방향
시각장애	• 저시력 학습자별 요구를 반영하여 한 가지 문자 매체만을 강조하기보다 필요에 따라 점자와 묵자를 병행하여 사용하도록 한다. • 묵자 사용 학습자를 위한 경필 쓰기 지도 시에 확대된 글자본을 제시하여 주되, 학습자의 시력과 시기능 등에 알맞게 글자 크기와 모양을 조절하도록 한다. • 점자 사용 학습자는 시각 자료를 촉각 또는 청각 자료로 수정 · 보완하여 활용하도록 한다. • 그림을 통하여 과제가 제시된 경우에 그림에 대한 상황이나 장면을 설명하여 주되, 문제의 요지나 맥락에서 벗어나지 않도록 한다. • 시각장애로 습득하기 어려운 색채나 공간 등의 어휘는 구체적으로 설명하여 주되, 실물이나 모형 등의 대체적인 경험을 제공하거나 학습자의 경험들을 통합하여 형성하도록 한다. • 학습자의 시력, 시기능, 시효율성 등을 평가하여 개별적 특성에 알맞은 학습 환경을 조성하고, 적합한 학습 매체를 선정하여 사용하도록 한다. • 학습자의 장애 특성에 적합한 문자 매체로 묵자 또는 점자 등을 선택하여 사용하도록 한다. • 시각적 경험의 제한을 보상하기 위하여 주변의 환경과 자료를 다감각적으로 경험하도록 한다. • 다양한 학습 매체와 자료를 활용한 풍부한 학습내용을 통합적으로 구성하도록 한다. • 점자 지도 시 점자보완교재를 활용하여 지도한다.
청각장애	• 청각장애 학생의 특성과 수준, 다양한 의사소통 양식을 고려하여 다양한 매체, 수어 영상 자료 등 시각적인 자료로 흥미를 유발하고 실제적인 활동을 통하여 언어능력의 신장과 자발적인 학습 참여가 이루어지도록 한다. • 농인의 정체성을 높이기 위한 자료로 농사회와 농문화적 특성, 성공한 농인들의 삶을 소개하여 긍정적 자아개념을 향상할 수 있도록 한다. • 교수 · 학습 과정에서 청각장애로 인한 문제를 극소화하기 위해 다양한 의사소통 양식을 사용하도록 하고, 시각적 매체를 적극 활용하여 적절한 국어 학습 전략을 활용하도록 계획한다.

수 있는 자료나 교구를 제시하고, 지체장애 학생의 경우 자세 잡는 기구, 이동 보조기구 등을 제공함으로써 장애로 인한 제한점을 최대한으로 보완할 수 있도록 한다. 또 학습환경의 제약을 최소화하고 시설 등의 이유로 교내에서 수업하기 어려운 신체활동은 지역사회 체육 시설을 적극 활용하도록 한다.

그리고 장애학생들을 위한 교수 · 학습 활동 시 사용하는 특수 체육 장비 및 보장구 등의 효율적인 관리와 점검을 통하여 안전사고를 예방하도록 해야 한다. 시각장애 학생들의 경우, 이를 위해 활동 전에 기구나 시설의 위치에 대해 파악할 수 있는 충분한 시간을 제공하고, 활동에 사용되지 않는 기구 등을 치우거나 새로운 기구가 도입되었을 때 그 기구의 위치, 형태 및 기능을 익힐 시간을 추가로 부여함으로써 안전사고를 사전에 예방하도록 한다. 또 시각장애의 정도와 발생 시기를 고려하여 체육활동에 따른 2차적 장애가 발생되지 않도록 유의한다. 지체장애 학생들은 빠른 움직임을 수행할 때 어려움을 느끼므로, 특히 운동 수행능력이 낮은 활동을 실시하거나 활동 초기에는 느리게 움직이는 활동을 실시하도록 한다. 또 일부 지체장애 학생들은 뇌전증(간질)이나 원시반사 등을 가지고 있는 경우가 있으므로 활동할 때 이러한 증상들을 고려하여 지도해야 한다(교육과학기술부, 2008b).

(2) 기본교육과정 대상 장애학생을 위한 교수 · 학습 방법

공통교육과정을 적용할 수 없는 장애학생을 위한 기본교육과정에서는 각 교과별로 교수 · 학습 방법을 구체적으로 제시하고 있다. 그러나 이와 같은 교수 · 학습 방법은 장애학생을 위해 고안한 '특별한' 교수방법이 따로 있는 것이 아니며, 비장애아동을 위한 교수방법 역시 장애학생에게도 적용할 수 있다는 점을 간과해서는 안 된다. 물론 장애학생에게 효과적인 교수 방법이나 전략이 많이 개발되고 연구되고 있긴 하나 개개 학생의 장애의 인지적, 정서적, 행동적 특성을 고려한 개별화된 교수전략을 마련하는 것이 더욱 중요할 것이다.

경도 및 중등도 지적장애 학생들에 대한 교육의 경향은 변화하고 있다. 전통적으로, 이 범위에 속하는 많은 학생들은 그들의 또래와 분리된 특수학급에서 교육을 받았다. 그러나 오늘날에는 많은 수의 학생들이 학습도움실 교사나 특수교육 보조원들이 제공하는 지원을 받아 학교생활의 많은 시간을 일반학급에서 보내고 있다. 하지만 단순히 학생들을 일반학급에 배치하는 것만으로 학생이 바로 성공적으로 통합되는 것을 의미하는 것은 아니다. 장애학생들을 일반학급으로 통합시키기 위해, 팀 활동이나 그룹 조사 프로젝트 등을 이용한 체계적인 계획을 수립하거나, 서로 간의 상호작용을 위한 특별한 기술들을 모든 학생들에게 직접적으로 훈련시키는 방법이 일반 교육환경 속에서 이들의 통합교육 성공의 기회를 높이는 데 도움이 될 것이다.

경도 및 중등도 지적장애 학생들은 일반적으로 기본 학습 기술을 익힐 수 있고, 보통 거의 6학년 정도의 학습 안정 수준에 도달하기도 한다. 또한 중등도 지적장애 학생들도 종종 제한된 학습 기술 이외에 의사소통 기술, 자조능력, 일상생활 기술, 그리고 직업 기술들을 학습할 수 있다.

대부분의 교사들은 중도 및 최중도 지적장애 학생들을 위한 교육과정의 주요 목표를 기능적 교육과정으로 정하고자 한다. 이들을 위한 교육과정을 선택할 경우 그 학생이 공동체 속에서 생활하고, 일하고, 여가를 즐기고, 이동하는 것과 같이 그 사람이 속한 여러 영역들 전반에 걸친 목표 개발이 주요 요인이 된다고 생각한다. 개인생활 유지와 개발, 가사활동, 지역사회 공동체 생활, 직업, 여가와 여행 등의 영역이 중도 및 최중도 지적장애 학생들을 위한 여러 교육과정의 기초를 이루고 있는 영역들이다.

과제분석은 중도 및 최중도 지적장애 학생들에게 사용되는 효과적인 기술 중 하나다. 과제분석은 복잡한 상위 기술들을 간단한 하위 과제들로 쪼개어 나누고, 그 순서를 계열화하는 방법이다. 이와 같이 더 간단하고 쉬운 하위 과제들은 장애학생들이 더 쉽게 익히고 더욱 많은 성공의 경험을 갖도록 한다. 이 하위 과제들은 장애학생들이 자연스러운 순서로 수행할 수 있도록 나열된다. 이 교육과정에서는 직무 기능, 의사소통, 그리고 자기 스스로 돕는 자조 기술들을 강조한다. 만약 학생들에게, 그들의 적절한 행동이 가능한 한 긍정적인 강화물과 반응할 수 있는 실습과 반복된 기회들이 주어진다면, 그들은 더욱더 성공적으로 변화하게 된다.

(3) 통합된 장애학생을 위한 교수 · 학습 방법

일반적으로 일반학교 교육과정의 교수 · 학습 방법을 통합된 장애학생들에게 적용하기 위해서는 그들의 요구에 맞도록 수정되어야 한다. 이때 교수방법의 수정은 교수가 제시되고 전달되는 방식에서의 수정을 의미하며, 구체적으로 교수활동, 교수전략 및 교수자료에서의 수정을 포함한다. 교수활동과 교수전략 및 교수자료는 상호 긴밀하게 연관되어 있어서 정확히 세분하는 것보다는 교수방법하에 이 세 가지 요소들이 함께 또는 부분적으로 고려될 수 있다는 것이 중요하다(박승희, 2001).

교수활동은 교수할 수업의 주제를 구체적인 활동들로 구조화하여 수업의 길이(차시)를 고려해서 편성한 것이다. 교수활동의 수정은 교수할 주요 과제를 작은 단계로 나누는 것, 과제의 양을 줄이는 것, 과제를 쉽게 또는 구체적으로 수정하는 것, 과제를 활동중심적으로 수정하는 것 등을 포함한다. 교수활동과 교수전략 및 교수자료는 상호 연결되어 있어서 실제로 한 장애학생을 위해 교수방법을 수정한다고 하였을 때, 세 가지의 경계가 분명히 나누어지지 않을 수 있다.

통합된 장애학생을 위한 교수 · 학습의 구성에 있어서 고려해야 할 사항은 다음과 같다(김희규 역, 2011, p. 184).

- 학생에게 교재와 함께 같은 색의 공책을 제공한다.
- 각 활동에 필요한 재료를 적합한 장소에 비치하고 학생이 필요한 물건을 미리 가져오도록 알린다.
- 교사가 수업에 필요한 물건을 준비하도록 요청하기 위해, 필요한 물건(예시자료)을 가져온 학생 앞에 서서 보여 준다.
- 모든 학생들에게 짝 혹은 파트너를 정해 주어 준비물을 준비하고 정리하도록 도와줄 수 있게 하며, 2주에서 3주 간격으로 짝을 바꾼다.
- 집으로 가져갈 것, 다음 수업 준비물 혹은 기타 필요한 것들을 점검할 수 있도록 문 옆에 체크리스트를 붙여 둔다.
- 자기점검이 가능하도록 학생의 책상 위에 행동과 학습 조직화 점검판을 붙여 놓는다.
- 해야 할 과제와 제출일을 학생이 점검할 수 있도록 과제물 목록표 혹은 달력을 사용한다.
- 교실에서만 사용하는 물건을 놓을 수 있는 장소나 사물함을 학생에게 제공한다. 물건을 보관할 사물함을 사용하도록 하고, 필요한 물건은 그곳에 보관할 수 있다는 것을 학생들에게 상기시킨다.

통합된 장애학생들에게 일반학교의 교육과정을 적용하기 위해서는 〈표 10-2〉와 같은 방법으로 기초학습 기술을 지도하여 성공적인 통합이 이루어질 수 있도록 한다(김희규 역, 2011, pp. 145-148).

통합학급에서 장애학생을 위한 교과 학습지도 시 유의해야 할 점은 첫째, 교과 교육은 제한된 시수에 정해진 내용을 교수해야 한다는 부담을 안고 있으므로, 이러한 시간적 제약을 극복하기 위해서는 타 교과의 영역과 관련시켜 지도해야 한다. 이를 통해 장애학생이 각 교과 시간에 학습한 내용을 반복학습하고, 일반화될 수 있도록 해야 한다.

둘째, 비장애학생에게 장애이해교육을 통해서 장애학생에 대한 이해와 수용적인 태도를 길러 주고 교실에서의 민주적인 분위기가 자연스럽게 이루어지도록 하여 장애학생뿐만 아니라 비장애학생의 교과 교육의 효과 창출에 힘써야 한다.

셋째, 장애학생의 사회성 기술의 일반화를 위해서 학교 전체를 교육의 장으로 만들려는 노력이 중요하다. 뿐만 아니라 학교 수업을 통해 익힌 여러 가지 학습 기술과 사회성 기술의 일반화를 위해서는 가정과 지역사회와의 연계 지도가 반드시 이루어져야

표 10-2 통합된 장애학생을 위한 기초 학습 기술 지도 방법

읽기	• 학생이 같은 책을 집에도 가지고 가서 보관할 수 있도록 허용한다. • 학생이 동시에 읽고 들을 수 있도록 부모 혹은 동료들이 녹음한 읽기 과제뿐만 아니라 교재 테이프를 제공한다. • 학생이 큰 소리로 읽을 때 동료들도 함께 읽는다. • 상호작용 읽기 프로그램을 사용한다. 단, 너무 많은 프로그램을 한번에 요구하지 않아야 한다. • 학생에게 휴대용 맞춤법 점검기나 모르는 단어를 확인할 사전을 제공한다. • 시각적 자극에 의해 주의가 잘 흐트러지는 학생을 위해서는 읽기 자료에 지나치게 많은 양의 사진은 삭제한다. • 학생이 강한 리듬과 운율을 가지는 시, 노래, 그 외 문장들을 읽는다. • 학생이 관련 주제의 사전 지식을 갖도록 하기 위해서 읽기 전 자료를 사용한다. • 학생이 새로운 기술로 전환하고 학습할 수 있도록 '선행 조직자(advance organizer)'를 사용한다. • 학생의 나이와 능력에 적합한 단어 수준의 이야기를 선택하여 부담을 최소화할 수 있도록 한다.
쓰기	• 학생들에게 워드프로세서나 컴퓨터 사용을 허용한다. • 칠판을 사용할 수 있도록 허용하여 참여도를 증가시킨다. • 수업내용을 기록할 수 있도록 대안적인 쓰기활동으로 교사나 또래의 반응을 받아 적도록 한다. • 대안적인 용지, 필기도구와 연필 그립(grip), 워드프로세서, 학습지와 시험지 완성을 위한 소프트웨어, 문서 읽기 보조도구, 단어 예측과 문법, 철자법 검사 프로그램과 같은 쓰기를 지원해 주는 프로그램을 사용하도록 허용한다. • 오디오 테이프 리코더를 이용하여 답변을 녹음하도록 한다. • 전정 장애를 보상하기 위한 경사진 칠판을 사용한다. • 플라스틱, 나무, 고무와 같이 다양한 촉감의 글자를 사용한다. 이것은 학생들이 글자를 느낄 수 있도록 하기 위한 것이다. • 학생들에게 진동하는 것, 무거운 것이나 펠트펜을 사용하도록 허용한다. • 줄이 있는 종이를 제공한다. • 가능한 한 언제든지 학생들이 좋아하는 주제에 대해 글쓰기를 하도록 한다. • 학생들이 자신의 생각을 쓰기 전에 앞으로 무엇에 대해 이야기할 것인지 생각하도록 돕는 이야기 글쓰기 전 전략을 사용한다. • 학생들의 생각을 조직화할 수 있도록 그래픽 조직자, 벤다이어그램, 인터넷, 브레인스토밍 학습지를 사용한다. • 학생들이 'SSSH'를 연습한다. S = 뾰족한 연필(sharpened pencil)과 종이 준비 S = 똑바로 된(straightened) 글쓰기 공간 S = 올바르게 앉은(sitting) 자세 H = '듣기'를 위한 귀를 갖기(have) • 창의적인 글쓰기를 할 수 있도록 하기 위해 이야기 시작 부분을 제시한다.

수학	• 새로운 연산 개념을 가르칠 때에는 '완벽한 계산'에 대해 걱정하지 않는다. 먼저 풀이 과정에 중점을 둔다. • 필요한 수학 용어가 나온 읽기 쉬운 수학 사전을 제공한다. • 용어의 의미를 설명하기 위한 예시나 그림을 포함한다. • 학생들이 연산 과정에 주의할 수 있도록 같은 연산 과정을 강조하여 표시한다(예: 곱셈은 파란색, 나눗셈은 녹색). • 개념을 소개할 때에는 가능한 한 학생들에게 일상적인 예시를 사용한다. • 게임과 도전적인 과제를 이용하여 개념과 연산 유창성을 향상시킨다. • 가능한 한 조작적인 자료를 사용하여 문제해결에 대한 시범을 직접 보인다. • 학생들에게 자릿수에 대해 가르칠 때는 바닥에 자릿수를 테이프를 사용하거나 직접 그려서 그 위를 걷도록 한다. • 글을 쓸 수 있는 공간을 많이 제공하기 위하여 학습지와 과제물, 유인물을 크게 한다. • 시각적으로 분리될 수 있도록 각 문제에 네모 칸을 그려 넣는다. • 가능한 언제든지 구체물(동전, 산가지, 링)을 사용하여 조작적인 방법을 사용한다. • 긴 계산 문제나 각 네모칸에 숫자 하나를 쓰는 문제를 완성할 때에는 자릿값에 맞게 답을 쓸 수 있도록 1인치 그래프 종이의 사용을 허용한다. • 숫자 줄의 사용을 허용한다. • 곱셈 표(구구단)의 사용을 허용한다. • 줄이 그어진 종이를 세로로 바꾸어서, 학생들이 이미 만들어져 나오는 세로 단을 사용할 수 있도록 한다. • 계산기의 사용을 허용한다.

한다.

넷째, 컴퓨터를 이용한 다양한 학습 체험을 통해 장애학생의 교과 교육에 대한 흥미를 유발하고 효과를 극대화한다(김희규 외, 2006).

교수방법의 수정은 통합교실 내에서 장애학생과 비장애학생에게 동일한 교육과정 영역에 대해 다양한 목표와 난이도 수준에서 교수하기 위한 방법으로 이를 다중수준 교수(multi-level instruction)라고도 한다(Giangreco, Baumgart, & Doyle, 1995). 교수방법의 수정은 교실 내의 모든 학생들을 대상으로 교수하지만 서로 다른 방식으로 교수하는 것을 전제로 한다.

교사는 단일한 수업 맥락 안에서 모든 학생들을 위한 교수계획을 수립해야 한다. 이러한 교수계획 수립을 위한 4단계는 다음과 같다(Collocott, 1991).

첫째, 교수할 기본 개념을 규명한다. 즉, 장애학생을 포함한 모든 학생들이 이해해야 할 개념을 말한다.

둘째, 교수할 기본 개념을 제시하는 데 사용될 수 있는 다양한 방법을 규명한다. 다양한 질문을 준비할 수도 있고, 감각 조작을 이용한 여러 활동들을 수업에 활용할 수도 있다.

셋째, 학생이 과제를 수행할 수 있도록 다양한 방법을 제공한다. 여러 가지 교수 자료와 방법은 학생의 학습을 촉진하는 데 사용될 수 있다. 과제 수행 목표와 난이도는 학생의 흥미와 요구 및 능력에 따라 조정될 수 있다.

넷째, 평가방법을 결정한다. 평가방법은 학생의 능력 수준에 근거해야 하며, 실제 수업에서 사용했던 방법과 밀접하게 연관되어야 한다.

〈표 10-3〉은 통합학급 장애학생의 특성을 고려하여 공통교육과정을 적용한 교수적 지원의 예이다(강경숙 외, 2005).

표 10-3 공통교육과정 교과의 장애학생을 위한 교수적 지원 형태

교사의 지원	비장애학생의 지원	교수 매체 지원
• 의도적인 발표기회 제공 –단원의 제목과 차시별 주요 핵심 어휘 대표로 읽기 –짧은 판서 내용 선창하여 읽기 –교사의 말을 따라 말하기 –대표로 시연할 기회 주기	• 장애친구의 발표기회 존중하기 –늦은 반응에 대해 기다려 주고, 장애친구가 너무 지연되면 먼저 약간의 도움 주기 –친구가 말할 때 조용히 듣기 –대표로 시연할 때 집중하기	• 발표기회 만들기와 연습시키기 –능력에 적합한 발표기회 만들기 –그림 내용의 이야기나 발표하는 말하기를 예습시키기(특수교사, 담임이 미리 연습시킴)
• 개별 활동 시 수준별 과제 제공 –적절한 때에 내용에 맞는 간지 자료 제공 –사전에 준비된 개별 학습지 제공 –과제 수행 중간중간에 확인하기	• 짝꿍의 또래 교수활동 –과제 수행할 곳을 가르쳐 주기 –과제 수행 완결 여부 확인하기 –바르게 앉아서 과제를 수행하고, 조용히 기다려야 함을 알려 주기	• 단원의 사전 학습 준비 –차시별 학습 준비물 사전 점검(적절한 그림, 사진, 모형 등)
• 문제행동에 대한 일관된 중재 –최소한의 행동약속 정하기(교사의 검지 손가락을 '입'에 대면 '조용히 하자'/ 손으로 입을 닦으면 '휴지나 아동의 수건으로 입을 닦아라'는 등의 약속)	• 문제행동에 대한 대처방안 정하기 –공부시간에는 특정 행동 무시하기(무엇이든 참견하는 행동과 침 흘리는 행동) –조용해야 한다/침을 닦는다 등을 수업 진행에 방해가 되지 않도록 말소리 없이 간단한 손짓으로만 알려 주기	• 문제행동에 대한 의사소통 –비장애학생들이 장애아동에게 느끼는 고민 상담 –지속적인 생활지도(도움반과 일반학급 연계 지도) –일반학급에서 있었던 경험 공유(하루 일과에 대해 이야기하며 더 잘할 수 있도록 격려함)

• 또래관계 형성 지원 –경쟁적이지 않은 모둠 분위기 –짝꿍의 순환 배정 및 역할 확인 –친절 도우미를 적절한 방법으로 보상하기	• 모둠의 구성원으로 친구 존중하기 –균등하게 기회를 나누어 주기 –1인 1역 등의 역할 배분하기 –쓴 것을 보여 주어 보고 쓰게 함 –협동하여 뒷정리하기	• 장애이해교육 및 체험활동 –학년 초 장애이해교육 –학기 중 장애체험 활동 –친구 특성에 맞게 도움 주는 방법 등을 담임교사나 특수교사가 지원해 줌
• 학습자료 제작에 대한 교재 연구 –특수교사와 협의하기 –학습자료 아이디어 공유하기 –사전에 필요한 자료 요구하기 –자료 사용 후 평가, 보완하기	• 친구의 학습자료 존중하기 –지나친 호기심으로 간섭하지 않기 –자신의 학습과제에 집중하기 –자신의 과제 수행이 끝난 후에 친구의 활동 도와주기	• 교과서 수정 및 학습자료 제작 –주요어휘 강조, 보고 쓸 칸 제공 –어휘력을 고려한 쉬운 문장 개발 –보고 읽을 내용의 간지 자료 지원

출처: 강경숙 외(2005).

교사는 교수방법과 전달방식 그리고 학습활동에 참여하는 학생의 참여방식과 관련해서 이 두 가지의 상호 관련된 요소들을 변화시킴으로써 수업할 내용을 개별화할 수 있고 또 학생의 학습양식과 교사의 교수양식 사이에 적합한 조화를 이루어 갈 수 있도록 도울 수 있어야 한다. 즉, 장애학생들은 독특한 학습적 요구로 학습양식에서 개인차를 보이기 때문에 이런 점과 비장애학생들의 학습양식을 동시에 고려하여 교수 · 학습활동이 이루어지도록 해야 한다.

또한 통합학급에서 제공되거나 사용되는 교수자료는 장애학생들이 다루고, 조종하고, 모으고, 분배하기에 유용하면서도 안전성 있는 것이어야 한다. 교육자료의 선택에서 가격, 활용도, 보관성, 그리고 학생의 연령과 기술력 등에 대하여도 추가적으로 고려되어야 한다.

주어진 시간 내에 특정 활동을 완수하기 위해서 교사들은 세부 시간 계획을 세울 필요가 있다. 교사들은 학생들이 학습활동을 할 공간을 충분히 확보할 수 있도록 배려할 필요가 있다. 예를 들면, 휠체어를 사용하는 학생일 경우는 작업공간과 탁자에 쉽게 접근할 수 있도록 해야 한다.

교실의 밝기, 온도 등도 점검해야 하고 다른 설비도 점검해야 한다. 〈표 10–4〉는 공통교육과정 과학 교과의 장애학생을 위한 교수적 지원 형태의 예로, 교수활동, 교수전략, 교수매체로 구분하여 제시한 것이다(박승희, 1999).

표 10-4 **공통교육과정 과학 교과의 장애학생을 위한 교수적 지원 형태의 예**

	세부적인 내용
교수 활동	• 학습주제와 장애학생의 개별적인 특성을 고려한 구체적인 활동을 구상함 –대표 시연 기회: 부채로 바람 일으키기, 물이 든 컵 속에 빨대 불기, 수조에 적당량의 물 붓기, 준비해 온 조사자료 및 과제를 들고 나와 보여 주기 –의도적인 발표기회: 학습주제 따라 읽기, 실험기구 명칭 선창하기, 친구와 함께 공동으로 발표하기, 따라 말하기, 기억에 남는 것을 생각하여 말하기 –개별 학습활동: 단원의 주요 핵심 단어 보고 쓰기, 그림이나 사진을 설명하는 문장 대응시키기, 교과서에서 핵심 단어를 찾아 표시하기
교수 전략	• 통합학급 교사가 장애학생의 학습을 위해 사전에 의도적으로 준비하는 사항들을 결정함 –활동중심적 수업: 수업 중간중간에 장애학생의 주의집중을 유도하는 짧은 게임이나 놀이(교사가 오른손 들어 흔들면 '박수', 왼손 들어 흔들면 '와' 함성, 내리면 '합') –모둠별 실험활동에서 적절한 역할 분배, 짝꿍 활동 마련 –행동강화 전략: 수업활동과 관련하여 개인의 성취와 모둠의 성취 항목에 대해 교사와 학생 간에 약속하기, 장애학생의 개인 성취 항목에 대해 특수교사와 의논, 보상체계에 따라 장애 · 비장애 학생 모두 즉각적 피드백, 토큰을 합산하여 그 결과에 대한 보상을 학급 전체가 함께 받음 –정보 제시: 주요 정보를 제시하기 전에 이름 부르기나 손뼉 세 번 치기 등으로 장애학생의 주의집중을 유도함. 따라 말하기와 읽기 기회 주기 –조사 자료들 중에서 장애학생이 해 온 것을 사례로 들어 제시하기
교수 매체	• 특수교사와 사전에 협의하여 학습자료를 요청하거나 공동으로 제작함 –교과서 수정: 특수교사가 단원의 학습이 시작되기 전에 미리 교과서를 수정함 –주요 핵심단어 강조하기, 보고 쓸 문장 만들기, 간지 자료 붙이기 등 –개별 학습활동: 학습지 제작 또는 상업적인 교재 활용, 자료 조사 및 숙제하기에 도움 주기 –구체물 또는 반구체물 자료 제공: 학습내용과 관련된 구체물 또는 그림이나 사진자료 준비, 글씨 크기나 색깔로 단서 제공

출처: 박승희(1999).

2. 특수교육 교수 · 학습 평가

1) 교수 · 학습 평가의 개념

교수 · 학습 평가는 교수 · 학습 과정 속에 존재하며 그 속에서 교육목표의 실천 여부를 점검하고 내용과 방법을 교정하는 시사점을 마련해 주고, 성과를 판단하며 또 그에 따른 보완조치에 대한 정보를 제공한다.

[그림 10-1]은 교육의 과정(process)을 나타낸 것이다. 먼저 교육목표가 설정, 진술된 후에 그에 따라 교육내용이 선정 · 조직되고, 학생의 출발점 행동에 대한 진단 점검이 이루어진 후에 교수 · 학습 과정, 즉 수업활동이 이루어진 다음 학생의 성취도를 평가하게 된다. 말하자면 교육의 최종 단계가 바로 평가인 셈이다. 여기서 교육평가의 주된 임무는 교육목표의 달성도를 확인하는 일이라는 것을 알 수 있다. 이처럼 교육의 과정은 획일적인 과정이 아니라 순환적인 과정임을 이해하는 것이 중요하다. Tyler는 이와 같은 교육평가의 과정에 대해 다음과 같이 제시하고 있다.

> 교육평가의 과정이란 본질적으로 교육과정이나 수업 프로그램에 의해 교육목표가 어느 정도 실현되었는지를 결정하는 과정이다. 그런데 교육목표는 기본적으로 학습자의 행동양식을 바람직한 방향으로 변화시키고자 하는 것이므로, 평가란 결국 이러한 행동의 변화가 실제로 어느 정도 일어났는가를 결정하기 위한 과정이다(Tyler, 1949, pp. 105-106: 이종승, 2011, p. 26 재인용).

즉, 평가의 준거는 교육목표이며, 교육목표의 달성 정도를 밝히는 일이 평가라고 할 수 있다. 평가는 학생의 행동을 여러 가지 방법(관찰법, 면접법, 질문지법, 사례연구법 등)

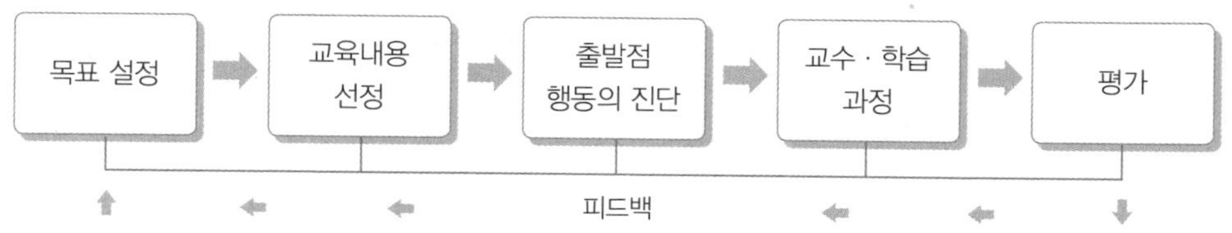

[그림 10-1] 교육의 과정

으로 측정하여 평가함으로써 개인의 발달과 심리, 집단의 구조, 가치 등을 평가하는 데 중요한 자료를 제공한다. 또한 지능검사, 적성검사, 학력검사, 성격검사 등 다양한 검사에 의해 학생들을 이해하는 자료로 활용하기도 하며, 평가활동을 통하여 개인의 능력, 특성, 신체적 조건 등의 개인차를 이해할 수 있다. 교사는 이와 같은 평가결과를 바탕으로 학습을 위한 계획능력, 사무능력, 학습지도 능력 등 자기개발을 위해 꾸준한 노력이 필요하며, 이러한 자신의 능력에 대한 평가를 통하여 자기개발이 이루어지는 것이다. 그리고 교육의 과정에는 교육목표, 교육내용, 교육활동, 교육평가의 흐름을 갖게 되는데 각각의 단계에 대한 평가가 이루어져야 한다.

교수 · 학습 평가의 접근방법은 크게 규준참조평가(norm-referenced evaluation)와 준거참조평가(criterion-referenced evaluation)로 나눌 수 있다. 전자는 상대평가라고도 하며, 집단 내의 상대적인 위치에 초점을 맞춘다. 후자는 절대평가라고 하며, 미리 정해 놓은 준거나 목표 달성 정도를 파악하는 데 초점을 두는 것이다. 이 두 가지 접근은 여러 가지 측면에서 차이를 나타내는데, 그 용도나 목적, 장단점이 서로 다르기 때문에 목적이나 용도에 따라 적절한 활용이 요구되며, 필요한 경우 혼용할 수도 있다. 두 접근의 특성을 비교하면 〈표 10-5〉와 같다(이종승, 2011, p. 75).

표 10-5 규준참조평가와 준거참조평가의 비교

구분 내용	규준참조평가	준거참조평가
교육관	• 선발적 교육관	• 발달적 교육관
목적	• 개인차 변별, 상대적 우열 확인	• 목표 달성, 자격 유무 확인
핵심 질문	• 누가 더 잘하는가?	• 무엇을 얼마나 아는가?
기본 가정	• 정상분포 가정	• 비정상분포 가정
평가 기준	• 비교집단 내 구성원 득점 분포 • 상대적 기준	• 사전에 설정한 준거와 수행 • 상대적 기준
강조점	• 변별도, 신뢰도	• 타당도, 적합도
결과 활용	• 선발, 분류, 배치 • 선발시험	• 진단, 점검, 자격 • 자격시험
문제점	• 교육목표 달성 확인의 어려움 • 상대적 열등감, 패배감 조성 • 경쟁에 의한 협동성 상실	• 상대적 우열 변별의 어려움 • 타당한 준거 설정의 난점 • 성적 부풀리기 가능성

출처: 이종승(2011).

표 10-6 평가 모형 비교

	목표달성 모형	가치판단 모형	의사결정 모형
목적	• 교육목표 달성도 파악	• 프로그램의 장단점과 가치를 판단	• 의사결정자에게 필요한 정보 제공
내용	• 학생들의 학업성취도	• 프로그램의 내용, 운영, 결과에 대한 전반적인 사항	• 프로그램 실시 상황, 투입변인, 과정변인, 결과변인
방법	• 사전-사후 측정	• 사례연구법	• 양적 분석
절차	① 교육목표의 확인 및 행동목표 진술 ② 측정도구의 개발 ③ 자료의 수집과 분석 ④ 교육목표의 성취도 평가	① 프로그램에 관한 자료의 의도와 관찰 기술 ② 관련 인사의 견해 수집 ③ 이해당사자의 의견과 주장 수렴 ④ 가치판단 자료 구성 ⑤ 가치판단 자료 제공	① 평가자와 의사결정자 간의 의견교환을 통한 요구되는 정보 기술 ② 정보 수집 ③ 정보 분석 및 정리
장점	• 목표달성 여부 평가 용이 • 평가연구의 설계가 간단	• 변인들 내와 간의 관계를 체계적으로 평가	• 프로그램의 각 단계 평가가 용이하고, 결과를 프로그램에 반영하기에 용이 • 평가자와 의사결정자 간에 협조가 잘 이루어짐 • 포괄적이고 전체적인 관점에서 평가
단점	• 구체적으로 진술하기 어려운 목표나 의도하지 않은 결과에 대한 평가를 간과하기 쉬움 • 선행 조건이나 과정 평가 소홀	• 평가자와 피평가자 간의 마찰 • 상호 가치 갈등 야기	• 평가의 설계가 너무 복잡하고 고비용 • 평가의 봉사기능을 지나치게 강조

그동안 수많은 학자들에 의해 다양한 평가 모형이 개발되었지만, 그중 대표적으로 Tyler의 목표달성 모형과 Stake의 가치판단 모형, 그리고 Stufflebeam의 의사결정 모형의 특징을 비교하여 나타내면 〈표 10-6〉과 같다(이종승, 2011, pp. 96-99).

2) 장애학생을 위한 교수 · 학습 평가

장애학생을 위한 평가는 장애학생을 위한 교육의 과정(process) 내에 존재하는 것이며, 그 속에서 장애학생을 위한 교육목표의 달성 여부를 점검하고 이를 바탕으로 장애학생들의 강점 및 요구에 맞는 내용과 방법을 교정하는 시사점을 마련해 주고 그에 대한 성과를 판단하고 또 그에 따른 보완조치에 대한 정보를 제공하고자 하는 것이다.

(1) 공통교육과정 대상 장애학생을 위한 교수 · 학습 평가

특수교육 교육과정에서는 다음과 같이 특수학교(급)에서의 평가활동에 대한 세부적인 지침을 제공하고 있다(교육과학기술부, 2011).

(1) 학교는 학교 교육과정 편성과 운영의 적합성, 타당성, 효과성을 자체 평가하여 문제점과 개선점을 추출하고, 다음 학년도의 교육과정 편성 · 운영에 그 결과를 반영한다.

(2) 학교에서 실시하는 평가활동은 다음과 같은 사항을 고려해서 이루어지도록 한다.

(가) 평가는 모든 학생들이 교육목표를 성공적으로 달성하기 위한 교육의 과정으로 실시한다.

(나) 학교는 다양한 평가 도구와 방법으로 성취도를 평가하여 학생의 목표 도달도를 확인하고, 수업의 질 개선을 위한 자료로 활용한다.

(다) 교과의 평가는 선택형 평가보다는 서술형이나 논술형 평가, 그리고 수행 평가의 비중을 늘려서 교과별 특성에 적합한 평가를 실시하도록 한다.

(라) 실험 · 실습의 평가는 교과목의 성격을 고려하여 합리적인 세부 평가 기준을 마련하여 실시한다.

(마) 정의적, 기능적, 창의적인 면이 특히 중시되는 교과의 평가는 타당한 평정 기준과 척도에 의거하여 실시한다.

(바) 학교와 교사는 학교에서 가르친 내용과 기능을 평가하도록 한다. 학생이 학교에서 배울 기회를 마련해 주지 않고, 학교 밖의 교육 수단을 통해서 익힐 수밖에 없는 내용과 기능은 평가하지 않도록 유의한다.

(사) 창의적 체험활동에 대한 평가는 창의적 체험활동의 내용과 특성을 감안하여 평가의 주안점을 학교에서 작성, 활용한다.

뿐만 아니라 특수교육 교육과정에서는 공통교육과정을 적용하는 감각장애 학생들과 지체장애 학생들을 위한 평가를 각 교과별로 구체적으로 명시하고 있다. 기본적으로 감각장애 학생이나 지체장애 학생들에 대한 평가의 계획과 목표, 내용은 비장애학생들과 같이 적용하도록 하고 있으나 이들의 장애 특성을 고려해서 그들의 수행수준을 평가하는 방법은 달리 작용하도록 하고 있다. 예를 들면, 특수교육 공통교육과정에서는 〈표 10-7〉과 같이 시각장애와 청각장애, 지체장애 학생들의 특성을 고려하여 국어과와 체육과 평가계획과 목표, 내용을 설정할 때 장애의 특성을 고려하여 수준에 맞게 재구성하도록 하고 있으며, 평가방법 또한 장애의 특성을 고려하여 구술평가나 누가기록을 통하여 평가하도록 제안하고 있다(교육과학기술부, 2011).

표 10-7 특수교육 공통교육과정의 시각, 청각, 지체 장애학생을 위한 평가 방법

장애영역	교과	평가 방법
시각장애	국어	• 묵자 사용 학습자의 평가는 자료를 확대하거나 광학 · 비광학 기구를 활용하여 실시한다. • 점자 사용 학습자의 국어과 평가는 점자 지식과 기능을 활용하여 텍스트의 내용을 정확하고 비판적으로 이해하는지와 사상과 정서를 효과적이고 창조적으로 표현하는지에 초점을 맞춘다. • 시각장애학생의 읽기 속도를 감안하여 지필 평가 시 지문의 양 조절, 녹음 자료의 제공 및 시력 정도별 적정 시간 제공 등을 종합적으로 고려하여 평가한다. • 지필 평가 이외에 학생의 장애 특성에 따라 대필과 대독 평가 등의 대체 평가 방법을 활용한다. • 학습자별로 문자 매체 선정을 위한 평가를 실시하고, 교수 · 학습 자료, 광학 · 비광학 기구, 공학 매체 등의 활용도와 점자 또는 묵자의 읽기와 쓰기 속도 및 정확도를 평가한다.
청각장애		• 말하기 영역이나 말하기와 관련된 내용은 수화하기를, 듣기의 영역이나 듣기에 관련된 내용은 수화 읽기와 말 읽기를 포함시켜서 언어 사용 기능과 언어에 대한 이해와 일반적인 지식을 평가한다. • 말하기 영역에 포함되는 수화하기의 평가는 의욕과 태도, 표현의 정확성과 효과, 내용의 적절성 등에 중점을 두어 평가한다. • 듣기 영역에 포함되는 수화 읽기와 말 읽기의 평가는 수화 읽기 · 말 읽기를 한 내용의 기억, 종합 및 요약하는 능력에 중점을 두어 평가한다. • 듣기(수화 읽기 · 말 읽기), 말하기(말 · 수화하기), 읽기, 쓰기는 유기적으로 연관 지어 평가한다.

시각장애	체육	• 장애의 특성과 수준에 적합하게 평가를 재구성하고, 필요한 경우에는 검사도구를 보완하거나 대체할 수 있는 대안적인 검사를 고안하여야 한다. • 실기 평가 시에는 모든 검사 내용을 테이프에 음성 녹음하여 학생의 이해를 돕고, 검사 전 검사 프로토콜을 시범 보이며 연습할 기회를 충분히 제공한다. • 학생들을 동기 유발시키기 위하여 촉감과 강화를 제공하며, 필요한 경우, 핸드레일(예: 볼링) 등을 사용하거나 교사를 가볍게 만질 수 있도록 허락할 필요가 있다. • 검사 항목은 비장애학생용 검사항목을 그대로 사용해도 되는 경우가 있는 반면, 시각장애학생들을 위해 특별히 고안하거나 변형시킨 검사항목을 사용할 수 있다.
지체장애		• 장애의 특성과 수준에 적합하게 평가를 재구성해야 한다. • 암 에르고미터 운동검사와 6~12분 걷기/휠체어 추진 검사(심폐지구력 검사), 최대반복횟수(근력 및 근지구력 검사), 응용 토마스 검사나 응용 애플리 검사(유연성 검사) 등의 검사를 활용하여 현장에서 체력을 평가할 수 있다.

(2) 기본교육과정 대상 장애학생을 위한 교수 · 학습 평가

특수교육 기본교육과정을 적용해야 하는 발달장애 학생들의 평가는 그들의 특성과 개인차를 고려한 평가체제를 적용해야 한다. 특히 발달장애 학생들의 발달 가능성을 최대한 보장하고 긍정적으로 보는 발전적 평가관을 적용하며, 평가 결과의 부족한 점은 즉시 수정 · 보완 · 지도하고, 발전적이고 긍정적인 면을 발굴, 조장할 수 있는 평가가 이루어지도록 해야 한다.

그리고 개별 지도 프로그램에 의한 평가를 실시하여 학생들의 긍정적인 자아개념이 형성될 수 있도록 평가해야 한다. 또한 목표지향적인 평가, 과정과 절차를 중시하는 평가, 그리고 지필 검사뿐만 아니라 학생의 행동에 대한 관찰, 일화 기록, 작품 분석, 면담, 프로젝트 평가, 포트폴리오 등 다양한 방법을 활용한다.

평가결과는 계량화하기보다 학생의 특징과 진보 정도, 발달 과정 등을 생활과 관련시켜 종합적인 문장으로 진술하며, 학생과 교사, 학부모에게는 물론, 지도방법을 개선하는 데에도 유용한 정보로 제공될 수 있도록 해야 한다. 특수교육 기본교육과정에서는 장애학생을 위해서 평가 계획, 목표, 내용, 방법, 결과의 활용으로 나누어 제시하고 있다. 〈표 10-8〉은 특수교육 기본교육과정에서 제시하고 있는 국어과와 과학과 평가 방법의 예이다(교육과학기술부, 2011).

표 10-8 특수교육 기본교육과정에서 제시되는 국어과 · 과학과 평가방법의 예

교과	평가방법
국어	• 평가 목적, 목표, 내용에 적합하게 다양한 평가방법과 평가 도구를 활용한다. • 교사의 학생 평가 외에 학생의 자기 평가, 학부모의 평가, 학생과 학생 간의 상호 평가를 적극적으로 활용한다. • 영역의 특성을 고려하여 지필 평가(선택형, 서답형), 연구 보고서법, 자료철(포트폴리오), 면접법, 구술 평가, 토론법, 관찰법 등의 다양한 평가방법을 활용한다. • 국어 능력의 평가는 다양한 평가방법을 활용하되, 가급적 관찰에 의한 질적 평가, 비형식 평가, 직접 평가, 수행 평가를 적극적으로 활용한다. • 평가 목표와 내용, 상황에 따라 필요한 경우에는 표준화 평가 도구를 활용하거나 개인의 언어 특성을 구체적으로 알아보기 위하여 언어의 형태, 내용, 기능별로 나누어 평가한다.
과학	• 평가는 전통적인 평가방법인 선다형, 서술형 외에 관찰, 실기검사, 면담, 포트폴리오, 작업 표본, 루브릭 등의 다양한 방법을 활용한다. 특히 학생의 활동 관찰 및 수업참여 활동 보고서 검토 등의 방법을 활용하여 과학적 지식과 과학 탐구 기능, 과학적 태도 등을 종합적으로 평가한다. • 학생 간 비교보다는 학생 내 비교를 통해 학생 개개인의 학습 진행 및 향상 정도를 평가한다. • 과제에 대한 단순한 문제해결 능력뿐 아니라, 관련 자료를 참고하여 다양한 방법으로 문제를 해결하는 문제해결력을 평가한다. • 자연현상에 대한 과학적 사실과 과학적 개념이 통합적으로 이해되었는지를 평가하며, 특히 오개념이 과학적 개념으로 변화했는지 여부에 대하여 평가한다. • 성취 기준에서 자연현상에 대해 '관찰하기' '확인하기' 등 직접적 체험을 중시할 경우, 평가 시 과학적 지식 외에도 자연현상에 대한 흥미와 관심, 태도 등 정의적 특성을 함께 평가한다. • 탐구 능력의 평가는 언어적 수단 외에 신체 표현하기 등의 비언어적 수단을 통하여 평가한다. • 관찰 평가 시 과학 수업이 이루어지는 자연적 상황에서 학생의 수행 정도를 주기적으로 관찰한다. • 물질과 에너지 영역은 여러 가지 에너지를 이용한 다양한 생활 도구나 기구를 조작하는 행동을 관찰하여 과학적 지식을 활용하는 정도를 중점적으로 평가한다.

(3) 통합된 장애학생을 위한 교수 · 학습 평가

감각장애나 지체장애 학생들과 같이 특수학급과 통합학급에 포함된 경도 장애학생들을 위한 평가에서도 그들의 장애 특성과 수준을 고려하여 공통교육과정을 재구성하여 적용해야 한다. 통합된 장애학생을 위한 평가방법의 수정은 학업 수행의 진보에 대한 매일의 측정과 성적 기준을 수정하는 것 등이 포함될 수 있다. 통합교육 환경에서

개별 학생의 평가는 매우 복잡한 쟁점들을 내포하고 있다. 일반학급에 통합된 장애학생의 수행에 어떻게 과연 공평하고 객관적인 점수를 부여할 것인가는 교사들에게 딜레마를 창출한다(Wood, 1998).

일반학급에 통합된 장애학생들을 위한 평가체제를 개발할 때는 장애학생들이 통합교육 환경에서 성공의 기회를 체험하도록 하는 것이 중요하다. 일반학급에서 교수내용의 수정과 교수환경, 교수적 집단화 및 교수방법에서의 교수적 수정으로 수업참여가 이루어지고 있는 학생의 경우, 시험 시간을 길게 해 주는 것, 짧은 시험을 자주 보는 것, 시험을 위해 시험 가이드를 제공하는 것 등의 방법을 통해서 장애학생을 위한 평가방법을 수정하여 사용할 수 있다.

이 외에 장애학생을 위해 사용할 수 있는 평가방법으로 Wood(1998)는 전통적인 점수, 합격/불합격(pass/fail) 체계, IEP 수행수준의 점수화, 준거 수준 점수, 다면적 점수, 공유된 점수체계, 항목 점수체계, 계약 점수, 포트폴리오 평가, 학생 자기 평가 등 대안적 평가방법들을 제시하였다. Salend(2001)는 통합된 장애학생들의 대안적인 평가방

표 10-9 통합학급 장애학생을 위한 대안적 성적 산출의 예

1. 학생의 현재 교과의 학년 수준을 적고 그 학년 수준에서의 성적을 적는다.
이름: 김진희 학년: 4학년 수학 학년 수준: 3학년 3학년에서의 수학 수행 수준: B
2. 학생의 현재 교과에서의 학년 수준을 적고 그 학년에서의 학업 성적보다 학업 행동에 대해 성적을 매긴다.
이름: 김진희 학년: 4학년 수학 학년 수준: 3학년 독립적 학업 수행: B 과제의 완성도: B
3. 학생의 해당 교과에서의 IEP 목표를 적고 완성한 것과 아직 더 해야 하는 부분에 대해 평가한다.
이름: 김진희 학년: 4학년 장기 목표: 학년 말에 3.5학년 수준의 수학 계산 문제를 풀 수 있다–진행 중 단기 목표: 올림(내림)이 있는 두 자릿수 덧셈과 뺄셈 문제를 90% 정확도로 풀 수 있다–B 단기 목표: 올림이 있는 두 자릿수 곱셈을 90% 정확도로 풀 수 있다–진행 중

출처: 이소현, 박은혜(2006).

법으로 IEP에 의한 평가, 학생 자기 평가, 계약 평가, 합격/불합격 평가, 다중 평가, 등급 평가, 공동 평가, 서술형 평가 등의 방법을 제기했다. 이와 같이 성적 산출에 있어서도 대안적인 방법들을 사용할 수 있는데 단순히 수우미양가 또는 점수가 아니라 부가적인 설명을 통하여 아동의 수행 정도를 자세히 나타내는 방법을 사용할 수 있다. 〈표 10-9〉는 통합학급 장애학생의 수행수준을 평가하기 위한 대안적 성적 산출의 예이다(이소현, 박은혜, 2006).

장애학생을 평가할 때 교사는 학생의 장애에 초점을 맞추는 것이 아니라 장애학생들이 할 수 있고 알고 있는 것에 초점을 두어야 한다. 이는 장애의 특성을 전혀 고려하지 않아도 된다는 뜻이 아니라 장애학생에 대한 평가의 초점을 장애학생이 할 수 있거나 알고 있는 것에 맞추기 위해 평가의 수정이 필요하다는 것을 의미한다(정주영, 2001).

장애학생을 위한 평가의 수정은 크게 과정을 중심으로 평가 전 · 평가 중 · 평가 후의 단계로 범주화하기도 하고(Friend & Bursuck, 1996), 평가 운영과 점수 부여에 관한 조절로 나누어 설명하기도 하며(McMillan, 1997), 평가의 구성과 운영방식, 장소의 세 가지로 범주화하기도 한다(Wood, 1998). 각 범주화 형태는 차이 나는 특성을 포함하고 있기도 하지만 대부분 평가의 구성과정과 운영과정, 그리고 점수 운영방식에 있어서의 조절이라는 세 가지 범주를 공통적으로 포함하고 있다.

통합학급에서 장애학생들의 학습평가를 수정할 경우에는 장애학생뿐만 아니라 일반학생들에게도 공정한 평가 절차나 방법이 되어야 하며, 장애학생들은 개개인의 인지발달 상황을 이해하고 도와주는 긍정적인 측면으로 이루어져야 하며 무엇보다도 통합

표 10-10 평가환경, 평가도구, 평가방법에 의한 평가조정 전략

구분	영역	조정방법
평가환경	평가공간	독립된 방 제공
	평가시간	시간 연장, 회기 연장, 휴식시간 변경
평가도구	평가자료	시험지의 확대, 점역, 녹음
	보조인력	수화통역사, 대필자, 점역사, 속기사 제공
평가방법	제시방법	지시 해석해 주기, 소리 내어 읽어 주기, 핵심어 강조하기
	응답방법	손으로 답 지적하기, 보기 이용하기, 구술하기, 수화로 답하기, 시험지에 답 쓰기

출처: 정동영 외(2010), p. 242.

학급 교사와 특수교사의 긴밀한 협력 체제를 구축하는 것이 필요하다.

〈표 10-10〉과 같이 평가환경의 조정, 평가도구의 조정, 평가방법의 조정이 일반적으로 고려된다. 〈표 10-11〉과 같이 장애 유형에 따라서도 평가 조정이 이루어질 수 있다. 예를 들어, 자폐성 장애학생이나 주의력결핍의 문제를 지닌 학생에게 칸막이 책상에서 시험을 보게 한다든지, 시각장애 학생에게 지시사항을 소리 내어 읽어주기와 같은 방법은 모든 장애학생의 개별적인 요구를 충족시키기 어려운 현실에서 평가조정에 유용한 지침이 될 수 있다(김동일, 2002).

장애학생의 평가방법 개별화를 위해서는 학생이 배운 내용에 근거해서 평가해야 하며, 이를 위해서는 준거참조검사를 해야 한다. 또한 평가절차도 수정해야 하는데, 구술시험이나 대필자 이용, 컴퓨터나 시각장애 학생을 위한 점자시험지 사용, 시험 시간의 연장 등의 절차상의 수정이 필요하다. 또한 시험 보는 요령에 대한 사전 지도나 시험지 형태를 단순화하는 것도 장애학생들의 혼란을 방지하는 데 도움을 줄 수 있다. 그리고 평가 기준을 학생의 현행 수준과 비교할 것인지 해당 학년의 기대수준에 기초할 것인지를 결정해야 한다(Salend, 1994; Schulz & Carpenter, 1995).

통합학급의 장애학생이 비장애학생들과 함께 시험을 치를 경우 시험 상황이나 시험

표 10-11 장애 유형에 따른 평가조정 전략

장애 유형	가능한 평가조정
학습장애	대독자, 독립된 교실, 시간 연장, 확대 활자, 읽기 보조기, 쓰기 보조기, 컴퓨터 보조기
의사소통장애	비언어적 검사, 의사소통의 강화
지적장애	구체적인 지시 수단, 대독자, 시간 연장, 개별화 검사, 자리배치
정서 · 행동장애	시간 연장, 개별화 검사, 독립된 장소, 정기적인 검사, 조정된 검사 시간
복합장애	개별화 검사, 의사소통의 강화, 특별장소, 편의시설
청각장애	수화통역사, 시간 연장, 독립된 장소, 자리배치
건강장애	시간 연장, 휴식시간, 독립된 장소, 접근이 용이한 장소, 개별화 검사
지체장애	편의시설, 의사소통의 강화, 독립된 장소, 시간 연장
자폐성 장애	의사소통의 강화, 개별화 검사, 비언어적 수단
뇌손상	의사소통의 강화, 특수시설, 독립된 장소, 개별화 검사
시각장애	확대기, 점자, 활자 확대, 대필자, 반응 다시 표기, 시간 연장, 자리배치

출처: 정동영 외(2012), p. 131.

지의 양식, 시험을 치르는 방식 등에서 학생의 특성을 고려하여 다음과 같은 점에 유의해야 한다(김희규 역, 2011, p. 182).

- 실수한 부분을 표시하기보다는 정확한 답을 표시한다.
- 수정된 표준으로 기준을 나눈다(예: IEP 교육목표, 노력, 향상 정도, 철자보다는 내용).
- 평가결과를 점수화하여 제시하기보다는 학생의 숙달된 기술을 제시한다.
- 시험 시간의 제한을 두지 않는다.
- 필기시험 대신 구두시험을 볼 수 있도록 허용한다.
- 선다형 문제나 연결형 문제인 경우 항목 수를 제한한다.
- 단답형 답안에 해당하는 목록을 제공한다.
- 시험공부에 필요한 기억 전략을 지도한다.
- 시험지의 지시문을 강조하여 학생들이 지시문에 집중하도록 한다.
- 학생들의 학습을 돕기 위해 교재의 중요한 부분을 강조한다.
- 시험을 잘 치를 수 있도록 학습자료에 대한 요약 유인물을 학생들에게 제공한다.
- 서술형 시험을 지양하고, 단답형 시험을 제시한다.
- 시험을 보는 동안에 학생들의 약간의 움직임을 허용한다(예: 걷기, 뛰기, 껌 씹기).
- 오픈 북 시험을 허용한다. 학생들이 학습해야 할 연습문제를 미리 제공한다.
- 단어와 그의 정의를 연결하는 시험이라면 색을 이용한 시험을 제시한다(예: 정의=파란 종이, 단어=녹색 종이).
- 시험지 답안을 모두 완성할 때까지 시험지의 부분을 나누어 파란색 부분과 녹색 부분을 연결할 수 있도록 한다.

[그림 10-2]는 공통교육과정을 경도 장애학생들의 특성을 고려하여 적용한 평가 수정의 예이다.

장애학생은 일주일 동안 친절하고 양보하는 생활의 실천내용이 간결하게 제시된 내용을 가지고 직접 체크하거나 도우미의 도움을 받아 평가한다(잘함 ◎, 보통 ○, 못함 △). 수업태도와 수업참여에 대한 평가도 학생이 대답하거나 과제를 수행한 결과를 '수행함' '도움 받아 수행함' '수행하지 못함'으로 평가한다.

단원명: 네가 먼저

목 표: 친절과 양보하는 태도의 중요성 알기

◆ 역할놀이 참여도 평가(※수행함 ◎, 도움 받아 수행함 ○, 수행하지 못함 △로 표시)

내용	수행함	도움 받아 수행함	수행하지 못함
*역할놀이 배역 선택하기			
*상황에 맞는 간단한 말과 행동 사용하기			
*역할놀이 후 모둠별 토의하기			

단원명: 네가 먼저

목 표: 친절과 양보하는 태도 다지기

◆ 나의 친절 정도 평가 체크리스트(※잘함 ◎, 보통 ○, 못함 △로 표시)

항목	잘함	보통	못함
1. 어른들께 인사를 잘한다.			
2. 바른말과 고운말을 쓴다.			
3. 어른에게 존대말을 쓴다.			
4. 어른의 말씀에 '네'라고 대답을 한다.			
5. 도움을 받으면 고맙다고 말한다.			
6. 할아버지, 할머니께 자리를 양보한다.			
7. 친구들에게 항상 웃는 얼굴로 말한다.			

*평소의 친절 정도를 비장애아동들과 같은 방식으로 작성하지만 쉽게 따라 할 수 있도록 간단하고 쉬운 항목으로 줄여 주며 교사 또는 친구의 도움을 받아 작성하게 한다.

단원명: 강낭콩 기르기

목 표: 씨앗 관찰하기

평가내용	평가 척도				
	A	B	C	D	E
(과학지식) 교과서에 나온 씨앗의 명칭을 바르게 명명하는가?					
(과학탐구) 관찰한 씨앗의 생김새를 보고 그릴 수 있는가?					
(과학태도) 모둠 구성원과 함께 씨앗 심기에 참여하는가?					
*A: 도움 없이 완전 수행, B: 간헐적 도움으로 80% 이상 수행 C: 간헐적 도움으로 50~70% 수행, D: 전반적 도움으로 30~50% 수행 E: 전반적 도움으로 30% 미만 수행					

[그림 10-2] 경도 장애학생을 위한 평가 수정의 예

출처: 강경숙 외(2005).

3. 교수 · 학습 방법 및 평가의 실제

1) 국어과 교수 · 학습 방법 및 평가의 실제[1)]

다음은 장애학생을 위한 국어과의 수업에서 자주 적용되는 반응 중심 학습 모형을 적용한 수업 사례를 제시하고자 한다. 본 수업은 특수교육 기본 교육과정 국어과 내용의 일부를 수정하였으며, 구체적인 수업 내용과 방법 및 평가, 각 단계별 지도상의 유의점은 다음과 같다.

(1) 학습 주제: 질문하며 대화하기

(2) 학습 목표: 묻는 말과 대답하는 말을 할 수 있다.

(3) 교수 · 학습 자료: 동영상 '맹꽁', 동영상 '해와 달이 된 오누이', 붙임딱지

(4) 교수 · 학습 활동:

1) 본 내용은 "교육부(2018a). 특수교육 기본 교육과정 국어 교사용 지도서: 초등학교 3~4학년(나). 서울: (주)미래엔"에서 발췌하여 수정하였음.

① 반응 준비하기 단계

■ 동기 유발하기

• 동영상 '해와 달이 된 오누이' 보기

■ 학습 목표 확인하기

• 묻는 말과 대답하는 말을 할 수 있다.

■ 배경지식 떠올리기: '홍부와 놀부' 이야기 떠올리기

• 홍부네 집을 찾아온 새를 찾아 ○표를 해 봅시다. (제비)

• 제비 다리를 고쳐 준 사람은 누구인가요? (홍부)

• 제비가 물고 온 것은 무엇인가요? (박씨)

■ 공부할 순서 알아보기

• '해와 달이 된 오누이' 읽고 물음에 답하기

• 이야기 속 등장인물이 되어 말하기

• '맹꽁' 읽고 묻는 말과 대답하는 말하기

☞ 이 단계에서 교사는 학생이 작품에 대해 반응할 수 있도록 준비시키기 위해 작품과 관련된 자료를 살펴보거나, 그림이나 사진 등에 대해 이야기를 나누고, 일상의 경험을 이야기함으로써 학생의 배경지식과 경험을 활성화할 수 있습니다. 교사는 학생의 반응을 촉진시키기 위해 첫째, 학생들이 자신의 반응과 감정을 자유롭게 표현할 수 있게 해야 합니다. 둘째, 자신의 반응을 충분히 표출할 수 있는 자유롭고 안전한 교실 분위기를 조성해야 합니다. 셋째, 학생들의 자유로운 사유가 가능하도록 충분한 공간과 시간을 제공해야 합니다. 넷째, 학습자의 내적 동기에 따라 반응의 형식을 자유롭게 선택할 수 있게 허용해야 합니다. 다섯째, 텍스트의 본질과 더불어 학생들의 흥미와 능력을 충분히 고려하여 문학 수업을 위한 작품을 선택해야 합니다(염창권, 2001).

② 반응 형성하기 단계

■ '해와 달이 된 오누이' 읽고 물음에 답하기

• 동영상 '해와 달이 된 오누이' 보기

• 교사가 읽어 주는 '해와 달이 된 오누이'를 따라 읽고 물음에 답하기

－호랑이는 누구를 흉내 내고 있나요? 엄마입니다.

－오누이는 어디에 올라갔나요? 나무 위입니다.

☞ 이 단계에서 교사와 학생들이 함께 작품을 읽으면서 즉각적으로 떠오르는 생각이나 느낌을 자유롭게 표현할 수 있도록 합니다. 교사와 학생들이 번갈아 가며 작품을 읽으면서 그림과 내용의 연결을 통해 내용을 인식합니다. 학생 중 의문이 생기거나 새로운 반응에 다른 학생들이 반응을 보일 경우는 읽기를 중단하고 학생이 자유롭게 반응할 수 있도록 시간을 주어야 합니다. 이때 교사는 직접적으로 정답을 말하지 않고 학생들 스스로 생각해 보고 반응을 교류할 수 있게 합니다. 작품을 읽은 후에는 작품과 관련된 기본적인 정보 파악을 위한 질문에 대답을 하면서 이해한 것을 점검하며, 이때 내용을 정확하게 이해하지 못한 경우, 교사의 개입으로 텍스트를 바르게 이해할 수 있는 시간을 갖도록 합니다. 개별적인 읽기와 질문에 대한 답이 끝나면 준비된 반응지에 자신의 생각이나 느낌을 기록하도록 합니다. 학생들의 다양한 반응에 따라 융통성 있게 진행하고 열린 태도로 허용적인 분위기를 조성하는 것이 중요합니다(전병운 외, 2018).

③ 반응 명료화하기 단계

▣ 이야기 속 등장인물이 되어 말하기

- 호랑이가 되어 묻는 말을 해 보기
  - 어떻게 나무에 올라갔지?
- "어떻게 나무에 올라갔니?" 하는 호랑이 질문에 오누이가 되어 대답해 보기
  - 참기름을 바르고 올라왔지. / 도끼로 찍으면서 올라왔지.
- 호랑이와 오누이 역할을 정해 묻고 대답해 보기

☞ 이 단계에서 교사는 개별적인 학생의 반응 형성에 그치지 않고 교사와 학생, 학생과 학생 간의 반응을 공유하는 과정을 통해 자연스럽게 반응을 조정하고 정교화하는 활동을 하게 됩니다. 이를 위해 교사와 학생, 학생과 학생 간의 토의 활동을 통해 개별 학생들의 반응을 고양시킬 수 있고, 문학작품을 읽을 때 단순히 개인 독서의 차원을 넘어 작품에 대한 반응을 동료들과 나누고 반성하는 활동을 할 수도 있습니다. 이처럼 학생들은 작품에 대한 각자의 반응을 토의 등을 통해 서로 공유하면서 자신의 반응을 정교화하고 다시 정리해 가는 과정을 갖게 됩니다. 반응을 정교화할 때는 반성적 쓰기나 그리기 등을 활용할 수 있습니다(염창권, 2001; 전병운 외, 2018).

④ 반응 심화하기 단계

▣ '맹꽁' 읽고 묻는 말과 대답하는 말하기

- 묻는 말과 대답하는 말을 찾아 표시하기

- '맹꽁'을 넣어 묻고 대답하기
- 일정한 운율을 넣어 재미를 느끼며 묻고 대답할 수 있도록 지도하기

> ☞ 이 단계에서 교사와 학생들은 다른 작품과 관련지어 읽어 보고 그 내용을 토의하면서 자신의 반응을 심화할 수 있습니다. 또한 학습한 반응을 자신의 경험과 연관 짓거나 자신이 주인공이 되어 '~하는 척' 하는 활동 등을 활용하여 각자의 문학적 체험을 수직적 · 수평적으로 확대하고 창작 경험으로 확대시키기 위한 일반화 과정에도 참여할 수 있습니다(전병운 외, 2018).

▣ 학습 내용 정리하기: 이야기 속 인물이 되어 질문하고 대답하기

- 엄마와 호랑이 역할을 정해 질문하고 대답해 보기
- 하느님과 오누이, 하느님과 호랑이 역할을 정해 질문하고 대답해 보기

> ☞ 적용상의 주의점
>
> - 문학작품에 대한 개인 반응의 다양성과 임의성은 인정하겠지만 반응에서 나타나는 오류는 경계하고, 학생 스스로 이를 충분히 반성하고 수정할 수 있는 기회를 제공해야 합니다.
> - 교사는 학생이 텍스트 자체를 경시하지 않도록 텍스트를 정확하게 이해할 수 있는 기회를 제공하고, 동료들과 토의나 토론을 통해 자기중심적으로 해석하고 감상하는 것을 지양하며, 보다 타당하고 깊이 있고 확장된 반응을 이끌어 낼 수 있도록 해야 합니다.
> - 친구들과의 토론을 강조하여 자기중심적으로 해석하고 감상하는 것을 최대한 줄이도록 합니다.

2) 과학과 교수 · 학습 방법 및 평가의 실제[2)]

본 내용은 장애학생을 위한 과학과의 수업에서 자주 적용되는 경험학습 모형을 적용한 수업 사례를 제시하고자 한다. 본 수업은 특수교육 기본 교육과정 과학과 내용의 일부를 수정하였으며, 구체적인 수업 내용과 방법, 각 단계별 지도상의 유의점은 다음과 같다.

2) 본 내용은 "교육부(2018c). 특수교육 기본 교육과정 고등학교 과학과 교사용 지도서. 서울: (주)미래엔"의 내용을 발췌하여 수정하였음.

(1) 학습 주제: 연못과 강가에 사는 식물

(2) 학습 목표: 연못과 강가에 사는 식물의 종류와 특징을 안다.

(3) 교수 · 학습 자료:

- 연못과 강가에 사는 다양한 식물 사진(연꽃, 개구리밥, 부레옥잠, 검정말 등), 부레옥잠, 돋보기
- 교사의 필요에 따라 준비물을 학급별 또는 개인별로 준비하기

(4) 교수 · 학습 활동:

① 자유탐색 단계

- 부레옥잠의 뿌리와 잎자루를 관찰하기
- 부레옥잠의 뿌리를 돋보기로 관찰하고, 관찰한 결과를 그리기
- 물속에 잎자루를 넣은 후 눌러 보고 어떤 일이 일어나는지 관찰하기
  –공기가 나온다.
- 잎자루를 반으로 잘라 내부를 관찰하고, 관찰한 결과를 그리기

> ☞ 이 단계는 주어진 학습 자료를 자유로이 만져 보고, 눈으로 모양이나 색 등을 살펴보고, 두드려 보고, 맛을 보고, 냄새를 맡아보는 등 여러 가지 방법으로 탐색해 보는 단계입니다. 이 단계에서 학생들은 관찰, 측정, 분류 등의 기초적 탐구 과정 요소를 경험할 수 있도록 합니다(정동영, 김희규, 2018).

② 탐색 결과 발표 단계

▣ 관찰한 부레옥잠의 특징을 발표하기

- 부레옥잠을 관찰한 결과를 말해 보기
  –잎이 넓다.
  –뿌리가 가늘고 뭉쳐 있다.
  –잎자루에 공기가 들어 있다.
  –물 위에 뜬다.
- 부레옥잠이 물 위에 떠서 살 수 있는 까닭을 생각해 보기
  –부레옥잠에는 공기 주머니가 있어 물 위에 뜬다.

☞ 이 단계는 앞의 '자유 탐색 단계'에서 탐색한 결과를 발표하는 단계입니다. 이 단계에서 교사는 학생들의 활동이 적절했는지 파악하고, 학생들의 의사 전달 능력을 길러 줄 수 있습니다. 이때 교사는 자유스러운 발표 분위기를 조성하며 학생의 발표의 내용에 대하여 옳고 그르다는 판단을 하지 않으며, 탐색 활동이 기초 탐구 과정 요소의 각 특성에 맞는 활동인지를 점검합니다(정동영, 김희규, 2018).

③ 교사의 인도에 따른 탐색 단계

▣ 연못이나 강가에 사는 식물을 찾아보기

• 교과서 삽화를 보며 자신이 알고 있는 연못이나 강가에 사는 식물의 이름을 말하기

–연못과 강가에는 부레옥잠, 개구리밥, 검정말, 수련, 연꽃, 갈대 등이 있다.

• 그림자 처리된 부분은 어떤 식물인지 그림자의 형태만을 보고 예상한 후 부록의 붙임딱지를 사용해 그림자에 해당하는 식물을 붙이기

▣ 연못이나 강가에 사는 식물을 분류하기

• 연못이나 강가에 사는 식물을 특징에 따라 분류하기

☞ 이 단계는 교사가 '탐색 결과 발표 단계'에서 학생들이 발표한 내용을 듣고, 학생들의 관찰이 미흡한 부분이나 미처 생각하지 못한 부분에 대해서 어떤 기준을 제시하여 학생들이 교사의 인도에 따라 활동하는 단계입니다. 이때 주의할 점은 앞서 학생들의 탐색 활동이 잘못되었다고 지적을 하는 것이 아니라, 다른 방법으로도 활동을 할 수 있다는 것을 제시하는 차원으로 교사의 인도가 이루어져야 한다는 점입니다(정동영, 김희규, 2018).

④ 탐색 결과 정리 단계

▣ 연못과 강가에 사는 식물의 종류와 특징을 정리하기

• 연못과 강가에 사는 식물에는 부레옥잠, 개구리밥, 검정말, 수련, 연꽃, 부들, 갈대 등이 있다.

• 물 위에 떠서 사는 식물은 몸의 대부분이 잎이고 수염과 같은 뿌리를 가지고 있지만 물속에 잠겨서 사는 식물은 줄기가 약하고 잎이 좁고 긴 것들이 많다.

- 연못이나 강가의 자연환경을 생각해 보고 연못이나 강가에 사는 식물의 특징을 발견한다.
  - 물 위에 뜰 수 있거나 강한 바람을 견딜 수 있다.
  - 물속에서 살아가기 위해 뿌리가 잘 썩지 않는다.
  - 대부분 뿌리와 줄기에 공기가 드나들 수 있는 통로가 발달되어 있다.

☞ 이 단계는 토의를 통하여 그동안 관찰한 내용을 정리하는 단계입니다. 이때 교사가 일방적으로 정리하는 것이 아니라 학생들이 스스로 활동의 결과를 정리하여 활동에 성취감을 얻을 수 있도록 합니다. 학습 소재에 따라서 분류 과정이 필요한 경우 분류 단계를 거쳐 학생 스스로 분류 활동을 해 보게 하고, 교사가 분류 기준을 주고 분류를 해 보게 하는 등의 활동을 한 다음 최종적인 정리를 하는 단계입니다(정동영, 김희규, 2018).

▣ 평가

- 연못과 강가에 사는 식물의 종류와 특징을 말할 수 있는가?

☞ 적용상의 주의점

- 학습자의 발달 수준에 맞는 경험을 선정해야 하고, 아울러 제공되는 다양한 경험을 학생들이 해석하고 일반화할 수 있도록 도와주어야 합니다.
- 직접 경험할 수 있는 사물이나 현상을 사전에 충분히 준비합니다. 그리고 학생들이 경험 활동을 할 시간과 장소도 확보해 두어야 합니다.
- 개별적으로 활동하게 할 수도 있으나, 장애학생들이 적극적으로 참여할 수 있는 동료 집단을 구성해 주어 적극적으로 활동을 하게 도와줄 뿐만 아니라, 자신의 행동이 다른 동료들에게 어떻게 영향을 미치고 있는가를 알 수 있도록 합니다.

요약

장애학생들을 위한 교수 · 학습 방법과 평가방법은 교과의 성격과 구조를 충실히 반영하면서 동시에 학생들의 특성에 적합하게 구안되어야 한다. 즉, 장애학생들의 교과지도 방법과 평가방법은 장애학생을 위한 목표 및 내용과 마찬가지로 특수성과 보편성을 모두 포괄할 수 있어야 한다. 다시 말하면, 모든 대상과 교과, 상황에 적절한 교수 · 학습 방법과 평가 방법은 존재하지 않기 때문에 장애학생의 특성과 교과의 성격, 상황에 적절한 개별화된 교수 · 학습 방법과 평가가 이루어져야 하는 것이다. 이와 동시에 공통교육과정을 적용해야 하는 장애학생들에게는 비장애학생들과 마찬가지로 보편적인 교수 · 학습 방법과 평가 기준을 적용해야 한다. 즉, 장애학생들의 일반학교 교육과정에 접근하기 위한 보편적 학습설계가 이루어져야 하며, 이를 바탕으로 교수 · 학습 전략과 평가 전략이 마련되어야 한다.

참고문헌

강경숙, 김희규, 유장순, 최세민(2005). 장애학생의 교육과정적 통합을 위한 교과별 수업적용 방법 구안. 국립특수교육원.

강경숙, 김희규, 최세민, 유장순(2006). 장애학생의 교육과정적 통합을 위한 초등학교 도덕과 교육과정 수정방법 및 사례. 특수아동교육연구, 8(3), 1-27.

강성립(2008). 발견학습모형을 기반으로 한 ICT활용 중학교 과학수업이 학생들의 자기주도적 학습능력 및 과학적 태도에 미치는 효과. 한국교원대학교 교육대학원 석사학위논문.

교육과학기술부(1998). 특수학교 교육과정 해설.

교육과학기술부(2008a). 장애인 등에 대한 특수교육법 시행규칙[2008.6.12 교육과학기술부령 제5호].

교육과학기술부(2008b). 특수학교 교육과정 별책.

교육과학기술부(2009). 국어과 교사용 지도서. 서울: 대한교과서주식회사.

교육과학기술부(2011). 특수교육 교육과정.

교육부(2015). 특수교육 교육과정. 별책 2 유치원 교육과정, 공통 교육과정 및 선택 중심 교육과정.

교육부(2018a). 특수교육 기본 교육과정 국어 교사용 지도서: 초등학교 3~4학년. 서울: (주)미래엔.

교육부(2018b). 초등학교 5학년 2학기 사회과 교사용 지도서. 서울: (주)지학사.

교육부(2018c). 특수교육 기본 교육과정 고등학교 과학과 교사용 지도서. 서울: (주)미래엔.

국립특수교육원(2009). 특수교육학 용어사전.

권낙원, 김동엽(2008). 교수학습 이론의 이해. 서울: 문음사.

김동일(2002). 초등학생 글쓰기 능력 진단과 지도를 위한 쓰기 평가와 쓰기 오류 분석. 아시아교육연구, 3(1), 43-62.

김수천(2003). 교육과정과 교과. 경기: 교육과학사.

김종석, 김언주, 백욱현 편역(1992). 교수학습의 이론과 실제. 서울: 도서출판 성원사.

김지용(2011). 과학수업모형을 적용한 예비과학교사의 융합과학 수업 사례 분석. 단국대학교 교육대학원 석사학위논문.

김희규 역(2011). 통합학급 교사를 위한 특수교육입문. 서울: 시그마프레스.

노은호, 민경일(2004). 교수 · 학습 방법론. 서울: 동문사.

박승희(1999). 주제 II. 통합교육을 위한 교육의 재구조화에 대한 토의 1: 통합교육의 빛과 통합교육의 그림자. 국립특수교육원 편, 개원 5주년 세미나: 더불어 사는 복지사회를 향한 특수교육의 방향(pp. 105-113). 국립특수교육원.

박승희(2001). 통합교육환경에서 일반교육과정의 수정. 2001 자격연수 1기 연수교재. 국립특수교육원.

방인태, 정길남, 양태식, 원진숙, 엄해영, 황정현(2000). 초등국어과 교육. 서울: 도서출판 박이정.

송지원(2012). 과학교수학습 모형에 따른 이론과 실제. 동국대학교 교육대학원 석사학위논문.

신현기(2004). 교육과정의 수정과 조절을 통한 통합교육 교수적합화. 서울: 학지사.

이대식 외(2005). 통합교육의 이해와 실제. 서울: 학지사.

이미선(2016). 특수교육 교과교육의 방법. 정동영 외, 특수교육 교과교육론(2판). 경기: 교육과학사.

이소현, 박은혜(2006). 특수아동교육. 서울: 학지사.

이종승(2011). 현대교육평가. 경기: 교육과학사.

임헌규(2013). 수업모형의 분류와 적용에 관한 연구. 청주교육대학교 교육대학원 석사학위논문.

전병운, 김희규, 박경옥, 유장순, 정주영, 홍성두(2018). 장애학생을 위한 국어교육의 이론과 실제(2판). 서울: 학지사.

정동영 외(2008). 특수교육 교과교육론. 경기: 교육과학사.

정동영 외(2009). 특수교육 교과 교재연구 및 지도법. 경기: 교육과학사.

정동영, 김주영, 김형일, 김희규, 정동일(2010). 특수교육의 이해. 경기: 교육과학사.

정동영 외(2012). 장애학생통합교육론. 경기: 교육과학사.

정동영, 김희규(2018). 특수교육 과학교육의 이론과 실제. 경기: 교육과학사.

정완호, 권재술, 정진우, 김효남, 최병순, 허명(1996). 과학수업모형의 비교 분석 및 내용과 활동 유형에 따른 적정 과학수업모형의 고안. 한국과학교육학회지, 16(1), 13-24.

정주영(2001). 통합환경에서 장애학생을 위한 평가의 적합화-초등학교를 중심으로. 특수교육학연구, 36(2), 105-126.

정해동 외(2016). 특수교육 국어교육론. 경기: 교육과학사.

진영은, 조인진(2001). 교과교육의 이해. 서울: 학지사.

최미숙, 원진숙, 정혜승, 김봉순, 이경화, 전은주, 정현선, 주세형(2016). 국어교육의 이해(제3판). 경기:

사회평론.

최지현, 서혁, 심영택, 이도영, 최미숙, 김정자, 김혜정(2007). **국어과 교수 · 학습 방법**. 서울: 도서출판 역락.

충남초등특수교육연구회(2010). **특수교육 수업 비타민**(pp. 12-18). 충남초등특수교육연구회.

Collocott, J. (1991). Implementing multi-level teaching: Strategies for classroom teachers. In G. L. Porter & D. Richler (Eds.), *Changing Canadian schools: Perspectives on disability and inclusion* (pp. 191-218). Toronto: Roeher Institute.

Friend, M., & Bursuck, W. (1996). *Including Students With Special Needs: A Practical Guide For Classroom Teachers*. Boston: Allyn & Bacon.

Giangreco, M. F., Baumgart, M. J., & Doyle, M. B. (1995). How inclusive can facilitate teaching and learning. *Intervention in School and Clinic, 30*, 273-278.

Lewis, R. B., & Doolag, D. H. (2006). *Teaching special students in the mainstream* (7th ed.). Englewood Cliffs, NJ: Prentice-Hall.

McMillan, J. H. (1997). *Classroom assessment: Principles and practice for effective instruction*. MA: Allyn & Bacon.

Pierangelo, R., & Giuliani, G. (2007). *Understanding, developing, and writing effective IEP's*. Thousand Oaks, CA: Corwin.

Salend, S. J. (1994). *Effective mainstreaming: Creating inclusive classrooms*. New York: Macmillan Publishing Co.

Salend, S. J. (2001). *Creating Inclusive Classrooms: Effective and Reflective Practices*. New Jersey Columbus, Ohio: Merrill Prentice Hall.

Schulz, J. B., & Carpenter, C. D. (1995). *Mainstreaming exceptional students: A guide for classroom teachers*. Boston: Allyn & Bacon.

Vosniadou, S.(2002). How Children Learn, Educational Practices Series, 7. The International Academy of Education (IAE) and the International Bureau of Education (UNESCO). http://www.ibe.unesco.org(2018.8.7)

Wood, J. W. (1998). *Adapting instruction to accommodate students in inclusive settings* (3rd ed.). NJ: Prentice-Hall.

국제교육국, http://www.ibe.unesco.org

제 11 장

특수교육보조원

이 장의 구성

연구과제

1. 특수교육보조원의 역할에 대해 설명해 보자.
2. 통합장면에서의 특수교육보조원의 업무 책무성에 대해 알아보자.
3. 특수교육보조원의 학생 지원 시 문제점 및 효과에 대해 설명해 보자.

이 장의 개요

교육부(2018) 특수교육연차보고서에 따르면, 특수교육 보조인력은 2018년 4월 현재 국고 · 지방비 지원 등 유급 특수교육 보조인력, 공공근로 및 사회복무요원 등 무급 특수교육 보조인력 포함 모두 12,449명이 배치되어 있다. 국고 · 지방비 지원 등 유급 특수교육 보조인력은 7,982명으로 특수학교 2,539명, 특수학급 5,252명, 일반학급에 191명이 배치되어 있고, 공공근로 및 사회복무요원 등 무급 특수교육 보조인력은 4,467명이 배치되어 있다.

특수교육보조원 제도는 통합된 환경에 배치된 특수교육 대상 학생의 질적인 교육 지원의 한 방법이다. 보조인력은 일반학교에 통합되어 있는 장애학생의 교육과 안전을 위해 중요한 역할을 하며 많은 일반교사가 보조인력 지원을 성공적인 통합교육의 본질적인 요소로 생각할 만큼 중요한 제도로 보고되고 있다(French, 1999).

우리나라 특수교육보조원 제도가 비록 사전에 충분한 인식이 정착되지 못한 토대 위에서 시작되었지만, 현장 교사들에게 그 의의와 필요성에서 많은 공감을 얻고 있다(강경숙, 이인숙, 2006).

결국 특수교육보조원의 배치는 결국 특수교육 대상 학생의 교육효과를 높이기 위한 한 방법이다. 특수교육 현장에서 학생 교육을 담당하는 특수교육보조원과 특수교육 교사의 관계 형성을 통해 작게는 장애학생의 교육의 질 향상에, 크게는 특수교육의 발전에 영향을 주므로 그 중요성이 매우 크다. 특수교육 교사와 특수교육보조원과의 긍정적인 협력자가 되어 교육지원이 활발히 이루어지는 특수교육 현장이 되어야 한다.

이 장에서는 특수교육보조원의 개요를 통해 제도를 살펴보고, 특수교육보조원의 책무성 및 역할, 특수교육보조원 운영을 통해 실제로 지원되고 있는 내용을 기술하고자 한다.

1. 특수교육보조원의 개요

국가 차원의 특수교육보조원 제도는 2001년 교육인적자원부 위탁과제인 제2차 계획 '특수교육발전5개년(2003~2007) 종합대책 수립을 위한 기초연구'(박승희 외, 2001)를 토대로, 2002년 국립특수교육원의 '특수교육보조원제 운영방안 연구'(강경숙 외, 2002)를 통해 그 운영 방안이 제시되었다. 이에 특수교육 발전 종합계획(2003~2007)에 따라 2003년에 시범적으로 운영되었으며, 2004년부터 전국에 유급 특수교육보조원을 배치하였다. 특수교육보조원 제도의 시작은 2000년 인천광역시청의 공공근로위탁사업인 '실업여성 고용창출을 위한 장애학생보조원 지원사업'으로 발달장애학생 보조원제도를 도입하였으며, 그 이후 2001년 인천광역시 교육청에서 민간위탁사업으로 '함께 걷는 길벗회'를 통해 초등 통합학급에 보조원을 배치(정창교, 2001)한 것이 시발점이었다.

보조인력이라 함은 현재와 같이 국고·지방비 지원 유급 특수교육보조원, 자치단체 등 기타 유급 특수교육보조원, 공공근로·공익요원 등 무급 특수교육보조원, 자원봉사 등 다양한 형태의 보조인력을 포함하게 된다(김원경 외, 2009).

특수교육보조원은 유급보조원, 무급보조원, 공공근로, 공익근무요원으로 나뉠 수 있으며, 여기에서는 특수교육보조원을 특수교육지도사의 의미로 한정하여 소개하고자 한다.

1) 특수교육보조원 지원 근거

「장애인 등에 대한 특수교육법」에 명시된 지원 근거는 다음과 같다. 제21조 ② 제17조에 따라 특수교육대상자를 배치받은 일반학교의 장은 교육과정의 조정, 보조인력의 지원, 학습보조기기의 지원, 교원연수 등을 포함한 통합교육계획을 수립·시행하여야 한다. 동법 제28조 ③ 각급학교의 장은 특수교육대상자를 위하여 보조인력을 제공하여야 한다. 동법 시행령 제25조 ① 교육감은 법 제28조 제3항에 따라 각급학교의 장이 특수교육대상자를 위한 보조인력을 원활하게 제공할 수 있도록 보조인력 수급에 관한 계획의 수립, 보조인력의 채용·배치 등 보조인력의 운영에 필요한 업무를 수행한다.

2) 특수교육보조원의 자격 및 역할 근거

특수교육보조원의 자격 기준을 살펴보면, 「장애인 등에 대한 특수교육법 시행규칙」 제5조 ② 보조인력의 자격은 고등학교를 졸업한 자 또는 이와 같은 수준 이상의 학력이 있다고 인정된 자'로 명시되어 있다.

또한 특수교육보조원의 역할을 살펴보면, 「장애인 등에 대한 특수교육법 시행규칙」 제5조 ① 법 제28조 제3항에 따라 학교에 배치되는 보조인력은 교사의 지시에 따라 교수학습 활동, 신변처리, 급식, 교내외 활동, 등하교 등 특수교육 대상자의 교육 및 학교 활동에 대하여 보조역할을 담당한다.'고 명시되어 있다.

미국의 경우, 특수교육보조원을 '교수적 능력(instructional capacity)을 가진 자로서 학교에서 전문가와 함께 일하는 사람으로서, 학생에 대하여 궁극적인 책임과 프로그램의 성과에 대한 책임을 가지고 있는 자격증 혹은 면허가 있는 전문가에 의하여 감독을 받는 사람'으로 정의하고 있다(전인지, 박승희, 2001).

즉, 특수교육보조원은 '특수교육이 이루어지는 교육장면(일반학교의 일반학급, 일반학교의 특수학급, 특수학교)에서 담당교사를 도와 특수교육 대상 학생을 지원하는 일을 하는 사람'이라고 할 수 있다.

3) 특수교육보조원의 배치 및 선정 절차

장애학생당 특수교육보조원 수 또는 특수교육보조원의 배치 우선 장애영역 등은 특수교육보조원 제도의 운영에 영향을 미치는 요인이다. 연구결과를 살펴보면, 특수교육보조원의 적정 배치 기준에 대해 전체적으로 특수교육보조원 1명당 지원 학생 2명에 대한 응답이 49.1%로 가장 많았고, 다음으로 학생 수에 관계없이 학급당 특수교육보조원 1명(30.1%), 특수교육보조원 1명당 학생 3명(17.3%) 등의 순으로 나타났다(우정환, 윤광보, 2007).

특수교육보조원이 지원해야 하는 학생 수는 지원대상 학생의 장애 정도를 고려하여, 예를 들면 미국의 경우와 같이 중도 장애학생 3명당 보조원 1명, 경도에서 중등도 장애학생 10명당 보조원 1명, 그리고 아주 중증인 경우 일대일 보조원(강경숙 외, 2002)과 같은 기준이 마련되어야 할 것이다.

경기도교육청(2019)에서는 특수교육보조원의 배치 절차([그림 11-1])와 선정 절차([그

일반학교 (유 · 초 · 중 · 고)		교육지원청 특수교육운영위원회		교육지원청 교육공무직원 담당		교육지원청 특수교육지도사 담당
특수교육지도사 배치 신청	→	특수교육지도사 배치 대상 학교 선정 · 결과 통보	→	특수교육지도사 배치 대상 학교에 신규채용자 및 전보대상자 포함하여 인사 발령 (*공립특수학교 신규채용 포함)	→	배정 · 채용결과 도교육청 통보

* 경기도교육청에서는 특수교육보조원을 '특수교육지도사'로 칭하고 있음.

[그림 11-1] **특수교육보조원 배치 절차**

학교 (유 · 초 · 중 · 고)	**특수교육지도사 배정 동의서 배부 [서식 1]** • 희망하는 특수교육 대상 학생 전원에게 배부 • 특수교육지도사 배치에 대한 안내 미흡으로 학부모가 신청기회를 놓치지 않도록 유의
↓ 통합학급 담임교사 및 특수교사	**특수교육지도사 배정 동의서 제출 [서식 2]** • 학부모의 동의를 얻어 특수교육지도사 배정 동의서[서식 2]를 작성하여 학교장에게 제출 및 특수교육지도사 활용 계획서 작성 보관[서식 3] * 학교 자체 보관 서식: 서식 1, 2, 3
↓ 학교 (유 · 초 · 중 · 고)	**특수교육지도사 배정신청 서류 제출 [서식 4, 5, 6]** • 담임교사(특수학급 설치교는 통합학급과 특수학급 담임 공동)가 특수교육지도사 배정 신청서[서식 4], 특수교육지도사 배정 요구 학생 실태 및 행동 평정표[서식 5, 6]를 작성하여 학교장 명의로 교육지원청 특수교육운영위원회에 제출 및 보관 * 교육지원청 제출서식: 서식 4, 5, 6
↓ 교육지원청 (특수교육운영위원회)	**특수교육지도사 배치학교 선정 · 통보** • 교육지원청별 자체 심사계획 수립하여 선정 • 2018년 배치교 중 해당 학생이 재학 중임에도 2019년 미신청교는 학부모 동의 여부 등 확인 철저
↓ 교육지원청	**특수교육지도사 신규채용, 직무연수 실시** • 특수교육지도사 신규채용 시 근무지는 결원학교가 아닌 해당 지역으로 모집 • 인사발령 시 전보대상자 내신서류 등을 참고하여 신규채용자와 함께 적정 학교에 배치 • 신규채용자는 채용일로부터 1주일 이내(권장) 직무연수(30시간 이상) 실시

[그림 11-2] **특수교육보조원 선정 절차**

림 11-2])를 제시하고 있다.

2. 특수교육보조원의 역할

1) 특수교육보조원의 책무성

> 장애인 등에 대한 특수교육법 시행규칙 제5조 ①
> 법 제28조 제3항에 따라 학교에 배치되는 보조인력은 교사의 지시에 따라 교수학습활동, 신변처리, 급식, 교내외 활동, 등하교 등 특수교육대상자의 교육 및 학교 활동에 대하여 보조역할을 담당한다.

- 교사의 의사를 잘 수용하고, 의견충돌이 발생할 경우 조정하기 위해 노력한다.
- 기본적인 근무태도 및 자세를 준수한다.
- 학교생활의 예절을 지킨다(근무수칙).
- 수업 상황이나 학교의 업무와 관련하여 교사의 수업 방식이나 발생된 여러 일을 외부로 유출하지 않는다.
- 또래 아동이 장애학생을 도울 수 있는 경우 개입하지 않고 지켜본다.
- 장애학생이 스스로 할 수 있도록 배려하고, 심한 문제행동이 발생할 때만 지원한다.
- 처음에 배치된 이후 상황에 따라 무조건 1년을 계속적으로 보조하지 않고, 더 이상 도움이 필요 없는 경우 다른 아동을 보조한다. 교사와 의논하여 특수교육보조원의 배치 및 소거기준의 원칙을 정한다.
- 통합 상황인 일반학급에서 아동의 행동을 관찰하여 특수교사에게 참고로 전달한다.
- 수업을 진행할 때 담당한 학생에게 적합한 지도방법을 고안하여 적용한다. 통합 시 장애학생의 행동을 지적할 때 수업에 방해되지 않도록 동작 사인으로 보여 준다.

2) 특수교육보조원의 역할

특수교육보조원은 적절한 지원업무 수행을 통해 특수교육 대상 학생의 교육효과 향상, 통합교육의 효율성 향상 등에 일조하게 된다. 그러므로 「장애인 등에 대한 특수교육법 시행규칙」에 명시된 것처럼, 특수교육보조원은 교사의 고유 업무인 수업, 학생지도, 평가, 상담, 행정업무를 대리할 수 없다.

특수교육보조원은 특수교육대상자를 지원하는 인력이므로 공문서 처리, 교무실·행정실의 업무 보조, 도서관 업무, 차 심부름, 화단 관리 등의 업무를 부과해서는 안 된다. 잘못된 업무가 부과되지 않도록 특수학급 담당교사의 학교관리자와의 중재 노력이 필요하다. 결과적으로 특수교육보조원은 학급 담임교사의 요청에 의해서만 학생지도를 보조할 수 있고, 교사의 지시 및 감독을 통해서만 지원할 수 있다는 것이다.

연구결과를 살펴보면, 특수교육보조원 제도의 도입배경이 장애학생의 통합교육을 지원(82%)하기 위함이라고 인식하고 있으며, 특수교육보조원이 수행해야 하는 역할에 대해서도 개인 욕구 지원(37.7%), 교수·학습활동 지원(32.9%), 문제행동 관리 지원(29.4%), 행정업무, 잡무(0%) 등으로 나타났으며, 실제로 수행하고 있는 역할은 교수·학습활동 지원(48.4%), 개인 욕구 지원(36.7%), 문제행동 관리 지원(12.5%), 행정업무, 잡무(2.4%) 등의 순으로 나타났다. 또한 특수교육보조원의 역할 수행 시 가장 어려운 역할은 문제행동 관리 지원(68.5%)이었음을 알 수 있다(우정환, 윤광보, 2007).

교육부 국립특수교육원(2017)의 특수교육 실태조사 중 특수학급에서 특수교육 보조인력으로부터 가장 크게 보조를 받는 부분과 추가·확대되어야 할 특수교육 보조인력의 역할은 〈표 11-1〉과 같다.

표 11-1 특수교육 보조인력으로부터 가장 크게 보조를 받는 부분

구분	전체	수업시간의 교수·학습 활동보조	학생의 신변 처리 등 일상생활 보조	교수·학습 자료제작 보조	교실청소, 환경구성 등 보조	없음	기타
특수교육 보조인력으로부터 가장 크게 보조를 받는 부분	4,989 (100.0)	2,131 (42.7)	2,622 (52.6)	27 (0.5)	95 (1.9)	–	114 (2.3)
추가·확대되어야 할 특수교육 보조인력의 역할	4,989 (100.0)	1,516 (30.4)	1,378 (27.6)	325 (6.5)	658 (13.2)	929 (18.6)	183 (3.7)

〈표 11-2〉는 통합학급 내에서 특수교육보조원의 역할에 대한 기초가 되는 보조원 역할(전인지, 박승희, 2001)을 제시하고 있다.

표 11-2 보조원 역할의 10가지 하위 영역과 각 영역별 역할의 예

역할의 영역	주요 역할의 예
(1) 사무행정 지원	• 학교의 전반적인 사무 직무: 서류 작성하기, 복사하기, 회계 및 금전관리하기, 간심부름하기 • 교실의 전반적인 사무 직무: 서류 작성하기, 문서 교정하기, 교재물 복사하기, 출석 점검
(2) 개인적 욕구지원	• 보조기기 착용 돕기, 신변처리, 먹기, 옷 입고 벗기, 화장실 사용하기
(3) 건강보호 및 안전 지도	• 튜브 섭식하기, 도뇨관 삽입, 인슐린 투입, 흡입약 투약 • 학교 내 환경의 위험에서 보호, 학교 내 장소 이동 중 안전보호 • 학교 외 환경: 지역사회 활동 및 현장수업 시 안전보호
(4) 이동 지원	• 위험으로부터 안전보호, 쉬는 시간과 다른 장소로 이동 중 안전보호
(5) 보조장비 사용 지원	• 휠체어 및 보장구 사용하는 것 돕기
(6) 의사소통 지원	• PECS 등 의사소통 체계 개발해 주기, 의사소통 체계 이해하기 • 비장애학생이 장애학생의 의사소통 체계 이해하도록 지원하기
(7) 행동 지원	• 문제행동 다루기, 강화 제공하기, 다양한 행동수정 사용하기, 토큰 주기, 피드백 주기, 칭찬하기, 오류 정정하기, 긍정적 행동 지원하기
(8) 교수적 지원	• 학생들의 수행수준 평가, 기초선 검사 실시, 발달상황 체크하기, 진보에 대한 자료 수집하기, 학생진보에 대하여 교사 및 전문가와 의사소통하기 • 개별화교육계획(IEP)의 장 · 단기 목표설정 정보를 제공하기, 목표달성을 위한 교육활동에 참여하기 • 수업내용 및 자료 수정하기, 수업계획하기, 교수자료 준비하고 제작하기 • 시험보기(예: 철자법, 수학 문제 등) • 교수활동 중에 학생의 수행을 기록하고 보고하기 • 학생파일 정리 및 기록하기 • 비장애학생과의 상호작용 유도하기
(9) 팀의 구성원	• 팀 운영의 효율성에 기여하기: 적절한 의사소통, 문제해결하기
(10) 가족과의 상호작용	• 가족과 상호작용 및 의사소통하기: 학생 정보 제공, 진보에 대해 보고하기, 행동문제 다루는 방법 공유하기

출처: 전인지, 박승희(2001).

[그림 11-3]은 경기도교육청(2014, 2019)의 '특수교육지도사 운영계획'에서 특수교육보조원 역할을 정리한 것이다.

교수 · 학습활동 지원	학습자료 및 학용품 준비, 이동 보조, 교실과 운동장에서의 학생활동 보조, 학교행사활동 보조, 학생 발달 정보 제공, 학습자료 제작 지원, 방과후 과정 지원 등
개인욕구 지원	화장실 지도, 식사 지도, 보조기 착용 지도, 착 · 탈의, 건강보호 및 안전생활 지원
적응행동 지원	적응행동 촉진 및 부적응 행동 관리 지원, 또래와의 관계형성 지원, 의사소통 지원, 행동지도를 위한 프로그램 관리 등

* 부과해서는 안 되는 업무는 공문서 처리 등 교사의 고유 업무, 교무실 및 행정실 업무 보조, 차 심부름, 화단 관리 등의 학교 전체적인 잡무이며, 업무 분장을 명확히 하여 업무 혼선 방지해야 함

[그림 11-3] 특수교육보조원의 역할

(1) 교수 · 학습활동 지원

- **학습자료 및 학용품 준비**: 수업 시작 전, 필요한 학습자료 및 학용품을 스스로 준비하는 습관을 형성할 수 있도록 보조한다. (예) 교과서, 필기도구, 미술용품, 과제물 준비
- **이동 보조**: 한 장소에서 다른 장소로 독립적으로 이동이 어려울 경우 이탈되지 않게 안전을 유지하며 이동을 보조한다. (예) 통합학급과 특수학급, 운동장, 특별실, 등하교
- **교실과 운동장에서의 학생활동 보조**: 교실이나 운동장에서 교수 · 학습활동 및 일상생활을 수행할 수 있는 능력을 기를 수 있도록 보조한다.
- **학교행사활동 보조**: 다양한 학교행사의 활동 계획과 내용을 숙지하여 특수교육 대상 학생이 소외되지 않고 참여할 수 있도록 활동을 보조한다. (예) 운동회, 현장학습, 예능발표회
- **학생 발달 정보 제공**: 특수교육 대상 학생 보조를 통해 수집되는 발달 상황을 파악하여, 교사의 교육활동 계획의 자료가 되도록 정보를 제공한다. (예) 행동 체크리

스트 작성, 개별 학습 발달 정도 보고

(2) 개인 욕구 지원

- **화장실 이용 지도:** 특수교육 대상 학생의 개별적인 생리적 용변 습관을 파악하여 화장실 이용을 보조한다. (예) 용변 처리, 옷의 착탈의, 화장실 이동 및 사용방법
- **식사 지도:** 일방적인 식사 보조가 되지 않고 스스로 식사를 할 수 있는 식습관을 형성할 수 있도록 보조한다. (예) 손 씻기, 배식, 음식 자르기, 식사도구 사용, 골고루 먹기
- **보조기 착용 지도:** 휠체어 등의 다양한 보조기의 사용방법을 숙지하여 안전사고를 예방하며, 보조기 활용에 불편함 없이 보조한다. (예) 휠체어 착석 및 이동, 자세교정기 착용, 보청기 착용, 보완대체 의사소통 기기 활용
- **착 · 탈의 지도:** 착탈의 과정을 통해 생활 속에서 옷을 스스로 바르게 입고 벗을 수 있도록 보조한다. (예) 옷 갈아입기, 단추 · 지퍼 · 허리띠 사용, 양말 · 신발 신고 벗기
- **안전생활 지원:** 학교의 다양한 환경과 상황에서 발생할 수 있는 위험으로부터 안전을 유지하는 능력을 기르도록 보조한다. (예) 현장학습 이동, 실험활동, 학용품 사용방법, 놀이 시설 이용, 장소 이동, 등하교

(3) 적응행동 지원

- **적응행동 촉진 및 부적응행동 관리 지원:** 개별적인 문제행동 개선을 위해 교사의 지도하에 일관성 있고, 사회적으로 수용 가능한 전략을 사용하여 보조한다. (예) 파괴행동, 방해행동, 주의 분산행동 관리보조
- **또래와의 관계 형성 지원:** 특수교육 대상 학생의 개별적인 특성과 또래와의 관계 상황을 파악하며 보조하되, 지나친 보조로 인하여 또래의 지원과 상호작용이 철회되지 않도록 한다. (예) 어울리기, 요구하기, 놀이하기, 짝활동
- **행동지도를 위한 프로그램 관리:** 교사의 계획과 지도하에 특수교육 대상 학생의 개별적인 행동지도 전략을 숙지하여 목표행동 달성을 보조한다. (예) 토큰 주기, 행동형성법, 행동계약, 긍정적 행동 지원

TIP

또래와의 상호작용 촉진을 위한 활용방법

- 상호작용 촉진을 위해서 특수교육보조인력은 특수교육대상자뿐만 아니라, 비장애학생에 대한 지원도 해야 한다. 예를 들면,
  - 특수교육대상자에게 그림자처럼 붙어서 모든 일을 대신해 주고 돌봐 주는 것이 아니라, 또래가 특수교육대상자의 학업, 일상생활에서 그 역할을 할 수 있게끔 도와준다.
  - 특수교육대상자로 인해 비장애학생이 피해를 입을 경우, 비장애학생의 편이 되어 그들에게 정서적 지원을 해 준다.
  - 통합학급에서 학습이 부진한 학생들의 학업도 돌봐 줄 수 있다.
- 특수교육보조인력으로 인해 학습 상황에서 또래의 지원이 철회되지 않도록 특수교육보조원은 특수교육대상자의 활동에 지나치게 개입하지 않는다.
  - 특수교육보조인력이 꼭 특수교육대상자의 짝이 될 필요는 없다. 또래가 특수교육대상자의 짝이 되어 도움을 줄 수 있도록 한다.
  - 특수교육대상자가 학습과제를 수행할 때, 특수교육보조인력이 도움을 주는 것이 아니라, 먼저 활동을 다 마친 또래가 도와줄 수 있도록 한다.

3. 특수교육보조원 운영의 실제

특수교육보조원은 단순히 학생을 보살피는 것 이상으로 학생을 교육할 책임이 있는 학교교육의 주요한 요원임에 틀림이 없으며, 교육을 책임지기 위해서 충분한 사전교육과 수업협의, 수업평가 등이 교사를 통해 필수적으로 이루어져야 한다(강경숙 외, 2002; 김선혜, 2013).

따라서 특수교육보조원을 직접적으로 관리하는 담당교사는 특수교육 대상 학생의 교육 지원이 원활히 이루어질 수 있도록 '특수교육보조원 운영계획'을 학교(급) 실정에 맞게 수립 · 운영해야 한다.

여기서는 김영미(2013), 신영숙(2010), 용인신촌초등학교(2013)의 실제 사례를 제시하였다.

1) 특수교육보조원의 학생 지원

특수교육보조원의 학교(급) 배치를 위해 담당교사는 특수교육보조원의 교육 지원이 필요한 특수교육 대상 학생의 장애상태 등 현황을 조사하고, 사전에 보호자의 동의를 얻어 해당 교육지원청에 공문을 요청하게 된다. 그러면 특수교육운영위원회는 심사를

표 11-3 2010 특수교육보조원의 지원학생 현황 예

순	이름	성별	학년반	장애내용	보조원 지원내용	비고
1	유○○	남	5-3	뇌병변 (근위축증)	체육, 이동수업, 식사 지원	휠체어 사용
2	이○○	남	5-7	지적장애	학습 지원, 성교육	

표 11-4 2010 특수교육보조원의 일과시간별 활용계획 예

구분	지원 대상 (성명, 학년반)	주요 활동	활동 내용과 방법	활동장소
수업 이전	유○○(5-3)	수업준비	학습준비물 확인	통합학급
		수업준비	아침조회 보조, 학급별 행사 시 지원	통합학급
		신변처리	손 씻기, 화장실 이용(소변)	화장실
오전 수업	유○○(5-3) 이○○(5-7)	이동보조	과학실, 영어실, 운동장 이동 수업	5-3. 특별실
		수업보조	체육수업 시 교구 지원 및 활동 보조	운동장
		수업보조	영어, 과학, 실과 학습활동 보조	5-7. 특별실
점심 시간	유○○(5-3)	급식지도	배식해 주기, 편식지도	통합학급
		신변처리	이 닦기, 화장실 이용(소변)	화장실
		또래활동	학급친구들과의 놀이 보조(블록 등)	도움반
오후 수업	유○○(5-3) 이○○(5-7)	이동보조	음악실, 도서실로 이동수업	특별실
		신변처리	화장실 이용(소변)	화장실
		수업보조	체육수업 보조	5-3. 운동장
		수업보조	재량, 체육, 미술 학습활동 보조	5-7. 운동장
수업 이후	특수교육 보조원	수업준비	수업준비 보조	특수학급
		자료제작	학습자료 제작 보조 및 활동일지 기록	특수학급
		지원교육	학생 장애에 대한 이해교육, 특수교육 이해	특수학급

출처: 신영숙(2010).

통해 특수교육보조원을 배치할 학교를 결정한다. 배치된 특수교육보조원이 특수교육 대상 학생을 지원한 사례는 다음과 같다.

표 11-5 2010 특수교육보조원의 지원영역별 활용계획 예

구분	지원 대상 (성명, 학년반)	주요 활동	활동 내용과 방법	활동장소
교과 학습	유○○ (5-3)	체육보조	• 전동휠체어로 옮겨 타고, 운동장 한 바퀴 돌기	운동장
		음악보조	• 리코더로 기본음계 소리 내도록 불기 연습 • 악기 준비와 정리 돕기	음악실
		국어(쓰기)	• 문장을 중심낱말 쓰기로 대체	5-3
	이○○ (5-5)	미술보조	• 재료 바꿔 주기(풀칠이 어려우면 잘려진 테이프나 스티커 이용) • 난이도 조절하기(가위로 오리는 대신 찢기) • 사전에 미리 반쯤 완성하여, 시간 내에 작품을 끝낼 수 있도록 지원하기	5-5
		음악	• 작은 목소리로 부르면 따라 부를 수 있도록 옆에서 보조	
		체육	• 놀이 규칙, 순서를 지켜 활동에 참여시키기 • 다른 활동이 아닌 비슷한 활동으로 수정해서 참여시키기	
		실과	• 중심단어 익히고, 쓰기, 위험하지 않은 도구로 교체 • 단순하고 쉬운 역할을 하도록 보조	
		과학	• 학생이 포함된 모둠의 실험을 지원	
신변 처리	유○○ (5-3)	일상생활 지원	• 용변처리, 손 씻기	5-3
			• 식사 관련 지원	5-3
			• 의복 착 · 탈의 시 지원	5-3
문제 행동	유○○ (5-3)	자아상 확립	• 장애로 인한 부정적 자아상 개선을 위해 보조(미술치료, 심리치료)	도움반
	이○○ (5-5)	부적응행동 및 과잉행동 수정	• 물건 던지기, 연필로 찌르기, 괴성 지르기, 욕하는 행동 제지하고 대안행동 찾아 주기, 바른 행동 모델을 보여 주고 따라 하기 보조 등	5-5 도움반
사회성	유○○ (5-3)	놀이활동 참여	• 점심시간 도움반에서의 놀이활동 시 지원, 친구들과 공동 활동 참여하도록 보조	도움반
		사회성 훈련	• 친구들에게 도움 청하기, 사과하기, 내 의견 정확하게 표현하도록 보조	도움반

출처: 신영숙(2010).

표 11-6 2018 특수교육보조원(고등학교 배치)의 활용계획 예

지원 영역	지원 대상 (성명, 학년반)	주요 활동	활동시간	활동장소
교과 학습	박○○(2-1)	수업시간 학생 지원 일과 및 수업일정 관리	교과시간 및 일과시간	교실
	김○○(1-8)	일과 및 수업일정 관리	일과시간	교실 및 교내
개인 욕구 (신변 처리)	박○○(2-5)	식사지도 및 청결관리, 이동, 배뇨 및 배변처리	쉬는 시간 및 점심시간	교내
	김○○(1-8)	특별실 이동	쉬는 시간	교내
	강○○(2-4)	소지품관리 및 청결관리	쉬는 시간 및 점심시간	교내
문제 행동 관리	김○○(1-8)	위생관리	학교 일과 중	교내
	강○○(2-4)	도벽(관찰 및 동선 관리)	학교 일과 중	교내
사회성	표○○(2-5)	또래 관계 형성	학교 일과 중	교내
	최○○(1-10)	또래 관계 형성	학교 일과 중	교내

2) 특수교육보조원의 업무 실제

특수교육보조원은 담당교사의 지시에 따라 수업 및 학교행사 참여 지도, 개별학습 지도, 착석지도 및 이탈방지, 기본생활 지도, 공동생활에서의 문제행동 지도, 안전 지도, 개별화교육 보조, 또래 및 동료 관계 형성, 교수·학습자료 준비, 통합학급 또는 교사의 위임에 의한 학급 운영 업무, 기타 분장에 따른 일상 업무와 교사의 지시에 따른 교육보조 업무 등을 수행하고 있다.

일반학교 특수학급에 배치된 특수교육보조원의 활용방침, 업무일지와 업무일기를 통해 특수교육 대상 학생에게 어떻게 교육 지원이 이루어지는지 살펴보자.

(1) 특수교육보조원의 활용방침

표 11-7 특수교육보조원의 활용방침 작성 예

〈2013 특수교육실무사 활용방침〉

- 본교에서 '특수교육실무사'는 다양한 개인차를 가지고 있는 특수교육 대상 학생이 일반학교에 다니면서 통합교육을 받을 때, 학생의 개별화교육과 생활지도 및 특수교사의 업무를 보조하는 것을 의미하고 호칭은 '선생님'으로 한다.
- 특수교육실무사의 일과는 1일 8시간으로 월요일에서 금요일까지(8:40~16:40) 근무한다.
- 통합교육 도우미 교사의 관리는
  - 채용조건 및 보조교사로서의 역할을 계약서에 정확하게 명시하여 담당교사와 원활한 업무 분담이 되도록 한다.
  - 매일 업무일지와 근무상황부를 작성하여 담당교사에게 결재를 받고 주별로 교감 전결로 결재를 받는다.
  - 사고가 있을 경우 사고 보고서를 작성하여 교육지원청에 조치를 요구한다.

표 11-8 특수교육보조원의 활용원칙 작성 예

〈2018 특수교육보조원 활용원칙〉

- 특수교육보조원 근무시간은 본교 교직원과 동일(8:30~16:30)하다.
- 상호 존중하여 자신의 역할을 수행한다.
  - 특수교육보조원 수업 진행, 학부모 상담 등을 하지 않는다.
  - 일정표 외의 활동은 특수교사와 상의한다.
  - 특수학급에서는 특수교사의 지시에 따라 및 통합학급에서는 통합학급교사의 지시에 따라 학생을 지원한다.
  - 전체 학생을 위한 학교생활 지원을 원칙으로 하되 중점 학생을 중심으로 지원하고 특수교사도 수시 함께한다.
- 특수교육보조원의 관리
  - 특수교육지도사의 업무 및 역할을 계획서에 정확히 명시하고 확인하여 담당교사의 지시에 따른 원활한 업무 분담이 이루어지도록 한다.
  - 업무일지는 매일 작성하여 담당교사에게 결재를 받고, 학기별 1회 교감 전결로 결재를 받는다.

(2) 특수교육보조원 업무일지

표 11-9 특수교육보조원 업무일지 예-①

2013년 6월 10일 월요일 맑음

교시	학년반	학생명	업무내용	비고
1	5-○	김○○	• 애국조회: 정숙지원 • 창체: 학급회의 –수업참여지원 (회의)발표(환경부) 촉진	• 보건실복도에서 교실로 입실 지원 • 일기제출 지원 • 우유 챙기기 유도 • 9:40 화장실(대변), 신변처리 지원(휴지)
2	5-○	김○○	• 국어: 푸른 교실로 이동지원 특수교사의 수업	• 특수교육입문서 숙지
3	5-○	김○○	• 과학: 과학실로 이동 –수업참여 지원(티처빌 보기) –정숙(떠들지 않기 → 수업 중임을 안내)	• 안전지원(복도이동 시)
4 (급식)	2-○	이○○	• 급식실로 이동 –식사지원(복도이동 시 공수자세 지도) • 화단쪽으로 산책(상호작용)	• 화장실 신변처리(용변 후) 손 씻기, 용의단정 지도
5	5-○	김○○	• 체육: 강당으로 이동(복도이동 시 지도) –교사의 수업참여 지원(허리 굽혀 팔길이 재기) –준비체조(체조 따라 하기 촉진)	• 안전지원 • 자세 잡아 주고 이탈 방지 지도
급식	5-○	김○○	• 급식실로 이동 –식사지원(식사예절지도) –입실 후 식물(상추) 물 주기 유도	• 화장실 신변처리 지원 –용변 후 용의단정, 손 씻기 –양치질
6	5-○	김○○	• 도덕: '갈등의 특징' 교사의 수업참여 유도 –교과서(읽기 → 밑줄 긋기)집중 –생활의 길잡이 쓰기 지도 지원	• 정숙지도 • 알림장 쓰기 지원
방과후	특수 학급		• 분리배출(종이류, 플라스틱 등)	• 화장실 신변처리 지원 • 종일반으로 이동
특이 사항	김○○ –애국조회 시작 후 두 손가락으로 귀를 막고 고개를 바른생활실천기록장에 대고 울음(소리 없이 눈물과 콧물이 얼굴에 범벅이 되어 휴지로 닦도록 휴지 전달) –머리를 만지며 머리핀을 빼 달라고 해서 뺐더니 화를 냄. 어쩔 수 없이 머리핀을 꽂지 않음 –5교시 체육시간에 수업 안 한다고 해서 상호작용 후 수업 참여 유도함 –급식시간에 반찬을 먹도록 유도하고 밥도 천천히 먹도록 촉진하자 문제행동을 보임 –문제행동 보이며 실무사에게 다가옴. 담임선생님의 지도하에 급식을 마침			

출처: 용인신촌초등학교(2013).

표 11-10 특수교육보조원 업무일지 예-②

※ 5학년 김○○ 학생의 12월 내용만 발췌

일시	날씨	특이사항
2013. 12. 2. (월)	맑음	• 급식하러 가기 전 이○○이 서○○의 실내화를 던지고 장난해서 주의를 주며 제자리에 놓도록 지도하는데, 갑자기 화가 난 표정으로 "놔!~" 하면서 이○○의 팔을 때림. 상황 설명 후 소거됨 • 식사 후 양치하려다 소변이 급해서 일을 본 후 용의단정(속옷 잘 입기)을 지도하자 문제 행동을 보임. 상호작용 후 멈춤
2013. 12. 3. (화)	맑음	• 체육활동 시 곁에서 활동을 촉진하자 잘 따라 줌. 8자 줄넘기가 무섭다고 하면서도 급우들을 잘 따라다님 • 급식 후 5-○반 계단에서 친구를 붙잡고 문제행동을 보여서 소거하자 수긍하며 인사함. 사이사이 화를 내서 모른 척하며(화제 전환) 대하자 소거됨
2013. 12. 4. (수)	맑음	• 음악, 영어시간 수업 참여를 차분히 잘 따라 줌 • 식사 후 급식을 1번 더 갖다 먹는다고 해서 지원함. 더 받아 온 밥을 남기고 검사(담임선생님께)를 받지 않으려고 함. 식판을 배식판에 꽝 놓아서 지도하자 문제행동이 나타남 • 지나가는 계단에서 5-○ 친구 손을 잡고 실무사를 때리는 행동을 함(의사소통으로 소거됨) • 양치질 후 챙기는 과정에서도 끊임없는 행동(신발주머니와 손으로 실무사를 때리는)을 보여서 의사소통 후 자리 이동함. 종일반과 푸른교실로 이동함
2013. 12. 6. (금)	맑음	• 3교시 실과시간 연필꽂이 만드는 과정 설명하고 망치로 판을 몇 번 두드리다 실무사의 팔을 툭 때려서 "수업시간이야."라고 알려 주자 수긍하며 멈춤
2013. 12. 10. (화)	맑음	• 체육시간에 운동장에서 수업참여를 촉진하자 수긍하고 잘 따름(운동장 달리기, 체조, 급우들과 축구하기 등)
2013. 12. 12. (목)	맑음	• 8시 55분 교실(5-○) 뒷문으로 들어오려다가 그냥 밖으로(복도) 나가 들어오지 않아서 의사소통 후 입실함. 담임선생님께 인사하게 하고, 우유 챙기고 푸른교실로 지원 • 2교시 책 읽어 주기 지원하는 중에 다른 친구의 행동을 따라 하며 수업을 방해하는 행동을 보이자, 또 다른 친구도 따라 하는 행동 유도해서 상호작용 후 멈춤
2013. 12. 16. (월)	맑음	• 급식을 더 할 수 있도록 지원, 복도이동 시 뛰어다니기를 즐겨함. 복도예절 지도함
2013. 12. 17. (화)	맑음	• 급식하면서도 식탁을 두드리고 양치하면서도 때리는 행동을 하며 종일반 이동 시 신발주머니를 세차게 때리는 행동을 보여 실무사와 상호작용함
2013. 12. 18. (수)	맑음	• 급식을 마칠 즈음, 숟가락으로 식탁을 두드리며 실무사의 오른쪽 팔을 툭툭 치는 행동 소거함 • 양치 후에 곧장 입실하지 않고 화장실에 있는 5-○반 여학생들한테도 손으로 팔을 잡고 문제행동을 보여서 소거 지원함 • 종일반 입실 시에도 신발주머니를 돌리면서 실무사를 공격해서 상호작용으로 지원

출처: 용인신촌초등학교(2013).

(3) 특수교육보조원 업무일기

표 11-11 특수교육보조원 업무일기 예

〈어느 특수교육보조원의 업무일기 중에서〉

2010. 4. 28. (수)

1. 수업 전: 오늘도 승철이는 집에서 관심을 못 받고 온 것 같다. 노래 부르며 구시렁구시렁거린다. 영~ 걱정이다.
2. 교시(영어): 자꾸만 징징댄다. 소리 지르고, 손 빨고~, 영어 단어 써 주었더니 한 단어 쓰고 그림을 그린다. 승철이 잡음이 자꾸 거슬린다.
3. 4교시(도덕): 보란 듯이 손을 빤다. 쉬는 시간 친구가 거울을 보여 주며 놀았는데, 승철이가 수업시간에 거울을 달라고 떼쓴다. 멜로디언 달라고 떼쓴다. 교실에 드러눕고, 소리 지르고, 휴우… 복도 나갔다 다시 들어와 쉬는 시간에 하던 영어 단어를 쓴다.
4. 점심시간: 도움반에서는 그나마 숟가락 젓가락 사용하며 우아하게 하는 식사가 교실에선 영 엉망이다.
   담임선생님이 쳐다보지 않으니 더한 것 같다. 담임선생님 보란 듯이 손으로 반찬을 집어 먹다니…. 오늘도 점심 먹자마자 내려온다. 비가 와 5교시 체육 대신 영화 본다고 하여 수업 즈음해서 올려 보냈더니, 쌩 하고 담임쌤 다시 특수학급으로 내려보냈다. 승철이가 왔다 갔다 시계추 같다.

2010. 5. 25. (화)

* 3교시 과학실 수업이다. 5학년 꽃 관찰이다. 실험관찰책에 꽃잎, 꽃받침, 수술, 암술을 붙이는 활동이다. 담임이 반 친구들을 챙겨 준다. 승철이만 따로 앉아 있다. 승철이가 책을 짚어 가며 "꽃꽃" 한다. 자신도 무언가 하겠다며 꽃을 요구한다.
  도움반에서 키우고 있던 오이화분도 과학실에 더부살이하고 있다. 마침 오이꽃이 피어 있어, 오이꽃을 따서 주었다. 아무 소리 없이 꽃잎 붙이고, 꽃받침 붙이고, 수술, 암술을 내 앞으로 밀어낸다. 나보고 하란다.
* 6교시 미술시간, 4교시부터 열이 나 보건실에도 다녀왔다. 우는 소리 하며 소리를 지르는데, 열은 떨어졌어도 땀이 난다. 소리를 많이 질러 아프면 보건실 가자 해도 싫다고 소리 지르고, 과학실 가자 해도 싫다고 소리 지르고, 5학년 5반 교실에 있겠단다. 소리 지르니 반 친구들도 합창하듯 "승철아! 조용히 해." 하고 소리 지른다. 담임쌤 무미건조한 목소리로 "승철이 아프단다. 그냥 둬라." 하신다.

2010. 9. 9. (목)

* 1교시 음악시간에 그림을 그리는 승철이, 한동안 도움반에서도 연습하여 열심히 노래하더니, 2학기 들어 다시 예전으로 돌아왔다. 투명테이프 없다고 짜증을 내서 도움반으로 내려왔다. 테이프 들고 다시 교실로 올라가는데, 눈 깜짝할 사이 5학년 4반에 들어가 친구 노트를 들고 밖으로 나온다. 교실에 들어가 사과하고 나왔다. 다시 짜증 부린다.
* 2교시 쉬는 시간 도움반에 내려와 화장실 다녀왔다. 과학 수업이라 2층으로 올라가려는데 문 앞의 엘리베이터 앞에서 소리 지르고 드디어 폭력을 행사한다. 일상처럼 '××년' 해 대던 욕을 줄이느라 애쓰는 중인데… 이번엔 폭력까지 쓴다. 아차 순간 뺨도 맞고, 오늘은 매도 맞았다. 교실로 끌고 들어왔다. 진정시키려 애쓰며 잡은 손을 놓는 순간 눈앞에서 맨발로 뛰쳐나갔다. 잡으려 했지만 한발 늦었다. 유치원 쪽으로 달리는데 느낌이 싸한 것이 사고칠 것 같았는데, 느낌이 사실이 되었다. '2층으로 뛸까? 밖으로? 아님 도서실일까?' 생각하는 동안 유치원 앞 우산 2개를 위로 휙 던졌다. 쨍그렁! 형광등이 깨지며 우수수…. 맨발인 승철이가 다칠까 걱정했는데, 말짱하다. 다행이다. 왜 뛰쳐 나갈 것을 생각 못했는지, 으… 사고 친 그 자리에서 벌을 줬어야 하는데 사고 수습 후 늦게 뭐라 했더니, 나 혼자 지껄이는 꼴이 되었다(아! 사고친 순간 다쳤을까 봐, 사고친 장면 다른 이들이 보고 승철이에게 부정적인 이미지만 커질까 봐 뒤처리하기 바빠 야단을 치지 못한 게 실수!). 쉬는 시간 10분 안에 일어날 수 있는 모든 일을 다 저지르고 다니는 우리 승철이 파이팅이다.

3) 특수교육보조원 활용의 문제점 및 효과

(1) 문제점

특수교육보조원의 활용 시 나타나는 큰 문제는 통합현장에 배치되기 전에 충분한 지도나 연수를 받지 못하고 활동을 시작하게 된다는 것이다. 따라서 특수교육보조원의 개인적 요인 및 제도와 관련하여 전문성 향상을 위한 연수가 실제적으로 진행될 필요가 있다. 보조원의 지속적이고 정기적인 연수 교육기회가 충분히 제공되고 보조원의 역할 수행의 감독 및 관리체제가 확립되어야 궁극적으로 아동들에게 교육의 질 제고가 이루어질 수 있다(박승희, 2003).

또 다른 문제점으로 특수교육보조원의 명확한 역할 정립과 담임교사와의 역할에 대한 경계가 불분명한 것을 들 수 있다. 보조원의 역할을 수업 지원, 현장학습 지원, 자료제작 지원, 학생 보호 및 신변관리의 지도 등 어디까지나 담임교사의 업무를 지원하고 보조하는 일로 한정해야 한다(김주영 외, 2001). 또한 보조원의 역할에 대한 법적 규정의 필요성을 언급하며 보조원의 정체성과 역할의 한계는 교사의 역할 수행과 갈등의 소지를 일으키지 않도록 분명한 차별성을 가져야 한다(박승희, 2003).

따라서 특수교육보조원과 담임교사 간의 관계 개선을 위해서도 특수교육보조원에 대한 명확한 역할 규명과 담임교사와의 역할 경계에 관한 지침이 하루 빨리 마련되어야 한다(박민례, 조윤경, 2005). 그리고 시 · 도교육청별로 그들이 수행해야 할 역할이 제시되어 있지만 법적 규정이 필요하며, 특수교육보조원의 정체성과 역할의 한계가 명확해져야 교사와의 갈등도 줄어들게 될 것이다.

〈표 11-12〉는 『통합교육의 징검다리』(서울 · 경인 특수학급 교사 연구회, 2004)에서 발췌한 내용으로 특수교육보조원의 활용 시 문제점과 그 대안을 기술한 것이다.

표 11-12 특수교육보조원의 활용 시 문제점과 대안

활용의 문제점	대안
• 특수교육보조원의 자질 보조원의 사명감이나 능력의 차이에 의해 경우에 따라서 담당교사에게 부담이 될 수 있다.	• 현장 교사들이 원하는 보조원의 자질을 먼저 파악하고 학교장이 보조원 채용 시 특수교사의 의견을 수렴하도록 한다. • 보조원의 자격기준을 높인다. (예) 교사자격증 소지자, 유경험자 우선

• 특수교육 보조원이 통합교육, 장애학생에 대한 기본적인 인식이 부족하다.	• 사전연수, 학교 자체 연수 등을 통해 장애 및 통합교육, 특수학급의 역할 등에 대한 연수를 한다.
• 장애아동이 고립되는 역효과 보조원이 있음으로 해서 장애아동이 반 학생들과의 상호작용 기회가 줄어들거나, 통합학급교사의 지도에서 제외될 수 있다.	• 사전연수, 학교 자체 연수 등을 통해 보조원이 학생의 사회적 통합을 촉진할 수 있도록 한다. • 특수학급 교사와 원활한 대화를 통해 문제점을 최소화할 수 있도록 한다.
• 장애아동이 의존적이게 될 수 있다. 보조원의 도움을 받는 학생이 스스로 할 수 있는 일도 보조원에게 의지하여 해결하려고 하거나 보조원이 통합학급에 없을 때 불안해할 수 있다.	• 연수를 통해 보조원이 아동 스스로 해야 하는 일들을 배워갈 수 있도록 지도한다. 점진적 지원을 제공하며, 보조원의 도움이 필요 없을 때에는 장애아동과 다소 거리를 두어 보조원에게 의지하지 않는 독립심을 키워 가도록 한다.
• 교사의 부담감 통합학급교사가 보조원이 있는 상태에서 수업하는데 거부감을 보일 수 있다.	• 통합학급 교사에게 보조원제에 대한 설명, 보조원의 역할에 대해 알게 한다. 보조원이 수업의 방관자 또는 수업을 듣고 보기만 하는 자세가 아니라 수업 동안 장애아동의 수업참여를 촉진시킬 수 있게 연수를 한다.
• 보조원의 역할 한계가 불분명할 때, 특수학급 교사나 통합학급 교사와 마찰의 우려가 있다.	• 특수교육보조원, 통합학급 교사, 특수학급 교사의 담당역할을 내규화할 필요가 있다.
• 보조원 신분에 대한 미묘한 갈등을 예상할 수 있다.	• 임용 초기부터 보조원의 신분이나 역할 등을 명시하고, 단기계약직으로 임용하는 것이 바람직하겠다. • 특수학급 교사 중 경력이 많은 교사가 특수교육보조원제 운영을 담당한다.
• 보조원이 단기간 근무로 아동의 교육적 연계성 측면에 공백이 예상된다.	• 보조원 담당교사의 판단하에 재계약을 통해 계속적인 근무를 할 수 있도록 한다.
• 보조원의 방과 후 업무 특수교육보조원 업무는 그 성격상 비창의적이고 보조적이기 때문에 방과 후 특수교육보조원의 업무가 일정치 않다.	• 보조원을 시간제로 고용하는 것이 효과적일 수 있다.
• 보조원의 근무처 특히 특수학급이 반쪽 교실일 경우 보조원이 방과 후 지낼 공간을 마련하기 어렵다.	• 특수학급에 배치되는 경우 가능하면 특수학급 교사와 서로 시선이 마주치지 않는, 보조원만의 공간을 확보해 준다.
• 기밀누설 밀착된 학교생활로 인해 학교 기밀누설이 있을 수 있고, 보조원의 주관적인 판단에서 자칫 담임교사의 교육방법을 판단하는 등의 물의를 일으킬 수 있다.	• 학교 기밀을 누설하지 않도록 주위를 주고, 교육적인 처치에 대한 언급은 담당교사와만 이야기하게 한다.

출처: 서울 · 경인 특수학급 교사 연구회(2004), pp. 67-69.

〈특수교육보조원들이 남긴 글 중에서〉

- 나이도 한참 어린 교사가 아무런 설명 없이 아이와 관계없는 불필요한 일을 시키고, 막상 해야 할 일이 코앞에 닥치면 업무를 제대로 알려 주지 않아 당황스럽다. (특수교사와 보조원 간의 심리적 갈등이나 지위의 문제)
- 나는 행정실 직원인가, 교무실 직원인가? 조심스럽게 부탁하는 일이라 거절하지 못하지만 장애학생 지원보다 다른 일을 우선으로 돕는 일이 잦아지고 있다. 학교에서는 내가 특수학급 학생을 위해 존재하는 것인지, 학교 잡무를 덜어 주는 일손으로 생각하는지 도무지 모르겠다. 나도 어떻게 해야 할지 모를 때, 특수교사가 중재해 주면 좋으련만…. (소속 및 관리 문제: 복무관리, 기타 업무처리)
- 통합학급 수업 지원 시 교사의 눈치가 보인다. 장애학생 옆에 앉아 있기도 그렇고, 뒤에 서서 수업을 참관하듯 있는 것도 그렇다. (통합교사와의 심리적 갈등)
- 수업이 끝난 오후시간, 방과후 활동 프로그램이 짜여 있는 것도 아니고, 일거리를 주는 것도 아니고, 그렇다고 내게 공부할 시간을 딱히 제공해 주는 것도 아니고, 일이 너무 많으면 힘들고, 학생들이 없으면 불안하고…. (업무의 불분명)
- 특수학급 없이 장애학생만 있는 일반학교에 배치되어 생활하니 불편한 점이 많다. 있을 곳도 마땅치 않고, 어떻게 지원해 주어야 할지 막막하기도 하고, 학생과 너무 밀착되어 있다 보니 오히려 일반교사나 다른 학생들은 전혀 도와주지 않고 관심도 없다. 상대적으로 일의 양이 늘고 있다. 대부분 휠체어 생활을 하는 학생이라 용변에서 식사, 이동, 학습, 교우관계까지 지원하다 보면 내 자신을 충전할 시간적 여유도 없고, 마음 편히 도움 청할 곳이 없다는 것이 나를 위축되게 만든다.

특수교육보조원과 특수교육 교사는 한배를 탄 사람들임을 잊어서는 안 될 것이다. 특수교육보조원은 교사를 위한 인력이 아니며, 특수교육 대상 학생 지원을 위해 배치된 인력이므로 학생활동 지원에 중심을 두어야 한다. 같은 공간에서 같은 시간을 보내기 때문에 교사는 특수교육보조원을 감시하거나 감독하는 느낌을 주지 않아야 하며, 반대로 특수교육보조원은 교사의 지시나 요구 없이 마음대로 학교 내에서의 활동을 결정하지 않는 것이 좋은 관계 형성에 도움이 된다. 한번 사소한 일로 관계가 틀어지면 회복이 쉽지 않기 때문이다.

특수학급에서는 특수교육 교사가 요구하는 일을 하고, 통합학급에서는 통합교육 교사에게 다시 한 번 전체적으로 지원해야 할 내용을 안내받아 업무를 수행하는 것이 바람직하다.

(2) 효과

- 통합학급 교사와 학부모의 업무 부담이 경감된다. 즉, 장애학생을 보조함으로써 전반적인 수업활동이 원활해지는 것이다.
- 학생의 문제행동에 대처해 주어 학생의 학습기회를 넓힌다.
- 활동 중심 수업에서 학생의 활동 보조로서 학습적인 면에서 통합이 가능하다.
- 특수학급 또는 통합학급에서 학생 개별지도를 하거나 학생들이 스스로 주어진 과제를 수행할 때 보조원이 장애학생의 반복학습을 도와 교육의 효과를 보일 수 있다.
- 현장학습 또는 학교행사에서 학생 활동보조로 학생의 참여를 높이고 안전지도에 도움이 된다.
- 학교교육 이외의 보충적인 방과후 교육이 절실한 장애학생들에게 보조원이 치료실로 데려다주거나 학교에서 방과후에 필요한 학습을 도울 수 있다.
- 급식 및 이동, 화장실 사용 등 자조기술이 부족한 아동을 도와 특수교사나 통합교사의 수고를 덜어 준다.
- 학생이 보조원과 긴밀한 인간관계를 체험함으로써 학생이 필요로 하는 사랑을 느낄 수 있다.
- 교사가 보지 못하는 장면에서 비장애학생과 장애학생 간에 갈등 상황이 발생하였을 때 적절히 중재해 줌으로써 비장애학생과 원만한 관계를 유지하는 데 도움을 준다.
- 특수교사보다 보조원이 장애학생의 학부모와 좀 더 빈번히 의사소통을 하여 학생의 학교생활이나 상태에 대해 필요한 정보를 학부모에게 전달할 수 있다.
- 방과후 교사의 수업 준비 및 교재 제작, 교실환경 정리 등에 실질적인 업무보조를 할 수 있다.

요약

특수교육보조원 제도는 장애학생의 통합교육을 지원하기 위해 2004년부터 전국적으로 유급으로 배치되기 시작하였다. 교육부(2018) 특수교육연차보고서에 따르면, 특수교육 보조인력은 2018년 4월 현재 국고 · 지방비 지원 등 유급 특수교육 보조인력, 공공근로 및 사회복무요원 등 무급 특수교육 보조인력 포함 모두 12,449명이 배치되어 있다. 국고 · 지방비 지원 등 유급 특수교육 보조인력은 7,982명으로 특수학교 2,539명, 특수학급 5,252명, 일반학급에 191명이 배치되어 있고, 공공근로 및 사회복무요원 등 무급 특수교육 보조인력은 4,467명이 배치되어 있다.

특수교육보조원은 특수교육 대상학생에게 특수교육이 이루어지는 교육 장면(특수학교 · 특수학급 · 일반학급)에서 담당교사를 도와 장애학생을 지원하는 일을 담당하는 실무사, 사회복무요원, 자원봉사자 등의 사람을 말하나, 이 장에서는 특수교육보조원을 실무사로 한정하여 기술하였다. 특수교육보조원의 주된 역할은 주로 교사의 지시에 따라 특수교육대상 학생의 교수 · 학습활동, 신변처리, 급식, 교내 · 외 활동, 등하교 등에 대하여 교사의 보조 역할을 담당하도록 하고 있다.

특수교육보조원은 장애학생의 질적인 교육을 제공하는 데 큰 역할을 담당하고 있다. 질적인 지원을 위해 지속적으로 연수기회가 주어져야 하며, 특히 특수교육 교사와의 소통과 협력을 통해 적극적으로 통합교육을 실행해야 할 것이다.

참고문헌

강경숙, 강영택, 김성애, 정동일(2002). 특수교육보조원제 운영방안 연구. 국립특수교육원.

강경숙, 김용욱(2004). 특수교육보조원의 실태 및 자질과 역할에 대한 인식수준. 특수교육연구, 11(2), 131-155.

강경숙, 이인숙(2006). 초등학교 특수교육보조원제 운영에 관한 현상학적 연구. 특수교육학연구, 41(1), 329-352.

강동수(2008). 특수교육 보조 인력과의 협력방안. 국립특수교육원.

경기도교육청(2019). 2019 특수교육지도사 운영계획.

경기도용인교육지원청(2014). 2014학년도 특수교육지도사 배정 신청 안내.

교육부(2013). 특수교육연차보고서.

교육부(2018). 특수교육연차보고서.

국립특수교육원(2002). 특수교육 보조원제 운영방안 연구.

국립특수교육원(2017). 특수교육 실태조사.

김선혜(2013). 성공적인 통합교육을 위한 특수교육보조원의 실제적인 역할: 특수교사의 든든한 파트너 되기.

김영미(2013). 특수교육 실무사 지원계획. 안양부흥초등학교.

김원경, 이석진, 김은주, 권택환(2009). 특수교육법 해설. 경기: 교육과학사.

김주영, 이미선, 이유훈, 최세민(2001). 중등 특수학급 운영 개선 방안. 국립특수교육원.

박민례, 조윤경(2005). 초등 통합교육 지원을 위한 특수교육보조원의 실태에 대한 질적 분석: 강남구청 파견사례를 중심으로. 특수교육, 4(1), 5-34.

박승희(2003). 한국장애학생 통합교육: 특수교육과 일반교육의 관계 재정립. 경기: 교육과학사.

박승희, 강영택, 박은혜, 신현기, 이효신, 정동영(2001). 특수교육발전 5개년(2003-2007) 종합대책 수립을 위한 기초 연구.

신영숙(2010). 특수교육보조원 운영 계획. 덕동초등학교.

서울 · 경인 특수학급 교사 연구회(2004). 통합교육의 징검다리.

손오공의 특수교육(2012). 특수교육보조원의 글.

용인신촌초등학교(2013). 특수교육 실무사 업무일지.

우정환, 윤광보(2006). 특수교육보조원 제도의 운영 실태 및 요구 조사. 특수교육저널: 이론과 실천, 7(4), 237-259.

우정환, 윤광보(2007). 특수교육보조원 제도의 운영 실태 및 요구 조사에 대한 비교연구. 특수교육연구, 14(2), 3-30.

이미숙(2008). 특수교육보조원 운영에 대한 특수교사와 공익근무요원의 인식비교-광주광역시 중심으로. 조선대학교 대학원 석사학위논문.

전인지, 박승희(2001). 보조교사의 역할 규명과 순기능 및 역기능에 관한 고찰. 특수교육학연구, 36(3), 233-265.

정창교(2001). 통합교육보조교사 제도의 전국화를 위한 정보공유의 필요성. 현장특수교육, 8(6), 44-46.

French, N. K. (1999). Paraeducators and teachers: Sifting roles. *Teaching Exceptional Children, 32*(2), 69-73.

장애이해교육

이 장의 구성

1. 장애이해교육의 개념
   1) 장애이해를 위한 인식과 태도
   2) 장애이해교육의 필요성

2. 장애이해교육의 방법
   1) 비장애학생의 장애 이해 및 태도 검사
   2) 장애이해를 위한 태도 개선 방법

3. 장애이해교육의 실제
   1) 장애이해교육 계획
   2) 장애이해교육 방법

연구과제

1. 비장애아동의 장애에 대한 태도와 인식을 검사하기 위한 도구를 들고 각각의 특징을 설명해 보자.
2. 장애이해교육 방법을 활동중심 방법과 이해중심 방법으로 나누어 각각의 특징을 설명하고, 이를 적용한 사례를 제시해 보자.

이 장의 개요

비장애학생들은 통합교육의 성패를 결정하는 중요한 역할을 한다. 비장애학생들이 장애를 가진 급우들과 친하게 지내면서 역할모델이나 또래교사, 친구로서 장애학생들이 통합학급 내에서 잘 지낼 수 있도록 도움을 준다면 통합교육과정은 성공적으로 진행될 것이다. 비장애학생들이 통합된 장애학생들을 도와줄 수 있는 능력이나 의지는 장애학생들에 대한 그들의 인식 및 태도와 관련되어 있다. 여러 연구물들을 보면 통합된 장애학생은 비장애학생으로부터 거부되고 있으며, 비장애학생 사이에서 통합된 장애학생의 사회적인 지위가 분리배치된 장애학생보다 더 낮은 것으로 나타났다. 그러므로 장애학생이 일반학급에서 분리배치와 연관된 오명을 벗고, 또래 비장애학생과의 사회적인 상호작용이 증가되고 비장애학생의 적절한 사회적 행동을 모방하며 장애학생의 또래 지위를 높이기 위해서는 장애학생에 대한 비장애학생의 인식을 개선함과 동시에, 비장애학생의 사회적 관심과 공동체 의식을 개발할 수 있도록 비장애학생을 위한 적절한 통합교육 준비 프로그램이 마련되어야 한다. 그리고 성공적인 통합을 위해서는 비장애학생들이 어렸을 때부터 장애인에 대한 올바른 태도를 형성할 수 있도록 체계적인 장애이해교육이 이루어져야 하고, 공교육 기관인 학교에서 먼저 장애이해교육이 체계적으로 이루어져서 장애학생에 대한 비장애학생의 인식 및 태도를 변화시켜야 한다.

이 장에서는 장애이해교육의 개념을 소개하면서 장애이해와 관련된 비장애학생의 인식과 태도 및 장애이해교육의 필요성을 제시하고, 장애이해교육의 방법으로 장애이해에 대한 태도검사와 장애에 대한 인식과 태도를 변화시킬 수 있는 방법, 그리고 장애에 대한 비장애학생의 긍정적인 태도를 촉진할 수 있는 장애이해교육의 실제를 제시하고자 한다.

1. 장애이해교육의 개념

1) 장애이해를 위한 인식과 태도

태도는 행위의 근거가 되고 또 행위는 태도를 형성하게 되며, 태도는 직접적인 경험이나 간접적인 경험을 통하여 학습되는 것이다. 박창호(1997)는 태도를 어떤 종류의 사회적 대상이나 상황에 대한 특유의 지속적인 반응 경향 또는 개인이 관련을 갖고 있는 대상이나 상황에 대한 개인의 반응으로 지지적 혹은 역동적인 영향을 주고 경험에 의해 체계화된 심적 · 신경적인 준비 상태라고 정의하고 있다. 또한 태도는 일반적으로 상당히 장기간 지속되는 경향이 있으며, 단편적인 정보에 의해 좌우되지 않는 안정적, 지속적인 성질을 갖고 있다고 하였다. 또 박재국과 강수균(1997)은 태도는 경험에 의해 체계화되고 어느 정도 학습에 의해 형성되며, 행위에 선행되는 경향성이며, 사람들의 행동을 설명하거나 예측하는 중요한 요인이며, 특정한 사회행동에 대한 내적인 준비상태로 평가적 측면을 가진다고 하였다.

한 개인이 태도대상에 대해 긍정적인 감정을 갖게 된 경험이 있다면 그 대상에 대하여 긍정적인 태도를 갖게 되는 것이다. 만일 장애인에 대한 긍정적인 경험을 더 많이 갖게 되었다면 장애인에 대한 긍정적인 태도를 갖게 될 것이다. 그러나 대부분은 직접적인 경험을 통하여 태도를 형성하는 것은 아니며, 거의 학교나 가정 등에서 고정관념이 전달되어 태도를 형성한다고 볼 수 있다.

장애에 대한 비장애학생들의 태도는 다음과 같은 원리에 의해 형성된다고 할 수 있다(김대수, 1993). 장애이해교육을 통한 태도의 변화는 이와 같은 일반적인 원리를 근거로 신중히 시행되어야 할 것이다. 첫째, 태도는 신념이 강할수록, 지적인 요소가 충족된 상태에서 정의적 요소인 흥미가 강할수록 더 잘 형성된다. 태도는 행동적, 지적, 정의적 요소를 모두 갖고 있지만 가치가 지적 판단에 유관하다면 정적 흥미가 강할수록 더 강하게 작용한다. 즉, 장애이해교육을 실시할 때도 장애에 대한 지식을 전달하는 것뿐만 아니라 정의적인 요소인 흥미가 강하다면 더 잘 형성될 수 있다. 둘째, 경험의 반복이 이루어지면 태도는 지속되고 안정된다. 그러므로 비장애학생을 위한 장애이해교육은 반복적이고 지속적으로 시행되어야 한다. 셋째, 경험이 새로우면 강한 태도를 수

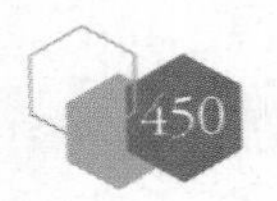

반한다. 그러므로 비장애학생들을 대상으로 하는 장애이해교육은 지속적으로 실행되어야 할 뿐 아니라 학생의 발달 단계에 따라 새로운 내용과 방법이 시행되어야 한다. 넷째, 모방력이 강하면 강한 태도를 갖게 된다. 사람은 자기가 하고자 하는 일이나 자기가 추구하고자 하는 대상에 대하여 모방하고자 하는 마음이 있기 때문이다. 그러므로 긍정적 태도형성에서 교사의 장애학생에 대한 일반교육 교사의 태도는 중요한 요인이 된다. 그러므로 장애이해교육은 학생뿐만 아니라 학교 구성원 모두에게 필요한 것이다. 다섯째, 감정의 수준이 높으면 강한 태도를 수반한다. 흥미뿐만 아니라 다른 감정도 모두 태도에 영향을 준다. 어떤 일에 부끄러움을 많이 느낀 사람은 그 일을 고치는 가치를 선택하여 강력한 태도를 수반하고, 사랑하거나 화내거나 슬프거나 하는 감정 등 모든 감정의 수준이 높으면 높을수록 강한 태도를 수반한다.

2) 장애이해교육의 필요성

장애학생을 일반교육과정에 통합시킴으로써 비장애학생과의 상호작용을 통해 장애학생의 정상화를 촉진시킨다는 점에서 장애학생의 통합은 특수교육에 있어 중요한 의미를 가지고 있다. 그리고 통합을 지지하는 학자들은 통합된 교육환경에서 비장애학생이 장애학생과 접촉하게 됨으로써 장애학생에 대한 두려움이 감소하게 되며 장애학생들에 대해 더 익숙해짐에 따라 장애학생에 대한 호감을 갖게 될 것이라고 기대하였다. 즉, 통합을 통해 장애학생에 대한 비장애학생의 이해와 수용이 증진될 것이라고 예측하였다(Guralnick & Groom, 1988).

Bricker(1995)는 성공적인 통합교육에 영향을 미치는 변인으로 교사와 비장애학생, 부모의 태도, 구성원 간 협력을 지원할 자원 및 통합교육 환경에서의 교육과정을 강조하고 있으며, Salend(2001)는 통합에 필요한 여러 가지 전제조건으로 장애학생의 준비, 비장애학생의 준비, 교사 간의 의견 교환, 학생 진단 평가 및 교사 연수를 들고 있다. 또한 김광웅(1990)은 장애의 정도, 통합의 수준, 장애학생의 비율, 비장애학생의 태도, 교사의 자질 등이 필요하다고 했고, 박승희(1994b)는 성공적인 통합을 위해서는 장애학생들이 또래에게 수용되고 사회적인 상호작용이 발생하도록 도와줌으로써 실질적인 통합이 이루어지도록 해야 한다고 했으며, 이를 위해서는 교사나 행정가의 태도 개선과 교육과정의 수정, 비장애학생의 태도 개선 및 상호작용이 증진되어야 하며 무엇보다도 비장애학생의 태도가 중요하다고 하였다.

최근 점점 더 확산되어 가고 있는 완전통합(full inclusion)은 이전의 어느 통합의 형태보다 비장애학생의 장애학생에 대한 수용 정도가 중요한 요인으로 간주되고 있는데, 그 이유는 완전통합에서는 특정 장애학생을 어떻게 도울 것인가에 초점을 맞추기보다는 학급이 서로 지원적인 공동체로 운영되도록 하는 데 초점을 두기 때문이다.

이와 같이 최근에 이루어지고 있는 장애학생의 통합은 그 어느 통합의 형태보다도 장애학생과 비장애학생의 상호작용이 중요시되며 비장애학생의 지원과 조력이 통합의 중요한 요인으로 여겨지고 있으며 비장애학생들의 역할이 장애학생의 통합교육에 있어서 점점 확대되어 가고 있다. 비장애학생들은 역할모델 혹은 동료교사로서의 역할을 한다거나 필기를 대신해 주는 것과 같은 활동을 통해서 통합된 장애학생들이 일반학급에서 성공적으로 통합될 수 있도록 도움을 줄 수 있다.

그러나 비장애학생들이 통합된 장애학생들을 도와줄 수 있는 행동은 장애인에 대한 그들의 인식 혹은 태도와 관련되어 있다고 할 수 있다. 비장애학생의 부정적인 수용 태도는 통합된 장애학생들의 통합학급 내에서의 학습뿐만 아니라 적응 행동, 그리고 학교와 자신에 대한 태도에 부정적인 영향을 주어 결국 통합된 환경에 잘 적응하지 못하고 실패하게 되는 결과를 초래한다.

이처럼 통합된 장애학생이 비장애학생들에게 소외되고 거부된다면 성공적인 통합을 통해서 얻어지는 교육적인 효과를 기대할 수 없으며, 오히려 통합이 장애학생에게 더 제한적인 환경이 되고 장애학생에게 좌절의 경험을 강화시키게 된다. 통합이 비장애학생과의 긍정적인 사회적 관계 형성에 중요한 의미를 두고 있는 만큼 통합의 성공 여부는 비장애학생의 수용 태도가 결정적인 요인들 중의 하나라고 볼 수 있다(박승희, 1994a; Bricker, 1995; Salend, 2001).

2. 장애이해교육의 방법

1) 비장애학생의 장애 이해 및 태도 검사

비장애학생에게 장애이해교육을 실시하기 전에 교사는 비장애학생의 장애에 대한 지식이나 이해뿐만 아니라 동료 장애학생에 대한 태도를 평가해야 한다.

(1) 관찰

통합된 장애학생과 비장애학생들 간의 상호작용을 직접 관찰(observation)하는 것은 비장애학생의 태도를 평가하는 좋은 방법이 될 수 있다. 교사는 학생들 간의 상호작용을 직접 관찰함으로써 장애학생에 대한 비장애학생의 태도와 상호작용 유형, 그리고 상호작용을 촉진할 수 있는 요인들에 대해 이해할 수 있게 될 것이다(Hall & Strickett, 2002).

상호작용은 다양한 상황에서 나타나기 때문에, 교사는 식당이나 운동장 등과 같은 교실 이외의 장소에서도 학생들의 상호작용 유형을 관찰해야 한다. 상호작용을 관찰할 경우 교사는 다음과 같은 내용을 고려해야 한다(Salend, 2005).

- 통합된 장애학생과 비장애학생의 상호작용 빈도는 어느 정도인가?
- 상호작용이 유지되는 시간은 어느 정도인가?
- 이들의 상호작용 특징은 무엇인가?
- 상호작용을 먼저 시도하는 학생은 누구인가?
- 통합된 장애학생과 상호작용하는 비장애학생의 수는 어느 정도인가?
- 상호작용을 촉진하는 상황은 어떤 것들인가?
- 상호작용을 방해하는 상황은 어떤 것들인가?
- 통합된 장애학생이 비장애학생과 상호작용하는 데 필요한 기술을 가지고 있는가?
- 상호작용의 결과는 무엇인가?
- 상호작용은 변화되는가?

교사는 직접 관찰하는 내용이 태도와 관련된 행동에 대한 정보만을 제공한다는 점에 유의해야 한다. 또한 교사들은 학부모나 특수교사, 교과 담당교사, 상담교사, 영양교사나 보건교사, 특수교육 보조원들로부터 통합된 장애학생의 동료들과의 상호작용에 대해 많은 정보를 얻을 수 있으므로, 이들의 도움을 받아야 한다.

(2) 사회측정법

사회측정법(sociometric techniques)은 장애학생들에 대한 동료수용도를 측정하는 가장 광범위하게 사용되는 기법이다(Horne, 1981). 많은 교사들이 동료관계를 진단하는 데 사용하는 사회측정법 중 하나는 동료지명법(peer nomination)으로 학생들에게 사회도

(sociogram)를 작성하게 한다. 사회도는 학급에서의 상호작용 형태를 진단하는 기법으로, 학생들이 함께 어울리기를 좋아하는 사람이 누구인지를 지명하도록 함으로써 사회적 관계의 선호도를 파악하는 것이다. 사회도의 결과를 보면 통합된 장애학생들이 학급 내에서 사회적인 조직 내로 통합되었는지까지도 확대해서 결정할 수 있다. 또한 사회도는 교사들에게 사회화 기술을 개선해야 할 필요가 있는 학생이 누구인지에 관한 정보를 제공해 주며, 교수목적에 따라 학생들을 분류할 수 있도록 도움을 줄 수 있는 정보를 제공해 준다.

학급 내에서 인기가 많은 학생과 그렇지 못한 학생에 대한 정보를 얻는 것은 중요한 일이기 때문에 교사들은 수용과 거부에 관한 질문을 모두 해야 한다. 질문들은 학생이 이해할 수 있는 용어를 사용하고, 비밀이 보장되도록 번호로 기입하도록 해야 하며, 각 질문들은 '……학생들의 번호를 쓰세요'라는 말로 끝내야 한다. 사회도에서 사용될 수 있는 질문들의 예는 다음과 같다.

- 학교버스에서 옆자리에 앉기를 원하는 학생들의 번호를 3개 쓰시오.
- 점심시간에 옆자리에 앉기를 원하지 않는 학생들의 번호를 3개 쓰시오.
- 휴식시간에 같이 놀기를 원하는 학생들의 번호를 3개 쓰시오.
- 생일날 초대하고 싶은 학생들의 번호를 3개 쓰시오.

사회도를 평가할 때 교사는 각 문항을 따로따로 분리하여 그림으로 나타내서 학급 내의 상호작용을 그래픽으로 처리할 수 있는데, 종이 한 장에 동그라미를 그려서 그 안에 학생들의 번호를 쓴 후, 학생들이 반응을 나타내는 번호끼리 줄로 이어서 표시할 수 있다(Salend, 2001). 그 도표를 해석해서, 교사는 거부되거나 고립 또는 수용되는 아동을 파악해야 한다. 거부되는 학생은 부정적인 선택을 받은 학생이고, 긍정적인 선택을 받은 아동은 수용되는 아동이라는 뜻이다. 그러나 긍정적이든 부정적이든 어떤 선택도 받지 못한 아동은 소외된 아동으로 여겨진다. 만일 통합된 장애학생들이 거부되거나 소외된다면, 먼저 사회적인 상호작용을 증진시킬 수 있는 프로그램부터 시작해야 한다.

[그림 12-1]은 장애학생에 대한 또래집단의 태도와 인식 변화를 나타내는 표적 사회도의 예시이다. 각 사회도를 위한 교우관계 유형과 그에 대한 또래지명 질문, 각 사회도의 예시가 나타나 있다(김창호, 박재국, 2011).

관계 유형	또래지명 질문 예	사회도 예시
인기형	• 반에서 인기 투표를 하면 가장 많은 표를 얻을 것 같은 친구는 누구인가?	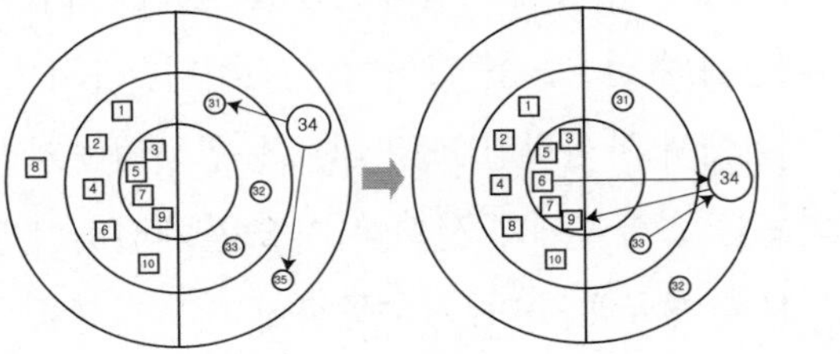
보통형	• 체육시간에 아이스크림 내기 피구시합을 할 때 같은 팀이 되고 싶은 친구는 누구인가?	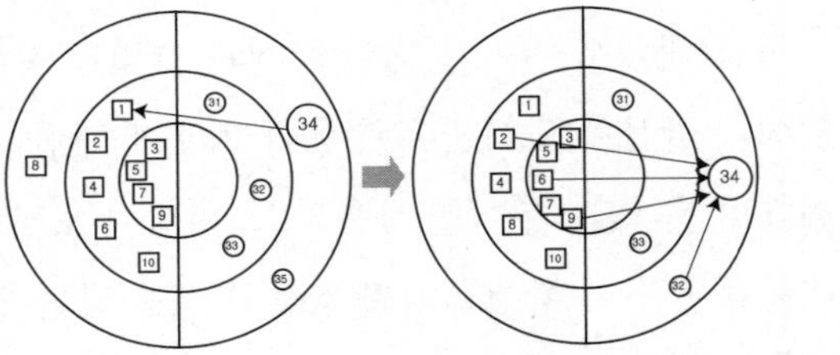
거부형	• 현재 나와 친하지는 않지만 친해질 가능성이 있는 친구는 누구인가?	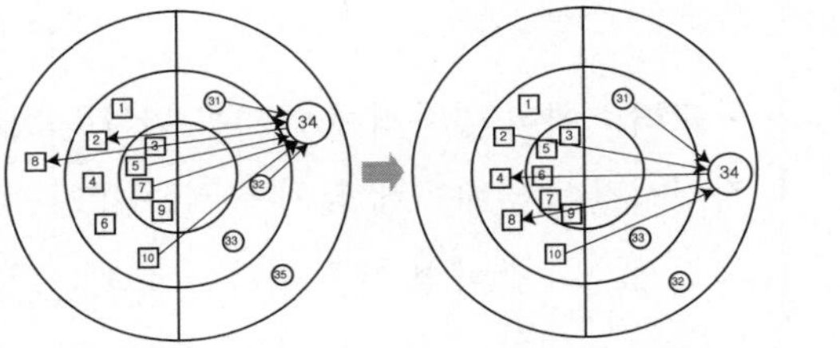
수용형	• 평소 학교에 등교해서 하교할 때까지 마주쳐도 이야기를 나누지 않는 친구는 누구인가?	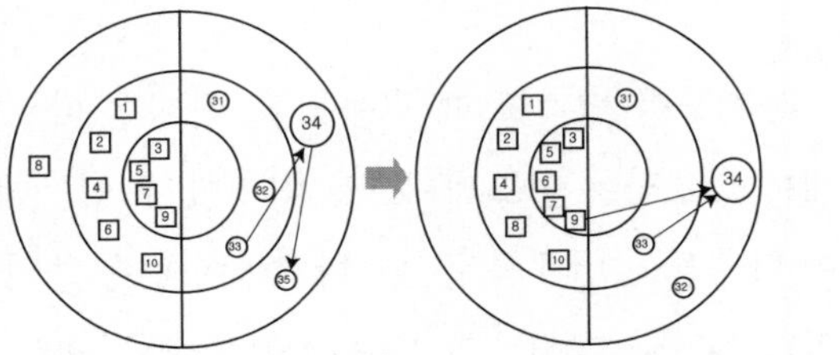
고립형	• 국어시간에 모둠을 정하여 학습신문을 만들려고 할 때 같은 모둠이 되고 싶지 않은 친구는 누구인가?	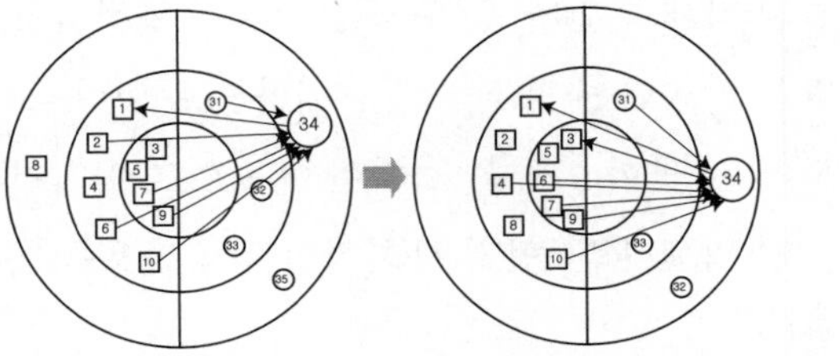

[그림 12-1] 태도와 인식 검사를 위한 사회도

출처: 김창호, 박재국(2011).

[그림 12-2] 그림을 이용한 사회도

출처: (좌)서영신(2013)/(우)Salend(2005).

사회도는 장애인에 대한 태도 평가에 사용될 수 있다. 학급 친구들의 순위를 매기는 것 대신 학생들은 사회도 질문에 대해서 여러 가지 유형의 장애에 대해 그림으로 표현할 수도 있다([그림 12-2] 참조). 그림을 사용하는 이러한 전략은 특히 나이가 어린 아동의 장애인에 대한 태도를 평가하는 데 유용하다(신현기 외, 2005).

(3) 장애 이해 및 태도 검사 도구

Esposito와 Peach(1983), Esposito와 Reed(1986) 등은 장애학생에 대한 초등학생 장애 이해 및 태도 조사(Primary Students Survey of Handicapped Persons: PSSHP)를 사용해서 어린 아동과 글을 아직 못 읽는 아동의 태도를 평가했다. PSSHP는 6개 항목으로 되어 있는데, 읽거나 쓰는 것을 최소로 줄이기 위해서 아동에게 말로 표현하도록 했다. 그 여섯 가지 항목은 다음과 같다.

- 장애인에 대해 아는 것을 모두 말하세요.
- 장애인을 좋아하나요?
- 장애인 친구가 있나요?
- 장애인과 함께 노는 것을 싫어하나요?
- 장애를 가진 사람들이 무서운가요?
- 장애인들은 나와 많이 다르다고 생각하나요?

표 12-1 장애에 대한 예제 질문

질문 내용	그렇다	아니다	그저 그렇다
1. 장애인들은 대개 몸이 약하다.			
2. 맹인들은 가게에 갈 수 있다.			
3. 말을 할 수 없다면 그 사람은 뒤떨어지는 사람이다.			
4. 장애인들은 다른 방식으로 태어난 사람이다.			
5. 장애인들을 불쌍하다고 생각한다.			
6. 맹인들도 다른 사람처럼 들을 수 있다.			
7. 뒤떨어진 사람은 더 이상 자라지 않을 것이다.			
8. 모든 청각장애인들은 똑같다.			
9. 휠체어를 타고 있는 사람도 교사가 될 수 있다.			
10. 모든 아이들은 우리 학교에 다닐 권리가 있다.			

출처: Barnes, Berrigan, & Biklen (1978).

이에 대한 학생들 각각의 대답을 검사자가 그대로 기록하거나 아니면 카세트에 녹음을 해서 나중에 점수판에 옮긴다. 부정적인 대답은 0점, 중립적이면 1점, 긍정적이면 2점을 준다.

교사는 학생들에게 장애에 대한 질문(학습장애란 어떤 상태를 말하나요?)이나 장애인에 대한 일반적인 편견(참, 거짓: 휠체어를 타고 있는 사람들은 지체되어 있다), 장애를 가진 사람들의 요구(만일 당신이 맹인이라면 행동하기에 불편할 것 같은 세 가지는?), 장애를 가진 사람들을 대하거나 도와주는 방법(만일 당신이 청각장애인이라면 다른 사람들이 당신을 어떻게 대해 주기를 원하겠는가?), 장애인들에게 도움을 줄 수 있는 장치나 보조기구(한 손만 있는 학생에게 필요한 도구는 무엇인가?) 등과 같은 질문을 함으로써 비장애학생들이 가지고 있는 장애에 대한 지식을 검사할 수 있다. 〈표 12-1〉은 장애에 대한 질문의 예시이다(Barnes, Berrigan & Biklen, 1978).

2) 장애이해를 위한 태도 개선 방법

비장애학생들이 장애학생을 이해할 수 있는 사전 준비 없이 통합을 실시했을 때 비장애학생에게 장애학생에 대한 수용을 기대하기란 어렵다. 그러므로 먼저 비장애학생이 장애학생에 대해 갖고 있는 두려움과 부정적인 태도를 변화시킬 수 있는 기회를 제공할 필요가 있다. 비장애학생의 장애학생에 대한 태도는 장애학생을 통합시키는 데 오래전부터 결정적인 것으로 고려되어 왔으며, 이것은 장애학생이 성인이 되어 지역사회에 적응하여 생활하는 데까지 지속적으로 영향을 미치게 된다. 또한 장애학생에 대한 태도는 그들이 받는 교육적 혜택과 서비스의 질과도 밀접한 관계를 가지고 있다. 왜냐하면 법적으로 장애인의 기본적인 인권과 서비스가 보장된다 하더라도 비장애인들의 태도가 부정적이라면 효율적으로 시행될 수 없기 때문이다. 그러므로 통합교육을 통해서 일찍이 비장애학생의 장애학생에 대한 바람직한 태도를 형성시키는 것이 중요하다고 볼 수 있다.

태도는 새로운 경험과 정보를 습득함으로써 지속적으로 변화하는 것이며, 완전히 고정된 것이 아니라 부단히 변화하는 것이다(박창호 외, 1997). 그러므로 장애학생에 대한 태도도 긍정적으로 수정이 가능하며, 장애인에 대한 태도가 고정되기 전에 장애인에 대한 현실적인 지각과 태도를 초기에 형성시켜 주는 것이 중요하다. 이러한 시도가 없다면 비장애학생은 장애인에 대한 부정확한 지각을 지닌 채 성장하게 될 것이고, 지역사회의 장애인에게 부정적인 행위와 차별적인 행위를 가할 수 있으며, 장애학생이 성장하여 지역사회에 통합되어 생활하는 데에 어려움을 준다(김희규, 2002).

장애에 대한 이해를 위해서 비장애학생들의 태도를 개선시키기 위한 접근 방법은 다음과 같은 이론을 근거로 적용할 수 있다(박창호, 1997).

첫째, 인지적 접근이론으로 태도의 인지적 요소를 변화시키는 데 중점을 둔다. 그리고 이것은 다양한 의사소통으로 태도의 대상에 대한 개인의 신념을 바꿈으로써 그의 태도 변화를 유도하려는 방법이다. 대표적인 것으로 균형이론을 들 수 있는데, 이것은 인간의 사고나 행동은 불일치와 불균형한 상태를 해소하고, 서로 조화를 이루어 질서와 균형을 유지하려는 경향을 띤다는 것을 기본전제로 하고 있다. 태도변화는 불균형 상태에서 균형 상태로의 회복 과정에서 발생한다. 인간 개개인은 자신의 생각, 신념, 태도 그리고 행동에서 자기 나름대로의 일관성을 유지하려고 애쓴다. 다시 말해서, 인간이 어떤 심적 불균형 상태에 직면하게 되면 이 긴장이나 불안을 해소하여 균형을 찾으려고 노력하는 데서 태도에 변화가 생긴다는 것이다. 즉, 장애에 대한 새로운 지식을 접하게 되면 그 지식을 자신의 행동과 일치시키려고 하는 노력으로 균형을 이루려 하면서 태도의 변화를 가져올 수 있다.

둘째, 감정적 접근이론으로 이것은 개인의 감정을 변화시켜서 그의 태도를 바꾸려는 방법이다. 즉, 어떤 사물에 대한 감정적 느낌을 변화시키면 그 사물에 대한 사고나 신념이 변화하게 되며, 반대로 인지적 요소를 변화시키면 감정적 느낌까지 변화된다는 이론이다. 이와 같이 인지적 요소와 감정적 요소 간에는 상호 영향을 미치며, 두 요소 간의 균형을 유지하려는 과정에서 태도는 변화된다는 이론이다. 예를 들어, 모의 장애 체험을 통해 아동이 장애인에 대해 느끼는 감정적 느낌은 장애에 대한 사고나 신념도 바뀔 수 있다는 것이다.

셋째, 행동적 접근이론으로 태도의 행동적 요소를 변화시킴으로써 태도의 전반적인 변화를 꾀하려는 것으로, 대표적인 이론으로 Bandura의 모델링(modeling) 이론을 들 수 있다. 모델링 이론에서는 인간의 사고, 감정, 행동이 직접적 경험뿐만 아니라 관찰에 의해서도 영향을 받을 수 있음을 경험적으로 입증하고 있다. 즉, 직접적인 경험을 통해 습득되는 모든 학습 현상은 다른 사람들의 행동과 그 행동이 수반되는 결과를 관찰하는 대상 또는 간접 경험을 통해서도 발생할 수 있다고 본다. Bandura는 모델의 행동에 수반되는 결과, 즉 강화가 관찰자의 학습과 관련된 중요한 요소들 중의 하나이기 때문에 반응결과는 다음 학습을 위한 정보, 동기 유발 및 강화 기능을 갖는다. 장애인에 대한 사회 전반적인 반응이 긍정적이고, 개인이 장애인에게 유익한 행동을 했을 때 사회적인 강화가 많다면 그 태도가 긍정적으로 형성될 수 있다는 것이다.

비장애학생이 장애학생들에 대해서 부정적인 태도를 가지고 있다면, 교사는 먼저 태도를 개선하기 위한 여러 가지 방법을 사용해서 긍정적인 태도로 바꾸어 주어야 한다. 이와 같은 태도 개선 방법의 중요한 성공 요인은 장애학생과 비장애학생이 사회적으로, 교육적으로 그리고 직업적으로 '동등한 관계'를 형성하는 일이다. 이를 위해서는 태도 개선을 위한 방법을 비장애학생들에게 적용할 때 그들의 장애에 대한 선입견을 없애주거나 부정적인 감정을 없앨 수 있는 유용한 정보를 함께 제공해 주어야 한다. 또한 효과적인 태도 개선 방법은 비장애학생들에게 장애동료와의 구조화된 경험을 제공하는 것이다.

Salend(2001)는 이와 같이 비장애학생의 태도를 개선하기 위한 방법을 선택할 때 교사가 검토해야 할 몇 가지 지침을 제시하고 있는데, 그 내용은 〈표 12-2〉와 같다.

표 12-2 태도 개선 전략 지침

- 전략이 학생들에게 적절한가?
- 전략을 사용할 때 어떤 기술(능력)이 있어야 하는가? 내가 그러한 기술을 가지고 있는가?
- 전략을 실시할 때 필요한 자료는 무엇인가? 내가 그러한 자료를 가지고 있는가?
- 전략이 장애인들에 대한 정말 중요한 정보를 지도하는가?
- 전략이 장애인들에 대한 긍정적이고 편견이 섞이지 않은 예를 들고 있는가?
- 전략이 비장애아동과 장애아동들 간의 동등한 위치 관계를 제공하는가?
- 전략이 학생들에게 장애인들에 대해 학습할 수 있도록 구조화된 경험을 제공하는가?
- 전략이 학습 중에 부수적인 활동과 기회를 쉽게 제공받을 수 있는가?

3. 장애이해교육의 실제

장애이해교육을 실시하고자 할 때 별도의 시간을 적용하거나 일회성으로 시행하는 경우가 많은데 이와 같은 경우는 인식 개선에 긍정적인 영향을 줄 수 없다. 즉, 장애이해교육은 창의적 체험활동 시간뿐만 아니라 전반적인 교육활동을 통해서 수시로 이루어져야 한다. 또한 교육과정의 내용과 연관시켜 활용한다면 비장애학생들에게 장애에 대한 인식 및 편견을 변화시키는 데 유의미하며 효과적인 결과를 가져올 수 있다. 최근에는 지나치게 장애에만 초점을 둔 장애이해교육보다는 장애를 포함한 개인의 차이 및 다양성 수용을 위한 교육활동이 강조되고 있다.

1) 장애이해교육 계획

장애이해교육을 계획할 때는 비장애학생뿐만 아니라 일반교사와 교직원, 관리자(교장, 교감), 그리고 비장애학생 학부모들을 위한 장애이해교육이 반드시 함께 계획되어야 한다. 학년 혹은 학기 시작 초부터 통합학급 교사는 물론이고 교장, 교감, 그리고 관련 교직원들을 대상으로 통합된 장애학생들을 위한 장애이해와 장애이해교육 방법에 대한 연수가 반드시 이루어져야 한다. 그리고 비장애학생과 장애학생의 학부모를 위한 연수가 시행되어야 한다. 학부모에게 장애에 대한 이해와 통합교육의 의의, 통합학급과 특수학급의 운영에 대한 전반적인 부분을 연수해야 하며, 장애학생의 부모들을 위

1 범국민 장애공감문화 조성

추진목적

◎ 유 · 초 · 중등학교 및 교육행정기관 등의 장애이해교육 강화 및 장애인식 개선 홍보 콘텐츠 확산을 통한 특수교육 여건 개선

※ 초 · 중등교육법 제59조(통합교육), 특수교육법 21조(통합교육), 장애인복지법 제25조(사회적 인식개선), 동법 시행령 제16조(장애 인식개선 교육)

1) 범국민 장애인식 개선을 위한 교육 내실화

■ 유·초·중·고 **장애이해교육(장애인권교육 포함) 연 2회 이상 의무** 실시

- '장애인의 날' **특별기획방송*을 활용한** 장애이해 수업 실시 확대
  - * 특별기획방송 : 대한민국 1교시(KBS 라디오), 장애이해교육 드라마(KBS 2TV) 등
- **장애이해교육 우수사례 및 백일장, 홍보 동영상 공모전 등**을 통해 **일반 학교 장애이해교육 참여 유도**

■ 일반학교 장애이해교육 내실화를 위한 **'찾아가는 장애이해교실' 운영**

- 유치원 및 초·중·고등학교 장애이해교육 내실화를 위한 **전문가 인력풀* 지원**
  - * 국가인권위원회, 한국장애인고용공단 등 장애인식개선교육 강사풀 활용
- 장애 체험 활동, 관련 행사 참여 등 **체험중심 장애이해교육** 프로그램 지원
- 학교별 소속 장애학생의 장애 특성을 이해하는 데 필요한 내용을 포함하도록 장애이해교육 프로그램 구성 · 운영

■ 각급학교, 교육행정기관과 그 소속 · 산하기관 직원의 **장애인식 개선을 위한 교육 연 1회 이상 의무** 실시(「장애인복지법 시행령」 제16조 제2항)

- 기관별 직장교육 **연간계획에 장애인식 개선 교육 일정 포함**
- **전문강사**(장애인 당사자 포함), **교육 콘텐츠 등을 활용**하여 내실 있는 교육 실시

2) 범국민 장애인식 개선 홍보 강화

■ 유·초·중등학생 및 대학생 등 **맞춤형 장애이해교육 · 홍보 콘텐츠**(동영상, e-book 등) 배포 · 활용

- 각급 학교, 시 · 도교육청 및 그 소속·산하기관 등에 **장애이해교육 · 홍보 콘텐츠 확산**
- 범국민 대상 **SNS 등을 활용**한 교육·홍보 콘텐츠 전파
  - ※ 홈페이지, 전광판, SNS 등에 교육·홍보 콘텐츠 게재 등

✔ **시 · 도교육청 조치사항**

① 유치원 및 초·중·고등학교가 교육계획을 수립하여 연 2회 이상 장애이해(인권)교육을 실시하도록 안내

- [대한민국 1교시(KBS 공동기획)] 장애인 주간에 교육부 공문(시달 예정)을 참조하여 지정 일시에 장애이해교육을 실시하도록 조치

② 학교별 장애이해교육 실시 시 특정 장애영역에 치우치지 않도록 하고, 소속 장애학생의 학교생활에 필요한 내용을 포함하도록 조치

③ 시 · 도교육청과 그 소속 · 산하기관이 직원을 대상으로 연 1회 이상 장애인식 개선 교육을 실시하도록 조치

④ 장애인식 개선 교육 · 홍보 콘텐츠 활용 및 확산 방안 마련

[그림 12-3] 2019학년도 특수교육 운영계획

출처: 교육부(2019).

한 연수기회도 마련해야 한다.

〈표 12-3〉은 통합교육을 위한 장애이해교육의 운영계획안 예시이다(교육과학기술부, 2009). 이와 같은 계획은 각 학교의 특성이나 요구에 따라 이루어져야 하며, 장애이해교육의 내용 또한 통합된 장애학생에 따라 변경될 수 있어야 한다. 또한 이런 계획은 일시적 혹은 단기간으로 이루어져서는 안 되며 연중 이루어질 수 있도록 해야 한다.

표 12-3 **통합교육을 위한 장애이해교육 계획 예시**

1. 비장애학생 대상 장애이해교육 계획

날짜	내용
4월 20일	렛츠 댄스(비디오 상영 및 감상문 작성)
4월 27일	장애 예방할 수 있어요(비디오 상영 및 감상문 작성)
5월 29일	수화 교실
6월 20일	장애 모의 체험
7월 13일	니모를 찾아서(비디오 상영 및 감상문 작성)
9월 7일	말아톤(비디오 상영 및 감상문 작성)
10월 5일	특수학교 및 기관 방문
11월 30일	희망으로 콘서트 개최(통합교육 행사)
12월 20일	특수교육 대상 학생과 함께하는 통합 캠프 프로그램 공모전

2. 교직원 대상 장애이해교육 계획

월	연수 내용	대상	담당	비고
3	• 특수교육 대상 학생의 이해	전 교직원	특수교사	
4	• 교육과정 조정 및 지도 방안 • 개별화교육계획 수립의 실제	전 교사	특수교사	
5	• 특수교육 대상 학생의 교과별 지도전략	전 교사	외부 강사	
6	• 특수교육 대상 학생의 교과별 지도전략	전 교사	외부 강사	
7	• 특수교육 대상 학생의 문제행동 지도	전 교사	특수교사	
9	• 특수학교 교육과정의 이해	전 교직원	특수교사	
10	• 장애인 등에 대한 특수교육법의 이해 • 장애인차별금지법의 이해	전 교사	교감	
11	• 특수학교 방문	전 교직원	교장	
12	• 특수교육 대상 학생의 진단과 평가	전 교사	특수교육지원센터	

3. 학부모 대상 장애이해교육

일시	연수 내용	연수 방법	대상	담당	비고
3월	• 본교 특수교육 안내 자료	가정통신문	전체 학부모	특수교사	
	• 특수교육지원센터 안내	가정통신문	특수교육 대상 학생 학부모	특수교육 지원센터	
4월	• 장애아 발달 과정 이해 및 장애 자녀의 지도 방법과 부모의 역할	개별 상담	특수교육 대상 학생 학부모	특수교사	
6월	• 가정에서의 장애자녀 지도방법	개별 상담	특수교육 대상 학생 학부모	특수교사	
7월	• 장애인 등에 대한 특수교육법 • 장애인차별금지법의 이해 • 대학 견학	컴퓨터실	전체 학부모	특수교사	

일시	내용	방법	대상	비고
3월	• 통합학급 교사의 특수교육 대상 학생 이해 • 특수교육 대상 학생의 학교생활 적응을 위한 이해	간담회 및 개별 상담	전체 학부모 통합학급 교사	
6월	• 학교생활 적응 및 교우관계 • 문제행동 지도	학년별 간담회	특수교육 대상 학생 학부모 통합학급 교사	
9월	• 방학 중 학생 생활 파악 및 2학기 준비	간담회	전체 학부모	
12월	• 진급 및 진학 상담, 방학 중 생활 안내	개별 상담	특수교육 대상 학생 학부모	

4. 비장애아동 부모교육 계획

구분	시기	주제	내 용
가정 안내문	학기 초(3, 4월)	• 통합교육의 중요성 • 가정과의 연계지도	• 통합의 중요성에 대한 안내 • 비장애아동이 통합학급에 대한 긍정적인 태도를 갖도록 가정과 연계지도
	학기 말(9, 10월)	• 통합교육의 효과 홍보 • 취학안내	• 통합교육의 효과를 홍보하고 계속적인 관심과 홍보 요청 • 특수학급 입급 대상자 취학안내

출처: 교육과학기술부(2009).

2) 장애이해교육 방법

(1) 활동중심 장애이해교육 방법

① 장애인과의 구조화된 접촉 경험

장애인과의 접촉 경험을 제공하는 전략은 구조화되지 않은 접촉과 구조화된 접촉 경험으로 나눌 수 있는데, 장애인과의 접촉이 반드시 긍정적인 태도를 수반하지는 않는다는 연구뿐만 아니라 구조화되지 않은 단순한 접촉은 오히려 접촉하지 않은 사람보다 더 부정적인 태도를 갖게 하거나 이전의 고정관념을 강화시키는 기회가 될 수도 있다고 한다(박현숙, 1999). 그렇지만 구조화된 접촉으로 인한 장애학생의 태도 개선 전략을 적용한 연구에서는 긍정적인 태도의 변화가 나타났는데, Esposito와 Peach(1983)의 연구에서 직접적이고 구조화된 접촉이 비장애학생의 장애학생에 대한 태도에 긍정적인 영향을 주었음이 보고되었다. 또한 김수연(2003)은 장애학생과 비장애학생에게 상호작용이 많이 일어날 수 있는 구조화된 놀이 프로그램을 이용하여 비장애학생의 장애학생에 대한 긍정적인 태도 변화를 확인하였다. 김희규와 이혜리(2008)는 통합된 전통놀이 프로그램이 비장애학생의 장애학생에 대한 수용 태도에 긍정적인 영향을 주었다고 하였다.

장애학생의 단순한 접촉이나 물리적인 통합만으로는 장애학생에 대한 태도를 긍정적으로 변화시키기 어렵기 때문에 구조화되고 긍정적인 상호작용을 유도할 수 있도록 직접적이고 구조화된 접촉 기회를 제공할 때 비로소 비장애학생의 긍정적인 태도 변화를 이끌 수 있다(국립특수교육원, 2003).

장애이해교육 사례 장애학생과 비장애학생 1:1 친구 맺기 프로그램

1. Good Friends 운영

가. 목적

자발적인 교우관계가 어려운 장애학생과 비장애학생 간의 친구 관계를 형성하여 비장애학생의 장애학생 이해도를 높이고 장애학생의 학교생활 적응력 향상을 위함

나. 운영 방법

1) 대상: 특수교육대상자가 소속된 학급 학생

2) 선정방법: 자원을 하거나 담임교사의 추천 학생 중 의사가 있는 학생을 대상으로 하고, 신청서를 작성하여 담임교사의 도장을 찍어 제출한다.

3) 운영 일정

월	운영 일정	월	운영 일정
3	• Good Friends 조직 및 활동 안내 • Good Friends 발대식	8	• Good Friends 2차 활동 시작
		9	• Report 제출
4	• Report 제출	10	• Good Friends 활동 관련 상담
5	• Good Friends 활동 관련 상담	11	• Report 제출
6	• Report 제출	12	• Good Friends 활동 관련 상담
7	• 1학기 활동 평가 및 마무리	2	• 2학기 활동 평가 및 마무리

4) 활동 내용

(가) 장애학생의 가까이에서 친구가 되어 준다.

(나) 학교생활 중에 도움이 필요한 경우(필기나 숙제, 실습, 준비물, 가정통신 등) 친절하게 도와준다. 특별히 장애학생이 교외활동 및 특수학급 이동수업으로 인해 학급 가정통신문을 못 받을 경우 Good Friends 학생이 하나 더 챙겨 다음 날 알려 준다.

(다) 특수학급 수업 이외의 모든 수업은 함께 할 수 있도록 수업장소와 위치를 알려 주고 동행한다(체육, 미술, 수준별 수업 등 이동수업).

(라) 수학여행, 심성수련, 교내체육대회, 사생대회 등의 학교행사가 있을 때, 반 전체 대열에서 열외되지 않도록 돕고, 가까이에서 친구가 되어 준다.

(마) Good Friends 활동 시 어려움이 있거나 수업 중 특이사항이 있으면 특수학급 담당 교사에게 알린다.

(바) 매 학기 2회 report를 작성하여 제출한다(4월, 6월, 9월, 11월 총 4회).

(사) 활동 기간은 1년이며, 중간에 변동이 있을 경우 담임교사와 특수학급 교사의 동의하에 변경할 수 있다.

출처: 서울특별시교육청(2015), p. 151.

② 모의 장애 체험

모의 장애 체험 활동은 비장애학생에게 장애인들의 요구와 경험을 느끼게 함으로써 장애인에 대한 긍정적인 태도를 촉진하는 데 효과가 있으며, 이러한 모의 장애 체험은 장애인들의 어려움을 보여 주기도 하지만 이들이 적응해 나가는 과정을 보여 주기 위함이기도 하다(Salend, 2001).

모의 장애 체험 활동은 비장애인이 만일 장애를 지닌다면 어떤 변화가 있을까 직접 경험하게 하는 것으로, 휠체어를 타고 학교 안팎을 돌아다니거나, 점심시간 동안 눈 가리고 있기, 양 귀를 솜으로 막고 수업하기, 쉬는 시간 동안 말하지 않고 친구들과 의사소통하기 등의 다양한 방법을 통해서 이루어질 수 있다. 이때 중요한 것은 장애 체험 활동 후에 체험을 통해서 무엇을 배웠으며, 앞으로 장애인에 대해 어떤 태도를 지녀야 하는지에 대한 토론이 이루어져야 한다는 것이다(이소현, 1996). 장애 체험 활동은 그들이 경험한 내용을 글로 써 보도록 함으로써 비장애학생들이 장애인이 경험하는 문제가 무엇인지 이해하게 할 뿐만 아니라 장애학생에 대한 수용 태도를 향상시키게 된다(Hallenbeck & McMaster, 1991; Salend, 2001).

교사는 모의 장애 체험에 몇 가지 제한점이 있음에 유의해야 한다. 모의 장애 체험을 통한 태도 개선은 일시적일 수 있으며, 동정심을 느끼게 할 수도 있다는 것이다. 그러므로 교사는 학생들에게 이러한 경험이 일상적인 것은 아니라는 것을 알려 주고, 단순히 재미있는 게임으로 진행되지 않도록 해야 한다. 이와 같은 제한점은 가능한 한 실제적인 체험을 한다거나, 학생들에게 진지하게 활동에 참여하도록 이야기해 주거나, 모든 활동이 끝날 때까지 멈추지 않도록 지도함으로써 극복할 수 있다. 필요하다면 장애 체험 활동을 하는 동안 활동에 참여하는 학생들을 관찰하고 도와주기 위한 관찰자를 배치할 수도 있다(Salend, 2001). 그리고 비장애학생을 대상으로 모의 장애 체험 활동을 한 이후에는 반드시 추수 질문을 통해서 체험 활동을 한 이후 느낌을 이야기하거나 장애를 극복하기 위한 대안을 토의하는 활동을 해야 한다.

모의 장애 체험 활동을 계획할 때 고려해야 할 유의사항은 다음과 같다(이대식 외, 2005).

첫째, 모의 장애 체험은 학생의 부모를 포함한 교육팀에 의해 계획되어야 한다. 교육팀은 어떠한 아이디어에 대해서도 반대할 수 있는 권리가 항상 보장되어야 한다.

둘째, 모의 장애 체험은 장애학생 또는 장애의 긍정적이고 독특한 특성에 초점을 둔다. 동정 혹은 초인간적인 모습은 피하고 장애로 인한 좌절보다는 극복하기 위한 전략을 다루어야 한다.

셋째, 모의 장애 체험은 설명하기 어려운 사람 혹은 장애의 측면을 이해하는 것을 돕는 목적으로만 사용되어야 한다.

넷째, 모의 장애 체험 전에는 반드시 장애 체험 실시 이유가 설명되어야 하고, 후에는 토의가 뒤따라야 한다.

다섯째, 모의 장애 체험으로 인해 장애학생을 학급의 마스코트쯤으로 묘사해서는 안 된다. 독특한 특성이나 유사점을 강조하여 차이점을 설명하는 것을 목적으로 해야 한다.

교사들이 비장애학생을 대상으로 시행할 수 있는 모의 장애 체험 방법을 제시하면 〈표 12-4〉와 같다.

표 12-4 모의 장애 체험 방법 사례

장애영역	활동	추수 질문
시각 장애	• 학생들에게 안대를 하게 한 후 책상 앞에 앉게 한다. 학생들에게 빈 컵과 물이 든 주전자를 준다. 그다음 컵에 물을 채우게 한다. 다른 학생들도 보게 하기 위해서 투명한 플라스틱 컵을 사용한다.	• 이 과제를 해결하기 위해서 어떤 방법을 썼는가? • 멈추어야 할 시기를 어떻게 알았는가? • 만일 볼 수 없다면 어떤 일이 어려울까?
	• 의자와 책상 몇 개를 사용해서 장애물이 설치된 코스를 만든다. 학생들을 짝을 지어서 한 명은 안대를 하게 하고, 한 명은 안대를 하지 않는다. 장애물 코스를 지나가면서 안대를 한 학생은 장애물들을 만지지 않고 짝이 말해 주는 지시에 따라서 코스 제일 끝에 있는 의자를 찾아야 한다.	• 지시를 주거나 받을 때 무엇이 좋았는가? • 과제를 해결할 때 어떤 감각을 이용했으며 어떤 도움을 주었는가? • 시각장애인들은 사물들을 두드려 보지 않고 어떻게 이동을 할 수 있겠는가?
청각 장애	• 학생들에게 귀마개 한 쌍을 주고 학교 일과 시간 동안 몇 시간 정도 끼고 있도록 한다. 학교 일과 시간을 잘 계획해서 듣고 말하는 여러 가지 경험을 하도록 한다. 예를 들면, 숙제에 관한 지시 따르기, 식당에서 점심 주문하기, 대강당에서 하는 회의에 참석하기, 확성기를 통해서 메시지 듣기 등이다.	• 자신이 한 경험 중 어려운 점은 무엇인가? 이러한 문제점들이 어떤 영향을 주었는가? • 들은 내용을 이해하기 위해서 사용했던 전략은 무엇인가?
	• 학생들에게 소리는 내지 말고 입으로만 단어를 말한다. 학생들은 입술을 읽어서 지시한 내용이 무엇인지 결정해야 한다.	• 단어를 이해하기 위해서 무엇을 물어보았는가? • 입술을 읽는 데 어려운 점은 무엇인가?

지체 장애	• 학생들에게 팔을 뒤로 하게 한 후 막대기를 팔꿈치 사이에 끼운다. 먼저 학생들에게 빗을 준 다음 머리를 빗어 보게 한다. 다음에는 끈이 풀어진 신발을 주고 끈을 묶어 보게 한다. • 학생들의 손에 스타킹을 끼우거나 가죽을 닦는 장갑을 끼운다. 그러고 나서 학생들에게 퍼즐을 맞추게 하거나, 작은 물건을 정리하게 하거나, 그림을 그리게 한다.	• 머리 빗기, 신발 끈 묶기, 퍼즐, 정리하기, 그리기를 성공했는가? • 만일 자신이 손을 사용하는 것이 불편하다면 어떤 점이 어렵겠는가? • 과제를 해결하는 데 도움이 될 만한 전략이나 장치가 있었는가?
	• 학생들을 휠체어에 앉게 하고 교실 주변과 학교를 이동하는 연습을 하게 한다. • 학생들에게 식수대로 가서 물을 마시게 한다거나, 칠판에 글을 써 보게 한다거나, 전화를 걸어 보게 하거나, 목욕탕에 가거나, 화장실로 이동하게 한다. • 학교에서 나타나는 건축상의 장애물 때문에 동성의 동료들에게 도와주게 하거나 휠체어로 학교 주위를 돌아다니는 것을 지켜보게 한다.	• 학교 주위를 돌아다니는 데 어떤 어려움이 있었는가? • 자신이 휠체어를 사용하기 때문에 목욕탕에 갈 수 없다면 어떤 느낌이겠는가? • 휠체어를 탄 자신을 보는 다른 학생들의 반응은 어떠했는가? 그들의 반응을 보고 자신의 기분은 어떠했는가? • 휠체어를 탄 사람들이 거리나 상점에 가는 데 겪게 되는 어려움은 무엇이겠는가? • 휠체어를 탄 사람들이 학교나 거리, 상점, 가정에서 이동을 하는 데 더 쉽게 할 수 있는 방법은 무엇이겠는가?
의사 소통 장애	• 학생들을 나누어서, 한 학생은 메시지를 신체적인 동작만을 사용해서 다른 사람에게 전달하게 하고, 혀를 움직이지 않고 말을 하게하고, 의사전달판(communication board)을 사용하게 한다.	• 상대방에게 메시지를 전달할 수 있었는가? • 메시지를 전달하기 위해서 어떤 방법을 사용했는가? • 상대방의 메시지를 어떻게 이해했는가? • 화자(speaker)의 메시지를 이해하려고 할 때 어떤 기분이었는가? • 이야기하는 것에 어려움을 가지고 있다면, 다른 사람들과 이야기를 하고 싶겠는가? • 위와 같은 방법으로 항상 이야기해야 한다면 어떤 기분이겠는가?
학습 장애	• 학생의 책상에 거울 한 개와 종이 한 장을 놓는다. 그러고 나서 거울에 비친 종이를 보게 한다. 학생들에게 거울을 보면서 한 문장을 쓰고 한 단락을 읽게 한다. 그런 다음 학생들에게 거울을 없애고 같은 과제를 하도록 한다. 두 상황하에서 그들의 능력을 비교해 본다.	• 거울을 통해서 쓰거나 읽었을 때의 문제는 무엇인가? • 쓰거나 읽는 데 어려움을 갖게 되었을 때의 기분은 어떠하겠는가? • 만일 항상 이러한 방법으로 보게 된다면 다른 과제에는 어떤 어려움이 있겠는가?

③ 장애학생과 비장애학생의 협동학습

협동학습은 장애학생과 비장애학생 간의 상호작용을 증가시키고 학습에 대한 성취뿐만 아니라 서로에 대한 태도와 또래와의 우정에 대한 긍정적인 영향을 끼치는 효과적인 방법이다(김차명, 2012). 이재원(2010)은 통합학급에서의 협동학습이 지적장애 학생과 비장애학생들 모두에게 긍정적인 영향을 주었다고 보고하였다. 지적장애 학생에게는 수업참여 태도와 문제행동에 긍정적인 변화가 일어났으며, 비장애학생들은 장애학생에 대한 친사회적 태도에 영향을 주었다고 하였다. 이와 같이 장애학생과 비장애학생 간의 협동학습은 구조화된 접촉 경험과 같이 장애학생의 학업성취나 학습태도뿐만 아니라 비장애학생의 긍정적인 상호작용과 사회적 수용, 교우관계 형성 등과 같은 긍정적인 태도 변화에 영향을 줄 수 있다.

④ 스토리텔링을 이용한 장애 이해 활동

이야기는 내면의 사고와 감정을 이해할 수 있도록 해서 우리의 경험과 다른 사람의 경험을 이해하는 데 도움을 준다. 그러므로 이야기들은 우리의 장애 인식에 대한 높은 인지적 수준과 더 깊은 감정적 수준의 공감을 조장하는 출발점이 된다. 뿐만 아니라 이야기를 통해서 동정심과 정당성의 가치를 암시적으로 제시한다. 그리고 이야기하기(storytelling, 스토리텔링)는 지금까지 항상 인간의 강력하고 기본적인 활동이었다(김희규 역, 2009). 스토리텔링을 이용한 장애 이해 활동은 장애 관련 이야기(동화)를 교사와 함께 학생이 스토리텔링하여 내용을 이해한 후 질문과 논의 중심의 게임 활동과 장애 이해 활동, 조작 활동 등을 하는 것이다. 이를 통해서 장애를 이해하고 공유를 함으로써 협력과 상호 의존의 메시지를 전달하고 내면화하는 과정을 갖는다.

스토리텔링은 일반적으로 4개의 구성요소로 구성되는데, 즉 메시지, 갈등, 등장인물, 플롯으로 구성된다(교육과학기술부, 2013). 다음 [그림 12-4]와 [그림 12-5]는 스토리텔링의 네 가지 구성요소를 적용하는 방법과 스토리텔링 기법을 활용한 장애이해 스토리 구성의 예시이다. 이와 같이 구성된 스토리를 활용하여 진행하는 교수·학습 과정은 다양한 매체와 방식을 통하여 스토리를 감상한 후 장애이해에 대한 문제를 발견하고 인식하도록 한다. 스토리 속의 장애 관련 문제를 인식한 이후에는 심화, 확장된 탐구활동을 통해서 장애와 관련된 문제를 해결하도록 한다. 마무리 단계에서는 탐구활동을 통해 새롭게 알게 된 내용을 정리하고, 동영상 시청이나 혹은 연관 활동을 계획하고 실행한다(오세현, 2018).

구성요소			적용방법
메시지	스토리를 수단으로 전달하고자 하는 목적	⇒	시각, 청각, 지체 장애를 포함한 스토리를 구성하여 사회를 구성하는 다양한 사람들에 대한 이해와 장애인과의 긍정적인 관계형성 및 상호작용 증진에 필요한 메시지를 전달하고자 하였다.
갈등	스토리에 대한 몰입의 효과를 높이는 역할	⇒	유아들이 실제 일상생활 속에서 겪을 수 있는 상황을 스토리 속에 포함하여 유아의 감정을 자극하여 상황에 몰입할 수 있도록 하였다. 또한 갈등의 해소 과정에 유아들이 직접 갈등상황에 참여함으로써 학습의 효과를 높이고자 하였다.
등장인물	스토리의 메시지와 플롯을 효율적으로 전달하기 위한 효과	⇒	스토리에 적절한 인물을 등장인물을 선정하여 스토리에 몰입할 수 있도록 하였다.
플롯	이야기 전개를 체계적으로 구성하기 위한 수업 진행상의 구조	⇒	유아들의 생활경험이 반영되고 쉽게 공감할 수 있는 '생활이야기', 최근 유아의 삶을 둘러싸고 있는 다양한 미디어 환경을 반영한 '미디어 이야기'로 스토리를 전개하여 유아의 흥미를 잃지 않도록 하였다.

[그림 12-4] 스토리텔링 구성요소 및 적용방법

출처: 오세현(2018).

<table>
<tr><th rowspan="2">스토리명</th><th colspan="4">스토리 구성요소</th><th rowspan="2">제시 방법</th></tr>
<tr><th>메시지</th><th>갈등(사건)</th><th>등장인물</th><th>플롯</th></tr>
<tr><td></td><td>시각장애</td><td>책 읽기를 좋아하는 미야가 어둠 속에서도 책을 읽는 사람들을 궁금해함</td><td>미야</td><td>탐색-공유</td><td>그림동화</td></tr>
<tr><td>(시각장애)
어떻게 읽지?</td><td colspan="5">너희들 책 읽기 좋아하니?
미야는 일곱 살 여자아이야. 미야는 책 읽는 것을 얼마나 좋아하는지 몰라.
미야는 나중에 재미있는 이야기를 쓰는 작가가 되는 게 꿈이래.
유치원에서 돌아와 미야는 책을 읽기 시작했어.
"오늘은 어떤 책을 읽을까? 음… 아하! 무엇이든 보이는 '요술 안경'을 읽어야지."
미야는 '요술 안경' 책을 꺼내 책을 읽기 시작했어. 시간이 가는 줄도 모르고 열심히 읽었더니 깜깜한 밤이 되었어.
엄마가 미야한테 오더니 "미야야, 내일 유치원에 가야 되니 빨리 자자."라고 이야기하셨어.
미야는 얼마 남지 않은 '요술 안경' 책을 다 읽고 싶었어.
엄마한테 책을 더 읽고 싶다고 이야기했지만, 엄마는 안 된다고 하셨어.
엄마의 말씀에 불을 끄고 침대에 누웠지만 책 이야기가 너무 궁금해 잠이 오지 않았어.
다음 날 유치원에 갔더니 ○○이와 △△가 어제 텔레비전에서 본 '어둠 속에서'란 프로그램에서 사람들이 어두운 곳에서도 자유롭게 이야기하고 책을 볼 수 있다는 것을 이야기를 하는 것을 들었어.
미야는 도대체 어둠 속에서도 어떻게 대화하고 책을 읽을 수 있는지 너무 궁금했어.</td></tr>
</table>

[그림 12-5] 장애이해 스토리 구성의 예

출처: 오세현(2018).

(2) 이해중심 장애이해교육 방법

① 장애인들의 능력에 대한 소개

유명하거나 크게 성공한 사람 중에는 여러 가지 장애를 가진 사람들이 있다. 이러한 사람들의 능력이나 그들이 어떻게 장애를 극복했는지 소개하는 것은 비장애학생들이 장애인들을 긍정적인 시각으로 보게 하는 데 도움을 줄 수 있다.

비장애학생들에게 장애인들의 능력을 소개하는 한 가지 방법은 짝맞추기 프로그램인데, 학생들에게 장애인으로서 유명한 운동선수나 작가, 음악가, 정치인, 역사적 인물들의 명단을 주고 그들이 가지고 있는 장애와 연결하게 하는 것이다(〈표 12-5〉 참조). 이 활동 후에 장애인들이 장애를 극복하는 데 도움을 준 여러 가지 요인들을 포함해서 그들의 삶에 대한 토론과 보고서를 작성하도록 하는 것도 좋다. 토론과 보고서는 이러한 역사적 인물들이 어떻게 자기를 개발하고 자신의 장애를 극복해서 적응해 나갔는지에 초점을 두어야 한다(Favazza & Odom, 1997).

표 12-5 장애인 짝맞추기 프로그램 예시

다음 유명인들의 옆에 있는 빈칸에 그들이 가진 장애에 해당하는 번호를 쓰시오.	
______ 루즈벨트	1. 시각장애
______ 베토벤	2. 시각-청각 중복장애
______ 헬렌 켈러	3. 의사소통장애
______ 아인슈타인	4. 학습장애
______ 스티비 원더	5. 청각장애
______ 오토다케 히로타다	6. 지체장애
______ 김진호(장애인 수영선수)	7. 자폐성 장애

이 외에도 유명한 장애인들에 대한 책을 읽고 독후감을 써 보도록 하는 것도 장애인들의 능력을 소개하는 좋은 방법이 될 수 있다. 또한 유명 장애인이 아닌 장애를 가진 친구나 친척들에 대해 글로 써 보게 하거나, 여러 장애의 원인에 대한 연구보고서를 작성하도록 하는 것도 좋은 방법이다.

② 집단 토의

학생들에게 장애인과 관련된 사항에 대한 토론을 할 수 있도록 해 주는 것도 효과적인 태도 개선 방법이다. Gottlieb(1980)은 구조화된 집단 토의는 비장애학생들의 또래 장애학생들에 대한 태도 개선에 효과적이라고 주장했다. 그는 학생들에게 한 지적장애 소년의 여러 가지 상황을 담은 짧은 비디오테이프를 보여 주고 교사가 다음과 같은 질문을 하면서 소집단 토의를 진행하도록 하였다.

- 그 소년이 왜 지적장애라고 생각하는가?
- 그의 기분은 어떨 것이라고 생각하는가?
- 학급 학생들은 그 학생을 어떻게 대해 줄 거라 생각하는가?
- 그는 친구가 많을 것이라 생각하는가?
- 만일 학급에 그와 같은 학생이 있다면 어떻게 대할 것인가?

학생들 간의 토의가 이루어지지 않을 경우에는 오히려 비장애학생들은 장애에 대한 부정적인 태도를 가질 수 있으므로, 토의에서는 장애학생에 대한 긍정적인 면을 부각시키는 것이 필요하다. 집단 토의를 할 경우에는 교사가 학생들의 자유로운 질문과 감정 표현을 유도해야 한다(김희규, 2002). 집단 토의의 활용은 장애학생과의 접촉, 노출과 결합될 때 효과적이며, 장애인이 실제 토론에 참여하거나 영상매체 등을 통해 간접적으로 접촉할 수 있다. 또한 토의 전에 장애인과 접촉하여 경험이나 느낌을 토의할 기회를 제공하는 것이 더 효과적인 방법이 될 수 있다(김차명, 2012).

③ 장애에 대한 영화와 책

장애인의 삶을 다룬 영화나 비디오를 보여 주는 것도 비장애학생들의 장애학생들에 대한 수용 태도를 개선하는 데 효과적인 방법이다(Kelly, 1997; Safran, 2000). 예를 들면, 〈포레스트 검프〉 〈필라델피아〉 〈나의 왼발〉 〈레인맨〉 등의 영화를 보고 토론하게 하는 것이다. Kelly(1997)는 장애학생에 관한 영화를 시청한 후 비장애학생들이 휠체어를 탄 학급 친구들을 덜 괴롭히는 것을 발견했다. 그러나 영화를 통한 태도의 변화는 오래 지속되지 않기 때문에, 집단 토의나 강사를 초청해서 강의를 듣는 방법 등 여러 가지 다른 태도 변화 전략들과 함께 이용해야 한다고 제안했다.

장애를 다룬 책은 장애인에 대한 긍정적인 태도를 촉진시킬 수 있으며, 학생들에게

표 12-6 장애 인식 개선 영화감상 활동지

장애 인식 개선 영화감상 활동지 말아톤	학년 반 이름:

* 영화를 감상한 뒤, 아래의 질문에 대해 친구들과 이야기 나눠 봅시다.

☑ 영화 제목은 왜 '마라톤'이 아니라 '말아톤'이라고 지었을까요?

☑ 초원이가 좋아하는 것 세 가지를 말해 보고, 초원이가 좋아한다고 생각한 이유를 말하여 보세요.

☑ 인터넷으로 말아톤 영화의 실제 주인공을 검색하여 보세요. 현재 어떻게 지내고 있는지, 어떤 일들을 하고 있는지 찾아보세요.

* 내가 만약 초원이의 동생이라면, 어떤 기분일까요? 형을 위해서 내가 할 수 있는 일들을 써 보세요.

출처: 국립특수교육원 장애이해 사이트(http://edu.knise.kr/)

개인차와 장애에 대한 이해를 돕는 데 도움을 줄 수 있다(Prater, 1998; Safran, 2000). 책을 이용하여 장애인에 대한 비장애학생의 태도를 개선시키기 위한 방법은 책을 읽은 후 토의를 한다거나 이야기 줄거리, 장애에 대한 정보, 주인공과 학급에 있는 장애학생들과의 유사점 등과 관련된 활동을 함으로써 더 좋은 효과를 올리는 것이다(Favazza & Odom, 1997).

〈표 12-6〉은 장애인의 삶을 다룬 영화를 감상한 후, 학생들에게 제공할 수 있는 활동지 예시를 나타낸 것이다.

④ 장애에 대한 정보 제공

정확한 정보는 잘못된 개념과 이해를 수정해 주고 편견을 없애 주는 역할을 한다. 비장애학생들은 통합된 장애학생이 지니고 있는 능력과 문제에 대해서 더 많이 알수록 더 잘 수용하는 것으로 나타났다(Fielder & Simson, 1987). 특히 개인차의 가치에 대한 수용과 인식을 학생들에게 가르치는 것은 장애인들을 수용하는 데 큰 도움이 된다(Giangreco et al., 1993). 개인차에 대한 지도는 어떤 사람의 강점과 약점, 선호도뿐만 아니라 장애인들이 비장애인들과 다른 점보다 비슷한 점이 더 많다는 것에 대한 믿음을 갖도록 해야 한다.

장애학생에 대한 정보는 책이나 TV 프로그램 등의 여러 가지 방법으로 습득될 수 있다. 또한 특수학급이나 특수학교와 같은 특수교육 현장을 방문하거나 장애인들을 강사로 초대하는 등 좀 더 적극적인 활동을 통해서도 장애인에 대한 지식을 습득할 수 있다. 중요한 것은 장애인에 대해 많이 알면 알수록 점점 더 친숙해지고 더 잘 수용한다는 것이다.

⑤ 보조 장치에 대한 지도

많은 장애학생들은 보조 장치를 사용하는 경우가 많다. 이와 같은 보조 장치에 대해 비장애학생들에게 소개하는 것은 장애학생을 이해할 수 있도록 하는 데 도움이 된다. 특히 장애학생들이 비장애학생들에게 자신이 사용하는 보조 도구나 장치(음성교과서, 보청기, 음성합성기, 휠체어, 점자)를 소개하고 설명해 주는 것도 매우 도움이 될 것이다. 비장애학생들에게 이러한 장치를 보여 주기도 하고 만져 보게도 하고 실제 사용해 보게도 해야 한다. 이때 장애학생이 사용하는 보조 장치는 장난감이 아니라 장애인들을 도와주는 매우 중요한 도구임을 학생들에게 알려 주고, 장애인들의 허락 없이 사용하거나 장난하지 않도록 지도해야 한다. 만일 장애학생이 자신이 사용하는 보조 장치에 대해 설명하는 것을 부담스러워 한다면 물리치료사나 특수교사, 상담교사 등과 같은 전문가나 그들의 가족이 대신 설명하도록 하는 것도 좋은 방법이다.

시각장애 학생이나 청각장애 학생이 사용하는 점자나 수화, 지문자 등과 같은 다른 의사소통 수단은 비장애학생들에게 장애학생들이 사용하는 보조 도구를 소개함과 동시에 부가적으로 학습 기술을 익히게 할 수도 있다. 교사는 학생들에게 한글 자모의 지문자를 가르쳐 준 다음, 손으로 철자 연습을 함으로써 철자를 익히게 한다. 수학을 지도할 때도 수화로 숫자를 표현해 줄 수도 있다. 예를 들면, 나눗셈을 할 때 숫자를 칠판에 쓰지 않고 수화로 표현할 수 있다. 기본적인 수화는 학생들에게 소개할 수도 있으며, 교사가 과제를 제시할 때 사용할 수도 있다. 점자를 배웠던 학생에게는 점자교과서를 읽는 과제를 제시한다거나 이름이나 작문을 점자로 써 보도록 한다.

⑥ 강사 초빙

비장애학생들이 장애인들을 직접 접하게 하여 태도를 개선시킬 수 있는 방법은 장애인을 강사로 초대하는 것이다. 이러한 강사는 지역사회 단체나 학부모 단체, 특수교사, 특수학교 등에 문의해서 추천받을 수도 있다. 강사는 자신이 지금 당면한 문제뿐만 아니라 학생 때의 경험이나 학교생활, 자신의 취미나 관심영역, 가족, 직업, 일상생활, 미래의 계획, 장애의 원인, 장애를 예방하는 방법, 필요한 보조 도구, 다른 사람과의 관계, 자신이 사용하는 보조 기구 등과 같은 내용을 강연할 수 있다(국립특수교육원, 2003).

교사는 강사를 선정할 때 다음과 같은 점에 유의해야 한다(Salend, 1994).

- 강사가 자신의 장애를 긍정적으로 받아들이고 있는가?
- 강사가 독립적인 생활태도를 가지고 있는가?
- 강사가 학생들이 공감할 수 있는 다양한 경험을 가지고 있는가?
- 강사가 학생들에게 긍정적인 역할모델이 될 수 있는가?
- 강사가 학생들이 이해할 수 있는 용어로 이야기할 수 있는가?
- 강사가 유머 감각이 있고 친근감을 줄 수 있는가?
- 강사가 학생들의 질문을 잘 소화할 수 있겠는가?

교사는 강사가 학생들에게 적절한 내용으로 강의를 할 수 있도록 학급에 대한 기초적인 정보(예: 연령, 학년, 장애에 대한 경험이나 이해 정도)와 예상 질문 등을 제공해 주어야 한다. 강사가 학급에 들어오기 전에 교사는 학생들에게 질문들을 확인해 보도록 해야 한다. 그렇게 함으로써 강사의 강연을 공감할 수 있도록 준비한다. 어떤 학생들은 어떤 질문을 해야 할지 망설일 수 있으므로, 강사가 학생들이 먼저 알고 있어야 할 문제들에 대해 질문을 함으로써 학생들의 문제를 해결해 줄 수 있다(Salend, 2001).

강사는 여러 가지 주제를 강의할 수 있으나 자신의 생활 중에서 긍정적인 예가 포함되어 있는 에피소드를 소개하는 것이 좋으며, 교사와 함께 상의하여 강의를 준비할 수 있도록 한다(김희규, 2002).

⑦ 가설적인 사례의 제시

비장애학생들이 장애를 가진 동료들을 도와줄 시기와 방법을 지도하기 위한 태도 개선 방법은 통합된 장애학생들이 일반학급에서 겪게 되는 문제를 나타내는 가설적인 사례를 제시해 주고 문제해결 방법을 서로 의논하여 가능한 해결책을 찾도록 하는 것이다(Salend, 1994; Salisbury, 1997). 예를 들어, 다음과 같은 가설적 사례를 학급에 제시한다.

"학급회의를 하는 중에 청각장애를 가진 영수는 우리가 이야기하는 내용이나 누가 말하고 있는지 알 수가 없었다. 영수가 잘 이해할 수 있도록 우리는 무엇을 할 수 있을까?"

이와 같은 내용으로 토의를 한 후, 학생들은 영수가 자리를 돌아다니게 허락해서 말하는 사람의 입술을 읽도록 한다거나 한 친구에게 대화의 내용이 바뀔 때 이야기하는 사람을 지적해 준다거나 하는 식의 문제해결 방안을 제시한다.

다음과 같이 가설적 사례를 몇 가지 더 제시해 본다.

1. 학급에서 받아쓰기 시험을 보고자 한다. 청각장애를 가진 영수는 글자를 잘 아는 학생이지만, 선생님이 불러 주시는 글을 듣는 데 어려움을 가지고 있다. 어떻게 해야 하는가?
2. 체육시간이 끝나고 식수대에 가서 물을 마시려고 하는데, 길수는 휠체어를 탔기 때문에 목이 마르지만 식수대에 갈 수가 없다. 어떻게 해야 하는가?
3. 시각장애를 가진 순희는 확대인쇄본과 점자를 사용한다. 이런 책들은 무겁고 거추장스럽기 때문에 수업시간이 바뀔 때마다 들고 다니기가 어렵다. 어떻게 해야 하는가?
4. 사회과 수업시간에 학생들은 수업내용을 노트에 적어야 하는데, 학생들 중에는 노트필기하는 것이 어려운 학생들이 있다. 어떻게 해야 하는가?
5. 운동장에서 휴식시간에 공차기를 하는데, 영희는 목발을 하고 있기 때문에 게임에 참가할 수 없다. 어떻게 해야 하는가?

학급에서 가설적 사례를 통해 장애이해교육을 실시하는 단계는 다음과 같다(Salend, 2001).

• 1단계: 장애학생들의 강점과 약점 결정

먼저, 교사는 통합된 장애학생들이 도움이 필요한 부분과 필요치 않은 부분을 알 수 있도록 그들의 강점과 약점, 독특한 요구 등에 대해 결정해야 한다. 예를 들면, 휠체어를 탄 학생은 학문 분야에서는 잘할 수 있지만, 식당에서 줄을 선다거나 휴식시간에 운동장에서 노는 것이 어려울 것이다.

• 2단계: 환경요인 분석

장애학생과 관련된 전체적인 학급 환경을 분석하는 것은 교사들이 문제영역을 파악하는 데 도움이 된다. 장애학생들의 요구를 결정하기 위해 분석해야 하는 학급의 변인은 다음의 사항을 고려해야 한다.

–학생들에게 어려운 사회적, 학문적 활동은 무엇인가?
–자료 제시는 학생들의 수행에 어떤 영향을 주는가?
–자료의 반응 형태는 학생들의 수행에 어떤 영향을 주는가?
–학생들은 특별한 자료나 특별한 학습도구를 필요로 하는가? 그것은 어떤 것들인가?
–학생들은 사회적 상호작용을 어려워하는가?(만일 그렇다면 어떤 어려움을 가지고 있는가?)
–학급에는 특별한 규칙이 있는가? 어떤 규칙들인가?
–학생들의 수행에 방해가 되는 설치물들이 있는가? 어떤 것들인가?

• 3단계: 문제영역 결정

1단계와 2단계에서 수집한 정보를 바탕으로 교사는 가설적 사례의 내용을 구체적으로 결정한다. 그것은 통합된 장애학생의 독특한 요구 및 일반학급의 특징과 요구 사이에 존재하는 불일치와 관련이 있는 내용이어야 한다.

• 4단계: 가설적 사례에서의 문제영역 진술

3단계에서 밝혀진 문제영역은 가설적 사례로 전환되어 진술되어야 한다. 그렇게 함으로써 문제영역에 관한 정보가 제시되고, 연령과 학년에 적절한 용어로 진술하며, 문제를 제시한다.

• 5단계: 가설적 사례의 제시

학급에 가설적 사례를 제시할 때, 교사는 활동의 목적을 설명해 주어야 한다. 진행과정에서 학생들을 훈련시키고자 할 때에는 교사가 학생들에게 가능한 해결책을 제시해 주는 것이 좋다.

교사는 학생들에게 솔직하고 긍정적인 반응을 할 수 있도록 촉진자의 역할을 해 주어야 한다. 동정이나 심하게 의존하는 반응은 장애를 가진 학생들이 도움이 필요치 않은 상황을 나타내는 예를 제시해서 소거시킬 수 있다. 일상적으로 학급에서 일어나는 일반적인 문제들(예: 게임에서 제일 끝으로 선택되거나 호명되는 것 등)과 관련된 사례를 제시하는 활동을 통해서 실제적인 문제해결에 도움이 되는 개방적이고 긍정적인 환경을 조성할 수 있다.

• 6단계: 문제해결

이 단계에서 학생들은 가설적 사례를 가지고 토의하며 가능한 해결책을 모색하고 평가하게 된다. 교사는 토의를 지도하고 각 사례에서 장애에 관한 추가적인 정보를 제공한다. 학급에서는 모든 가능한 해결책들을 다음과 같은 점에 유의해서 검토해 볼 수 있다.

–해결책이 완전하고 이해할 수 있는 것인가?
–제안된 해결책이 실제로 그 문제를 해결할 수 있는 것인가?
–해결책을 실행하는 데 필요한 인원은 어느 정도인가?
–해결책을 실행하는 데 필요한 시간은 어느 정도인가?
–해결책의 환경적인 영향은 무엇인가?
–해결책과 학급규칙, 학교규칙은 일치하는가?
–해결책이 사례에 나온 학생들에게 어떤 영향을 주는가?

⑧ 교육과정과 연계한 장애이해교육

교과와 연계한 장애이해교육은 교육과정에서 가장 큰 비중을 차지하는 교과와 선행연구에서 다루어진 다양한 장애이해교육 프로그램을 결합하여 비장애학생의 장애 수용 태도에 변화를 이끌어 낼 수 있도록 구성된 프로그램을 의미한다(손효정, 2010). 비장애학생의 태도변화는 자연스러운 상황에서 자연스럽게 이루어질 때 효과적이라 한다. 비장애학생들에게 학교생활에서 자연스럽게 교육이 이루어지는 장면은 정규 교과를 통해 배우는 시간이다. 특히 우리나라의 학교교육은 정규 교과가 차지하는 비중이 크고 교과 시간을 중시하기 때문에 교과 내용 중에서 장애학생에 대한 내용을 자연스럽게 결합하여 다룬다면 그 효과는 특별한 활동에 비해 지속적이며 유지될 가능성이 높아지게 된다(이은정, 1996). 이대식과 김수연(2010)은 교과용 도서에 기초한 장애이해교육 프로그램을 개발하여 일반교사가 일상적인 수업을 할 때 장애 인식 교육을 할 수 있도록 교육과정에 장애 인식 내용을 강화시킨 수업안과 수업용 ppt 자료를 개발하였

표 12-7 교과연계 장애이해교육

수업방법	학습목표 및 장애이해교육 내용	관련 교과
집단 토의 장애에 대한 정보제공	• 가정에서 자기가 맡은 일에 책임을 가지고 최선을 다하는 태도를 기를 수 있다. –가족 가운데 장애인이 있다면 달라지는 점 이야기하기	실과
장애인의 직접, 간접 접촉	• 친구의 작품을 감상하고 평가할 수 있다. –자폐아동(서번트 증후군)의 미술작품을 보고 평가하기	미술
모의 장애 체험	• 청각장애 체험활동을 통해 장애인들의 입장에서 생각해 보고 배려할 수 있다. –청각장애 체험활동하기	도덕

출처: 손효정(2010)에서 수정 발췌.

다. 그리고 '국어교과서에 기초한 장애이해교육 프로그램이 초등학생의 장애 수용 태도에 미치는 영향'에 대한 연구(박정민, 2008)에서도 국어교과서에 나오는 학습내용 요소와 글감을 바탕으로 장애 이해 프로그램을 적용한 결과, 비장애학생들의 장애 수용 태도가 긍정적으로 변화하였다고 보고하였다.

이 외에도 도덕과나 사회과 수업시간을 이용하여 장애인들이 사회에서 성공적으로 기능하고 기여하는 방법과 장애인에 대한 올바른 태도를 지도할 수 있다. 또한 과학과 보건 수업시간에는 신체의 기능과 역할에 대한 주제를 학습할 때 장애이해 관련 내용을 지도할 수 있을 것이다(김차명, 2012).

⑨ 역통합 과정

McCann, Semmel과 Nevin(1985)은 역통합 과정을 통해서 장애학생들에 대한 수용도를 높일 수 있다고 제안했다. 이 역통합이란 동료교수와 같은 서비스를 하기 위해서 학생들이 특수학급에 방문하는 형태를 말한다. 이러한 역통합 활동은 특수학급의 목적이나 이해를 개선해 주는 역할을 함으로써 특수학급의 위상과 관련된 문제나 오해를 해결해 줄 수 있다. 또한 역통합은 일반학급 상황으로 전이될 수 있는 친구관계를 제공해 줄 수 있다.

요약

오늘날 우리 사회에서 중요하게 대두되고 있는 문제 중의 하나가 장애인에 대한 편견과 부정적인 태도이다. 장애인에 대한 편견과 부정적인 태도는 결국 장애인의 교육과 사회통합 및 직업생활에 부정적인 영향을 미치기 때문에 우선적으로 해결해야 할 과제 중의 하나라고 할 수 있다.

또한 오늘날 특수교육의 흐름은 통합교육을 강화하려는 방향으로 나아가고 있으며 통합교육이 보다 효율적으로 실시되기 위해서는 비장애학생이 장애학생에 대한 올바른 태도를 갖도록 장애이해교육을 강화할 필요가 있다. 통합교육의 효과는 이들과 함께 생활하는 비장애학생과 교사, 학부모, 그리고 지역사회의 인식 및 태도와 밀접한 관련이 있으며, 이들의 태도가 수용적인 경우 장애학생과 비장애학생 모두에게 긍정적인 효과를 기대할 수 있지만 부정적인 태도를 보이는 경우 분리 배치된 경우보다 더 좋지 않은 결과를 초래할 수 있다. 그러므로 통합교육이 소기의 목적을 달성하기 위해서는 통합교육에 영향을 미치는 관련 변인에 대한 이해와 이러한 문제를 해결할 수 있는 체계적인 프로그램이 준비되어야 한다는 점을 강조하고 있다.

이 장에서는 비장애학생의 장애학생에 대한 인식과 태도의 중요성과 태도를 검사하기 위한 방법과 태도 개선 교육의 중요성과 방법, 그리고 비장애학생에게 시행할 수 있는 장애이해교육의 실제를 제시하였다. 비장애학생의 장애학생에 대한 인식과 태도를 검사하는 방법으로는 관찰과 사회측정법, 그리고 태도 검사 도구를 제시하였다. 그리고 장애이해교육 방법은 활동중심 방법과 이해중심 방법으로 나누어 각각의 특징과 사례를 제시하였다. 장애이해교육의 목적은 장애를 가진 동료에 대한 비장애학생의 적절한 이해와 긍정적인 태도를 갖도록 하는 데 있지만, 궁극적으로는 장애를 가진 동료가 가진 능력을 알게 함으로써 학급 구성원으로서의 역할을 충분히 할 수 있음을 이해하고, 장애를 가진 동료를 학급 구성원으로 인정하고 수용할 수 있는 태도를 갖도록 하는 데 있다. 더 나아가서는 장애를 가진 동료가 자신이 속한 지역사회의 구성원으로서의 역할을 담당할 수 있는 능력을 가지고 있음을 인식하도록 하여 지역사회의 구성원으로 인정하고 수용할 수 있는 태도를 갖도록 하는 데 있다.

장애이해교육은 비장애학생뿐만 아니라 일반교사와 교직원, 관리자(교장, 교감), 그리고 비장애학생 학부모들을 위한 장애이해교육이 반드시 함께 병행되어야 한다. 학년 혹은 학기 시작 초부터 통합학급 교사뿐만 아니라 교장, 교감, 그리고 관련 교직원들을 대상으로 통합된 장애학생들을 위한 장애 이해와 장애이해교육 방법에 대한 연수가 반드시 이루어져야 한다. 그리고 비장애학생과 장애학생의 학부모들을 위한 연수가 시행되어야 한다. 학부모들에게 장애에 대한 이해와 통합교육의 의의, 통합학급과 특수학급의 운영에 대한 전반적인 부분을 연수해야 하며, 장애학생의 부모들을 위한 연수기회도 마련되어야 한다.

참고문헌

교육과학기술부(2009). 통합학급 및 특수학급 교육과정 편성 · 운영 자료.

교육과학기술부(2013). 3~5세 누리과정 해설서. 교육과학기술부.

교육부(2019). 2019학년도 특수교육 운영계획.

국립특수교육원(2003). 유초등학생 장애이해교육.

김광웅(1990). 정신지체 유아의 통합교육에 관한 연구. 단국대학교 특수교육연구소.

김대수(1993). 태도형성론: 마음(가치, 태도)의 교육. 대구: 우신출판사.

김수연(2003). 장애학생의 사회적 통합 촉진을 위한 통합 놀이 프로그램 고안 및 실행의 구성 요소. 특수교육, 2(2), 35-56.

김차명(2012). ABCD 만화그리기 활동을 통한 지적장애 이해교육이 비장애학생의 지적장애 학생에 대한 태도에 미치는 영향. 경인교육대학교 교육대학원 석사학위논문.

김창호, 박재국(2011). 자기점검표를 활용한 또래 도우미 지원이 통합학급 학생들에게 미치는 영향. 특수아동교육연구, 13(4), 583-604.

김희규(2002). 활동중심 접근과 이해중심 접근이 장애학생에 대한 비장애학생의 태도개선에 미치는 효과. 단국대학교 대학원 박사학위논문.

김희규 역(2009). 통합학급 교사를 위한 장애이해교육. 서울: 시그마프레스.

김희규, 이혜리(2008). 통합된 전통놀이 프로그램이 일반 아동의 장애수용태도와 정신지체아동의 친사회적 행동에 미치는 효과. 특수아동교육연구, 10(1), 127-145.

박승희(1994a). 통합교육의 여건 조성, 한국특수교육의 발전과제. 한국특수교육학회.

박승희(1994b). 일반학급의 비장애학생과 특수학급의 장애학생과의 사회적 관계에 대한 일 분석: 통합교육을 통한 비장애학생의 긍정적 경험. 특수교육논총, 11, 1-32.

박재국, 강수균(1997). 지체부자유아의 통합교육에 대한 교사와 대학생의 태도. 난청과 언어장애 연구, 20(1).

박정민(2008). 국어교과서에 기초한 장애이해교육 프로그램이 초등학생의 장애수용태도에 미치는 영향. 한국교원대학교 교육대학원 석사학위논문.

박창호(1997). 현대심리학 입문. 서울: 정민사.

박현숙(1999). 경도장애학생의 완전통합을 위한 초등학교 프로그램 효과에 관한 일 분석. 특수교육학연구, 34(1), 1-29.

서영신(2013). 미술치료가 사회적 고립 아동의 또래관계 개선에 미치는 효과. 관동대학교 교육대학원 석사학위논문.

서울특별시교육청(2015). 특수교육운영계획도움자료.

손효정(2010). 교과연계 장애이해교육이 비장애학생의 장애수용태도에 미치는 효과. 대구교육대학교 교육대학원 석사학위논문.

신현기, 최세민, 유장순, 김희규(2005). 통합교육의 이론과 실제. 서울: 박학사.

오세현(2018). 스토리텔링기법을 활용한 장애이해 교육활동이 일반유아의 장애 인식 및 태도에 미치는 영향: 시각장애, 청각장애, 지체장애를 중심으로. 단국대학교 교육대학원 석사학위논문.

이대식, 김수연(2010). **초, 중, 고등학교 교과용도서 장애인식 교육관련 내용 분석 및 보완자료 개발 연구**. 광주광역시 교육청.

이대식, 김수연, 이은주, 허승준(2005). **통합교육의 이해와 실제**. 서울: 학지사.

이소현(1996). 장애학생의 사회적 통합: 일반학급 교사들을 위한 제언. 이화여자대학교 특수교육학과 편, **통합교육의 현황 및 과제, 제3회 이화특수교육 학술대회 자료집**.

이은정(1996). 수정된 도덕과 교육과정이 장애아동에 대한 일반아동의 태도변화에 미치는 영향. 이화여자대학교 대학원 석사학위논문.

이재원(2010). 통합학급에서의 협동학습이 정신지체 학생과 비장애학생에게 미치는 효과. **특수교육 저널, 11**(4), 415-488.

Barnes, E., Berrigan, C., & Biklen, D. (1978). *What's the difference? Teaching positive attitudes toward people with disabilities*. Syracuse: Human Policy Press.

Bricker, D. (1995). The challenge of inclusion. *Journal of Early Intervention, 19*, 179-194.

Bricker, K., Bruder, M. B., & Bailey, D. (1982). Development integration of preschool children. *Analysis and Intervention in Developmental Disabilities, 2*, 207-222.

Dunlap, K. H., Stoneman, Z., & Cantrell, M. H. (1980). Social interaction of exceptional and other children in a mainstreamed preschool classroom. *Exceptional Children, 47*, 132-141.

Esposito, B. G., & Peach, W. J. (1983). Changing attitudes of Preschool Children toward handicapped Persons. *Exceptional Children, 49*(4), 361-363.

Esposito, B. G., & Reed, T. M. (1986). The effects of contact with handicapped persons on young children's attitudes. *Exceptional Children, 53*, 224-229.

Favazza, P. C., & Odom, S. L. (1997). Promoting positive attitudes of kindergarten-age children toward individuals with disabilities. *Exceptional Children, 63*, 405-418.

Fielder, C. R., & Simson, R. L. (1987). Modifying attitudes of nonhandicapped highschool students toward handicapped peers. *Exceptional Children, 53*, 342-349.

Giangreco, M. F., Edelman, S., Cloninger, C., & Dennis, R. (1993). My child has a classmate with severe disabilities: What parents of non-disabled children think about full inclusion. *Development Disabilities Bulletin, 21*, 77-91.

Gottlieb, J. (1980). Improving attitudes toward retarded children by using group discussion. *Exceptional Children, 47*, 106-111.

Guralnick, M. J., & Groom, J. M. (1988). Peer Interactions in Mainstreamed and specialized classroom: A comparative and analysis. *Exceptional Children, 54*.

Hall, L. J., & Strickett, T. (2002). Peer relationships of preadolescent students with disabilities who attend a separate school. *Education and training in Mental retardation and Developmental Disabilities, 37*, 399-409.

Hallenbeck, M. J., & McMaster, D. (1991). Disability simulation. *Teaching Exceptional Children, 23*(3), 12-15.

Horne, M. D. (1981). Assessment of classroom status: Using the perception of social closeness scale. ERIC Document Reproduction Service NO. 200616.

Kelly, E. (1997). Movies-A unique and effective tool for special educators. *CEC Today, 3*(8), 12.

Marotz-Ray, B. (1985). Measuring the social position of the mainstreamed handicapped child. *Exceptional Children, 52*, 57-62.

McCann, S. K., Semmel, M. I., & Nevin, A. (1985). Reverse mainstreaming: Nonhandicapped students in special education classrooms. *Remedial and Special Education, 6*, 13-19.

Prater, M. A. (1998). Using children's literature to teach about disabilities and other issues. Presentation at the annual meeting of the Council for Exceptional children, Minneapolis.

Safran, S. P. (2000). Using movies to teach students about disabilities. *Teaching Exceptional Children, 32*(3), 44-47.

Salend, S. J. (1994). *Effective mainstreaming: Creating inclusive classrooms*. New York: Macmillan Publishing Co.

Salend, S. J. (2001). *Creating Inclusive Classrooms: Effective and Reflective Practices*. Upper Saddle River, NJ: Merrill/Prentice Hall.

Salend, S. J. (2005). *Creating Inclusive Classrooms: Effective and Reflective Practices for all students*. Upper Saddle River, NJ: Merrill/Prentice Hall.

Salisbury, C. L. (1997). Collaborative problem-solving to promote the inclusion of young children with significant disabilities in primary grades. *Exceptional Children, 63*(2), 195-209.

Sapon-Shevin, M.(2003). Inclusion: A matter of social justice. *Exceptional leadership, 61*(2), 25-28.

Smith, R. M., Salend, S. J., & Ryen, S. (2001). Watch your language: Closing open the special education curtain. *Teaching Exceptional Children, 33*(4), 18-23.

국립특수교육원, 장애이해 사이트, http://edu.knise.kr/

제13장 진로교육

이 장의 구성

1. 진로교육의 개념과 목적

1) 진로교육의 개념

2) 진로교육의 목적

2. 진로교육 관련 이론

1) 특성요인이론

2) 발달이론

3) 욕구이론

3. 진로교육의 목표와 방법

1) 진로교육의 목표

2) 진로교육의 방법

4. 특수학급 진로교육의 실제

1) 초등학교 특수학급의 진로교육 실제

2) 중학교 특수학급의 진로교육 실제

3) 고등학교 특수학급의 진로교육 실제

연구과제

1. 진로교육의 개념과 목적을 알아보자.
2. 진로에 관한 정신분석이론, 사회학습이론, 의사결정이론, 사회학이론의 특성을 알아보자.
3. 특수학급 학생들의 진로교육의 학교급별 목표와 내용을 알아보자.

이 장의 개요

진로(career)는 앞으로 나아가는 길로 풀이되는 용어로서 개인이 자신의 삶에서 오랜 기간 동안 행하는 일(job)이나 직업(profession)을 뜻하기도 하나, 개인이 일생 동안 하는 일의 전부라는 점에서 전 생애를 의미하기도 한다. 생애란 어떤 면에서 일이나 직업보다 더 폭넓은 상위의 개념이라 할 수 있지만, 그것이 일의 총체를 의미한다는 점에서 그 핵심적인 요인이 되는 것은 직업이라 할 수 있다. 일은 이익을 산출하기 위하여 의식적으로 기울이는 노력을 말하며, 직업은 사람이 경제적인 소득을 얻을 목적으로 한 가지 일에 종사하는 지속적인 사회 활동을 말한다. 이러한 일과 직업은 개인의 삶을 결정하는 중요한 요인이 된다. 왜냐하면 개인이 어떤 직업을 선택하느냐에 따라 그의 삶의 방향과 질이 결정되기 때문이다. 직업에 귀천은 없다. 그러나 개인이 자신의 적성에 적합한 직업을 선택하면 소득을 통한 경제적 안정 외에 사회 구성원으로서의 역할 분담, 자아실현과 삶의 만족이라는 목적을 달성할 수 있지만, 그렇지 않으면 직업에 얽매여 불만족을 초래하게 된다. 장애인이 만족스러운 삶의 질을 영위할 수 있도록 하기 위하여 이루어져야 하는 교육활동의 하나가 바로 일이나 직업과 관련된 진로교육(career education)이다. 이 장에서는 특수학급에서 이루어져야 하는 진로교육의 개념과 목적을 알아보고 진로 관련 이론을 살펴본 다음, 특수학급의 학생을 위한 진로교육의 목표와 방법을 알아본다.

1. 진로교육의 개념과 목적

1) 진로교육의 개념

진로교육을 연구하는 학자들은 각자 나름대로 진로교육을 정의한다. 즉, 진로교육은 '개인의 진로선택 및 적응과 발달에 초점을 두는 교육적 작용으로 개인이 만족스럽고 생산적인 삶을 누릴 수 있도록 진로에 대한 방향을 세우고 선택하여 그에 대한 준비를 하고 선택한 진로에 들어가 계속적인 발달을 도모할 수 있도록 돕기 위하여 제공되는 일체의 경험'(Bailey & Stadt, 1973, p. 347), '인간이 인간의 가치를 인식하고 그 가치를 보다 더 살찌우며 인간의 미래 생활을 보다 보람 있게 할 수 있도록 교육적 장치를 통하여 철저히 준비시키는 것'(신익현, 1997, p. 173), '일과 직업세계를 중심으로 한 의도적, 계획적, 체계적인 교육을 통해 각 개인이 자신의 진로를 인식하고 탐색하며 이를 합리적으로 선택하고 준비하고 결정할 수 있는 능력을 길러 주기 위한 종합적인 교육활동'(정철영, 정윤경, 1996, p. 165) 등으로 정의된다. 이러한 정의는 진로교육이 개인이 직업적 잠재능력을 최대한 개발하여 직업의 세계에서 개인적 행복과 성취가 최고에 달할 수 있도록 지원하는 진로 개발 활동으로 전인적이고 미래지향적인 교육활동임을 의미한다.

학교교육에서 학생의 직업적 잠재능력을 개발하기 위한 노력은 직업교육(vocational education)으로부터 시작되었다. 직업교육은 지식이나 정서를 풍부하게 하고 합리적 사회생활의 밑바탕이 될 수 있는 고상하고 원만한 품성을 기르는 것을 목적으로 하는 교양교육(humanistic education)과는 달리 직업에 필요한 지식과 기능을 가르치는 일로 정의된다. 그러나 진로교육이 삶의 질을 개선하고 자기성장의 합리적 접근을 위한 방법으로 넓은 의미의 직업교육이며 직업적성교육이라는 주장(김충기, 1996, p. 141)과 같이 진로교육은 직업교육보다 광범위한 개념으로 받아들여진다. 실제로 진로교육은 진학지도와 생활지도를 포함하며, 장래의 직업 선택을 돕는 직업지도, 즉 직업교육까지를 망라하는 개념이다(이효자, 1995, p. 12).

직업교육이 학교교육에 도입되기 시작한 시기는 19세기였다. 영국의 경우에는 20세기까지 직업교육을 학교교육에 도입하는 것을 반대하였으나, 독일의 경우에는 19세기에 초등교육과 중등교육에 직업교육을 도입하였고, 미국의 경우에도 19세기 말 공립학교에서 수공훈련과 실제적인 기술들을 내용으로 하는 직업교육을 도입하였다. 그러나 1970년대가 되면서 직업교육만으로는 개인의 직업적 잠재능력을 충분히 개발할 수 없다는 점 때문에 진로교육의 개념이 도입되었다.

진로교육은 초·중등학교에서의 특정 직업에 종사하는 데 필요한 지식과 기능의 개발 교육만으로는 개인의 직업적 잠재능력을 개발하기 어렵다고 가정하고, 취학 이전부터 시작하여 성인기에 이르기까지 일생을 통하여 직업적 잠재능력의 개발이 이루어져야 한다고 요구한다. 이런 진로교육은 개인이 직업을 통하여 사회적 안정을 얻고 인간적 자기실현을 도모하여 만족한 삶을 향유하도록 한다는 점에서 강조된다. 삶의 질이란 한마디로 정의하기 어려운 개념이다. 왜냐하면 삶의 질에 대한 만족 수준은 개인마다 다르며, 개인별로도 상황에 따라 다를 수 있기 때문이다. 뿐만 아니라 개인마다 자신의 삶의 질을 평가하는 요인도 다르고, 그 과정에 적용하는 기준도 다르기 때문이다. 그러나 삶의 질은 지위의 고하, 능력의 유무, 빈부의 차이를 막론하고 누구나 추구하는 가치이며 삶의 목표이다. 삶의 질을 추구하는 인간의 본성은 장애를 지닌 사람의 경우라고 해도 결코 예외가 되지 않는다. 장애인들도 비장애인들과 마찬가지로 삶의 질을 추구하고, 만족한 삶의 질을 향유하기를 희망한다(정동영, 2000, p. 12).

장애인의 삶의 질을 제고하기 위해서는 성인기만이 아니라 어린 시기에서부터 이들에게 의도적, 체계적으로 진로교육을 제공하여 진로발달이 제대로 이루어지도록 하여야 한다. 이런 점에서 진로교육을 평생 지속되는 과정이라고 한다. 이런 관점은 미국 특수아동협의회(Council for Exceptional Children: CEC)에 의해서도 받아들여져 장애인과 관련되어 다음과 같이 강조되고 있다.

- 진로발달 및 전환을 위한 교육은 모든 연령의 장애인을 위한 것이다.
- 진로발달은 출생에서 시작하여 삶 전체를 통하여 지속되는 과정이다.
- 초기 진로발달은 이후의 만족스러운 선택을 결정하는 데 본질적이다.
- 기초적인 인간 발달의 어떤 영역에서 간과된 유의미한 차이나 기간은 삶의 한 단계에서 또 다른 단계로의 진로발달 및 전환에 영향을 미친다.
- 진로발달은 개인의 요구에 대한 교수에 프로그램을 포함해야 중재와 프로그램에 반응적이 된다.
- 이러한 원리에 의하여 안내되는 학교와 성인 서비스는 평생 진로발달을 촉진하는 기제를 제공하기 위하여 노력하여야 한다.

(Clark et al., 1991)

사실 장애학생들은 독립적으로 사회생활을 하는 데 필요한 능력에 결함을 보일 뿐만 아니라, 학교를 졸업한 이후에 무엇을 할 것이며, 그것을 위하여 학교에서 배운 것들을 어떻게 사용하여야 하는지를 제대로 알지 못한다. 이러한 장애학생들의 특성에 따라 특수교육은 일반교육과 마찬가지로, 1960년대까지 직업교육을 강조하였다. 예를 들면, 미국의 경우 1963년 「직업교육법(Vocational Education Act)」을 제정하고, 작업학습 프로그램(work/study program)을 시행하였다(Clark & Kolstoe, 1995; Halpern, 1992). 이 작업학습 프로그램은 공립학교와 주 재활기관 지방 사무소 사이의 협력 프로그램으로 경도 장애학생들의 적절한 작업경험을 위해 통합된 학업적, 사회적, 직업적 교육과정을 만드는 데 목적을 두고 있었다. 이 법은 장애학생도 비장애학생들과 함께 직업교육에 참여할 수 있다고 규정하고, 이 규정을 따르지 않는 경우 연방의 모든 재정 지원을 철회한다고 규정하여 비장애학생들을 대상으로 하는 직업교육 프로그램에 장애학생을 포함시키도록 자극하였다. 그러나 이 프로그램은 재정 부족 등으로 인하여 그렇게 성공적으로 운용되지는 못했다(Clark & Kolstoe, 1995). 이러한 작업학습 프로그램의 제한에 따라 미국 교육부는 1970년대에 진로교육 운동을 주도하였다.

진로교육은 처음에 비장애학생들을 표적집단으로 하여 시작되었으나, 점차 장애학생도 표적집단에 포함하였다. 이 운동은 연방에 의하여 재정의 대부분을 지원받았다. 의회는 직업재정의 10%를 장애학생들을 위하여 이용하도록 할당하였으며, 주는 장애학생을 위하여 이 재정의 사용방법에 대한 계획을 수립하여야 한다고 규정하였다. 이와 더불어 1975년 미국의 「장애아동교육법(Education for All Handicapped Children Act)」도 장애학생을 비장애학생들을 위한 직업교육 프로그램에 포함하도록 규정하여 이들의 진로교육을 지원하였다(정동영, 2000, pp. 13-14).

이와 같은 진로교육 운동은 1980년대에 Will(1984)에 의하여 '고용을 유도하는 서비스와 다양한 경험을 제공하는 성과중심의 과정'(p. 1)이라고 정의된 전환(transition)을 강조하는 운동으로 연결되었지만, 진로교육은 앞에서 정의한 바와 같이 개인의 직업적 잠재능력을 최대한 개발하여 직업 세계에서 개인적 행복과 개인적 성취가 최고에 달할 수 있도록 지원하는 진로 개발 활동이다. 학교는 학생의 잠재능력을 발견하고 타고난 흥미와 적성, 능력과 인성, 의욕, 여건에 알맞은 진학 또는 직업 과정에 대하여 인식, 탐색, 선택, 준비 과정에 따라 얻어진 내용을 토대로 자신의 잠재력을 최대한으로 활용하여 주어진 여건에 현명하게 적응하고 창조적인 삶을 누릴 수 있도록 계획적으로 지도하여야 한다(최윤정, 2012, p. 16). 이런 의미에서 장애학생의 경우 진로교육이란 자신의 장애를 정확히 인식하여 긍정적으로 받아들이고, 이를 적극적으로 개선해 나가면서, 자신의 요구와 능력에 적합한 진로를 선택하며, 선택한 진로에 요구되는 태도와 능력을 배양하여 학교 졸업 이후 독립적으로 만족한 삶을 향유할 수 있도록 지원하기 위하여 일생 동안 가정, 학교, 사회 등에서 수행하는 교육활동이라 할 수 있다.

2) 진로교육의 목적

진로교육은 교육과 직업의 세계를 효율적으로 연계시켜 교육의 생산성을 향상시키려고 하는 노력의 하나로 그 기본 전제는 개인의 직업적 잠재능력을 개발하고 사회와 환경 속에서 그 잠재능력을 최대한 발휘할 수 있도록 하는 교육활동이다. 이러한 진로교육의 목적은 장애인의 경우 자신과 자신의 장애에 대하여 바르게 지각하고 자신의 진로를 선택하고 준비하여 성공적인 직업인과 생활인으로서의 삶을 살아갈 수 있도록 하기 위하여 강조되어야 한다. 그렇지 않으면 장애인은 자신의 진로를 개발하지 못하여 학교를 졸업한 이후에 부모나 가족들에게 의존하여 생활해야 한다. 그러므로 장애인의 진로교육은 궁극적으로 비장애인 중심의 사회로 들어가 더불어 생활하고 살아 나가기 위한 필수적이고 기본적인 준비과정이라 할 수 있다(이효성, 김근아, 2009, p. 94).

장애학생들의 학교 졸업 이후 생활 상태를 조사한 연구들(Haring, Lovett, & Smith, 1990; Roesler, Brolin, & Johnson, 1990)에 따르면 학교 졸업 이후 장애인들의 54~70%는 부모나 친척과 함께 생활하며, 22~39%만 독립생활을 하고, 결혼을 하는 비율은 8~10%라고 하여 이들의 생활이 독립적이라기보다 의존적임을 보여 주고 있다. 이러한 결과는 학교교육의 과정에서 장애학생들의 진로교육이 충실히 이루어지지 않았음을 함의한다. 장애인들이 진로와 관련하여 비장애인들보다 제한을 갖는 이유는 다음과 같다.

- 장애 자체에 의한 신체적 제한이다. 즉, 자신의 적성, 흥미, 요구에 적합한 진로를 선택하고 싶어도 시각장애, 청각장애, 지체장애, 지적장애 등 장애 범주나 중도, 경도 등의 장애 정도에 따라서 선택하고 준비할 수 있는 진로가 제한된다. 특히 중도·중복장애를 지닌 경우에는 완전한 자립을 달성하기 어렵기 때문에 더욱 진로가 제한된다.
- 장애인이 갖는 정신적 제한이다. 즉, 자신에 대한 열등감, 낮은 자아개념과 포부수준, 높은 긴장감과 정서적 불안정, 내성적 성격 등과 같은 장애인의 심리적 측면이다. 그리고 정신

발달의 현저한 지체를 지닌 장애인의 경우에는 진로의식의 성숙이 지체되거나 미숙한 상태에 있는 경우가 많다.

- 일반적으로 행동영역이 제한되어 경험의 영역이 협소하고 견문이 좁다는 것이다. 즉, 장애인은 주로 재택생활이나 시설생활을 하므로 사회의 다양한 경험을 하는 데 있어 제한을 받는다. 그리고 만나는 사람들도 극히 제한되어 있어 비장애인이 넓은 활동영역에서 다양한 사람들을 만나면서 배우고 익히는 행동이나 경험들을 습득하기가 어렵다.
- 장애에 대한 외적인 사회적 장애물로서 사회의 부정적 인식 및 차별 등이 있다. 즉, 대부분의 사회가 장애를 능력이 떨어지는 것으로 인식하고 심지어는 죄의 결과 또는 개인의 재난으로 인식하고 장애인과 함께 생활하는 것을 꺼리고 불편해한다. 그리고 장애인이 사회에 참여하거나 취업을 하더라도 사회로부터 부당한 대우를 받는 경우가 이에 해당한다.

(정철영, 정윤경, 1996, pp. 161-162)

이와 같은 제한은 장애인이 사회적, 경제적 독립과 독립생활에 필요한 진로를 제대로 선택하지 못하며, 진로를 제대로 준비하지 못하고, 진로를 제대로 유지하지 못하는 직접적인 원인이 된다. 장애인의 진로에 대한 지원은 그들의 생활 상태를 개선하기 위하여 성인생활의 장면에서도 제공되어야 하지만, 이들의 학교생활에서부터 진로에 대한 지원이 이루어져야 한다. 학교생활은 성인생활을 준비하는 과정이므로, 학교생활에서부터 학교 졸업 이후의 독립생활을 위한 진로 지원이 이루어져야 장애학생이 학교 졸업 이후의 독립생활을 더욱 효과적으로 준비하게 되고, 좀 더 만족한 생활을 영위하게 되며, 만족한 삶의 질을 향유하게 된다. 따라서 장애학생의 진로교육은 자신과 타인을 이해하고 존중하는 긍정적인 자아개념을 기르며, 자신의 흥미와 태도, 적성에 적합한 직업을 합리적으로 결정하고, 선택한 직업에 필요한 기술을 익히고 다각도로 변화하는 직업 세계로의 성공적인 전환과 적응을 통하여 사회의 생산적인 구성원이 되어 독립적인 생활을 영위하면서 만족스러운 삶의 질을 향유하도록 하는 데 목적이 있다고 할 수 있다.

2. 진로 관련 이론

진로와 관련된 이론은 다양하여 분류하는 방식 또한 다양하다. 진로 관련 이론은 개인차 이론에 근거를 두고 직업선택과정을 설명하는 특성요인이론(trait-factor theory), 직업선택이 개인의 욕구와 관련된 것으로 보는 욕구이론(need theory), 진로에 발달의 개념을 도입하여 진로발달을 개인의 전체 발달의 한 측면으로 보는 발달이론(development theory), Freud의 정신분석이론을 도입하여 진로발달의 이론적 기저로 삼은 정신분석이론(psychoanalysis theory), Bandura의 사회학습이론을 진로결정체제에 대한 이론으로 적용하여 설명하는 사회학습이론(social learning theory), 자신의 이익을 극대화하고 손실을 극소화하는 방향으로 의사결정을 하고 행동한다는 Keynes의 이론을 바탕에 두고 있는 의사결정이론(decision theory), 개인을 둘러싼 사회, 문화적 환경이 개인의 행동에 영향을 미친다는 사회학의 이론을 바탕으로 하는 사회학이론(sociology theory)으로 분류하기도 한다(Tolbert, 1980). 여기서는 이 중에서 특성요인이론, 발달이론, 욕구이론에 대해 기술한다.

1) 특성요인이론

특성요인이론은 개인이 가지고 있는 제 특성을 심리검사 등 객관적인 수단을 통하여 밝혀내고, 각각의 직업이 요구하는 제 요인을 분석하여 각 개인의 특성에 적합한 직업을 선택하도록 하는 데 초점을 맞추고 있다(Herr & Cramer, 1992). 이 이론의 대표적인 이론가는 Williamson, Parsons, Hull, Kitson 등이다. 이 이론에서는 개인의 적성, 지능, 사회경제적 지위, 흥미, 가치관, 성격 등에 관한 객관적인 자료를 개인에게 제시하고, 직업의 특성에 관한 자료를 제시하여 가장 합리적이고 현명한 선택과 결정을 하도록 하는 것을 중시한다(이효성, 김근아, 2009, p. 90).

특성요인이론은 직업선택에서 적성을 고려하도록 한다는 점이 주요 공헌점으로 평가된다. 그러나 이 이론은 개인이 특정 직업에 성공할 확률을 예측하는 예언타당도가 극히 낮다는 결함을 내포하고 있다(이정근, 1988). 실제로 제2차 세계대전 동안 군대에서 검사를 받은 10,000명의 직업유형을 추적 조사한 결과, 12년 전에 받았던 검사는 각 개인들이 가지고 있는 직업에서의 성공을 정확히 예측하지 못하고 있음이 보고되었다

(김충기, 1999, p. 146). 그리고 이 이론은 직업선택을 일회적인 행위로 간주하여 장기간에 걸친 인간의 직업적 발달을 도외시하고 있다는 점, 개인이 갖고 있는 제 특성 간의 역동성, 그리고 개인이 그 많은 요인 중에서 어느 것을 우선적으로 고려하느냐에 따라 직업선택이 달라질 수 있다는 것을 고려하지 못한 점 역시 단점으로 지적되고 있다(이정근, 1988).

2) 발달이론

발달이론은 특성요인이론보다 진로발달에 대하여 더욱 포괄적인 접근을 하며, 진로행동의 종단적 표현에 더 관심을 두고, 자아개념을 중요시한다는 점에서 특성이론이나 구조이론과 다르다(Herr & Cramer, 1992). 즉, 특성요인이론이 직업선택을 일회적인 행위로 간주한다면, 발달이론은 진로발달을 생애의 전 과정에 걸쳐 발생하는 것으로 가정한다(김충기, 1999, p. 147). 이 이론의 대표적인 학자로는 Ginzberg, Super, Tiedeman, O'Hara 등이 있다.

(1) Ginzberg의 발달이론

Ginzberg는 진로의 발달적 관점을 최초로 제안한 학자로서 직업선택을 하나의 발달과정으로 보고 있다. 즉, 그는 직업에 대한 지식, 태도, 기능이 어려서부터 발달하기 시작하여 일련의 단계를 거치면서 발달한다고 보고 개인의 직업성숙을 평가하기 위한 기준과 직업선택 과정의 규범적 정보를 제공함으로써 개인이 직면하는 문제를 예견하고 발달단계에 따라 교육내용을 달리하여야 함을 강조하였다(최윤정, 2012, p. 20).

Ginzberg 등(1951)은 직업선택이란 삶의 어느 한 시기에 이루어지는 일회적인 사건이 아니라 6년에서 10년에 걸쳐 발생하는 발달적 과정으로, 대략 11세에 시작되어 17세나 초기 성인기에 끝나는 것으로 결론지었다. 이 기간은 놀이를 중심으로 하다가 후반에 놀이가 일 지향이 되는 11세 이전의 환상기(fnatasy), 작업요구수준, 즉 관심, 능력, 작업보상, 가치관 그리고 시간 전망에 대한 점진적 인식을 특징으로 하는 과도기적 과정인 11~17세의 잠정기(tentative), 능력과 관심의 통합, 가치관의 발달, 직업선택의 명료화, 직업 유형의 정형화 등이 나타나는 17세부터 성인기 초기의 현실기(realistic)의 3단계로 구분된다(Zunker, 1998, p. 29).

표 13-1 **Ginzberg의 진로발달 시기**

시기	연령	특성
환상기	아동기 (11세 이전)	초기 단계에서는 놀이 중심, 이 단계 후반에서 놀이가 일 지향이 됨
잠정기	청소년 초기 (11~17세)	작업요구수준, 즉 관심, 능력, 작업보상, 가치관 그리고 시간 전망에 대한 점진적 인식으로 특징되는 과도기적 과정
현실기	청소년 중기 (17세~성인초기)	능력과 관심의 통합, 가치관의 발달, 직업선택의 명료화, 직업 유형의 정형화

출처: Zunker (1998), p. 29.

Ginzberg의 이론은 진로지도에 필요한 개인의 직업적 성숙도와 규준을 제공함으로써, 직업선택과정에서 각각 단계별 문제 발견과 지도에 도움을 줄 수 있다는 장점이 있다. 발달단계 초기에 이루어지는 선택과정은 개인의 흥미, 능력, 가치관에 좌우되지만, 나중에는 이 요인들과 외부적인 조건이 함께 타협을 이룸으로써 직업선택이 이루어지는 점이 특징이라 할 수 있다(김충기, 1999, pp. 147-148). 그러나 Ginzberg가 실시한 경험적 연구의 결과는 여성과 소수민족, 그리고 도시나 농촌의 빈민층이 제외되었다는 표본상의 문제점 때문에 연구결과를 일반화할 수 없는 제한점을 지니고 있다(Osipow, 1983).

(2) Super의 발달이론

Super의 이론은 Ginzberg의 이론에 대한 비판으로 출발한 것으로서 직업생애단계, 직업성숙도, 자아개념의 직업적 자아개념으로의 전환, 진로 유형이라는 네 가지 요소에 초점을 두고, 진로발달의 개인적 요인, 환경적 요인 간의 상호작용을 강조하는 통합적 이론이라는 특징을 갖는다(이효성, 김근아, 2009, p. 91). Super의 이론은 진로발달의 각 단계는 고정된 것이 아니라 유동적이어서 모든 사람들은 발달단계의 순서를 따르지 않을 수 있음을 가정하였다. 즉, 발달단계 내에서 발달과정의 순환이 일어나기도 하고, 대순환과 소순환이 공존한다는 역동적인 관점을 채택하였다(최윤정, 2012, p. 20).

Super의 이론은 자아개념과 진로발달의 관계를 규명하고, 진로성숙의 개념을 규명하였다는 점에서 진로발달이론에 중요한 공헌을 하였다. 개념적으로 진로성숙은 계속적인 생애단계 내에서 성공적으로 수행된 발달과업을 통하여 획득된다. Super의 이론은 모든 발달이론들 가운데 가장 종합적인 것으로 간주되고 있으며, 많은 연구들에 의해 일반적으로 지지되었던 발달개념들에 타당한 설명을 제공하여 준다(Osipow, 1983).

Super는 처음에 진로발달이 자아개념과 관련된 능력, 태도, 흥미, 그리고 욕구의 발달을 특징으로 하는 성장기(0~14세), 선택이 제한적이지만 완결되지 않은 시험적인 국면을 특징으로 하는 탐색기(15~24세), 일의 경험을 통한 시행과 확립을 특징으로 하는 확립기(25~44세), 수행하고 있는 일의 위치와 상황을 개선하기 위한 계속된 적응과정을 특징으로 하는 유지기(45~64세), 은퇴 이전을 고려하고 감소된 작업능력, 그리고 최종적인 은퇴를 특징으로 하는 쇠퇴기(65세 이상)라는 일련의 과정을 통하여 이루어진다고 보았으나, 그 후 '생애 무지개(life rainbow)'라는 용어를 사용하여 생애의 시간적 개념인 수직적 차원에다 '생애 공간(life-space)'이라는 두 번째 차원을 추가하여 진로발달의

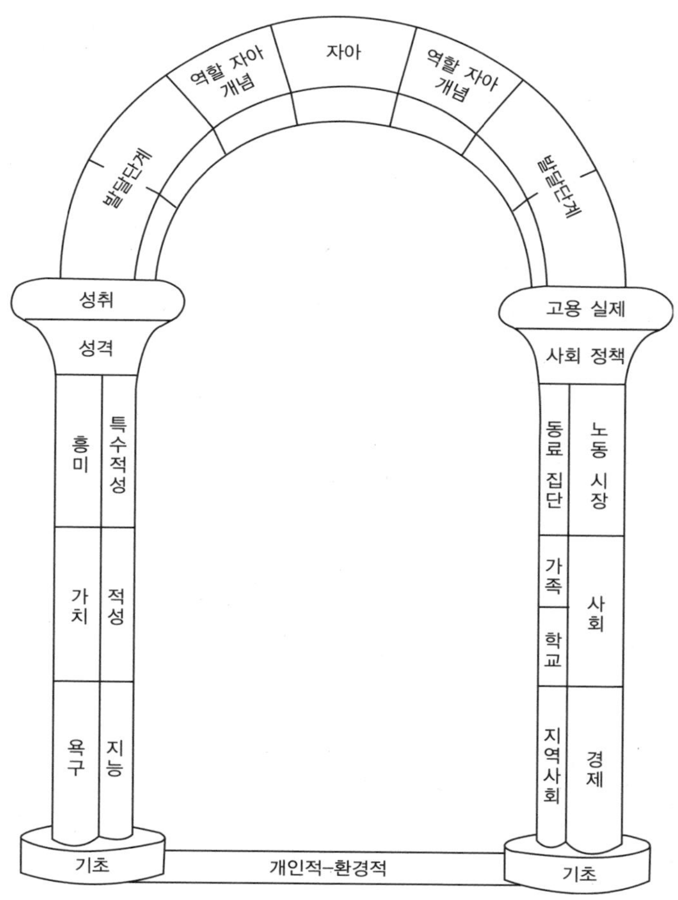

[그림 13-1] Super의 진로발달모형

출처: Zunker(1998). p. 37.

분절형 모형인 '아치형 모형(archway model)'을 제시하였다(김충기, 1999, pp. 150-151). Super의 분절형 진로발달모형은 [그림 13-1]과 같다.

Super의 분절형 진로발달모형은 생물학적 근거로부터 확장된 원추를 개인의 욕구, 지능, 가치관, 태도 및 관심과 마주하도록 구성하였는데, 이들은 인성변인을 구성하고, 성취를 가져오는 요소라고 보는 것이다. 그리고 지리적 근거로부터 솟아오른 원추는 가정, 학교, 동료집단 및 노동시장과 같은 환경적 영향을 포함하는데, 이들이 사회정책과 실제 고용에 영향을 주는 요인으로 보고 있다.

(3) Tiedeman과 O'Hara의 발달이론

Tiedeman과 O'Hara는 진로발달을 직업 정체성(vocational identity)을 형성해 가는 과정으로 보았다. 새로운 경험을 쌓을수록 개인의 정체성은 발달된다. 분화와 통합의 과정을 거치면서 개인은 자아정체감을 형성해 가는데, 이러한 자아정체감은 직업 정체감의 형성에 중요한 요인이 된다. 이 이론에서는 개인이 자신의 특성을 파악하고 자아를 실현시킬 수 있는 일이 무엇인가를 인식하여 과정을 중시한다(이효성, 김근아, 2009, pp. 91-92).

3) 욕구이론

욕구이론의 대표적인 학자들은 Roe, Holland, Hoppock 등이다. Roe는 개인의 욕구가 직업선택에 큰 영향을 미친다고 보았다. Roe는 여러 가지 다른 직업에 종사하는 사람들은 각기 다른 욕구를 갖고 있고, 이러한 욕구의 차이는 어린 시절의 부모-자녀 관계에 기인한다고 보았다. 즉, 자녀 회피형, 정서 집중형, 자녀 수용형의 세 가지로 구분되는 가정의 정서적 분위기(육아법)에 따라 자녀의 욕구 충족도가 달라진다고 보았다(이효성, 김근아, 2009, p. 92). 그리고 Holland는 개인의 행동양식 혹은 성격유형이 직업선택과 그 발달에 중요한 영향을 미친다고 가정하였다(최윤정, 2012, p. 39).

Holland는 개인이 자신의 성격유형과 직업선호를 합치시키는 것을 직업적 성격유형이라고 하였다(Zunker, 1998, p. 37). Holland의 가정에 따르면 직업을 선택하는 시기에 있어서 개인은 그가 타고난 유전적 소질과 문화적, 개인적 요소 간의 상호작용을 받는다. 여기서 말하는 문화적, 개인적 요소란 개인에게 중요한 타인, 개인이 속한 사회계층과 사회문화, 물리적 환경 등을 의미한다(김충기, 1999, p. 152). Holland는 자신의 이

표 13-2 Holland의 성격유형

유형 / 특성	R: 현실형	I: 탐구형	A: 예술형	S: 사회형	E: 기업형	C: 관습형
성격 특징	남성적, 솔직하고, 성실하며, 검소하고 지구력이 있고, 건강하며, 소박하고, 말이 적으며, 냉정한, 구체적인, 실리적인, 비사교적인, 고집이 있고, 직선적이며, 단순하다.	탐구심이 많고, 논리적, 분석적, 합리적이며, 정확하고, 지적 호기심이 많으며, 지적인, 학구적인, 나서지 않는, 인기가 없는, 비판적, 내성적이고, 수줍음을 잘 타며, 신중하다.	상상력이 풍부하고, 감수성이 강하며, 자유분방하며, 개방적인, 직관적인, 까다로운, 관념적인, 복잡한, 순응하지 않는, 즉흥적인, 감정이 풍부하고, 독창적이고, 개성이 강하고, 협동적이지 않다.	사람들을 좋아하며, 어울리기 좋아하고, 친절하고, 이해심이 많으며, 우호적인, 사회성 있는, 외향적인, 관대한, 따뜻한, 재치 있는, 협동적인, 남을 잘 도와주고, 봉사적이며, 외향적이고, 낙관적이고, 열성적이다.	지배적이고, 통솔력, 지도력이 있으며, 말을 잘하고, 설득적이며, 경쟁적이고, 쟁취적이며, 모험심이 있는, 과시적인, 쾌락추구의, 활기찬, 자신감 있는, 야심적이며, 외향적이고, 낙관적이고, 열성적이다.	정확하고, 빈틈이 없고, 조심성이 있으며, 세밀하고, 계획성이 있으며, 보수적인, 관습적인, 절제된, 순응적인, 방어적인, 실천적인, 사무적인, 능률적인, 검소한, 질서정연한, 상상력이 없는, 방법적인, 완고하고 책임감이 강하다.
적성 유능감	1. 기계적, 운동적인 능력은 있으나, 대인관계 능력은 부족하다. 2. 수공, 농업, 전기, 기술적 능력은 높으나, 교육적 능력은 부족하다.	1. 학구적, 지적인 자부심을 가지고 있으며, 수학적, 과학적인 능력은 높으나 지도력이나 설득력은 부족하다. 2. 연구 능력이 높다.	1. 미술적, 음악적 능력은 있으나, 사무적 기술은 부족하다. 2. 상징적, 자유적, 비체계적 능력은 있으나, 체계적, 순서적인 능력은 부족하다.	1. 사회적, 교육적 지도력과 대인관계 능력은 있으나, 기계적, 과학적 능력은 부족하다. 2. 기계적, 체계적 능력이 부족하다.	1. 적극적이고 사회적이고 지도력과 언어의 능력은 있으나, 과학적인 능력은 부족하다. 2. 대인간, 설득적인 능력은 있으나, 체계적 능력은 부족하다.	1. 사무적이며 계산적이고 회계정리 능력은 있지만, 예술적, 상상적인 능력은 부족하다. 2. 체계적, 정확성은 있으나, 탐구적, 독창적 능력은 부족하다.
가치	특기, 기술, 기능, 전문성, 유능성, 생산성	탐구, 지식, 학문, 지혜, 합리성	예술, 창의성, 재능, 변화, 자유, 개성	사랑, 평등, 헌신, 인간 존중, 공익, 용서, 봉사	권력, 평등, 명예, 모험, 자유 보상	능률, 체계, 안전, 안정
대표 직업	기술자, 자동기계 및 항공기 조종사, 정비사, 농부, 엔지니어, 전기·기계기사, 운동선수	과학자, 생물학자, 화학자, 물리학자, 인류학자, 지질학자, 의료기술자, 의사	예술가, 작곡가, 음악가, 무대감독, 작가, 배우, 소설가, 무용가, 디자이너	사회복지사, 교육자, 간호사, 종교지도자, 상담가, 임상치료사, 언어치료사	기업경영인, 정치가, 판사, 영업사원, 상품구매인, 보험회사원, 판매원, 관리자, 연출가	공인회계사, 경제분석가, 은행원, 세무사, 경리사원, 컴퓨터 프로그래머, 감사원, 안전관리사, 사서, 법무사

출처: 김충기(1999), pp. 153-154.

론을 보다 더 잘 설명하기 위하여 현실형(realistic), 탐구형(investigative), 예술형(artistic), 사회형(social), 기업형(enterprising), 관습형(conventional)이라는 여섯 가지 유형과 관련된 직업의 대표적인 예들을 제공하고 있다. 그 구체적인 내용은 〈표 13-2〉와 같다.

개인이 지닌 각각의 성격유형은 독특한 문제해결 방법 및 태도를 가지고 있으며, 각 개인은 다른 사람들과는 다른 활동을 선호할 수 있고, 그 활동은 흥미로 변하게 되며, 이러한 특별한 흥미와 능력을 요구하는 집단에 속하게 된다. 그리고 각기 다른 성격유형을 가진 개인들은 서로 다른 흥미, 능력, 재능을 가지고 있어 자신과 어울리는 사람을 사귀고 자신과 맞는 환경 속에서 생활하며 자신의 흥미나 능력과 일치하는 문제를 탐구하고 세상을 바라본다. 따라서 Holland의 성격유형은 개인이 발달하면서 갖게 된 자신의 목표, 직업선택 및 변화를 일으키는 과정을 설명하여 준다고 할 수 있다.

Holland(1985)는 성격유형의 개인차를 개념화하여 각 개인의 성격적 특성과 환경적 특성의 관계, 개인 내 성격적 특성들 간의 관계에 근거하여 직업적 성격의 관계를 나타내는 육각형 모형을 제시하였다. 육각형 모형에서 인접한 유형들끼리는 심리적으로 유사하고, 대각선상에 있는 유형들끼리는 가장 심리적으로 유사하지 않은 것으로 해석된다. Holland의 직업적 성격유형의 육각형 모형과 그 구성요인들 사이의 관계는 [그림 13-2]와 같다.

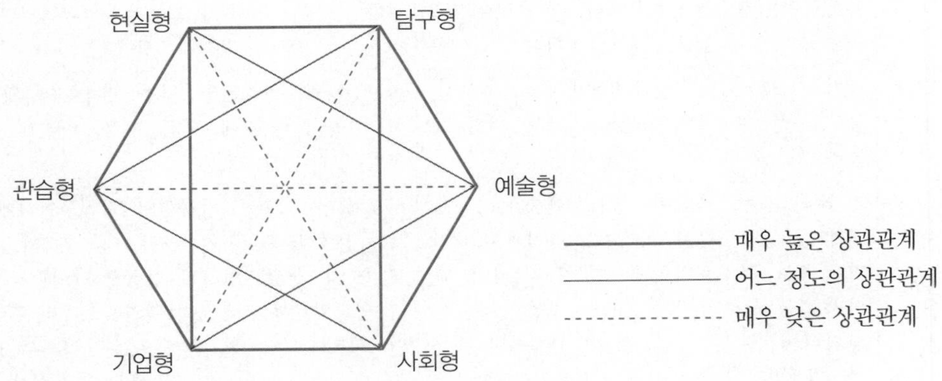

[그림 13-2] Holland의 직업적 성격유형의 관계 모형

출처: 강재태, 배종훈(2009). p. 28 재구성.

3. 진로교육의 목표와 방법

1) 진로교육의 목표

진로발달은 태어나서부터 세상을 떠날 때까지 일생 동안 진행되는 평생과정이다. 이러한 진로발달의 과정은 흔히 진로인식(career awareness), 진로탐색(career exploration), 진로준비(career preparation), 진로동화(career assimilation)의 네 단계로 구분된다(Brolin, 1997). 이 단계들에서 진로동화를 직무배치(job placement)로 명명하는 경우도 있고(Wehman & Targett, 2004, p. 9), 진로적응이라고 명명하는 경우도 있다. 그리고 진로탐색과 진로준비의 단계 사이에 진로계획(career planning)의 단계를 삽입하고, 진로동화의 단계를 배제하는 경우도 있다. 그렇지만 진로발달 단계는 대부분 네 단계로 구분한다.

진로인식은 초등학교에서 시작되며, 이 단계에서 학생들은 일의 세계가 있음을 이해하기 시작한다. 학생들은 부모들이 매일 일하러 가는 것을 깨닫는다. 학생들은 소방관, 의사, 교사, 점원 등과 같이 다른 일, 즉 여러 가지 직무의 일을 하는 사람들에게 노출된다. 이 단계에서 학생들은 자신이 좋아하는 것과 싫어하는 것, 자신의 능력, 한계 그리고 욕구 등을 배우게 되며, 책임감, 협력, 도움 청하기와 같은 기본적인 직무기술(job skill)을 학습한다(Spooner, Browder, & Uphold, 2011, p. 371).

진로탐색은 중학교에서 시작되며, 이 단계에서 학생들은 다양한 직무를 탐색한다. 학생들은 자신이 매일 보는 것보다 더 많은 직무들이 있음을 깨닫기 시작한다. 학생들은 자신의 강점과 약점을 알고, 이들이 진로선택(career choice)과 어떻게 관련되는지를 학습한다. 예를 들면, 다른 사람들과 상호작용을 하지 않는 학생은 식품점에서 일하는 것이 좋은 직무선택이 아님을 깨달을 것이며, 야외활동을 즐기는 학생은 정원에서 일하는 것을 결정할 것이다. 이 단계에서 학생들은 흥미, 적성, 직업성숙도 등의 검사를 통하여 자신에 대해 구체적으로 알게 된다(Spooner, Browder, & Uphold, 2011, p. 371). 이런 활동들은 진로결정에 참여하는 데 필요한 경험적 참조를 제공한다. 그리하여 학생들은 이 단계에서 진로지도와 상담을 통하여 구체적인 진로목표를 결정하게 된다(Brolin & Gysbers, 1989, p. 158). 이 단계에서는 개별화 전환계획(Individualized Transition Plan: ITP)이 수립되기 시작한다. 이 계획에서는 졸업 이후 취업에 대한 계획뿐만 아니라 독립생활을 할 수 있는지, 부모와 함께 살지, 또는 수용시설에 갈지 등에 대한 주거

계획, 여가시간 활용에 대한 계획, 지역사회 통합을 위한 계획 등도 고려해야 한다. 또 현장견학, 실제 근무하고 있는 사람들이나 선배들의 이야기, 다양한 비디오 프로그램 등을 통한 현실적 체험 및 정보를 제공해야 한다(강위영, 1995, p. 51).

진로준비는 중학교 말에 시작되어 고등학교까지 지속되는 단계이다. 이 단계에서 학생들은 자신의 약점, 강점, 다른 직무에 관한 지식에 기초하여 진로선택을 좁히기 시작한다. 또한 학생들은 자원봉사활동, 직무표본, 임금고용 등을 통하여 자신의 직무선택에서 실제적인 생활경험을 얻는다(Spooner, Browder, & Uphold, 2011, p. 372). 이 단계에서 학생들은 취업에 필요한 기본적인 교과학습은 물론이고, 다양한 상황에서 직무를 익히는 경험을 쌓고, 계속적인 진로지도와 상담 서비스를 받아야 한다. 물론 이 단계에서도 진로탐색의 단계에서 시작하였던 대인관계 기술, 위생관념, 시간 지키기 등과 같은 직업 전 기술(prevocational skills)에 대한 훈련이 계속 필요하며, 전환계획도 주기적으로 재검토되어야 한다(강위영, 1995, p. 51). 이 단계 동안 학생들은 교육과정을 통하여 개인적, 사회적, 직업적 능력의 발달과 명료화를 강조하는 활동을 배워야 한다. 특정 흥미, 적성, 기술은 더욱 분명하게 되며, 삶의 양식도 더욱 분명히 묘사된다. 직업영역에서 진로선택은 비록 여전히 임시적이더라도 더욱 구체적으로 직업적, 학업적 교수와 관련된다(Brolin & Gysbers, 1989, p. 158).

진로동화의 단계는 임금고용 활동뿐만 아니라 만족스러운 직업, 가족, 시민에 참여하는 데 있어 학교 이후 훈련과 지역사회 환경으로 이동을 지원하는 단계라고 볼 수 있다(최윤정, 2012, p. 22). 진로동화의 단계는 고등학교에서 이루어지지만, 때로 학생들은 그 이후에도 이 단계에 도달하지 못할 수 있다. 이 단계 동안 학생들은 진로를 결정하고, 그 진로를 위한 준비를 마무리한다. 예를 들면, 학생이 수의사 보조원으로 일하는 것을 결정하면, 그는 주말에 지역사회의 동물 보호소에서 자원봉사활동을 하며, 학교 수업일 동안 수의사 보조원을 할 수 있다. 이 단계에서 학생들은 자신이 선택한 진로에 도달하도록 돕는 지속적인 지원을 보장하는 성인 서비스 기관들과 연계된다(Spooner, Browder, & Uphold, 2011, p. 372).

이와 같이 진로교육은 진로발달의 단계별로 자아인식, 일과 직업세계에 대한 이해, 건전한 직업관 형성, 의사결정 능력의 함양, 생활능력의 함양 등에 필요한 내용을 중심으로 이루어진다(Herr & Cramer, 1992). 이러한 진로발달의 단계별 교육목표와 내용에 대하여 한국직업능력개발에서는 진로발달의 단계를 진로인식, 진로탐색, 진로계획, 진로준비, 진로적응 · 진로전환의 5단계로 구분하고, 모든 단계에서 ① 자기이해 및 긍정

표 13-3 **진로교육의 영역별 진로교육 목표**

하위영역	1단계(초등학생)	2단계(중학생)	3단계(고등학생)	4단계(대학생)	5단계(성인)
자기이해 및 긍정적인 자아개념	자신이 소중한 존재임을 인식한다.	자신을 알고자 노력하며 긍정적인 자아개념을 형성한다.	자신을 객관적으로 이해하고 긍정적인 자아개념을 형성한다.	자기이해를 심화하고, 자신을 긍정적으로 수용한다.	지속적으로 자신을 성찰하고 긍정적으로 수용한다.
다른 사람과의 긍정적인 상호작용	긍정적인 대인관계의 중요성을 인식한다.	긍정적인 대인관계에서 요구되는 능력을 습득한다.	긍정적인 대인관계에서 요구되는 능력을 향상시킨다.	다양한 상황에서 다른 사람과 긍정적으로 상호작용한다.	긍정적인 인간관계를 통하여 사회적 관계망을 확대 · 발전시킨다.
평생학습의 중요성 인식 및 참여	학습의 중요성을 인식하고, 기본적 학습습관과 태도를 습득한다.	학습의 중요성을 인식하고 자기주도적 학습습관과 태도를 가진다.	학습의 중요성을 인식하고 학습능력을 향상시킨다.	평생학습의 중요성을 이해하고 다양한 학습의 장에 적극적으로 참여한다.	평생학습에 적극 참여하고, 학습결과를 진로개발에 활용한다.
진로정보의 탐색, 해석, 평가, 활용	진로정보의 중요성을 인식하고 탐색한다.	진로정보를 탐색하여 잠정적인 진로결정에 활용한다.	다양한 진보 정보를 탐색, 해석, 평가, 활용한다.	자신의 진로준비에 필요한 정보를 탐색, 해석, 평가, 활용한다.	직업생활을 위해 필요한 진로정보를 생성하고 관리한다.
일, 사회, 경제와의 관계 이해	일의 중요성을 인식한다.	일, 사회, 경제, 자신과의 상호관계를 이해한다.	사회 · 경제적인 환경 변화가 일과 직업에 끼치는 영향을 이해한다.	사회 · 경제적인 환경 변화가 개인의 삶과 직업에 끼치는 영향을 이해하고 예측한다.	급격하게 변화하는 사회환경의 변화가 개인의 진로개발에 끼치는 영향을 이해하고 대응한다.
긍정적인 직업가치와 태도	맡은 일에 열심히 임하는 태도를 형성한다.	직업에 대하여 긍정적이며 적극적인 태도를 가진다.	직업생활에서 요구하는 긍정적이며 적극적인 태도와 습관을 함양한다.	긍정적인 조직문화의 형성과 생산적 사회구성원으로서 요구되는 태도와 습관을 기른다.	직업인으로서의 사회적 책무성을 가지고 직업생활을 영위한다.
합리적인 의사결정 및 진로계획의 수립	의사결정의 중요함을 인식하고 미래에 대한 꿈을 가진다.	잠정적인 의사결정을 위하여 다양한 진로대안을 모색한다.	합리적인 의사결정을 기초로 하여 세부 진로계획을 수립한다.	진로목표를 구체화하고, 이를 달성하기 위한 실천전략을 계획한다.	직업선택, 유지, 전환의 목표에 적합한 세부계획과 대응전략을 수립한다.
진로계획의 실천	꿈을 이루기 위한 노력과 실천의 중요성을 인식한다.	다양한 진로대안의 적합성을 비교 · 검토한다.	자신이 수립한 진로계획의 목표를 달성하기 위하여 세부 과업을 설정하고 실천한다.	진로계획의 실천과정 및 결과를 지속적으로 모니터링한다.	진로계획의 실천을 지속적으로 모니터링하여 자신의 진로를 활성화시킨다.
효과적인 구직, 직업유지, 전환	직업인이 되기 위하여 요구되는 자질이 무엇인지 인식한다.	취업에 필요한 지식, 기술, 태도를 습득한다.	취업에 필요한 지식, 기술, 태도를 함양한다.	구직 및 직업유지, 전환을 위해 요청되는 역량을 강화한다.	직업선택, 창업, 유지, 전환에 요구되는 역량을 심화 · 발전시킨다.

출처: 이영대(2009). p. 106.

적인 자아개념, ② 다른 사람과의 긍정적인 상호작용, ③ 평생학습의 중요성 인식 및 참여, ④ 진로정보의 탐색, 해석, 평가, 활용, ⑤ 일, 사회, 경제와의 관계 이해, ⑥ 긍정적인 직업가치와 태도, ⑦ 합리적인 의사결정 및 진로계획의 수립, ⑧ 진로계획의 실천, ⑨ 효과적인 구직, 직업유지, 전환을 공통적인 내용으로 지도하여야 한다고 그 영역과 목표를 구체화하였다(이영대 외, 2005, p. 106). 그 구체적인 내용은 〈표 13-3〉과 같다.

이와 같은 진로발달의 단계와 교육목표는 장애학생들에 대해서도 많은 함축적인 의미를 지니고 있다. 인지발달이 정상인 장애학생의 경우 비장애학생과 같은 또는 거의 유사한 발달단계를 기대할 수 있지만, 인지 결함을 갖는 장애학생의 경우 각 단계의 기간이 좀 더 길어지거나 또는 더 심한 경우에는 발달단계 이상을 넘어가지 못할 수 있다. 그러나 대체로 그 발달단계는 비장애학생과 같은 순서를 거칠 것으로 기대된다. 그리고 또 하나 각 개인의 성장과 발달은 환경에 의하여 가동될 수 있고 강화될 수 있다는 진로발달의 원리는 장애학생들에게도 적용될 수 있다는 점이다(Clark & Kolstoe, 1995).

장애학생들은 진로인식의 단계 동안 교육과정을 통하여 자신의 느낌, 가치 및 잠재력에 관하여 학습하도록 도움을 받아야 한다. 이런 초점은 장애학생들이 자기가치(self-worth)와 자신감을 개발하며, 사회적으로 바람직한 행동을 자각하고, 다른 사람들과 관련된 의사소통 기술을 개발하려는 요구를 자각하도록 도와준다. 그리고 직업능력의 경우 초점은 일에 관하여 긍정적인 태도를 개발하고, 자신을 잠재적인 노동자로 보기 시작하며, 다른 종류의 직무와 직무 책임감에 대하여 자각하도록 돕는 데 있다. 그 외에 초점은 직업성격(work personality)을 개발하고, 성공하는 데 요구되는 작업 습관과 행동의 종류를 자각하도록 하는 데 두어야 한다(Brolin & Gysbers, 1989, p. 157).

장애학생들은 진로탐색의 단계에서 자신의 능력과 욕구, 노동시장의 요구, 비임금 노동의 역할 및 적절한 경험을 통한 취미와 여가 활동을 탐색하도록 도움을 받아야 한다. 작업 표본, 모의작업 과제, 지역사회 직무는 미래 고용을 위하여 요구되는 작업 습관과 행동의 개발에 이용될 수 있다. 그 외에 이런 활동은 학생들에게 진로결정에 참여할 수 있도록 하는 데 필요한 경험적인 참조를 제공한다. 진로와 직업 평가는 학생들이 흥미와 적성을 조사하기 위하여 각각의 경험과 더불어 실행에 중요하다. 또한 이 단계에서 강조되어야 하는 것은 주부, 가족 구성원, 자원봉사 및 생산적인 취미와 여가활동에 참여하는 사람의 비임금 작업 역할을 탐색하는 것이다(Brolin & Gysbers, 1989, p. 158).

장애학생들은 진로준비 단계 동안 이용할 수 있는 다양한 경로와 경험을 선택하도록 부가적인 도움을 받아야 한다. 대부분의 장애학생들을 위한 진로준비는 실질적인 경험적 요소를 요구한다. 또한 직업검사, 작업 표본, 상황평가, 직무적성검사 등으로 구성되는 종합적인 직업 평가는 그들의 선택과 그들의 교육과 훈련 요구의 실재론을 조사하는 데서 중요하다. 많은 장애학생들은 직업을 준비하는 데 비장애학생들보다 더 많은 시간을 요구할 것이다(Brolin & Gysbers, 1989, p. 158).

마지막으로 장애학생들은 대부분 평생학습 요구를 가진다. 이러한 요구는 배치, 추적 및 다른 지원적인 진로활동과 함께 받아들여져야 한다(Brolin & Gysbers, 1989, p. 158). 장애인의 실업률이 높지만, 장애학생들의 일부는 학교를 졸업할 때 직무를 획득한다. 그러나 이들은 교육과 훈련을 지속적으로 받아야 하며, 지역사회와 자신들의 가정에서 역할을 담당하여야 한다. 그리고 지역사회, 가정 또는 직장에서 역할이 변경될 때 재교육의 과정을 요구한다. 이런 경우에는 앞에서 기술된 과정들이 반복되어야 한다.

이상에서와 같이 장애학생의 진로교육은 진로발달의 단계별로 적절히 자기이해, 다른 사람과의 긍정적인 상호작용, 진로정보의 탐색, 해석 및 평가, 활용, 일, 사회 및 경제와의 관계 이해, 직업가치와 태도, 합리적인 의사결정 및 진로계획의 수립과 실천, 효과적인 구직, 직업유지 등을 위계적으로 익혀 적절한 진로를 선택하도록 하는 데 목표를 두어야 한다. 그러므로 특수학급의 진로교육은 궁극적으로 개별 학생이 자신과 자신의 장애를 알고 자신의 특성과 요구에 적절한 진로를 합리적으로 선택하여 유지하도록 하는 데 목표를 두고 있다고 할 수 있다.

2) 진로교육의 방법

학습은 모든 환경 속에서 자연적인 방법으로 또는 계획된 방법으로 이루어진다. 이와 마찬가지로 진로교육도 사전에 계획된 방법에 의하여 이루어져야 한다. 진로계획은 크게 진학계획과 직업준비계획으로 구분된다. 진학계획은 학생들이 고등학교, 대학교, 대학원 등 상급학교에 진학하는 계획을 의미하고, 직업준비계획은 진학하지 않는 학생들이 장래 직업을 얻기 위해 사전에 직업을 준비하는 계획을 의미한다(김충기, 1999, p. 138). 그러나 진학계획도 결국은 전문적인 직업을 준비하는 과정이란 면에서 직업준비계획의 한 과정이라 할 수 있다. 따라서 개인이 최종적으로 직업을 선택하여 직업생활을 영위해야 한다고 할 때, 진로계획은 진로발달의 단계별로 체계적으로 수립하여 계획된 상황에 능동적으로 대처하고, 계속해서 수정 · 보완해 나가야 한다(김충기, 1999, p. 138).

진로인식은 유치원에서 초등학교 사이에 이루어지기 때문에 학생들에게 가능한 한 다양한 직업의 종류를 이해할 수 있는 경험을 제공하여야 한다. 이 과정에서의 교육목표는 다양한 직업군에 대한 이해와 더불어 잠재적인 선택의 기회를 갖도록 도와주는 데 있다. 진로탐색은 중학교 초기부터 이루어지며, 주요한 목표는 예비적인 체험과정으로서 진로를 계획하고 발전시키며 선택할 수 있는 경험의 기회를 제공하는 데 두어야 한다. 그리고 진로준비는 주로 고등학교 2~3학년에 해당하는 기간에 이루어지며 직업기술과 고용 수준에 도달할 수 있는 지식과 기술을 습득하고, 직업훈련계획을 향상시켜야 한다(오혜경, 1999). 이러한 목표를 달성하기 위하여 진로계획은 인생설계로부터 이루어져야 한다(김충기, 1999, p. 141).

인생설계는 학생들로 하여금 자신의 인생을 폭넓게 바라볼 수 있도록 하여 주는 작업이다. 자신이 장래에 할 일이 무엇인지를 생각해 보게 하고, 장차 직업인으로서 자아상을 어떻게 그리는지를 사전에 알아보도록 하는 것은 진로교육에서 매우 중요한 활동이 될 수 있다. 그러므로 학생들에게는 현재 자신의 위치에서 앞으로 5년 후, 10년 후, 20년 후의 소망과 꿈이 무엇인가에 대해 잠정적으로 계획을 세운 다음, 정년 이후에는 어떻게 삶을 누리고 설계할 것인가에 대하여 장래의 인생 전체를 놓고 계획을 세워 놓는 설계도가 필요하다. 학생들은 자신의 인생설계표를 작성하고, 자신의 진로 방향에 대한 장단점을 알아보고, 또한 준비하여야 할 것이 무엇인가를 검토하여 보는 작업이 이루어져야 한다(김충기, 1999, p. 141). 이런 인생설계를 위해서는 자신과 직업의 세계에 대한 이해를 필요로 한다.

진로계획의 주체는 자신으로서 학생들은 자신에 대하여 객관적으로 이해하여야 한다. 나는 누구인가? 자신의 모습을 자아(self)라고 한다. 자신만이 갖고 있는 유일하고 독특한 특성인 것이다. 내가 나를 파악한다는 것은 쉽게 말하면 주제 파악이다. 각 개인의 바람직한 진로계획은 자기 자신을 잘 아는 것으로부터 시작된다. 나의 이해영역으로는 우선 신체적 요인으로 체격, 체질, 체능, 체력, 신체 결함 등을 고려해야 하고, 정신적 요인으로 흥미와 적성, 지능, 성격, 능력, 태도 등을 고려해야 한다. 구체적인 나의 이해방법은 다음과 같다.

- **내성법**(內省法): 반성기록, 행동기록, 일기, 수기, 감상문, 자서전, 자기분석 등을 활용한다.

- **관찰법**: 사례연구, 가정방문, 관찰기록, 현장견학, 누가기록, 여가 · 취미활동, 독서경향 등을 알아본다.
- **검사법**: 지능검사, 학력검사, 성격검사, 직업흥미검사, 적성검사, 행동진단검사, 진로성숙도검사, 창의력검사, 자아개념검사 등 표준화 심리검사를 실시하여 본다.
- **조사법**: 의식구조조사, 학생 희망조사, 학부형 희망조사, 생육사 조사, 가정환경조사, 특기조사, 기타 질문지 조사 등을 실시하여 본다.
- **학습법**: 상담활동 전개, 학습방법 개발, 특별활동, 학급회담, 토론회, 생애발표, 가치목록, 자료선택 등이 해당된다. (김충기, 1999, p. 162)

학생들이 진로를 선택하려면 우선 자신에 대하여 알아야 하며, 그 다음에 자신의 특성에 적합한 일, 즉 직업에는 어떤 것들이 있는가를 알아야 한다. 우선 직업의 종류가 어떤 것이 있고, 또 직업에서 하는 일은 무엇이고, 그러한 직업을 갖기 위해서 갖추어야 할 자질은 무엇이며, 앞으로의 전망은 어떠한가 등에 대해서 정확히 알아야 한다. 그래야 개인의 특성을 최대한으로 실현시킬 수 있는 직업을 택해서 능률적으로 즐거움을 느끼며 일을 할 수 있다(이재창, 1998, p. 53). 이를 위하여 필요한 일이 직업탐색이다.

직업탐색은 여러 가지 직업과 직무에 대하여 알아보는 작업이다. 학생들은 학교에서 일정한 교육을 이수하고 나면 누구나 직업을 선택하기 마련이다. 직업은 사회생활을 영위하는 기본적인 요건으로서 생계유지의 수단이자 자아실현의 수단이다. 이는 직업이 성인생활에서 중추적인 역할을 담당하며, 직업을 가져야 하는 이유는 경제적인 이유 이상임을 의미한다. 이는 장애인의 경우에도 마찬가지다. 장애인의 경우 직업은 생계보장과 자아실현의 수단이라는 역할과 더불어 질적인 사회통합의 가능성을 여는 역할을 한다. 그러므로 직업선택은 일생일대의 중대한 삶의 터전을 마련하는 일이므로, 직업탐색 경험을 갖는 일은 아무리 강조해도 지나침이 없을 것이다(정동영, 2006, pp. 97-98).

직업탐색의 과정에서 학생들은 다음과 같은 질문에 답할 수 있는 활동에 몰두해야 한다. 나에게 흥미로운 직업은 무엇인가? 이 직업에서 일하는 사람은 어떤 사람인가? 일하는 사람들의 생활방식은 무엇인가? 그들은 누구와 함께 일하는가? 그들의 작업은 어디서 이루어지는가? 그들의 직업을 수행하기 위하여 일하는 사람들은 어떻게 하는가? 필요한 교육과 훈련의 유형은 무엇인가? 이 직업의 전형적인 월급은 얼마인가? 이러한 활동은 다른 근로자와 다른 작업자의 다른 역할을 학생들에게 드러내고 또한 미래 연구

표 13-4 진로결정 요인

구분	결정 요인
가정적 요인	1. 내재적 요인 연령, 성, 능력, 인성, 직업적 흥미, 학력, 신체적 조건 등 2. 외재적 요인: 가정 배경 부모의 직업 및 학력, 가정의 사회경제적 지원, 가족 구성원, 종교, 교사의 영향
사회 경제적 요인	1. 산업구조의 변화 요인 2. 산업기술의 혁신 요인 3. 인구 증가의 요인 4. 사회적 직업 가치관
교육적 요인	1. 학교 배경 2. 교육정책 배경

출처: 김충기(1999), p. 168.

와 검토를 위한 대안을 명확하게 학생들에게 제공한다(Polloway et al., 2013, p. 370).

직업탐색의 과정을 통하여 학생들은 진로를 결정하는 단계로 발전한다. 진로결정은 진로발달, 직업세계, 교육 및 훈련, 성장과정의 요소의 상호작용으로 이루어지며, 이러한 결정은 가정적 요인, 사회 경제적 요인, 교육적 요인 등의 영향을 받아 이루어진다. 그 구체적인 내용은 〈표 13-4〉와 같다.

개인의 진로결정은 정태적인 것이 아니라, 시대적 상황에 따라 변화하는 동태적인 의사결정인 것이다. 그리고 개인의 진로는 수정 · 보완의 과정을 거치면서 변화하게 된다(강무섭, 1984, p. 28). 진로결정을 위해서는 다양한 진로정보(career information)를 수집하여야 하며, 진로상담(career counseling)도 받아야 한다. 진로정보는 개인이 진로 선택 및 적응을 위하여 필요한 모든 지식과 이해에 관련된 정보를 말한다(김충기, 1999, p. 169). 이런 진로정보는 학생 생활의 문제들을 포함하여 현재와 미래에 있을 수 있는 교육 또는 훈련의 기회에 관한 교육 정보, 직무와 취업에 필요한 자격요건, 작업요건 · 보수 · 승진, 현재 또는 앞으로의 수용과 증원 계획, 그리고 더 필요한 정보의 원천 등을 포함하는 직원, 직무, 직업에 관한 정보자료인 직업 정보, 개인과 인간관계에 작용하는 인간적, 물리적 환경의 영향에 관한 자료인 개인적, 사회적 정보 등을 의미한다. 진로상담은 진로결정을 도와주는 상담을 말한다. 내담자는 진로결정의 수준에 따라 진로결정자, 진로미결정자, 우유부단형으로 구분된다. 진로상담의 개입은 내담자의 진로결정 수준에 따라 차별적으로 이루어져야 한다(이영대, 2009, p. 110). 즉, 세 유형의 내담자들에 대하여 효율적으로 진로결정을 실행할 수 있는 태도와 정보, 그리고 방법을 차별적으로 제공하여야 한다.

진로결정이 이루어지면, 학생들은 진로준비를 해야 한다. 진로준비는 선택한 직종과 진로목표를 향하여 구체적인 직업능력과 직업기술을 익히는 과정, 즉 직업교육의 과정이다(강위영, 1995, p. 51). 흔히 직업능력을 직업에서 필요한 수준의 표준에 맞도록 직무를 수행할 수 있는 능력이라고 정의한다. 그러나 이무근(1997)은 직업능력을 특정 직업 또는 대부분의 직업에서 일정한 직무를 수행하는 데 필요한 능력으로 정의하고, 직업능력을 직업기초능력과 직무수행능력으로 구분하고 있다. 그리고 정철영 등(1998)은 직업능력을 직업생활을 해 나감에 있어 주어진 직무를 성공적으로 수행하는 데 필요한 일정 수준 이상의 능력 총체로 정의하고, 직업능력의 하위 구성요소에 대해서는 대부분의 직종에서 직무를 성공적으로 수행하는 데 공통적으로 필요한 지식, 기술, 태도, 경험을 직업기초능력으로, 그리고 특정 직종 또는 직업에서 직무를 성공적으로 수행하는 데 필요한 전문적인 지식, 기술, 태도, 경험을 직무수행능력으로 정의하고 있다. 또한 정진철(1999)은 직업능력을 직업기초능력과 직무수행능력으로 구분하고, 직업기초능력은 일정 수준 이상의 능력이고, 직무수행능력은 전문적이기 때문에 일반적으로 직업기초능력보다 높은 수준의 능력이라고 정의하나, 그보다 더 중요한 것은 직업기초능력은 대부분의 일에 공통적으로 필요한 능력이고, 직무수행능력은 특정한 일에 필요한 능력이라는 주장이다. 마찬가지로 Custer와 Caliborne(1992)은 직업능력을 모든 직업인에게 기본적으로 필요한 기초기술(basic skills), 초보사원에게 필요한 고용적합기술(employability skills) 및 특정 직종에서 능률적인 직무수행을 위하여 필요한 직종별 직무수행기술(technical skills)의 세 범주로 나누고 있으며(정철영 외, 1998 재인용), AVA(American Vocational Association, 1993)의 Ad Hoc Middle Schools Task Force는 자기와 다른 사람에 대한 이해(긍정적인 자기상은 다양한 사회에 대한 평가를 가능하게 하기 때문에), 일에 대한 개념 형성(가족의 맥락에서 생활 형태를 보는 것), 긍정적인 관계의 개발(가족, 직장, 지역사회에 기여하는 구성원이 되는 것)이라는 3개의 영역을 권고하고 있다. 그러므로 학생이 진로준비 단계를 통하여 습득해야 하는 직업능력은 크게 모든 직종의 직무를 성공적으로 수행하는 데 공통적으로 필요한 직업기초능력과 특정 직종의 직무를 수행하는 데 필요한 직무수행능력으로 구성된다고 할 수 있다.

미국의 SCANS(Secretary's Commission on Achieving Necessary Skills, 1991)는 직업기초능력을 기본능력, 사고력, 개인적 자질, 자원활용능력, 대인관계능력, 정보처리능력, 시스템 능력, 기술활용능력의 8개로 구분하고 있으며, 정철영 등(1998)은 직업기초능력을 의사소통능력, 수리능력, 문제해결능력, 자기관리 및 개발능력, 자원활용능력, 대인관계능력, 정보능력, 기술능력, 조직이해능력의 9개로 구분하고 있다. 그리고 Greenan(1983)은 모든 직업영역에 일반화할 수 있는 기술을 중등 직업훈련 프로그램의 성공에 필요하고 전이할 수 있는 공통적인 기술로 정의하고, 이를 수학기술, 의사소통기술, 대인관계기술, 추론기술이라 주장하고 있으며, Elrod(1987)는 직업의 성공에 필수적인 학업기술을 기본적 수학기술(분수, 십진법, 소수를 이용한 측정과 계산)과 7학년 내지 10학년 수준의 읽기능력이라 주장하고 있다.

이와 같이 진로준비를 위하여 학생들이 습득해야 하는 직업능력은 대부분의 직업에 공통적으로 필요한 직업기초능력과 특정 직업에만 필요한 직무수행능력이다. 이러한 직업능력 중 대부분의 직업에 공통적으로 필요한 능력, 즉 직업기초능력의 습득이 중요해지고 있으며, 이 능력은 단순히 직업을 영위하기 위한 기술이나 기능의 개념을 넘어서 인간으로서 삶을 살아나가는 데 공통적이며 기본적으로 필요한 능력이라고 한다(이영대, 2009, p. 104). 그러므로 직업기초능력은 진로준비 단계에서만이 아니라 초등학교에서부터 개발이 이루어져 고등학교까지 지속적으로 개발되어야 하고, 특정 직무의 수행을 위한 직무수행능력은 진로준비 단계의 중심적인 교육내용이 되어야 한다고 할 수 있다.

장애학생들은 진로준비를 통하여 직업을 선택하는 외에 졸업 이후의 고용 지원형태에 대해서도 알아야 한다. 장애학생을 위한 학교 졸업 이후의 고용 지원형태는 다양하다. 장애학생들이 학교 졸업 이후에 선택할 수 있는 고용지원의 형태는 경쟁고용, 지원고용, 창업, 자원봉사 작업, 보호작업장, 성인 주간 프로그램 등이다.

경쟁고용과 지원고용은 장애학생의 직무선택을 존중하고 임금을 제공하며, 전형적인 통합맥락 내에서 제공되기 때문에 가장 이점이 많은 고용형태다. 경쟁고용의 경우 개인은 임금을 받는 전일제 또는 시간제로 고용된다. 지원고용에서 개인은 직무를 유지하는 데 지원을 받는다. 자원봉사 작업과 성인 주간 프로그램은 장애인들에게 동일한 활동에 참여하는 비장애인들과의 사회적 통합을 제공하는 이점을 지닌다. 그러나 이들은 임금을 받지 않는다. 보호작업장은 임금을 제공하지만, 다른 장애인들과 분리된 환경에 배치되어야 하는 단점을 지닌다(Polloway et al., 2013, p. 373).

지원고용의 형태는 개별배치모형(individual placement model), 소집단모형(enclave model), 이동작업단모형(mobile work crew model), 소기업모형(small business model)으로

구분된다(김무웅 외, 2005, pp. 14-16). 개별배치모형은 한 개인이 하나의 직무현장에 배치되어 직무지도원(job coach)으로부터 직무에 대하여 보조를 받는 형태이다. 이 형태에서 지원고용 제공자는 자연적인 지원을 촉진하며, 직무를 유지하는 개인을 돕기 위하여 협력 노동자에게 임금을 지급한다. 소집단모형은 8명을 넘지 않는 개인들로 소집단을 구성하여 동일한 작업장에서 동일한 작업을 수행하며, 직무지도원의 훈련과 감독을 받는 형태다. 예를 들면, 인쇄회사는 현장에 3명의 장애인과 1명의 직무지도원으로 구성되는 소집단을 둘 수 있다. 이동작업단모형은 소집단모형과 같이 소집단을 직무현장에 배치하여 직무를 수행하도록 지원하며, 작업과제와 함께 개인을 보조하는 직무지도원이나 다른 지원인력을 배치하는 형태이다. 그러나 이동작업단은 필요에 따라 직무현장을 이동하면서 직무과제를 수행한다. 예를 들면, 이동작업단은 잔디 관리나 유리창 청소를 하면서 매일 이동할 수 있다. 소기업모형은 식당, 상점, 선물가게, 제과점 등과 개인들이 공동으로 사업체의 주인이 되어 자문을 제공하는 직원의 지원을 받는 형태이다.

이와 같은 지원고용은 형태에 관계없이 모두 최소한 최저임금을 제공한다. 지원고용에서 직무지도원은 때로 개인이 직무를 숙달할 때까지 시간 제한적으로 지원되지만, 다른 경우에는 장기간 지원될 수 있다. 장기간의 지원 필요는 개인들이 제한된 재정자원으로 필요한 직무지원을 최대한 받을 수 있도록 하기 위하여 소집단과 이동작업단을 활용하는 하나의 이유이다.

창업은 고용의 비전통적인 경로를 제공한다. 이 고용형태는 작업기회에 대한 개인의 독특한 기술이나 흥미와 결합된다. 개인은 모든 창업과 유사하게 자신을 위하여 일을 한다. 창업의 표본은 선물가게, 아동보육, 애완견 관리, 소형 엔진 수리와 같은 것이다. 창업은 지원고용과 조합될 수도 있다. 즉, 중도 장애인은 보조를 하면서 임금을 받는 협력노동자의 도움으로 애완견 관리 서비스를 제공할 수 있다(Polloway et al., 2013, p. 373).

자원봉사활동은 개인이 단체의 과제를 수행하는 무급고용이다. 법적, 윤리적으로 자원봉사활동은 임금을 받는 노동자에 의해 수행될 수 있는 작업으로 이루어지지 않는다. 자원봉사 작업은 전형적으로 병원, 도서관 또는 비영리 기관과 같은 지역사회 서비스 기관에서 수행된다. 개인은 보통 도서관에서 책을 정리하고, 복사를 하며, 우편물을 정리하는 일을 한다(Polloway et al., 2013, p. 373).

보호작업장과 성인 주간 프로그램에서는 장애인이 다른 장애인들과 함께 일을 한다. 개인은 보통 최저임금보다 적은 임금을 받고 다양한 직무과제를 수행한다. 직무과제는 책에 스티커를 붙이고, 종이를 간추리고, 물품을 포장하고 정리하며 조립하는 것 등이다. 성인 주간 프로그램이 여가활동으로만 운영되면 고용의 형태가 되지 않는다. 성인 주간 프로그램의 경우 개인은 매일 학교와 유사한 일정으로 출석한다. 일부 성인 주간 프로그램은 자원봉사나 임금 작업의 기회를 제공한다(Polloway et al., 2013, p. 373).

이상에서와 같이 진로교육은 인생설계로부터 시작하여 진로탐색, 진로결정, 진로준비로 이어지는 진로계획에 따라 이루어져야 한다. 개인은 모두 일생 동안 주어진 직업에 잘 적응하여 만족하는 삶을 누려야 한다. 이러한 삶은 장애인의 경우에도 결코 예외가 되지 않는다. 그러므로 특수학급의 경우에도 진로교육은 개별 학생의 특성과 요구에 적합한 진로계획을 의도적, 조직적, 체계적으로 수립·실행하는 방법을 통하여 진로교육의 목표를 달성하도록 하여야 할 것이다.

4. 특수학급 진로교육의 실제

1) 초등학교 특수학급의 진로교육 실제

초등학교에서는 직업의 세계에 여러 가지 직업이 있으며, 직업에 따라 수행하는 직무들이 다름과 자신에 대한 이해 활동을 통해 진로 개발의 기초를 다지는 진로인식 활동을 중심으로 진로교육이 이루어진다. S교육청 N초등학교의 특수학급에서는 통합학급과 협력을 통해 학생의 진로평가, 진로상담, 진로지도, 진학지도를 실시하고 있다.

(1) 진로평가

N초등학교는 5학년 학생을 대상으로 '적성 특성 종합검사'를 1회 시행하고, 6학년 학생을 대상으로 '홀랜드 진로흥미 검사'를 1회 시행한다. S교육청은 초등학교 학생의 진로평가를 의무사항으로 규정하고 있지 않아 3학년이나 4학년부터 시행하는 학교도 있고, 5학년부터 시행하는 학교도 있으며, 학년별로 1회 시행하는 학교도 있고, 매 학기 1회씩 시행하는 학교도 있다. 이러한 결과는 다른 교육청에서도 거의 유사하게 나타나고 있다. N초등학교 특수학급의 학생은 진로검사의 내용을 이해하고 답을 표기하는 데 어려움이 있을 경우 특수학급에서 특수교육 교사의 도움을 받아 검사를 받는다.

(2) 진로상담

N초등학교는 담임교사가 학생의 진로평가 결과를 토대로 학생과 학부모를 대상으로 진로상담을 실시해 개별 학생의 강점 재능과 약점 재능을 찾아 강점은 더욱 신장하고 약점은 보완할 수 있는 진로계획을 수립한다. 이러한 진로상담의 과정에서 조사된 학생의 희망 직업은 5학년부터 생활기록부에 기록한다. 이 기록은 다른 교육청의 다른 학교에서도 동일하게 이루어지고 있다. N초등학교 특수학급 교사는 학생이 필요로 하는 경우 통합학급 교사와 협의를 통해 학생의 진로검사 결과를 토대로 학생과 학부모와 진로상담을 실시하고, 그 결과를 통합학급 교사와 공유한다. 그러나 N초등학교와는 다르게 대부분의 학교에서는 통합학급 교사가 특수학급 학생과 학부모를 대상으로 진로상담을 실시하고, 그 결과를 특수학급 교사와 공유하고 있다.

(3) 진로지도

N초등학교의 특수학급 학생은 통합학급의 진로지도 계획에 따라 교과와 연계하여 이루어지는 진로지도와 진로체험 활동을 통해 진로인식 활동을 수행하는 외에 특수학급에서 실시하는 진로지도를 통해서도 진로인식 활동을 수행한다. N초등학교의 특수학급에서 자체적으로 이루어지고 있는 진로인식 활동은 〈표 13-5〉, 〈표 13-6〉과 같다.

표 13-5 교과 연계 진로지도

연번	영역 및 단원	주제	학습내용
1	진로활동	나는 누구일까요	나에 대해 알고 소개해요
2		내 마음	내 감정을 알아봐요
3		나의 장점 찾기	내가 잘하는 것은 이것이에요
4		나를 칭찬해요	내 모습 있는 그대로 사랑해요
5		모두 하는 일이 달라요	다양한 직업의 종류 알기
6		앗, 이런 직업이	이런 직업도 있어요
7		도전해요	도전의 날 준비하기
8		도전해요	도전의 날 준비하기
9		도전해요	도전의 날 준비하기
10	학교 특색	꿈 love	내가 이루고 싶은 꿈을 소개해요
11		미래의 나	미래의 나의 모습 그리기

표 13-6 체험활동을 통한 진로지도

기간	장소	체험 내용
4월	국립생물자원관	다양한 생태계 체험
5월	잡 월드	다양한 직업 체험
9월	농도원	치즈 만들기, 소젖짜기, 트랙터 타기 등 축산업 체험
12월	공연 관람	뮤지컬 〈판타지아〉 공연 관람

(4) 진학지도

진학지도는 진로지도와 더불어 진로교육의 중요한 부분이다. 특히 특수교육 대상 학생들의 전환의 어려움을 고려하면, 그 중요성은 강조되지 않을 수 없다. N초등학교 특수학급의 1학년 학생들의 학교 적응지도와 6학년 학생들의 중학교 진학지도의 내용은 〈표 13-7〉과 같다.

표 13-7 특수학급 1학년의 학교 적응지도와 6학년의 중학교 진학지도

대상	시기	학급	프로그램	특수교사 역할
1학년	전년도 2학기	특수학급	예비 신입생 상담	• 초등학교 안내 및 배치절차 안내
	12월 ~3월	특수학급	입학적응 프로그램 운영	• 초등학교 입학 준비를 위한 학부모 상담 • 입학 안내 가정통신문 발송 • 학교 견학의 날 운영
	1월	통합학급	신입생 예비소집일	• 절차 안내
	3월	통합학급	통합학급 적응기간 운영	• 통합학급 학생 대상 장애이해교육 실시 • 담임교사 상담을 통해 유치원 IEP에 따른 학생 특성 전달 • 학부모 상담
6학년	4월	특수학급	희망 중학교 사전조사	• 학부모상담을 통해 인근 특수학교, 일반학교 특수학급에 대한 안내
	10월	특수학급	중입 배치 신청	• 학부모 및 학생 상담을 통해 진학희망 조사 • 중입 배치 신청서 수합 및 제출
	2월	특수학급	배치 결과 확인 및 상담	• 중학교 담당 교사와 상담
	2월	통합학급	전환교육 프로그램	• 진로계획 수립 및 실천을 위한 상담 및 안내

2) 중학교 특수학급의 진로교육 실제

중학교의 진로교육은 자신에게 맞는 미래의 직업을 살피면서 찾는 진로탐색 활동 중심으로 이루어진다. K교육청은 중학교 과정에 집중학년 · 학기제 운영 도입과 확대 등을 통해 진로탐색 기능을 강화하고, 일반학교 특수학급의 진로교육을 위한 인력과 예산을 지원하고 있다. 이러한 K교육청의 S중학교 특수학급에서는 통합학급과 협력하여 학년별로 진로평가를 실시하고, 진로캠프, 전문직업인 초청 진로교육, 진로체험 활동 등을 실시하며, 2학년을 대상으로 주 1회 '진로와 직업' 교과를 운영하고 있다.

(1) 진로평가

N중학교는 진로상담부에서 계획을 세워 전교생을 대상으로 학기별로 1회씩 진로평가를 실시한다. K교육청은 중학교의 경우 진로평가를 연 2회 이상 실시하는 것을 의무로 규정하고 있다. N중학교는 학생들의 진로검사는 출판사와 계약을 통해 실시하기 때문에 매년 학기별로 검사의 종류가 상이하다. N중학교와는 달리 워크넷(work net), 커리어넷(career net)과 같은 온라인 무료검사를 통해 진로평가를 실시하는 중학교들도 있다.

(2) 진로상담

N중학교는 진로평가 결과를 토대로 담임교사들이 학생 및 학부모와 진로상담을 실시하고, 학생이 추가적인 진로상담을 원할 경우 담임교사가 진로상담교사에게 학생의 진로상담을 요청하여 진로상담을 실시한다. N중학교는 1학년부터 매년 학생의 희망직업을 조사하여 생활기록부에 기록하며, 2학년의 경우 담임 및 교과 교사와 연계하여 진로체험 활동, 학교 행사활동 관련 결과물을 계속 포트폴리오에 보관한다. 또한 N중학교는 전교생을 대상으로 창의적 체험활동 종합지원 시스템인 에듀팟의 진로활동 관리 시스템을 통해 학생이 수시로 교과 이외 진로활동을 기록, 관리할 수 있도록 지도하고 있다. N중학교 특수학급의 학생도 필요한 경우 특수학급 교사의 지원을 받아 진로평가를 받는다.

(3) 진로지도

N중학교는 진로평가 결과와 진로개발 역량 지표를 토대로 진로교육 계획을 수립하

표 13-8 **N중학교의 진로특강 내용**

전문 직업인 분야	활동 내용
직업군인	• 직업군인이 되는 길과 근무 조건 • 직업군인이 갖추어야 할 사명감과 봉사정신 외 자격 • 직업군인의 미래 비전
숲해설가, 원예치료사	• 숲해설가(원예치료사)란? • 숲의 사계절을 통한 환경교육 • 환경의 소중함과 역할 • 친환경 EM비누 만들기
사회복지사	• 사회복지사의 꿈 디자인 • 현대 사회와 사회복지사의 역할 • 사회복지사의 자격과 하는 일 경험 • 사회복지사의 미래 비전
안경사	• 안경사가 하는 일과 자격 • 시력 검사 방법 • 시력 관리, 렌즈 관리 방법 외 안경사 역할 • 안경사의 직업 특성과 전망

여 교과 연계 진로교육을 실시하는 외에 진로탐색 동아리를 운영하며, 전문직업인을 활용하여 진로 특강을 실시하고, 지역기관과 연계한 진로체험 활동을 통해 진로탐색 활동을 지도하고, 3학년 학생을 대상으로 진로 중심 교육과정을 집중적으로 운영하는 진로교육 집중 학기제를 운영한다. N중학교에서 다양한 직업군의 인사를 초청하여 실시하는 진로특강의 내용은 〈표 13-8〉과 같다.

N중학교의 특수학급 학생은 학교 전체 진로탐색 활동에 참여하는 외에 개별화교육지원팀의 결정에 따라 특수학급의 교육과정 운영시간에 특수교육 기본 교육과정의 '진로와 직업' 교과 시간을 배정해 실시하는 진로탐색 활동에도 참여한다. 그리고 N중학교 특수학급 학생은 C교육지원청 특수교육지원센터에서 운영하는 특수교육 대상 학생 진로 프로그램에 참가해서 센터와 업무협약을 맺고 있는 지역사회 유관기관이나 관련 업체에 나가서 진로탐색 활동을 1개월에 4회씩 실시한다.

표 13-9 찾아가는 진로 캠프(진로야! 나하고 놀자)

<table>
<tr><th rowspan="2">학년반</th><th colspan="6">시간별 교육내용(교시)</th></tr>
<tr><th>1</th><th>2</th><th>3</th><th>4</th><th>5</th><th>6</th></tr>
<tr><td>3-1
(309)</td><td colspan="2">식물 이야기: 1~2교시</td><td colspan="4">창업캠프: 3~6교시</td></tr>
<tr><td>3-2
(201)</td><td colspan="2">물파스 및 천연생활품 제조: 1~2교시</td><td colspan="4">창업캠프: 3~6교시</td></tr>
<tr><td>3-3
(207)</td><td colspan="4">창업캠프: 1~4교시</td><td colspan="2">식물 이야기: 5~6교시</td></tr>
<tr><td>3-4
(과학실1)</td><td colspan="4">창업캠프: 1~4교시</td><td colspan="2">물파스 및 천연생활품 제조: 5~6교시</td></tr>
<tr><td>3-5
(도서실)</td><td colspan="4">창업캠프: 1~4교시</td><td colspan="2">인형극: 5~6교시</td></tr>
</table>

(4) 진학지도

N중학교 특수학급은 입학 이후 학생들에게 고등학교 진학에 관련된 정보를 제공하고, 2학년 2학기부터 더욱 실제적인 고등학교 진학에 대한 내용을 제공한다. 그리고 N중학교 특수학급은 3학년 1학기부터 실제 진학 희망 또는 가능 고등학교에 대한 정보를 제공하고, 진학 희망 학교를 조사한 이후, 3학년 2학기에 진학 관련 실제 업무가 시작될 때 다시 학생과 학부모의 의견을 조사해 고등학교 진학지도를 한다.

3) 고등학교 특수학급의 진로교육 실제

고등학교 진로교육은 초등학교의 진로인식 활동과 중학교의 진로탐색 활동을 토대로 직업준비 활동을 실시한다. D교육청 H고등학교 특수학급에서 이루어지고 있는 진로평가, 진로상담, 진로지도, 진학지도의 실제는 다음과 같다.

(1) 진로평가

H고등학교 특수학급은 한국장애인고용공단의 직업능력 평가 지원을 통해 학생들의 진로평가를 실시한다. 특수학급에서 학생들의 직업평가를 요청하는 경우 한국장애인고용공단의 직업평가사들이 학급을 방문하여 평가를 실시한다. 그리고 H고등학교 특

표 13-10 한국장애인고용공단 직업능력 평가내용

영역	주요 평가내용	평가방법
면접조사평가	성장과정, 장애, 취업희망직종 등	면담
신체능력	기본체격조건, 근력, 보행, 작업자세 등	관찰, 측정 등
사회심리능력	인지 · 학습, 적성, 흥미, 성격, 사회발달수준 등	심리검사, 관찰, 면담 등
작업기능	작업생산성, 작업태도 및 행동 등	검사도구, 현장배치 등
의료	분야별 전문의 진단	의료기관 의뢰

수학급은 한국장애인고용공단의 장애학생 진로설계 컨설팅을 위한 자료 수집을 통해 진로평가 자료를 보완한다.

(2) 진로상담

H고등학교 특수학급은 한국장애인고용공단과 협력해 실시한 직업능력 평가와 진로설계 컨설팅 자료 수집의 결과를 토대로 학생과 학부모를 대상으로 진로희망, 진로준비 프로그램 참여 안내, 이력서 작성 및 취업 면접 준비 등의 진로준비를 위한 상담을 실시하고, JOBable을 활용해 학생의 진로정보 제공 및 이력을 관리한다. 그리고 H고등학교 특수학급은 보건복지부와 한국장애인개발원과 연계하여 현장 중심 맞춤형 일자리 사업과 특수교육-복지 연계형 일자리 사업을 통해 진로준비를 지원하며, 고용노동부과 한국장애인고용공단 연계 장애학생 취업지원 서비스 안내를 통해 구직 역량강화 프로그램, 산업체 단기견학과 체험, 일 배움 프로그램 등의 안내를 통해 학생들의 진로준비를 지원한다.

(3) 진로지도

H고등학교 특수학급은 진로와 직업 교과 등을 중심으로 운영하는 교육과정 운영, 직업 체험을 통해 관련 직업의 특성과 필요한 능력을 파악하는 진로 동아리 활동, 진로체험 활동, D교육청 특수교육지원센터 진로 · 직업 프로그램 참여를 통해 학생들의 진로준비활동을 지원하고 있다.

표 13-11 특수학급 교육과정 운영

시간＼요일	월	화	수	목	금
1					
2	진로와 직업	정보통신활용A	생활경제A	국어	
3		정보통신활용B	생활경제B		
4					
5	기초 제과제빵	여가활용 (현장체험학습)		체육	창의적 체험활동 (진로탐색반)
6			보건		
7					

표 13-12 D교육청 특수교육지원센터 진로 · 직업 프로그램 참여

영역	프로그램	대상	내용	교육일정
진로직업 교육	학급모의실습	희망학생	직종별 직무 실습을 통해 직업 흥미와 적성 탐색	학기별(2회)
	졸업반 진로준비	고3	고등학교 3학년 및 전공과 취업연계 지원을 위한 맞춤식 진로교육	−1학기 단기과정 (월 1회, 1일 과정) −2학기 주 1일(8~10주) −겨울방학 4일 과정(30시간)
	방학 진로캠프	희망학생	자립생활 및 진로준비를 위한 방학 중 특별 과정	여름방학, 겨울방학 (각 3~4일 과정)
산학연계 현장실습	맞춤형 직업전환	선발학생	공공기관, 사업체 적성직종별 현장 실습	학기별 (주 1회 실습, 10주 과정)
	일터체험교실	선발학생	사업체 직장체험 현장실습	3일 과정
	졸업반인턴십	취업 희망학생	구직안내, 구직상담, 면접지원, 지원 고용연계, 직무지도, 사후관리 등	2018. 9월~2019. 1월
	위탁직업교육	고 2, 3 선발학생	요양보호사 보조 과정 (기능교육, 직무교육, 연계직종 현장 실습)	학기별(주 2회, 8주 과정)
	학급 직업현장 실습	희망학생	직업재활기관 및 사업체 현장실습	3~12월(매월 1~2회)
복지 일자리	특수교육 복지 연계형 복지일자리	선발학생	공공기관 및 시장형 일자리 사업체 (직무지도, 진로모둠활동, 진로상담, 취업연계지원 등)	1~12월(주 12시간)

(4) 진학지도

H고등학교 특수학급은 학생들의 계속교육을 위한 직업능력개발원, 발달장애인훈련센터의 입학에 필요한 정보를 제공하고, 특수학교 전공과의 입학설명회와 전형 일정을 안내하며, 통합학급 교사와 협력하여 대학 알리미(academyinfo.go.kr), 대입 정보 포털 어디가(adiga.kr), 전문대학 포털 프로 컬리지(procollege.kr) 등을 활용해 학생이 희망하는 대학 및 학과의 입학 전형 정보를 제공하면서 입학을 지도한다.

요약

진로교육은 1970년대에 직업교육만으로는 개인의 직업적 잠재능력을 충분히 개발할 수 없다는 입장에서 도입되어 1980년대에 전환과 연결된 개념이다. 이러한 진로교육은 개인의 직업적 잠재능력을 개발하고 사회와 환경 속에서 그의 잠재능력을 최대한 발휘할 수 있도록 하는 교육활동으로 장애학생의 경우 자신과 자신의 장애에 대하여 바르게 지각하고 자신의 진로를 선택하고 준비하여 직업인과 생활인으로서의 삶을 살아갈 수 있도록 지원하기 위하여 강조된다.

진로와 관련된 이론에는 특성요인이론, 욕구이론, 발달이론, 정신분석이론, 사회학습이론, 의사결정이론, 사회학이론 등이 있다. 이러한 진로이론들 중에서 진로발달이론은 진로발달의 과정을 일반적으로 진로인식, 진로탐색, 진로준비, 진로동화의 네 단계로 구분한다. 그러므로 장애학생의 진로교육은 진로발달의 단계에 따라 자기이해, 다른 사람과의 긍정적인 상호작용, 진로정보의 탐색, 해석 및 평가, 활용, 일, 사회 및 경제와의 관계 이해, 직업가치와 태도, 합리적인 의사결정 및 진로계획의 수립과 실천, 효과적인 구직, 직업유지 등을 위계적으로 익혀 적절한 진로를 선택하도록 하는 데 목표를 두고 사전에 계획되어 이루어져야 한다.

이와 같은 진로계획은 크게 진학계획과 직업준비계획으로 구분된다. 진학계획은 상급학교에 진학하는 계획을 의미하고, 직업준비계획은 진학하지 않는 학생들의 직업을 준비하는 계획을 의미한다. 그러나 진학계획도 결국은 전문적인 직업을 준비하는 과정이란 면에서 직업준비계획의 한 과정이 된다. 진로교육을 위한 진로계획은 학생들로 하여금 자신의 생애를 바라볼 수 있도록 하는 인생설계로부터 이루어진다. 인생설계를 위하여 장애학생은 자신과 직업의 세계를 이해하여야 하며, 개인의 특성을 최대한으로 실현시킬 수 있는 직업을 택해서 능률적으로 즐거움을 느끼며 일을 할 수 있게 지원하기 위하여 직업을 탐색해야 한다. 이런 진로탐색의 과정을 통하여 진로를 결정하며, 그 다음에 진로를 준비해야 한다. 따라서 특수학급의 진로교육은 장애학생의 인생설계로부터 시작하여 진로탐색, 진로결정, 진로준비로 이어지는 진로계획을 통하여 이루어져야 한다고 할 수 있다.

참고문헌

강무섭(1984). **학생의 진로결정과정 분석**. 연구보고 PR 84-16. 서울: 한국교원개발원.

강재태, 배종훈(2009). **진로교육과 진로지도**. 경남: 경상대학교 출판부.

강위영(1995). 정서 · 학습장애학생의 진로교육. **현장특수교육, 2**(4), 48-52.

김무웅, 윤영임, 조윤희, 정수화(2005). **한국의 지원고용 프로그램의 문제점과 개선방안 연구**. 한국장애인고용촉진공단 고용개발원 연구 2005-8.

김충기(1986). **진로교육과 진로지도**. 서울: 배영사.

김충기(1995). **미래를 위한 진로교육**. 경기: 양서원.

김충기(1996). 한국 진로교육의 발달 과정에 관한 연구. **진로교육연구, 5**, 135-155.

김충기(1999). 진로발달 접근을 통한 진로 계획에 관한 연구. **진로교육연구, 10**, 135-182.

신익현(1997). 직업 세계에의 연계를 통한 진로교육 의미의 확대 가능성의 탐색. **진로교육연구, 7**, 169-186.

오혜경(1999). **장애인과 사회복지실천**. 아시아미디어리서치.

이무근(1997). **직업능력인증제 도입을 위한 정책연구**. 교육부.

이영대(2009). 직업세계의 변화와 진로교육. **상담과 지도, 44**, 101-128.

이영대, 임언, 이지연, 최동선, 김나라(2005). 생애단계별 진로교육 목표와 내용. **상담과 지도, 40**, 138-154.

이재창(1998). 진로교육과 직업진로지도의 문제점 및 산학 연계 방안. **진로교육연구, 9**, 45-74.

이정근(1988). **진로지도의 실제**. 서울: 성원사.

이효성, 김근아(2009). 장애 청소년과 진로교육. **임상사회사업연구, 6**(3), 87-104.

이효자(1995). 미래사회에 대비한 장애인의 진로교육 방향. **현장특수교육, 2**(4), 8-20.

정동영(2000). 장애학생의 전환 서비스 강화를 위한 기관간 협력방안. 대구대학교 대학원 박사학위논문.

정동영(2006). 장애학생의 전환 지원을 위한 특수학교 직업교육의 재개념화. **정신지체연구, 8**(4), 97-124.

정진철(1999). 고등학교 교사들의 직업기초능력에 대한 인식. 서울대학교 대학원 석사학위논문.

정철영, 정윤경(1996). 장애인의 진로교육에 관한 연구. **진로교육연구, 5**, 157-178.

정철영 외(1998). **직업기초능력에 관한 국민공통 기본교육과정 분석**. 서울: 한국직업능력개발원.

최윤정(2012). 지적장애학생의 진로교육을 위한 직업카드 개발 연구. 한국교원대학교 대학원 석사학위논문.

American Vocational Association. (1993). *Middle-level education: Implications for vocational education*. Alexandris, VA: AVA (ED 363 775).

Bailey, L., & Stadt, R. (1993). *Career education: New approaches to human development*. Bloomington, ILL: McNight Oublishing Co.

Brolin, D. E. (1997). *Life-centered career education: A competency based approach* (5th ed.). Reston, VA: cowncil for Exceptional children.

Brolin, D. E., & Gysbers, N. C. (1989). Career education for students with disabilities. *Journal of Counseling & Development, 68*, 155-159.

Clark, G. M., Carlson, B. C., Fisher, S., Cook, I. D., & D'Alonzo, B. J. (1991). *Career development for students with disabilities in elementary schools: A position statement of the Division on Career Development*. Reston, VA: Division on Career Development, Council for Exceptional Children.

Clark, G. M., & Kolstoe, O. P. (1995). *Career development and transition education for adolescents with disabilities*. Newton, MA: Allyn & Bacon.

Elrod, G. F. (1987). Academic and social skills pre-requisite to success in vocational training. *The Journal for Vocational Special Needs Education, 10*(1), 17-21.

Ginzberg, E., Ginsburg, S. W., Axelrad, S., & Herma, J. L. (1951). *Occupational choice and development*. San Francisco: Jossey-Bass.

Greenan, J. P. (1983). *Identification of generalizable skills in secondary vocational programs: Executive summary*. Springfield: Illinois State Board of Education.

Halpern, A. S. (1992). Transition: Old wine in new bottles. *Exceptional Children,* 58, 202-212.

Haring, K., Lovett, D., & Smith, D. (1990). A follow-up study of recent special education graduates of learning disabilities programs. *Journal of Learning Disabilities, 23,* 108-113.

Herr, E. L., & Cramer, S. H. (1992). *Career guidance and counseling through the lifespan systematic approaches* (4th ed.). New York: Harper Collins Publishers.

Holland, J. L. (1985). *Making vocational choice: A theory of vocational personalities and work environments*. Englewood Cliffs, NJ: Prentice-Hall.

Osipow, S. H. (1983). *Theories of career development* (3rd ed.). NY: Appleton-Century-Crofts.

Polloway, E. A., Patton, J. R., Serna, L., & Bailey, J. W. (2013). *Strategies for teaching learners with special needs* (10th ed.). New Jersey: Pears Education, Inc.

Roesler, R., Brolin, D., & Johnson, J. (1990). Factors affecting employment success and quality of life: A one year follow-up of students in special education. *Career Development for Exceptional Individuals, 13,* 95-107.

SCANS. (1991, June). *What work requires of schools: A SCANS report for America 2000.* Washington, DC: Secretary's Commission on Achieving Necessary Skills, U.S. Department of Labor.

Spooner, F., Browder, D. M., & Uphold, N. (2011). Transition to adult living. In D. M. Browder, & F. Spooner (Eds.), *Teaching students with moderate and severe disabilities* (pp. 364-382). New York: The Guilford Press.

Tolbert, E. L. (1980). *Counseling for career development* (2nd ed.). Boston: Houghton Mifflin.

Wehman, P., & Targett, P. S. (2004). Principles of curriculum design: Road to transition from school to adulthood. In P. Wehman & J. Kregel (Eds.), *Functional curriculum for elementary, middle, and secondary age students with special needs* (2nd ed., p. 9). Austin: PRO-ED.

Will, M. (1984). *OSERS programming for the transition of youth with disabilities: Bridges from school to working life.* Washington, DC: Office of Special Education and Rehabilitative Services (OSERS), U.S. Department of Education.

Zunker, V. G. (1998). *Career counseling: Applied concepts of life planning.* New Jersey: Prentice Hall.

찾아보기

인명

내용

저자 소개

▣ **김희규**(Kim Heegyu)

서울교육대학교

단국대학교 대학원(학습장애아교육전공, 교육학박사)

현 나사렛대학교 교수

논문: 모의 수업 실연 과정이 예비 특수교육 교사의 과학과 교수내용지식 이해에 미치는 효과, 마이크로티칭이 예비특수교사의 국어과 교육에 대한 교수효능감과 반성적 자기평가에 미치는 효과, 장애학생들의 국어과 교과교육에 관한 초등학교 특수교육 교사의 교수효능감에 관한 연구 등

저서: 특수교육 과학과 교육의 이론과 실제(공저), 장애학생을 위한 국어교육의 이론과 실제(공저), 장애학생 통합교육론(공저), 특수교육 교직실무(공저), 특수교육교과교육론(공저), 특수아동의 이해(공저), 특수교육의 이해(공저) 등

역서: 통합학급 교사를 위한 특수교육 입문, 통합학급 교사를 위한 장애이해교육, 자폐아동을 위한 지원전략 100(공역), 정신지체: 지역사회 통합을 위한 접근(공역) 등

▣ **신영숙**(Shin Yeongsuk)

강남대학교

단국대학교 대학원(청각언어장애아교육전공, 교육학석사)

현 경기도 용인교육지원청 장학사

논문: 특수학급 입급 및 운영에 대한 장애아 부모의 태도

저서: 한국특수교육기관 운영실태 및 만족도 조사 연구(공저), 특수교육 교직실무(공저), 특수교육 기본교육과정 과학과 교과용 도서 및 지도서(공저), 과학탐구활동시리즈(공저)

▣ **정동영**(Chung Dongyoung)

부산교육대학

대구대학교 대학원(정신지체아교육전공, 문학박사)

현 한국교원대학교 교수

논문: 특수교육의 재개념화와 그 특수성 해명, 최소 제한적 환경의 개념 진전과 그 함의 재고, 통합학급의 장애학생을 위한 차별화 교수전략 탐색, 특수교육과 일반교육의 교육과정 통합 쟁점 고찰 등

저서: 장애아동 통합교육론, 특수교육 과학과 교육의 이론과 실제(공저), 특수교육교과교육론(공저), 특수아동의 이해(공저), 특수교육의 이해(공저) 등

역서: 특수교육의 쟁점, 정신지체아동의 학습과 인지(공역), 정신지체: 지역사회 통합을 위한 접근(공역) 등

특수학급 경영의 이해와 실제
Special Education Classroom Management

2019년 8월 10일 1판 1쇄 인쇄
2019년 8월 20일 1판 1쇄 발행

지은이 • 김희규 · 신영숙 · 정동영

펴낸이 • 김진환
펴낸곳 • ㈜학지사
04031 서울특별시 마포구 양화로 15길 20 마인드월드빌딩
대표전화 • 02-330-5114 팩스 • 02-324-2345
등록번호 • 제313-2006-000265호

홈페이지 • http://www.hakjisa.co.kr
페이스북 • https://www.facebook.com/hakjisa

ISBN 978-89-997-1876-2 93370

정가 22,000원

이 도서의 국립중앙도서관 출판시도서목록(CIP)은 서지정보유통지원시스템 홈페이지(http://seoji.nl.go.kr)와 국가자료공동목록시스템(http://www.nl.go.kr/kolisnet)에서 이용하실 수 있습니다.
(CIP 제어번호: CIP2019029302)